U0492672

经以济世

继往开来

贺教育部

新文科项目

成里立项

李明扬
辛丑有八

教育部哲学社会科学研究重大课题攻关项目
"十三五"国家重点出版物出版规划项目

大学生村官成长成才机制研究

RESEARCH ON THE MECHANISM FOR
FACILITATING THE GROWTH AND SUCCESS
OF COLLEGE-GRADUATE VILLAGE OFFICIALS

马抗美 等著

中国财经出版传媒集团
经济科学出版社
Economic Science Press

图书在版编目（CIP）数据

大学生村官成长成才机制研究/马抗美等著 . —北京：经济科学出版社，2017.9

教育部哲学社会科学研究重大课题攻关项目

ISBN 978 - 7 - 5141 - 8366 - 5

Ⅰ.①大… Ⅱ.①马… Ⅲ.①农村 - 干部培养 - 研究 - 中国 Ⅳ.①F325.4

中国版本图书馆 CIP 数据核字（2017）第 205344 号

责任编辑：刘战兵
责任校对：刘　昕
责任印制：邱　天

大学生村官成长成才机制研究

马抗美　等著

经济科学出版社出版、发行　新华书店经销
社址：北京市海淀区阜成路甲 28 号　邮编：100142
总编部电话：010 - 88191217　发行部电话：010 - 88191522
网址：www.esp.com.cn
电子邮件：esp@esp.com.cn
天猫网店：经济科学出版社旗舰店
网址：http://jjkxcbs.tmall.com
北京季蜂印刷有限公司印装
787×1092　16 开　33 印张　630000 字
2017 年 10 月第 1 版　2017 年 10 月第 1 次印刷
ISBN 978 - 7 - 5141 - 8366 - 5　定价：82.00 元
（图书出现印装问题，本社负责调换。电话：010 - 88191510）
（版权所有　侵权必究　举报电话：010 - 88191586
电子邮箱：dbts@esp.com.cn）

课题组主要成员

（按姓氏笔画排序）

首席专家　马抗美
主要成员　马　皑　　王　强　　王丽娜　　刘俊生
　　　　　　孙美堂　　李义良　　李欣宇　　张秀华
　　　　　　赵卯生　　赵庆杰　　侯松涛　　姜恩来
　　　　　　袁　芳

编审委员会成员

主　任　周法兴
委　员　郭兆旭　吕　萍　唐俊南　刘明晖
　　　　　陈迈利　樊曙华　孙丽丽　刘　茜

总　序

哲学社会科学是人们认识世界、改造世界的重要工具，是推动历史发展和社会进步的重要力量，其发展水平反映了一个民族的思维能力、精神品格、文明素质，体现了一个国家的综合国力和国际竞争力。一个国家的发展水平，既取决于自然科学发展水平，也取决于哲学社会科学发展水平。

党和国家高度重视哲学社会科学。党的十八大提出要建设哲学社会科学创新体系，推进马克思主义中国化时代化大众化，坚持不懈用中国特色社会主义理论体系武装全党、教育人民。2016年5月17日，习近平总书记亲自主持召开哲学社会科学工作座谈会并发表重要讲话。讲话从坚持和发展中国特色社会主义事业全局的高度，深刻阐释了哲学社会科学的战略地位，全面分析了哲学社会科学面临的新形势，明确了加快构建中国特色哲学社会科学的新目标，对哲学社会科学工作者提出了新期待，体现了我们党对哲学社会科学发展规律的认识达到了一个新高度，是一篇新形势下繁荣发展我国哲学社会科学事业的纲领性文献，为哲学社会科学事业提供了强大精神动力，指明了前进方向。

高校是我国哲学社会科学事业的主力军。贯彻落实习近平总书记哲学社会科学座谈会重要讲话精神，加快构建中国特色哲学社会科学，高校应需发挥重要作用：要坚持和巩固马克思主义的指导地位，用中国化的马克思主义指导哲学社会科学；要实施以育人育才为中心的哲学社会科学整体发展战略，构筑学生、学术、学科一体的综合发展体系；要以人为本，从人抓起，积极实施人才工程，构建种类齐全、梯队衔接的高校哲学社会科学人才体系；要深化科研管理体制改革，发挥高校人才、智力和学科优势，提升学术原创能力，激发创新创造活力，建设中国特色新型高校智库；要加强组织领导、做好统筹规划、营造良好学术生态，形成统筹推进高校哲学社会科学发展新格局。

哲学社会科学研究重大课题攻关项目计划是教育部贯彻落实党中央决策部署的一项重大举措，是实施"高校哲学社会科学繁荣计划"的重要内容。重大攻关项目采取招投标的组织方式，按照"公平竞争，择优立项，严格管理，铸造精品"的要求进行，每年评审立项约40个项目。项目研究实行首席专家负责制，鼓励跨学科、跨学校、跨地区的联合研究，协同创新。重大攻关项目以解决国家现代化建设过程中重大理论和实际问题为主攻方向，以提升为党和政府咨询决策服务能力和推动哲学社会科学发展为战略目标，集合优秀研究团队和顶尖人才联合攻关。自2003年以来，项目开展取得了丰硕成果，形成了特色品牌。一大批标志性成果纷纷涌现，一大批科研名家脱颖而出，高校哲学社会科学整体实力和社会影响力快速提升。国务院副总理刘延东同志做出重要批示，指出重大攻关项目有效调动各方面的积极性，产生了一批重要成果，影响广泛，成效显著；要总结经验，再接再厉，紧密服务国家需求，更好地优化资源，突出重点，多出精品，多出人才，为经济社会发展做出新的贡献。

作为教育部社科研究项目中的拳头产品，我们始终秉持以管理创新服务学术创新的理念，坚持科学管理、民主管理、依法管理，切实增强服务意识，不断创新管理模式，健全管理制度，加强对重大攻关项目的选题遴选、评审立项、组织开题、中期检查到最终成果鉴定的全过程管理，逐渐探索并形成一套成熟有效、符合学术研究规律的管理办法，努力将重大攻关项目打造成学术精品工程。我们将项目最终成果汇编成"教育部哲学社会科学研究重大课题攻关项目成果文库"统一组织出版。经济科学出版社倾全社之力，精心组织编辑力量，努力铸造出版精品。国学大师季羡林先生为本文库题词："经时济世 继往开来——贺教育部重大攻关项目成果出版"；欧阳中石先生题写了"教育部哲学社会科学研究重大课题攻关项目"的书名，充分体现了他们对繁荣发展高校哲学社会科学的深切勉励和由衷期望。

伟大的时代呼唤伟大的理论，伟大的理论推动伟大的实践。高校哲学社会科学将不忘初心，继续前进。深入贯彻落实习近平总书记系列重要讲话精神，坚持道路自信、理论自信、制度自信、文化自信，立足中国、借鉴国外，挖掘历史、把握当代，关怀人类、面向未来，立时代之潮头、发思想之先声，为加快构建中国特色哲学社会科学，实现中华民族伟大复兴的中国梦作出新的更大贡献！

教育部社会科学司

前 言

中国是一个农业大国,农村、农业、农民问题历来关系着党和国家事业发展的全局,与国家富强、民族复兴息息相关。我们党历来高度重视"三农"工作。在新的历史条件下,选聘高校毕业生到农村任职,实施大学生村官计划,是党中央做出的一项具有长远战略意义的重大决策。自2008年在全国实施以来,已选聘大学生村官累计47万多名,2016年在岗大学生村官10万多名。长期以来,大学生毕业后能否留在大城市、进入大机关已成为衡量大学生是否成功的标准,而对于面向农村基层的选择还没有被社会所普遍接受。然而,我国广大农村和基层的发展迫切需要一大批具有现代知识和思维方式的青年人才。因此,吸引人才到边远地区和农村基层就业,一直是我国人才工作要突破的重点和难点。在不断探索中,大学生村官计划先后吸引了数十万青年大学生参与其中,覆盖了31个省区市,形成了改革开放以来最大规模的青年大学生到农村最基层工作的行动。实践证明,大学生村官的成长成才,不仅为党政干部队伍建设提供了优质人才储备,推动了基层干部队伍的素质提高和结构优化,而且已经成为社会主义新农村建设的重要力量,在一定程度上缓解了我国农村人才匮乏的现状,大学生村官也获得了农村基层干部和农民的广泛赞誉。这也充分说明,农村基层锻炼是培养青年人才的重要途径,对于各行各业人才队伍的建设都具有重要意义。大学生村官工作不但创新了引导高校毕业生到基层服务的工作机制,而且产生了鲜明的品牌效应,对于我国其他领域如何吸引人才到基层工作具有重要而积极的导向和示范作用。大学生村官正在成长为一个新的社会群体,成为一种不可忽视的新的社会力量，他们的成长成才状况不仅关系自身价值实现，而且对全国2 000万在校大学生乃至整个社会都具有当下和长远的示范意义和辐射作用。立足长远发展的战略目标，大学生村官的成长成才不仅仅是一种个体成才的需求，更是一个在人才强国大背景下带有全局性和战略性的重大理论问题和现实问题。

随着我国经济发展进入新常态，以及产业结构优化升级和创新驱动发展战略的实施，我国农村、农业、农民的发展和人才强国战略面临着新的挑战。在此大背景下，全面、客观地审视大学生村官工作的实践历程，在总结成功经验的基础上，发现问题和不足，使大学生村官成长成才机制得到进一步优化，成为一项重要任务。大学生村官作为特殊的人才群体，其成长成才是一个复杂的问题，涉及面广、影响因素多、动态性强，其成长成才机制的优化研究也迫切需要创新思路、开阔视野。为了实现既定的研究目标，课题组确立了以下研究思路：

第一，坚持研究的战略高度。大学生村官计划的出台，有着深刻的时代背景和广泛的社会原因，自施行之始就受到党和国家的高度重视。但是对这一计划的认识也还存在一些误区。比如，有些人认为这是减缓就业压力的一种权宜之计，有些人认为是大学生成长的个体要求，有些人怀疑大学生村官能否真正发挥作用。然而，随着实践的发展，这一计划的战略意义不断凸显出来。大学生村官是我国新时期人才队伍的重要组成部分，关系到我国广大农村的发展和青年人才的培养。早在2008年12月22日，习近平同志主持召开大学生"村官"代表座谈会时就指出："大学生村官是加强党的基层组织建设和推进社会主义新农村建设的重要力量，也是党政机关培养和储备来自工农一线后备人才的重要来源。"[1] 因此，我们对这一问题的研究必须站在战略高度，要有更长远和宏观的战略眼光，而不能简单、孤立地看待大学生村官。

第二，突出大学生村官的主体地位。大学生村官计划的实施，涉及多个主体，如政府、高校、村落、社会、大学生村官个人等，每个主体都有自己的相关责任和利益。研究大学生村官的成长成才以什么

---

[1] 学习小组：《习近平对"村官"的六点看法》，载中国共产党新闻网，http://cpc.people.com.cn/n/2014/1202/c64094-26129689.html。

作为主线呢？我们认为，不能仅仅把大学生村官视为一种被管理的对象，必须要跳出部门视角和管理者思维，在充分尊重人才成长规律和市场运行规律的基础上，回应大学生村官成长过程中的诉求和渴望。大学生村官固然要为新农村建设服务，但如果仅仅把大学生村官看成是实现目标的手段，就会陷入实用主义的误区。对待大学生村官，要有更长远的眼光和更广阔的胸襟，不仅要充分认识大学生村官在当今时代的价值，而且还要重视大学生村官潜在价值的实现；不仅要为大学生村官施展才华搭建舞台，还要为他们的长远发展铺平道路，为他们营造一个充满人文精神的、有情感的成才环境，从而实现大学生村官个体发展需要与社会需求的统一，也才能彰显大学生村官在我国现代化建设中的战略价值。

第三，遵循客观规律。大学生村官成长成才机制的优化，既不能靠主观臆断，也不能照本宣科，必须遵循人才成长规律和市场经济的发展规律，这是大学生村官成长成才机制优化的客观依据。因此，要进一步认识和研究青年大学生在农村基层成长成才的规律性特征，总结运用市场规律配置资源，调动社会各方面力量，促进大学生村官成长成才的成功经验，使大学生村官成长成才机制真正达到"系统完备、科学规范、有效管用、简便易行"的要求。

第四，坚持问题意识和问题导向。大学生村官是我国农村现代化建设中出现的新生事物，所取得的成效有目共睹。但是，面对这一新生事物，我们又必须保持清醒的头脑。在研究中要积极回应大学生村官工作实践中的热点、难点，敢于面对长期以来束缚大学生村官工作发展的"瓶颈"问题，如大学生村官的身份定位问题、待遇问题、多元发展的制度保障问题等。大学生村官成长成才机制的优化，就是要在总结经验的基础上，客观分析存在的不足及其原因，破解难题，明确今后工作的方向和着力点。

第五，大胆探索，敢于创新。大学生村官工作开展以来，取得了显著成效，也引起了社会各界的广泛关注。面对这样一个具有中国特色的新生事物，既要有满腔的热情，又需要有敢于创新、大胆探索的理论勇气，还需要科学严谨、踏实认真的工作作风。目前国内关于大学生村官成长成才的理论研究已有不少成果，但相对于迅速发展的实践，还存在比较大的研究空间。如目前对这一问题的研究还比较分散，专门系统的理论探讨和综合性研究尚不多见；专门深入探讨这一特殊群体成长成才过程和规律的研究尚少；跨学科的综合性研究也有待加强；关于大学生村官的实证研究也主要集中在大学生村官群体，而鲜见村民和管理者的视角。因此，只有在现有研究的基础上拓展研究思路，丰富研究内涵，创新研究方法，才能取得突破性进展，真正体现这一研究的理论意义和实践价值。

根据研究的总体思路，课题组从理论研究、实证研究、对策研究三个方面入手，力求体现出研究的系统性、前瞻性和创新性。

理论研究方面：人的成长成才是一个复杂的过程。大学生村官作为一个特殊的群体，其成长成才既要遵循成才的一般规律，又具有自身特点。因此，揭示大学生村官成长成才的基础理论问题，对于建立和完善大学生村官成长成才机制有着至关重要的作用。课题组以马克思主义理论为指导，充分运用政治学、社会学、人才学等多学科理论与方法，构建了大学生村官成长成才的完整理论体系，阐释了大学生村官成长成才内在素质的构成及其对成长成才的影响，建立了大学生村官胜任力模型；分析了大学生村官成长成才的外在环境要素，如制度环境、文化环境、工作环境、家庭环境等对大学生村官成长成才的作用和影响方式，在此基础上，力图揭示出内在素质与外在环境相互作用的机理，并首次提炼出大学生村官成长成才的阶段性特征和五大规律，充实了大学生村官成长成才的理论内涵，丰富了人才成长理论。

实证研究方面：能否全面、准确地把握全国大学生村官成长成才的现状，是决定课题研究质量和客观价值的关键。课题组坚持用真实感受和可靠数据说话，设计了以大学生村官、村民、村官管理者和高校四大群体为调查对象，从大学生村官政策的实效性、大学生村官的个体素质构成、外部环境对大学生村官的影响、大学生村官职业生涯发展及其成长成才阶段性特征、高校选聘和培养大学生村官的现状等多个维度，涵盖全国不同地区的多维度、全方位、立体式调研，拓展了当前对大学生村官调研的深度和广度，最终获得了大量宝贵数据和近百万字的访谈资料。在此基础上，通过对资料的分析，并从不同主体相互交错的视角进行比较，对大学生村官成长成才的整体及分类状况做出了符合实际的描述，为理论研究和对策研究提供了坚实有力的支撑。

对策研究方面：在理论研究和实证研究的基础上，课题组将研究中的重要发现集成升华为具有建设性、前瞻性和可操作性的对策建议。课题组以构建长效稳定运行机制为目标，针对问题与不足，遵循社会需求与个体发展需要相结合、内在素质提升与外在环境优化相结合、有限任期与长远发展相结合、政府主导与多方推动和多方共赢相结合的原则，提出了大学生村官成长成才的五大机制，重点解决了大学生村官身份定位问题（给予大学生村官基层公务员、聘任制公务员、事业编制工作人员的身份）、大学生村官与其他大学生基层服务项目的关系（推动"大学生村官计划"与"西部志愿者计划"、"三支一扶"计划、选调生计划等不同项目之间的衔接并轨，实现优势互补）等重要问题。

本书是教育部2012年度哲学社会科学重大课题攻关项目"大学生村官成长成才机制研究"（项目批准号：12JZD043）所获成果的集中呈现，是课题组集体智慧的结晶。然而，大学生村官工作的理论研究与实践探索一刻都没有停止过。当写作进入最后攻坚阶段时，各地区大学生村官工作出现了重要的改革和创新，显示出新形势下的新特点和新规律。在密切关注这些变化的过程中，我们发现，其中不少改革措施都与我们的研究高度吻合，使我们备感欣慰、备受鼓舞；而有的内容则是我们研究不多甚至未曾涉及的，这说明大学生村官工作的实践创新已经走在了前面，需要理论工作者去进一步总结经验，提炼规律，从而更好地发挥理论对实践的指导作用。从这一角度来说，对大学生村官成长成才机制的研究还远远没有结束。

面对大学生村官工作的新形势，我们将会以满腔的热情，继续关注大学生村官成长成才机制的研究。希望我们的研究成果能够在国家及有关部门的决策中、在高校人才培养模式的改革中、在大学生村官朋友们成长成才的过程中，发挥应有的咨询和参考作用。同时，我们也希望越来越多的团体和个人能够给予大学生村官群体更多的关心、爱护和支持，共同营造有利于大学生村官成长成才的良好社会环境。

摘 要

大学生村官计划是党中央做出的一项具有长远战略意义的重大决策。自2008年在全国普遍实施以来，这一计划已经取得了显著成效，并产生了广泛的社会影响。"大学生村官成长成才机制研究"重点关注大学生村官成长成才的基础理论问题，以及大学生村官成长成才的现状，并在此基础上提出优化大学生村官成长成才机制的建议。

大学生村官成长成才机制是大学生村官成长成才过程中各种因素相互促进、相互制约的运作方式，具有综合性、系统性、内驱动的特征。当前，在全面深化农村改革、发展现代农业、推进精准化扶贫发展战略的新形势下，大学生村官成长成才机制凸显出优化、变革的紧迫性和重要性。

大学生村官成长成才关系到多种因素的相互作用，内在素质是大学生村官成长成才的基础，外部环境是大学生村官成长成才的必要条件。通过对内在素质和外部环境及其相互作用的深入研究，本研究构建了大学生村官思想政治素质、工作态度、工作能力、个性特征四因子胜任力模型，提炼出了内外因交互成才规律、基层磨炼成才规律、角色转换成才规律、竞争择优成才规律、团队共生成才五大规律。政治学的乡村治理理论、管理学的人力资源管理和开发理论、社会学的社会支持理论、生态学的多维生态位理论等多学科的理论和方法，为大学生村官的成长成才提供了理论借鉴。大学生村官政策的文本分析，梳理了大学生村官政策的变迁路径、丰富内涵和内在逻辑。大学生村官政策与国内外其他相关项目的比较研究，为大学生村官政策与其他大学生基层服务项目之间相互补充、相互借鉴提供了理论依据。

本研究针对全国范围内 10 个省（市）的 85 名大学生村官开展了关键行为事件访谈，对 10 个省份的 200 多名村民和 100 多名管理者开展了团体焦点访谈，对全国范围内 31 个省区市的 4 252 名大学生村官、155 所高校进行了问卷调查，获得了大量的数据和资料，全景式地展现了大学生村官、村民、管理者、高校多个主体视野下大学生村官成长成才的现状。研究发现，大学生村官普遍对政策和领导支持心存感激，工作中积极进取、亲和坚韧，适应和组织能力强，但对自身发展前景担忧，创新精神、工作信心和胆量、创新创业能力有待培养和提高。大学生村官普遍认为所在村落的自然环境、工作环境、生活环境都比预期得要好，但农村文化娱乐活动的单一与自身的期待反差最大，社会舆论的压力成为大学生村官任职期间遇到的最大困难。大学生村官、村民和管理者普遍对大学生村官政策的实施效果给予高度评价，村民对大学生村官具有更多的角色期待，管理者对大学生村官具有更多的素质能力期待，大学生村官具有较高的自我发展期待和政策期待。

基于理论研究和实证分析，大学生村官政策体系逐步完善，管理模式日趋健全，"多方协作、上下联动"的领导体制和运行机制创新了引导高校毕业生到基层服务的工作机制。其显著的效果不仅体现在经济效益上，还体现在社会效益上。实践证明，大学生村官的成长成才，不仅为党政干部队伍建设提供了优质人才储备，推动了基层干部队伍的素质提高和结构优化，而且还为成为社会主义新农村建设培养了重要的力量，在一定程度上缓解了我国农村人才匮乏的现状，赢得了农村基层干部和农民的广泛赞誉，产生了积极的社会影响。但也存在一些不足，主要体现在，政策设计与实施效果之间，大学生村官素质能力与岗位需求之间，大学生村官成才动机与作用发挥之间，家庭、村落、政府支持与社会整体舆论环境之间，大学生村官工作的战略地位与运行模式之间都还存在着一定的差距。

本研究提出了以素质提升、环境优化、动态衔接、多元发展、监督指导五大机制为框架的对策建议。主要包括：突破瓶颈，明确大学生村官的身份定位；统筹协调，体现地区差异和分类指导；优势互补，推动相关项目衔接并轨；正面理性，全面优化舆论环境；夯实基础，建立高校大学生村官（包括其他农村人才）预培养机制；动员各方，形成中央主导、多方参与、多方共赢的局面；推进立法，完善大学生村官工作的法制保障。

Abstract

The plan of college-graduate village officials (CGVOs) is a major decision made by the CPC central committee with long-term strategic significance. Since its implementation in 2008, the plan has achieved remarkable results and exerted profound social impact. By focusing on some basic theoretical issues relating to the growth and success of CGVOs, and the current situation of the growth and success of CGVOs, we intend to put forward suggestions on how to optimize the mechanism for facilitating the growth and success of CGVOs.

The mechanism for facilitating the growth and success of CGVOs is an operational mechanism during the process of growth and success of CGVOs where various factors interact with each other, and has the characteristics of being comprehensive, systematic and internally-driven. Under the current circumstances of comprehensively deepening the rural reform, developing the modern agriculture and promoting the targeted poverty alleviation, it has become increasingly urgent and important to optimize and reform the mechanism for facilitating the growth and success of CGVOs.

The growth and success of CGVOs has relation to the interaction of many factors, with the inner quality serving as the basis and the external environment as the necessary condition for growth and success of CGVOs. After making an in-depth analysis of the inner quality and the external environment and the interaction between the two, we come up with the competency model consisting of four factors including the ideological and political quality, work attitude, work ability and personality traits, and put forward five laws governing growth and success of CGVOs such as the law on success through interaction of internal and external factors, the law on success through practice at the grassroots level, the law on success through role transformation, the law on success through competition against peers, and the law on success through team work. The theory on rural governance in political science, the theory on human resources development and management in management science, the theory on social support in sociology, the theory on multidimensional niche in ecology and many other theories and methods serve as theoretical references for the growth and success of CGVOs. By making an analysis of the policies relating to CGVOs, we gain a deeper understanding of the changes, rich contents and internal logic of the policies relating to CGVOs. The comparison between the policies relating to CGVOs and other related projects both at home and abroad serves as the theoretical basis for mutual supplementation and mutual learning between the policies relating to CGVOs and other grassroots employment incentive programs for college graduates.

By conducting behavioral event interviews with 85 CGVOs in 10 provinces nationwide, team focus interviews with more than 200 villagers and 100 officials in 10 provinces, and a questionnaire survey on 4252 CGVOs and 155 colleges in 31 provinces, municipalities and autonomous regions nationwide, we have acquired plenty of data and information, and fully displayed the current situation of the growth and success of CGVOs from the perspectives of CGVOs, villagers, officials and colleges. According to our findings, most of the CGVOs are grateful for the policy support and the support given by their supervisors, and they are active, friendly and resilient in their work, and have strong ability of adaptation and organization. However, they are worried about their own future and their innovative spirit, confidence, courage and innovative entrepreneurship need to be further enhanced. Most of the CGVOs are of the opinion that the natural environment, working environment and living environment in their villages are better than expected, but the cultural and entertainment activities in rural areas, which were scare compared to urban areas, were far below their expectations, and the biggest difficulty they encounter during their term of office is the pressure from social stereotype. Most of the CGVOs, villagers and officials speak highly of the effects of the policies relating to CGVOs, villagers expect CGVOs to take more roles, officials expect CGVOs to enhance their inner quality, and CGVOs themselves have high expectations on self-development and policy support.

Based on theoretical research and empirical analysis, we find that the policies and systems relating to CGVOs have gradually improved, and the management model has become increasingly perfect. The leadership system and operational mechanism featuring "coordination of the parties involved and upper and lower linkage" have helped innovate the mechanism guiding college graduates to work at the grass-roots level. The remarkable effects are reflected not only in economic benefits, but also in social benefits. Practice has proved that the growth and success of CGVOs, not only provides the high-quality talent reserves for cadres of the Party and government, enhance the quality and optimize the structure of the cadres at the grass-roots level, but also create an important force for building a new socialist countryside, ease the current talent shortage in rural areas to some extent, and win the wide acclaim from rural cadres and farmers, thus exerting a positive social impact. The main deficiency lies in the gap between the policy design and implementation effects, between the quality of CGVOs and job requirements, between achievement motivation and role play of CGVOs, between family, village and government support and the public opinion environment, between the strategic position and operating model of the work of CGVOs.

We put forward our suggestions with a framework of mechanisms for quality improvement, environment optimization, dynamic linkage, pluralistic development and supervision and guidance. These suggestions include: to break through the bottleneck and define the identity of CGVOs; to coordinate in an overall manner, give consideration to regional differences and provide classified guidance; to complement each other and promote the linkage of related projects; to keep a positive and rational attitude and fully optimize the public opinion environment; to consolidate the foundation and establish the mechanism for pre-training of CGVOs (including other rural talents) in college and university; to mobilize all parties and form a pattern in which the central government takes the lead and all relevant parties take part and achieve win-win results.

目录

导论　1

  一、研究背景　1

  二、概念界定　2

  三、研究综述　7

  四、研究方法　15

第一章 ▶ 大学生村官政策的战略解读　17

  第一节　大学生村官政策的实施背景　17

  第二节　大学生村官政策的演进历程　25

  第三节　大学生村官政策的战略意义　39

第二章 ▶ 人才成长理论与大学生村官成长成才　46

  第一节　人才素质理论与大学生村官成长成才　46

  第二节　人才环境理论与大学生村官成长成才　54

  第三节　人才成长过程理论与大学生村官成长成才　65

  第四节　人才规律理论与大学生村官成长成才　72

第三章 ▶ 多学科视域下的大学生村官成长成才　82

  第一节　乡村治理理论　82

  第二节　人力资源开发与管理理论　91

  第三节　社会支持理论　99

  第四节　多维生态位理论　108

第四章 ▶ 大学生村官政策的文本分析　116

　　第一节　政策文本分析理论概述　116
　　第二节　中央出台的大学生村官政策的文本分析　118
　　第三节　地方出台的大学生村官政策的文本分析　126

第五章 ▶ 大学生基层就业项目的比较研究　132

　　第一节　大学生村官计划与"大学生志愿服务西部计划"　132
　　第二节　大学生村官计划与"三支一扶"计划　141
　　第三节　大学生村官计划与选调生项目　146
　　第四节　大学生村官与传统村官　156
　　第五节　国外促进大学生基层就业的相关政策　167

第六章 ▶ 大学生村官成长成才机制运行现状的评估路径　178

　　第一节　调研设计　178
　　第二节　调研实施　182
　　第三节　调研数据与资料的解析　198

第七章 ▶ 大学生村官成长成才的内在素质：基于大学生村官的问卷调查　217

　　第一节　大学生村官内在素质的自我认知与评价　217
　　第二节　大学生村官胜任力模型的构建　233
　　第三节　大学生村官成长成才内在素质的综合分析　247

第八章 ▶ 大学生村官成长成才的外部环境：基于大学生村官的问卷调查　254

　　第一节　大学生村官对外部环境的感知和评价　254
　　第二节　外部环境对大学生村官成长成才的影响　274
　　第三节　大学生村官成长成才外部环境的综合分析　282

第九章 ▶ 村民和管理者视野下大学生村官的成长成才　293

　　第一节　基于村民访谈调查的分析　293
　　第二节　基于管理者访谈调查的分析　300
　　第三节　大学生村官、村民、管理者三重视角的比较分析　305

第十章 ▶ 高校视野下大学生村官的成长成才　315

　　第一节　调研基本情况　315
　　第二节　调研主要内容　317
　　第三节　调研主要结论　329

第十一章 ▶ 大学生村官成长成才机制的运行现状　332

　　第一节　大学生村官成长成才机制运行概况　332
　　第二节　大学生村官成长成才机制运行的成效和经验　338
　　第三节　大学生村官成长成才机制运行的主要问题及原因　346

第十二章 ▶ 大学生村官成长成才机制优化的路径选择　353

　　第一节　习近平人才思想及其对大学生村官成长成才机制优化的
　　　　　　指导意义　353
　　第二节　大学生村官成长成才机制的构成要素　358
　　第三节　大学生村官成长成才机制优化的目标和原则　362
　　第四节　大学生村官成长成才的五大机制　371

第十三章 ▶ 大学生村官成长成才机制的系统优化（一）　376

　　第一节　环境优化机制　376
　　第二节　素质提升机制　402

第十四章 ▶ 大学生村官成长成才机制的系统优化（二）　417

　　第一节　动态衔接机制　417
　　第二节　多元发展机制　435
　　第三节　监督指导机制　451

附录　465

　　一、全国大学生村官成长成才现状的调查问卷　465
　　二、高校培养和选拔大学生村官工作现状的调查问卷　478
　　三、大学生村官关键行为事件访谈提纲　481
　　四、村民和管理者团体焦点事件访谈提纲　484

参考文献　486

后记　489

Contents

Preface   1

    1   Research Background   1
    2   Concept Definition   2
    3   Research Overview   7
    4   Research Methods   15

Chapter 1   Strategic Analysis of the Policies Relating to College-graduate Village Officials   17

    1   Implementation Background of the Policies Relating to College-graduate Village Officials   17
    2   Evolution of the Policies Relating to College-graduate Village Officials   25
    3   Strategic Significance of the Policies Relating to College-graduate Village Officials   39

Chapter 2   The Theories on Growth of Talents and the Growth and Success of College-graduate Village Officials   46

    1   The Theories on Quality of Talents and the Growth and Success of College-graduate Village Officials   46
    2   The Theories on Talent Environment and the Growth and Success of College-graduate Village Officials   54

3　The Theories on Talent Growth Process and the Growth and Success of College-graduate Village Officials　65

4　The Theories on Laws Governing Growth of Talents and the Growth and Success of College-graduate Village Officials　72

Chapter 3　Analysis of the Growth and Success of College-graduate Village Officials from a Multidisciplinary Perspective　82

1　The Rural Governance Theory　82

2　The Human Resources Development and Management Theory　91

3　The Social Support Theory　99

4　The Multidimensional Niche Theory　108

Chapter 4　Text Analysis of the Policies Relating to College-graduate Village Officials　116

1　Summary of the Text Analysis Theory　116

2　Text Analysis of the Policies Relating to College-graduate Village Officials Introduced by the Central Government　118

3　Text Analysis of the Policies Relating to College-graduate Village Officials Introduced by the Local Governments　126

Chapter 5　Comparative Analysis of Various Grass-roots Employment Incentive Programs for College Graduates　132

1　College-graduate Village Officials and the Plan of College Graduates' Volunteer Service in Western China　132

2　College-graduate Village Officials and the Plan of "Three Supports and One Assistance"　141

3　College-graduate Village Officials and the Policies for Selected Graduates　146

4　College-graduate Village Officials and the Policies for Traditional Village Officials　156

5　The Policies for Promoting Grass-roots Employment of College Graduates in Foreign Countries　167

Chapter 6 Appraisal of Current Situation of the Mechanism for Facilitating Growth and Success of College-graduate Village Officials   178

    1 Research Design   178

    2 Research Implementation   182

    3 Analysis of Research Data and Materials   198

Chapter 7 Intrinsic Qualities that College-graduate Village Officials must Have in order to Grow and Succeed—Based on a Questionnaire of College-graduate Village Officials   217

    1 College-graduate Village Officials' Self-cognition and Valuation of Their Intrinsic Qualities   217

    2 The Construction of the Competency Model for College-graduate Village Officials   233

    3 Comprehensive Analysis of the Intrinsic Qualities that College-graduate Village Officials must Have in order to Grow and Succeed   247

Chapter 8 The External Environment for Growth and Success of College-graduate Village Officials—Based on a Questionnaire of College-graduate Village Officials   254

    1 College-graduate Village Officials' Perception and Evaluation of the External Environment   254

    2 Impact of the External Environment on the Growth and Success of College-graduate Village Officials   274

    3 Comprehensive Analysis of the External Environment for Growth and Success of College-graduate Village Officials   282

Chapter 9 Growth and Success of College-graduate Village Officials from the Perspective of Villagers and Government Officials   293

    1 Analysis Based on the Villager Interviews   293

    2 Analysis Based on the Government Official Interviews   300

    3 Comparative Analysis of the Views of College-graduate Village Officials, Villagers and Government Officials   305

Chapter 10　Growth and Success of College-graduate Village Officials from the Perspective of Colleges and Universities　315

    1　The Basic Situation of Research　315

    2　The Main Contents of Research　317

    3　The Main Conclusions of Research　329

Chapter 11　Current Situation of the Mechanism for Facilitating the Growth and Success of College-graduate Village Officials　332

    1　General Situation of the Operation of the Mechanism for Facilitating the Growth and Success of College-graduate Village Officials　332

    2　Achievements and Experience from the Mechanism for Facilitating the Growth and Success of College-graduate Village Officials　338

    3　Main Problems in the Operation of the Mechanism for Facilitating the Growth and Success of College-graduate Village Officials and the Reasons Behind　346

Chapter 12　Ways for Optimizing the Mechanism for Facilitating the Growth and Success of College-graduate Village Officials　353

    1　Xi Jinping's Talent Thought and Its Guiding Significance for Optimizing the Mechanism for Facilitating the Growth and Success of College-graduate Village Officials　353

    2　Constituent Elements of the Mechanism for Facilitating the Growth and Success of College-graduate Village Officials　358

    3　Goals and Principles for Optimizing the Mechanism for Facilitating the Growth and Success of College-graduate Village Officials　362

    4　The Five Mechanisms for Facilitating the Growth and Success of College-graduate Village Officials　371

Chapter 13　Systematic Optimization of the Mechanism for Facilitating the Growth and Success of College-graduate Village Officials（Part Ⅰ）　376

    1　The Mechanism for Environment Optimization　376

    2　The Mechanism for Quality Improvement　402

Chapter 14 Systematic Optimization of the Mechanism for Facilitating the Growth and Success of College-graduate Village Officials（Part Ⅱ） 417

    1   The Mechanism of Dynamic Linking   417
    2   The Mechanism of Pluralistic Development   435
    3   The Mechanism of Supervision and Guidance   451

Appendix   465

    Appendix 1   Questionnaires about the Status of the Growth and Success of College-graduate Village Officials in China   465

    Appendix 2   Questionnaires about the Work Status of Cultivating and Selecting College-graduate Village Officials in Colleges and Universities   478

    Appendix 3   The Interview Outline on Key Behavior Events for College-graduate Village Officials   481

    Appendix 4   The Interview Outline on Group Focus Events for Villagers and Officials   484

Reference   486
Postscript   489

导 论

一、研究背景

我国是一个传统的农业大国，农村、农民、农业是国家发展的基础，在我国社会主义现代化建设进程中占据举足轻重的地位。党的十八大以来，我国大力深化农业农村改革，推进城乡发展一体化，加快发展现代农业。当前，我国正处在推进农业供给侧结构性改革、提高农业综合效益和竞争力、培育农业农村发展新动能、加强农村精准扶贫工作的重要战略机遇期，我国农村的现代化比历史上任何时候都渴求具有现代知识和思维方式的人才。然而，在农村人才向城市单向持续流动的情况下，具有现代管理理念和水平的人才难以补充到基层农村，从而加剧了农村基层治理的难度。我国新农村建设、农业现代化的发展趋势，客观上对高层次人才有强烈的社会需求，而人才的成长又离不开基层的培养锻炼。因此，大学生村官政策不是权宜之计，而是人才强国战略的重要组成部分，对推进农村和农业现代化、巩固党的执政基础、培养中国特色社会主义事业可靠接班人有着重要的现实意义和深远的历史意义。

大学生村官政策自 2008 年在全国普遍实施以来，取得了显著成效，并产生了广泛的社会影响。截至 2016 年底，全国大学生村官累计流动 37.2 万人，在岗大学生村官 102 563 人。[①] 从 4 名大学生村官当选十八大代表，到国家主席习近平给大学生村官复信，大学生村官作为一支最年轻、最基层且最具服务群众、奉献基层理念和精神的新兴人才队伍不断发展壮大，日益受到社会各界的关注。大学生村官计划作为一项具有中国特色的重要人才战略，为加强农村基层组织建设

[①] 中国青年网：《权威发布：村官工作数据"一口清"》，2017 年 3 月 24 日．http：//cunguan.youth.cn/cgxw/201703/t20170324_9340284.htm．

输送了一批有知识、有文化的新农村建设带头人，为建设社会主义新农村、实现全面建设小康社会宏伟目标提供了人才支持和组织保证；为我国培养了一批具有坚定理想信念和奉献精神、对人民群众有深厚感情的党政干部后备人才，形成了来自基层和生产一线的党政干部培养链；有效引导了高校毕业生转变就业观念，创新了引导高校毕业生到基层就业的工作机制。大学生村官源源不断地走进农村，是农村现代化发展对人才的强烈渴望和呼唤，是党和人民对当代大学生服务基层、奉献青春的殷切期盼，更是大学生在实践锻炼中成长成才的重要途径。

人的成长成才是一项复杂的系统工程，大学生村官的成长成才亦不例外。大学生村官政策自实施以来，已汇聚起了大量的政策制度、行政力量、信息平台等资源，为大学生村官的成长成才奠定了良好的基础。但从总体上看，如何使各种资源和要素实现战略性规划和系统性整合，从而使目前大学生村官成长成才的机制发挥出最佳效能，仍是一个值得重视的问题。同时，随着实践的深入发展，大学生村官政策在实施中不断出现新情况和新问题，虽然这些问题是发展中的问题，但如果不能得到有效解决，势必影响大学生村官政策的可持续发展。因此，要保持大学生村官工作持续健康发展，应以更长远和宏观的战略眼光看待大学生村官政策，对大学生村官的成长成才问题进行深入系统的前瞻性研究。尤其是当前新形势下，作为一项被赋予重大战略意义的中央决策，大学生村官工作的开展目前已经到了关键阶段，必须针对农村建设的重要性和农村对高素质人才的巨大需求，在尊重市场规律和人才成长规律的基础上，优化大学生村官成长成才机制。本研究立足于国家人才战略、农村现代化、社会管理创新的战略高度，以发现和解决大学生村官政策运行中的实际问题为导向，以提出具有建设性、前瞻性和操作性的政策建议为目标，以期构建一套农村现代化与大学生村官成才成长的双向需求、良性互动的长效稳定机制。

二、概念界定

"大学生村官成长成才机制"这一概念本身，意味着要以"机制"的构建来实现对现有资源和要素的系统整合。为了更好地探讨大学生村官成长成才机制的优化对策，有必要先对"大学生村官""成长成才""机制""大学生村官成长成才机制"等相关概念进行界定。

（一）"大学生村官"的界定

"大学生村官"是指由政府部门正式选聘，具有专科以上学历的应届或往届毕业生到农村担任村党支部书记助理、村委会主任助理或村"两委"职务的工作者。大学生村官是高校毕业生,由政府部门公开招聘选拔产生,具有农村基层管理的工作职能,这三个条件缺一不可。依据聘任主体的不同,大学生村官可以分为省市级聘任大学生村官、县级聘任大学生村官、村级聘任大学生村官。依据工作年限的不同,大学生村官可以分为在岗大学生村官和期满离任的大学生村官。

这里,我们主要以省市级、县级聘任的在岗大学生村官为主要研究对象。由此,本研究中所提及的"大学生村官"即由省市级、县级政府部门通过公开招聘选拔高校毕业生到农村担任村党支部书记助理、村委会主任助理或村"两委"职务的在岗工作者。

(二)"成长成才"的内涵

"成长"即"长大""长成",指的是一切事物从不成熟向成熟的阶段发展;"成才"指的是人在成长中成为"人才"的阶段发展。可见,要正确理解成长成才,就离不开对"人才"概念的正确解读。

在人才统计中,往往把具有某种以上学历或某种以上职称的人都列入"人才"的范围。但从人才本质特征的理论视角来看,就复杂得多。人才现象是最复杂的一种社会现象,既涉及自然因素,又涉及社会因素。自古以来,人们就没有停止对人才现象的探究。在我国历史上,"人才"一词最早见于《诗经·小雅》注中:"君子能长育人才,则天下喜乐之矣。"中国古代通常把有才能、有品德的人称为人才。

作为人才学理论研究的逻辑起点,人才概念得到了深入而广泛的研究。人才学研究者们试图从各种不同的人才现象中,探索出人才的本质和特征。我国人才学创始人王通讯将人才定义为:"人才就是指为社会发展和人类进步进行了创造性劳动,在某一领域、某一行业或某一工作上做出较大贡献的人。"[①] 此定义一方面强调不同于模仿性劳动和重复性劳动的"创造性劳动",另一方面强调"较大贡献",即人才以精神财富或者物质财富表现出来的实践所得比一般人要多。到20世纪90年代,学者们对人才的定义也逐步深入。如叶忠海对人才做出了新的界定:"人才是指在一定社会条件下,能以其创造性劳动,对社会或社会某方面的发展做出某种较大贡献的人。"[②] 这个定义新增了"在一定社会条件下",说明人才是社会历史的产物,无论其成长、劳动还是贡献都离不开一定的社会条件。也有学者提出,人之所以能进行创造性劳动,贡献比一般人大,重要的原因在于他们拥有良好的素质。因此,人才是指那些具有良好的素质,能够在一定外

[①] 王通讯:《人才学通论》,天津人民出版社1985年版,第1~2页。
[②] 叶忠海:《普通人才学》,复旦大学出版社1990年版,第42页。

部条件的支持下通过不断地得到创造性劳动成果,对社会的发展有较大影响的人。① 根据人才学的最新研究成果,人才概念被定义为:"人才是指在一定的社会条件下,具有一定知识和技能,能以其创造性劳动,对社会或社会某方面的发展做出某种较大贡献的人。"② 尽管到目前为止,人们对"人才"这一概念尚未形成完全统一的认识,但我们可以从不同时期的人才学著述中看到,人才的创造性、杰出性、进步性、实践性、社会历史性等特征被逐步提炼出来。

《国家中长期人才发展规划纲要(2010~2020)》(以下简称《纲要》)是指导我国人才工作的纲领性文件,对人才概念的界定有了新的突破。《纲要》指出:"人才是指具有一定的专业知识或专门技能,进行创造性劳动并对社会作出贡献的人,是人力资源中能力和素质较高的劳动者。人才是我国经济社会发展的第一资源。"这一界定拓展了人才的概念,对人才工作具有重要意义,同时也反映出人们对于人才本质属性的认识越来越全面、越来越深刻。

这一定义在内涵上强调了人才的专业性、创造性和价值性。专业性是指专门的知识或专门技能。这是人才进行创造性劳动的关键因素,在人才成长和发展中起着至关重要的作用,是人才成功的智慧和本领,决定着人才创造性劳动的领域、内容、水平和方法。创造性是指个体产生新奇独特的、有社会价值的产品的能力或特性,故也称为创造力。在人才学中,理解创造性的关键在于其新颖性、独特性。创造性既指这种能力,还包括运用这种能力进行开拓创新的实践活动。这是人才最本质的特征。价值性是指人才对社会做出的贡献。人类社会的文明史表明,无论是新生产力的开拓,还是先进文化的倡导,乃至于社会形态的革命性变革,都离不开各类人才的历史作用。尽管各类人才发挥作用的途径和形式有所不同,但他们为社会做出的贡献就是其价值性的体现。

从外延上说,这一定义强调了人才在人力资源中的高端性和战略资源性。高端性明确了人才与人力资源的区别与联系,是人力资源中能力和素质较高的劳动者。战略资源性则再次强调了人才在当今社会中作为第一资源的重要作用。

遵循人才统计的视角,大学生村官属于人才的范畴。遵循人才理论的视角,大学生村官具有大学生的身份特质,经过高等教育毕业后通过选拔到基层农村工作,具有一定的专业知识和技能,而能否通过创造性的劳动,为新农村建设做出自己的贡献,则成为大学生村官是否成才的重要标准。从这个意义上看,大学生村官虽不能完全等同于"人才",但可以纳入"潜人才"的范畴,即具有成才的极大可能性。大学生村官从"潜人才"到"显人才"的转化,是由自身的内在

---

① 罗洪铁:《人才学原理》,四川人民出版社2006年版,第7~9页。
② 叶忠海主编:《新编人才学通论》,党建读物出版社2013年版,第112~113页。

因素与外在的环境因素交互作用的结果。在这种交互作用中，内因是根据，对大学生村官的成长和发展具有首要的、决定性的作用；外因是条件，对大学生村官的成长起着催生和制约作用。这种交互作用是通过创造性实践活动来实现的。

因此，大学生村官的成长成才，不仅具有人才成长的一般特点，而且具有自身成长的显著特征。大学生村官具有知识和技能的优势，又有阅历不足、综合素质和能力尚待完善等弱点，但大学生村官的素质能力具有极大的可塑性，发展潜力大，在有利的条件下通过基层实践、教育培训等途径，可以有效优化提升，尽快缩小与岗位需求之间的差距。因此，大学生村官成长成才的关键在于要创造条件、提供服务，使他们尽快适应并投身到新农村建设的创造性实践中。

（三）"机制"的内涵以及相关概念的区分

1. 机制的内涵

"机制"作为一个重要的研究范畴，原意是指机械系统中各个零件或部件之间的组合、关联和制约的方式与原理，并通过相互关联和制约，推动机械系统的良性运行。后来，该词被广泛应用于生物学、社会学、经济学、管理学、政治学等领域，专门指代机体内部各构成要素之间相互作用和调节的方式。《现代汉语词典》将"机制"定义为："（1）机器的工作原理；（2）有机体的结构、功能和相互关系。"[①] 从系统论的角度来看，"机制"指一定的系统结构中各要素的内在工作方式以及诸要素在一定环境下相互联系、相互作用的内在规律和运行原理。

由此，我们可以从以下几个方面来理解机制的基本内涵：其一，系统结构中各个要素的存在是机制产生的前提条件；其二，机制要通过一定的调整手段、方式和方法将系统结构中的各个要素联系起来，使之相互协调而发挥作用；其三，系统各个要素之间在自发的状态下相互制约、相互作用，机制就是要通过人为的作用，使得系统要素从自发的运行方式转化为一种自觉的运行方式，因此机制具有人为性和可控性的特征。通过改变事物构成要素的结构、因素、外部环境，经过持续性的积累，可以不断实现现有机制的优化甚至产生新的机制。这充分体现了人的主观能动性的发挥。依据机制运行方式的不同，机制可以分为行政—计划式、指导—服务式、监督—服务式三种。行政—计划式机制即依据行政和计划手段协调各个要素的关系；指导—服务式机制即依据指导、服务方式协调各个要素的关系；监督—服务式机制即依据监督、服务方式协调各个要素的关系。不同的机制可以发挥激励作用、制约作用和保障作用，使得系统各个要素实现协调统一。

[①] 中国社会科学院语言研究所：《现代汉语词典》，商务印书馆1983年版，第523页。

2. 机制、制度和体制的区分

为了更深刻地认识机制的内涵，我们有必要厘清机制与制度、体制这些相关概念的关系。

一是区分"机制"和"制度"。从广义上理解，"制度"是一个宽泛的概念，包括特定社会范围内统一的调节人与人之间社会关系的习惯、道德、法律、规章、规范等由社会认可的各项规则。由此，制度可以分为非正式约束和正式约束，习惯、道德属于非正式约束，而法律、规章属于正式约束。从狭义上理解，制度指的是国家和地方的法律、法规以及任何组织内部的规章制度，它为人们提供一整套办事规程或行动准则，具有稳定性、强制性的特征。不同于制度，机制是通过一定的运行方式将事物内部的构成要素协调起来以促进其作用的发挥，因此机制具有动态性和灵活性，强调的是事物之间的联系方式。

二是区分"机制"和"体制"。"体制"是国家机关、企事业单位在机制设置、领导隶属关系和管理权限划分等方面的体系、制度、方法、形式等的总称，主要体现了一定社会的组织职能和岗位责权的划分。一般而言，体制可以分为经济体制、政治体制、文化体制等，强调的是具有层级关系的上下级之间的组织形式。不同于体制，机制主要强调的是事物各个部分和要素之间的相互关系。

机制和制度、体制虽然相互区别，但同时也存在密切的内在联系。

首先，制度是机制的重要载体，机制的良性运行需要依靠制度来实现，没有制度就没有机制。现代管理学的研究表明，构建管理长效机制的基础在于建立一套行之有效的制度体系。同时，制度有必要转化为机制，才能引导人们自觉自愿地遵守制度，最大限度地发挥制度的应有功能，但这一转化过程是一个系统建构的过程，不是朝夕之功。

其次，制度和体制是内容和形式的关系，制度决定着体制，制度总是通过相应的体制表现出来。制度可以规范体制的有效运行，体制可以保证制度的有效落实。同样的制度可以表现为不同的体制，比如我国社会主义经济制度既可以表现为计划经济体制，又可以表现为市场经济体制。为了适应社会生产力发展的需要，社会体制需要不断改革和完善。

最后，由于制度和体制作为一个系统，都要由一定的构成要素相互联系和相互作用才能存在和发展，因此，任何制度和体制的完善必然伴随着机制的建设，都具体体现为一定的机制。在这三者之间，体制具有决定作用，体制决定着制度的制定和机制的运行方式。制度在机制运行中具有导向功能、协调功能和保障功能，机制的运行依托于良好制度的保障。

总之，要建立一套行之有效的机制，必须依赖于不断建立和完善相关的制度和体制。只有通过制度和体制的改革创新，才能有效带动机制的转换，使得系统内部构成要素得以有效运行。机制的构建是一项复杂的系统工程，各项制度和体制的改革与完善不是孤立的，只有通过多种因素和多个层面相互制约、相互补充、相互配合，才能有效推动机制的构建。

（四）"大学生村官成长成才机制"的内涵

不同于大学生村官工作机制，大学生村官成长成才机制具有更丰富的内涵。由于人的成长成才是一种高度复杂的社会现象，虽然工作机制是成才机制的重要组成部分，但成才机制涵盖但不限于工作机制，还包括村官主体的自我提升、工作机制以外的社会环境和文化环境的优化等更为丰富的内容。由此，本研究提出的大学生村官成长成才机制具有综合性、系统性、内驱动和自完善等特性。"大学生村官成长成才机制"是从大学生村官的视角出发，按照人才学揭示的内外因综合效应成才律等人才成长规律，探讨大学生村官成才过程中涉及的各种因素相互促进、相互制约的运作方式。

目前，关于大学生村官成长成才机制的研究提出了不下几十种机制，分属于不同的层次，从不同的角度揭示了大学生村官成长成才过程中某一方面或某一环节的机制，丰富了大学生村官机制建设的研究，具有重要意义。但面向全国，对大学生村官成长成才全过程进行分析，提出系统的、有针对性的对策建议的研究尚不多见。已有的关于大学生村官成长成才机制的研究成果为本课题的研究提供了丰富的资料，但是在机制的构建和创新性发展上，这些成果主要强调的是通过外部机制来促进大学生村官在"进、管、出"过程中的成长成才，很少论及对于大学生村官后续发展的跟踪和监督机制。就大学生村官个体而言，自我提升和自我塑造的内在机制的形成是不可或缺的，现有成果对此较少涉及。此外，大学生村官作为服务新农村建设的优秀基层队伍，他们的成才应是持续性的而不是阶段性的。

由此，本研究的目的是：立足于国家人才战略的高度，根植于农村的现代化目标，从农村经济、生活等全面可持续发展的根本意义上，通过国内比较和国际借鉴，对大学生村官的内在素质和影响其成才的外部环境进行理论分析，在全国范围内开展调查研究，以国家、高校和大学生的三重视角建构一种立体式、全方位的内外要素相协调、相配合的具有灵活性和可操作性的双向互动的大学生村官成长成才机制。

三、研究综述

现有研究从不同的学科领域、不同研究视角出发，对大学生村官展开了大量研究，具体内容包括以下几个方面：

（一）关于大学生村官角色定位的研究

大学生村官作为一个特殊成才群体，他们的角色定位自有关政策出台就备受争议，理论界也是众说纷纭。如何确定大学生村官的角色定位，引导其愿意扎根基层、服务基层，成为学术界研究的重点之一。目前，比较一致的观点认为，大学生村官的角色定位存在诸多模糊和不清，身份与角色不清直接导致工作职责和义务的不清，影响了大学生村官才能的发挥。

不少研究从法律的角度提出，大学生担任的不可能是真正意义上的"村官"，大学生村官在法律上处于"非官、非农"的尴尬处境，加上现有的户籍限制，直接导致了大学生村官身份的尴尬："大学生村官"既不是农民，又不是干部，更不是公务员。在大学生村官政策中，仅仅规定了大学生村官的职务是助理职务，但对于具体工作职责缺乏明晰的规定。由于缺乏相应的法律地位，名不正言不顺的尴尬身份，使得大学生村官的合法权益难以得到法律保障，非常不利于大学生村官作用的发挥。同时，"大学生村官"角色的模糊定位，造成大学生村官普遍陷入对自身角色的困惑之中。比如鲍志伦在《基于人才开发与管理视域下的大学生村官问题研究》指出："从法律上给大学生村官一个明确的定位和身份是当务之急，是大学生村官模式制度化的基本前提。"[①]

（二）关于大学生村官成长成才内在素质的研究

1. 关于大学生村官胜任素质的研究

众多学者都曾对大学生村官内在素质进行过研究，大部分研究是通过对一定范围内的大学生村官胜任素质和能力进行问卷调查，然后借助统计软件对回收的数据进行整理分析，并以此为基础构建了大学生村官素质的胜任力模型。比如有学者在借鉴冰山素质模型的基础上，从知识、能力、思想和品德4个维度确定了16项大学生村官胜任素质特征。[②] 有研究通过调查，建立了由个人特质、职业品德、岗位综合能力、人际能力和发展经济能力5个方面共计22项要素组成的胜任特征模型。[③]

[①] 鲍志伦：《基于人才开发与管理视域下的大学生村官问题研究》，载《中国市场》2013年第9期，第34页。

[②] 尹希果、陈彪：《基于胜任素质模型的大学生村官素质特征研究》，载《理论与改革》2010年第6期，第95～98页。

[③] 孙步宽：《大学生村官胜任特征模型初探——以河南省为例》，河南大学硕士学位论文，2009年，第33～45页。

有部分研究首先认定大学生村官与职务有关的行为，并对关键事件中的一些关键因素进行提取和编码，以此建立胜任素质模型。比如有研究对10名现任大学生村官进行访谈，确定了大学生村官要具备政治类、成就和行动类、协调和服务类、冲击和影响类、认知类、个人效能类6个维度和10个亚维度的素质。①

还有研究通过胜任力与地区发展差异的比较分析指出，不同经济发展水平的村型对于大学生村官人才素质的需要存在显著的不同：传统农业村要求到这些地区的大学生村官创业意识和能力、耐挫折性较高；而城镇化水平已经较高的地区对于大学生村官的素质要求集中于公文处理、制度建设、法律法规上。② 还有研究以大学生村官职业能力差异性比较为视角，通过与现任大学生村官相比，认为新任大学生村官具有比现任大学生村官更高的自信心，带领农民致富的愿望更加强烈。对不同任职时间的大学生村官进行比较可以发现，其创业激情在入职一年以后不足两年的时间段处于疲软期。③

2. 关于大学生村官内在素质现状的研究

目前，关于大学生村官素质现状的研究，比较一致的观点认为，大学生村官的内在素质存在诸多不足。比如有研究指出了目前大学生素质与乡镇基层干部要求的素质间的差距，即理论与实践的差距、大学生处事的方式方法与现实要求的差距、对中国国情及政策，尤其是解决"三农"问题的方法、对策了解不够客观，不够深入，理想化倾向明显。④ 还有学者通过重点访谈，认为当前大学生村官胜任力的不足体现在沟通能力欠缺、解决问题能力欠缺、个性上的不完善、专业问题和经验问题突出。⑤

3. 关于大学生村官素质提升的研究

目前的研究从多个层面提出了提升大学生村官素质的建议。比如有研究指出，大学生村官能力建设是一个全方位的系统工程，需要高校和基层发挥重要的引导和扶助作用，但是最主要的还在于大学生自己。⑥ 有研究认为应该创新高校培养模式，为大学生村官提供成长的智力支持，以此提高自身综合素质，激发成

---

① 胡欣欣、潘一成：《大学生村官胜任素质模型》，载《经营管理者》2010年第10期，第25~26页。
② 陈书怡、管迪、谢欣欣：《大学生村官的胜任特征与地区发展差异关系初探》，载《全国商情（理论研究）》2010年第6期，第120页。
③ 程继明：《大学生村官职业能力体系的建构与应用》，南京大学硕士学位论文，2011年，第48~52页。
④ 王玥：《基层需要的乡镇人才素质能力探讨》，载《中小企业管理与科技（上旬刊）》2011年第4期，第104页。
⑤ 邹鑫、李冬梅、周燕娜：《大学生村官胜任力存在问题与对策》，载《出国与就业》2011年第2期，第20页。
⑥ 张丽：《从大学生村官新政策的实施看加强大学生能力建设》，载《忻州师范学院学报》2008年第5期，第117页。

长的内在动力。① 有研究从树立爱农意识、增设村官课程和强化岗前培训等方面具体探讨了高校尤其是农业院校培育大学生"村官"的有效措施。②

总之，目前对大学生村官内在素质研究的论文多于专著，实证多于理论。单单依靠实证数据或者某一学科、某一理论，难免出现研究不足，比如实证数据是否具有代表性、是否可以较为全面地把握大学生村官的内在素质？大学生村官这个群体相对于普通的大学生群体而言有许多特殊性，既涉及制度政策层面，也涉及基层组织管理层面等，研究大学生村官的内在素质，只依据心理学某一理论模型显然是不够的。由此，本课题将依托人才学、心理学、社会学和政治学等多学科知识，多维立体地重点阐明影响大学生村官成长成才的内在素质的理论问题。

（三）关于大学生村官成长成才外在环境的研究

外部因素是影响大学生村官成长成才的重要因素之一，对于外部环境的关注在近几年显得尤为明显。目前，这部分研究主要集中在以下几个方面：

1. 关于大学生村官成长成才外部环境现状的研究

现有研究普遍关注大学生村官成长成才的外部环境，主要从工作环境、生活环境、舆论环境、制度环境等层面展开讨论，比较一致的观点认为大学生村官成长成才的外部环境存在诸多不足。比如有研究指出，外部成长环境有待改善、组织管理制度不够健全、分流导向机制有待建立等是阻碍大学生村官成长的主要外部因素。③ 还有一些研究运用模糊数学方法建立了模糊综合评价模型，对大学生村官成长成才环境的满意度做了比较全面、客观、准确的评价。比如有研究根据评价结果发现，当前大学生村官对其工作环境满意程度不高，尤其是在上级领导管理、工作回报等方面，需要进一步提升和完善。④

2. 关于大学生村官成长成才外部环境优化的研究

现有研究从不同层面提出了优化大学生村官成长成才外部环境的路径。有研究运用实证调查的方法，分析了大学生村官在农村创业富民的优势及目前制约其进一步发展的因素，并从政策环境、金融环境、教育环境、舆论环境等角度尝试构建一个推进大学生村官创业富民进一步发展的环境支持体系。⑤ 还有部分研究

---

① 吕晓静：《提升大学生村官素质研究》，河南农业大学硕士学位论文，2010年，第17~22页。
② 代兴梅、李龙、王勇等：《高校大学生村官的素质要求与培育》，载《高等农业教育》2010年第1期，第82~84页。
③ 姚东瑞：《大学生村官成长环境分析》，载《中国青年研究》2010年第10期，第64~69页。
④ 赵永建：《大学生村官对其工作环境满意度的模糊综合评价》，载《安徽农业科学》2011年第9期，第621~624页。
⑤ 刘慧：《论大学生村官创业富民环境支持体系的构建》，载《安徽农业科学》2011年第18期，第295~297页。

专门集中针对外部环境存在的主要问题提出了优化建议。比如有研究提出，作为培养和输出大学生村官的高校，应该发挥提供人才输出机制的主导性作用，高校最为重要的责任是做好本职工作——完善教育机制，为社会输出必要的人才。而教育机制的完善，关键的一点就在于高校教学方式的改革和转变。因此，我们提出了以下几点构想：一是在教学手段上要加强学生参与课堂教学的积极性，改变他们被动接受知识的状态；二是在实践课程的设置上，加大学校的帮扶力度；三是加强学生创业意识的培养。①

以上对大学生村官成长成才外在环境的阐述和研究，观点都有独特之处，特别是有人引入模糊数学方法对其外在环境进行数量化的考察值得借鉴。但是这些研究都较为注重宏观环境的考察，而本课题将从微观环境、中观环境和宏观环境三个层次对大学生成长成才的外部环境进行全局式的考察，尝试性地做出具有整体性的、参考性的外在环境评估体系，以便更好地指导实践。

（四）关于大学生村官成长成才机制的研究

现有关于大学生村官成长成才机制建设的经验研究一般从人才成长过程、人力资源管理过程、大学生村官工作流程等维度展开，形成了丰富的研究成果。

1. 人才成长过程的维度

从人才成长过程的维度出发，有学者提出了建立和完善大学生村官培养机制、保障机制、激励机制、流动机制等建议。

在培养机制方面，有研究从国家政策和机制、地方政府工作落实、高校教育模式和大学生村官个人素质四方面探讨了培养过程中存在的具体问题②；提出在大学生村官入职前高校应建立大学生村官预培养机制，即将大学生"村官"的选拔和培养过程前移，实施以高校为主体、相关党政部门和农村基层组织等共同参与的大学生"村官"预培养工程，从"村官"胜任力模型的构建以及"准村官"的选拔、培养和考核等几个方面构建大学生"村官"的预培养机制。③ 在保障机制方面，有研究提出将大学生村官保障机制的内容分为五个部分：经济保障、岗位保障、培训保障、申诉控告保障和发展保障，并对这五个保障机制提出了完善对策。④ 在激励机制上，有研究建议应以创新大学生村官激励理念为基础，以充

---

① 陈敏莉：《以创业培养模式为导向的大学生村官制度的长效发展机制——以高校教育阶段为切入点》，载《企业导报》2013年第2期，第197~199页。
② 周杨平：《大学生村官培养问题研究》，江西农业大学硕士学位论文，2013年，第14页。
③ 苏益南、李炳龙、朱永跃：《高校大学生"村官"预培养机制研究》，载《苏州大学学报（哲学社会科学版）》2011年第3期，第168页。
④ 娜仁格日乐：《吉林省大学生村官保障机制研究》，东北师范大学硕士学位论文，2013年，第17~20页。

分发挥大学生村官管理中各种激励因素的积极作用为核心,统筹各种激励制度与方法的运用,在动态调整中不断完善大学生村官激励机制。① 针对大学生村官期满流动问题,现有研究给予了极大的关注。中共中央组织部组织二局作为负责大学生村官工作的中央部门,对大学生村官职业生涯特点、大学生村官职责与胜任力、职业生涯规划、职业生涯心理调适等做了较为系统的权威解读。② 理论研究普遍认为,虽然考公务员加分等政策可以引导和激励大学生下基层为农村做贡献,但应避免将此举当成进入公务员队伍的"跳板"的做法。比如有学者提出,大学生村官如果看重任职期满后考研、考公务员等"利好",会削弱了他们献身农村的长远打算和信心,各地政府对大学生村官工作要有长远的规划,使村官安心在村工作。③

2. 人力资源管理过程的维度

在从人力资源管理过程的维度进行研究的成果中,比较有代表性的是《大学生村官工作长效机制研究》这一专著。书中提出,大学生村官工作的长效机制包括七大机制,具体如下:调控机制;战略性管理与规划、牵引机制;工作分析与培训开发、激励机制;薪酬与职业生涯管理、约束机制;绩效管理、竞争机制;选聘、淘汰机制;服务机制。④ 其中,战略性管理和规划主要是指应编制大学生村官配置计划、编制职务计划、预测大学生村官的需求、确定大学生村官的供给计划、对大学生村官规划进行评估和反馈。⑤ 工作分析和培训开发主要指构建大学生村官培训体系,即确立主管部门、培训机构、保障支持、培训评估。⑥ 薪酬激励机制主要指建立绩效与工资之间的联系、完善社会保障等;职业生涯发展管理主要指搭建信息预测和沟通平台、完善职业生涯发展保障体系、建立实施过程机制。⑦ 绩效管理主要包括制定绩效计划、实行绩效记录与辅导、实施绩效评估和绩效反馈等。⑧ 此外,该书作者还认为,绩效管理在大学生村官工作中有举足轻重的作用。一方面,大学生村官在绩效反馈时可以发表自己的意见、提出自己的要求;另一方面,大学生村官可以从中看到自己的不足,鞭策自我的提

---

① 李鸿鹄:《大学生村官激励机制研究》,浙江大学硕士学位论文,2010年,第36~38页。
② 中共中央组织部组织二局:《大学生村官职业生涯发展指南》,党建读物出版社2012年版,第3页。
③ 刘国中、赵永贤、庄同保、苗成斌:《大学生"村官"工作长效机制探究——以江苏省为例》,载《南京大学学报(哲学·人文科学·社会科学版)》2010年第3期,第68~70页。
④ 王兆萍:《大学生村官工作长效机制研究》,经济科学出版社2012年版,第104~143页。
⑤ 王兆萍:《大学生村官工作长效机制研究》,经济科学出版社2012年版,第108~109页。
⑥ 王兆萍:《大学生村官工作长效机制研究》,经济科学出版社2012年版,第119~121页。
⑦ 王兆萍:《大学生村官工作长效机制研究》,经济科学出版社2012年版,第124~129页。
⑧ 王兆萍:《大学生村官工作长效机制研究》,经济科学出版社2012年版,第133~136页。

升和进步。①

3. 大学生村官工作流程的维度

更多研究从大学生村官工作流程的维度出发，主要探讨了建立和完善大学生村官选聘机制、培训机制、日常管理机制、创业机制和分流机制等方面的内容。

针对选聘机制，现有研究普遍认为要以农村实际需求为核心，侧重选拔专业对口的本地大学生，以招聘公开化、农村实践能力的实用性和大学生村官的本土化为原则。在选聘对象问题上，大部分研究坚持面向应届、往届大学毕业生，部分学者提出还可以面向在读大学生，对口培养"村官大学生"，将理论学习和实践锻炼有机结合起来。另一种观点是面向农村有志、有为青年，高校就地"孵化"大学生村官。② 针对选聘主体，大部分研究认为要建立多元化的选聘主体，即高校与各市、县、乡等服务地建立联系，实现对接，与省、市组织人事部门协同工作，共同选拔符合新农村建设要求的"村官"。③ 针对选聘方式，有代表性的观点认为应严格选聘标准，创新选聘方式，探索采取学校推荐、双向选择、驻村见习以及面向重点院校定向选聘等方式，提高选聘质量，使大学生的专业与农村实际需求相适应。坚持回原籍优先的原则，坚持本土化选拔培养大学生村官。④

针对培训机制，有的研究建议以高校为主体，借鉴售后理念，做好大学生村官成长成才的全程追踪培训服务。⑤ 有的研究以地方政府为主体，认为地方政府要注重后续在职培训，采取多种手段提高大学生村官的业务素质。⑥

针对日常管理机制，有代表性的研究提出应解决大学生村官尴尬的身份困境，对大学生村官的身份进行明确的定位。有的学者将当代大学生村官称为"新知青"，建议设立专门的机构统一管理"新知青"的档案，其工资来源应由地方与中央财政共同承担。⑦ 还有学者认为可以采取类似于公务员"选调生"的方法，一部分作为试用的公务员，一部分作为试用的事业单位编制人员。⑧ 其他研

---

① 王兆萍：《大学生村官绩效管理实施研究》，载《理论与改革》2011年第1期，第99~101页。
② 鲍宏丹：《大学生村官工程制度创新研究》，载《创新论坛》2008年第11期，第25~26页。
③ 陆志华：《大学生"村官"制度之惑与解》，载《黑龙江高教研究》2011年第10期，第132~134页。
④ 王晓群、周爽：《"大学生村官"问题的探索与思考》，载《吉林化工学院学报》2013年第6期，第63~64页。
⑤ 赵光年：《农业高校培养"村官"的思考》，载《农村教育研究》2009年第1期，第36~37页。
⑥ 吕洪良、吕书良：《新农村建设与大学生村官政策》，载《中州学刊》2009年第1期，第21~24页。
⑦ 黎陆昕：《大学生就业与农村建设的人才滋补——新知青政策刍议》，载《中国青年政治学院学报》2007年第5期，第18~21页。
⑧ 陈天祥、卢坤建、杨伊安：《从非典型雇佣关系看大学生村官制度的困境》，载《江苏行政学院学报》2011年第3期，第110页。

究主要围绕大学生村官日常管理制度提出了完善对策，有的建议建立"优胜劣汰"的考核激励机制，营造"干与不干不一样""干好干坏不一样"的氛围。①

针对创业机制，学者主要从创业项目、创业基金、创业政策、创业能力等方面进行了研究与论述。有研究建议把大学生村官创业纳入整个创业政策支持的范畴之中，在项目规划、资金投入、信贷支持、税费减免、手续审批以及创业培训等环节开辟"绿色通道"。②还有的提出应优化创业政策，满足创业需求；强化创业人才培训，提升创业能力；加大创业项目扶持，提高创业成功率；组建创业团队，保持创业项目的持续性；建立创业风险分担机制，降低创业风险。③

针对流动机制，国内学术界的学者所做的研究和提出的对策主要侧重于吸引大学生进入村官系统，对于不合格的村官的惩处机制涉及得比较少。有代表性的研究建议相关部门要及时制定科学合理的配套政策，为不同种类的大学生村官量身定做"职业规划"。对政绩突出、特别优秀的，可优先提拔担任乡镇领导职务，享受相应职级待遇。正式留任的建议设计"荣誉村民"等渠道；要求就地创业的，鼓励其带领村民致富；如果要考公务员、考研、社会就业，可适当给予照顾。④

总之，关于大学生村官的研究，学界目前已有了很多成果，为本课题打下了良好的基础，值得认真借鉴。但相对于迅速发展的实践，还存在较大的研究空间。目前，针对大学生村官的理论研究还比较分散，缺乏深入系统的探究，尚未形成理论体系；专门深入探讨这一特殊群体成长成才过程和规律的研究尚不多见；跨学科的综合性研究也有待加强；具有针对性的对策研究比较欠缺，现有诸多对策建议或者缺少全国范围的实证调研数据的支撑，或者针对性不强，使得理论与实践不能有效对接。现有研究主要强调的是通过外部机制来促进大学生村官在"进、管、出"过程中的成长成才，对于大学生村官后续发展的跟踪和监督机制很少论及。就大学生村官个体而言，自我提升和自我塑造的内在机制的形成是不可或缺的，现有成果对此较少涉及。由此，本课题力图厘清大学生村官成才成长所关涉的基础理论问题，包括成长过程、成才特征、影响因素、成才规律等，对以往历史、国外成熟做法以及当代实践经验进行理论抽象和升华，构建理论解释模型，使大学生村官成长成才有明晰的理论自觉和学理反思，避免盲目和误解。同时，在全国范围内开展调查研究，全方位、客观地把握大学生村官成长成

---

①④ 吴亚军：《大学生村官用得上还要留得住》，载《法制与社会》2008年第9期，第36~39页。
② 王宏源、王惠：《创新大学生村官锻炼成才的良性机制》，载《领导科学》2011年第9期，第42~44页。
③ 魏翠妮、刘云龙：《大学生村官创业情况调查研究——以江苏省为例》，载《中国大学生就业》2014年第2期，第3~7页。

才的现状，从国家、高校和大学生的三重视角提出促进大学生村官成长成才的具有前瞻性、针对性和创新性的对策建议。

四、研究方法

大学生村官成长成才机制是一个复杂的问题，其研究既具有理论性、综合性，又具有实践性、应用性。因此在研究中必须拓展研究方法。本研究坚持马克思主义世界观和方法论的指导，致力于不同学科的理论与方法的交叉渗透，突出理论研究方法与实证研究方法、定性研究方法与定量研究方法的有机结合，相互融合、相互支撑，从而凸显出本研究的多维性与完整性的统一。

一是系统分析法。将大学生村官成长成才作为一个整体性和层次性的复杂系统看待，从大学生村官成长成才的不同构成要素相互作用、相互影响的方式中，深入把握大学生村官成长成才的规律。通过对大学生村官成长成才的现状进行系统梳理，力求形成全面客观的认识，发现存在的主要问题，建构系统性和针对性的对策建议。

二是访谈调查法。对大学生村官、村民和管理者（包括村干部和乡镇大学生村官管理部门的工作人员）进行关键行为事件访谈、深度访谈和团体焦点访谈，从大学生村官、村民、管理者等多个主体不同视角的交错中，对大学生村官工作的实施状况进行客观评判。在不同视角的相互关照和比较中，能够全面把握大学生村官成长成才的现状，寻找机制优化的切入点。

三是问卷调查法。通过针对大学生村官和高校开展问卷调查，详细了解大学生村官这一群体对大学生村官政策、大学生村官工作和自身成长成才的真实感受，用可靠数据准确描绘大学生村官工作现状，为完善大学生村官工作提供翔实的第一手资料和数据。从大学生村官政策的实施、大学生村官的个体素质构成、外部环境对大学生村官的影响、大学生村官职业生涯发展及其成长成才阶段性特征、高校选聘和培养大学生村官的现状等多个维度，涵盖全国东、中、西等不同层次和地区，力求多维度、全方位、立体式地把握我国大学生村官群体现状，总结成功经验，找出存在的问题，为理论研究提供现实依据。

四是文本分析法。通过对中央和地方两级上百份大学生村官政策文本的文本属性和内容的分析，梳理出大学生村官政策的演变过程和内在逻辑。主要从政策文本属性和内容两个方面进行定性分析，以把握人才选聘数量的时间演化、人才识别指标体系的区别、人才政策类型的区别等。通过历史发展纵向比较的视角，把握大学生村官政策变和不变的规律性特征，并结合时代背景，对大学生村官政策的历史演进进行客观描述和评价。

五是比较研究法。大学生村官政策作为促进大学生到基层就业项目的重要举措，与选调生项目、西部志愿者项目、三支一扶项目等其他基层就业项目有共同的价值定位，也有不同的政策导向。通过比较我国不同基层就业项目的异同，借鉴其他项目运行的方式方法，为大学生村官政策的完善提供了可供借鉴的经验。同时，美国、德国、法国、韩国等国家鼓励大学生到农村基层就业和创业的各项政策和举措，拓宽了我们的研究视野。借鉴这些国家鼓励大学生到农村基层就业创业项目运行的方式方法，为大学生村官工作的完善以及高校毕业生基层培养计划的实施提供了可供借鉴的经验。

第一章

大学生村官政策的战略解读

大学生村官这一特殊群体的产生和壮大与大学生村官政策的制定实施密不可分,可以说,大学生村官群体是政策催生的结果。要深入探讨大学生村官成长成才的机制建设,一项前提性工作就是对大学生村官政策的由来与演进进行必要的回顾与梳理。因此,从宏观层面回顾大学生村官政策的产生背景,梳理其发展历程,并在此基础上高定位、多维度阐发该政策实施的战略意义是非常必要的。

第一节 大学生村官政策的实施背景

大学生村官政策源起于20世纪90年代中期我国东部地区某县级政府的一项自发性探索行为,之后在各省市的相继跟进中得到普遍认可并继续推进。大学生村官政策的产生是一项新生事物,看似偶然发生,实则有着深刻的社会背景。当此之时,我国各项事业的发展取得了巨大成就,客观上为大学生村官政策的实施提供了条件支撑和必要保障;同时,随着改革开放的深入发展,一些深层次问题开始显现,尤其是城乡所呈现出的不同发展图景和面临的现实挑战,成为孕育、催生大学生村官政策的诱致性因素。

一、当前农村发展的总体形势

要了解大学生村官政策的实施缘由,就必须了解我国农村在国家中的地位及其基本形势。我国是一个传统的农业大国,农村、农民、农业是国家发展的基础,在我国社会主义现代化建设进程中占据举足轻重的地位。中国要富强,农村必须有大变化,农业基础必须稳固,只有农村和谐稳定,农民安居乐业,国家整体发展大局才有坚实的保障和工作主动权。此外,农村是我国传统文明的发源地,是乡土文化的根之所在。中国基本的社会结构、生活方式都植根于农村,有着深刻的历史渊源,只有深刻认识农村社会、农民生活及社会心态,才能真正认识中国,科学思考和正确处理中国城乡发展中的矛盾与问题。基于农村举足轻重的地位,中央、政府对"三农"问题给予了高度重视。[①] 自 2003 年以来,连续 13 年,中央每年都以一号文件[②]的形式对"三农"建设的不同方面提出发展意见,对农村改革发展起到了强有力的推动作用。

在中央的高度重视下,我国农村以前所未有的速度向前发展,在农村经济繁荣、基层治理体制创新、农业综合能力提升以及文化、社会事业等方面取得了显著成就,为实现人民生活从温饱不足到总体小康的历史性跨越、推进社会主义现代化做出了重大贡献,这些成就为各种创新政策的尝试和推行提供了良好的前提条件和基本的物质保障。新形势下"三农"建设呈现出一些基本特点:

一是由最初关注经济发展开始向全面建设新农村推进。长期以来,基于经济发展在农村发展中的关键地位,社会各界对"三农"问题的关注侧重于经济方面,对农村政治、文化、社会发展的关注度不够。党的十六大以来,在中央的积极推动下,农村改革由经济领域扩展到政治、文化、社会等各方面,提出了全面建设小康社会、建设社会主义新农村等目标,我国农村开启了"全面改革"模式,农村社会的生产生活方式、乡村伦理关系和农民道德观念也随之发生了显著变化。

二是村民自治体制下国家仍是主导力量。在基层社会治理方面,随着农村政治体制改革和民主建设的推进,农民的公共参与意识和能力不断提高,村民自治

---

① 新华网:《中央一号文件何以频频锁定"三农"》, http://news.xinhuanet.com/2015-02/01/c_1114210085.htm。

② 中央一号文件原指中共中央每年发的第一份文件聚焦的主题往往是国家当前需要重点关注和亟须解决的问题,在全年工作中具有纲领性和指导性的地位,因此历年的文件都会受到各界的高度关注,现在已经成为中共中央重视农业、农村和农民而发布文件的统称。一般而言,每年年初,中央都会发布有关农村改革和农业发展具体部署的文件,简称中央一号文件。

体制运行日趋成熟，正在成为我国农村社会的根本治理方式。但这并不意味着国家力量在农村权力架构中的完全消失。当前，我国的村民自治水平没有达到较高程度，村民自治体制在推进基层民主的同时，也滋生了基层贪腐等不良现象。在农村发展的关键时刻，国家力量仍在农村发展全局中占据主导地位，通过间接性的介入、政策引导等方式来加强对农村基层社会的治理，如下派驻村工作组和工作队、选派第一书记等。

三是农村发展进入了信息化阶段。随着计算机、网络电信等新兴技术日新月异的发展和普遍应用，信息化浪潮以不可逆转之势迅速渗透到各个领域，深刻影响并改变着社会生产方式和人们的生活思维方式。在农业农村发展方面，先进国家的经验表明，信息技术的广泛应用能够有效提高农业生产和经营管理的集约化、规模化水平，对农业生产技术更新、社会组织方式变革、农民生活思维方式转变都有深远影响。党的十八大提出的"四化同步"发展思路中，进一步强调了信息化支撑城镇化与农业现代化协同发展的核心作用。当前，我国正处在推进现代农业和新农村建设的重要战略机遇期，充分利用信息技术对农村生产、生活过程提供全面支持，对于提高农业生产力、促进农业转型升级、提升农村经营管理水平和文化建设水平、培育现代化新型职业农民等都有重要意义。

四是农村进入精准扶贫工作的攻坚阶段。2014年，中共中央办公厅印发《关于创新机制扎实推进农村扶贫开发工作的意见的通知》，随后国务院扶贫开发领导小组等七部门联合出台了《关于印发〈建立精准扶贫工作机制实施方案〉的通知》，国务院扶贫办下发了《关于印发〈扶贫开发建档立卡工作方案〉的通知》，对我国农村精准扶贫工作的总体布局和具体措施做了详尽规制，一系列文件的颁发标志着我国进入了精准扶贫战略的推进阶段。所谓"精准扶贫"就是把农村地区人均年纯收入低于2 300元的农户作为明确的扶贫对象，并在2020年要让这一贫困人群实现脱贫。2017年政府工作报告宣布2016年"十三五"扶贫攻坚战首战告捷，并提出2017年再减少贫困人口1 000万的目标。由此，要实现2020年的扶贫工作目标，未来3年我国精准扶贫工作将迈入关键的攻坚期，要打赢这场"攻坚战"，离不开一支高素质的扶贫人才队伍。这支队伍不仅包括贫困农村基层干部队伍、公共服务专业扶贫队伍，而且包括扶贫志愿者队伍。这三类扶贫队伍迫切需要大学生这一青年人才群体的积极参与。大学生群体参与农村扶贫，不仅能够推动扶贫工作的快速向前，而且自己也能够在基层就业中进一步提升思想、锻炼能力。

二、人才强国战略下农村发展遭遇"人才瓶颈"

人才强国战略是 21 世纪初确立的我国三大基本战略之一。① 2002 年由中央制定发布的新中国成立以来的第一个综合性人才队伍建设规划——《2002~2005 年全国人才队伍建设规划纲要》首次提出了"人才强国战略",2003 年 12 月发布的《中共中央、国务院关于进一步加强人才工作的决定》,明确提出"新世纪新阶段人才工作的根本任务是实施人才强国战略"。党的十七大更是将人才强国战略与科教兴国战略、可持续发展战略确立为国家三大基本战略,并写进党章。党的十八大以来,人才强国战略的实施被摆到了更突出的位置。十八届五中全会站在协调推进"四个全面"战略布局的高度,进一步强调深入实施人才优先发展战略,加快建设人才强国。人才强国战略的含义可以有两种不同理解:一是将"强"字作为动词,强调人才是强国的途径和动力,通过开发人才、用好人才达到国家富强、人民幸福之目的;二是把"强"字作为形容词,意为通过种种努力使我国尽快从人力资源大国转变成人才资源强国。两种理解都蕴含着重视人才、"人才兴国"的意涵。作为党和国家面对新形势下的发展任务和时代挑战而提出的一项重大战略,实施人才强国战略既是实施创新驱动发展战略的迫切需要,也是增强国际人才竞争优势的战略选择,更是集聚人才、巩固党的执政基础的重要举措。②

在建设人才强国的宏大征程中,新农村建设是实现国家富强、民族复兴的基础,是协调推进"四个全面"战略布局的极其重要的一环,农村人才是农业转型、产业升级、农村发展过程中的生力军,是新农村建设的引领力量和智力支撑。然而,受长期实行的城乡二元体制等因素的影响,我国农村在基础资源、生产组织、发展水平等方面都与城市存在较大差距。遵循市场在资源配置中起基础作用这一规律,优势资源包括人才资源日益向城市聚集。这种单向流动使得精英

---

① 人才强国战略的提出是一个历史过程。基于对人才重要性的认识,我国在 2000 年发布的《中华人民共和国国民经济和社会发展第十个五年计划纲要》即把"人才战略"纳入其中;2002 年中共中央办公厅、国务院办公厅发布的《2002~2005 年全国人才队伍建设规划纲要》首次提出了"人才强国战略";2003 年 12 月 19 日中共中央、国务院在京召开新中国历史上第一次以人才为主题的全国性工作会议,会后发布的《中共中央、国务院关于进一步加强人才工作的决定》,明确提出"新世纪新阶段人才工作的根本任务是实施人才强国战略";2007 年 10 月的中共十七大上,人才强国战略首次被写入党的政治报告和党章,成为与科教兴国战略、可持续发展战略并列的三大基本战略之一。2010 年 5 月中共中央、国务院召开第二次全国人才工作会议,并下发了我国第一个中长期人才发展规划——《国家中长期人才发展规划纲要(2010—2020 年)》,对新形势下如何实施人才强国战略做出部署和规划,成为当前和今后一个时期实施人才强国战略的指导性文件。
② 陈希:《加快建设人才强国》,载《人民日报》2015 年 11 月 11 日,第 7 版。

团体（高端人才）在城乡之间双向自由流动机制遭到破坏，农村人才向城市集中且不再回归的情形日益明显。一方面，工业化、城镇化的建设需求使得进城务工者的收入远远高于留在农村务农的收入，农村中素质相对较好的农民开始流向城市打工、创业；另一方面，相当一部分优秀青年通过高考、参军、提干等方式脱离农门、进入城市，使得农村又失去了一批年富力强的年轻人才。农村现有人力资本状况令人担忧。有知识、有能力的农村青壮年人才不断向城镇和非农产业转移，造成农村日益严重的人才流失和人才匮乏，使得农村发展面临严峻挑战。

首先，青壮年一代的进城，加大了农村人口的幼龄化和老龄化，难以满足新农村建设的需求。第二次全国农业普查数据显示，中西部一些地区80%的农民都是50～70岁的老人。其次，人才流失也造成了农村现有人才资源的质量不高。随着青壮年劳动力、优秀人才、潜人才的大量流失，农村现有人才不仅数量少且质量不高。2009年《中国农村统计年鉴》的数据显示，2008年农业劳动力中文盲、半文盲占6.15%，小学文化程度占25.3%，初中文化程度占52.81%，高中和中专文化程度占14.06%，大专以上文化程度仅占1.68%，平均受教育年限约为8.21年。[①] 受教育程度偏低、素质不高，难以适应农业发展信息化、集约化、标准化的需求，懂技术、会经营的现代农业骨干和致富带头人严重缺乏，能够带领农民充分利用新兴信息技术进入市场、增强农业竞争力的新型人才更少，这些因素严重制约着农业转型升级和农村的现代化进程。

2014年12月召开的中央农村工作会议指出，随着国内外环境条件的变化和长期粗放式经营积累的深层次矛盾逐步显现，农业持续稳定发展面临的挑战前所未有。作为国家现代化发展的基础和支撑，农村目前仍是突出的"短板"，人才匮乏成为阻碍新农村建设的"瓶颈"。推动工业反哺农业、统筹城乡发展、鼓励人才向基层流动成为破解这一难题的必然选择，也是多年来从中央到地方涉农方针政策的明确方向。

三、党政干部队伍结构有待改善

通过基层锻炼获取基层经历和经验，是培养锻炼党政干部的重要环节和良好途径。一方面，基层工作可以将从书本中学习到的知识应用到现实生活中，得到生动的现实经验和人生体悟，优化素质结构；另一方面，可以促使基层工作者深入了解农村，培养对基层农民、农村的感情，而是否对基层人民怀有深厚感情，

[①] 国家统计局农村社会经济大城市调查司：《中国农村统计年鉴》，中国统计出版社2009年版，第326页。

是影响党政干部执政理念、立场的根本性问题。改革开放多年来,党政干部队伍的素质构成不断提高,较好地适应了社会主义现代化建设对高素质干部队伍的需求。同时,队伍的来源结构也在发生显著变化,从学校毕业直接进入工作岗位的干部不断增多,从基层和生产一线中成长起来的干部比例不断减小。中组部2007年进行的一项全国调研显示,在8580名35岁以下的公务员中,直接来自于高校毕业生的有3821名,占比达44.53%;有2年以上务农经历的仅有13名,占比0.15%;有企业工作经历的522名,占6.08%;有社区工作经历的84名,占0.98%;有教师、医生、战士等经历的1413名,占16.47%;有其他工作经历的2727名,占31.78%,这其中多数也是从高校毕业不满2年就考上公务员的。[①] 并且机关层次越高,有基层一线工作经历的干部就越少。

这些从家门到校门再到机关门的干部,被形象地称为"三门"干部。"三门"干部具有良好的学历背景和专业知识,素质能力高,发展潜力大,但缺乏基层工作生活经历,实践锻炼少,因此在处理和解决实际问题、做好群众工作方面往往不尽如人意。任由这种结构性缺陷持续下去,会造成机关干部脱离基层、脱离群众、脱离现实的危险,党政干部行使职权、服务人民也会缺乏一种深厚的、内在的情感动力。因此,及时、迅速扭转党政干部的来源构成,进一步优化干部队伍的素质与结构是新时代背景下党政人才队伍建设亟待解决的问题。《国家公务员管理条例》规定,从2012年起,省级以上党政领导机关录用公务员,均应从具有2年以上基层工作经历的人员中考录(除部分特殊职位外);在选拔县处级以上党政领导干部时,要注意从有基层工作经历的大学毕业生中选择。大学生村官政策选拔高校刚毕业的大学生到我国基层农村担任工作,为青年人才到基层锻炼成才提供了平台和机会,也符合党政干部结构更新的政策导向。

四、农村基层社会治理亟待创新

20世纪90年代以来,在市场经济体制改革的大背景下,农村改革也在不断推进,农村社会及基层社会管理格局不断发生深刻变化;税费改革和社会主义新农村建设两项重大政策的提出,更使诸多新的变量嵌入其中,深刻影响着我国农村社会管理情势。

一是农业税的取消使得基层政权——乡镇政府与农民之间联系的渠道减少。一方面,取消农业税削弱了基层政权的经济资源,从而使其公共服务能力减弱,

---

① 中共中央组织部组织二局:《大学生村官计划:具有长远战略意义的选择》,凤凰出版社2012年版,第2页。

影响到农村公共产品供给，使得新农村建设中不断增长并日趋多元化的公共需求与基层政府公共服务严重不足的矛盾不断突出；另一方面，与基层政权在社会治理中的淡出相对应，村民自治逐渐走上农村舞台，在农村社会关系、利益格局、权利诉求日益复杂化的背景下，村级自治组织的政策执行力、组织协调力、引领掌控力等都明显滞后，在农村生产发展相对落后、基础设施建设薄弱、社会秩序不够稳定等问题面前，村级管理组织的表现难以令人满意；同时，村民们不断高涨的政治参与热情与其相对薄弱的参政意识和自治能力之间也形成明显反差。

二是农村社会治理人才匮乏。农村原有的基层干部队伍存在诸多问题：第一，年龄趋于老化，文化程度偏低。2007年底的一项统计数据显示，在全国农村党员干部中，35岁及以下的占18.9%，36～54岁的占37.2%，55岁及以上的占到了43.9%；在村党组书记和村委会主任中，大专以上的占6.5%，初中以下的占到44%。① 第二，知识老化更新慢，欠缺现代乡村治理理念，管理水平不高。与年龄老化、文化程度低相伴随的，是思维的相对固定和观念上的守旧，对政策、理论学习不够，知识更新缓慢，在管理理念和方式上更多的是囿于传统、缺乏创新。实际情况是，村级干部不仅在理念更新和能力提升等方面不够，而且还有一些干部成为乡村恶治、基层贪腐的源头。在农村人才向城市单向持续流动的情况下，拥有现代管理理念和水平、有创新精神和法治素养的人才难以补充到基层，更加剧了农村基层管理创新的难度。

农村社会治理是整个社会治理的基础。党的十八大提出要加快形成党委领导、政府负责、社会协同、公众参与、法治保障的社会治理体制。2017年中央一号文件指出，要推进农业供给侧结构性改革，调整农业结构，推进绿色发展，推进创新驱动，推进农村改革，稳定粮食生产。创新驱动发展对农村基层社会治理水平提出了迫切要求，创新农村基层社会治理、培养或补充现代管理人才提高农村基层治理水平，成为一项刻不容缓的工作。高校毕业生具有较好的综合素质，选拔优秀大学生到基层担任村干部，能够为农村社会治理和服务补充宝贵的新生力量和前沿力量，使这些大学生成为基层社会治理新的主体之一，对于推动基层治理创新、带动基层干部队伍素质提升、提高社会治理水平有着积极的作用。

五、高等教育大众化背景下毕业生就业形势严峻

我国高等教育长期以来是一种精英教育，能进入高等院校接受教育的人数比

---

① 中共中央组织部组织二局：《大学生村官计划：具有长远战略意义的选择》，凤凰出版社2012年版，第3页。

较少，大学生被视为社会精英。20世纪90年代末，在国内经济社会不断发展、国际竞争日益白热化的背景下，我国高等教育开始了大众化进程。[①] 1999年，高校开始扩大招生，之后数年，高等教育规模不断扩大，后期扩招步伐有所放缓，但总体规模依然呈增加趋势。全国教育事业发展统计公报显示，1999年高等教育在学人数为718.91万人，2006年总规模超过2 500万人，2011年达到3 167万人，2014年增至3 559万人。高等教育扩招，在为社会培养输送了大量人才的同时，也使毕业生的就业形势日益严峻。《全国高校毕业生就业状况》显示，2005~2009年间，硕士生的就业率呈连续下降趋势。2007年借由媒体的报道，大学生"就业难"问题迅速成为舆论热点，引起了广泛的社会关注。

实际上，所谓的大学生"就业难"并不意味着我国大学以上学历层次的人才供给超出了实际需求，这种"就业难"是具有结构性、地域性和层次性的"难"。一方面很多大学生毕业找不到工作，另一方面技能人才、专门人才缺口很大；一方面，北上广等一线城市"人才过剩"，而另一方面，广大中西部地区、农村基层却面临严重的人才匮乏；一方面是大量中低端岗位供大于求，另一方面则是高素质、高层次领军人才的争夺日益激烈。大学生就业形势严峻的背后，显示出国家经济社会转型升级、高等教育人才培养模式变革、社会舆论及就业导向等深层次问题。

江苏丰县在1995年自发探索大学生村官工作之时，大学生就业仍是延续"包分配"政策，高等教育尚未扩招，大学生就业难的问题并不存在，因此，大学生村官工作的萌芽，并不是基于大学毕业生的就业压力，而在其由地方自发探索行为上升至国家战略的过程中，即2008年前后，毕业生就业压力开始显现。大学生村官工作，和国家之前开展的"三支一扶"、"西部志愿者"等项目一样，都是对大学生毕业后去基层就业的一种引导和鼓励。因此，从这个意义上说，大学生村官工作在全国范围内的试验和推广，是与高等教育大众化背景下高校毕业生就业形势严峻有着一定关系的。

综上所述，大学生村官政策的产生并不是一种偶然现象，也并非一种强制性的推广，而是有着特定的、深刻的时代背景和社会背景。它在农村建设、人才队伍建设、高等教育发展等面临的一系列问题中孕育发展，较好地回应了现实需求，也符合国家的战略规划和政策导向，所具有的价值性和可操作性使得它在众多政策方案中被优选出列，得到更大范围的推广实施。而该政策所具有的战略意义并非在产生伊始就具有，而是随着实践不断发展、政策自身不断完善而

[①] 20世纪70年代美国学者马丁·特罗提出了高等教育发展阶段理论，以毛入学率作为衡量高等教育水平的标准，将高等教育发展划分为精英教育阶段（毛入学率15%以下）、大众化教育阶段（毛入学率15%~50%）、普及教育阶段（毛入学率50%以上）三个阶段。

逐步显现出来的。

第二节 大学生村官政策的演进历程

从1995年江苏省丰县实施"雏鹰工程"起,大学生村官工作至今已走过20年的历程。系统回顾、总结大学生村官政策的发展脉络,深入探究大学生村官政策变迁的特点和影响因素,不仅有助于我们从整体上加深对大学生村官政策的理解,也有助于我们对村官政策的发展做出中肯评价和科学预判。

一、发展历程

大学生村官政策以我国改革开放和社会转型为广阔背景,借力于社会主义新农村建设和人才强国战略,从地方零星探索到中央统筹推进,从单项政策实验到常态联动机制,不断得以推进,主要经历了自发探索、全面试验、战略推进、整合发展四个阶段。

(一)自发探索阶段(1995年8月~2005年6月)

1995年,江苏省丰县根据当时农村基层干部人才短缺的情况,实施了"雏鹰工程",即通过人才市场招聘了13名应届大学毕业生到村工作,目的在于培养锻炼年轻干部,加强村级党组织建设。该工程连续开展了4年,取得了良好的效果,丰县由此成为选聘大学毕业生入村任职的发源地,"雏鹰工程"成为大学生村官政策实践的萌芽。1998年,江苏省阜宁县开展"择优选派大中专毕业生到村任职锻炼"工作,主要面向农林水院校。1999年,海南省推出大学生"村官"计划,定安、临高、东方等市县先后组织招聘大学生"村官"。同年,浙江省宁波市采用公开招考方式,实施"一村一名大学生"计划。这一时期,这几个地方的多种政策尝试成为大学生村官政策的源头。

2000年以后,探索大学生村官工作的省市继续增多。2000年3月,广州市天河区公开招聘52名大学生"村官",全国各地3 000多名大学生前往求职。2002年河南省鹤壁市招聘205名大学生"村官",拉开了河南省大学生"村官"工程的序幕。2004年,河北省邢台市在试点工作的基础上,决定每年选派1 000名大学生到农村工作,5年内实现全市5 200个行政村都有大学生"村官"的目标。到2004年底,全国启动大学生"村官"计划的省市区发展到10个,主要分布在东、中部地区。

这一时期的突出特点是"地方探索"。作为一项新事物，中央或国家层面并未对大学生村官工作表示明确的态度，亦无相关政策出台。在上无政策、前无成熟经验的情况下，各个地区结合自身实际，自发尝试多种政策实践。有的选聘毕业生入村，有的是委托农学院培养现有村干部；有的省市公开招考，也有基层组织部负责招聘考核。虽然中央和地方都未形成比较规范的政策性文件，选聘的人数也不多，做法上有得有失，但各地的积极尝试具有开创性意义，它打开了改革开放以来知识分子回流到农村的正式渠道，首次把选聘大学生村官与农村建设结合起来，顺应了20世纪90年代末期农村开始转型、由封闭走向开放的大背景，也为大学生村官工作的全面推开和制度初建积累了重要经验。

另一方面，由于选聘大学生村官是一项探索性工作，政策还面临很多局限，如设计上缺乏长远规划，尽管很多地方的政策考虑了当时当地的实际情况与可操作性，但仍就不可避免地追求近期效果，带有些许应急意味。当社会发生变迁、政策环境发生一定改变时，相应的一些政策就难以跟进，甚至容易产生脱节。再如，机制构建尚在雏形之中，不够成熟。如选聘机制，在选拔环节、选拔对象、考核内容上，与农村社会管理创新的实际需求贴合度不够，也缺乏对岗位的志向性和适配性的考虑；没有中央政策的强力支持，期满村官的出路问题不够畅通，政策保障水平参差不齐等。这些因素影响着村官政策的进一步发展。

（二）全面试验阶段（2005年7月~2008年2月）

在各地积极探索大学生村官工作的氛围中，2005年7月，中央办公厅、国务院办公厅下发了《关于引导和鼓励高校毕业生面向基层就业的意见》，把"大力推广高校毕业生进村、进社区工作"作为一项重要任务，要求"从2006年起，国家每年有计划地选拔一定数量的高校毕业生到农村和社区就业"。这一文件是首次从中央层面对高校毕业生到村任职工作予以明确支持，之后，全国尚未开展村官工作的地区加快了步伐。从2005年起，北京、四川、江西、福建、青海、辽宁、贵州、陕西、山西、安徽、上海、吉林、湖南、甘肃、宁夏、内蒙古、云南等省市区先后启动了大学生村官工作，截至2008年2月底，全国启动该工作的省市区到达28个。村官工作进入了全国范围的试验阶段。

这一时期的大学生村官工作得到了中央的明确支持和政策引导，在全国范围内"遍地开花"。相较于前一时期，村官政策的基本运行机制已经比较完善，如选聘机制、培训机制、日常管理机制等，竞争环境日趋公平、公正，培养发展道路的设计逐步清晰，生活工作环境也有了政策保证，为大学生村官成长提供了相对稳定的平台。但从政策层面讲，这一时期仍处在"试验"阶段，有明显不足。

一是在中央层面，高校毕业生到农村就业是与到西部和艰苦边远地区就业、基层自主创业和灵活就业、选调生等并列的就业导向之一，比较笼统地对财政、档案、优惠政策做了简要的一般性规定，并没有详细的制度规范。也就是说，该项工作当时在中央层面仅是一种"就业导向"，而不是一项独立的专门制度；而单从"就业"角度加以介入难以充分发挥村官政策在新农村建设、基层干部培养等方面的深远作用，反映出中央此时对高校毕业生赴村任职的战略意义认识尚不充分。

二是管理机制不健全，服务配套政策相对欠缺，激励机制还有待加强。在教育管理方面，部分地方对选派大学生教育培养不够，重选拔、轻管理，前紧后松，多数大学生处于松散管理状态。以岗前培训为例，各地时间不等，有的地方甚至是直接上岗。这些简单的培训不能有效地帮助新任大学生村官迅速掌握村务的处理方法。不少大学生村官并不能真正到村任职，而是被上级乡镇部门所借用。大学生村官的考核、监督、奖惩和退出机制尚不健全，不能真正使大学生村官的聪明才智和青春激情得到充分释放。在配套政策的跟进方面，大学生村官身份比较尴尬，缺乏统一规范的机制和法规支持。根据现行规定，大学生村官不具有所在村的户口，无权参与村委会的选举，且担任的多为村支部书记或村委会主任助理等职务，不是村一级常规的职务序列，由此造成大学生村官的职权不清。在激励措施方面，由于缺少中央统一部署和规范，所以政策地域差别较大，不同地区的大学生村官享受不同程度的物质补贴。在偏远落后的农村，由于地方财政状况不佳，各项补贴往往不能落到实处。出路的不确定使得任职期满后的去处成为大学生村官的首要顾虑，尤其是在西部地区。这些顾虑使大学生村官不能够安心做好当前的工作，同时也牵涉到大学生村官的恋爱、婚姻问题。

（三）战略推进阶段（2008年3月~2012年6月）

2008年3月，中央组织部会同教育部、财政部、人力资源和社会保障部召开选聘高校毕业生到农村任职工作座谈会，部署选聘高校毕业生到农村任职工作。这是中组部首次作为大学生村官政策的牵头单位亮相，预示着大学生村官政策将进入一个全新的发展时期。随后，同年4月11日，由以上四部委联合下发了《关于选聘高校毕业生到村任职工作的意见（试行）》（组通字〔2008〕18号），文件正式宣称"在全国范围内开展选聘高校毕业生到村任职工作"，从2008年开始连续5年开展选聘，对选聘数量、对象、条件、程序、待遇、管理等事项做了具体规定。这是中央出台的首个专门规范大学生村官工作的政策文件，标志着村官政策进入战略发展和整体推进的新时期。

2008年12月22日，习近平主持召开大学生村官代表座谈会并做重要讲话，① 他分别从理想信念、学习提高、实践成才、群众基础四个方面对大学生村官提出了殷切期望，鼓励大学生村官将个人价值和社会价值有效结合起来，在服务"三农"的过程中不断提高自身的思想政治素质、学习能力、实践能力和群众基础。2009年4月21日，习近平在江苏视察工作，与大学生村官任杰谈话，了解了"基地+大户+大学生村官+贫困户"创业示范基地运行模式，同时指出要构建大学生村官工作的长效机制。②

2009年4月，中组部联合中宣部、教育部、人力资源与社会保障部等12个部门联合出台了《关于建立选聘高校毕业生到村任职工作长效机制的意见》，通过多部门协作，着眼村官工作的长远持续，积极推动建立大学生村官选聘、培训、保障、培养、流动、管理的长效机制。

2010年，中共中央、国务院印发了《国家中长期人才发展规划纲要（2010～2020年）》，在《纲要》中提出要实施12项国家重大人才工程，高校毕业生基层培养计划成为《纲要》中12项重大人才工程之一。该工程着眼于解决基层特别是中西部地区基层人才匮乏问题，培养锻炼后备人才，积极引导和鼓励高校毕业生到基层创业就业，实施一村一名大学生计划，用5年时间，先期选派10万名高校毕业生到村任职，到2020年，实现一村一名大学生的目标，统筹各类大学生到基层服务创业计划。通过政府购买工作岗位、实施学费和助学贷款代偿、提供创业扶持等方式，引导高校毕业生到农村和社区服务、就业、自主创业。2010

---

① 习近平在此次讲话中对大学生村官提出了四点要求："第一，要志存高远、坚定信念，在推进农村经济发展和社会进步中实现自己的人生价值；第二，要勤于学习、善于学习，在与农民群众摸爬滚打的交往中吸取营养、增长智慧；第三，要勇于开拓、大胆实践，在建设社会主义新农村的伟大实践中经风雨、长见识、增才干；第四，要尊重农民、心系群众，在服务农民群众中增进同他们的感情，赢得他们的信任、理解和支持。"参见《习近平对"村官"的六点看法（基层干部必读）》，人民网，2014年12月2日，http：//politics.people.com.cn/n/2014/1202/c1001-26131785.html。

② 习近平在此次讲话中指出："大学生村官是加强党的基层组织建设和推进社会主义新农村建设的重要力量，也是党政机关培养和储备来自工农一线后备人才的重要来源。要切实关心大学生村官的成长成才，着力构建大学生村官工作长效机制，努力使大学生村官下得去、待得住、干得好、流得动。实现推进农村改革发展的目标任务，迫切需要一大批密切联系群众、带领农民致富、促进农村稳定的农村基层干部，迫切需要一大批有现代知识、现代思维、现代眼光的优秀青年才俊积极投身社会主义新农村建设。农村基层是青年学生熟悉当代中国社会、了解中国基本国情的最好课堂，也是我们党培养人才、锻炼人才的重要阵地。要认真落实资金保障政策，为大学生村官到农村开展工作提供必要条件。要针对大学生村官的岗位职责和工作需要，加强岗位培训和跟踪培养。要投入足够的人力和精力，加强大学生村官的规范管理，认真做好年度考核和聘期考核，保证大学生村官健康成长。要及时总结、挖掘、宣传大学生村官中的先进典型，为大学生村官成长成才营造良好的舆论环境和社会氛围。要通过有关部门和各级党组织的共同努力，进一步加强和改进大学生村官工作，逐步建立一支规模适度、结构合理、素质优良、充满活力的大学生村官队伍。"参见《习近平对"村官"的六点看法（基层干部必读）》，人民网，2014年12月2日，http：//politics.people.com.cn/n/2014/1202/c1001-26131785.html。

年 4 月,中组部下发通知,将原定 5 年选聘 10 万大学生村官的目标提高为 5 年选聘 20 万。随着村官人数的不断增加,其出路问题受到越来越多的关注,亟待在政策上加以解决。5 月,中组部又联合教育部、中宣部等下发了《关于做好大学生"村官"有序流动的意见》,进一步明确了村官期满后"五条出路"的相关规定和要求。此外,中组部或单独或联合相关部门还就大学生村官富民创业、考录公务员、保险办理等事项发文进行规定。

为贯彻落实《纲要》的有关要求,经中央人才工作协调小组同意,2011 年中组部、教育部、人力资源和社会保障部、共青团中央联合印发了《高校毕业生基层培养计划实施方案》。该《实施方案》要求,大学生村官工作由中组部主负责,计划到 2012 年,中央财政补助的大学生村官名额达到 30 万名,以后根据实际情况调整选聘计划,逐步实现"一村一名大学生村官"的目标。从这时开始,大学生村官工作正式成为国家人才工程的组成部分,其战略意义更为凸显,是大学生村官工作进入新的发展阶段的重要标志。

这一时期大学生村官政策的突出特点是"战略"推进,大学生村官工作的战略意义得到了党和国家领导层的高度重视。2010 年,大学生村官工作正式纳入国家重点人才工程,这标志着大学生村官工作开启了一个崭新的发展阶段。主要体现在以下三方面:一是大学生村官工作的战略意义得到党和国家领导层的高度重视,选聘大学生村官由一种"就业导向"跃升为党和国家事业布局中的一项战略工程,首次由中央发文进行规范,代表着大学生村官政策发生了重大变化。二是建立健全工作体制,明确了由中组部牵头、相关职能部门联合推进的工作格局,原先各省自主实施的大学生村官工作由此进入了由中组部牵头、全国统一部署的阶段(一个突出表现是每年各省市选聘村官大学生的数量需由中央下达,而不再是各省自主决定)。中组部是党中央的重要职能部门,主要负责领导班子、干部队伍、全国人才工作等的宏观管理,由中组部统抓大学生村官工作,显示出中央对该项工作给予的高度重视和殷切厚望。三是着力构建长效机制。中组部先后两次发文就大学生村官的长效机制、出路流动问题进行规范;建立了定期选聘、教育培训、培养、保障等制度,完善了竞争择优机制,建立了正常流动制度、淘汰制度;明确了由中央到地方再到基层相应的主责单位和工作机构,健全了工作体制,大学生村官政策的执行落实有了组织基础,有助于推动该项工作的常态化、可持续发展。

这一时期政策面临的主要问题是任职大学生村官缺乏相应工作经验,未来发展仍较迷茫,政策理念面临着从工作机制向成长成才机制转换的问题。大学生村官从校园直接进入农村社会,由于缺乏工作经验,在实际工作中存在着诸多欠缺,不能完全将学校里学到的理论知识运用到农村社会的服务工作当中,还需要通过更多的实际工作进行磨炼。2010年1月，全国百万基层党组织书记和大学生村官收到习近平同志署名的群发短信："大学生村官既参加创业带领农民致富，又承担了村里的社会工作，对你们来说是一种很好的锻炼。"此外，由于大学生村官任期有限，各地培养目标都是短期性的，相关的流动政策还不够健全。大学生村官热衷的公务员系统和乡镇事业单位受到编制限制，实质上期满流动出口并不畅通，由此使部分大学生村官在工作中对未来的去向存在困惑，影响了其作用的发挥。

（四）整合发展阶段（2012年7月至今）

十八大召开后，以习近平同志为核心的党中央对大学生村官工作十分重视，并提出了新的要求，这对推进大学生村官工作的完善、促进大学生村官成长成才都产生了重要影响。2014年1月28日，习近平总书记在给烟台市大学生村官张广秀的复信中指出："所有大学生村官应热爱基层、扎根基层，增长见识、增长才干，促农村发展，让农民受益，让青春无悔。"2016年3月6日两会期间，习近平总书记在广东代表团参加审议时与大学生村官代表冼润霞进行了交流并提出："要关心大学生村官的工作生活，包括婚恋问题，给他们创造条件扎根基层、实现梦想。"这些无不体现了习近平总书记对大学生村官的支持和鼓励，说明他非常重视大学生村官的工作和生活，关心大学生村官的长远发展和个人价值的实现。

这一阶段，大学生村官政策被纳入中央统筹，开始在全国各地平稳快速推进；各地在积极落实中央文件的同时，也不断地根据自身情况在允许的政策空间内进行调整、创新，探索大学生村官政策更优化的发展路径。村官政策本身在实践中遇到的困境和问题，也促使决策层不断检视、反思、完善现有政策。2012年7月，中组部会同中央编办、教育部、财政部、人力资源和社会保障部、国家公务员局等部门联合下发《关于进一步加强大学生村官工作意见》，进一步明确了大学生村官的岗位性质、选聘规模、培养目标，对大学生村官的选聘、管理考核、保障、选拔使用、流动等问题都在原有基础上做出了新的规定。该文件是目前由中组部牵头、专门就大学生村官整体工作出台的最新、最高层次的综合性政策文件。2014年，大学生村官的选聘工作出现调整势头，中组部部长赵乐际在5月30日召开的全国大学生村官工作座谈会上指出："要合理规划总量，科学把握流量，注重分布的合理性"，并且提出"要把选调生工作与大学生村官工作衔接起来，完善相关政策，规范操作办法，形成良性互动机制"，显示出决策层已经在宏观上考虑对大学生村官政策现有资源进行整合优化，该政策的发展方向正酝酿调整。2015年4月中组部下发了《关于做好2015年大学生村官选聘工作的通知》，提出按照"保证质量、规模适度、完善政策、从严管理、健全机制"的要求加强大学生村官选聘工作，这 20 个字很好地概括了这一阶段大学生村官政策发展的着力点。

这一时期大学生村官政策的特点是"整合"。前期大学生村官工作在全国迅速铺开，大学生村官的数量快速增长，而相关的体制机制未能以相应的速度建立完善起来，这项工作所涉及的各级组织部门、政府管理部门、大学生村官、村民、乡镇、高校等多个主体的职责定位、彼此间的协作衔接等尚未理顺，因此，以 2012 年出台的意见为标志，大学生村官工作由前期"量的积累"转到"质的优化"阶段，进入相对稳定、注重质量、调整优化期。具体表现在以下几个方面：

一是稳定规模，提高质量。这一阶段大学生村官数量增速放缓，总体规模较前有所减少。2015 年中组部的工作通知是大学生村官政策在中央层面运行以来，首次对数量进行控制。这是一个重要调整，显示大学生村官政策正由外向型扩展转向内涵式提高，这一方面意味着政策制定者正在大学生村官成长、中央和地方财政负担、新农村建设需求等多方面中寻找最佳平衡，另一方面也反映出大学生村官政策目标的进一步明晰，"量出为入"，以出口控制入口，着力培养新农村建设人才和党政干部人才，同时向各行业积极输送各类人才。控制数量的同时，提高"门槛"，正是为实现上述政策目标打下良好基础，同时也妥善解决了大学生村官出路问题。

二是探索将大学生村官政策与其他相关政策（选调生、公务员、事业单位招聘等）整合并轨。山东于 2013 年起将选调生工作与大学生村官工作整合，按照选调生标准选调优秀毕业生到村任职，任职期满合格后录用为选调生。新疆于 2015 年起试点"天池计划"，将大学生村官与公务员、选调生、事业单位人员招聘相衔接。2015 年，江苏省首次选拔大学生村官并将其纳入选调生培养管理，报名条件为在村工作满 3 年、担任村"两委"正职满 1 年的大学生村官。经过笔试、面试、考察、体检和公示，97 名省聘大学生村官被正式纳入选调生培养管理。[①] 2016 年，北京市市委组织部联合其他四个部门联合发布了《北京市关于实施大学生村官与选调生工作并轨的通知》，首次将 2017 年大学生村官招录和选调

[①] 据江苏省委组织部相关部门负责人介绍，本次选拔突出"两个注重"：一是注重实绩导向，准入门槛高。只有沉到基层，踏踏实实干事，才有可能当选村（社区）"两委"正职，才有机会参加选调生选拔。报名的大学生村官都是村官中的佼佼者，551 名报名人选中，担任村（社区）党组织书记的 261 人，担任村（居）主任的 259 人，31 人书记主任"一肩挑"。二是注重民意导向，群众掌握评判权。报名环节，必须在村（社区）"两代表一委员"、村（社区）党员代表（全体党员）、村民代表范围组织推荐，同意参加选调生选拔的得票超过 2/3，才能参加省公务员招录笔试。龚往：《江苏省首次选拔大学生村官纳入选调生培养》，载《农民日报》，2015 年 10 月 30 日。

生招录并轨。这些探索为大学生村官的出路问题提供了良好的解决方案，也使实践中的一些"悖论"和难题得到相应解决，对推进大学生村官制度的完善具有启发和示范作用。

三是具体政策做法不断创新，大学生村官各项制度不断完善。如在选聘上，组织考察、双向选择、驻村实习等新选聘方式不断出现；在日常管理上，诸如绩效考核奖励制度、工作生活补贴正常增长机制等措施在地方得到运用。政策的不断完善强化了政策自身的吸引力。越来越多高学历、高素质的大学毕业生愿意投身于我国农村的基层建设，在为广大农民服务的同时得到经验的积累和能力的锻炼，他们在基层工作中所表现出来的踏实肯干的工作作风和扎实丰富的知识技能得到了越来越多的肯定。

这一时期政策实施面临一些新的问题：一是新农村建设人才仍显不足。大学生村官群体是一个不断流动的群体，在经过基层培养锻炼后，很多大学生村官任职期满后会进入政府机关、企事业单位，农村基层组织中高层次人才缺乏、基层干部队伍建设整体仍滞后于实践需要、人才匮乏问题仍没有得到有效缓解。二是大学生村官专业能力弱点不断显现。农民缺乏的是技术，需要的是服务，盼望的是致富，而一些大学生村官在知识储备上恰恰缺乏农民急需的实用技术，专业不对口、才能难施展的情况日渐突出，运用专业知识解决问题的能力有待提高。三是大学生村官队伍结构不够平衡。近两年来，随着研究生的大量加入，大学生村官年龄结构趋向大龄化，大龄化村官到了农村后往往蜕不掉书生气，放不下架子，常出现眼高手低等现象，从而使村官心理调试等培养培训机制的研究和建设被提上日程。

二、变迁路径

大学生村官政策历经了自发探索、全面试验、战略推进、整合发展四个阶段，期间既出现过不同以往的重大变迁，也有相对平稳的政策稳定期，在变迁路径上呈现出间断式平衡的特点。

（一）总体路径：间断式平衡

公共政策中的"间断—平衡理论"认为，政治过程通常由一种稳定和渐进主义逻辑所驱动，但偶尔也会出现不同于过去的重大变迁。稳定性和变迁都是政策过程中的重要因素。[1] 以2008年4月出台的《关于选聘高校毕业生到村任职工作

---

[1] [美]萨巴蒂尔编，彭宗超等译：《政策过程理论》，生活·读书·新知三联书店2004年版，第128页。

的意见》为标志，大学生村官工作由以往的探索性地方行为跃升为由政府主导、中组部牵头负责的全国战略性规划之一，这是政策发展过程中非渐进性的跳跃和剧变，是一种政策的间断和重大变迁；之后，大学生村官政策作为一项人才战略工程，则进入了相对平稳发展时期，通过对现有政策的增量式调整来适应外部环境。

那么，为什么大学生村官政策的重要变迁会在2008年而不是别的时间发生？为何大学生村官政策会进入平衡状态，平衡状态下的政策是停滞还是稳中有进？

（二）重大变迁：多源流分析

多源流分析理论为我们理解大学生村官政策为何在2008年发生重大变迁提供了一个可能的分析框架。该理论认为，当问题源流、政策源流、政治源流交汇时，"政策之窗"打开，政策制定者准确把握时机极易促成政策变迁。[①]

首先是问题源流。公共政策具有问题导向性和经验指向性，是为了解决现实中的政策问题而生。有些问题会被政策制定者关注，而一些却被视而不见，其中相关数据指标、一些重大事件或危机事件、现行项目的反馈等可以推动对问题的关注；公众和精英的意见也会对问题的界定产生重要影响。其次是政策源流。对某一政策问题的关注，会形成多种意见主张，这些"原始的政策鲜汤"是要解决的问题的政策备选项。经过多种检验和多重选择，一些主张可能被取消，一些可能被修改合并，一些可能会引起高度重视而被采纳，选择标准包括技术上的可行性和价值观念上的可接受性。最后是政治源流。这是指对政策制定产生影响的政治因素，如国民情绪、执政党意识形态等。政策与执政党意识形态的吻合是该政策得到采纳的必要条件。

在一个合适时机或时间点上，上述三大源流汇合到一起，问题将会被提上议事日程。这样的时机或时间点被称为"政策之窗"，它的出现可视为"窗口打开"。如果政策制定者在"政策之窗"被打开的时候能够抓住机会，实现三源流的耦合，即使政策问题与解决办法相结合，并在政治上被接受，则很可能实现问题和政策的"出线"，促成政策的重大变迁。

改革开放以来，我国广大农村经历了由传统到现代的深刻变化。2005年党中央提出"建设社会主义新农村"的命题，成为新的历史条件下农村综合变革的新起点。然而，长期以来在城乡二元体制下，城乡资源配置严重失衡，优秀人才不断向城市聚集，农村各种人才越来越匮乏，包括农业技术人才缺乏、人才老化

[①] John W. Kingdon. *Agendas: Alternatives, and Public Policies*. New York: HarperCollins College Publishers, 1995, p. 169.

严重、基层党政干部素质和管理水平偏低等。与此同时，新世纪以来我国高等教育经历了由精英化向大众化的转变，大学毕业生的数量不断攀升，同时，大学生就业方式由"包分配"变为了"自主择业"，大学生就业问题日益凸显，"2008年高校毕业生人数达到创纪录的559万人，由于2007年还有70万至80万的大学生未能就业，因此2008年实际需要就业的大学生超过600万"，[①] 这样的就业形势不容乐观。于是，一边是广大农村急需人才，另一边则是受过高等教育的大学生面临越来越大的就业压力。如何破解这一矛盾和难题不仅牵动政府、执政党的目光，也是社会各界广泛关注的热点问题。这是大学生村官政策实现重大变迁的问题源流。

众所周知，相比城市，农村条件艰苦、上升渠道和出路具有更大的不确定性。在城乡资源配置失衡的条件下，单纯依靠市场机制的配置，难以吸引人才自愿流向基层农村。政府能否通过一定的政策或制度来引导或支持人才由城市向农村回流呢？在中央统筹考虑这一问题之前，各地政府从20世纪90年代中期即已开始了多种有益探索，典型做法如江苏丰县的"雏鹰工程"等。2005年以后，这一探索更是扩大到了全国范围。截至2008年2月底，全国共有28个省区市启动了大学生村官工作，其中17个省市区启动了"村村有大学生村官"计划。这些数字意味着，回应新农村建设需求和大学生就业之间的矛盾，通过政府干预引导大学毕业生回流农村，已经在政策上积累了大量经验，有了丰富的实践基础。从选拔聘用、管理考核、专职转岗、创业基金设立，到管理机构建设、舆论宣传等，都已经形成了相对稳定和成熟的做法。这些意见和做法像"鲜汤"一样漂浮在所要解决的问题周围，为政策制定提供了备选项，这是政策源流。

高校毕业生赴村任职是否符合执政党的意识形态或者说价值观呢？从2003年开始，中央一号文件连续十几年关注农村、农业、农民问题。重视"三农"问题是党中央多年来一以贯之的态度。2005年中央办公厅、国务院办公厅联合下发的《关于引导和鼓励高校毕业生面向基层就业的意见》鲜明地表达了支持高校毕业生面向基层就业的积极态度。在大学生村官政策的探索和试验阶段，人事部、教育部、财政部等国家部委领导、部分地方省市的党政领导人都通过慰问、走访等形式对大学生村官表示了关心和支持。李源潮同志在江苏省委书记任内，高度重视、积极推动江苏省的大学生村官工作。江苏省大学生村官起步早、发展快、管理完善、成效显著，与高层领导的重视和支持是分不开的。多源流理论认为，执政党的意识形态限制着能够提上议程的问题类型，并会对政策选择进行控

---

① 闫帅：《大学生"村官"政策的诱因探析与评估》，载《现代商贸工业》2009年第1期，第123~124页。

制，只有符合其执政理念和价值观的政策才有可能被采纳。大学生村官政策的初衷和目标都与党中央支持农村建设、实施人才战略的执政理念相符合，具备了被采纳的必要条件。

2007年底至2008年初，几件事情值得注意。大学生就业难得到了广泛关注和大量宣传报道，迅速成为一个社会热点问题，政策问题受到广泛关注。2007年10月，历来支持大学生村官工作的李源潮同志兼任中组部部长，之后，中组部迅速起草了《关于选聘高校毕业生到村任职的建议》，及时上报中央并获得批准，标志着大学生村官政策得到了中央领导人的认可。2008年3月，中组部会同教育部、财政部、人力资源和社会保障部联合召开了选聘高校毕业生到农村任职工作座谈会，完成了与政府职能部门的协调合作；4月，四部委联合正式发布《关于选聘高校毕业生到村任职工作的意见（试行）》，成功地将大学生村官政策由地方政策探索上升为国家长远战略，实现了政策的重大变迁。

（三）平稳推进：渐进主义

在大学生村官工作成为中央统筹推进的战略工程后，从地方到中央，大学生村官政策呈现出增量调整、渐进式变迁的特征。对发展中遇到的困境和问题，基本都是在坚持大学生村官基本制度的前提下，根据不断变化的现实问题进行有针对性的渐进式的政策创新或制度调整。2008~2012年，大学生村官政策在中央统一部署下在全国范围内作为一项公用政策正式实施；2012~2015年，在深入实施过程中，在地方探索试点的基础上，选聘、管理、考核、期满流动等环节多有创新和完善。从2015年开始对大学生村官的规模进行控制，同时注重提高质量、优化结构。相对以往政策而言，这一导向是一个比较大的变动，但仍是在延续已有政策基础上的调整，而不是间断式剧变。通过对比历年来几项重要政策的相关内容，可以比较明显地看出政策在中央层面的渐进轨迹（见表1-1）。

表1-1　　大学生村官政策相关内容对比表（中央层面）

选聘工作				
2008年《关于选聘高校毕业生到村任职工作的意见（试行）》	2009年《关于建立选聘高校毕业生到村任职工作长效机制的意见》	2012年《关于进一步加强大学生村官工作的意见》	2015年《关于做好2015年大学生村官选聘工作的通知》	备注

续表

		选聘工作			
选聘规模	2008年起，5年10万（2010年调整为5年20万）	2008年至2012年选聘10万	到2015年覆盖一半左右的行政村	量出为入，控制规模	数量先升后降
选聘标准	30岁以下全日制普通高校专科以上毕业生，原则为中共党员	具有大学本科以上学历，中共党员或担任过学生干部	中共党员、优秀学生干部和回原籍优先原则	一般应为大学本科以上学历、学生党员或优秀学生干部	"门槛"在不断提高
选聘方式	一般通过个人报名、资格审查、组织考察、体检、公示、决定聘用、培训上岗等程序进行	严格按照中央有关部门确定的发布公告、个人报名、资格审查、考试考察、体检、公示等基本程序	探索采取学校推荐、双向选择、驻村见习以及面向重点院校定向选聘等方式。探索与公务员录用、事业单位工作人员招聘相衔接的选聘考试方式	可采取学校推荐、组织考察、双向选择、驻村见习与考试选拔相结合等方式。鼓励借鉴山东等地与选调生并轨的做法，探索与公务员、选调生录用和事业单位工作人员招聘相衔接的方式	供各地选择的选聘方式在增多；与其他相关政策的并轨要求逐步清晰
		其他内容			
	2008年《关于选聘高校毕业生到村任职工作的意见（试行）》	2009年《关于建立选聘高校毕业生到村任职工作长效机制的意见》	2012年《关于进一步加强大学生村官工作的意见》	备注	
岗位性质	"村级组织特设岗位"	村级组织特设岗位人员，非公务员身份	"村级组织特设岗位"，国家开展的选派项目	更加明确	
培训	要组织开展岗前培训和岗位培训，也可组织到本地先进村进行短期考察见习	建立岗位培训制度：制定培训规划、突出培训重点、拓展培训渠道	将大学生村官纳入干部教育培训规划，落实专项培训经费，实行分层、分类培训。大学生村官每人每年培训累计不少于7天，方式包括菜单选学、跟班体验、基地实践、案例教学、网络互动等	落实培训责任，进一步明确要求和方式	

续表

		其他内容		
管理考核	严格在村工作纪律	建立跟踪培养制度：明确岗位职责，实行结对帮带，注重实践锻炼，搭建交流平台，强化管理考核。完善竞争择优机制。明确考核种类、考核方式、考核结果及运用	严格在村工作纪律、完善年度考核和聘期考核制度、完善续聘制度	增加新的管理考核制度，力度不断加大
保障	比照本地乡镇从高校毕业生中新录用公务员试用期满后工资水平确定工作、生活补贴标准；参加养老社会保险，任职期办理医疗、人身意外伤害商业保险。给予财政补贴	建立配套保障制度：落实工作补贴、落实社会保险、落实学费补偿和助学贷款财政代偿政策、提供工作生活基本条件	建立工作、生活补贴正常增长机制；探索建立大学生村官绩效考核奖励制度；健全落实大学生村官社会保险和重大疾病、人身意外伤害保险以及学费补偿、助学贷款财政代偿等相关配套保障制度；提高财政补助标准	建立新制度，保障越来越多方位、完善
选拔使用	任职2年以上具备条件的可参加选调生统一招考；县乡机关公务员应重点从大学生村官中招录	择优选拔：各级党政机关要注重从优秀大学生"村官"中招考公务员，并明确录用比例；乡镇机关补充公务员，要逐步提高从大学生村官中的考录比例；选调生主要从具有2年以上基层工作经历的大学生村官及其他到基层工作的高校毕业生中招考	一是改进从大学生村官中考录公务员、招聘事业单位工作人员的办法。二是逐步提高面向大学生村官考录公务员、招聘事业单位工作人员的比例。三是统筹选调生工作与大学生村官工作，逐步实现两者并轨。四是注重选拔优秀大学生村官进入乡镇和县（市、区）直部门领导班子	考录比例不断加大，党政人才培养链条不断做实

续表

			其他内容	
干事创业	无	一是鼓励支持立足农村农业实际自主创业；二是各地建设完善一批创业园和创业孵化基地；三是强化创业指导服务	一是积极扶持大学生村官创业富民。二是出台具体激励政策，鼓励扎根农村干事创业：担任村"两委"副职及以上职务的大学生村官，保留大学生村官工作、生活补贴，同时可享受同级村干部补贴	鼓励干事创业，激励措施不断健全
多元流动	考研享受加分等优惠政策；被党政机关或企事业单位正式录用后，在村任职时间可算工龄、社保缴费年限。	建立正常流动制度：鼓励担任村干部，择优选拔乡镇和其他党政机关公务员，扶持自主创业，引导另行择业，支持继续学习	鼓励和支持大学生村官自主创业或继续学习深造，积极向各行各业输送优秀大学生村官。一是建立择优推介制度；二是广泛宣传；三是可转聘为街道社区工作人员、非公有制企业党建工作指导员或其他社会管理和公共服务岗位工作人员；四是鼓励学习深造	不断拓宽流动渠道，提升服务水平，符合该政策为各行各业输送人才的期待

　　政策的渐进式变迁被认为是政策变迁中的常态。"政策决定是一个'连续性的有限比较'过程，每一个决定都是由过往的决定所衍生出来"。① 政策制定者将现有的大学生村官工作的做法、政策、项目作为思考问题的基础，在认同既有政策合理性的基础上，将新政策的关注焦点放在了对现有政策做哪些改动上。渐进式政策变迁源于行动者的有限理性。首先，受时间、信息以及成本的限制，大学生村官政策制定者无法对现存所有政策选项及后果做出充分评估；即使进一步将每一项政策选项的政治、社会、经济和文化影响考虑在内，他们也没有办法精确计算每一项选择的成本—收益比。其次，之所以接受原有村官政策具有合理性，是因为采取一项全新政策的后果将面临很大的不确定性。既然无法预计新政策的后果，坚持或延续以往政策就成为一种更加明智和保险的做法。再次，原有的村官政策的实施已经有了很大投入，这些投入既包括金钱、财务、人员等硬投

---

① Charles E. Lindblom：The Science of "Muddling Through". Public Administration Review, Vol. 19, No. 2, 1959, p. 81.

入，也包括心理、行政实践或组织结构上的建设。这些都成为新政策制定时不能不考虑的因素。除此之外，还有一个重要原因：大学生村官政策制定者在考虑新政策的时候，往往是在局部已进行了试点，并取得了相关经验，形成了一定的经验基础和相对成熟的政策选项。因此，在原有基础上重点对新做法、新项目进行总结提炼，进而予以推广，既能保持村官政策的稳定性，又能及时回应实践中的新问题，不失为一种理智的决策行为。

第三节　大学生村官政策的战略意义

　　大学生村官政策的战略意义具有多维性、多层次性，这一政策既是人才强国战略的重要组成部分，又对推动新农村建设、加强党执政能力建设以及实现农村治理现代化和社会管理创新具有深远意义。深刻认识大学生村官政策的战略意义，有助于我们从战略高度更深刻、准确地把握政策定位和政策目标。

一、人才强国战略的重要组成部分

　　实施人才强国战略，是党和政府在新的时代背景下高瞻远瞩做出的决策，是应对日益激烈的国际竞争、全面建设小康社会、开创中国特色社会主义事业新局面的必然要求，也是增强党的执政能力、巩固党的执政地位的必然选择。习近平同志在 2008 年 12 月 22 日主持召开大学生村官代表座谈时指出："大学生村官是加强党的基层组织建设和推进社会主义新农村建设的重要力量，也是党政机关培养和储备来自工农一线后备人才的重要来源。"大学生村官作为青年人才的重要组成部分，是建设社会主义新农村的一支宝贵的新型人才队伍，这一群体的成长成才对人才强国战略的实施具有重要影响，主要体现在三个方面：

　　首先，大学生村官政策是培养党政干部队伍后备人才的源头工程。大学生村官政策推动了基层干部的素质提高和结构更新，为建设高层次党政干部队伍提供了人才储备。农村基层"是青年学生熟悉当代中国社会、了解中国基本国情的最好课堂，也是我们党培养人才、锻炼人才的重要阵地"。[1] 当前，我国农村正发生着巨大而深刻的变化，丰富而原生的乡村生态、生动而具体的人情风物，对于人的成长尤其是干部的成长是一种极大的挑战和磨炼。实践证明，基层实践和锻

---

[1] 学习小组：《习近平对"村官"的六点看法》，载中国共产党新闻网，2014 年 12 月 2 日。

炼，历来都是加快培养优秀年轻干部步伐、促进领导人才成长的有效途径，农村因此成为党和国家培养人才、锻炼人才的重要阵地。改革开放以来，党政干部队伍的素质和能力不断提高，但来源结构也在发生变化，从学校门直接进机关门的干部增多，有实践经验、从工农一线中成长起来的比例在减少，这种结构性缺陷不利于党政干部队伍的健康发展。将优秀大学毕业生选聘到农村任职，有利于他们熟悉基层、了解农村，建立起与农民、农村的感情，也有利于他们在基层丰富阅历、磨炼意志、提高能力、全面发展，从源头上解决党政干部来源单一、实践经验不足、与群众缺乏联系等问题，从而为党政机关培养和储备一批对中国社会有深刻理解、与人民群众有深厚感情的优秀后备人才，做实来自工农一线的党政干部培养链。正是基于这样的认识，党中央做出了选聘大学生到村任职的战略决策，以保证中国特色社会主义事业薪火相传、后继有人。

其次，大学生村官政策是为社会主义新农村建设培养大批骨干力量的强基工程。当前，我国正处在全面建成小康社会的关键阶段，农村是基础、是重点，同时也是难点。如前文所述，多年来人才由农村向城市的单向流动，造成农业、农村人才的日益匮乏，人才紧缺成为制约农村社会发展的瓶颈。要破解这一问题，除了加大农村教育和农民培训之外，城市人才反哺农业、农村成为必然选择。大学生村官政策有组织、有计划地选聘高校毕业生到基层任职，无疑是中央在关键时期采取的一项重要的人才"反哺"举措。对一届大学生村官而言，任期是有限的，随着此届村官期满分流，会有新一批毕业生补充进村官队伍，大学生村官队伍在人员流动中保持了队伍的相对稳定。在期满分流过程中，每年都会有一部分村官选择继续留在农村发展，甚至扎根农村，成为建设新农村的又一支稳定而可靠的队伍。大学生村官政策通过制度化、机制化的形式推动了人才在城乡之间的相向流动，为新农村建设输入和培养了年轻的活力细胞和新生代力量。大学生村官有热情、懂政策，可以成为农村基层扶贫工作的"宣传员"和"联络员"；大学生村官对新鲜事物接受能力强，有创新意识，善于运用网络资源，可以成为农村基层扶贫工作的"信息员"和"先锋队"。总之，大学生村官良好的教育背景、活跃的思维方式、开阔的眼界和迅敏的接受速度与执行力，不仅在一定程度上缓解了农村人才匮乏的局面，也为新农村建设培养了一批懂科技、知法律、会管理、具有现代民主意识和民主精神的高素质精准扶贫人才队伍。

最后，大学生村官政策是为各行各业输送优秀人才的树人工程。大学生村官在基层接受锻炼，把多年所学与现实实践相结合，在推动农业、农村发展的同时也实现了自身的成长。大学生村官计划实施以来，一部分村官留在农村成为社会主义新农村建设的骨干人才，一部分在党政干部培养链上成长为党政干部，一部分则走向各行各业。这些经过基层锻炼的大学生村官对中国农村有过直接接触，对农村、农民、农业发展等有感情，个人素质也有明显提升，因而在其他工作岗位上也深受用人单位的欢迎。实践证明，有过村官经历的大学生，能吃苦，肯干事，考虑问题比较周全，适应能力强，和大家容易搞好团结，在工作中凸显出独特的优势和良好的发展潜力，得到普遍认可。大学生村官政策为培养锻炼青年人才提供了重要途径，为各行各业输送了优秀人才。

二、加强党的执政能力建设的重要举措

农村基层是党执政的基石和党组织的神经末梢，加强农村基层组织建设，是夯实党的执政基础、巩固党的执政地位的必然要求。大学生村官的到来，为农村基层党组织注入了新鲜血液，优化了基层干部队伍结构。他们通过各种形式宣传党和国家的方针政策，提升了农民的民主观念、法律素养和政策水平；通过各种创业富民实践，扩大了剩余劳动力就业，发展了农村经济，带动了村民致富，促进了民生改善，得到了基层干群的拥护和支持，有力地巩固了党的基层执政基础；将成绩突出、党群公认的大学生村官选拔充实到村、乡镇干部队伍中，使农村基层组织和干部队伍保持了旺盛的生机和活力，有力地加强了基层组织政权建设。

首先，大学生村官推动了基层民主建设。大学生村官到所服务的农村，一般都是以农村党支书助理或者村民委员会主任助理的身份出现。大学生村官的到来，使科学、民主、法治和程序的理念逐渐融入到村级公共事务和党支部工作之中。通过大力宣传国家的政策法规，对普通党员和人民群众进行教育，一方面可以指出本村公共事务处理中的不足，另一方面也可以为以后工作提供范例和指导。在基层党内民主方面，大学生村官由于在所服务的村子里与群众没有太多利益瓜葛、宗族关系等因素牵涉，因此容易得到普通党员和群众的信任，在入户调查中，他们听取群众对村委会、村支部的意见和建议，并通过村务会或村支部会议把党员的意见和群众的呼声反映出来，客观上发挥了监督和促进基层党组织工作的作用。

其次，大学生村官为农村党员队伍注入了新鲜血液。农村党员队伍是新农村建设中的一支重要力量，加快培养年轻党政人才，推进基层党组织干部队伍的年轻化、知识化、专业化，是一项紧迫的任务。大学生村官通过培养锻炼，成为党政干部人才的后备力量。从 2008 年全面部署大学生村官工作以来，各地在这方面都进行了有益探索，取得了明显成效。全国进入乡镇领导班子的大学生村官总数为 9 020 人，其中担任乡镇党委书记的有 5 人，担任乡镇长的有 61 人，担任乡镇党委副书记的有 369 人，担任乡镇党委委员或副乡镇长的有 8 646 人，同时兼

任本村干部的有 811 人，①缓解了党员队伍的老龄化问题；同时，他们在工作中还发挥"鲶鱼效应"，逐步成为新农村建设的带头人，推动了"本土村干部"队伍的"升级换代"。

最后，大学生村官能够提升农村基层党组织的战斗力和凝聚力。大学生村官有较高的文化学历，充满朝气和活力，对党组织有较强的认同感，具有很强的民主意识和服务意识，通过联系群众、服务群众，能够推进农村村务公开和民主议事制度的完善，积极带领村民争取资金和项目、创业致富，既提升了基层组织的战斗力，也强化了村民对基层党组织的认同。此外，大学生村官进入基层一线后，能够充分发挥村干部助手的作用，有助于激活党员干部队伍的整体活力。如通过远程教育、新媒体等手段积极宣传新农村建设的政策法规，促进农村党员干部政策理论水平与时俱进；通过协助村"两委"做好文档整理、材料撰写等工作，推进农村工作的规范化和制度化建设等。

三、推动农村治理体系和治理能力现代化的强效措施

2014～2016 年，中央一号文件连续三年将"农业现代化"写入文件标题，可见加快农业现代化发展的战略地位。而在农业现代化发展中，最重要的是提升村民自治水平及提高农村社会管理和公共服务的能力，而这些都离不开掌握现代思想理念、现代化知识和能力的人才。大学生村官进入农村、农业和农民中间，无疑会成为提升农村现代化治理水平和能力的主导力量。

首先，大学生村官政策有利于推动村民自治制度的完善。村民自治制度是改革开放以来我们党和政府在农村实行的一项根本政治制度，是新的历史时期农村基层治理的有效政治模式，其实行大大推进了农村的基层民主政治建设，得到了村民们的普遍认同。大学生村官具有较强的民主精神和法治观念，且大多数是外乡人，这种身份有利于克服村民自治中由于利益冲突造成基层民主制度运行扭曲或不规范的问题。一方面，大学生村官利用自己的专业知识和了解到的信息，组织和引导村民平等协商，逐步达成共识，有利于提高民主决策的科学性。另一方面，村民时常面对国家利益与地方利益、公共利益和私人利益、长远利益和眼前利益等的选择，大学生村官可以着眼于国家利益、公共利益、村民长远利益，对村民进行法律、政策的宣传，引导村民着眼长远，在普遍共识的基础上，实现个人利益与国家、集体利益的协调一致。此外，大学生村官能够推进村民会议和村

---

① 中国青年网：《权威发布：村官工作数据"一口清"》，2017 年 3 月 24 日. http：//cunguan.youth.cn/cgxw/201703/t20170324_9340284.htm.

民代表会议的相关知识宣传，推动村民会议和村民代表会议的召开，充分发挥宣传、组织协调、监督作用，推动村民会议和议事制度的完善。

其次，大学生村官政策有利于推动村委会民主建设。在村委会换届选举中，大学生村官通过积极参与，对选举法定程序进行监督，在客观上提高了选举的可信度，同时也增强了村委会的威信，有利于村务工作的正常展开。在村务工作中，他们可以推动村务公开，给基层村民以民主诉求的勇气和信心，客观上对一些想投机的村干部起到威慑作用，从而促进了农村基层民主政权建设的发展。

最后，大学生村官有利于推动农村基层社会管理创新。当前，我国农村的社会结构、社会秩序、价值观念等方面都发生了深刻而复杂的变化，农村基层社会管理的复杂性和难度不断升级，而目前农村基层组织的社会管理水平相对较低，表现在社会管理组织形式单一、治理手段落后、带有明显"干预控制"的行政化性质等，难以适应日趋复杂的农村基层社会管理新要求。其中，人才匮乏是当前制约农村基层社会管理水平提高的最大瓶颈，有充足的合格人才进入基层社会管理队伍已成为提高社会管理水平的关键。大学生村官政策有组织地将大学生选聘入村，改变了农村基层组织的知识结构、年龄结构，带来了先进的理念和领导方式，促进了农村基层组织的思维方式和管理水平的提升。此外，大学生村官有利于推动农村社会管理主体的多元化。大学生村官作为不同于政府和村民的第三种力量，成为农村基层社会管理重要的创新主体，为农村基层社会管理注入了新的活力，如优化农村基层组织建设、带动农村经济发展、化解矛盾维护稳定等。大学生村官的到来有利于改变当前农村基层社会管理主体单一的状况，与农村基层政府、村民自治组织及农民等不同主体共同构筑农村基层社会管理主体网络。

四、我国农业可持续发展的智力支持和精神力量

当前，我国正处在全面建设小康社会的关键阶段，在实现从传统农业向现代农业、从传统农民向现代农民、从传统农村向现代农村的历史转变中，要按照"十三五"规划中有关农业现代化发展的战略部署，推进农村现代化建设。2015年5月28日，《全国农业可持续发展规划（2015—2030年）》这一指导我国农业发展方向的纲领性文件正式出台。文件明确指出，当前和今后一个时期，推进农业可持续发展面临前所未有的历史机遇，2030年我国农业发展的目标是农业可持续发展取得显著成效。要实现农业可持续发展的战略目标，迫切需要人才支撑。

大学生村官一般都具有先进的文化知识，拥有一定的思考能力、分析能力和判断能力，他们深入农村，与农村工作经验丰富的村官相结合，既能够优化村级

班子结构，加强农村基层组织建设，又能够向村民传播先进的知识、科学的理念，推广科学技术和管理方法，促进农民转变思想观念，有利于培养新型农民，促进农村生产力的发展，改变农村的贫困状态与落后面貌。实践证明，一些大学生村官经过磨炼成为新农村建设的排头兵、带头人，特别是科技致富、文化兴村的带头人和革新观念、解放思想的带头人。这是由于接受过文明启蒙或熏陶的当代大学生，对于农村的乡规民俗有着特定的价值尺度和评价标准。在大学生眼中，各种不合时宜的陈规陋习、落后愚昧的风俗习惯和消极保守的社会风气都应受到重新审视和批判。总之，大学生村官在农村将开启一个新时代，以文化知识和科学技术，以自身的文明素养、专业优势以及思维方式帮教和影响农民，提升新农村建设水平。

大学生村官能够有效推动农村信息化进程。农村信息化是改造传统农业、促进现代农业发展的必然选择，是加速农村科技成果向现实生产力转化的便捷通道，也是加快实现城乡统筹、培育新型农民的重要手段。大学生村官可以利用自身信息技术手段的优势，推动农业产品信息化、推动农村电子政务实施、改进农村民生信息服务等。大学生村官受过高等教育，具有较强的科学思维、丰富的专业知识和一定的远见，同时，他们了解市场经济常识，接受市场信息的能力较强，通过收集各种信息，能够利用市场规律，根据农民需求和农业发展状况，指导农业生产、提供信息咨询等，推动农业在市场经济发展背景下的升级转型。尤其是一些优秀的大学生村官普遍具有开拓创新的精神，能够掌握与运用先进科技，因地制宜地在农村创业，将潜在的生产力转化为现实的生产力，产生巨大的经济效益和社会效益，同时能够帮助农民掌握先进科技知识，启迪农民科技致富意识，进而带领农民共同致富，繁荣农村经济。

同时，大学生村官能够有效加强农村精神文化建设。当前农村精神文化建设面临一对矛盾：一方面，伴随着农村经济的发展和农民物质生活的改善，农民对精神文化生活的追求普遍提高；而另一方面，农村精神文化建设落后于物质文明建设的步伐。大学生村官作为农村文化建设和文明提升的有生力量，通过积极宣传国家文化政策法规和先进的文化理念、大力倡导文明生活方式、引导农民开展形式多样的文化活动、发展具有鲜明地方特色的文化产业等方式，成为先进文化的传播者，不断提高农村精神文化水平，促进乡风文明建设。经过严格选拔的大学生村官具有较强的民主法制意识、良好的思想道德、较高的政治觉悟以及依法自律的科学态度，他们利用自身优势，积极开展各种方式的依法治村，可以逐渐改变以人情关系为主的农村治理方式，不仅可以提高农村行政管理水平，还可以提高村民的法律意识和法律素养，为农村基层组织建设以及农村生产经营、文化卫生、教育科技建设提供良好的法治环境。此外，新时期的大学生多数具有良好的生态观念，在宣传环保理念、培育生态文化、保护自然资源等方面有着饱满的热情。通过创建文明村镇等活动，大学生村官在推动农村生态文明、转变传统生产生活方式、建设美丽村庄方面大有可为。

  总之，大学生村官政策不是一时一地的权宜之计，而是人才强国战略的重要组成部分，也是提高党的执政能力、加强新农村建设、创新社会管理的重要举措。这些战略意义并不是在大学生村官政策刚一出台即被赋予的，而是随着实践的发展和大学生村官政策的不断演变完善逐渐显示出来的。不管是对大学生村官政策还是对大学生村官成长成才机制的研究，都必须站在战略高度深刻把握该政策具有的深远意义，只有做到这一点，才能为后续研究确立视角和基调，才能避免孤立、片面、简单地看待大学生村官政策的倾向。

第二章

人才成长理论与大学生村官成长成才

大学生村官是一个特殊的成才主体,又是一种宝贵的人才资源。促进大学生村官成长成才,构建行之有效的大学生村官成长成才机制,必须建立在遵循人才成长规律的基础上。人才学认为,人的成长成才是自身内在因素与外在环境因素交互作用的一种综合效应过程。本章借鉴人才成长理论,在对大学生村官成长成才的内在素质、外部环境进行理论分析的基础上,总结其成长成才的过程、特征及其规律性,为成长成才机制的评估和优化提供理论支撑。

第一节 人才素质理论与大学生村官成长成才

大学生村官的成长成才受到多种因素的影响,这些因素的构成及在成才过程中的作用并不等同。其中素质作为一种内在因素,是人才成长的根据,在大学生村官成长成才中的作用是第一位的。明确大学生村官的素质结构,能够为大学生村官的选聘、培养等提供理论指导。

一、人才素质概述

素质(quality)一词源于拉丁文"qualia",意为"无法量化的品质差异",在中国最早应用于生理学领域,用于指人的神经系统和感官系统的先天特点,后来逐渐被应用到教育学、管理学、社会学等领域。

（一）人才素质的概念和特点

人才学研究认为，人才素质是在人的先天因素的基础上，经过后天实践而形成的影响人才成长和发展的基本内在品质。[①] 人才的成长及发展，取决于其所创造的社会价值如何，而人才的价值及其社会价值的大小，则主要取决于人才素质如何。也就是说，人才素质的构成及优化对人能否成才、成多大才、成何种才具有深刻影响。

作为人才成长的内在根据，人才素质在诸多方面表现为一个对立统一的矛盾体，具有以下特征：

一是自然性与社会性的统一。人才作为自然存在物，有着先天的、遗传的自然属性，这是人才成长的物质性前提。良好的遗传属性有助于人的成长成才，但人的成才与否并不取决于自然属性，后天的教育和实践能够深刻影响素质的发展变化，因为人才素质是可以后天习得和培养的。因此，人才素质的形成是自然性与社会性的统一，两者统一于后天实践。

二是一般性与杰出性的统一。素质人人都有，成才的首要前提是具有一般人的素质，但人才的品德、知识、智能、个性心理等素质往往整体优于一般人，或者某一方面有常人不及之处，是一般性与杰出性的统一。

三是量的积累和质的飞跃的统一。人才的心理品质、知识能力等要素的形成和改变不是一蹴而就的，而是一个渐进发展的过程，这是量的积累阶段，这一阶段的人才素质表现出相对稳定性；在量的积累达到一定程度时，人才素质会发生质的飞跃，表现出明显的变动性。人才与非人才、高层次人才与低层次人才、不同类型人才在一定条件下的转化，都源于其内在素质发生了变化。在相对稳定的量变阶段和飞跃发展的质变阶段的螺旋式上升发展过程中，人才素质不断得到优化，推动了人才的不断成长和发展。

四是内在性和外在性的统一。人才素质是人才内在的基本品质，具有隐蔽性和潜在性，它通过人的实践活动表现出来，外化为创造性的劳动成果。判断某人是否是人才、素质高低，根本依据是外化的创造性实践及其实践成果的价值。

五是共性与个性的统一。由于成长环境、后天教育与实践等的不同，每位人才都会有其独特的素质构成，但个体人才素质中包含着社会人才所具有一些共性特征，如从整体看，人才素质较一般人层次更高、潜能更大，这是人才素质的共性。

[①] 郑其绪：《微观人才学概论》，党建读物出版社2013年版，第23页。

(二) 人才素质的构成

人才素质由多种要素构成,既包括生理因素,又包括心理因素,既包括智能因素,又包括非智能因素,是一个多序列、多要素、多层次的复杂系统。一般来说,人才素质可以分为生理素质系统和心理素质系统两大系统。

生理素质系统指的是人体的生命活动及体内各器官的结构和机能要素,包括人体器官及功能、人体组织及结构、人体生理活动及规律、人体健康与寿命等。人体各种器官及其特定机能是先天的、遗传的,但是人的身体素质却可以通过后天实践得到改变。生理素质系统是人成长成才的物质基础和首要前提。人才的生理素质比一般人更高,主要表现在三个方面:一是强健的体魄,具体内容包括身体素质和运动能力必须达到一定标准、有科学运动习惯等;二是充沛的精力,表现为有积极的人生观和价值观、敢于挑战自我和超越自我、时间观念强、工作效率高、做事充满激情等;三是有持久的耐力,能以坚韧不拔的意志为实现发展目标做出坚持不懈的努力。[①]

心理素质系统指的是在人的心理、意识和精神运行机制基础上的素质体系,包括智能素质系统和非智能素质系统。

智能素质系统包括知识结构和能力结构两个子系统。知识结构指的是不同知识的组合方式,目前提出的如金字塔式知识结构、飞机型知识结构、T字型知识结构等;能力结构则是个体认识世界和改造世界的各种能力的组合方式,主要包括认识能力和实践能力,前者如观察力、记忆力、想象力、思维力等,后者如操作、协调等动手的能力。

非智能素质系统由思想品德、个性心理品格和文化品格三个子系统组成。思想品德是人才依据一定的社会道德准则和规范,在处理与社会、他人和周围事物关系时所表现出来的较为稳定的思想特点和行为习惯,包括政治品德、职业道德和社会公德。个性心理品格涉及心理意向和个性心理,前者如需要、动机、兴趣、情感,后者如气质、性格等。文化品格是人在社会实践活动中孕育出来的价值观念、审美情趣、思维导向等因素的总和。[②] 创造过程主要涉及科学精神和人文精神。前者是以科学的态度看待问题、评价问题,如理性精神、实证精神、怀疑精神等,后者则是对人的尊严、价值等的关注和珍视。在人才创造过程中,既需要科学精神,又离不开人文精神。

---

① 叶忠海:《新编人才学通论》,党建读物出版社2013年版,第219页。
② 郑其绪:《微观人才学概论》,党建读物出版社2013年版,第28~30页。

（三）人才素质的功能

人才素质中，各个要素内部都具有不同的层次构成，各层次的要素各司其职，对人才成长发挥着自身特定的作用。

生理素质具有基础功能。人体生理是人才其他一切素质形成和发展的基础，也是人才成长和发展的自然前提和物质载体。良好的生理素质能够为人才成功从事创造性实践活动提供良好的身心条件和较大的可能性，反之，低下的生理素质不仅不能为人才成长提供助力，反而可能成为成才的障碍和困难。

智能素质具有核心功能。智能素质决定着人才创造性劳动的领域、内容、水平和方法。其中，知识是人才成长和发展的原料。人才素质的塑造、人才创造性劳动的开始，皆是从知识的积淀开始。不同内容和类型的知识在人才成长发展过程中所起的作用不同：哲学知识能够提供世界观和方法论的指导，专业知识决定着人才的专长和类型，是人才成功的主要智能条件；一般基础知识是各类人才知识结构和各种基本能力形成的基石；经验知识量的积累和提升，有利于人才各项能力的提高，也是形成个性的基础。能力是智能素质中最活跃的因素，是人才在认识世界、改造世界中运用知识、信息和技术的智慧和本领。其中，认识能力中的记忆力是储备知识的能力，想象力帮助人才对已有知识和素材进行加工、改造并创造出新形象，思维力帮助人才获得有关事物本质和规律性的知识。实践能力中的操作能力为人才主体的思想转化、创造行为提供程序、技巧方面的支持，协调能力则体现在实践过程中人与物、人与人、人与自身等关系的处理。知识和能力虽起着不同的作用，但两者密切相连。知识是能力的基础，而能力又影响知识获取的速度、数量以及运用知识的程度和方法等。

思想品德素质具有统帅功能。不同历史时期、不同阶级对"德"的内涵有不同规定，但对"德"在人的成长成才过程中的重要作用都有深刻认识。思想品德的统帅作用体现在：政治品德为人才确立志向、社会责任感和使命感提供方向，决定人才基本政治立场和态度，为人才成长提供持久、强劲的内在动力；职业道德决定着人才的职业态度、职业情感、从业行为；社会公德则决定了人才在社会公共生活中的行为表现。这三者虽然内涵、作用各有不同，但相互联系、相互作用，共同为人才成长提供方向和动力，发挥着"灵魂"作用。

心理品格素质具有驱动功能。良好的个性心理品格，有利于人才生理素质的提高，能够激发人才的创造欲望，增强创造活动的持久性，给予人才在实践活动中百折不挠的勇气和毅力，是智能素质得以表现和发展的重要条件。爱因斯坦认为，智力上的成就很大程度上依赖于性格的伟大。如成才动机，一般而言，成才愿望越强、期望强度越大，成才概率越高；再如兴趣，对人才创造性实践活动具有神奇的启动、定向和推进作用。人才的成功和失败，不单取决于智能因素。有的人智能素质稍差一点，但如果具备了良好的心理品格素质，坚持不懈地努力，同样也能成才。

文化品格素质具有升华功能。文化品格素质包括科学精神和人文精神，两者的有机结合可以使人才在创造性劳动实践中的精神境界和价值取向产生升华；同时，文化品格使人才素质中的其他部分如智能素质、思想品德素质、心理品格素质等融合在一起，并提升至更高层次，使人才的精神面貌和情怀境界焕然一新。

在人才素质系统中，不同子系统和不同构成要素都有自己独特的内涵和功能，在人才成长过程中发挥着不同的作用，同时又相互影响、相互渗透，在综合效应中推动人才成长发展。人的创造才能就是素质系统不同因素之间相互作用的一种高质量、高水平的综合体现。

二、大学生村官内在素质的理论分析

大学生村官是宝贵的青年人才，他们身上既有蓬勃的朝气、高学历的知识背景，又有涉世未深、疏于实践锻炼的稚嫩。其内在素质的构成既有一般性，又有个性。

大学生村官的内在素质也是由生理素质和心理素质两大系统构成。生理素质是大学生村官生命活动及体内各器官的结构和机能要素，是村官其他一切素质形成发展的物质基础，为大学生村官发展提供了必要前提。农村的生活和工作环境相对艰苦，对生理素质的要求相对更高。健全的体魄、旺盛的精力是大学生村官适应和正常开展工作的前提条件。

对大学生村官而言，理论研究更关心的是他们的心理素质系统，即大学生村官的心理、意识和精神运行机制基础上的素质体系，包括智能素质系统和非智能素质系统。

（一）智能素质系统

智能素质系统由大学生村官的知识结构和能力结构两大部分构成。智能素质水平决定着大学生村官在农村从事创造性劳动的领域、内容、水平和方法，因此在素质构成中具有核心作用。

1. 知识结构

知识结构包括大学生村官做好本职工作必须具备的专业知识、基础知识以及不同知识的组合方式。大学生村官大都有自己的专业特长，知识面比较广，各种信息比较灵通，能够为农民提供各方面的信息及专业的知识和技术服务。例如，医学、农学、畜牧、法律、经济等专业的学生能够为农民提供专业的解决问题的知识和技术。

当然，也有一些大学生的专业不能直接服务于农村生活，但是，只要一个人经过大学阶段的学习和训练，具备了一定的专业学习能力，即便是在工作中面临一个新的专业领域的知识，也会比没有上过大学的人学得快、学得好，依然可以认为具有精深的专业素质。

此外，大学生村官还需具有广博的基础知识。当今的科学技术不仅表现为高速发展，而且呈现高度分化和高度综合，一专多能的复合型创造人才将是未来最受欢迎者。一个人只有具备了融会贯通的综合知识结构，才能透彻地研究高深学问，这本身就是一种素质。农村事务复杂烦琐，涉及方方面面，比如党的政策路线方针的落实、教育、卫生、计划生育、拆迁、经济发展、农业技术等，这些方面仅靠单一的专业知识是无法解决的，必须将精深的专业素养与广博的基础知识有机地结合在一起，才能胜任农村的工作。

2. 能力结构

大学生村官的能力结构是大学生村官认识和改造世界各种能力的组合方式，包括认识能力和实践能力，如观察力、记忆力、协调力等。一般说来，大学生村官的能力越全面，对于开展工作越有益处，其中以下两种能力的作用更为突出：

一是协调能力。村级"两委"作为我国行政机构的最基层组织，工作千头万绪，纷繁复杂。特别是农村中征地拆迁、费用征收、土地流转、环境整治、计划生育、处理村民之间的纠纷等工作最为棘手，也最容易产生矛盾，能不能妥善处理这些矛盾，直接影响着工作的成效。有的大学生村官由于在协调各种复杂关系上不够成熟，造成在处理各种复杂关系时随意化，没有顾全大局协调处理方方面面的关系，处理方式欠妥，常常事倍功半，甚至适得其反。因此，具备良好的协调人际关系的能力就显得尤为重要。此外，大学生村官在日常工作和生活中总会与村民、同事、上级领导建立各种各样的人际关系，具备良好的协调人际关系的能力也有利于工作的顺利开展。

二是管理能力。一般而言，大学生村官的主要工作集中在基层管理、组织宣传、精神文明建设、技术推广、日常行政事务等几个方面，事情繁杂琐碎，而面对的工作对象是文化层次较低的农民，为了完成好工作任务，就要求大学生村官具备良好的组织管理能力，能够灵活地运用各种方法，合理地组织和有效地协调各种资源，服务于工作目标。

同时，大学生村官应该遵循"管理就是服务"的理念，利用自己的特长和优势服务于乡村。大学生村官作为一个有知识、有文化、有理想的群体，要积极把学习到的党的路线、方针、政策以及农村的法律、法规及时向农民群众宣传，转变农民的思想观念。大学生村官作为先进生产力的代表，可以通过掌握的先进的科学技术带领农民改变传统的生产方式，把先进的管理理念带到农村去，培养新型农民。

（二）非智能素质系统

非智能素质系统主要涉及大学生村官的精神、心理方面的因素，包括思想品德素质、个性心理品格和文化品格三大内容，其中，对大学生村官而言，思想品德素质和个性心理品格有着突出的作用。

1. 思想品德素质

思想品德素质是大学生村官在处理与社会、他人和周围事物关系时所表现出的比较稳定的思想特点和行为习惯。这一素质为大学生村官的成长成才提供了方向和动力，具有"灵魂"作用和统帅功能，也是国家选聘大学生村官的首要考察要件。大学生村官作为新农村的建设者，应该具有正确的政治信仰和远大的理想志向以及高尚的道德品质。

（1）正确的政治信仰。

人们只有树立了崇高的政治信仰，才能产生强大的内在驱动力，以坚强的毅力去从事自己的事业。大学生村官要有马克思主义基本理论素质，要有坚持四项基本原则和党的基本路线不动摇的坚定政治信念，要有正确的政治方向和政治立场，要有较强的政治鉴别力和政治敏锐性，要有热爱社会主义祖国的情感和民族自尊心。

（2）远大的理想志向。

大学生村官要正确认识社会发展规律和国家命运前途，心怀共产主义的远大理想，立足社会主义新农村的建设，把远大的共产主义理想和现阶段发展中国特色社会主义的具体任务结合起来，落实到自己的本职工作之中。大学生村官必须在政治上始终与党中央保持一致，做到坚决执行党的路线方针政策，自觉维护中央权威，保证中央政令畅通，自觉用党纪国法规范自己的行动，践行全心全意为人民服务的宗旨。

（3）高尚的道德品质。

道德品质是处理个人与他人、个人与社会利益关系时外显的行为习惯，是个人在一系列的道德行为中所表现出来的比较稳定的、一贯的特征和倾向。"以力服人者，非心服也，力不赡也。以德服人者，中心悦而诚服也。"[①]大学生村官在工作中要以为人民服务为宗旨，以集体主义为原则，以爱祖国、爱人民、爱劳

---

① 孟子：《孟子·公孙丑上》，北京联合出版公司 2005 年版，第 51 页。

动、爱科学、爱社会主义为基本要求，运用所学知识为农民服务，具有热爱农村、服务农民的责任感和使命感。同时，应模范遵守社会道德准则与规范，树立共产主义的道德观，培养优良品德、高尚人格，在农村工作中起到好的表率作用。

现实中，有少数大学生来到农村是出于一时冲动，缺乏足够的热情和应付困难的思想准备，有的大学生把选择到村任职作为"前站"职业，有的大学生把到村任职作为自己政治前途的"快车道"。在工作态度方面，这样的大学生村官个人信心不足，自我认识不清，工作上缺乏主动出击的意识，一旦遇到挫折，就很容易产生退却和逃避的念头。在我们对多地优秀大学生村官的个案访谈中，能在农村做出业绩、得到锻炼成长的优秀村官无一不是心怀家国、品德优秀，在清醒的自我认识基础上妥善处理好与村民、领导等的关系，踏实肯干的人。正如山西优秀大学生村官张琪所言："村官最基本的，就是心怀村民，为村民服务。"因此，应聘到村任职的大学生要首先具备良好的思想品德素质。

2. 个性心理品格

个性心理品格是大学生村官的心理意向和个性心理，如需要、动机、兴趣、气质、性格等。面对复杂的农村环境和艰苦的工作条件，大学生村官尤其应具备良好的个性心理品格。

（1）具有坚强的意志和坚韧不拔的毅力。

大学生村官必须具有坚强的毅力和持久的耐力，面对成功与失败、顺境与逆境，都能沉着稳定，善于控制自己的情绪，直到取得最后的胜利。

（2）具有开阔的胸襟和开朗的性格。

农村的人际关系具有"熟人社会"的特点，比较注重人的情感交流。因此大学生村官应具有开阔的胸怀，并能够真心实意地付出。同时还要注重培养开朗而富有吸引力的性格特征，与村民打成一片，做到以心换心、情感共鸣。

（3）具备乐观进取的心态和振作昂扬的精神。

由于离开校园时间较短，又完全处于一个相对陌生的环境，部分大学生村官工作中经常表现出学生气，想问题、办事情比较单纯、片面，以及依赖心理强、承受心理弱的问题，加之以前没有接触过农村工作，面对复杂的环境和棘手的事情，稍微遇到一点儿挫折就会打退堂鼓，感到心灰意冷、提不起精神，这些负面情绪会对工作产生不良影响。因此，大学生村官应当学会调整心态，使自己经常保持乐观、昂扬的良好精神状态，克服心理上的急躁情绪和得过且过的敷衍态度，做到干一行爱一行，立足于基层，扎根于基层，踏踏实实干好每一项工作。

第二节　人才环境理论与大学生村官成长成才

大学生村官的成长成才是内部因素与外部环境相互作用的结果，因此，环境也是探讨大学生村官成长成才的一个不可缺少的重大因素。美国社会心理学家库尔特·勒温（Kurt Lewin，1890~1947年）的"场论"认为，个人的生活空间是一个场，包括个人及其环境。用公式表示即为 $B = f(P \cdot E)$，即一个人的行为（B）是个人（P）和他所处环境（E）相互作用的结果。[①] 对个体而言，外部环境包含的内容广泛，不同因素对大学生村官成长的作用性质、方式及程度各有不同，彼此之间又有着千丝万缕的联系。探究外部环境对大学生村官成长成才的影响，对揭示大学生村官成长成才规律、优化其成长成才机制有重要意义。

一、人才环境概述

人总是生活在一定的自然环境与社会环境之中。人才学认为，任何人才的创造能力的发挥及其发挥程度都要受到外部环境的影响和制约。

（一）人才环境的概念及特点

人才环境指的是人才主体赖以存在和发展的外在条件。[②] 人才环境的外延非常丰富，按照不同的标准可以分为不同的类型，同时人才环境又可以分为不同层次，因此，人才环境的特点首先体现为立体多维性，即一个由不同序列、不同层次的环境要素相互联系构成的立体多维系统。例如，我们既可以把人才环境划分为人才自然环境和人才社会环境，又可以划分为人才积极环境和人才消极环境，还可以划分为人才家庭环境、人才学校环境、人才职业环境等，还可以从层次上分为人才大环境、人才亚环境和人才小环境等。这种立体多维性使其具有了影响性质的多重性和影响方式的多样性。其次，人才环境具有动态性。人才环境的各个构成要素、子系统以及要素之间、子系统之间都处在不断运动变化之中，不是一成不变的，因此对人才的影响也处在变动之中。最后，人才环境具有可控性。这种可控性表现在人才主体对人才环境的选择、改造上，人才不仅能够

[①] 申永荷：《勒温心理学的方法论》，载《心理科学通讯》1990年第2期，第39~42页。
[②] 叶忠海、郑其绪：《新编人才学大辞典》，中央文献出版社2015年版，第77页。

认识和掌握人才环境运动规律，而且能够发挥主观能动性使人才环境由自在转化为自觉。

（二）人才环境的功能

总体而言，人才环境对人才成长的影响和制约作用，从内容上可以进一步细分：一是支撑功能，即人才环境能够为人才成长发展提供必不可少的支撑作用。二是约束功能，马克思认为："人们自己创造自己的历史，但是他们并不是随心所欲地创造，并不是在他们自己选定的条件下创造，而是在直接碰到的、既定的、从过去承继下来的条件下创造。"[①] 不管是自然环境，还是社会环境，都会对人们实践活动的开展具有约束作用。三是塑造功能，人才环境会对人才产生改变或感染作用，从而使人才成长与环境发展相协调。四是激励功能，即人才环境能够对人才的成长发展产生激发鼓励的作用。

还可以从作用的要素上透视人才环境的功能。一是从作用力构成上看，环境对人才同时存在多种大小不同、方向不一、性质各异的作用，人才成长发展是这些作用合力的结果。二是从作用力性质上看，人才环境的功能具有两重性，既可以起到积极作用，促进或者加速人才的成长，又可以起到消极作用，阻碍或者延迟人才的成长。三是从作用力方式上看，人才环境对人才的作用既可以是直接施加的，又可以是间接影响的。四从作用力大小上看，虽然人才环境的作用是一种综合合力，但不同环境要素对人才的作用并不等同，有主次、大小之分。从根本上说，人才环境对人才施以影响的大小，最终要取决于人才主体的发展水平。

人才学还对自然环境和社会环境这两种典型环境对人才成长和发展的影响进行了深入研究。自然环境是环绕着人群的空间中直接、间接影响人类生活生产的一切自然形成的物质、能量的总体，不仅影响人才的个体生理发育，而且影响人才的心理发展。自然环境首先是人才个体生存的必要条件，对人才个体的大脑发育、形态特征、健康寿命都有影响；其次，自然环境对个体心理发展有重要影响，如可以拓宽视野、陶冶情操以及锻炼观察力、想象力和思维力等。社会环境是在自然环境的基础上，由人类通过长期的社会劳动加工、改造、创造的自然物质、物质生产体系及人类科学文化等形成的环境体系。社会环境本身即是一个由不同层次、不同类型环境要素相互制约、相互联系的复杂系统，因此它对人才成长和发展的作用更为复杂。不同社会环境要素对人才成长发展的作用有所不同。如家庭环境能够影响人才成长发展的全部过程，并且对成才类型、成才难易程度

---

① 《马克思恩格斯选集（第1卷）》，人民出版社2012年版，第603页。

有深刻影响；职业环境对人才成长发展的速度、方向有显著影响；社会宏观经济环境则会直接制约社会人才总体的发展。与自然环境的功能相比，社会环境对人才发展的作用相对更直接、更重要。

不管是自然环境还是社会环境，任何一种环境及其组成要素对人才发展的作用和影响都不是孤立和单方面的，诸环境要素之间相互联系、相互影响，形成合力，共同作用于人才主体；同时，这些要素会随着时空变化而发展变化，因此对人才的作用也是不断变化的，但这种变化有其一定的规律，人们可以发挥主观能动性认识和把握这些规律，在改造、利用环境的实践中不断取得成功。

(三) 人才与环境的关系

根据历史唯物主义关于人类社会和地理环境关系的基本观点，人才学对人才与环境之间的交互作用进行了研究，认为人才与环境的关系是人类社会与地理环境关系的高级层次，既有一般人地关系的共性，又有特殊性。人才与环境关系的一般共性体现在：人才与环境之间存在着动态可变的内在联系和相互作用；生产力是两者相互作用的中介，生产力发展是两者相互作用动态可变的根本原因，一般说来，生产力水平越低，人类对地理环境的依赖程度越大，地理环境对人类社会发展所起的作用也越大；在人地相互作用中，人类居于主动地位，地理环境是人类认识、改造、利用和保护的对象。人才与环境关系的特殊性表现在：相对于一般人群，人才在人地关系中的主导地位更为明显，能动作用更大且起着积极的正向作用。人才在改造地理环境、推动政治经济发展、开拓科技和优秀文化等方面具有更大的反作用。与此同时，环境也给人才以更大的制约乃至磨炼。人才在进行创造的实践中，受到各种环境不同形式的制约，不同层次、不同类别的人才受到的制约不尽相同，层次越高，受到的制约就相对更大、更多。如图 2-1 所示。

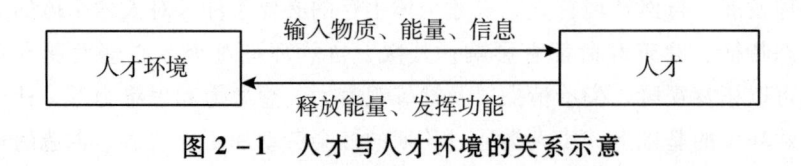

图 2-1 人才与人才环境的关系示意

总体而言，人才和环境是一对不可分割的有机综合体，人才成长离不开环境的影响，同时人才也从环境中吸收物质能量、接受信息，然后作用于外部客观环境，两者相互作用、相互依存，在动态变化中保持必然联系。

二、大学生村官成长成才外部环境的理论分析

（一）大学生村官成长成才外部环境的构成

大学生村官成长成才外部环境是其成长成才外部因素的总和，包括一般环境要素和具体环境要素两类。其中，一般环境要素是指对国家或社会系统的各方面都广泛产生影响的要素，包括政治、经济、社会和文化四个要素；具体环境要素是指对大学生村官成长产生特定影响的要素，主要包括四个要素：村落环境、政府环境、社会环境和家庭环境。

1. 村落环境

与大学生村官的成长关系最密切的是村落环境，因为村落是他们每天都与之接触的环境。村落环境包括物质环境和人文环境。物质环境包括所在村落的经济发展水平、自然环境状况；人文环境包括所在村落的习俗文化、宗族或家族势力、村两委关系。

2. 政府环境

大学生村官的工作和生活与政府的管理息息相关，政府环境大多体现在管理和政策中，如考核评估、出路待遇、教育培训制度、创业基金扶持等。

3. 社会环境

本书所指的社会环境是社会舆论和价值导向。社会舆论包括媒体及民众对村官的看法和态度。价值导向包括政府和媒体对大学生村官应持有的价值导向。

4. 家庭环境

家庭环境主要指家人观念和父母亲的职业声望，包括主客观情况：主观情况包括父母对孩子选择村官的态度和看法；客观情况则包括家庭收入状况、父母职业等。

基于以上四种环境要素，我们建立起外部环境影响大学生村官成长的理论框架（如图2-2所示）。

框架的右边是被解释变量，即我们要分析的对象，是大学生村官成长的4个组成要素。框架的左边是4个层面的解释因素。通过理论框架的设计，我们具体要考察村落环境、政策环境、社会环境和家庭环境分别对大学生村官的工作能力、人际沟通能力、性格成熟和思想觉悟的影响。其中，村落环境因素包括宗族势力、两委的重视、村落家庭年收入、自然环境；政策环境因素包括编制、创业基金、培训机会、薪酬制度；社会环境因素包括村民舆论、媒体宣传；家庭环境因素包括父母的支持、父母的职业声望。

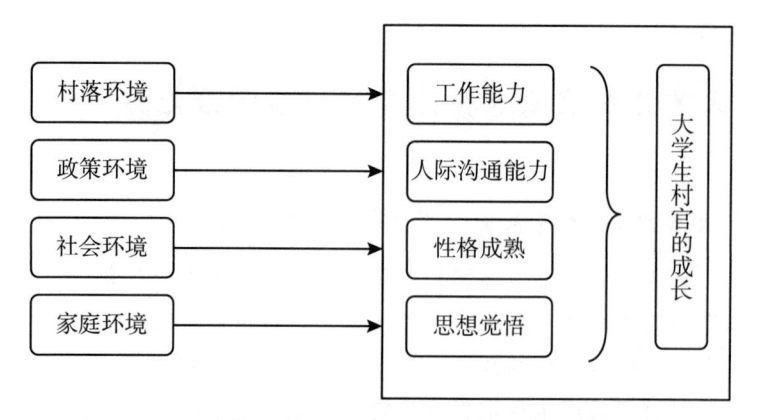

```
村落环境 ──→ 工作能力    ⎫
政策环境 ──→ 人际沟通能力 ⎬ 大学生村官的成长
社会环境 ──→ 性格成熟    ⎪
家庭环境 ──→ 思想觉悟    ⎭
```

图 2-2　外部环境影响大学生村官成长成才的理论框架

（二）大学生村官成长与外部环境的基本关系

一般来说，人与环境的基本关系是：人改造环境，环境改造人。[①] 大学生村官与外部环境的基本关系也是相互改造的关系，即大学生村官改造外部环境，外部环境改造大学生村官。不过，大学生村官成才等级越高，改造环境的能力更强，其才能的发挥程度对环境条件的变化也更敏感。环境对大学生村官也有强烈的导向效应，表现为两种形式：一种是大学生村官的兴衰与成长；另一种则是大学生村官的流动与聚散。

另外，对大学生村官而言，环境有顺境和逆境之分。顺境一般是指对大学生村官成长较为有利的优越的环境，而逆境则是指对大学生村官成长较为不利的恶劣的环境。通常情况下，顺境起推动作用，逆境起阻碍作用。但是，辩证地看，顺境并不一定起推动作用，而逆境也不一定起阻碍作用。人具有主观能动性，并不是一味地接受客观世界对自己的影响，而是可以能动地改造客观世界。具体环境对大学生村官究竟产生怎样的影响，这与村官自身的素质有着密切的关系。有时极其恶劣的条件反而能够激发人们超乎寻常的创造力。不过，这种恶劣的条件是有限度的，这个极限就是不会导致生存权的丧失。如果生存权丧失，那么其他的一切则无从谈起，因此环境有一定的限度。另外，它也涉及个别与一般的关系，一般性的规律不一定适合每个人的个体情况。一般情况下，良好的外部环境有利于大学生村官的实践活动获得良好的结果，使人才劳动价值得以增加，而恶劣的外部环境不利于实践活动收到预期的效果，使其价值亏损。总体来说，大学生村官成长成才是外在环境与村官内在素质的综合作用。

[①] 陈京辉：《人才环境论》，上海交通大学出版社 2010 年版，第 10 页。

人是环境的产物，所以外部环境对大学生村官成长成才的促进或阻碍作用是随着时间的变迁而变化的。这种变化有一定的客观规律，是可以被认知和把握的。我们一再强调，大学生村官与外部环境的关系是辩证的：一方面，外部环境对大学生村官成长成才所起的促进或阻碍作用，必须通过村官的实践活动才能表现出来；另一方面，大学生村官在受到外部环境影响和制约的同时，又常常表现出对外部环境的能动作用。这种作用集中表现在对外部环境的选择和开发利用上。但同时，大学生村官改造外部环境的能力是有限度的，这个限度是在客观规律发生作用的范围之内。正如唯物史观所指出的那样：人才的产生是历史必然性与偶然性的统一，人才是社会历史发展的产物。①

三、外部环境对大学生村官成长成才的影响

外部环境通过各种要素对大学生村官的成长成才产生制约或催生作用，在此，我们重点对不同环境要素如何通过不同方式、维度影响大学生村官成长成才进行分析。

（一）村落环境对大学生村官成长的影响

研究村落环境对大学生村官成长的影响，主要从自然环境、村落经济发展水平、两委关系和宗族意识四个因素着手进行探讨。

1. 村落自然环境的影响

第一，自然环境对工作能力、文书写作能力、组织能力、分析处理问题能力、思考能力、获取信息能力没有显著影响。通过访谈得知，多数大学生村官的日常工作是管理村官事务，日常工作事务不分自然环境优劣和村落大小，都是"五脏俱全"，因此工作能力的提高与村落自然环境关系不显著是可以理解的。文书写作能力本身是通过反复练习而获得的，自然环境这种客观的外在因素不产生直接影响也是可以理解的。组织能力、分析处理问题能力、思考能力、获取信息能力在短期内（大学生村官的任职期限一届为3年）受到自然环境的影响是较弱的，这些能力是一种主观性的能力，客观的自然环境对其影响甚微。

第二，自然环境对大学生村官人际沟通能力、性格成熟、思想觉悟、专业技能、发展经济能力、整合利用当地资源的能力产生正相关的影响，主要体现在以下几个方面：其一，对人际沟通能力的影响。通常自然环境较为优良的地方，人们的视野也较为开阔，与外界交流较多，这样大学生村官与村民、干部交流起来

---

① 陈京辉：《人才环境论》，上海交通大学出版社2010年版，第10~12页。

就更为顺畅，加上自己的领悟，使他们能够更快地成熟起来。其二，对性格成熟的影响。自然环境中的气候条件对性格的影响也是很大的，不同气候条件下，人们的性格、民族精神不同，寒冷的气候让人具备了冷静理智、精力充沛、勇敢等各种美好的品质。而炎热的气候让人懒散、精神萎靡、优柔寡断。① 大学生村官在适应自然环境的同时，性格也日渐趋于成熟。其三，对思想觉悟的影响。一个村落的发展水平常常受到自然环境的制约，大学生村官置身其中，更容易了解"三农"问题，提高他们建设新农村的思想觉悟。大学生村官入村到自然环境恶劣的村庄，可能会改变他们最初的动机。毋庸讳言，有些大学生村官最初的动机并不是为了建设新农村，而是为了解决户口问题。特别是在北京地区，获得北京户口是他们最初的动机。但是看到乡村与城市差距这么大，他们的动机可能转变为真正想为造福农村而努力。其四，对大学生村官专业技能的影响。大学生村官在任职期间改造世界的对象是农村。农村的自然环境会影响大学生村官的不同专业技能的获得。俗话说，"靠山吃山，靠海吃海"，即人们依傍自然环境而生活，靠"海"的村民可能习得了捕鱼、虾等海洋性生物的技能，而靠"山"的村民则依靠大山而生活，种植各种经济作物，相对于海边的人来说，他们的种植技能较高。大学生村官也不例外，他们去往不同的村落，每个村落的主要特色资源不一样，习得的专业技能也会不同。因此，自然环境对专业技能具有显著的正相关影响。其五，对大学生村官发展经济能力的影响。一般情况下，自然环境良好，产业比较发达，大学生可依靠这些产业发展农村经济。相反，自然环境相对恶劣，土地贫瘠，则大学生村官在任职期间从事经济发展的任务和活动就较少，因此发展经济能力的提高自然也较少。其六，对大学生整合农村资源能力的影响。首先是内部整合。在农村中，最重要的一项资源是自然资源，而这种资源是深受自然环境影响的。大学生村官在农村的各项活动中，更容易学到如何以自然资源为核心，整合相关产业链条上的资源。其次是外部整合。自然资源的开发与整合往往不仅涉及一个村庄，而且会涉及村落与村落之间的整合和协调。有可能，如果邻村之间的整合，自己村中的自然资源的开发力有限。因此，自然环境对大学生村官树立整合农村资源的理念是有影响的。

2. 村民家庭年收入的影响

村民家庭年收入对大学生村官的工作能力、人际沟通能力、性格成熟、思想觉悟、组织能力、思考能力、发展经济能力和整合利用当地资源理念都具有显著的负相关关系，而对文书写作能力、分析处理问题能力、获取信息能力、专业技能则没有显著的影响。理论上，我们认为村民家庭年收入是村落经济发展水平的

---

① 孟德斯鸠著，袁岳编译：《论法的精神》，中国长安出版社2010年版，第93~94页。

一个关键性指标，村落经济发展得好，资源丰富，创业机会多，大学生村官就可以从中学到很多东西，但从统计结果看，则恰恰相反。这说明两个问题：首先，村民家庭年收入并不一定能代表该村落的经济发展水平，这些居民的收入可能不是以村庄为载体的，特别是在现代化过程中，大量农民工涌入城市，农民工工资就是农民的年收入，这与村庄本身的经济发展水平并没有直接关系。地理位置偏远、资源稀缺的村落，在本村没有发展的可能，所以到外地打工的村民更多。根据研究结果，恶劣的自然环境相对不利于大学生村官的成长。其次，我们假定村民家庭年收入可以反映村落真实的经济发展水平，进而探讨村民家庭年收入对大学生村官的影响。因此，村民家庭年收入与大学生村官的成长成负相关关系。家庭年收入低，经济发展落后，村民生活贫困，这会激发大学生改变村落现状的热情，他们可能会想方设法帮助村民脱贫，"穷则思变"。这样的环境反而会给大学生村官提供更大的发挥空间，启发他们思考如何增加农民收入、创立致富项目等。经历这些过程，他们的工作能力、人际沟通能力、性格的成熟度、思想觉悟、组织能力、思考能力和发展经济的能力和整合利用当地资源的能力等都能得到相应的提高和改善。但是，其文书写作能力、分析处理问题的能力、获取信息能力、专业技能不会受到村落经济发展水平的影响。因为这些技能在短期内难以提高，并且与经济发展水平没有多大的关系。

3. 农村两委的影响

两委是村级组织的核心，也是大学生直接接触的上级领导，他们对大学生村官工作的态度与支持程度，关系到大学生村官工作能否顺利开展，也关系到大学生村官的心理健康。村委对大学生村官工作的支持，相当于大学生村官得到认可，会让他们产生一种由内而外的自豪感，从而激励他们更好地投入工作，结果是丰富了工作生活。大量的工作实践为他们创造了提高工作能力的机会，使他们能够更多地参与社会交往，特别是跟上级领导、群众的交往，这为他们提供了提高人际沟通能力的平台。在丰富的实践和交往中，他们的性格渐渐趋于成熟，逐渐了解了农村、农民和农业，培养了他们对"三农"的感情，思想觉悟自然而然也就提高了。

村落的两委是大学生村官最广泛的依靠和最密切的合作者。大学生村官在任职期内，村两委一方面起着导师的作用，把大学生村官"领进门"，熟悉村庄的各种事务，另一方面又是大学生村官亲密的合作伙伴，与大学生村官共同促进、推动村落社会、政治、经济、文化等方面的发展和生态的保护。大学生村官就是在这样的环境中获得成长。因此，只有得到两委的支持，大学生村官才能放开去干，大胆去干，才能实现在"干中学"，才能收获知识，提高各项能力，促进自身的成长。因此，村两委的支持对大学生村官的成长具有举足轻重的作用。

4. 宗族关系的影响

宗族有着悠久的历史，经历了演化发展甚至消失的过程。当今，中国并不是每个村落都存在宗族意识。从理论上说，宗族在本质上具有封闭性、排外性和反现代性，对大学生村官的成长不利。然而，课题组的调研结果显示，宗族势力除了阻碍大学生村官文书写作能力和专业技能的提高之外，对他们的成长并没有产生显著的影响。结合这一结果，我们可以进一步分析：首先，宗族势力不是每个村落都有，没有宗族势力的村落，大学生村官的成长自然不会受其影响。其次，从宗族势力的历史脉络看，有学者认为现在宗族势力重新抬头，但目前基层社会也注入了现代化精神，包括开放、参与、对话、共享价值观念等，宗族势力是否还根深蒂固是一个有待继续研究的课题。最后，大学生村官被宗族内部认为是"外人"，但是这个"外人"是否会和宗族产生相应的利益关系，从而使宗族势力影响大学生村官的成长，也有待研究。至于宗族势力阻碍大学生村官文书写作能力和专业技能的发展，原因可能是：宗族势力在处理公共事务时运用的是宗族的权威，是一种默会，或者说是一种强制，在农村中更多的是通过口头表达，一般用不到文书的起草和写作。因此，拥有宗族势力的村落会阻碍大学生村官文书写作能力的提高。同时，专业技能是一种专业性、科学性较强的方法和工具，但是在宗族势力强大的村落，一般是宗族长说了算，他一般是根据自己常年累积的经验处理问题，而拒绝外来的科学的经验。因此，这也不利于大学生村官锻炼专业技能。

（二）政府环境对大学生村官成长的影响

政府环境因素主要涉及编制问题、创业基金扶持、教育培训机会和薪酬制度等方面。

1. 编制的影响

编制指的是"组织机构的设置及其人员数量的定额和职务的分配"[①]，各级机构编制管理部门确定编制数额，各级人事部门根据编制调配人员，财政部门据此拨款。编制属于一种行政管理资源，通常可分为行政编制、事业编制以及公益性岗位三种。被纳入国家行政编制或事业编制中的人，其工资待遇、福利保障相对稳定和完善，身份定位、岗位职责相对明晰，有利于人员有效开展工作。目前大学生村官政策被视为国家开展的一个选派项目，该岗位被定位为"村级组织特设岗位"，大学生村官的身份既不是官员又不是农民，既不是公务员也不是村级

---

① 中国社会科学院语言研究所词典编辑室：《现代汉语词典（修订本）》，商务印书馆1996年版，第75页。

组织成员，岗位职责也不够明晰，由此给大学生村官履职带来了一些不利影响；没有编制的问题使得大学生村官对工作状态、未来出路等难免心生忧虑。我们的调研结果也显示，编制问题对大学生村官工作能力、文书写作能力、组织能力、思考能力、获取信息能力、专业技能、发展经济能力和整合利用当地资源的能力的锻炼和提高有重要影响。虽然要完全解决大学生村官编制问题面临诸多现实挑战，但编制问题确实已经并且还在影响着大学生村官的工作和生活，一旦解决编制的问题，大学生村官工作的很多难题将迎刃而解。因此，仍需要政府在公共政策制定上多加考量，进行更合理的再设计。

2. 教育培训机会的影响

大学生村官在大学毕业后即来到基层工作岗位，面临着如何将原有的知识结构和专业知识与千变万化的实践现实有效对接、将理论转化为指导实践的现实力量的问题；而大学生村官在工作过程中，又面临着知识的更新、能力的优化等问题，这些都需要继续教育培训。教育培训机会越多，大学生成长越快。每次教育培训的内容、方式都会有所不同，可以是关于某项工作技能的培训，如提高工作能力、文书写作能力、专业技能的培训，也可以是人际沟通的培训，以提高大学生村官的沟通能力，还可以是对他们进行思想政治教育，提高他们了解"三农"、热爱"三农"和服务"三农"的思想觉悟，或者是对县域宏观的培训，让大学生村官熟悉县域情况和县级对乡村的各项经济政策，使得大学生村官发展农村经济更有思路和想法，科学配置村落资源，推动村落经济的发展。

3. 薪酬制度的影响

工资问题也是稳定大学生村官工作的利器，其背后是薪酬制度的合理性问题。大学生村官中的工资一般分为两部分，一部分是基本工资，另一部分是绩效工资。绩效工资跟工作效果成正比，因此工资待遇是弹性的，有利于激励大学生村官更加努力地工作，提高工作能力。绩效工资和考核匹配，考核又与领导干部测评、群众测评相关，这有助于大学生村官逐渐提高人际沟通能力，更好地处理与上下级、与村民的关系；在与人的交流中，他们的思想、性格会更加成熟，更加会为他人考虑。总之，薪酬制度的合理化对大学生村官的成长有很大助益。

4. 创业基金扶持的影响

从目前操作层面上看，大学生村官为创业而贷款，贷款的利息将由该市的市委组织部、团市委补贴。贴息采用"先还后贴"的方式，即由创业贷款的大学生村官先行偿还贷款本金和利息，市委组织部、团市委再根据有关凭证办理贴息手续。但是，大学生村官要充分利用贴息贷款的资金发展主导产业和特色产业，不能运用贴息资金进行其他投资。每项工作都需要大量的资金，创业基金扶持可以巧妙地化解大学生村官创业的资金问题。创业基金的扶持，为大学生村官提供了创业平台和发挥自身才能的机会,是对大学生村官综合素质的考验。申请该项创业基金的扶持涉及许多环节。一是申请环节。申请环节是对大学生村官文书写作能力最直接的考验。为了顺利通过创业基金的申请环节,大学生村官需要勤于思考、认真观察和深入分析,这有助于锻炼他们的思考能力、文书写作能力、分析与解决问题的能力等。二是审批通过后的实践环节。大学生村官申请的创业项目一般是自己熟悉的专业领域中的项目,并且能够充分利用所在村落的现有资源,这一过程能够较好地锻炼大学生村官的组织协调能力、运用知识的能力。

(三) 社会环境对大学生村官成长的影响

1. 村民舆论的影响

舆论作为公众意志的表现,集中体现了社会对大学生村官的价值评判。以村民意见为代表的社会舆论对大学生村官做出的或正面或负面的评价,形成了大学生村官成长的间接环境。村民们的正面评价对刚来到农村工作的大学生村官有着莫大的肯定和鼓励作用,能够消除他们的紧张和疑虑,有助于他们度过适应期,进而顺利开展工作。另一方面,人们对于不熟悉的事物往往会采取比较抵触的态度,生活在熟人社会中的村民对突然来到的陌生村官,天然地会产生一种戒备心理,加之社会对"80后"、"90后"的一些不适当的宣传,村民难免对大学生村官产生一些负面评价。这些负面评价会对大学生村官的工作开展、与村民交往等造成消极影响,也对其成长不利。因此,应正确引导村民舆论,使村落、村民逐渐接受、理解并支持大学生村官,为大学生村官成长提供更加宽容的环境和更加广阔的发展空间。

2. 媒体宣传的影响

一般来说,媒体宣传有利于大学生村官正面形象的塑造,有利于村官榜样的发挥,也有利于引导社会舆论。大学生村官工作开展多年,相关媒体对此做了很多报道,其中大部分是正面的引导性和宣传性报道。有研究者根据《中国青年报》2011年对大学生村官报道的分析,总结出了大学生村官的媒介形象:"扎根农村创业""力图获得村民支持""青年不怕吃苦""服务三农""组织农民谋发展"[①]。这些形象在很大程度上反映了社会对政策层面或理想状态下大学生村官形象的期许。值得注意的是,媒体宣传是一把"双刃剑"。贴近现实、积极向上的宣传报道有利于大学生村官增强社会认同,促进其成长成才,同时,一些盲目解读、过度拔高和不够全面平衡的报道,则容易导致社会对大学生村官政策的误

---

① 蔡鸿楚:《框架理论下大学生村官媒介形象分析》,载《青年记者》2012年第15期,第37~38页。

解和过高期望,这对大学生村官的心理成长、社会认同和交往将产生不利影响。

(四) 家庭环境对大学生村官成长的影响

家庭环境中父母的支持是大学生村官重要的后盾。家庭内部的自主空间不仅有助于培养个体自主发展的意识,也为大学生提供了安稳的后方基地,如家人的支持和信息分享,会减少个体在探索过程中的负面情绪。[①] 如果不能得到最亲密的父母的支持,大学生村官在工作中就会产生一些负面情绪,无法全心投入到工作中。相反,如果得到父母的支持,大学生村官就会更加珍惜村官工作。通过调研发现,很多大学生村官的父母也是农民。在父母的言传身教下更容易熟悉"三农",更容易把握"三农"的关键性问题并找到相应的解决办法,更懂得体谅农民的辛苦。因此,父母的支持是大学生村官综合能力得到较快提高并健康成长的重要因素。

综上所述,村落环境、政府环境、社会环境和家庭环境共同影响着大学生的成长,而不是某个单一的环境因素影响大学生村官的成长。因此,应培育优良的环境系统以促进大学生村官的成长成才,关注环境系统的每一项要素,不可偏废任何一个。

第三节 人才成长过程理论与大学生村官成长成才

大学生村官的成长成才是一个由多种要素和环节构成,并按其内在规律辩证发展的过程,有其自身的阶段性、特征和规律。具体分析大学生村官成长成才的过程、特征,揭示其成长成才的内在规律,有利于推动大学生村官政策的具体落实,提升政策绩效。

一、人才成长的过程

(一) 人才成长的阶段

人的成长成才并不是一蹴而就的,它是作为一个不断发展变化的过程而展开

[①] 曲可佳:《大学生职业生涯探索的发展过程及影响因素——基于扎根理论的研究》,载《青年研究》2012 年第 6 期,第 21~28 页。

的。这一过程是成才者在一定社会机构或具体人员有目的、有计划的培养下，通过自己主观能动性的发挥和实践活动的锻炼，不断优化素质、培养能力和磨炼意志，最终取得创造性劳动成果的过程。在这一过程中，成才者由非人才转化为人才，由低层次人才发展为高层次人才，不断实现由量的积累向质的飞跃。按照不同的标准，可以将这一过程分为不同的阶段，① 如从人的才能发展演变规律看，可以分为继承期、创造期和衰亡期；② 从内在素质和外在活动的交互关系看，可以分为人才素质形成阶段、劳动性质改变阶段和社会承认阶段；③ 还有学者以人才成长的基本含义的界定为依据，将个体人才成长过程分为成才期和展才期。④

以创造力的形成、发挥、发展过程为依据可以将人才成长和发展过程分为创造成才准备期（创造素质形成期）、初步成才期（初创实践成才期）和持续发展期（持续创造发展期）三个阶段。⑤

第一阶段是成才准备期，又被称为创造素质形成期。成才主体在这一阶段主要是学习锻炼，接受各种形式的教育和实践锻炼，以形成良好的综合素质和一定的创造力。由于这一阶段的主要矛盾是形成、优化创造素质，成长目标是由非人才成为准人才，是为创造活动做准备、打基础的时期，故又被称为成才准备期或成才基础期。这里的学习、教育是广义的，成才准备期不局限于学龄期，也不一定仅通过学校教育养成。

第二阶段是初步成才期，也被称为初创实践成长期。在这一时期，成才主体由前一阶段主要从事学习锻炼活动转入主要从事创造实践活动，取得了初步的创造性成果，并获得了社会的初步承认。成才主体在前一时期处于形成创造素质、为成才打基础的阶段，而这一时期则正在进行创造实践的探索，是努力发挥创造力以争取成为人才的阶段。能否进行创造性劳动实践是前后两个时期的分界点。如果说前一时期主体经过努力学习和锻炼，由非人才成为了准人才，那么在这一时期，则是主体经过初步尝试进行创造性实践活动，努力由准人才转变为潜人才

---

① 对个体人才成长和发展过程中不同阶段的认识，学界经历了由浅入深的过程。人才学在研究初期以人的年龄、学龄为依据进行划分，进而提出以创造发明的前后过程或以人的主导活动及发展水平为依据来划分人才成长中的不同阶段，据此提出了二阶段说、三阶段说、四阶段说、五阶段说、六阶段说等。随着对人才本质属性和成长规律的认识不断深入，对人才成长和发展过程进行阶段划分的目的进一步明确，即揭示本质属性、转化规律和阶段性特征，以促进人才创造素质的提升和对人才有效、科学的开发。
② 刘圣恩、马抗美：《人才学简明教程》，中国政法大学出版社 1987 年版，第 140 页。
③ 郑其绪：《微观人才学概论》，党建读物出版社 2013 年版，第 51 页。
④ 罗洪铁：《人才学原理》，人民出版社 2013 年版，第 64 页。
⑤ 叶忠海：《新编人才学通论》，党建读物出版社 2013 年版，第 197~198 页。

或初步显人才。① 虽然两个时期中都有实践活动，但却发生了质的变化，实现了由学习锻炼、重复性劳动向创造性实践活动的质的飞跃。如何鼓励、保护刚刚萌芽却富有生命力的创造才能和创造活动，是这一时期人才培养要关注的重要问题。

第三阶段是持续发展期。当初步创造的成果得到社会承认后，成才主体即潜人才就在一定程度上成为了显人才或初级人才，成为了"人才主体"，在此之后，人才的创造力继续发展、创造活动持续进行，这便是持续发展期或称持续创造发展期。能否得到社会承认是这一时期与前一时期的分界点。这一阶段主体的身份已经是人才，成长的内容是坚持终身学习，不断提高创造力，进行更高层次的创造实践，使自己不断由低层次人才向高层次人才转化。在持续发展期，人才创造力和创造水平并非一成不变，人才成长和发展过程也不会因此终结，而是会随着创造素质的持续发展而发展。现在是人才不一定永远是人才，现在是这种人才，经过一段时间的发展可能转型成为另一种人才，显示出显人才在时空存在上的相对性。对人才的培养不仅要关注成才期的积累和初步成才期的保护鼓励，更要有终身学习、终身教育的理念，为成才之后主体的持续发展提供源源不断的给养和动力，反对只看眼前无视长远、涸泽而渔式的人才开发。

（二）人才成长过程的一般特点

人才成长过程的实质是主体内在素质不断提高和更新的过程，也是内外各种因素以主体的创造实践为中介交互作用的过程。这一过程呈现出如下几个特点：②

一是个性化与社会化的统一。一方面，按照社会学的观点，人之成为人是社会化的结果，"社会化是使人们获得个性并学习所在社会的生活方式的相互作用的过程"；③ 另一方面，个体在社会化过程中，也会形成个人的独特性、自主性和创造性，人才培养必须坚持自我实现和社会实现的统一，促进对象个性化与社会化的协调发展。

二是阶段性与连续性的统一。从实质上说，人的成长成才是内在素质形成、发展、优化的外在体现，素质的形成和提高是一个持续不断的过程，同时又呈现出明显的阶段性特征，表现为人才成长和发展过程中所要经历的不同阶梯和阶段。每一阶段都有其质的特点，区别于其他阶段，但每一阶段又遵循成才规律有

---

① 潜人才指的是潜在形态的人才，已经取得创造性成果但尚未被社会公认，或者已取得初步成果并且正在取得创造性劳动成果而尚未被社会承认的人才。潜人才的成果一旦得到社会承认，就成了显人才。我们会在后面进一步探讨社会承认这一问题。
② 叶忠海：《新编人才学通论》，党建读物出版社2013年版，第193~196页。
③ [美]伊恩·罗伯逊，黄育馥译：《社会学（上册）》，商务印书馆1990年版，第133页。

序交替衔接。

三是继承性和创新性的统一。在人才成长和发展过程中，继承指的是主体对前人已经总结出的知识和经验的学习、借鉴和吸收，是一个量的积累的过程；创新是在既有知识基础上实现旧事物向新事物的转变，是一种质的飞跃。两者的辩证统一关系体现在：继承是创新的基础，创新是继承的发展。人才培养应坚持创新人才培养理念，正确处理继承与创新的关系，在鼓励主体掌握扎实的知识基础的同时，也需营造空间和完善制度，倡导自主性、创造性的人才培养。

四是理论与实践的统一。科学的理论是实践有效开展的先导，实践是人才成长和发展过程中内外因素相互作用的中介和桥梁，创造性实践是主体成才的关键，理论只有通过指导实践、为实践所检验，才能真正对人的成才发展起到作用。我们既要看到理论对人才成长的基础性作用，又要看到实践在人才成长发展中的决定性作用，在人才培养理念、培养目标、培养方式等方面做到两者的辩证统一。

五是普遍性与特殊性的统一。从一般原理、规律、特点和过程而言，人才的成长和发展具有普遍性，然而，每个人成长成才的内在素质和外在环境千差万别，在内外综合作用下的人才成长也必然在成才目标大小、道路方向、速度快慢、水平高低等方面存在差异。因此，人才培养既要遵循一般人才成长发展的共性规律和一般特征，又不能千篇一律，只重共性忽视个性。对于人才个体而言，为个性化发展和差异性成长留出空间具有更为重要的意义。

二、大学生村官成长成才的过程与特征

大学生村官成长成才的过程既是一般人才成长过程的一种具体展现，又显示出自身鲜明的特征。大学生村官的任期一般是三年，但这三年的成长也是一个连续性与阶段性相统一的过程。在这一过程中，每一个阶段都会有不同的特点和需要解决的主要问题。如果把握不住这种阶段性特征，不能完成阶段性任务，大学生村官成长成才的链条就会出现断裂。

（一）大学生村官成长成才过程

基于人才学的基本原理，根据个体成才渐次展开的过程，大学生村官成长成才的过程主要分为个体素质优化阶段、外在活动质变阶段、社会承认阶段三个阶段。根据村官岗位任用的时间顺序和课题组调研数据，大学生村官的成长成才过程可进一步分为适应期、参与期、稳定期、分流期四个阶段。

1. 适应期

在适应期，大学生村官刚刚从校门来到基层农村。对于通过层层选拔考试最终被录用为村官的大学毕业生来说，离"校门"入"农门"，既有工作、生活上的适应期，又有心理、生理上的调整期，思想上容易产生波动。他们对自身的前途和人生可谓喜忧参半。喜的是通过自身的努力，冲破了毕业即失业的困境，为自己将来的人生幸福和职业规划找寻到了一方起步的基石；忧的是看到其他同学找到机关事业单位或考取研究生等更具发展前景的平台而有些许不甘心和灰心，同时又为自己能否适应农村的生活和工作环境、能否得到村民和村干部的接纳和信任等而心存忧虑。

这一阶段的大学生村官需要尽快顺利完成从大学生到村官的角色转换，尽快熟悉、适应农村环境，克服刚入职的迷茫、懵懂等不利心理因素，尽快把心态调适好。除了自我的积极调适，外部及时的思想疏导、积极而不拔高的宣传、有效的岗前培训对帮助大学生村官顺利完成过渡也很重要。从现有调研数据看，大学生村官能够比较快地适应农村生活和工作。相当数量的大学生村官本身就来自于农村，他们的生长环境和对农村的深厚情感，以及对农村生活和工作的快速适应为他们腾出更多宝贵时间和精力，为他们在农村发挥才干、建功立业奠定了坚实的基础。

2. 参与期

度过调整适应阶段的大学生村官已基本了解了村里的情况，适应了到村任职的工作状态，较全面地参与了村里的各项工作。

在参与期，大学生村官开始进入村官角色中，能够主动参与村务，是干事创业积极性的上涨期。同时，他们在参与实践的过程中会进一步思考自己是否能够胜任村官、自身的定位等问题。在这一阶段，应以切实提升大学生村官的能力素质为目标，开展形式多样的培训教育与学习交流活动，同时，应高度重视"给任务、压担子"的实践锻炼对大学生村官提升才能的作用与价值，让大学生村官在农村广阔天地中锻炼成才。

3. 稳定期

在稳定期，大学生村官们已经融入到村官角色中，对村务管理和本职工作都已经比较熟悉，甚至可以达到游刃有余的地步，是做出成绩、谋求创新的阶段，这时的心理状态也比较稳定、成熟。在这一阶段，大学生村官已积累了一定的农村工作经验，干事创业的积极性、主动性较高，各级组织应加强引导，积极为大学生村官干事创业搭建平台，引导大学生村官努力把自身所学的知识运用到改善农村生活和提高农民收入上来，站在科学发展的高度，促进农村经济社会全面、协调和可持续发展。

4. 分流期

分流期是即将届满的大学生村官谋划前程、思考再就业的时期。在这一时期他们开始重新考虑村官任期届满后的出路问题，并为自己的选择提前做准备，如考公务员、继续学习深造、到企事业单位等。由于前途的不确定性，很多大学生村官会在这一时期有不同程度的焦虑、迷茫、倦怠等情绪。这一阶段对他们来说是很重要的，关系到他们的期满出路问题，客观的现实摆在大部分村官面前，应重视这一阶段大学生村官的心理关注及政策疏导。

（二）大学生村官成长成才过程的特征

大学生村官是一批具有较高政治素质、较高学历背景，正处于人生发展黄金时代的青年群体，这一群体在成才背景、动机、目标、环境等方面显示出独有的鲜明特征。

1. 成才背景的机遇性

机遇通常指有利的条件和机会，是在人才成长的过程中走向成功的线索和媒介。社会发展、人才强国战略实施的客观需求，加之从中央到地方的系列导向性政策的推动，构成了有利于个体成长成才的大背景。其一，在宏观层面，大学生村官政策是党中央做出的具有长远战略意义的重大决策，是人才强国战略的重要组成部分。不论是新时期全面推进新农村建设对人才的呼唤，还是社会主义现代化建设进程中各行各业对人才的强烈需求，都需要一批有理想、有知识、有潜能同时了解具体国情、对基层有感情的青年人才尽快成长。其二，在具体层面，大学生村官工作自实施以来，各级党组织及有关部门高度重视，社会各界广泛关注，有关大学生村官招录、培养、管理等方面的优惠措施和保障政策不断出台，为大学生到农村基层就业提供了诸多利好条件。基层锻炼向来是各类人才快速成长的一条基本途径，而这样的时代背景和政策导向，恰好为大学生提供了一个深入基层、了解国情、增长才干的绝佳机会和重要平台。对于大学生村官来说，这是一个能够把个人理想与国家发展的需要结合起来的宝贵机会，关键在于要有机遇意识，善于抓住和利用好这一机遇。

2. 成才动机的内驱性

心理学家们一般用动机（motive）这一术语来描述自己或他人行为的原因，它被视为人们日常行为的直接原因和内部动力。动机理论的研究成果表明，有高成就需求的人对活动本身感兴趣、能主动从事活动，而且动机越强，在行动中越能够坚持不懈。课题调研数据显示，大部分大学生村官是基于个人成长和发展角度考虑选择村官岗位，相比于政策短期优惠等动机，这一选择更能显示出其强烈的成才意愿和长远的个人发展眼界，这种基于内在的成长动机能够促发大学生村官产生更高的成就需求，能够更有效地激发大学生村官在农村工作的主观能动性和创造性。天津市优秀村官付树军曾坦言，在感到疲惫不堪的时候也曾自问这么做到底值不值。"最后不管怎么说，想到以后的结果，想到自己的这些奋斗目标，想到自己有多喜欢这个职业，就会觉得，多累都是值得的。"内驱性动机对于大学生村官的成长成才是极为有利的内在因素。

3. 成才环境的挑战性

在宏观成长环境充满机遇的同时，大学生村官在具体工作环境上却面临着诸多挑战。从校园到基层，从城市到农村，从集体生活到独处生活，大学生村官在任职前后所面临的环境发生了巨大变化。大学生村官心思活跃、朝气蓬勃、喜欢接触新鲜事物的成长特性与农村相对落后的工作条件和相对单调的文化娱乐环境之间存在差距。而更大的挑战来自社会舆论压力（来自家庭、朋友、社会公众等）。例如，大众传媒的宣传程度不够、社会认可度不高等，使大学生村官的工作自尊心、工作热情受到挑战；大学生村官与农民之间的人际沟通存在一定困难；在经济不够发达、农村与城市发展差距比较大的地方，长期的农村生活有可能导致与城市生活脱轨；此外，大学生村官岗位的特殊性质（村级特设岗位、无编制）、政策执行中的地区差异性等现实问题也摆在大学生村官面前。

4. 成才目标的多样性

一般来说，大学生村官的任职年限是三年或两年，任职期满后，大部分大学生村官还要走上新的职业发展道路，"村官"经历只是人生发展的一个阶段和过渡。基于家庭背景、专业知识、兴趣爱好、发展志向等方面的不同，大学生村官对自己的职业生涯规划不尽相同，成才目标也是多种多样的，如既可以选择进入公务员队伍或事业单位，也可以期满留任、自主创业、继续学习深造或自主择业等。成才目标的多样化与村官岗位的综合性是一致的。大学生村官岗位的设立，并不单纯以培养某一方面的人才为目的，而更倾向于通过提供这样一种岗位平台，来提升其综合能力、增加其基层工作经验、增进其对国情民情的了解和感情，从而为社会各行各业输送更优质的人才。在这一政策的引导下，每年都会有大学生村官参与到新农村的建设中来，有人离开，也有人进来，大学生村官群体成为既流动又稳定的一池活水，长期驻守、滋养着农村基层的建设。经受过农村工作洗礼的大学生又源源不断地输入到各行各业，成为现代化建设的生力军。正是在村官个体流动和群体稳定的平衡中，大学生村官政策的战略意义得以体现。

5. 任期成长的阶段性

任何人的成长成才都是作为一个过程展开的，大学生村官亦不例外。调研发现，大学生村官在任期内的成长可以划分为适应期、参与期、稳定期和分流期四个阶段。在本小节第一部分的大学生村官成长成才阶段中，我们对此已有分析，在此不再赘述。

6. 素质提升的综合性

农村基层艰苦的环境、社区情理以及乡村政治生态，能够极大地锻炼人、培养人，对大学生村官思想境界的提高、综合能力的提升、性格的成熟等有积极的推动作用，尤其对人际沟通能力、性格成熟、思想觉悟提高、工作能力、分析处理问题能力、组织能力、获取信息能力、文书写作能力的提高有很大作用。村官经历还能够提升大学生职业发展的自信心，正如有的村官所说："我把最基层岗位的工作干好了，对于其他的工作环境，我也一定能够适应。"这也进一步显示出大学生村官这一岗位对人的锻炼和提升是综合性的，而不是专业性的。一般来说，个人在村官有限任期内成长越快、贡献越多，日后发展就越受益。

第四节 人才规律理论与大学生村官成长成才

人才现象是最复杂的社会现象，表现出信息量大、模糊性强、随机度高等特征。一种现象越复杂，认识其规律性就越困难。而科学的任务就恰恰在于揭示扑朔迷离现象背后的规律性。人才的成长和成功虽然是一个复杂的过程，但却也是有规律可循的。对人才成长过程和规律的揭示，一直是人才理论研究的核心内容。

一、人才规律概述

人才规律指的是人才成长过程中一定条件下可重复的一一对应及多一对应的变换关系或概率性重复的变换关系。换言之，人才规律包含两大类：一是统计规律，人才的统计规律就是运用概率统计的方法，揭示众多偶然的、随机的人才现象中的规律性。人才在成长过程中，成才的年龄不同，成长的途径不同，成长的环境也不相同。因此，从表面上看，发明创造与年龄、环境等因素没有必然的联系。然而，当运用概率统计等方法对这些现象进行分析以后，其中的规律性便显现出来，如最佳年龄成才规律等。二是有严格因果关系的决定性规律，揭示人才运动的动力、形式和趋势等，如有效的创造实践成长规律、内在素质演变规律、人才过程转化规律等。

人才规律从不同角度和层次可以分为不同类别，因此是一个复杂的多序列、多层次的规律系统。除了从规律性质上分为统计性规律和决定性规律外，还可以从其他角度进行分类。例如，从研究对象的范围看，人才规律包括社会人才总体运动规律（又称"人才辈出规律"）、人才群体的成长规律（又称"人尽其才规律"）和人才个体的成长规律（"人成其才规律"）；从规律作用和适用范围看，可以分为一般规律和特殊规律，一般规律适用于各类人才，特殊规律只适合某类特殊人才；从人才规律的内容和次序看，则可以分为人才结构规律、人才功能发挥规律和人才发展规律。①

从个体人才成长和发展过程来看，普遍性的规律主要有综合效应规律、有效的创造实践成才规律、人才过程转化规律、竞争择优成才规律等；从群体人才成长角度看，则有高端引领效应、共同愿景凝聚效应、互补优化效应等规律。

综合效应规律认为，人才成长中的任何一个要素都不是孤立存在的，个体人才的成长和群体人才的产生发展是人才诸要素综合、交互起作用的结果，这种综合的交互作用就是人才运动的综合效应。人才是由内部诸要素（如生理系统、心理系统、智力系统等）相互联系、相互作用并与外部环境相互联系、相互作用而构成的有机整体。这一有机整体同时也是一个矛盾统一体，要素之间既统一又斗争，推动人才成长和发展。但这些因素在人才成长发展中的作用并不是均衡的，同时，不同类型的人才要素发展也具有不平衡性，并随着具体条件的变化而变化。

有效的创造实践成才规律认为，在一定条件下，成才者在创造实践中，其有效的劳动量达到必要的水平，获得新颖的劳动成果，则个体成长为人才。具体而言，首先，成才主体的劳动必须是创造性实践，具有开拓创新性，而不只是再现性劳动，这是个体成才的前提；其次，创造性实践必须是把握规律和运用科学方法进行的有效劳动，这是个体成才的必要条件；再次，有效劳动量必须达到必要水平，这是成才的必要充分条件；最后，获得新颖的劳动成果，是个体成才的基本标志。

人才过程转化规律的提出基于这样一个基本判断，即任何事物都处于发展变化之中，是过程转化的运动。人才的成长同样也表现为不断发展、转换的过程。当人的创造性实践活动达到一定量的积累时，就必然会实现质的飞跃，推动人才发展到新的阶段，呈现出新的特征。一般人才的转化，表现为三种形式：一是非人才向人才的转化。当初步的创造性实践成果得到社会承认后，长期积累的"潜人才"就发展为显人才，实现非人才向人才的质的飞跃。二是低层次人才向高层次人才的转化。即随着人才创造实践的层次不断提升，人才的创造才能亦随之提高，人才不断向更高层次发展，这是一种层次的递进。三是不同类型人才之间的

---

① 叶忠海：《新编人才学通论》，党建读物出版社 2013 年版，第 280 页。

转化。当人才改变创造实践的方向和内容后，创造才能的发展也随之改变，当达到一定量的积累时，必然向另一种类型的人才转化。

竞争择优成才规律是指成才主体在竞争中，其内在的积极心理品格和创造潜能得到充分开发和施展，从而获得优胜的成才规律。人的成长成才是需要动力的。这种动力由人才所处外部环境与主体的内部要求相互作用而产生，既有自我实现的需要，也有外部社会发展和环境带来的压力。竞争就是一种为人才成长发展提供动力的机制。生物界和人类社会普遍存在"物竞天择，适者生存"的规律，在一定环境和条件下，适应力强、能力高的会获得更多资源，赢得更多生存发展空间，而不能适应或者能力相对较弱者，则可能在这一过程中慢慢被挤占掉空间和资源，最终被淘汰出局。为在激烈的竞争中胜出，主体必须通过各种努力增强自身实力，提高自身素质，客观上促进了个人的成长成才。

群体人才一般指许多人才个体围绕一定目标而组织起来的群体。群体人才成长规律对于组建优化团队、发挥群体效应有很重要的作用。因此，学界也对群体人才成长的规律性进行了探索，提出了高端引领效应、共同愿景凝聚效应、互补优化效应等规律。高端引领效应认为，在一个人才群体中，通过发挥高端人才的引领作用，使人才群体成长和发展达到更高水平。高端人才此处指的是具有卓越素质、在社会某一领域或方面做出卓越贡献、在群体中处于领导位置且具有突出影响力的人才。他们与群体其他人才在素质、贡献、影响力等方面存在一定"落差"，这一"落差"导致的"势能"能够使其在群体中发挥引领作用。共同愿景凝聚效应是指人才群体一旦形成共同愿景就会产生强大的向心力和凝聚力，即群体中人才的智力体力等集中聚焦于目标的实现，从而产生强大能量进而提升创造成效，使群体得以成长和发展。但共同愿景的形成与实现是一个过程，需要经历共同认识和共同行动才能实现。互补优化效应强调人才群体结构诸要素应处于互补状态，才能使群体结构得以优化，发挥出群体的最佳功能，推动人才群体的成长和发展。人才群体结构包括年龄、专业、能力、个性、层级等多种维度，互补同样也应该包括以上各种维度的互补。这种群体的互补性可以强化内聚力、减少耗散力，进而形成整体优势，产生单独个人难以达到的创造合作效应。

二、大学生村官成长成才的规律性

大学生村官成长成才规律是对大学生村官成长过程中各种本质联系的概括与归纳。他们的成长成才既遵循一般的人才成长规律，同时又在成才基础、路径、动力、形式等具体方面显示出个性。不断发现和揭示大学生村官成长成才规律，是大学生村官成长成才理论的核心任务。结合大学生村官成长成才的特点和课题调研资料，我们总结出如下几条规律：

（一）内外因交互作用成才规律

大学生村官的成长成才涉及主客体、内外部多种要素，任何一种要素都不是孤立存在的，而是相互联系、相互作用的。大学生村官的成长成才就是内外诸要素综合、交互作用下的结果。

首先，大学生村官自身是由多样而复杂的要素构成的有机整体。内在素质包括生理素质和心理素质两大系统，后者又包括智能素质和非智能素质，每种素质系统都由更多具体素质构成。各种素质在大学生村官成才过程中发挥不同作用，同时彼此间又相互影响、相互制约，大学生村官就是不同要素之间的联结、联系构成的巨系统和大整体。

其次，大学生村官与周围环境系统尤其是外部社会环境之间无时无刻不再进行物质、能量、信息的交换，外部环境中的家庭、政府、村落、社会等不同因素对大学生村官成长成才起着不同的作用，同时大学生村官又能够发挥主观能动性，通过实践活动对外部环境加以选择、改造、开发和利用，大学生村官的成长成才正是内部要素、外部环境等不同要素交互作用的综合效应。正如恩格斯所指出的，历史的发展是"一切因素间的交互作用"，并且"正是这种相互作用构成了运动"。[①]

再次，大学生村官成长成才是内在素质、外部环境各种要素、不同系统之间相互联系、交互作用的结果，因此，片面强调某一因素、某一方面的作用是片面的。例如，大学生村官是地方和中央关于引导大学毕业生基层就业等系列政策催生的特殊群体，政策环境对大学生村官成长成才有着非常重要的意义，但不能因此而夸大政策的作用，将大学生村官政策要素绝对化。但这并不意味着各种因素均衡地发挥作用，事实上，在大学生村官成长成才内外因的交互作用中，不同要素的发展具有不平衡性。不同要素在大学生村官成长成才不同阶段发挥的作用有主次、轻重之分，发挥主导作用的主要矛盾和矛盾的主要方面也是随着条件的变化而变化。

最后，大学生村官成长成才的内外因交互作用和矛盾斗争相比于一般人才更加复杂和尖锐，知行统一在其中具有重要意义。大学生村官成才的内在素质发展在时空条件和阶段转化方面都更为特殊，外部环境更具挑战性，因此人才成长内外因交互作用和矛盾斗争显得更加复杂和尖锐，大学生村官从事创新性、探索性实践的难度更大。但这种尖锐复杂的矛盾及其斗争具有客观性和必然性，不以人

[①]《马克思恩格斯选集（第3卷）》，人民出版社2012年版，第492页。

的意志为转移,大学生村官作为成才主体只有科学认识这一作用规律,不回避矛盾现实,勇于创新实践,才可能顺利成长成才。

相比于传统意义上的村官,大学生村官的优势在于受过系统良好的高等教育,文化知识和专业水平相对更高,有造福农民和推动社会发展的远大抱负,但也存在社会阅历和工作经验少,对村落、村民不够熟悉,动手能力和解决实际问题的能力不够等不足。在村落这一具体环境下,如何将良好的文化素质和专业知识转化为造福村民和推动乡村发展的具体行动,是大学生村官成长成才的关键。根据我们对多个省份多位优秀村官的访谈资料,身体力行、勇于实践、知行统一是大学生村官克服自身缺陷、实现自我成长和社会发展双赢的必要条件。山西省先进工作者、太原市五一劳动模范、山西省优秀大学生村官高旭彬毕业时放弃大城市的工作机会来到清徐县马峪乡最贫困的山村之一当村官,面对陌生环境和新的生活节奏,以及村民的质疑和不信任,仍能够保持信心,主张依靠自己在高等教育中培养出的创新观念来冲刷生在长在山里的村民们的僵化思路。因此,他以"服务者"的姿态投身到农村实践,"家长里短、村里头的发展、产业发展、跑项目,或者是些小事大事都要管。"在长期的实践中,他探索到适合村庄发展的特色途径和创新项目,取得了良好收益,在自身得到极大锻炼和成长的同时,也改变了村庄发展面貌。

(二)基层磨炼成才规律

广义上的"基层",一般既包括广大农村,也包括城市街道社区;既涵盖县级以下党政机关、企事业单位,也包括社会团体、非公有制组织和中小企业;既包含自主创业、自谋职业,也包括艰苦行业和艰苦岗位。[①] 基层锻炼向来是党培养人才的一种优良传统,也是人才快速成长的一条有效途径。基层磨炼成才规律指的是在基层特定环境下,成才主体通过有效的创造性实践,不断推动自身素质和外部环境的良好互动,最终实现个体的成长成才。这一规律实质上是人才成长的综合效应规律和有效创造实践成才规律在大学生村官群体中的具体表现。

基层能够给人以极大的锻炼,但并不意味着只要来到基层参加实践就必然能够成才。基层磨炼成才是有一定条件的。其中,"基层"是特定的外部条件,磨炼意味着必须进行有效的创造性实践;自身素质提升是成长成才的内在根据,取得创造性成果则是判断成长成才的外部标准。

大学生村官自愿选择来到基层农村,一旦进入其中,外部环境就是一种既定

---

① 此处的"基层"参考了国家公务员局对公务员招考政策中"基层工作经历"的解释,指的是具有在县级及以下党政机关、国有企事业单位、村(社区)组织及其他经济组织、社会组织等工作的经历。

的、客观的存在，不以个人意志为转移，这是大学生村官成长成才的前提性条件。大学生村官成长成才规律的特殊性，很大程度上是由于这种成才环境的特殊性。当前中国农村，外部环境和自身内部正在发生着重大变化，它是国家现代化的基础和支撑，但仍是全面建成小康社会的"短板"；农村的物质水平和农民收入不断提高，但相较于城市，在教育、医疗等社会资源和生活条件上仍相对落后；农村日益开放和进步，但仍有乡土社会相对封闭的人情世故、政治生态。大学生村官刚从大学毕业，社会经验和阅历几乎为零，同时又心思活跃、朝气蓬勃。尽管宏观成长环境充满机遇，但在接触到各种现实、具体的工作环境时，他们仍面临着诸多挑战。这种最基层的、相对艰苦的环境对于青年人才成长而言是一把"双刃剑"：如果只是一味等待蹉跎、向困难俯首称臣，则这种环境就成为阻碍人才成长的"逆境"；反之，如果他们充分发挥主观能动性，增强自主、自立、自律意识，主动出击、勇于实践，则能够得到极大的锻炼和提升，这时的环境也就成为促发人才快速成长的有利之境。

大学生村官在基层环境中的磨炼，必须是一种有效的创造性实践的磨炼。实践是沟通主体内部世界与外部客观世界的桥梁，是人才成长发展过程中内外因相互作用的中介。但人要成才，仅进行一般性社会实践是远远不够的。人才的本质在于其创造性，大学生村官需要在一般的重复性、再现性实践活动的基础上，采用符合规律的措施和方法，进行具有开拓性、探索性的有效的创造性实践，如带领农民创业、创新农村村务管理的方式方法、创建农村思想文化新媒体平台等。同时，人的才能发展层次与付出的有效劳动量成正比。大学生村官的创造性实践的量必须达到必要水平，才能完成由量变到质变的飞跃，实现自身的成长成才。党的十八大代表、共青团南京市团委副书记、江苏省优秀大学生村官石磊2008年从清华大学毕业来到南京市栖霞区栖霞街道石埠桥村当起大学生村官。初到农村时，他也曾雄心勃勃，期待立刻大展宏图，带领村民发家致富，但经过初期的具体实践，他渐渐体会到村落工作的复杂性。他及时调整心态和工作方法，脚踏实地地投身农村实践，走访村民村企、为村民解决各种大小难题、做社会调查，把一件件琐碎小事的磨炼变成有效的工作积累，在持之以恒、积极有效的创造性实践中，他赢得了村民的信任，也找到了带领村民发展集体经济、提高村民福利的有效途径。

通过不断开展有效的创造性实践，大学生村官得到了极大锻炼，自身素质不断得到提升。调研资料显示，村官经历对大学生村官的人际沟通能力、性格成熟、思想觉悟提高、工作能力、分析处理问题能力、组织能力、获取信息能力、文书写作能力等都有不同程度的提高。人的成长成才实质上是内在素质不断优化的过程。大学生村官综合素质的提升为其成长成才提供了内在根据。

由于内在素质具有内隐性，通过有效的创造实践取得的成果成为衡量主体是否成才的外在依据。这些成果，既包括物质的，也包括精神的，既有有形的，也有无形的。也就是说，大学生村官在特定的基层环境中，通过开展有效的创造性实践，并积累到一定水平，有得到社会承认的新颖成果产出，就意味着其在基层磨炼中已经成才。

（三）角色转换成才规律

大学生村官的成长成才表现为一系列过程转化和角色变更。角色转换成才规律指的是大学生村官在一定条件下，在一个发展过程完结之后，向与它有必然联系的下一阶段或角色过渡的变换关系，在这一变换过程中，大学生村官由非人才向人才、由低层次人才向高层次人才、由一种类型的人才向另一种类型的人才发展。这一规律是一般人才的质变量变规律和过程转化规律在大学生村官群体的具体表现。

大学生村官的角色转换也表现为三种形式：一是由非人才向人才的转化。初出茅庐的大学生，绝大部分是非人才或者"潜人才"，通过基层实践锻炼，不断提升素质，取得初步的得到承认的创造性成果，向真正的人才转化。二是由低层次人才向高层次人才转化。大学生村官的创造性实践水平不会一下子达到很高程度，而是一个不断进取、循序提高的过程。三是不同类型角色之间的转化。在现有的政策框架下，大学生村官需要完成两次、三种类型的角色转换：一是由长期在城市生活、以学习研究为生活重心的大学生，转化为适应农村生活、能够胜任农村工作的村官；二是由村官向符合社会需要的各种人才过渡。

大学生村官角色转换有着一般人才过程转化的特点，如阶段性和连续性的统一、循环往复和螺旋上升的统一等，又有着自身显著的特点，突出表现在角色转化的高频率与完成时间的短暂性之间的矛盾统一上。大学生村官的任期是有限的，单个聘期只有 2~3 年，在这短暂的两三年中，他们面临着如何实现由非人才向人才、由低层次人才向高层次人才、由大学生向村官向社会需要的各种人才转变等多重发展任务，这种任务强度是其他成才主体所没有的；同时，在农村基层这一特定环境下，每一项转换任务的难度系数和对主体的要求都是非常高的。实现转化的速度快慢、水平高低以及方向选择，将导致大学生村官在成才类型、层次、成就等方面的差异。大学生村官只有充分利用好在职期间的每一天，积极的学习、实践、创造，才有可能顺利完成高强度的过程转化和角色转换。而每次成功的角色转换，都会伴随着大学生村官素质能力和实践水平的积累与提高，由此推动大学生村官在短暂的任职期内快速成长。

角色转换成才规律将大学生村官主体成长发展的空间、时间和条件辩证统一起来，揭示出其成长发展的方向、道路和状态，是大学生村官成长成才的基本规律之一。

（四）竞争择优成才规律

人才创造活力本质上是社会竞争的产物，竞争择优规律是推动社会创新发展的基本动力。表现在大学生村官群体身上，就是竞争择优成才规律。竞争伴随大学生村官任职始终。在选聘阶段，近年来，中央和地方进一步要求"保证质量"，选聘的资格条件日益严格，在众多应聘的大学生中择优选出有志服务农村、综合素质高者进入大学生村官队伍。如何在选聘过程中胜出是村官主体面临的首道入口处的"竞争"。在日常工作中，竞争更是无处不在：有无形的以隐性方式潜在存在的朋辈竞争，也有与土生土长的传统"村官"的竞争，还有一定表现形式的各种有形的竞争比赛、考核选拔、奖项评选等内容。最激烈的竞争在届满分流之际，现有政策提供的多条出路，客观上为大学生村官的良性竞争做出了科学合理的制度设计，提供了良好的政策支持。日常表现优异、个人能力素质较高的人可以通过一定的考试或考察、选拔程序，有机会进入党政干部队伍，成为党政人才的储备力量；有意继续学习提高者，经过考试，也有机会继续升学深造；有志于自主创业的，同样可以获得相应的政策支持、通过发挥自身创造才能来完成任务。这种常态化、多样化的竞争态势，是大学生村官成长成才面临的一种客观环境，身处其中，唯有激流勇进、在竞争中胜出，才能获得更多成长资源和发展空间，在自身得到锻炼的同时，成才之路也能越走越宽。反之，如果在这种竞争环境中表现不够突出，难以脱颖而出，则面临着被淘汰的可能。

竞争择优之所以能够促进大学生村官的成长成才，除了以上所提到的竞争能够为主体提供前进动力外，还有两方面的原因：一是竞争能够推动创新。同是在农村基层这一特定环境中工作，要在激烈的竞争中获胜，必须通过创新找到提供公共服务、带领村民致富等的好方法，进行农业新技术、新工艺、新方法的探索，结合农村实际需求进行管理创新和社会创新等。二是竞争促进主体素质的提升和优化。竞争的背后是综合素质的较量。想在大学生村官群体中脱颖而出，必须具备更高的能力素质、眼界和水平。通过参与竞争，希望在竞争中获胜的渴望和压力迫使大学生村官不断通过学习实践优化自身素质，提高创造性实践的能力和水平，提升自身竞争实力，客观上推进了大学生村官的成长成才。

（五）团队共生成才规律

大学生村官与一般人才一样，从来不是一种绝缘体式的孤立存在，他们无时无刻不与环境中的其他人发生各种各样的关系。这些关系在制约大学生村官个体效能发挥的同时，也决定着整体功能的发挥，这就是人才团队效应。海南省人大代表、团中央中国青年志愿者优秀个人、海南省大学生村官苏子涵深刻认识到发挥群体效应的重要性，曾组建潭牛镇委青年志愿者服务队、大学生村官团支部，将分散各处的大学生村官组织成集体，发挥集体力量服务村庄，取得了良好的效果。在访谈中，她说："一个人的力量很是渺小，但是如果大家团结在一起，多注意沟通、多注意宣传，一起聊天会获取到更多的信息，一起努力会收获更强的力量，团队合作会形成一个团队的战斗力"。这是大学生村官团队共生成长规律的生动体现。能实现共生效应的团队，必须是符合一定条件的优化组合的团队，这些条件如下：

一是愿景引领。愿景即希望看到的情景，是大学生村官对未来发展的一种设想和期许。能够得到成员认同的共同愿景，是凝聚团队的精神旗帜，能够为团队的运行指明方向、提供核心动力，并使团队保持稳定。能够发挥共生效应的大学生村官团队，不仅注重个人的能力和素质，还要有成员对村社未来发展形成的共识，使个体目标与团队的共同愿景相互匹配，进而产生愿景引领力。愿景的实现需要分解为具体明确、科学合理的目标，或是为了某一项目的成功创业，或是为了破解农业生产中某一技术难题等。

二是优势互补。团队内部不同个体之间的组合方式不仅制约个体效能的发挥，也对团队整体功能发挥有重要影响。良好的大学生村官团队，必须找到最合理的组合方式，形成最优化的人才结构。其中，互补原则是建立和调整人才结构的核心原则。人才个体间的互补是多种多样的，有知识互补、智力互补、专业互补、能力互补、年龄互补、性格互补等。如有人思维活跃、想象力丰富，善于提出创造性见解，属于发现型人才，但在思维严密性、逻辑一贯性及操作能力上则不如发现型人才。把这两种人才放在一起可实现智力、思维上的横向互补。按照人的才能大小、智力高低，把不同水平的人才组合起来，则可实现智力、才能上的纵向互补。优化组合的村官团队，不仅在功能上具有 $1+1>2$ 的效果，增强了团队整体的创造力、竞争力和生命力，而且能够激发个体创造活力，为个人发展提供了关系融洽、和谐良好的环境。

三是高能为核。在团队构成中，成员的素质能力及其在团队中的地位和作用并不是整齐划一的，而是各不相同。其中那些才能卓越、能力突出的杰出人才，即高能人才或高端人才，是一个团队的核心，能够对整个团队起到重要的带动和辐射作用。所谓"千军易得，一将难求"。大学生村官团队中的高能人才，往往具有高素质，特别是在创新素质和创新性实践方面具有过人之处，已经取得社会承认的成果并处于领先位置，与其他团队成员形成一种"落差"，由此产生的"势能"能够使他通过外部授权或自身人格魅力对团队和他人产生影响力，起到主心骨的作用，提升整个团队的层次和发展水平。在目前的政策框架下，大学生村官是散落在各个村级组织相对独立地开展工作。虽然部分地区提供集中的住宿、餐饮，但毕竟不是一种团队组织。在保持现有的独立在村开展工作的前提下，可尝试将临近村落或有相近志愿的大学生村官组织成团队，通过项目或技术攻关等形式，遵循团队效应规律加以培育和管理，定期或不定期地开展交流与协同创新，应能更好地促进大学生村官的成长成才。

第三章

多学科视域下的大学生村官成长成才

视角转换是人们在从事创新活动时经常使用的一种方法,即从不同的理论背景出发对同一事物做出彼此相异的理论分析,这是对视角转换方法的具体应用。在这一思路的引导下,我们开始尝试通过不同的学科视域对大学生村官的成长成才进行多角度的理论分析。本章重点选取了乡村治理理论、人力资源开发与管理理论、社会支持理论以及多维生态位理论作为理论视角,在政治学、经济学、社会学以及生态学多学科的理论视域下审视大学生村官的成长成才,以期拓宽研究视野、深化研究内容。

第一节 乡村治理理论

乡村治理理论的提出最早可以追溯到20世纪20年代的中国,梁漱溟等人以河南村治学院、山东乡村建设研究院等机构为主要阵地开展了"村治"问题研究。当前,乡村治理理论主要围绕乡村治理模式展开,主要研究精英治理模式和乡村自治模式。在乡村治理理论视域下审视大学生村官和大学生村官政策,可以从新的理论视角来界定大学生村官的身份、权力、目标和职责,发掘大学生村官政策的特殊价值所在。

一、乡村治理理论概述

乡村治理现代化是乡村治理理论所秉持的一项基本理论诉求,乡村治理现代化表征了一种由一元治理到多元治理、由外部组织到自主组织的乡村治理转型过程。在这一过程中,乡村治理活动将逐步摆脱死板、无序以及低效的传统特点,而与之相伴随的,则是灵活、善治、有序、高效等现代性特征的获得。乡村治理现代化是我国国家治理现代化的一个组成部分,它是国家治理现代化这一重要战略在我国乡村地区的一种延伸与拓展。国家治理现代化的一个最为重要的工具性目标便是实现国家治理能力的现代化(因为与治理能力现代化相并列的治理体系现代化不外乎是要达到增强治理能力的目的,因此治理体系现代化是为治理能力现代化服务的),而乡村治理能力的现代化则是实现这种国家治理能力现代化的基础,因为任何一个国家的治理能力都要依靠"地方力量"或"基层力量"来维系,而乡村治理能力则是这种"地方力量"或"基层力量"中的一支。乡村治理能力的强弱将直接决定乡村地区的经济能否持续发展、社会能否长治久安,乡村地区的善治目标的实现将有助于该地区的快速发展,进而有助于更好地发挥该地区在国家发展进程中的助推作用,而乡村地区的治理低效率或无效率则很有可能使这一地区变得混乱不堪,"如果乡村处于反对的地位或角色,那么制度和政府都有被推翻的危险"。[1]

梁漱溟等人认为,乡村治理是一种组织农民进行经济合作与地方自治的活动,这种活动所具有的一个鲜明特征便是其治理主体的多重性,也就是说,乡村居民、知识分子以及其他各类群体都具有成为治理主体的可能。[2] 而到了20世纪末以及21世纪初,在西方治理理论"大行其道"以及中国国内农村改革"风起云涌"的背景之下,中国的乡村治理研究进入了一个新的阶段。在这一时期,众多研究者就乡村治理过程中所涉及的治理主体、治理结构以及治理活动的目标导向等问题进行了探究与分析,并提出了一系列颇具新意的观点与看法。例如,徐勇等人认为,在乡村治理过程中,要确保多个治理主体能够相互依存、相互协助,这些治理主体要能够通过参与、谈判和协作等方式来解决冲突,进而努力营造一种良好、和谐的乡村秩序。[3] 而贺雪峰等人则指出,"乡村治理以公共利益的最大化为目标导向,乡村公共利益是政府与农村民间组织、私人机构甚至是村

---

[1] 亨廷顿:《变化社会中的政治秩序》,上海人民出版社1988年版,第267页。
[2] 梁漱溟:《梁漱溟全集(第二卷)》,山东人民出版社1989年版,第124页。
[3] 徐勇:《非均衡的中国政治:城市与乡村比较》,中国广播电视出版社1992年版,第67页。

民个人合作的前提""只有对乡村社会的特性和变化有了充分的了解和认识,才能运用公共权力进行有效的治理,并达到现代化进程中重建乡村的目的"。① 可以说,这些学者的研究为乡村治理理论的发展与完善做出了贡献。

总之,乡村治理现代化是一个复杂的历史过程,在该过程中,我们既可以见到乡村治理观念与资源提取能力的革新,又可以见到经济发展方式、社会管理方式与公共服务供给方式的调整与转变。② 就治理主体而言,其为了适应上述变革与调整而做出的趋于多元化与精英化的转变也愈发明显,但乡村自治理论大力倡导村民是农村基层治理的主体,帮助村民行使公共权利,实现精英治理模式向乡村自治模式的转变,加强新农村的基层民主建设。

二、乡村治理理论视域下的大学生村官

乡村治理理论涉及治理主体、权力配置、治理目标以及治理过程等问题,在这些理论框架下审视大学生村官的身份定位、权力界定、目标确定、职责划分,为我们提供了崭新的思路。

(一)强调多元化的治理主体与大学生村官的身份定位

多元化的治理主体始终是乡村治理理论所格外看重的。乡村治理理论认为,乡村治理不应该仅由政府这一单一主体来完成,政府之外的社会组织、志愿性团体以及乡村居民等都应当成为乡村治理的主体。乡村治理需要有多元性的治理资源作为支撑,而这些资源往往是掌握在不同社会成员或组织手中,为了能够利用这些资源以使其更好地为乡村治理服务,就必须要首先肯定这些社会成员或组织的治理主体地位,只有这样才能够引导这些社会成员或组织向乡村治理活动靠拢,进而才能使其将手中所握有的治理资源投入到乡村治理活动当中。因此,正是这种治理资源的多元性决定了乡村治理必须要有多元治理主体,或者说,治理主体多元化是充分利用多元性治理资源以实现有效治理的必然要求。在乡村治理活动所需要利用的多元性治理资源当中,知识与技术资源显然占据了突出的位置,因为不论是在推进现代农业发展还是在推动村治活动开展的过程中,原有的主导型资源所能够产生的作用已经愈发有限。或者换句话说,一些传统资源正在逐步将其所占据的主导地位让给知识与技术资源。例如,在农业生产领域,依靠

---

① 贺雪峰:《农民行动逻辑与乡村治理的区域差异》,载《开放时代》2007年第1期,第49~61页。
② 尤琳:《国家治理能力视角下中国乡村治理结构的历史变迁》,载《社会主义研究》2014年第6期,第111~118页。

自然资源驱动的传统农业正在被依靠技术资源驱动的现代农业所逐步取代；而在村治领域，依靠宗族关系资源所维持的村治活动正在被依靠智力资源与现代管理资源所维持的村治活动所取代。

大学生村官作为知识与技术资源的拥有者，他们通过大学阶段的学习已经掌握了一定的专业知识与技术，而这些知识与技术资源恰好成为了其实现由大学毕业生身份向乡村治理主体身份进行转变的一项重要资本。当然，在此过程中，仅靠知识与技术资源这一因素还不足以有效促成这种身份转换，在实现身份转换这一目标时，就业形势、政策设计、劳动力成本等一系列因素也都发挥了重要的作用。例如，就业压力的增大使得一些大学毕业生都将"村官"作为择业的首选，这便为大学生村官的选拔以及上文所提到的身份转换提供了基本前提。而在政策设计方面，大学生村官政策的政策目标中所提到的"培养党政干部后备人才""培养能够促进新农村发展以及巩固农村基层建设的建设者与接班人"等政策目标定位也有利于帮助部分大学毕业生尽快完成身份上的转换。而在劳动力成本方面，大学毕业生的使用成本与那些同样掌握知识与技术资源甚至知识与技术水平更为精良的专家相比要低廉得多，在这种条件下，基于降低劳动力成本而做出的考量也会迫使政府选择大学毕业生赴村任职，这便再次为大学毕业生完成身份转换创造了条件。

基于上述分析，我们便可以对大学生村官的身份做出如下界定：大学生村官是乡村治理活动的主导力量之一，是多元治理主体中的"一元"。大学生村官不仅能够带动村民开展创业致富活动，而且能够有效促进农村基层政权建设。随着大学生村官政策的不断完善以及大学生村官自身素质和能力的提高，大学生村官所具有的乡村治理者身份的内涵会愈发丰富，作用将会更加明显。

（二）倡导多元化的权力配置与大学生村官的权力界定

如果说治理主体的多元化是由治理资源的多元性所决定的，那么权力配置的多元化则是治理主体多元化的客观要求，因为在治理主体的身份得到确证以后，对于治理权力的索取与拥有便成为了一种必然。在以往的乡村治理过程中，人们总是觉得乡村治理权只能归政府所有，觉得只有在政府运用治理权来进行乡村治理时才是一种实至名归。在政府单独掌握治理权力的条件下，治理权力的运行方向往往都是由上向下，也就是说，治理权力的运行只是单向而不是双向。而乡村治理理论则破除了这一思维定式，研究该理论的学者普遍认为权力的配置应该实现多元化，而政府只是掌握乡村治理权力的一元。在我国的乡村中，一直存在着一种乡村公共权力，与国家权力相比较时，人们往往会赋予这种乡村公共权力以私权力的名号，然而正是这样的私权力在乡村治理过程中展现出了一种国家权力所不具备的功能。任何一个民间组织或个人,只要其被乡村居民所认可并被赋予一定的公共权力,这个组织或个人便掌握了这种私权力,并且可以运用这种权力来为乡村居民做事。这种权力的获取方式使得权力的运行方向由单向变为了双向,使得权力的配置由一元配置变为了多元配置,使得乡村治理由原来的政府治理变为了政府部门与其他非政府部门之间相互配合的协作治理。

在对乡村社会当中的各类问题进行协作治理的过程中,大学生村官无疑成为了享有乡村治理权的一元主体,而他们的乡村治理权来源则可以沿着不同的方向追溯到政府部门与乡村居民那里。政府部门在选拔并任用大学毕业生担任村官时,便会赋予这些"村官"以一定的乡村治理权力,由于这种乡村治理权力直接来源于公共部门,所以其被赋予了"公权力"的名号。而在大学生村官正式开展工作之后,乡村居民同样会在认可大学生村官的条件下"赋予"其一定的代为执行乡村治理的权力,这种权力便是上文中所说的私权力。公权力与私权力虽然在来源方面有所差别,但这两种权力的覆盖范围却在很大程度上有所重叠。大学生村官所享有的公权力主要包括促进农业持续发展与带领乡村居民共同致富的乡村经济治理权、促进乡村基层建设与维护乡村地区政治稳定的乡村政治治理权、传播各类知识与先进技术并促进农村文化持续发展的乡村文化治理权、维护乡村社会秩序与营造和谐乡村氛围的乡村社会治理权,以及保护乡村生态环境并建设"美丽乡村"的乡村生态治理权。而大学生村官所享有的私权力也覆盖了乡村治理过程中所涉及的经济、政治、文化、社会、生态等众多领域,但其与公权力相比所具有的最为显著的差异则是它的渗透力更强,在某些领域,公权力无法介入其中,而私权力却可以在其中畅行无阻。私权力所具有的这一特点使得其在乡村治理活动中显得更为适用,因为其在运行过程中更容易为乡村居民所认可,也更容易体现乡村居民的群体意愿,这便为乡村治理的"软着陆"创造了有利条件。而享有这一权力的大学生村官也更容易在乡村治理活动中"顺应民意""贴近民心"。

(三) 追求乡村公共利益最大化与大学生村官的工作目标确定

乡村治理理论认为,乡村公共利益最大化应该被当成乡村治理的首要目标。这一目标是引导政府部门、民间机构、私人组织以及乡村居民等多元主体密切合作的重要条件,同时它也是整合各类治理资源的必要前提。乡村治理理论破除了这样一种狭隘的观点,这种观点认为,社会组织或个人的行为代表私人利益,而只有政府部门的行为才代表公共利益,社会组织或个人所追求的只是私人利益最大化,而只有政府部门所追求的才是公共利益的最大化。在破除这种传统观点的同时,乡村治理理论又进一步指出,政府组织与社会组织或个人所追求的目标是能够实现统一的,通过多元治理主体之间的合作来实现公共利益的最大化也是切实可行的。乡村治理过程中的全部治理行为都要将公共利益作为目标导向,一切有助于增加乡村居民福祉、有助于增进乡村公共利益的做法,都可以被而且应该被引入乡村治理活动当中,而那些有害于或者是不利于增进乡村公共利益的做法与行为则都应该被排除在乡村治理活动以外。当然,将乡村公共利益最大化视为乡村治理的首要目标并不意味着乡村治理理论否认私人组织或个人追求私人利益的合理性。乡村治理理论虽然不像边沁那样认为私人利益才是唯一的现实利益而公共利益与私人利益相比只是一种抽象,是一种私人利益的加和,其增进的唯一途径便是增进私人利益,[①] 但它却依然重视私人利益的增进。乡村治理理论认为,乡村的公共利益是不能够脱离私人利益而单独存在的,这种公共利益最后一定会落实到不同的个体身上,一定会为不同的个体所同时享有,因此增进乡村公共利益就是在增进乡村私人利益。

追求乡村公共利益最大化不仅是乡村治理活动所要实现的首要目标,更是大学生村官必须要树立的重要工作目标。对于大学生村官而言,在树立促进乡村公共利益最大化这一目标之后还必须要对该目标进行拆解,以使其能够被分拆为多个更具操作性的子目标。只有这样,乡村公共利益最大化这一总目标的实现才不至于沦为一句空话。在拆解总目标时,按照不同领域来进行拆解是人们常用的一种方法。例如,"乡村公共利益最大化"这一目标可以先被拆解为乡村居民"经济利益最大化""政治利益最大化"以及"文化利益最大化"等若干子目标,然后再对每一个子目标的实现路径进行具体描述与界定,以帮助大学生村官更为清晰地意识到"自己应该做什么"以及"应该如何去做"。当各类子目标及其实现路径都得到清晰界定之后,目标的实现才能够成为可能。当然,对于这些大学生村官而言,在实现乡村公共利益最大化这一目标之外还存在着其他一些重要目标,这些目标虽然内容各异但却始终与乡村公共利益最大化这一目标保持着千丝万缕的联系。在这些目标当中,最具代表性的主要包括以下几类:加强农村基层政权建设、推进新农村与小康社会建设,努力成为符合要求的党政干部后备人才以及农村建设的"带头人"与基层创业的"领路人"等。这些目标的设立不仅有利于引导大学生村官"扎根农村""服务基层",更有利于从不同侧面引导包括大学生村官在内的治理者们为改善乡村治理的总体状况而做出努力,在追求乡村公共利益最大化这一目标的过程中,上述"关联目标"必然会发挥不可被替代的辅助性功能。

[①] 赵震江:《法律社会学》,北京大学出版社1998年版,第245页。

（四）追求自主化的治理过程与大学生村官的职责划分

乡村治理历来是一个不确定因素较多而且较为复杂的过程，乡村生活当中各类问题的解决都要被纳入到这一过程之中。以往的经验表明，这些产生于社会最底层的问题由于其自身所具有的零散与琐碎特征而使得政府无法将其全部纳入视野当中，当乡村社会问题无法全部转变为政策问题时，治理盲区就必然产生。为了更为有效地解决各类乡村问题进而最大限度地缩小治理盲区，乡村治理理论提出要努力追求自主化的治理过程，要通过各类非政府组织、乡村居民等治理主体的自主治理来更好地实现乡村生活的安定有序。乡村治理理论认为，乡村居民以及其他各类非政府组织一方面要坚定不移地贯彻国家的各类政策与方针，接受国家的宏观管理；另一方面也要努力做好乡村自治与自主的工作。奥斯特罗姆所提出的自主治理理论认为，想要实现自主治理就必须解决好三个问题：首先要解决好新制度的供给问题，也就是说自治组织的各项具体制度应该由谁来设计；其次要解决好违背承诺时的惩罚问题，也就是说在自主治理过程中当已经被设定好的规则不被人们所遵守时，惩罚措施该如何实施；最后，要解决好监督问题，也就是说，即使是自主治理也需要相互监督。[①] 而乡村治理理论则指出，自主治理理论在中国的乡村地区是比较适用的，中国的乡村完全有能力在贯彻国家政策方针与结合具体实际的条件下做出合理的制度设计，而乡村中的诸多团体或组织也都有条件成为自主组织。此外，乡村居民彼此都比较熟识，这也有利于其实现相互监督，而在乡村居民相互监督的条件下，违规行为便很容易被人发现，随之而来的便是一定的惩罚措施。当人们意识到不同程度的违规（或称违背承诺）是与不同程度的惩罚相联系时，违规行为发生的概率就会明显下降，乡村自主治理过程中的诸多规则就能够被人们更好地遵守。因此，在乡村治理理论看来，促进乡村治理过程自主化、实现有效的乡村自主治理绝不是一句空话，这一过程的实现既有理论上的依据，又有现实中的可能。

在乡村地区追求自主组织与自主治理的过程中，大学生村官也必然要参与其中并发挥一定的作用，而只有当该群体成员的具体职责得到明确界定时，其在上述过程中的积极作用才能够得到充分的展现。在《关于建立选聘高校毕业生到村任职工作长效机制的意见》中，大学生村官的主要职责被界定为：宣传贯彻党的路线方针政策及上级党组织有关安排部署；组织实施社会主义新农村建设的有关任务，协助做好本村产业发展规划，领办、创办专业合作组织、经济实体和科技

[①] ［美］埃丽诺·奥斯特罗姆著，余逊达、陈旭东译：《公共事物的治理之道：集体行动制度的演进》，上海译文出版社2000年版，第151页。

示范园；配合完成社会治安、计划生育、矛盾调解、社会保障、调查统计、办事代理、科技推广等工作；负责整理资料、管理档案、起草文字材料和远程教育终端接收站点的教学组织管理、设备网络维护；参与讨论村务重大事项；参与村团组织的建设和工作。通过上述界定，我们不难看出大学生村官所承担的职责基本上都是具有协助性特征的，这种协助性职责的承担使得其能够在与乡村治理相关的各项工作中自由穿梭，这些"村官"不仅不会妨碍到乡村自主组织与自主治理活动的开展，还会在自主治理过程中发挥"黏合"与"助推"的功能。可以说，大学生村官的工作职责完全符合乡村治理理论所提出的追求治理过程自主化的现实要求。

三、乡村治理理论视域下的大学生村官政策

在乡村治理理论视域下，大学生村官政策不仅能够提高基层农村的治理水平，而且能够成为引导村民形成合理合法的利益表达，从而有效推动乡村自治模式的发展。

（一）治理主体多元化与大学生村官政策

如前所述，强调治理主体的多元化始终是乡村治理理论的核心观点与重要主张，而这一观点在一些大学生村官政策当中也得到了较为充分的体现。在2008年实行的《关于选聘高校毕业生到村任职工作的意见（试行）》（以下简称《意见》）当中明确规定，大学生村官属于"村级组织特设岗位"人员，也就是说其与普通村官或村干部有着本质上的区别。[①] 我国现行的《村民委员会组织法》（以下简称《组织法》）规定，村委会当中的成员必须由本村村民通过直接选举的方式产生，任何个人或者组织都不能够以任何理由委派或任命村民委员会成员。在这样的规定下，大学生村官所具有的这种"特岗人员"的性质便可以成功化解其与《组织法》中相关规定之间的矛盾。同时，"特岗人员"这种身份也使得大学生村官成为了区别于普通村干部的另外一类治理主体。换言之，这种"特岗"的设置有助于实现村委会内部治理主体的分化，进而有助于实现乡村治理主体的多元化。此外，《意见》还明确指出，不是中国共产党党员或者是中国共产

---

① 人力资源和社会保障部：关于选聘高校毕业生到村任职工作的意见（试行）[EB/OL]. http://www.offcn.com/zhaokao/zcfg/2011/01/13/26854.html. 2011年1月13日．

党预备党员的大学毕业生可以担任村民委员会主任助理一职,[①] 而在《组织法》当中,村民委员会主任助理一职是根本不存在的。也就是说,现行的大学生村官政策是一种敢于突破原有制度框架、勇于推进乡村治理主体多元化的大胆尝试,而这种尝试是与乡村治理理论中强调的治理主体多元化这一核心观点相契合的。

(二) 权力配置多元化与大学生村官政策

乡村治理理论历来重视治理权配置的多元化问题,该理论认为乡村治理权配置的多元化是实现有效乡村治理的一个重要手段。这一主张在现行的大学生村官政策中也得到了一定程度的体现,因为大学生村官政策本身就是一种对于乡村治理权力的再平衡与再配置,这一政策打破了原有的乡村治理权格局,并使大学生村官成为了乡村治理权的一个新载体。

在《意见》中有着这样的规定:到村任职的大学毕业生如果是中国共产党党员则可以担任村党委书记助理一职,如果不是中国共产党党员或者是中国共产党预备党员则可以担任上文中提到的村民委员会主任助理一职,如果是团员则可以担任村团组织副书记或书记一职。与这一系列职务任命相伴随的,必然是乡村治理权力的授予,而这种权力授予所要达到的目标便是在《意见》的开篇部分所提到的:做好农村基层组织的建设工作,培养能够满足新农村建设需要的带头人,进而使其能够更好地为新农村建设服务。在 2009 年开始实施的《关于建立选聘高校毕业生到村任职工作长效机制的意见》中,大学生村官所拥有的治理权力被进一步明晰,其在科技推广、乡村治安综合治理、村务重大事项讨论等方面的权力被明确提出,这不仅标志着大学生村官政策得到进一步完善,也标志着权力配置多元化进程得到进一步推进,因为它使得作为乡村治理主体之一元的大学生村官拥有了更多的乡村治理权力。

(三) 乡村公共利益最大化与大学生村官政策

大学生村官政策所要实现的政策目标有短期与长期之分:短期政策目标主要是促进大学毕业生就业以及培养党政后备人才,而长期目标则是促进基层政权建设、新农村建设以及小康社会建设。不论是促进大学毕业生就业与培养人才,还是促进新农村与小康社会等方面的建设,其实质都是要不断增进公共利益。从某种意义上说,促进基层政权、新农村以及小康社会建设等长期目标的设立甚至能够更好地体现政策制定者对于乡村公共利益最大化的追求。在《关于选聘高校毕

---

① 人力资源和社会保障部:关于选聘高校毕业生到村任职工作的意见(试行)[EB/OL]. http://www.offcn.com/zhaokao/zcfg/2011/01/13/26854.html. 2011 年 1 月 13 日.

业生到村任职工作的意见（试行）》中，政策制定者的一个重要思路便是引导大学毕业生到农村基层工作，引导他们参与扶贫、支医、支教、支农等方面的工作，进而充分发挥其在新农村建设过程中的作用。[①] 也就是说，这一政策旨在通过大学生村官这一乡村治理新主体的参与来实现增进乡村公共利益的目标，而该政策目标恰好与乡村治理理论要实现的目标相一致，这便再一次从一个侧面体现出了大学生村官政策与乡村治理理论之间所具有的密切关联。

总之，从1995年的江苏省雏鹰计划到2008年大学生村官政策在全国范围内的普遍推行，从20年前的小范围选拔到20年后的大规模招募，一批又一批大学毕业生源源不断地涌入乡村地区且成为了多元治理主体中的"一元"以及乡村治理进程中的"精英"。大学生村官政策为乡村治理活动带来了诸多方面的改变。在乡村治理观念方面，这种改变主要体现为民主、平等、开放、法制等新观念正在逐步取代原有的诸多落后观念，大学生村官群体正在以其所具有的诸多现代性观念来影响甚至是改造原有乡村管理者以及乡村居民们的传统观念与看法。在资源提取能力方面，大学生村官政策的运行使其发生了实质性的改变。由于受到知识、技术或观念方面的制约，以往的资源提取活动在资源提取范围和提取程度方面都存在不同程度的局限，而随着大学生村官的到来，这种知识、技术或观念方面的约束被逐步化解，而以往那些未被提取的各类潜在资源也开始逐渐被治理者们所挖掘和利用。可以说，大学生村官政策不仅很好地迎合了乡村治理新形势的需要，更在一定程度上以一种实践的方式满足了乡村治理理论的基本诉求，在推进乡村治理现代化的过程中，大学生村官确实在某种程度上发挥了"带头人"与"助推器"的作用。

第二节　人力资源开发与管理理论

虽然大学生村官个体是成长成才的主体和内因，但其成长成才离不开组织的人才开发，提高大学生村官这一特殊人才群体的使用效益，成为当前大学生村官政策的基本走向。以人力资源开发与管理理论为研究视角来审视大学生村官工作，为我们研究大学生村官成长成才机制提供了新的理论借鉴。

[①] 人力资源和社会保障部：关于选聘高校毕业生到村任职工作的意见（试行）[EB/OL]. http://www.offcn.com/zhaokao/zcfg/2011/01/13/26854.html.

一、人力资源开发与管理理论概述

人力资源开发与管理理论在第一次工业革命时期开始萌芽,19 世纪末到 20 世纪初,在西方国家的工商企业管理中形成了所谓"古典管理理论",主要包括以泰罗为代表的"科学管理理论"、以法约尔为代表的"一般管理理论"和以韦伯为代表的"官僚组织理论"。这三种理论充满了对人力资源开发与管理的自觉性论述,虽然还形成不了相对独立和成熟的理论,但却给人力资源开发与管理理论的产生奠定了坚实的理论基石。[①]

在现代人力资源开发与管理理论的形成与发展期,行为科学理论运用心理学、社会学等理论和方法,从人的工作动机、情绪、行为与工作、工作环境之间的关系出发,研究了劳动生产率的影响因素。早期行为科学理论的代表人是澳大利亚的梅奥,他通过著名的"霍桑实验"提出了人际关系理论。后期的行为科学理论具有代表性的理论主要有马斯洛的需要层次理论、赫茨伯格的双因素理论、弗鲁姆的期望价值理论、麦格雷戈的"X—Y"理论、布莱克和默顿的"管理方格"理论等。虽然这些理论的切入点和着眼点不同,但都将论述的重点集中于管理中"人"的问题。以人为中心的人力资源开发与管理理论形成后,便开始进入快速发展期,尤其是第二次世界大战以后,西方的管理理论出现了众多学派,这些学派都从不同方面发展了人力资源开发与管理理论。其中,现代人力资源开发与管理学科中主要的理论包括以下几种:

(一) 效率理论

以巴纳德为代表的社会系统学派认为,社会的各种组织都是一个协作系统,组织的产生就是人们协作愿望的结果。系统的效率是指系统成员个人目标的满足程度,协作效率则是个人效率的结果。协作系统中成员的个人目标是否得到满足,直接影响到他们是否积极参加协作系统,以及对协作系统做出贡献的程度。如果协作系统成员的个人目标得不到满足,他们就会认为这个系统是没有效率的,他们就会不支持或退出这个系统。以德鲁克为代表的经验主义学派认为,组织的领导者——经理,有两项别人无法替代的特殊任务:一是经理必须激励、指挥和组织人们去做他们的工作;二是他必须造成一个"生产的统一体",这个统一体的生产力要比它的各个部分的生产力的总和更大。从这个意义上说,经理好比一个乐队的指挥。为了造成一个"生产的统一体",经理要克服企业中所有的

[①] 李金龙、唐皇凤:《公共管理学基础》,上海人民出版社 2008 年版,第 213~223 页。

弱点，并使各种资源特别是人力资源得到充分的发挥，才能提高组织的效率。20世纪60年代出现的系统理论学派，在一定程度上克服了以前管理理论的某些片面性，把对人的管理放在科学的地位上，并且要求把人和物的各种因素综合起来加以考察，以探讨其中相互运动的规律，并对人力资源管理子系统给予充分重视，以此提高人力资源管理的效率。

（二）人力资本理论

所谓"人力资本"，是指花费在人力保健、教育、培训等方面的开支而形成的资本，其目的是为了提高人的素质。在经济学视域中，资本可以分成物质资本和人力资本两种形式，人力资本和物质资本可以互相补充、互相代替。当代世界经济竞争日趋激烈，而经济竞争的实质是科学技术的竞争，说到底是人力资本的竞争。因此，人力资源管理和开发是一个国家经济发展的重要战略任务。人力资本理论是经济学的核心问题，不少经济学家都围绕人力资本管理与开发问题进行了深入研究。英国的经济学家亚当·斯密大胆地把一个国家全体居民所有在后天获得的和有用的能力看成是资本的组成部分，他曾明确提出，学以致用的才能是财富的内容，应列入固定资本范围。阿尔弗雷德·马歇尔在其经济理论中正式提出人的能力因素，他曾说道："生产的发动机是两样东西：一个是知识，一个是组织，而不是土地和种子。"[①] 西奥多·舒尔茨认为，人力资源是一切资源中最主要的资源，在经济增长中，人力资本的作用大于物质资本的作用。空间、能源和耕地并不能决定人类的前途，人类的前途将由人类才智的进化来决定。此外，舒尔茨还指出，人力资本的核心是提高人口质量，因此，教育投资是人力投资的主要内容。而教育投资则应以市场供求关系为依据，以人力价格的浮动为衡量符号。

（三）激励理论

激励本是一个生理心理学中的术语，意指由于某种内部或外部的刺激，而使个体维持在一个相当长的兴奋之中。后来，人们将激励概念用于管理领域，指的是持续激发人的动机的心理过程，也就是说，通过改变引起行为的各种内外刺激的作用，使人始终处于一种兴奋状态，从而引起积极的行为。人才激励是人才成长的重要促动力，于此过程中，管理者通过对人才行为的激励、引导和预测，使之从心理上产生高昂的精神、奋发的热情和自觉的行动，乃至达到"未见其人，先有其心；未至其地，先有其民"的状态，这是管理的至高无上的境界，也就是

[①] [英]马歇尔著，宴智杰译：《经济学原理》，华夏出版社2013年版，第79页。

马克思所说的"精神生产力"所在。激励指激发或促使作为目标对象的人做出行动。由此可见激励的本质是一种行为的动机，即通过诱导、驱使等方式从而促使行动的发生。通俗地说，激励就是通过精神或物质上的某些刺激，促使目标对象产生一种内在工作动机和工作干劲，进而朝着激励人所期望的目标前进的一种心理活动。

北美著名心理学家和行为科学家维克托·弗鲁姆（Victor H. Vroom）在1964年出版的《工作与激励》中提出的期望理论，对管理者具有很好的指导作用。期望理论的公式表达为：激发力量＝期望值×效价。在这个公式中，激发力量指调动个人积极性，激发人内部潜力的强度；期望值是指人们根据过去的经验判断自己达到某种目标的可能性；而效价则是所能达到的目标对满足个人需要的价值。这个理论的公式说明，人的积极性被调动的大小取决于期望值与效价的乘积。这种需要与目标之间的关系用过程模式表示即：个人努力→个人成绩（绩效）→组织奖励（报酬）→个人需要。期望理论表明管理者激励员工时，要明确工作能提供他们需要的东西；员工欲求的东西和绩效联系在一起，只要努力工作就能提高他们的绩效，同时管理者也要实现激励的承诺。

（四）人岗匹配理论

人岗匹配是指人和岗位的对应关系，是按照"岗得其人""人适其岗"的原则，根据不同的个体素质将不同的人安排在最合适的岗位上，从而做到"人尽其才、物尽其用"。人岗匹配包两层含义：一是岗需其才，即岗位所要求的能力需要有人完全具备；二是人需其岗，即人员所具备的能力能完全胜任岗位的要求。人岗匹配的核心是人和岗的匹配达到最合理的状态，即人在岗位上能发挥最有效的作用，岗位也能给人以最大的满足，从而获得最优绩效。随着工作环境和任务内涵的变化，岗位对人员的要求也会发生变化，所以人岗匹配实质上是一个动态的、能动的过程。在现实的人岗匹配问题中，由于各种内外环境以及员工本身因素的变化，完美的人岗匹配大多只是企业人力资源管理者的一厢情愿，更多的时候，人与岗之间是在围绕匹配线而波动，不存在绝对的匹配。①

在人岗匹配的过程中，任何因素的变化都有可能打破原有的匹配状态，随着个人素质的提高及岗位要求的变化，低程度的匹配可以逐步发展从而实现高程度的匹配；当然，在岗位要求不断提高而个人素质却止步不前或者个人能力出现退化的条件下，高程度的匹配也会逐步变成低程度的匹配。所以，只有适时对人员

---

① 周明建：《人岗匹配与工作态度：自我效能感的中介作用》，载《工业工程与管理》2011年第5期，第123～129页。

与岗位进行调整才能够不断达到新的平衡。在不断完善岗位设置的同时，要及时全面地了解个体能力与素质的变动情况，充分利用员工培训、职业生涯规划等多种方法来促进员工与岗位之间的融合，以提高组织的绩效。

二、人力资源管理与开发理论对大学生村官成长成才的启示

（一）注重大学生村官成长成才的需求导向

在人力资源开发过程中，首先要注意组织的需求与岗位的需求，有针对性地进行开发。针对不同的职业、不同的职务、不同的职位与不同的个人，确定不同的开发方向、开发内容与开发形式。其次，要注意被开发者的需求，把个体需求科学地引导到组织的需求上来，两者相互结合，相互统一。如果组织没有需求，开发则没有价值，同时，如果被开发者没有需求，开发就没有动力。目前，国家和地方层面通过出台一系列相关政策自上而下地推动大学生村官工作的开展，政策的目标定位和价值取向最大限度地体现了大学生村官工作的组织需求，而大学生村官自身成长成才的需求较少受到关注。

由此，大学生村官管理部门应注重大学生村官成长成才的需求导向。首先，要对大学生村官成长成才的需求进行科学评估，定位其个人发展的需求；其次，要根据大学生村官实际工作情况进行需求预测；最后，应因势利导，进行需求创造与引导，引导大学生村官形成合理的个人需求。同时，在引入大学生村官之前，政府部门需要对某一特定乡村基层组织的人才需求状况进行分析，以确定何种专业或何种类型的大学生村官能够满足其需求。而在大学生村官被引入之后，针对大学生村官所进行的培训需求分析、职位需求分析、职业发展需求分析等工作也应该加以开展。只有这样，大学生村官的培养和管理工作才能更加具有针对性，而这些村官们的个体需求才更有可能被引导到组织的需求中来，实现大学生村官工作的良性运行。

（二）加强针对大学生村官的人力资本投入

把组织个体乃至群体人员的德与才有机地统一起来，是育才、选才、用才的重要标准，能够使得组织人力资源得以优化。作为政治品德、伦理道德、个性品德三个基本方面有机统一的德，可以保证人才活动的方向；而作为智力、知识、专业与综合能力相统一的才，乃是德的重要表现形式。正所谓"德以才附，才以德领"。德才兼备是人才选拔的重要标准。

对于大学生村官而言，德才统一既是其在成长道路上必须要完成的一项重要任务，也是其必须要坚持的一项基本原则。为了能够帮助大学生村官做到德才统一，就要加强对大学生村官的人力资本投入，即重视以市场需求为导向，加强大学生村官的人力资本投入。这意味着针对有意愿到农村基层锻炼的高校大学生，学校要加强其工作素质和能力的培养。同时，在大学生村官入职后，管理部门要加强培养培训，帮助大学生村官获取各类知识、掌握各种技能，要通过合理的考评活动来帮助大学生村官发现其在工作中所存在的不足与缺点，进而帮助其弥补不足、增长才干、砥砺品格、达才成德。总之，要形成培养的理念，帮助大学生村官在"干中学""学中干"，在实践中磨砺意志、培养品格。

（三）重视组织文化建设，引导大学生村官形成共同的组织价值观

复杂环境系统中任何因素的破坏，都将影响生物的正常发展。成长环境的整体性原理同样存在于大学生村官成长成才的过程之中。想要使大学生村官在乡村做出杰出贡献，成为人才，就必须要构建适合他们成长的特定环境系统。当我们引进一个大学生村官时，我们应该同时引进或建立他所适应的环境系统，否则我们所引进的大学生村官很可能无法正常发挥其作用。

尤其是人力资源开发与管理中的文化凝聚理论表明，在人力资源开发过程中，要重视与发挥组织文化建设的作用，增大组织的凝聚力、吸引力与影响力。其中，工资、奖金、住房及良好的工作条件、福利待遇等，都是组织的物质条件，是进行人力资源开发的物质基础。没有这些物质条件，一切都是空谈，持久不了。然而，只有这些条件，缺乏正确的组织目标、良好的职业道德、组织氛围与文化建设，也无法满足员工社交的需要、自我实现的需要与超越自我精神的需要。尤其是随着组织物质条件建设的改善，人们的物质生活条件不断得到满足，而对精神生活与组织文化的渴求却越来越强烈。因此，如何加强组织文化建设，提高员工的思想意识，形成共同的组织价值观，是摆在每个人力资源开发工作者面前的重要任务。[①]

由此，相关管理部门不仅要为大学生村官提供基本的物质保障，而且要引导他们的精神发展，帮助他们形成对一定组织的归属感，依托组织的文化建设凝聚人心。大学生村官管理部门应积极关心大学生村官的日常生活，主动帮助大学生村官开展各项工作，这种关心与帮助不仅可以促使大学生村官更好地适应乡村生活且更为有效地完成各项工作任务，还可以组建大学生村官团队，将周边村落的大学生村官有效组织起来，营造一种"互帮互助、团结友爱"的组织文化氛围。

---

① 萧鸣政：《人力资源开发概论》，北京大学出版社 2014 年版，第 50~55 页。

(四) 建立科学合理的激励机制，发挥大学生村官的潜能

在对大学生村官这一人力资源进行开发时，要注重建立科学合理的激励机制，发挥大学生村官的潜能。

一是要处理好人才的"自主开发"与人才的"组织开发"的关系。"人才开发是指把人才的潜能和创造力等作为一种资源加以挖掘、培育、发展和利用的一系列活动。"[1] 因此，大学生村官的成长成才过程不仅是大学生村官人才个体的"自主开发"过程，而且是大学生村官所在组织对大学生村官才能的"组织开发"过程，二者不可偏废。仅仅依赖人才的组织开发就难以发挥大学生村官作为人才主体自身寻求发展的主动性、能动性和个性，容易导致人才的自我埋没，也与以人为本的理念不相符合；而单纯强调大学生村官作为人才主体的自主开发，就会忽略"个人选择"与"体制选择"的互动原理，甚至因背离组织目标而难以使个人成才实践的设计与规划获得社会化和现实化。因此，有必要使大学生村官的个人需要和组织需要联系起来，实现良性互动，促进大学生村官的成长。

二是要处理好个人优势积累与用人所长的组织方略的关系。大学生村官的成长成才对自身而言，存在一个个人优势积累的问题，但是不能忘记这种优势积累是在"个人选择"与"体制选择"达成一致的基础上，并且只有超出了组织选择的要求后才开始形成优势积累，所以，不能理解成单靠大学生村官的个人努力。对于组织而言，应该注意组织结构的互补性，善于用人所长，也只有如此才能在客观上促进大学生村官个体在工作中形成优势积累，并且要认识到大学生村官个体的优势积累是需要鼓励和支持的，应适时地给予物质奖励甚至重用或升迁的奖励，力争用足用好人才。尤其要注重对大学生村官的管理，对大学生村官进行合理的考核和开发，特别应注意把考核结果和薪酬待遇、晋升、出路政策联结起来，才能有效激励大学生村官在任期内踏实工作，贡献力量。

三是要处理好创新文化建设与人才创新环境营造的关系。大学生村官成长成才离不开人才创新环境的营造，因为不同文化环境对人才的创新精神和创造力的形成具有不同的影响。这就要求大学生村官所在组织要自觉努力营造有利于个体创造性地开展工作的环境和文化生态。然而，"创新文化是人才创新环境的灵魂和根本性标志""营造人才创新环境离不开创新文化建设"。所以，大学生村官应与农村基层组织一道，不但要从物质创新文化建设层面营造人才创新环境，从制度创新文化建设层面营造人才创新环境，还要从精神创新文化层面营造人才创

---

[1] 叶忠海：《新编人才学通论》，党建读物出版社2013年版，第347页。

新环境。不仅要使大学生村官作为人才脱颖而出，而且要使当地的各类人才创造性地开展工作，为新农村建设出力。

（五）努力实现人岗匹配，提高大学生村官工作的效率

人岗匹配理论的研究表明，只有当人员的能力与岗位需求相互契合时，人员的能力才有可能得到最大限度的发挥，组织绩效才有可能达到一个较为理想的水平。而想要实现这种人与岗位之间的契合与匹配，则需要管理者事先做好岗位需求分析与人员素质及能力分析。岗位需求分析旨在对某一岗位的工作性质、工作条件以及所需人员的数量、类型、资格等问题进行考察并在此基础之上做出岗位需求说明，而人员素质与能力分析则主要强调对备选人员的素质构成（主要包括政治素质、知识素质、智力素质、心理素质以及身体素质等）以及能力构成（主要包括决策能力、人事能力、技术能力、自我发展能力以及创新能力等）进行分析与考察，进而判别出某一特定备选人员是否符合岗位需求。

在聘用大学生村官的过程中，这种岗位需求分析以及人员素质与能力分析同样需要引起管理者们的重视，因为该类分析不仅有利于提升大学生村官与相关岗位的匹配程度，更有利于提高大学生村官工作的效率。

正如前文所言，"大学生村官"这一岗位具有一种"特设岗位"的性质，而这一"特设岗位"所承载的岗位工作内容则会由于工作地点、工作条件、乡村地区发育程度以及乡村社会问题复杂程度等多方面的差异而有所差别，但一般而言，这些"村官"所负责的岗位工作不外乎是"宣传落实政策、促进经济发展、联系服务群众、推广科技文化、参与村务管理、加强基层组织"等，而正是这些岗位工作内容的确立为这一"特岗"的岗位需求的形成提供了基本依据。换言之，正是上述岗位工作内容决定了"大学生村官"这一"特设岗位"就是需要那些"能够落实各类政策、能够服务乡村群众、能够推进乡村治理"的高校毕业生来填补空缺岗位。而在对某一具体村落中该特设岗位的岗位需求进行分析时，诸如岗位所需要的人才类型、学历层次以及岗位的具体任务、职责等问题也需要通过相关分析来加以明确。与此同时，对于大学生村官竞聘者所具备的素质与能力的分析也应当与这种岗位需求分析相并行，通过对竞聘者的素质构成与能力构成进行分析，管理者们将更为准确地了解到竞聘者们的资质与特点，而接下来所要进行的人岗匹配也正是建立在这种对于竞聘者的充分了解的基础之上。

在某一阶段的选聘工作完成以后，初次人岗匹配也就基本完成了。但是在已经上任的大学生村官于某一特定岗位之上工作一段时间之后，人们便会发现这些"村官"中的一部分能够很好地迎合岗位需求并能够较为高效地完成特定岗位中的工作任务，而另外一部分"村官"则在不同程度上显现出其与当前岗位不能很

好融合的种种迹象。在这种情形产生时,管理者便需要通过对那些无法很好地适应当前工作岗位的"村官"进行培训或转岗的途径来完成这些"村官"与工作岗位之间的二次匹配。在乡村地区的各类问题日益复杂的条件下,大学生村官与现有工作岗位无法完全适应或匹配的情况会时有发生,这便更需要管理者努力探索多元路径来帮助大学生村官实现其与工作岗位的动态匹配。这种动态匹配则意味着对自身情况的理性思考:是否真正需要大学生村官?需要什么样的大学生村官,以及能够向大学生村官提供什么?通过深入调研和理性思考,大学生村官工作的管理者能够开展理性的选聘、培养、考核等一系列工作,将在很大程度上提高人岗匹配度,有效减少大学生村官"无用武之地"的困境,从而提高大学生村官的使用效率。

而对大学生村官而言,在深入了解基层农村的实际情况之前,对自身也要进行客观分析。当前,我国农村不仅仅需要具有吃苦耐劳品质和一腔热血的有志青年,更需要有战略发展眼光和先进管理思想的新农村建设者,需要在农村科技和信息推广、农村事务管理、农村村镇规划建设、农村基层创业项目设计、农村法律法规宣传等方面的专业人才,大学生村官在任职前就要有这种人岗匹配的自我分析,考虑是否适合到农村基层发展,同时农村基层是否适合自身发展,由此能够较好地减少选择的盲目性。

第三节 社会支持理论

在职业发展的适应期,构建良好的大学生村官社会支持网、积极营造有利于大学生村官成长的环境,可以帮助大学生村官提高适应社会的能力,激发自身的内在潜力,在实践中尽快成才,也有利于保证大学生村官计划真正发挥其应有的作用。目前学界研究大学生村官的成果较多,但鲜有从社会支持理论维度研究的成果。本节试图从社会支持理论的视角,在分析大学生村官社会支持存在问题的基础上,提出完善大学生村官政策的对策建议。

一、社会支持理论概述

从一般意义上说,社会支持指人们从社会中所得到的来自他人的各种帮助。[①]

---

① 张文宏、阮丹青:《城乡居民的社会支持网》,载《社会学研究》1999年第3期,第12~24页。

社会支持是一种伴随着人类社会发展始终的社会实践，是个体在社会中存在和发展的必要条件。但是，关于社会支持理论的研究却出现较晚，直到 1974 年，美国学者约翰·卡塞尔才首先使用了"社会支持"这专业术语。那么，什么是"社会支持"？学界对社会支持的认识有一个逐步深化的过程。

最初对社会支持的研究较多地应用于精神疾病及医疗康复领域，主要关注与身体有关的社会因素，从这一角度把社会支持定义为"作为提供者和接受者的两个个体之间所感知到的资源的交换，目的是增进接受者的健康"。[①] 社会支持理论引入社会学后，早期研究者将社会支持当成来自于他人的同情和资源的给予，而这种同情和资源的给予可以"在一定程度上满足个体的需要，从而达到缓解个体各类压力的目的"。[②] 但是，两个人之间存在关系并不意味着一定能提供社会支持，为了保证生活需要，个体就必须与多种多样的人保持社会关系。到 20 世纪末，社会学界把社会支持理论与社会系统概念相联系，把个体与各种社会关系的交往视为一种相互关联的网络，把社会支持看成是整个网络范围内资源的复杂流动，而不只是两个人之间的关系。通过这一网络，在危机发生的时候，个体能够获得各种资源支持，这样社会支持研究的重点就转为社会网络怎样为个人提供社会支持，因此构建社会支持网络也逐渐得到人们的广泛重视。到 20 世纪 80 年代，社会支持的研究在国外已成为社会学领域的显学。

与国外相比，我国有关社会支持的研究较晚。目前，社会学界对于社会支持仍没有一个统一的定义，学者们也是从不同角度进行定义。有的学者从支持行为发挥作用的角度，认为社会支持是"人们从社会网络中所得到的、来自他人的各种帮助"，[③] 是指"一定社会网络运用一定的物质和精神手段"进行无偿帮助的一种选择性社会行为。[④] 但是有的学者认为如果支持行为不被接受者认可，也起不到应有的作用，所以社会支持更多的是接受者的主观体验，如有的学者认为社会支持"是一个人通过社会联系所获得的能减轻心理应激反应、缓解精神状态紧张、提高社会适应能力的影响"；[⑤] 还有的学者认为社会支持行为完成的主要特点是通过人际间的社会互动来为个体提供安全保护，从这一角度定义，把社会支持看成"能够为自己在社会中的生存与发展提供有力的支撑、支持、增强等的正能量"。[⑥]

---

① 梁君林、汪朝霞：《社会保障理论》，合肥工业大学出版社 2011 年第 5 期，第 212 页。
② 王卫平、郭强：《社会救助学》，群言出版社 2007 年版，第 50 页。
③ 张文宏、阮丹青：《城乡居民的社会支持网》，载《社会学研究》1999 年第 3 期，第 12~24 页。
④ 陈成文：《论社会支持的社会学意义》，载《湖南师范大学社会科学学报》2000 年第 6 期，第 25~31 页。
⑤ 李强：《社会支持与个体心理健康》，载《天津社会科学》1998 年第 1 期，第 67~70 页。
⑥ 赵常兴、余博：《社会排斥与农民工社会支持体系构建》，载《西安电子科技大学学报（社会科学版）》2014 年第 5 期，第 39~43 页。

综观学者们的理论观点，对于社会支持的理解至少包括以下几点：第一，社会支持是帮助特定社会成员解决日常生活中的问题和危机的选择性社会行为。第二，社会支持的内容主要包括物质支持及其他工具性的支持、精神慰藉等。第三，社会支持是以社会互助关系为核心内容的综合的社会帮助系统工程，可以分为正式的社会支持和非正式的社会支持两个方面。正式支持主要包括各级政府、社区、单位等，非正式支持主要是指建立在血缘、地缘基础上的支持，比如家庭成员、朋友的支持等。

二、大学生村官社会支持系统的重要作用

大学生村官社会支持系统是包括政府、社会、基层、家庭、个人在内的多维建构，内容上主要涉及政府等的正式支持，非正式支持只占次要地位。与其他高校毕业生不同，大学生村官不但处于职业发展的适应期，而且生活、工作环境也由城市转向农村，这使他们比其他的高校毕业生面临更多的困难。大学生村官计划不仅关系到他们个人的成长，也关系到我国社会进步的整体性利益。在这种情况下，建立良好的社会支持是非常必要的。

第一，从国家的角度看，社会支持有利于发挥大学生村官在新农村建设中的作用。新中国成立以后，我国实施了优先发展重工业的工业化战略，在一定程度上限制了农业的发展。长期以来，农村经济发展相对滞后，城乡差距逐渐拉大。统筹城乡经济、社会发展，逐步改变城乡二元经济结构，建设社会主义新农村，是我党从全面建设小康社会全局出发做出的重大决策。农村人力资源严重匮乏，成为制约农村经济发展的瓶颈，农村迫切需要一大批高素质的优秀青年积极投身到社会主义新农村建设中。良好的社会支持有利于形成城乡间人才流动的良性循环，为新农村建设提供强大的人才资源和智力支持。

第二，从社会角度看，社会支持有利于拓宽高校毕业生的就业渠道。1999年高校开始扩招以来，大学生数量剧增，随之而来的是大学毕业生就业难。受传统的、单一的就业观念束缚，许多大学生喜欢选择去条件远远好于农村的城市工作，而城市有限的就业空间又满足不了数量众多的大学毕业生的就业需求，这无疑在一定程度上加剧了就业形势的严峻，造成了人才的很大浪费。良好的社会支持，可以为人才的合理流动创造条件，有利于缓解当前大学生就业难的压力。

第三，从个人的角度看，社会支持有利于大学生个人能力的提升。大学生是国家的栋梁，他们知识丰富、思维活跃、视野开阔，但是缺乏相关的社会工作经验和对中国社会的深刻了解。人才培养需要靠实践来磨炼。农村广阔的舞台，为大学生提供了了解民情、熟悉社会、磨炼意志、增长才干的机遇。良好的社会支

持有利于他们尽快将知识转化为实际工作能力,提高认识问题、解决问题的能力,成为国家的有用之才。

三、大学生村官社会支持的现状

大学生村官计划的实行,为新农村建设注入了强大的活力,取得了显著的成效。但是,随着大学生村官计划的深入推进,由于种种原因在全国各地都出现了不同程度的大学生村官流失的现象,有些省市大学生村官计划甚至渐趋停滞。[①] 大学生村官社会支持不足的问题也逐渐显露出来,这些问题主要体现在以下几个方面:

(一) 大学生村官制度支持缺位

完善的制度是大学生村官计划推行的前提和保障。大学生村官踌躇满志、渴望实现自己的价值,但是制度支持的缺位让大学生村官的处境很尴尬。

首先,大学生村官存在岗位角色和法律定位的矛盾。国家选聘到农村的高校毕业生,在农村一般是从事辅助性和服务性的工作,如村党组织书记助理、村委会主任助理、村团组织书记或副书记等职务。作为政府面向社会公开选拔的干部,大学生村官的身份及地位并没有进行明确的认定。[②] 2008 年 5 月,中共中央组织部和有关部门表示:选聘到村任职的高校毕业生为"村级组织特设岗位"人员,工作管理及考核可以"比照公务员的有关规定进行"。[③] 但是,政府制定的导向性政策仅仅是一种非规范性的依据。显然,目前大学生村官并没有被法律认可的公务员身份,不能纳入公务员体系。

其次,大学生村官存在参政意愿与资格的矛盾。大学生村官因户籍不在本村,不属于村民,没有合法的选民地位,很难真正参与到农村事务,当然也不能作为当地村民、通过法定程序参与村民委员会的竞选,因为按照《中华人民共和国村民委员会组织法》的规定:"村民委员会主任、副主任和委员,由村民直接

---

① 邓高权:《"大学生村官计划"实施的问题及对策研究》,载《前沿》2011 年第 13 期,第 142~144 页。

② 见《关于引导和鼓励高校毕业生面向基层就业的意见》(2005 年)、《关于选聘高校毕业生到村任职工作的意见 (试行)》(2008 年)、《关于建立选聘高校毕业生到村任职工作长效机制的意见》(2009 年)、《关于做好大学生"村官"有序流动工作的意见》(2010 年)、《关于进一步加强大学生村官工作的意见》(2012 年)。

③ 中国村社发展促进会:《2009 中国大学生"村官"发展报告》,中国农业出版社 2009 版,第 225 页。

选举产生。任何组织或者个人不得指定、委派或者撤换村民委员会成员。"① 村民自治的主体是本地农民，如果大学生村官享有所在村的事务管理权就不符合农村的基层群众自治制度，这样大学生村官在农村就难以成为名副其实的村官。

大学生村官这种非官非民的地位使他们缺乏村官角色的认同感，不知道应该把自己摆在什么位置上。归属感和安全感的缺失挫伤了他们工作的积极性和主动性，使他们在农村应发挥的作用大打折扣。

（二）大学生村官融入支持薄弱

大学生村官的社会融入是指本人和本地村民对他们工作的认同感。很多大学生村官都是满腔热忱，但由于农村与城市环境有很大的差异，青年学生长期生活在城市，他们接触农村不多，对农村的环境、现状了解不深，环境的改变让他们难以适应，感到难以开展工作。同时，农村的人际关系较为复杂，家族性、血缘性等因素对于农村生活的影响较大。大学生村官初出校门，涉世不深，因此在处理农村实际事务等方面显得能力和经验不足。而融入支持的薄弱，使他们很难顺利地融入农村的工作环境中施展才华。主要表现为：第一，大学生村官的教育培训机制不完善。目前社会上零散的培训机构远远不能满足培养数量庞大的大学生村官队伍的需求，很难展开针对性的培训、缩短大学生村官的适应期。第二，没有形成认同大学生村官的良好社会环境。国家对大学生村官计划的宣传力度不够，全社会并不能客观、全面地了解大学生村官计划，对大学生村官的作用认识不足，尤其是部分村民，对大学生村官没有信心。

（三）大学生村官动力支持不足

国家推行大学生村官计划，是为了加大扶持农村建设的力度、优化基层干部队伍。但部分大学生选择到农村就业，是把村官的经历当成进入城市工作的一个"跳板"，职业发展的动力不足，缺少服务农村的奉献精神。虽然没有离开自己的工作岗位，但存在着"在其位却不谋其政"，不能很好地履行村官义务的情况。之所以这样，主要原因有：第一，传统观念的束缚。我国城市的环境远远优越于农村，因此，人们把城市作为生活和工作的首选地，绝大部分农村生源大学生更是把上大学作为进入城市的捷径。由于传统观念的束缚，大学生村官认为到农村工作只是在城里找不到工作而做出的无奈选择。第二，功利性目的的存在。由于对大学生村官计划理解的偏颇，部分高校毕业生对政策的心理预期过高，抱着为

---

① 《中华人民共和国村委会组织法》，中华人民共和国主席令（第九号），http://baike.baidu.com/view/1319840.htm。

将来报考公务员、研究生积累资本的目的，而不是用自己所学知识为新农村建设服务。第三，不能处理好理想与现实的关系。大学生有自我实现的强烈愿望，但是，到农村以后，相对较差的生活、工作条件和报酬待遇，使理想和现实形成了巨大的反差。部分到农村任职的大学生缺乏坚强的意志，受不了环境的艰苦，更没有认识到尽管农村是各种资源都相对短缺的地区，但却可以为他们提供一个施展自己才华、实现理想的舞台。

（四）大学生村官情感支持缺乏

大学生村官的情感支持是指到农村任职的大学生在工作中被关心、被理解而产生的情感体验。鼓励、关心等情感支持可以使大学生村官在困境中能从容面对、提高自信心，从而轻松地投入到工作之中。但是，在农村的工作环境中大学生村官却缺少情感支持。

第一，已有的情感支持弱化。大学生村官大部分长期生活在城市，丰富多彩的城市生活与枯燥、单调的农村形成巨大差距，使他们产生了强烈的失落感；大学生村官非官非民的身份窘境、在农村创业的艰难、期满以后面临的就业困境，都使他们因前途渺茫而产生迷茫感。而大学生村官从学校直接进入农村，社会关系也将重新整合，原有的以血缘和地缘为主的情感支持失去或弱化。受社会交往的时间与空间限制，常年远离亲人和朋友，连同龄同层次的人都极少见到，交往的狭窄容易使大学生村官产生背井离乡的孤独感。

第二，新的感情支持短时期很难建立。大学生村官是由地方政府选拔任命的，群众基础先天不足。农村的宗族观念和排外思想的影响以及部分能力不及大学生村官的原有村干部的排挤都不可避免地存在。此外，由于部分大学生村官的专业知识结构不符合农村实际，远离农村工作的实际需要，专业知识得不到充分发挥的问题普遍存在，这些因素使大学生的工作缺乏村民的广泛认可，不容易被村民接纳。

四、大学生村官社会支持系统的构建

任何一项计划的实施都有一个完善的过程，对于大学生村官社会支持的现状，我们应客观地对待并给予理解。但同时需要指出的是，在职业发展的适应期，大学生村官成长中会出现各种各样的问题，这些问题的产生并不是仅仅因其自身原因造成的，当然也不能完全凭借其自身力量来解决。大学生村官的培养和成长需要全社会的关心与帮助，需要外力的支持。而大学生村官刚刚步入社会，其社会资源较为有限，在机会、资金和信息等方面都处于相对的弱势。社会支持

力量的薄弱，降低了大学生村官的工作满意度，也满足不了他们职业发展的需要。这就需要构建多元化的大学生村官社会支持网，改变他们职业发展的困境、引领他们的成长，更好地实现大学生创业的个人价值与社会价值的有效融合，促进大学生村官计划的良性发展。

（一）健全以国家、政府为主导的法律和政策支持

政府支持是社会支持体系中的正式支持，在社会支持系统中居于主导地位。政府作为制定大学生村官计划的主体，不但要筑巢引凤，还应当尽可能地提供多方面的政策支持、完善法律规范，为大学生村官计划的实施创造良好的政治环境。

首先，要突破法律上的障碍，给予大学生村官合法的身份。依法治国是党领导人民治理国家的基本方略，政策的规范是保证政策的有效性和持续性的最基本条件。完善相关法律法规，解决好大学生村官的身份问题，是建立大学生村官长效机制的关键。当务之急是要完善村民自治法等相关法规，保证大学生村官的合法选民资格，鼓励他们参与村干部的竞选，使他们成为真正的村官，为有效行使村官的权力提供法律保障。

其次，完善相关配套政策，为大学生村官提供政策的保障。第一，政府要完善相应的保障制度、激励机制等长效机制，很好地落实关于大学生村官的各项优待政策，保证大学生村官的各项待遇和福利，为其创造良好的工作和生活条件，以解决其后顾之忧，调动起大学生村官扎根农村的积极性。第二，制定优惠的政策，引导合同期满的大学生村官有序流动。大学生选择到基层农村接受锻炼，对如何"流得动"和"走出来"等长远发展问题非常关注，因此，政府应重视大学生村官的长远职业发展。比如建立科学合理的考核机制，在尊重大学生意愿的基础上，择优选拔那些专业对口、表现优秀、被群众认可的优秀大学生村官，鼓励他们长期在农村建功立业；大学生村官报考各级党政机关公务员、事业单位的公开招聘，应享受报名条件、笔试加分等优惠政策；政府还应帮助那些有创业意愿的大学生村官，认真落实高校毕业生创业的各项优惠政策，在资金和技术上扶持大学生村官自主创业或另行择业。第三，成立专门负责管理、服务全国大学生村官的组织，打造大学生村官之间交流、沟通的平台，监督各地大学生村官工资、福利等优惠政策的落实，工作和生活环境的优化，规范各项社会保险制度，加强对大学生村官工作的领导监督、考察、审核，全方位为大学生村官提供服务。

（二）完善高校、机构等组织为依托的教育支持

组织既包括学校等正式的组织，也包括团体、机构等非正式的组织。大学生

村官多数来自城市，缺乏农村工作的经历和经验，而且一些大学生村官的专业知识结构与农村相去甚远，开展多层面、针对性、实效性的教育与培训，有助于帮助他们尽快适应农村环境，缩短初入职场的适应期，尽快完成角色转换。

首先，发挥高校在大学生村官任职前培养上的作用。作为大学生村官的输出者，高校要创新人才培养模式，优化专业设置，增强教学内容的时效性、实践性、针对性，合理建构大学生知识结构，注意培养大学生知识运用的能力；通过社会实践、实习等途径，帮助大学生尽快了解农村、增进对农村的感情。

其次，依托专门的培训机构开展针对性的培训。要把大学生村官纳入农村干部素质培训的总体规划中，建立大学生村官培养的专门机构，充分发挥行政学校的作用，整合各方培训资源，做到上岗前培训与在职培训相结合，提高他们服务农民的水平。对于即将赴任的大学生村官进行系统化的岗前培训，丰富他们的涉农知识和技能，帮助大学生村官了解"三农"工作的方针、政策，了解农村的乡风民俗，掌握处理农村问题和矛盾的方法技巧，增强其农村工作的适应能力。对于已经上任的大学生村官，可以定期地进行在岗培训，开展专题讲座、考察学习、经验交流等活动，帮助他们提高解决问题的能力。

（三）优化以基层为媒介的融入支持

大学生村官的社会融入是指本人和本地村民对他们工作的认同感。大学生村官刚走出校门，面对复杂的农村环境，需要一定的时间来适应。基层是大学生村官生活、工作的主要场所，以基层为媒介，优化已有的融入支持可以引导大学生村官熟悉农村事务，使他们尽快进入角色，保证其在岗位上发挥应有的作用。

第一，实行原籍生优先的政策。选拔与任用本地的大学生村官可以解决户口的瓶颈问题，而且原籍生村官对家乡怀有深厚的感情、了解情况，能克服外来人才水土不服的劣势，有良好的群众基础，更容易与村民沟通，工作起来会更得心应手。

第二，推行基层干部帮扶的培养模式。大学生村官实践经验不足、对农村工作不熟悉，可指定基层干部专人对其帮扶，加强思想引导，带领他们熟悉村情、社情，在实践中传授经验，让他们掌握农村工作规律、感受到基层对他们的支持和帮助，在处理复杂问题中不断提高处理农村工作和解决实际问题的能力，逐步建立心理的归属感和安全感。

第三，搭建大学生村官之间交流的平台。依托大学生村官QQ群、大学生村官论坛、大学生村官网站等网络交流平台，把大学生村官联系起来，为他们获得信息、交流经验、情感沟通、自我管理搭建平台，增强他们对工作的认同度。通过举办各种形式的大学生村官联谊会、座谈会，建立定期工作交流机制，为大学生村官增进相互之间的沟通、了解提供便利，达到相互学习交流、共同提高的目标。

第四，引导大学生村官提高自我支持的水平。成功的社会支持是支持者与被支持者"互构"的过程。社会支持的成功归根结底要通过支持者本人起作用。要引导大学生村官加强职业生涯规划、降低心理预期、端正角色认知，改变传统单一的就业观念，认识到农村工作是对自己意志和品格的砥砺，摆脱对政策的过度依赖和过高预期，发挥自身积极性、能动性和创造性，主动争取有利于自身发展的社会支持，努力实现自我价值与国家需要的统一，把自己的理想信念和社会发展相结合，有计划、分步骤地实现自己的奋斗目标。

（四）加强以社会舆论为辅助的情感支持

在农村的陌生环境中，大学生村官心理上难免会有巨大的落差。情感支持对解决心理问题有着正向的积极影响，使其能够保持心态的稳定与平和，坦然面对环境、身份变化带来的心理波动，有利于调动其工作的积极性和主动性。

首先，国家应该为大学生村官营造良好的社会氛围，增强大学生村官的职业归属感。国家需通过各种途径加强对大学生村官政策的宣传力度，尤其是新闻媒体要积极报道业绩突出的优秀大学生村官，高度赞扬他们的奉献精神，让社会各界了解大学生村官计划的重要性及其重大战略意义，支持并配合这项工作，增进社会各界对大学生村官的关注和认同度，提高大学生村官的使命感、责任感和成就感。

其次，基层单位要关心大学生村官的情感需求，注重人文关怀。基层政府不但要重视大学生村官物质生活的改善，还要重视他们的情感需要。在生活中关心他们，让他们充分感受到领导的真情关怀，尽可能帮助他们解决生活、工作中的困难，引导他们参与各种基层群众活动，促进他们与村民的感情交流，建立和谐的人际关系，消除心理上的孤独感，从而快速融入其中，方便工作的开展。

最后，家庭也应对当村官的子女给予一定的支持和鼓励。由于我国社会有重视血缘关系的传统，因此家庭成员的支持发挥着很大的作用。虽然农村的条件相对较差，但人才匮乏，大学生村官可以有更多的机会施展才华，实现自我价值。父母应该改变对大学生去农村就职的偏见，以积极的眼光看待大学生到农村就业。家长们应该看到在基层锻炼可以增强领导能力、积累管理经验，可以为未来的发展打好基础，应该关心、鼓励自己的孩子，相信他们能够在广阔的大地上实现自身的价值。

总之，大学生村官计划是新农村建设和培养中国特色社会主义接班人的双赢选择。构建一个包括国家、组织、基层、家庭、个人在内的社会支持网，挖掘各方面的支持能力，促进社会支持功能的发挥，对于大学生村官的能力施展和建立大学生村官计划的长效机制都有着重要的现实意义。

第四节　多维生态位理论

多维生态位理论认为，任何一个种群在其所赖以生存的环境当中都必然要受到多个"制约因子"的影响，对于该种群而言，任何一个能够对其产生影响的制约因子都拥有一定的阈值，在该阈值以内，任意一种因子组合都可以维持该种群的生存，而这一种群生存状态的优劣则取决于不同的因子组合方式。[1] 多维生态位理论虽然是一种生态学理论，但其在社会科学领域却依然有着广阔的应用空间，正是基于这一考量，本书才尝试利用这一理论视角来分析大学生村官成长与成才过程中所存在的一系列问题。

一、大学生村官群体的基础生态位与实际生态位

多维生态位理论最早由哈钦森（G. E. Hutchinson）在 1957 年提出，这位英国学者以不同种群在多维度的空间当中所表现出的不同适应程度为依据来确定其生态位的不同边界，这些边界在理论层面上往往显得比较宽泛，总是存在一个在"假想"当中能够为某一个种群所占有的"最大空间"，这样一个空间便被称为基础生态位。但在现实当中，这样的最大空间却很难被某一种群所单独占有，换言之，任何一个种群所占有的空间都是被其他外部因素在不同程度上所侵占了的"非最大空间"，而这样的空间则被哈钦森称为实际生态位。[2] 在借鉴哈钦森研究成果的基础之上，奥德姆（E. P. Odum）又探讨了生态位的重叠与分离问题。奥德姆认为，生存于多维环境之下的某一种群内部的竞争激烈程度将对其生态位边界的移动产生重要影响，该种群内部的诸多个体为争夺资源而开展的竞争越是激烈，那么其生态位的边界便越容易扩张，而不同种群生态位边界的扩张则必然造成多个生态位在不同程度上的重叠，这种重叠的范围越大，则不同种群间为争夺某些资源而开展的群际竞争越激烈。当这种竞争达到一定程度时，某一个或某

---

[1] Hutchinson, G. E. The niche: an abstractly inhabited hyper volume. The Ecological Theatre and the Evolutionary Play. Yale University Press, New Haven, Conn., 1965, p. 78.

[2] Hutchinson, G. E. The niche: an abstractly inhabited hyper volume. The Ecological Theatre and the Evolutionary Play. Yale University Press, New Haven, Conn, 1965. p. 26.

几个种群的灭亡便有可能发生，而想要使这些种群摆脱悲剧性的命运，就必须要促使生态位进行分化，要通过这种分化来达到生态位分离的目的，进而为不同种群的生存创造空间。①

大学生村官的基础生态位表征了一种存在于相关政策当中的最大空间，这种最大空间被该领域政策制定者进行了这样的假定，即该空间能够被预先设定且可以被大学生村官这一群体所充分占有。而在现实生活中，这一预先被设计好的最大空间往往无法为大学生村官群体所充分占有，在薪酬维度、任职维度、培训维度乃至流动维度等方面，该群体所享有的实际空间都在不同程度上遭到了压缩，这种生态位的压缩不仅使原有的大学生村官政策效能在一定程度上打了折扣，同时，它也为这一"村官"群体的成长与成才设置了不同程度的障碍。

（一）大学生村官群体的基础生态位

大学生村官群体的基础生态位在大学生村官政策当中已经有了较为明确的界定，这种界定在中央层面的三份政策文件（即 2008 年颁布的《关于选聘高校毕业生到村任职工作意见（试行）》，以下简称"意见1"；2009 年颁布的《关于建立选聘高校毕业生到村任职工作长效机制的意见》，以下简称"意见2"；2012 年颁布的《关于进一步加强大学生村官工作的意见》，以下简称"意见3"）中体现得最为清晰、充分。

1. 任职维度下的基础生态位

意见1对大学生村官群体在任职维度下所应当享有的基础生态位进行了较为明确的界定，这一意见指出，该群体所能够占据的任职空间主要由三个子空间构成，分别为：作为村党组书记助理的任职空间（子空间1）、作为村主任助理的任职空间（子空间2）以及作为村团委副书记或书记的任职空间（子空间3）。当这一群体中的成员在上述任意一个子空间中任职并工作一段时间以后，便有机会参加本村选举进而有可能担任村委会副书记或书记的职务，这便为其权力空间与责任空间的拓展提供了可能，进而为其基础生态位的拓宽提供了条件。在人才学所设计出的人才开发三大基本路径当中，使用性开发占据了其中的一条路径，而使用性开发的一个基本思路便是：给予人才一定的岗位和条件并在这一基础之上对其进行合理使用，而使用的过程既是组织目标实现的过程，同时也是人才成长的过程。② 上述三个子空间的创设正是在为大学生村官群体的使用性开发提供条件与便利，在广大乡村地区为该群体成员设置村干部助理岗位的做法既有利于

---

① ［美］奥德姆著，孙儒泳译：《生态学基础》，高等教育出版社1981年版，第110页。
② 王通讯：《人才资源开发技巧》，载《当代贵州》2004年第4期，第41~42页。

弥补村治过程中的一些不足，更有利于帮助该群体成员在工作的过程中不断成长，在解决各类乡村问题的过程中不断增进才智。

2. 薪酬维度下的基础生态位

上文所提到的意见 1 对大学生村官群体在薪酬维度下的基础生态位做出了明确的规定，该意见指出，每一位大学生村官都享有一定的薪酬待遇，该薪酬待遇主要以生活补助的形式发放，而这笔资金则主要由地方政府与中央政府联合提供。对于薪酬因子的阈值问题，该意见也进行了初步界定，即从 2008 年开始，中央政府对于每一位大学生村官的补贴标准为：西部每年 1.5 万元，中部每年 1 万元，东部每年 5 000 元，而补助金中的剩余部分则由地方政府负责承担，虽然不同地区的薪酬标准有一定程度的差异，但该因子的阈值范围一般都可以控制在 1 000～2 000 元之间，较发达地区的阈值上限还会更高。① 到了 2011 年，中央对该补贴标准做出了适当的调整，调整后的补贴标准为：西部每人每年 2 万元，上调 33.3%；中部每人每年 1.5 万元，上调 50%；东部每人每年 8 000 元，上调 60%。而其余部分依然由地方政府承担。② 这便使得薪酬因子的阈值下限有所提升，进而为该群体的工作与生活提供了更为坚实的保障。

3. 培训维度下的基础生态位

上文所提到的意见 3 对该群体在培训维度下的基础生态位进行了界定，这一意见指出，该群体中每一位成员都要接受一定时限（不得少于一周）的培训，而培训的内容则可以根据群体成员工作内容的差异而分别确定，但总体而言，这些培训的主要内容基本涵盖了农业应用技术、乡村治理常识、基本法律规范、党风廉政建设等乡治重点领域，而培训方式也更加具有灵活与多样的特点，这便为培训维度下的基础生态位拓展创造了较为理想的条件。此外，意见 3 继续提倡结对式培训，指出该群体中的每一位成员在任期内都必须与一位本村领导以及一位乡镇干部结成对子，这些领导要通过结对的方式来对大学生村官群体中的成员进行培训与指导。这一规定与意见 1 及意见 2 中的相关规定基本保持一致，不仅体现出了该领域不同政策间的连续性，更体现出了培训维度下该群体所享有的基础生态位的稳定性，而该类"村官"在任期内所接受的这种结对培训也将培训因子的阈值范围从 7 天延长到了两年或三年。这样的政策设计旨在促进培训维度下基础生态位的进一步扩张，以确保该群体成员能够接受更加充分、全面而又不失针对性的培训，进而帮助该群体成员实现农用知识增长与村治技能提高的目标。

---

① 人力资源和社会保障部：关于选聘高校毕业生到村任职工作的意见（试行）[EB/OL]. http://www.offcn.com/zhaokao/zcfg/2011/01/13/26854.html.

② 中共中央组织部：关于建立选聘高校毕业生到村任职工作长效机制的意见[EB/OL]. http://hn.offcn.com/html/2009/zcfg_0413/4836_4.html.

4. 流动维度下的基础生态位

意见1与意见2都对大学生村官的流动问题做出了较为详尽的规定，而做出此类规定的目的便是引导任期已满的大学生村官进行有序流动，而从多维生态位理论的视角来看，则可以将此类规定的确立解读为一种对于大学生村官生态位定向转移的引导，也就是说，要利用多种渠道来对那些任期已满的群体成员进行分流，并通过这种分流来促进这些群体成员的生态位的转移。在意见1中，这种生态位转移的途径（即分流的途径）被概括为五个方面：一是参加选调生考试进而加入该队伍；二是在享受多项优惠的条件下参加公务员考试；三是在分数优惠的条件下参加研究生入学考试以继续学习；四是通过考试进入事业单位工作；五是在保留原户籍的条件下赴"老、少、边、穷"地区的乡村任职。意见2在保留意见1原有途径的基础之上又增加了留任与自主创业这两条生态位转移路径。可以说，这七条路径的存在既为该群体成员的有效流动创造了便利，也为其生态位合理转移提供了可能。在无法继续留任的条件下，该群体成员生态位的合理转移无疑会给他们带来更多就业机遇与发展空间，这也有利于促进该群体成员自身才能的持续开发，进而能够使其更好地应对来自各方面的压力与挑战。

（二）大学生村官群体的实际生态位

在这里，大学生村官群体在现实生活中所占有的生存空间被称为该群体的实际生态位。与该群体所应当占有的基础生态位相比，其实际生态位的边界要显得更为狭窄一些，因为其所应当占有的最大空间被其他各类因素在不同程度上侵占了，留给该群体的便只是一个边界更为狭小的非最大空间。

1. 任职维度下的实际生态位

大学生村官群体在任职维度下的实际生态位与其在该维度下的基础生态位相比有着较为明显的差距，造成这种差距的一个重要原因便是该群体所享有的权力空间与责任空间受到了压缩。就权力空间而言，该群体成员本应该享有参与本村重大事务决策以及与其他村委会成员协同进行乡村治理的权力，但在实际工作中，其上述权力受到了不同程度的限制。一些大学生村官基本没有参与本村重大事务决策的权力，而在对乡村各类问题进行治理的过程中，该群体中的很多成员也基本处于边缘地带，在处理很多问题时该群体成员基本无法参与其中，这便在很大程度上限制了其作为治理主体的作用的发挥，进而明显压缩了其权力空间。就责任空间而言，该群体成员本应该分担落实各项政策、推广先进农业技术、带领本村居民创业致富等多项责任，但在现实当中，部分大学生村官的责任被狭隘地定位为认真整理各类数据并抄写或打印各类文件，努力做好部分事务的通信工作等，这样的责任定位也使得该群体成员的责任空间受到严重压缩，进而使其自身能力的提升以及自身作用的发挥再次受到干扰。

2. 薪酬维度下的实际生态位

大学生村官群体中的每一位成员在任期之内都会领取到一定数额的薪酬（该薪酬主要以生活补助的名义发放），虽然不同地区的薪酬额度有所差别，但这一制度确实为该群体成员提供了薪酬维度下的生存空间。但在具体运作的过程中，一些问题也逐步凸显出来，这其中最为主要的一个问题便是薪酬的拖欠与克扣。农业部在 2013 年所做的调查显示：全国近 10% 的大学生村官无法按时领到工资，一些地方的"村官"虽然领取到工资，但其工资却不是全额发放的。① 这一问题的存在必然会给大学生村官的工作与生活带来诸多不便，进而对其薪酬维度下的生存空间构成不利的影响。

3. 培训维度下的实际生态位

大学生村官群体在培训维度下所享有的实际生态位也与其基础生态位有着较大差异，该群体大多数成员在任职期间所接受的培训一般都只有一次，而培训的时限一般都在一周之内，这便使得其基础生态位中的"假设空间"成为泡影，培训维度下的实际生态位宽度不断缩窄。而为人们所熟知的一个常识便是：培训是提升该群体成员相关能力与综合素质的重要渠道。当这一渠道被不断侵蚀、阻断，或者说当该群体成员的培训空间被不断压缩时，其才能的增长也必然在一定程度上受阻，所谓的"成长成才"也必然是被打了折扣。

4. 流动维度下的实际生态位

在流动维度下，大学生村官群体的实际生态位正面临着定向转移受阻的问题，上文中所提到的七条流动路径在现实当中往往也很难"走"得顺畅。七条路径当中的四条都要通过考试的渠道来进行分流，而该群体当中的很多成员在留村任职 2~3 年以后，应对考试的能力都呈现出不同程度的下降趋势，固然该群体成员享有加分等多项优惠条件，但应考能力下滑这一致命短板却使得优惠条件的功效变得微乎其微。而剩余三条路径中的两条（即赴"老、少、边、穷"地区任职以及原地留任）虽然不需要参加考试，但由于名额所限也导致其分流困难。在最后一条流动路径（即自主创业与择业）当中，也存在着创业缺乏资金、技术与相关知识，择业缺乏合适岗位、有效择业空间有限等难题与障碍。也就是说，现有的七条路径在引导该群体实际生态位转移的过程中所能够发挥出的作用相对有限，而在短时间内，我们又无法探索出更为有效的"第八条"路径，这便需要政策制定者对原有的七条路径进行不同程度的改进，要通过这种改进来提升不同路径的分流效率，进而为该群体成员的进一步成长与发展扫清障碍。

---

① 中国村社发展促进会：《2013 中国大学生村官发展报告》，中国农业出版社 2013 年版，第 25 页。

二、大学生村官群体生态位的优化路径

（一）努力缩小实际生态位与基础生态位之间的差距

通过上述四个维度的分析，我们不难看出大学生村官群体实际生态位与基础生态位之间的差距，在这种情况下，尽量缩小这一差距以最大限度地实现该群体实际生态位与基础生态位的重合便成为当前的一项重要任务。而完成该任务的关键则在于充分且有效地执行该领域的各项政策，因为造成上述"差距"的一个重要原因就在于政策执行者对该领域现有政策执行不到位，而想要解决这一问题进而最大限度地缩小上述"差距"便需要多方的相互协作与共同努力。以往的经验表明，该领域政策执行过程中所存在的问题主要源于政策执行者的政策认知偏差（例如，政策执行者对该政策持轻视态度或对政策内容的理解出现分歧，这便会导致政策执行力度不足或曲解式执行等问题）、政策制定者的政策供给失误（例如，其所制定的政策目标与现实差距过大，政策目标之间的协调性不足以及政策目标与政策内容之间一致性的缺乏）以及政策执行过程中监督工作不到位等几个方面。而这几个方面的工作又分别由不同部门负责完成，这便要求我们必须要加强不同部门之间的协作力度，将该项政策的政策教育与宣传、政策执行监督与评估以及政策内容调整与变更相互衔接，以形成较为完整的大学生村官政策运行系统。只有这样，才有可能实现对于该领域中各类复杂问题的协同治理与协同解决，而各类问题的进一步解决也有助于缩小大学生村官群体实际生态位与基础生态位之间的差距，进而有助于为该群体成员提供一个更为宽广的才能增长与才能展示空间。

（二）不断完善现有的生态位因子

完善现有生态位因子是优化大学生村官群体实际生态位的一条必经之路，对于上文中所提到的四个因子而言，其各自的完善路径与优化重点各不相同。

在完善任职因子时，应该将重点置于该群体成员权力空间与责任空间的适度扩张方面。要确保该群体成员能够充分享有参与本村重大事务决策以及与其他村委会成员协同进行乡村治理的权力，而使其充分享有上述权力的一个重要前提便是提升对于该群体成员的信任程度，只有充分信任该群体成员的能力与水平并努力帮助其摆脱地位边缘化的尴尬情形，这些"村官"们的权力空间才有可能得到拓展，其参与村治的机会才有可能不断增多，而其阅历与能力才有可能不断增

长。该群体成员责任空间的扩展也同样要基于上面所提到的这种"信任",如果我们把相信该群体成员能够合理利用其应有权利的这种信任称为"权力信任",那么相信该群体成员能够承担责任的这种信任就完全可以被称为"责任信任",而这种"责任信任"正是促使该群体成员责任空间不断扩展的一个重要条件。除了信任,必要的"权力监督"与"责任监督"也是不可缺少的,要通过制度性监督(权力清单制度、述职制度等都属此类)与非制度性监督(例如本村全体成员的互相监督)的综合运用来确保该群体成员权力空间与责任空间的合理有序扩展。同时,这种监督还可以起到督促该群体成员充分、合理以及有效利用现有权力空间与责任空间的作用,这便可以在一定程度上避免权力运行过程中的诸多问题以及责任承担过程中的诸多麻烦。

在完善薪酬因子时,首先要注意解决拖欠工资与克扣工资的问题,以确保该群体成员的工资能够按时足额发放。同时,大学生村官的薪酬制度也应该得到必要的调整。从2008年至今,该领域所实行的固定薪酬制度始终保持不变,这样的薪酬制度固然可以在一定程度上确保该群体成员收入的稳定,但其所带来的一个最为直接的不良影响便是该群体成员工作积极性的部分抵消,在"同酬"的条件下,一些"村官"宁愿闲下来休息也不愿意比别人多做工作,也就是说,对于该群体成员而言固定薪酬制度所能够起到的激励作用实在有限。基于这一考量,政府部门需要将大学生村官的固定薪酬制度改变为绩效薪酬制度,要充分利用"绩效工资"与"绩效调薪"这两种手段来调动该群体成员的工作积极性,进而促使薪酬因子的激励作用实现最大化。①

就培训因子而言,其优化重点首先应当被置于延长培训时间与丰富培训内容这两个方面,在符合预算约束的条件下,培训时间的适度延长有利于该群体成员更为系统地掌握相关知识与技能,而培训内容的丰富则有助于拓展这些村官的知识结构,进而使其能够更好地应对村治过程中的各类问题。此外,在对这些村官进行培训之前,培训组织方还应该对该群体成员在培训方面的相关需求进行调查与分析,并依据分析结果来设定相关培训内容,这样既可以确保该类培训的针对性,又可以在一定程度上提升该群体成员对于这类培训的兴趣,因为这些被精心设计好的培训内容与其兴趣爱好在一定程度上吻合。②

在流动因子优化方面,应当对留任这一渠道进行拓宽。大学生村官政策始终鼓励该群体成员"留在农村""扎根农村",该政策的一项重要政策目标便是为新农村建设培养充足的后备人才,因此帮助该群体成员顺利留任既符合现有政策

---

① 方振邦:《绩效管理》,科学出版社2010年版,第203页。
② [美]埃文·M.伯曼著,萧鸣政等译:《公共部门人力资源管理(第二版)》,中国人民大学出版社2008年版,第245页。

的政策精神又能够满足众多"村官"的现实需要，我们并不排斥其他几条分流路径，我们甚至认为其他分流路径在促进该群体成员顺畅流动的过程中发挥了无法被替代的作用，但与其他这些分流路径相比，留任路径显然更符合大学生村官政策的制定初衷，而与鼓励留任相比，对于其他几种路径选择的鼓励似乎都夹杂着一种无奈的色彩。在这种条件下，拓宽留任渠道无疑是一种"正本清源"的做法，而适当增加留任指标、适度降低留任标准无疑是一种符合当前条件的"可选之举"，标准的降低与指标的增加既可以为该群体成员的分流做出贡献，更能够在一定程度上提升村委会领导班子的领导素质与水平。此外，这种做法还可以与旨在培养"后备人才"的政策初衷保持一致。

在多维生态位理论的视角之下讨论大学生村官成长成才问题是一种全新的尝试，确定几个基本维度并在这一基础之上找出该群体成员实际生态位与基础生态位之间差距的做法也有利于为该群体成员生态位的优化创造条件。我们所选取的任职、薪酬、培训与流动等维度只是具有代表性的而并非全部的维度，这便为以后的研究留下了广阔的空间。而仅就这四个维度而言，在其背后也依然蕴藏着有待于被进一步挖掘的丰富内容。

第四章

大学生村官政策的文本分析

大学生村官政策即有关大学生村官工作的国家基本方针政策、具体政策和各省、自治区、直辖市以及各地方依据国家方针政策和本地实际情况制定的地方性政策规定。通过对大学生村官政策文本进行分析，从政策文本的表层透视政策文本所彰显的价值定位，以期把握大学生村官政策的深层意义。

第一节　政策文本分析理论概述

文本分析作为社会科学研究的重要方法之一，为开展大学生村官政策研究提供了新的视角。政策文本分析通过对政策文本进行定量分析和定性分析，能够有效揭示政策本身的丰富内涵和内在逻辑。为了更好地对大学生村官政策展开文本分析，有必要对政策文本分析的基本理论进行深入剖析。

一、文本分析的内涵和特征

文本分析（text analysis）是基于一定的研究目的对一系列相关文本进行比较、分析、综合，从中提炼出评述性结论的一种研究方法。这一研究方法主要通过对文本本身的文字内容和表达方式进行分析、比较和归类整理，挖掘文本本身的潜在动机和效果。文本分析在国外政策研究中是一种普遍运用的研究方法，但在我国还处于起步阶段，研究成果并不多见。然而，这并不阻碍文本分析这一方法在国内社会科学研究中的运用。文本分析具有客观性和系统性的特征，能够有效促进研究的科学性。文本分析的客观性主要体现在文本分析紧密围绕文本本身展开定量和定性分析，以数据和事实说话，可以有效避免研究中主观因素的干扰。政策文本是政策制定者主观意志的体现，具有主观感受和体验，文本分析的研究者只有运用科学的研究方法，才能客观揭示出政策本身的价值取向。同时，文本分析的系统性主要体现在文本本身系统化的调查取样，只有搜集大量权威的文本，保证文本抽样的全面性，才能防止文本分析出现偏差，提高研究的可信度。在对文本进行定量和定性分析时，研究者要树立系统思维，从整体上把握文本的本质，才能透视文本的真正内涵。

二、政策文本分析的操作步骤

（一）政策文本的选择

大学生村官政策文本既包括国家层面出台的政策，又包括地方层面出台的政策。遵循文本选择权威性、全面性、准确性的原则，我们在样本搜集中尽量选择有专门公文号的大学生村官政策文件。同时，为了研究政策的变迁，我们对政策文本的时间限定为 2005 年至 2015 年，以期追踪政策演变的历史轨迹和规律。国家层面的大学生村官政策通过网络搜索能够确保完整性，地方层面的大学生村官政策一方面通过网络搜索的方法获取，另一方面通过前期实地走访相关省市大学生村官相关管理部门，获取了第一手的政策文本。通过一个多月的搜集，并对政策文本进行数据清洗，最终确定了国家层面的大学生村官政策 22 项，地方层面的大学生村官政策 78 项，政策样本数量和质量能够满足本研究的实际需要。

（二）政策文本分析的框架

从现有的 100 份大学生村官政策文本来看，大学生村官政策文本主要包括大学生村官选聘政策、大学生村官培训政策、大学生村官创业扶持政策、大学生村官权益维护政策、大学生村官社会保障政策、大学生村官流动政策等，这些政策涉及人才选拔、人才使用、人才激励、人才保护、人才流动等方面的内容，为大学生村官成长成才建立了一套稳定的政策支持系统。大学生村官政策的作用在于为大学生村官的选拔、使用、激励、保护、流动提供科学指导，由此，我们将大学生村官政策文本分为人才选拔政策、人才使用政策、人才激励政策、人才保护政策、人才流动政策五大类,并将该五类政策文本作为贯穿始终的分析框架。

现有的研究表明,"政策文本分析方法可分为三大类:一是政策文本定量分析,其典型做法是文件的年度分布统计、发文单位统计以及主题词词频统计等,属于内容分析范畴。二是对政策文本中语言的定性分析,多以某个角度对政策文本进行阐述、解释,属于话语分析范畴。三是综合分析,即定量分析与定性分析相结合,内容分析和话语分析并重"。[①] 由此,我们对大学生村官政策文本进行定量分析,主要围绕政策年度分布、政策主体、政策类型、政策主题关键词统计等展开。对政策文本进行定性分析,主要对政策文本进行解构、归类和比较,围绕政策内容本身进行话语分析。由于大学生村官政策的出台总是和一定的时代环境紧密相连,因此在定性分析中,需要将大学生村官政策和社会大环境融合起来探讨,按照政策的目的、政策出台动因、政策的实施、政策的效果这一分析框架,对大学生村官政策的发展历程进行回顾和分析。

第二节 中央出台的大学生村官政策的文本分析

大学生村官工作是一项系统工程,大学生村官政策作为具有中国特色的人才政策,是一项复杂的、综合性的人才政策。中央层面出台的大学生村官政策具有主导性、宏观性、时代性的特征,对大学生村官工作具有重要的战略指导意义。按照政策文本的发文标题、发文单位、发文时间,我们汇总了近8年来中央层面的大学生村官政策,如表4-1所示。

表4-1 中央层面出台的有关大学生村官的政策汇总

序号	发文标题	发文单位	发文时间
1	《关于印发〈关于选聘高校毕业生到村任职工作的意见(试行)〉的通知》	中组部、教育部、财政部、人力资源和社会保障部	2008年4月
2	《关于印发〈选聘高校毕业生到村任职工作有关问题的答复意见〉的通知》	中组部	2008年8月

[①] 王迎、魏顺平:《教育政策文本分析研究》,载《现代远距离教育》2012年第2期,第15~16页。

续表

序号	发文标题	发文单位	发文时间
3	《中共中央组织部办公厅关于做好2009年选聘高校毕业生到村任职工作有关问题的通知》	中组部	2009年4月
4	《关于建立选聘高校毕业生到村任职工作长效机制的意见》	中组部、中宣部、教育部、公安部、民政部、财政部、人力资源和社会保障部、农业部、国家林业局、国务院扶贫办、共青团中央、全国妇联	2009年4月
5	《关于统筹实施引导高校毕业生到农村基层服务项目工作的通知》	中组部、人力资源与社会保障部、教育部、财政部、共青团中央	2009年4月
6	《关于鼓励和支持大学生"村官"创业富民的通知》	中组部办公厅、民政部办公厅、农业部办公厅、中国人民银行办公厅、共青团中央办公厅	2009年9月
7	《国家中长期人才发展规划纲要（2010－2020）》	中共中央办公厅、国务院	2010年4月
8	《关于做好大学生"村官"有序流动工作的意见》	中组部、中宣部、教育部、公安部、民政部、财政部、人力资源和社会保障部、农业部、中国人民银行、国家林业局、国务院扶贫办、共青团中央、全国妇联	2010年5月
9	《关于下达2010年到村任职高校毕业生选聘名额的通知》	中组部	2010年4月
10	《关于做好大学生"村官"有序流动工作的意见》	中央组织部与中央宣传部等13个部门	2010年5月
11	《关于开展从大学生村官等服务基层项目人员中考试录用公务员工作的通知》	中组部、人力资源和社会保障部、国家公务员局	2010年7月
12	《关于做好2011年大学生村官选聘工作的通知》	中组部	2010年12月
13	《关于首次联合举办全国大学生村官培训班的通知》	中组部、农业部	2011年11月

续表

序号	发文标题	发文单位	发文时间
14	《关于做好2012年大学生村官选聘工作的通知》	中组部	2011年12月
15	《关于为大学生村官办理重大疾病和人身意外伤害综合保险的通知》	中组部办公厅、中国人寿保险集团公司党委	2011年12月
16	《关于印发〈关于进一步加强大学生村官工作的意见〉的通知》	中组部、中央机构编制委员会办公室、教育部、财政部、人力资源和社会保障部、国家公务员局	2012年7月
17	《关于做好2013年大学生村官选聘工作的通知》	中组部	2012年12月
18	《关于下达2013年大学生村官示范培训计划的通知》	中组部、农业部	2013年1月
19	《关于做好2014年大学生村官选聘工作的通知》	中组部	2013年12月
20	《关于做好艰苦边远地区基层公务员考试录用工作的意见》	中组部、人力资源和社会保障部、国家公务员局	2014年9月
21	《关于加强乡镇干部队伍建设的若干意见》	中共中央办公厅	2014年9月
22	《关于做好2015年大学生村官选聘工作的通知》	中组部	2015年4月

一、政策文本属性分析

为了揭示政策文本的基本属性，我们分别从政策发布时间、政策发布主体、政策文本主题词三个维度对国家层面的22份政策文本进行统计分析。

（一）政策发布时间

自2008年以来，我国每年都有国家层面的大学生村官政策出台，施政连续性较强。经过8年的发展，大学生村官政策趋于成熟和稳定。其中，2010年，国家层面出台的大学生村官政策达到顶峰，一年内共出台了6项政策。这源自于当时政策的宏观社会背景，即2010年中共中央和国务院发布了《国家中长期人才发展规划纲要（2010－2020）》。这一政策文件首次将大学生村官工作列入国家重大人才工程，将大学生村官工作提升到人才强国战略的高度，具有重要的指导意义。为了更好地落实这一重要文件精神，2010年出台了多项大学生村官政策。2008年至2010年，大学生村官政策处于探索阶段，政策发布数量逐年递增。而从2010年至2012年，大学生村官政策处于发展阶段，政策发布数量逐年递减。2012年至今，大学生村官政策逐步趋于平稳，进入了稳定成熟的发展阶段。如图4－1所示。

图4－1 中央层面出台的大学生村官政策文本数量演变

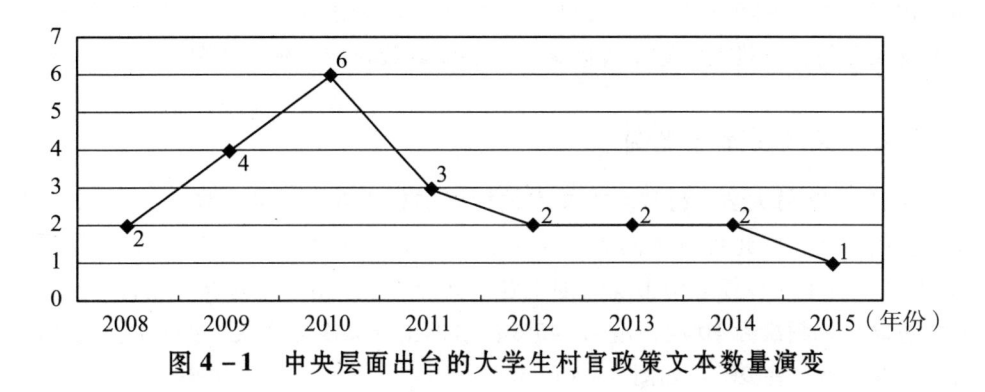

（二）政策发布主体

国家层面的大学生村官政策主要由中共中央办公厅、中组部、农业部、教育部等部门发布，其中中共中央办公厅发文2次，中组部单独发文8次，中组部联合其他部门发文12次。如图4－2所示。

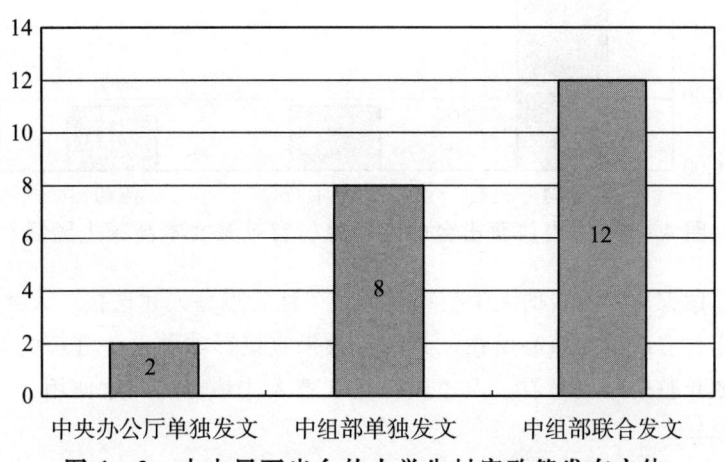

图4－2 中央层面出台的大学生村官政策发布主体

这表明，大学生村官政策依赖于多个政策主体共同完成。其中，中组部、教育部、农业部、人力资源和社会保障部位居发布文件数量（含联合发布的文件）的前四位，由此可知这四个部门是主导大学生村官政策发展的主要部门。由此，如何划分这四个部门作为政策执行主体的行政责任，发挥不同执行主体的积极性和主动性，形成政策执行的合力，成为影响政策执行效果的关键环节。爱德华兹（G. C. Edwards Ⅲ）于1978年在《执行公共政策》一书中提出了公共政策的执行效果取决于沟通、资源、执行者意向和机关机构这四个主要变量之间的互动关系。1988年奥托尔和孟乔伊更为明确地提出，沟通协调、组合状况、监督与课责系统及参与执行机关的数量等因素直接影响政策执行的延宕情况。[①]

（三）政策文本主题词

通过对22份大学生村官政策文本的标题进行主题词的频次统计，我们获得了一些高频词，由此可以观测到大学生村官政策的关注重点。主题词超过2次（即在2个以上文件标题中出现）的主题词共计3个，分别是选聘、培训、流动。其中选聘出现频次为10次，占45.45%；培训出现频次为2次，占9%；流动出现频次为2次，占9%。如图4-3所示。

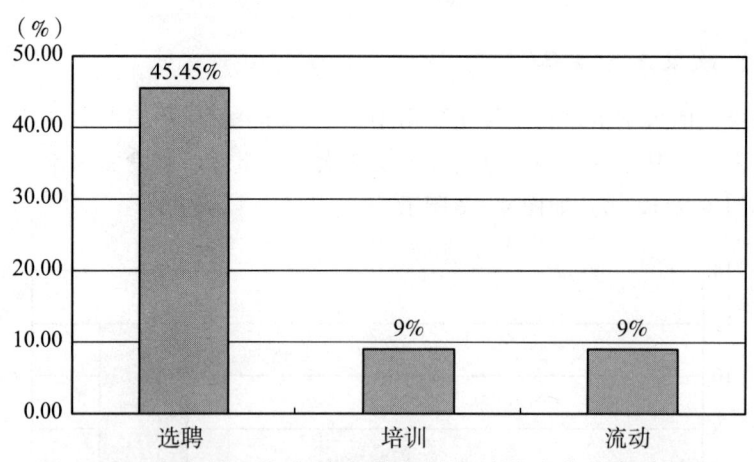

图4-3 中央层面出台的大学生村官政策文本高频主题词

由此，国家层面出台的大学生村官政策关注重点是人才选拔。人才选拔政策作为大学生村官政策的核心所在，其执行效果直接影响着人才管理的其他环节。但从人才成长整个过程来看，人才成长包含着人才培养、人才使用、人才评价、

---

① O'Toole, Lawrence J. Jr, "Strategies for Intergovernmental Management: Implementing Programs in International Networks". *International Journal of Public Administration*, Vol. 11, No. 4, 1988, p. 422.

人才激励、人才流动等各个环节，针对这些环节的政策有待强化，尤其是针对大学生村官培养方面的政策尚未出台，导致大学生村官职前培养和入职教育、职后培训之间几乎处于分离和断层状态。而人才成长作为一个持续性、阶段性的过程，必须注重从职前培养到入职教育、再到职后培训之间的一体化过渡和衔接，使得大学生村官政策的执行主体处于有效沟通、有机整合的良性发展状态之中，从根本上促进大学生村官的成长成才。

二、政策文本内容分析

对 22 份中央层面出台的政策文本内容的分析和解读表明，大学生村官政策在发展演变过程中所确立的价值目标和价值取向变迁的路径呈现出独特的发展趋势。

（一）政策目标设定日益科学化

政策目标是指有关公共组织特别是政府为了解决有关公共政策问题而采取行动所要达到的目的、指标和效果。[①] 政策目标的确立对公共政策执行具有导向功能和评价功能。在具体的人才政策中，政策制定主体考虑多方面的社会发展需要，政策目标定位呈现出多样性、多元化的特征。在政策目标体系中，有必要明确占据主导地位的核心政策目标，因为一个明确的、合理的政策目标的确立是政策执行的前提条件，否则各个政策目标之间相互冲突，将导致政策执行的混乱。

2008 年政策文本将大学生村官工作的目标定位于"新农村建设带头人"和"党政干部后备人才"。2009 年以后政策文本将"新农村建设带头人"更改为"新农村建设骨干力量"，2012 年在原有的两个目标定位的基础上，增加了"各行各业优秀人才"这一目标定位。如图 4-4 所示。最外层表示 2012 年政策目标分为三个层面，中间一层表示在 2009 年政策目标由两个层面构成，最内层表示 2008 年政策由另外两个层面构成。

这表明，我国对大学生村官培养目标的设置在实践摸索的过程中逐步趋向理性和科学。相比于其他岗位，大学生村官这一基层工作岗位挑战大，在 2 年或 3 年的任期内要成为农村建设的带头人实属不易。同时，大学生村官这一岗位具有非固定性的特征，虽然有一些大学生村官可以通过续聘或进入村两委等途径留任农村，但绝大部分还要流向社会的各行各业。在农村基层的工作经历，让大学生村官群体具有更为客观理性的自我认知，这有助于他们在其他的工作岗位上发挥

---

① 宁骚:《公共政策学》，高等教育出版社 2003 年版，第 327 页。

图 4-4　中央层面大学生村官政策中人才培养目标的定位

力量。因此，2009 年将"新农村建设带头人"更改为"新农村建设骨干力量"，以及 2012 年的政策文本中增加了"各行各业优秀人才"这一目标定位，可以说是我国大学生村官政策走向成熟的标志。

而具体分析国家层面大学生村官政策的内容，我们发现在政策的目标定位上，2008 年、2009 年和 2012 年有三个政策文本中有关大学生村官的培养目标都包含了"党政干部后备人才"，这一目标定位从 2008 年开始确立就没有任何变化。这表明，大学生村官政策核心目标在于培养党政干部后备人才。从理论上看，有学者将公共管理价值目标归纳为"三 E"（economy, efficiency and effectiveness），即经济、效率和效能。[①] 从这三个角度出发，我们发现，将大学生村官政策核心目标定位于"党政干部后备人才"具有前瞻性，能够体现公共管理追求经济、效率、效能的价值目标，有助于提高大学生村官这一特殊青年人才群体的使用效益。这不仅能够满足当前我国国家现代化治理对党政干部人才的渴求，而且能够满足大学生村官自身职业发展的需要。由此，依据"党政干部后备人才"这一目标定位，在今后的政策制定中要努力围绕这一目标出台相关的实施细则，为党政干部后备人才的培养奠定基础。

（二）政策价值取向日益人本化

政策的价值取向是指"政策主体在制定政策过程中价值选择的总的趋势和价值追求的一贯倾向，具体表现为用什么样的价值标准，确立什么样的价值目标，去制定什么样的政策，以及如何去寻求、确认、实现、创造和分配价值"。[②] 纵

[①] 邹蓉：《公共政策价值目标以及价值冲突的解决途径》，载《山东行政学院山东省经济管理干部学院学报》2006 年第 1 期，第 7~9 页。

[②] 吴遵民、傅蕾：《我国 30 年教师教育政策价值取向的嬗变与反思》，载《杭州师范大学学报：社会科学版》2011 年第 7 期，第 94~100 页。

观大学生村官政策20多年的发展和变迁，政策的倾向性原则呈现出从工具本位向大学生村官本位的转变，政策价值取向日益人本化，体现了国家发展和农村发展的统一、社会需求与大学生村官个人价值实现的统一。

所谓"工具本位"是指由国家制定政策引导大学生村官的成长成才，其根本目的是使得大学生村官能够为农村社会发展服务，满足农村对高素质人才的渴求。所谓"大学生村官本位"指的是在明确大学生村官自身身份定位的基础上，客观把握大学生村官的作用和地位，在尊重和遵循大学生村官成长成才规律的基础之上，有效利用和整合社会资源，从根本上促进大学生村官的成长成才，实现大学生村官自身素质和能力的全面提升。"工具本位"和"大学生村官本位"这两种价值取向虽然有所区别，但并不是完全对立的。在"工具本位"的引导下，大学生村官自身成长成才在一定程度上也能够得以实现；在"大学生村官本位"的引导下，同样能够实现大学生村官工作促进社会发展的作用。到底是工具本位还是大学生村官本位，主要依据哪一种价值发挥决定性和主导性的作用来衡量。

2008年至2011年的文本内容相对集中在"选聘数量、选聘标准、待遇保障、岗位管理、优惠措施"等方面，这一时期国家所制定的大学生村官政策无疑都是为我国新农村经济建设服务，将大学生村官政策归置于经济社会发展的目标之下，成为为国家经济社会发展服务的工具。然而，随着大学生村官政策的不断发展，从人才培养的视角来关注政策发展的要求越来越迫切，以大学生村官成长成才为主导的人本化的价值取向从2012年开始的政策文本中凸显出来。比如2012年以来的政策文本内容涉及了"教育关爱""晋升选拔""选聘结构""适度规模"等，突破了原来对人才选拔、人才使用、人才物质激励、人才流动的关注，开始重点关注人才培养、人才精神激励、人才群体结构优化等层面。

这表明，经过几年的实践探索，我国大学生村官政策对人才的合法权利与要求更加重视，反映出了国家对大学生村官工作的内涵和意义形成了更加深刻的认识。在明确长期发展目标的基础上，政策文本逐步注重对短期目标的具体描述，同时对短期目标的具体实现手段日益明确。如表4-2所示。

表4-2　　　　　　中央层面大学生村官政策内容关注点

年份	政策内容的关注点
2008	选聘数量、选聘标准、待遇保障、岗位管理、优惠措施
2009	选聘数量、选聘标准、待遇保障、岗位管理、优惠措施、岗位培训、跟踪培养、流动制度、创业扶持
2010	选聘数量、流动制度、创业扶持、优惠措施
2011	选聘数量、选聘标准、流动制度、岗位管理、优惠措施

续表

年份	政策内容的关注点
2012	选聘质量、岗位职责、教育关爱、管理考核、保障机制、发展渠道、创业激励、晋升选拔
2013	选聘质量、岗位职责、教育关爱、管理考核、保障机制、发展渠道、创业激励、晋升选拔
2014	合理规划、控制总量、示范培训、组织管理、优化队伍结构、有序流动
2015	选聘结构、适度规模、改进选聘方式、有序流动

总之，为了更好地实现人的全面发展，大学生村官政策内容设置的灵活性、适应性和可行性逐步增强。经过近8年的发展完善，大学生村官政策文本逐步覆盖了人才培养、人才选拔、人才评价、人才激励、人才流动、人才保护等人才成长成才的全过程，遵循了人才全面发展的需要，政策的可操作性逐步增强。由此，我国的大学生村官政策从最开始对人才进行一般性管理，发展到如今已能够逐步发挥人才的积极性和主动性，满足人才的正常需求，促进人才的全面发展。政策内容从工具化到人本化的价值取向的转化，无论是对于我国大学生村官这一特殊人才群体的培养、凝聚和开发，还是对于我国整体经济发展和社会进步，都具有十分重要的推动作用。今后，大学生村官政策更要注重大学生村官自身发展的内在需求，引导其主体精神的发展，从而使国家发展和农村发展得到他们的积极支持，为社会整体的进步提供原动力。

第三节 地方出台的大学生村官政策的文本分析

结合各地具体的实际情况，地方层面出台了多项大学生村官政策。我们搜集了31个省份2008～2016年近300个地方层面的大学生村官政策。依据前期实证调研，将大学生村官所在地区划分为四大域，我们从四个域中分别抽样两个地区作为政策文本的比较对象，最终确定了北京、辽宁、江苏、河南、福建、重庆、甘肃7个省市，涵盖了我国北部、东部、南部、中部、西部。最终，通过筛选，我们确立了7个省市的大学生村官政策共计78个，其中北京13个、辽宁7个、江苏17个、河南16个、福建7个、重庆9个、甘肃9个，以此形成了对七地大学生村官政策对比分析的样本数据。我们分别从选拔人数、准入标准、政策类型三个维度展开比较分析，从中探寻地方层面大学生村官政策的内涵和特征。

一、人才选聘数量的时间演化

通过搜集各地发布的大学生村官招聘公告,我们汇总了各地区大学生村官 2010~2016 年选聘人数和服务年限。如表 4-3 所示。

表 4-3　　　　　　大学生村官各地区选聘情况一览表

地区	招聘人数							服务年限
	2010 年	2011 年	2012 年	2013 年	2014 年	2015 年	2016 年	
北京	2 409	3 127	3 000	2 400	2 300	1 500	800	3 年
天津	400	187	825	116	100	90	缺失	2 年
上海	200	134	142	149	185	177	238	3 年
重庆	4 800	5 619	1 600	700	700	667	700	3 年
河北	3 433	3 815	6 218	4 123	3 000	1 500	1 200	3 年
山西	不选	303	545	700	缺失	178	456	3 年
辽宁	376	500	2 000	1 147	500	500	500	2 年
吉林	1 000	809	1 416	1 465	缺失	缺失	缺失	2 年
黑龙江	缺失	870	1 428	1 926	缺失	缺失	缺失	3 年
江苏	3 969	3 827	3 022	3 056	2 039	1 366	951	3 年
浙江	缺失	1 850	2 000	2 400	1 600	缺失	缺失	3 年
安徽	缺失	1 730	2 160	2 100	1 700	1 200	缺失	3 年
福建	缺失	1 233	2 234	1 200	1 000	缺失	缺失	2 年
江西	1 302	1 447	3 000	3 000	1 500	1 200	缺失	2 年
山东	缺失	907	1 188	1 500	1 450	1 450	1 350	2 年
河南	3 433	缺失	缺失	缺失	缺失	缺失	缺失	3 年
湖北	2 052	2 000	3 950	2 566	1 200	1 200	1 000	3 年
湖南	2 000	3 868	4 000	2 456	1 000	缺失	缺失	3 年
广东	缺失	缺失	缺失	3 502	缺失	缺失	缺失	3 年
海南	205	228	367	504	504	150	150	3 年
四川	6 000	3 000	5 000	4 500	缺失	缺失	500	2 年
贵州	2 000	2 000	1 000	2 960	缺失	缺失	缺失	2 年
云南	3 000	3 000	4 000	1 500	2 000	3 500	缺失	3 年
陕西	3 800	3 800	1 000	1 782	1 000	792	627	3 年
甘肃	缺失	1 438	2 000	1 800	1 000	978	500	3 年
青海	150	缺失	缺失	1 294	缺失	350	缺失	3 年

续表

地区	招聘人数							服务年限
	2010年	2011年	2012年	2013年	2014年	2015年	2016年	
内蒙古	2 000	2 100	2 272	971	500	500	缺失	2年
广西	1 147	1 353	1 998	2 160	1 500	800	缺失	3年
西藏	300	缺失	缺失	1054	缺失	缺失	缺失	3年
宁夏	180	242	297	564	150	100	100	2年
新疆	1 862	缺失	4 000	2 500	1 500	缺失	缺失	2年

由此，大学生村官工作已经覆盖北京、天津、上海、重庆、河北、山西、陕西、山东、河南、辽宁、吉林、黑龙江、江苏、浙江、安徽、江西、福建、湖北、湖南、贵州、四川、云南、广东、海南、甘肃、青海、新疆、西藏、内蒙古、广西、宁夏31个省区市。通过数据汇总，2010~2016年全国在岗大学生村官总数为18万、21万、23万、22.1万、18万、13.8万、10.2万左右。如图4-5所示。

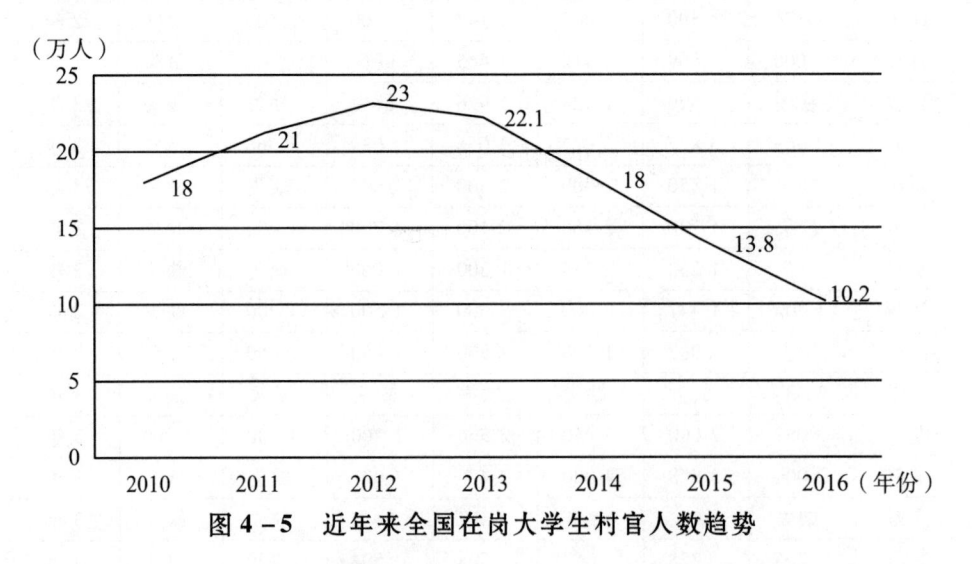

图4-5 近年来全国在岗大学生村官人数趋势

从表4-3的数据中，我们选择了七个有代表性的地区，对近年选聘人数的发展趋势制作了曲线图，如图4-6所示。

如图4-6所示，绝大部分地区大学生村官招聘人数都在2012年达到顶峰，随后，2012~2016年呈现递减趋势。其中，部分地区（如河北省、湖北省）呈现快速递减趋势，而部分地区（如江西省、北京市、江苏省）呈现平稳递减趋势。

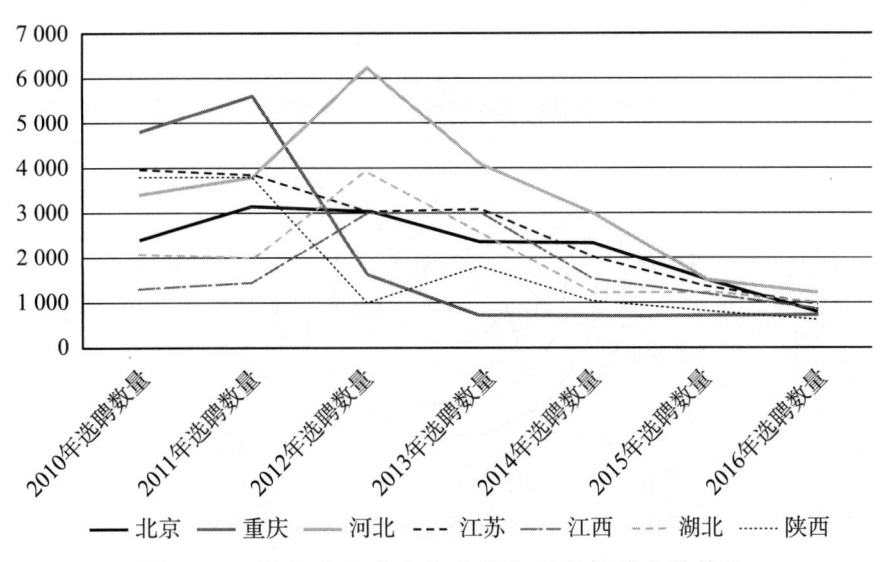

图 4-6　近年来七个省市大学生村官招聘人数趋势

由此，近 7 年，各个地区大学生村官选聘人数呈现出不稳定的发展态势，在实践探索中经历着从注重数量积累到注重质量提升的发展过程。这源自于大学生村官政策作为一项开创性的人才政策，从无到有，在实践发展中必然经历各种调整，政策制定者试图在大学生村官成长需求和农村地区人才需求的利益权衡中寻找最佳的契合点。近年来，中组部出台了相关选聘政策，要求在坚持总体数量稳定的基础上控制总体规模，不断提高大学生村官的选聘质量。这使得各个地方大学生村官管理部门密切结合各地农村经济发展对人才的实际需要进行整体规划，在保证大学生村官队伍数量整体稳定的基础上，不断提高大学生村官的选聘质量。

二、人才识别指标体系的比较

在大学生村官政策文本中，对大学生村官任职的准入标准都有明确规定，通过对 6 个省市 6 年来 36 份准入标准文件进行研究，我们发现，所有文件首先都明确提出了思想政治素质或政治素质，其次是组织协调能力和志愿到农村，再次是组织纪律观念和吃苦耐劳，最后是年龄要求，中共党员和学生干部仅在两个省份中有规定。少数省份提出了优先选拔条件和专业要求。

从图 4-7 可以看出，六省市关于大学生村官的人才识别指标体系一般都围绕志愿到农村、政治素质、思想道德素质、吃苦耐劳、组织协调能力这五个方面展开。仅江苏、甘肃有中共党员优先的识别指标，辽宁有表达能力、纪律观念的

——北京 ——辽宁 ——江苏 ----福建 -----重庆 -----甘肃

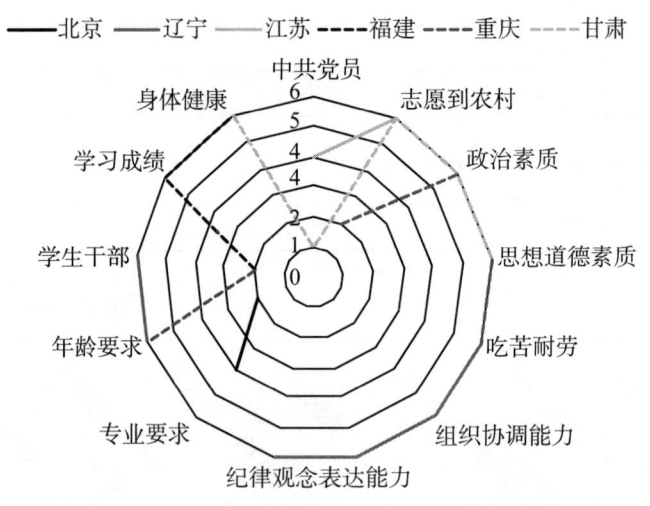

图4-7 六省市大学生村官识别指标比较

识别指标，北京和辽宁有年龄的识别指标，福建有学习成绩的识别指标，甘肃和福建有身体健康的识别指标，仅北京有专业的识别指标。这表明，现有的大学生村官选聘更关注思想政治素质、工作态度、个性特征等方面，对大学生村官的专业素质和能力关注较少。

同时，比较各个省市六年选拔标准的政策文本，我们发现，所有省市对大学生村官准入标准都有不同程度的修改和调整，这说明大学生村官政策作为一项新生事物，有一个酝酿发展的过程。一方面，大学生村官应具备哪些应有的素质和能力，需要通过科学研究建立大学生村官胜任力模型，以此明确大学生村官选聘的一般标准。另一方面，结合各个地方的实际情况，各省市有必要设置大学生村官选聘的特殊标准。比如在政策文本中，北京专门规定了专业要符合农村和经济社会长远发展需要，江苏省专门规定了回原籍优先，甘肃省专门规定了应聘某些少数民族地区岗位的大学生要懂得藏汉双语。这些具有特殊性的准入标准都是各地依据选聘实践逐步摸索而得出的。这充分表明，大学生村官政策是一项随着实践深入逐步完善的政策，兼具稳定性和灵活性。

三、人才政策类型的比较

按照政策分类来看，地方大学生村官政策文本主要包括5个类型，即"方案""实施意见""实施细则""公告（通知）"以及"暂行（试行）办法"。各地一般都会首先以通知或公告的形式发布政策，其次是实施意见或实施细则，江苏、河南、甘肃出台过实施意见，仅甘肃省出台过实施细则。政策类型所占比例较低的是方案或办法、试行或暂行办法，仅北京和江苏出台过方案或办法，河南和重庆出台过试行或暂行办法。如图4-8所示。

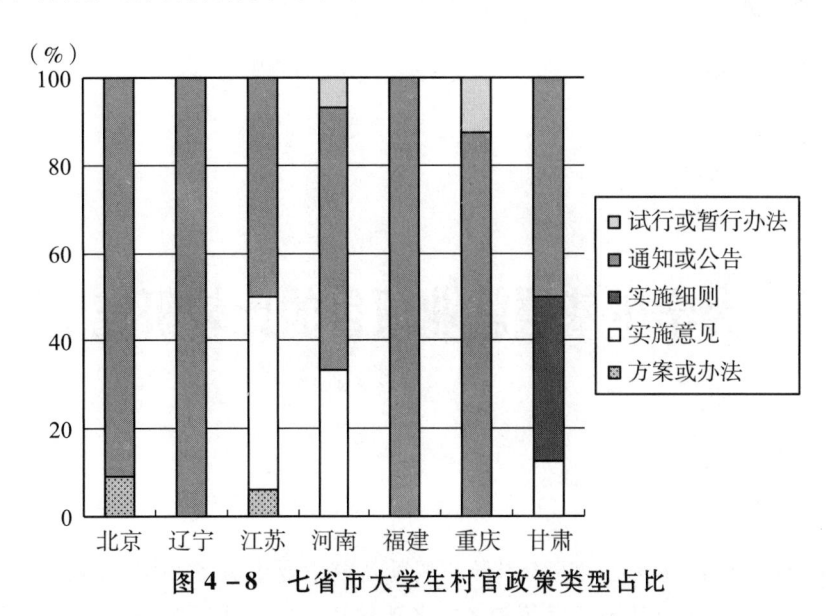

图4-8 七省市大学生村官政策类型占比

这表明，大部分省份的大学生村官政策还处于完善发展期，北京和江苏早在2003年就开始在实践领域推行大学生村官计划，政策发展相对比较成熟。由于地区经济发展水平、区域人才竞争力、村落环境、社会舆论等各种因素的差异，大学生村官政策在不同地区执行的过程中呈现出差异性。这种差异性的客观存在要求各个地方必须出台有针对性的配套措施，以激励、保障大学生村官在基层农村发挥自身的价值。而中央层面制定的大学生村官政策，在保证大学生村官整体发展的同时，必须统筹兼顾，促进发达地区和贫困地区、汉族地区和少数民族地区、中西部地区和东部地区之间的均衡发展，推进大学生村官政策一体化进程的加快和完善。

第五章

大学生基层就业项目的比较研究

大学生村官政策是我国为引导和鼓励高校毕业生服务基层、培养新农村建设骨干力量以及为党政干部队伍和各行各业输送优秀人才所制定的国家政策。为引导和鼓励大学生到基层服务,我国还针对不同情况制定了不同的政策,包括"大学生志愿服务西部计划"、"三支一扶"计划、选调生计划、农村学校教师特设岗位计划、免费师范生培训计划等政策。世界上其他国家为解决大学生就业问题也相应地制定了不少政策,特别是关于引导大学生到基层或农村就业方面,都有不同的政策计划。本章拟通过对大学生村官政策与我国及国外基层就业项目的比较,明确大学生村官政策在相关制度体系中的地位和作用,促进大学生村官政策的不断完善和与其他相关政策的配合,从而为大学生村官成长成才提供更好的制度环境。

第一节 大学生村官计划与"大学生志愿服务西部计划"

"大学生志愿服务西部计划"(以下简称"西部计划")是根据国务院常务会议、《国务院办公厅关于做好2003年普通高等学校毕业生就业工作的通知》(国办发〔2003〕49号)和2003年全国高校毕业生就业工作电视电话会议精神,由团中央、教育部在财政部、人事部的支持下组织实施的。该政策规定,从2003年开始,每年招募一定数量的普通高等学校应届毕业生,到西部贫困县的乡镇从事为期 1~2 年的教育、卫生、农技、扶贫等方面的志愿服务工作；服务期满后，鼓励志愿者扎根基层，或者自主择业和流动就业。① 总之，该政策通过引导大学生志愿者到西部偏远地区、到基层去实践锻炼，使他们学以致用、努力发挥优势特长、建功立业，为服务地区科教文卫事业的发展贡献一己之力。

一、"西部计划"的实施背景

"西部计划"的实施是为了引导大学生到西部去、到基层去、到祖国和人民最需要的地方去建功立业。团中央和教育部之所以考虑实施这项政策，有着重大的现实背景。

（一）西部大开发的实施导致人才资源紧缺

随着改革开放的不断深入，东西部地区的经济总量与人均收入、产业结构、文明发展水平等差距越来越大。这不仅造成了东西部地区在经济、政治、文化和心理方面的不平衡，而且也不利于社会主义共同富裕目标的实现以及整个国民经济和社会稳定的健康发展。在这样的背景下，为逐步缩小地区间差距，加强民族团结，保障边疆安全和维持社会稳定，党中央于 1999 年上半年做出了实施西部大开发的重要战略决定。在西部大开发战略的指导下，青藏铁路、西气东输、西电东送、水利枢纽等一批标志性工程相继动工并开始发挥效益。尽管西部大开发取得了许多重大成绩，但却面临人才资源短缺这样一个重要问题。具体表现为：一方面，从整体角度来讲，西部大开发各项计划的制定、实施都需要具备合适的专业素质和总数足够的人才来具体施行。也就是说，西部大开发本身就对人才资源有相当大的需求量。另一方面，要使西部地区发展起来，实现东西部地区的和谐发展，除了西部大开发战略，还需要西部地区利用自己的优势来提高经济发展水平。实现发展的一个关键因素就是人才，但西部地区人才资源整体素质低，存在许多问题。中共中央办公厅、国务院办公厅于 2002 年 2 月 10 日印发的《西部地区人才开发十年规划》明确指出："人才队伍总量不足，结构失衡，分布不合理，高层次优秀人才紧缺，西部地区各类专业人才仅占全国总量的 20.4%，且大多分布在中心城市的高校、科研机构等事业单位，高级专业技术人才占 13.6%，两院院士仅占 8.3%；西部地区专业技术人员中，工程技术人员和科学研究人员

---

① 共青团中央、教育部、财政部、人事部：《关于实施大学生志愿服务西部计划的通知》，载中国青年网 2003 年 6 月 8 日。

仅占 15.4% 和 8.8%，只有东部地区所占比例的一半多一点。"① 可见，"西部计划"的实施是西部大开发和西部地区建设的一个迫切问题。

（二）大学生就业形势日益严峻

2003 年是我国普通高等学校扩招本科学生毕业的第一年，从数量上来讲高校毕业生总量增加，再加上受到非典型肺炎疫情的影响，2003 年高校毕业生的就业形势更加严峻。据教育部统计，2003 年普通高校应届毕业生比 2002 年增加 67 万人，总数达到 212 万人，6 月份初次就业率仅为 50%。到 2004 年，全国将有 280 万毕业生，比 2003 年增加 68 万人，就业形势将更加严峻。② 之所以会爆发如此严峻的就业形势，有以下几个方面的原因：首先，从毕业人数上来讲，2003 年以来的高校扩招政策，导致大学毕业生人数逐年猛增，毕业生就业压力越来越大。其次，从社会劳动力供需矛盾来看，伴随经济体制改革和经济结构调整的推进，我国正面临着城镇新增劳动力就业、农村剩余劳动力转移和下岗失业人员再就业"三峰叠加"的紧张局面。据统计，2003 年我国城镇新增劳动力近 1 000 万人，国有企业下岗失业人员为 1 150 万人，而就业岗位只有 800 万个，劳动力供大于求的缺口达 1 400 万至 1 500 万。③ 由此可见，我国社会整体劳动力供需矛盾异常突出，给高校毕业生就业带来了巨大压力。最后，从高校毕业生就业市场来看，市场供求态势已从卖方市场发展为买方市场，用人单位在人才市场上处于主动和主导地位，对大学毕业生的挑选十分苛刻，而且"重资轻能"的倾向日益严重，出现了"研究生多多益善、本科生等等再看、专科生请靠边站"的盲目求高现象。因此，做好毕业生就业工作，涉及广大毕业生的切身利益，也关系到高等教育的改革方向和科教兴国战略的实施。而实施"西部计划"就成为缓解高校毕业生就业压力的有效途径之一。

二、"西部计划"的运行模式

从 2003 年开始，由团中央、教育部牵头，财政部、人事部共同组织实施了"西部计划"项目。该项目在实施过程中，坚持科学发展，注重长效机制建设，

---

① 中共中央办公厅、国务院办公厅：《西部地区人才开发十年规划》，载《云南政报》2002 年 3 月 8 日，第 5 版。
② 李涛、韩妹：《大学生西部计划志愿者就业调查报告》，中国青年志愿者协会、中国青年报社会调查中心，2010 年 3 月 12 日。
③ 闫嘉骏：《大学生志愿服务西部计划中志愿者就业问题研究》，华南理工大学 2011 年硕士学位论文，第 23 页。

坚持"谁用人、谁受益、谁负责"和"培养与使用并重"原则，通过完善管理与服务，不断提升项目管理水平与工作绩效，从而获得了持续健康发展。

（一）"西部计划"的组织领导

"西部计划"由团中央、教育部、财政部、人事部（现人力资源和社会保障部）四部委共同组织实施。根据2003年团中央、教育部、财政部、人事部颁布的《关于实施大学生志愿服务西部计划的通知》精神，"西部计划"由共青团中央、教育部联合成立的全国大学生志愿服务西部计划领导小组和项目管理办公室（以下简称"全国项目办"）负责这项工作的总体规划、协调和指导。全国项目办下设综合组、招募组、宣传组、保障组、青年中心组、就业服务组，分别负责"西部计划"的各项工作。各省、区、市团委、教育厅（教委）相应联合成立了省、区、市领导小组和项目管理办公室，负责本省这项工作的协调组织；服务省项目管理办公室同时负责志愿者的培训及协调指导服务县项目管理办公室的工作；各高校团委和毕业生就业指导中心联合成立学校项目管理办公室，主要负责志愿者招募的具体工作；各服务县成立县领导小组，县团委、教育局及有关部门联合成立县项目管理办公室，主要负责协调指导服务单位工作和对志愿者进行日常管理；服务单位负责落实工作岗位，提供免费住宿等相关保障，并对志愿者的工作进行业务管理。总之，各级项目管理办公室设在团组织，具体负责日常工作。[①]

（二）"西部计划"的工作流程

"西部计划"现已初步建立和形成了一整套比较完善的工作运作机制，在安全健康、服务管理、检查监督、评估激励等方面建立了一系列制度，使"西部计划"不断得到发展和完善。

具体来说，"西部计划"的工作流程主要包括八个环节：一是资金落实与政策支持。这一环节是由全国项目办负责，主要任务是明确相关政策及资金来源，以便制定项目实施计划。该环节是项目制定的基本保障。二是了解、确定需求。这一环节由全国项目办、服务省项目办、派出省项目办负责，主要任务是了解、掌握大学生的供给情况，并调查、确定西部地区的服务要求，从而使志愿者与西部服务需求实现对接。此环节是项目实施的前提。三是服务县与岗位的确定。这一环节由全国项目办、服务省项目办、服务县项目办负责，主要任务是确定计划

[①] 共青团中央青年志愿者工作部：《大学生志愿服务西部计划综合培训教材》，中国青年出版社2008年版，第65页。

派遣名额、确定并公布服务县、确定基本服务岗位。四是宣传动员与招募选拔。这一环节由全国项目办、派出省项目办、高校项目办负责，主要任务是宣传动员、报名审核、确定招募指标、选拔上报、审定确认。五是培训派遣。这一环节由服务省项目办、服务县项目办负责，主要任务是安排实习、见习、报到、培训及派遣到岗。六是日常管理。这一环节由服务县项目办、服务单位负责，主要任务是落实岗位、住宿等后勤保障，加强志愿者安全、健康管理，建立志愿者自我管理机制。七是考核评估与评选表彰。这一环节由全国项目办、服务省项目办、服务县项目办负责，主要任务是对志愿者的考核和表彰以及对项目办的评估和表彰。八是就业服务。这一环节由各级项目办共同协作，主要是为志愿者就业提供便利条件。[①] 总之，"西部计划"工作由全国项目办统筹协调全局工作，不同环节依托不同项目办落实完成。

（三）"西部计划"志愿者招募条件及办法

根据全国项目管理办公室印发的《2010年大学生志愿服务西部计划实施方案》精神，"西部计划"志愿者招募报名的基本条件为：普通高等学校应届毕业生，学分总绩点或学业成绩排名在本院系同年级学生总数前70%之内，获得毕业证书并具有真实有效居民身份证，通过本校毕业体检和西部计划体检，具有志愿精神。另外，还规定具有以下条件者可优先录取：一是优秀学生干部和有志愿服务经历者；二是西部急需的农、林、水、医、师、金融、法学类专业者；三是入学前户籍所在地在西部地区者；四是已录取为研究生的应届高校毕业生和在读研究生；五是参加基层青年工作专项行动的志愿者应累计有1个月以上基层工作、志愿服务经历或者曾获校级以上表彰奖励、担任过各级团学组织主要负责人。"西部计划"志愿者主要是按照公开招募、自愿报名、组织选拔、集中派遣的方式进行招募，具体的招募流程主要包括宣传动员、开展业务培训、招募咨询、资格审查、笔试面试、岗位对接、体检审查、公示公告、调整补录、确定录取名单、省项目办审查。总之，这一计划是通过公开招募的方式，选拔符合条件的优秀志愿者为西部地区建设服务。

三、"西部计划"的实施效果

"西部计划"作为国家"高校毕业生基层培养计划"重大人才工程的重点项

---

① 共青团中央青年志愿者工作部：《大学生志愿服务西部计划综合培训教材》，中国青年出版社2008年版，第21~28页。

目,从 2003 年开始实施到现在已经有 18 万余名[①]志愿者怀揣报效祖国的梦想奔赴西部基层。13 年来,这些志愿者们牢记志愿服务誓言,高扬"友爱、互助、奉献、进步"的志愿服务精神,在西部广袤的大地上无私奉献,为构建社会主义和谐社会做出了重要贡献。

从国家的角度来看,"西部计划"的实施促进了西部地区各项事业的新发展。西部大开发,最欠缺的就是人才和技术。大学生志愿者到西部去,不仅为西部地区发展和建设注入了新鲜血液和动力,还带来了各项技术支持。这不仅优化了东、中、西部三大地区人才结构和需求的布局,更改变了西部地区技术缺乏的局面,在一定程度上促进了西部地区各项事业的新发展。另外,通过志愿服务的方式为西部地区提供长期的、多层次的、灵活的、大量的高等人才,不但有利于形成我国正确的人力资源配置导向,也符合人才强国战略和构建和谐社会的目的。

从政府的角度来看,"西部计划"的组织实施,推动了共青团工作的创新,直接带动了中国志愿服务事业的建设,促进了共青团事业和志愿服务事业的发展。一方面,它考验和促进了团干部服务大局、服务青年的能力,锻炼和提高了团干部分析、解决实际问题的能力,丰富和积累了团干部组织志愿服务项目的经验;另一方面,它还直接促进了青年志愿者行动组织机构的建设,形成和发展了"政府资助、团组织承办、社会化运作、项目化管理"的工作格局,扩大了志愿服务领域,创新了项目管理环节,丰富和完善了项目管理制度等。

从志愿者自身角度来看,"西部计划"的实施使大学生更深入实践、深入群众,更深刻直接地认识社会、认识国情。为西部服务的过程,是大学生从学校踏入社会、把书本知识转变为实践所用的过程,是他们磨砺身心锻炼意志、不断成长成才的过程,是他们在实践中不断丰富和完善知识体系、增长才干、增强为人民服务的本领和提高自身综合素质以及提高就业能力的过程。该项政策不仅使大学生积累了基层工作经验、增强了实践工作能力,也对缓解就业压力、调整东西部人才结构不合理起到了重要作用。

四、"西部计划"与大学生村官政策的异同

2003 年,"西部计划"在团中央、教育部、财政部、人事部共同组织下实施,到本调研结束时已历经 13 年。在这 13 年的历程中,"西部计划"在施行的过程中逐步得到完善,并取得了不菲的成绩。为了促进大学生村官成长成才取得

---

① 全国大学生志愿服务西部计划项目管理办公室:教育部、财政部、人社部等领导在西部计划电视电话会议上的讲话[EB/OL]. http://xibu.youth.cn/gzjb/201511/t20151120_7332870.htm.

长效发展，有必要对"西部计划"与大学生村官政策做一对比，从中吸取有益经验，促进大学生村官成长成才。

（一）"西部计划"与大学生村官政策的相同之处

"西部计划"和大学生村官都是由国家相关部门牵头领导制定的具体政策，因此，它们在有的方面存在相似之处。

一是政策制定目标相同，即两者都是为了引导和鼓励高校毕业生到基层服务和建设社会主义和谐社会而制定。首先，"西部计划"和大学生村官都是为引导和鼓励高校毕业生服务基层而制定。根据中组部、教育部、人力资源和社会保障部、共青团中央2011年印发的《高校毕业生基层培养计划实施方案》（中组发［2011］13号）文件精神，"西部计划"和大学生村官政策都属于培养服务基层的高校毕业生队伍的一项基本内容，两者的基本目标都是引导和鼓励高校毕业生到基层服务。其次，两者都是为了实现建设社会主义和谐社会的目标而制定，只是偏向的重点不同。"西部计划"制定的一个重要原因，就是为了促进西部贫困地区教育、卫生、农技、扶贫等社会事业的发展，从而缩短东西部地区差异，实现共同富裕，建设和谐社会。大学生村官政策的制定旨在选派大学生下到村级部门，帮助新农村建设，实现城乡一体化，缩短城乡差距，实现共同富裕。可见，不管是缩小东西部差距，还是缩小城乡差距，都是为建设社会主义和谐社会而服务。

二是选聘对象相同，即两者主要都是从高校毕业生中进行选聘。根据每年制定的大学生志愿服务西部计划实施方案来看，"西部计划"主要选聘普通高等学校的应届毕业生到西部地区从事志愿服务工作，到2011年又增加了普通高等学校在读研究生作为选聘对象。大学生村官的选聘对象最开始主要是全日制普通高校专科以上学历的学生，后来做了调整改为全日制普通高校本科以上学历的大学生，还附加诸如中共党员、学生干部等条件。总之，尽管在一些细微条件上两者存在不一致的情况，但总的来说两者都是从普通高校毕业生中进行选聘，其学历条件基本一致。

（二）"西部计划"与大学生村官政策的不同之处

尽管"西部计划"和大学生村官都是由国家相关部门牵头制定并实施，但两者却是完全不同的两项国家政策。

一是两者服务范围不同。"西部计划"主要服务范围是西部地区，而大学生村官计划服务范围则是全国范围的村级组织部门。根据"西部计划"的指导思想来看，主要是选聘高校毕业生到西部去、到基层去、到祖国和人民最需要的地方去建功立业，尤其是西部贫困县的乡镇地区。具体来说，所谓的西部地区主要包括重庆、四川、贵州、云南、广西、陕西、甘肃、青海、宁夏、西藏、新疆、内蒙古12个省、自治区和直辖市，以及湖北恩施、湖南湘西两个自治州的贫困县，"西部计划"主要是选聘志愿者到以上地区服务。大学生村官则不仅仅局限于西部地区，它主要是选聘高校毕业生到全国范围内的村级组织部门去任职。因此，两者服务范围是不同的。

二是两者服务内容不同。"西部计划"的服务内容是围绕项目进行，其内容非常明确，而大学生村官的服务内容则是根据所任职务来确定其服务内容，具有一定的模糊性。具体来说，"西部计划"的服务内容并不是简单地选聘大学生到西部贫困地区服务，而是根据各西部地区的具体情况，有针对性地实施特殊服务项目。到现在为止，这些项目主要包括专项行动和地方行动两大类。专项行动主要包括基础教育、农业科技、医疗卫生、基层青年工作、基层社会管理、服务新疆、服务西藏七个专项行动；地方行动主要包括重庆的大学生扶贫接力志愿服务行动和"三区"文化志愿服务行动、贵州的贵安新区计划、四川的四川省关爱留守学生专项以及四川省边远贫困地区、民族地区和革命老区文化志愿者专项等。总之，不管是专项还是地方行动，对志愿者的服务内容都做了明确规定，根据其项目名称就能确定其服务内容。相反，大学生村官的服务内容则较为模糊，一般认为其服务内容是指与大学生所任职务对应的具体职责。2009年5月8日四部委下发的《关于建立选聘高校毕业生到村任职工作长效机制的意见》中，对大学生村官作为"两委"助理的岗位职责做了明确规定，但除"两委"助理职责之外，对大学生村官其他岗位的职责则是笼统概括，没有明确说明。因此，大学生村官的服务内容存在着模糊不清的状况，需要对其服务内容做明确界定。

三是两者选聘规模不同。具体表现为：首先，"西部计划"和大学生村官每年的选聘数量不同。根据"西部计划"每年的实施方案来看，除了2003年和2004年招募数量为6 000人左右外，其他年份的招募数量都超过10 000人，2015年招募数量达到18 300人。从这些数字可以发现，"西部计划"的规模在逐渐扩大。相较于"西部计划"招募数量逐年增加的趋势，大学生村官每年招募的数量则呈现先升后降、量入为出、控制规模的趋势。根据2008年4月10日四部委颁发的《关于选聘高校毕业生到村任职工作的意见（试行）》（组通字［2008］18号）文件精神，大学生村官从2008年开始，连续选聘5年，选聘数量为10万名，每年2万名。到2010年，这一选聘数量调整为20万名。2012年7月29日，四部委又联合下发了《关于进一步加强大学生村官工作的意见》，文件规定到2015年，全国有一半左右的行政村配备大学生村官，即实现一村一名大学生村官的目标。到2015年，又强调要量入为出、有进有出、控制规模。可见，尽管大学生村官逐渐开始控制规模，但就每年的选聘数量来讲也比"西部计划"的招募数量要多。其次，"西部计划"和大学生村官的选聘总数不同。根据共青团中央的统计，"西部计划"从2003年开始实施到2015年，一共有超过18万名[①]志愿者在西部基层服务。而根据《2015年中国大学生村官发展报告》统计，截至2014年底，全国共有大学生村官180 960人[②]。可见，尽管从选聘总数上来看"西部计划"与大学生村官规模相近，但两者开始实施的年份相差了5年，这就说明大学生村官不管是每年招募数量还是选聘总量都比"西部计划"规模更大。

四是两者招聘的具体条件不同。根据"西部计划"每年的实施方案，所有普通高等院校毕业的本科生和在读研究生都有资格报名参加"西部计划"志愿活动。相比之下，大学生村官除了是普通高等院校毕业的本科生和研究生以外，还另有一些具体规定。根据2008年颁布的《关于选聘高校毕业生到村任职工作的意见（试行）》（组通字〔2008〕18号）文件精神，大学生村官选聘对象为30岁以下应届和往届毕业的全日制普通高校专科以上学历的毕业生，重点是应届毕业和毕业1~2年的本科生、研究生，原则上为中共党员（含预备党员），非中共党员的优秀团干部、优秀学生干部也可以选聘。另外，参加"三支一扶""志愿服务西部计划"等活动期满的高校毕业生，本人自愿且具备选聘条件的，经组织推荐可作为选聘对象。各省（区、市）此前已经选聘到村任职的高校毕业生，本人自愿，通过组织考察推荐，可转为选聘对象。另外，2015年颁布的《中共中央组织部关于做好2015年大学生村官选聘工作的通知》要求，新选聘的大学生村官一般应为大学本科以上学历、学生党员或优秀学生干部。可见，大学生村官在选聘条件方面门槛越来越高，且相较于"西部计划"也更为严格。

五是两者享受待遇不同。具体表现为：首先，待遇经费提供者不同。"西部计划"的待遇经费主要是由中央财政负担，而大学生村官的待遇经费则是由中央财政和地方财政共同承担。其次，在学费补偿和助学贷款财政代偿政策方面不同。根据"西部计划"每年的实施方案来看，"西部计划"除了提供志愿者补贴、志愿者人身意外和医疗保险费用以及志愿者体检费以外，没有其他的具体待遇；但大学生村官则不同，除了这些待遇保障，还对到西部地区和艰苦边远地区农村基层的大学生村官实行学费补偿和国家助学贷款代偿政策，这一举措不仅使更多大学生村官愿意去西部或艰苦地区农村基层，还在一定程度上减轻了大学生村官的经济压力，使他们能全身心地投入到工作中。最后，户籍制度不同。"西部计划"每年的实施方案对于大学生志愿者的户籍问题完全没有提及，但大学生

---

① 全国大学生志愿服务西部计划项目管理办公室：《贾新怡同志在大学生志愿服务西部计划电视电话会议上的讲话》，中国青年网，2015年11月20日。
② 中国村社发展促进会：《2015年中国大学生村官发展报告》，中国农业出版社2015年版，第2页。

村官对此则有特别规定。根据2008年4月10日四部委颁发的《关于选聘高校毕业生到村任职工作的意见（试行）》（组通字［2008］18号）文件精神，对到西部和艰苦地区农村任职的，户口可留在现户籍所在地。这项规定也在一定程度上缓解了大学生村官的后顾之忧，促使其更加专心地投入到村务工作上。总之，大学生村官在待遇保障方面比"西部计划"更为丰富、多样，这在一定程度上促使大学生更多选择村官这一发展途径。

综上可知，"西部计划"与大学生村官政策虽然在很多方面都具有差异性，但两者的政策目标是基本相同的，都是为引导和鼓励高校毕业生到基层干事创业或是为建设社会主义和谐社会而制定的国家政策。尽管两者的侧重点不同，但正是因为这样反而使这两项政策实现了优势互补，使其在不同的领域各自发挥着作用，共同为社会主义新农村建设、促进高校毕业生基层就业以及推动社会经济更好更快发展等服务。除此之外，两者这种相辅相成、互相补充的关系，还能促使大学生村官吸收"西部计划"政策中的有益部分，促进大学生村官政策的不断充实和完善，帮助大学生村官成长成才。

第二节 大学生村官计划与"三支一扶"计划

"三支一扶"是指大学生在毕业后到农村基层从事支农、支教、支医和扶贫等社会事业的发展。"实施'三支一扶'计划是贯彻落实党中央、国务院关于引导和鼓励高校毕业生面向基层战略部署的重要举措"。[①] 2006年以来，人力资源和社会保障部联合中央组织部、教育部、财政部、农业部、卫生部、国务院扶贫办、共青团中央等有关部门，每年选拔部分高校毕业生到农村基层从事"三支一扶"工作。2015年是"三支一扶"计划实施10周年。据统计，"十年来全国累计选派27.6万名大学生到基层开展支教、支农、支医和扶贫"[②]，为基层一线补充了新鲜血液，培养了一批心向基层、服务基层、扎根基层的青年人才，涌现出了许多在基层建功立业的先进典型，为广大高校毕业生面向基层就业创业树立了良好导向。对比分析大学生村官政策与"三支一扶"计划的异同，吸取借鉴相互的优点，能够促进两者的共同发展。

---

① 人社部：《关于继续做好高校毕业生三支一扶计划实施工作的通知》，2011年4月1日。
② 任社轩：《人社部开展三支一扶大学生慰问活动》，载《中国组织人事报》2016年1月20日。

一、"三支一扶"计划与大学生村官政策的异同

大学生村官政策与"三支一扶"计划的比较围绕产生原因、产生时间、组织实施、工作职责、发展渠道等方面进行。

（一）产生原因方面

两项政策的产生均与贯彻落实党中央精神有关。2005年，中共中央办公厅、国务院办公厅联合下发《关于引导和鼓励高校毕业生面向基层就业的意见》，提出"积极引导和鼓励高校毕业生面向基层就业，有利于青年人才的健康成长和改善基层人才队伍的结构，有利于促进城乡和区域经济的协调发展"。受此文件的直接影响，2006年中央组织部、人力资源与社会保障部等部门联合颁布了《关于组织开展高校毕业生到农村基层从事支教、支农、支医和扶贫工作的通知》。也同样受这份文件的影响，2008年中央组织部会同四部门联合发布《关于选聘高校毕业生到村任职工作的意见（试行）》，正式将大学生村官政策提升至国家人才战略的高度予以统筹推进。

两者的产生还与大学生就业压力有关。我国是人口大国，就业压力将长期存在，2008年爆发的国际金融危机影响全球，加剧了我国本就十分严峻的就业形势，高校毕业生就业压力尤为突出，做好大学生村官项目和"三支一扶"计划的实施工作，进一步发挥其引导和鼓励高校毕业生面向基层就业的示范带动作用，是解决农村基层人才匮乏、促进青年人才健康成长的重要途径，也是国家实施更加积极的就业政策、全方位促进就业的重要内容。

两者都以培养人才为重要目的之一。人才的培养离不开实践锻炼，选拔大学生到基层工作，符合人才成长的客观规律，随着大学生村官和"三支一扶"计划政策的实施，其战略意义得到进一步的认识和拓展，这既是我国新农村建设、农业现代化的必然趋势，也是培养锻炼青年人才的重要渠道。

（二）产生时间方面

两者产生的时间存在着不同。2003年，西部计划正式开始，每年招募一定数量大学生志愿者去西部贫困县的乡镇从事为期1~2年的教育、卫生、农技、扶贫以及青少年中心建设和管理等方面的工作，这项工作由共青团中央牵头实施。2006年，"三支一扶"计划启动，旨在引导和鼓励高校毕业生到西部去、到基层去、到祖国最需要的地方去，经受锻炼，健康成长，为促进农村基层教育、

农业、卫生、扶贫等社会事业的发展、建设社会主义新农村和构建和谐社会做出贡献,这同时也是"全面落实科学发展观和中央关于做好大学生志愿服务西部、服务基层工作的重要指示精神"的需要,在服务类别和性质上与西部计划同属一脉。

2008年,大学生村官政策正式启动,而这一政策在2008年正式实施之前,就经历了"自发探索阶段"(1995~2004年)和"全面试验阶段"(2005~2007年)。① 早在1995年,为解决三农问题,江苏省就率先开始招聘大学生担任农村基层干部,2005年中共中央办公厅、国务院办公厅下发《关于引导和鼓励高校毕业生面向基层就业的意见》,此后大学生村官工作进入大范围的试验阶段。大学生村官项目正式实施年份晚于"三支一扶"计划2年,但是前期进行了长期的探索,"三支一扶"计划则受处于探索阶段的大学生村官项目和西部计划的影响,正式实施的大学生村官政策又受"三支一扶"计划的影响,三者交叉影响,相互借鉴,共同构成了我国基层大学生引进和服务的主力,近年招聘政策的完善和融合越来越明显。

(三) 组织实施方面

两者的牵头部门不同,但两者均需多部门联合开展工作。大学生村官政策由中央组织部牵头,各地组织部、机构编制委员会、教育工作委员会、农村工作领导小组办公室、公务员局、教育部门、公安部门、财政部门、人力资源和社会保障部门合力参与实施。"三支一扶"政策由人力资源与社会保障部牵头,"人社部联合教育部、财政部、农业部、卫生部、国务院扶贫办、共青团中央成立全国'三支一扶'工作领导小组和工作协调办公室,负责这项工作的总体规划、协调和指导工作"。② 为进一步加大基层水利岗位的招募力度,2015年起在安排"三支一扶"招募计划、征集招募岗位、发布招募公告时,将水利岗位从支农项目中单独列出,各地水利部门也进入了组织实施单位。

(四) 发展渠道方面

留岗升职、考取公务员、自主择业、自主创业、求学深造是两者期满后最常见的五种选择。"三支一扶"计划与大学生村官政策都是培养锻炼干部人才的重要实践途径,所以在期满后,考录公务员是许多基层工作大学生共同的热门选

---

① 马俊云、牟玉荣:《大学生村官就业模式研究》,中国农业出版社2014年版,第3~4页。
② 中共中央组织部等:《关于组织开展高校毕业生到农村基层从事支教、支农、支医和扶贫工作的通知》(国人部发〔2006〕16号),2006年4月20日。

择。管理部门也很重视大学生村官和"三支一扶"志愿者任期结束后进入政府机关、事业单位的愿望，2011年中组部、人事部等部门下发的新通知，进一步完善了"三支一扶"大学生定向考录公务员的政策，加大了事业单位吸纳"三支一扶"大学生的就业力度；2012年中组部、中央机构编制委员会办公室等部门下发的通知进一步完善了招考制度，改进了大学生村官考取公务员、事业单位工作人员的办法，选拔符合条件的大学生村官担任乡镇事业单位工作人员，对符合条件的采取考核招聘的方式聘用为乡镇事业单位工作人员。两者在招聘公务员、事业编制单位人员的相同之处是完善了考录制度，尽量为大学生村官、"三支一扶"人员进入公务员、事业单位提供合理的机会和途径。

"截至2014年底，全国大学生村官累计流动24.8万人，其中进入公务员队伍9.2万人，占36.9%；自主创业1.8万人，占7.4%，另行择业人员13.6万人（包括进入事业单位7万人，占28.2%），占54.7%。"[①] 尽管进入公务员队伍、进入事业单位都是主要的发展出路，但大学生村官进入公务员队伍的总人数和比例高于"三支一扶"计划参与人员，其原因在于：一方面，大学生村官的总人数和规模大于"三支一扶"计划人数；另一方面，"三支一扶"计划比大学生村官政策早两年开展，早期录取的人员中专科生较多，期满考取公务员时具有资格障碍，限制了报考的范围。

（五）岗位职责方面

现行制度中大学生村官属于"村级组织特设岗位"的志愿者，担任村党支部（党总支、党委）书记助理和村委会主任助理的大学生村官，主要协助做好以下工作：一是宣传贯彻党的路线方针政策及上级党组织有关安排部署；二是组织实施社会主义新农村建设的有关任务，协助做好本村产业发展规划，领办、创办专业合作组织、经济实体和科技示范园；三是配合完成社会治安、计划生育、矛盾调解、社会保障、调查统计、办事代理、科技推广等工作；四是负责整理资料、管理档案、起草文字材料和远程教育终端接收站点的教学组织管理、设备网络维护；五是参与讨论村务重大事项，参与村团组织的建设和工作。实际推行过程中，国家对大学生村官的目标期待涵盖党政干部后备人才、新农村建设骨干力量、各行各业优秀人才等。大学生村官一个任期的服务年限通常为2~3年，工作职责宽泛，给村官的选聘、培养、管理等带来诸多不确定性。

高校毕业生到农村基层从事支教、支农、支医和扶贫工作，服务期限一般为2~3年，志愿服务内容相对明确，选聘、培养、管理相对稳定。2012年中组部

---

① 中国村社发展促进会：《2015中国大学生村官发展报告》，中国农业出版社2015年版，第19页。

联合八部门下发的《关于做好 2012 年高校毕业生三支一扶计划实施工作的通知》提出要细化"三支一扶"计划岗位分类。根据社会主义新农村建设以及基层社会管理和公共服务体系建设的需要,在原有"三支一扶"支农和扶贫项目下,将岗位分类细化拓展到农业技术推广、农村文化建设、贫困村整村推进、就业和社会保障基层服务等领域中去,更好地服务于农村基层各项事业。相较而言,"三支一扶"计划的工作任务更为明确具体,两者的服务重点存在着不同。

二、"三支一扶"计划与大学生村官政策的相互借鉴

"三支一扶"计划和大学生村官计划实施多年以来,在促进新农村建设、培养青年人才、保障社会公平等方面取得了突出的效果,是正确的战略决策。"从 2008 年至 2011 年底,全国累计选聘 30 万名大学生村官到村任职,2012 年 9 月在岗 21.2 万人,大学生村官政策正式实施的前 4 年,全国报名当村官的大学毕业生有 230 多万名"[①] "截至 2013 年底,全国累计选聘 41 万名大学生村官,在岗 22 万人,覆盖了超过 1/3 的行政村。"[②] 截至 2015 年 8 月底,"全国在岗大学生村官 18 万人",[③] 是农村经济建设和发展的一股重要力量。2006~2015 年,"'三支一扶'计划也累计招聘了 27.6 万人",[④] 在支教、支农、支医等方面取得了良好的成效。

(一)"三支一扶"计划对大学生村官政策的启示

"三支一扶"计划和大学生村官计划在诸多方面有着相近之处,两者都是为了吸引大学毕业生到基层工作,培养锻炼人才,为新农村建设和经济发展服务。与大学生村官政策相比,"三支一扶"计划的制度设计中目标和岗位职责更为清晰。无论是支农、支教、支医、扶贫工作,还是后期拓展的农业技术推广、农村文化建设、贫困村整村推进、就业和社会保障基层服务等,都与大学生的专业特点结合紧密,而且易于辨识和理解,这样大学生报考和进入工作岗位后,可以迅速按照工作职责开展工作。而大学生村官计划的主要目标是培养党政干部的后备人才、新农村建设的骨干力量、各行各业优秀人才等,工作任务更加综合。大学生村官一个任期的服务年限通常为 2~3 年,很多大学生缺乏基层工作经验,而

---

① 数据来源于李源潮 2012 年 9 月 12 日在大学生村官会议上的讲话。
② 王烨捷:《如皋农村有本事的村官不愁嫁》,载《中国青年报》2014 年 11 月 18 日。
③ 王帅:《2015 年各省区全国大学生招聘工作考察》,载《中国组织人事报》2015 年 8 月 24 日。
④ 任社轩:《人社部开展三支一扶大学生慰问活动》,载《中国组织人事报》2016 年 1 月 20 日。

角色定位多、任务广泛给大学生村官的选聘、培养、管理等带来诸多不确定性。大学生村官的工作目标定位需要在实践中进一步凝练,突出主要目标,提高人岗专业匹配度,明确岗位职责。

(二)大学生村官政策对"三支一扶"计划的启示

大学生村官政策实施前5年,就有"3万多名大学生村官扎根基层参与创业,领办创办创业项目2万多个,领办合办合作社5 204个,为农民群众提供就业岗位26.6万个",① 可以说取得了突出的成效。2015年9月份,全国大学生村官创业联盟正式成立,在探索大学生基层创业、互动分享创业投资和创业技术支持等方面展开合作,以发挥大学生村官的群体联合优势,这对大学生村官的创业会起到良好的促进和提升作用,对"三支一扶"人员创业也是启示。在"三支一扶"政策中,将有创业愿望的大学生纳入本地"大学生创业引领计划""现代青年农场主培育计划",并提供创业培训和创业服务,按规定落实创业扶持政策。由于创业过程中两者工作地域、工作内容存在着交叉重叠的部分,"三支一扶"人员也可以组织建立创业联合组织与大学生村官联盟合作或合并,促进交流互动,优势共享。两者能够合作的领域不只创业一个方面,在帮助农村发展经济、教育以及帮助农民致富等方面存在着共同的目标,在合适的时机和条件下可以进一步展开合作交流。

通过比较大学生村官项目和"三支一扶"项目,可以看出两个项目均是通过引导大学生到基层服务,培养锻炼青年人才,促进农村经济社会的发展,但在具体服务重点、服务方式上存在着一些区别,部分服务内容存在着交叉重叠。因此为了更好地发挥两个项目的作用,可以通过加强沟通联络、统筹规划,在进一步完善各自运行机制的前提下,探索相互补充、相互协调、提升效率的途径。

第三节 大学生村官计划与选调生项目

选调生是指各省、市、区党委组织部门有计划地从高等院校选调品学兼优的应届大学本科及其以上毕业生或选拔具有2年以上基层工作经历的大学生村官到乡镇、街道及基层企事业单位工作,作为党政领导干部后备人选和县级以上党政

---

① 中国村社发展促进会:《2014中国大学生村官发展报告》,中国农业出版社2014年版,第35页。

机关高素质工作人员人选进行重点培养的群体的简称。① 实践证明，选调品学兼优的应届大学毕业生到基层工作，符合领导人才成长的客观规律，是培养选拔优秀年轻干部、加强领导班子及其后备干部队伍建设的一项基础性工作，是从源头培养造就大批适应改革开放和社会主义现代化建设需要的领导人才的一项战略性措施。

一、选调生工作的发展历程

回顾历史，选调生工作起源于 20 世纪 60 年代，20 世纪 80 年代又重新启动，迄今为止已持续 50 余年之久。在这 50 多年的岁月中，由于各种原因选调工作出现了时断时续的状况，最后逐渐步入正轨。概括来讲，可将选调生工作划分为四个发展阶段。

（一）初始阶段（1965～1976 年）

1965 年，刘少奇同志向高等教育部建议，尝试分配一定数量的高校毕业生到基层工作锻炼。同年 6 月，中央批转高等教育部党委《关于分配一批高等学校文科毕业生到县以下基层单位工作的请示报告》，做出了关于分配一批高等院校毕业生到基层工作的指示，并批转各地研究执行。在这一文件中，选调生这一党和国家特殊的后备干部队伍开始被提出，并且有了较为明确的选择对象和培养方式：培养对象是大学毕业生，培养方式是需要到农村锻炼一段时间，即要下基层。而地方党政机关在选调生的培养上，主要是让其参加工人或农民的具体劳动，通过劳动与广大的工农群众直接接触，从中了解工农群众的需求。

这一文件是有关选调生最早的文件。但后来受"文化大革命"的影响，各地人事机构陆续被撤，正常的人事管理工作受到巨大破坏，选调生工作也在刚刚起步后被迫中断。

（二）探索阶段（1980～1986 年）

"文化大革命"结束以后，为解决选调生、高学历干部偏少的局面，党中央加强了选调生的培养选拔工作。1980 年，中组部召开选拔优秀中青年干部座谈会。会议提出，每年可挑选一定数量有培养前途的应届大学毕业生到基层锻炼，条件成熟时，逐步提拔到领导岗位上来。中央领导同志同意这种做法。1980～

---

① 肖桂国：《选调生：中国特色干部后备力量》，世界图书出版广东有限公司 2012 年版，第 1 页。

1982年，有16个省、自治区、直辖市陆续开展了这项工作。① 1983年8月，中组部下发了《关于选调应届优秀大学毕业生到基层培养锻炼的通知》（中组发[1983]10号），通知要求：为改善干部队伍结构组成，各省市区每年要从应届高校毕业学生中选调一批优秀者到基层锻炼工作，进行重点培养，几年之后，择优逐步安排到基层领导岗位、县区级领导岗位上。要将此项工作纳入后备干部队伍建设工作中统筹考虑，并长期坚持下去。②

1986年9月16日到20日，中组部召开了选调生工作会议。此次会议充分肯定了选调优秀高校毕业生到基层工作为培养锻炼干部创造的有益经验，但同时提出不再由组织部门继续出面从高校直接公开选调毕业生。这是因为：一方面，随着我国教育事业的快速发展和人才培养机制的不断完善，从基层选拔学历高的年轻干部的渠道和方式日益多样，将选调优秀高校毕业生到基层工作依然作为机关干部选拔的主要来源已经不完全适应当时的工作实际；另一方面，在选调优秀高校毕业生到基层工作的探索实践中，一些地方预先确定人选、基层锻炼时间过短、提拔晋升过快等问题也暴露出这项工作制度尚不完善，引来了党内外和社会范围内一些质疑的声音。因此，中组部对这项工作的开展适时进行了调整，暂停了选调生工作。

虽然选调生工作暂时停止，但其对以后选调生工作的重新开展提供了宝贵的经验。

（三）重新开展阶段（1986~1999年）

在经过1986~1988年两年的暂停后，1989年7月16日，中共中央、国务院发布了《关于省级以上党政机关不直接从高等学校应届毕业生中吸收干部的通知》（中发[1989]5号），该通知指出：几年来的实践证明，高等学校应届毕业生经过基层工作锻炼，然后择优选入党政机关，是保证机关干部素质的重要措施。③ 1991年9月6日，中共中央在《关于抓紧培养教育青年干部的决定》中指出：今后中央国家机关和省、自治区、直辖市党政机关，除经中央和国务院批准外，一般不要直接吸收应届大学毕业生进入机关，应届大学毕业生应尽量分配到基层去工作。④ 1992年4月10日，中组部发出了《关于贯彻落实〈中共中央关

---

① 陈元君：《选调生工作机制研究》，安徽大学2013年硕士学位论，第17页。
② 中共中央组织部：《关于选调优秀应届高校毕业生到基层锻炼培养的通知》，1983年8月30日，第2页。
③ 中共中央、国务院：《关于省级以上党政机关不直接从高等学校应届毕业生中吸收干部的通知》，1989年7月16日，第3页。
④ 中共中央：《关于抓紧培养教育青年干部的决定》，1991年9月6日。

于抓紧培养教育青年干部的决定〉的实施意见》（以下简称《意见》），开始重新部署选调生工作。《意见》指出："为了给党政机关培养合格的后续力量，从1992年起……每年从高校应届毕业生中挑选一批品学兼优的毕业生，分配到县（市、区、旗）或农村乡镇或企业工作，经过2年以上的基层锻炼，按照增员指标，经过考试考核，分别补充到地级以上党政机关干部队伍中来。"[1] 1995年，中央要求"各级党委组织部门，每年从高等院校应届毕业生中挑选一批品学兼优的毕业生进行重点培养。根据毕业生个人的不同情况和培养方向的要求，将他们分配到农村乡镇或企业工作，并进行跟踪考察，从中挑选优秀分子，逐级补充到县级以上党政机关干部队伍中来"[2]。1996年，选调生工作开始在一些省份陆续展开。

1999年10月，按照中央关于"每年从高等院校应届毕业生中挑选一批品学兼优的毕业生进行重点培养"的要求，中组部在江苏召开全国选调生工作座谈会，决定全面恢复选调生工作。这一时期选调生工作不再是过去的"指定"选调、"戴帽"选拔，且优秀大学毕业生作为"重点培养对象"到基层工作锻炼，也不再与提拔必然挂钩。

（四）全面发展阶段（2000年至今）

随着党中央的重视，1999年10月，中组部在江苏召开全国选调生工作座谈会，全面恢复选调生工作。2000年1月12日，中组部下发《关于进一步做好选调应届优秀大学毕业生到基层培养锻炼工作的通知》（组通字[2000]2号）指出："实践证明，选调品学兼优的应届大学毕业生到基层工作，符合领导人才成长的客观规律，是培养选拔优秀选调生、加强领导班子及其后备干部队伍建设的一项基础性工作，是从源头抓起，培养造就大批适应改革开放和社会主义现代化建设需要的领导人才的一项战略性措施。""根据领导班子及其后备干部队伍建设的总体规划，确定选调生的数量和结构。""要对20年来选调生工作进行一次认真总结，肯定成绩，找出差距，研究提出进一步做好这项工作的办法和措施。"[3] 从此，选调生工作真正步入正轨并不断发展成熟。

进入2009年，中共中央组织部等12部委联合发布《关于建立选聘高校毕业生到村任职工作长效机制的意见》，对选调生政策进行了重要调整：将由原来的

---

[1] 中组部：《关于贯彻落实中共中央关于抓紧培养教育青年干部的决定的实施意见》，1992年4月10日。

[2] 中共中央：《关于抓紧培养选拔优秀年轻干部的通知》（中发[1995]2号），1995年1月7日。

[3] 中组部：《关于进一步做好选调应届优秀大学毕业生到基层培养锻炼工作的通知》（组通字[2000]3号），2000年1月12日。

清一色从高校应届毕业生中招考，转变为主要从具有 2 年以上基层工作经历的大学生村官及其他到基层工作的高校毕业生中招考。[①] 选调生招考政策的这一变化彰显了中央从基层一线培养选拔干部的用人导向，同时也释放出了一个强烈的信号，即高校毕业生面向基层就业、用人单位从基层一线选拔人才的新机制逐步建立和完善。

二、选调生工作的运行模式

选调生工作从施行开始，始终坚持"培养和使用相结合"与"公开、平等、竞争、择优"的原则，通过本人自愿报名、院校党组织推荐、组织（人事）部门考试考核相结合的办法进行选调。经过几十年的发展，已经形成了一套相当完备的工作运行机制。

（一）选调生的组织部门

根据 2000 年 1 月 12 日中共中央组织部下发的《关于进一步做好选调应届优秀大学毕业生到基层培养锻炼工作的通知》（组通字［2000］3 号）文件精神，要求各级组织部门协同中央组织部做好选调工作，并明确划分各级组织部门的管理权限：省级党委组织部门负责选调生工作的宏观管理；地级党委组织部门在选调生的培养管理方面负有直接责任，要有专人负责，加强具体指导；县级党委组织部门是选调生的日常管理部门，要按照干部管理工作的要求和选调生工作的有关规定，做好培养管理工作；选调生所在单位的党组织要负起责任，真正把选调生培养管理工作落到实处。总之，各级部门要做好本职工作，落实具体任务。

（二）选调生的工作程序

经过几十年的实践探索，选调优秀高校毕业生到基层工作的程序基本上都是由各地区的党委组织部门研究出台相应的工作办法，再按照双向选择的原则，从各高校选拔品学兼优的应届毕业生到各街道、乡镇等基层单位锻炼，经 2~3 年后，再根据岗位需要择优选拔任用。具体来说，主要包括三个阶段：第一阶段为选拔阶段。这一阶段主要是由党委组织部门根据各地区干部编制情况科学确定计划方案，发布年度选调生招考公告，包括选调数量、对象及范围，选调条件，选调程序等情况。各高校根据各地选调生招考公告要求，一般采取毕业生自愿申请

[①] 中组部等 12 部委：《关于建立选聘高校毕业生到村任职工作长效机制的意见》（组通字［2009］21 号），2009 年 5 月 5 日。

与校党委择优推荐相结合的方式，对有意向的毕业生进行初步筛选。第二阶段为分配阶段。选调生在完成办理公务员录用手续后，一般由省（市）委组织部门针对思想政治、法律法规、业务技能等方面统一安排集中培训。在培训结束后，组织部门将对选调生工作进行初次分配，安排选调生到城市各个街道办事处、农村乡镇等基层单位工作。第三阶段为培养阶段。从严格意义上讲，从分配阶段的培训开始就已经是对选调生的培养。具体来说，从培养方式上看，选调生在工作中接受"双重管理"，即既接受所在单位的直接管理，同时也接受党委组织部门的间接管理。从培养时间上看，按照相关规定要求，选调生在基层锻炼的时间一般为2~3年，这一期间不得调转工作关系，从而确保选调生能够最大限度地在基层真正得到锻炼，杜绝"镀金"现象。[1]

（三）选调生的招录条件和程序

选调生招录一般要通过公务员考试，资格条件比较严格。其报考需具备以下条件：第一，选调对象必须有较强的事业心和责任感，甘愿到基层长期工作，身心健康，能适应基层工作需要，勤奋敬业，乐于奉献。第二，选调对象应为中共党员（含中共预备党员）。第三，选调对象应为按国家计划统招的全国普通高等院校中具有全日制大学本科以上学历的应届毕业生，能够如期毕业并获得相应的学历和学位证书。第四，必须具备校级以上"三好学生""优秀学生干部"等荣誉称号，或获得奖学金者。第五，参加基层服务项目已满规定年限且符合选调生条件的往届高校毕业生（如大学生"村官"和"三支一扶"人员等）也可以报考。[2]

选调工作坚持按照本人自愿报名原则，坚持党组织审核推荐和上级组织部门考试、考察相结合。具体需要以下程序：第一，报名和资格审查。选调生报名方式采取网上报名。高校党委组织部负责对本校选调生报考人员进行资格审查，报名后由省委组织部进行最终审查。报考人员应在规定日期前登录报名系统，查询终审结果。第二，网上缴费。通过报考资格审查的人员，于规定时间内采用网上银行方式缴纳笔试考务费用。第三，打印准考证。报考资格审查合格且网上缴费成功的报考人员，于规定时间登录报名网站自行打印准考证。第四，笔试。所有报考人员必须于规定时间、规定地点参加笔试考试，由省人事考试中心负责具体考务工作。笔试内容一般包括行政职业能力测验和申论两部分。第五，面试、体

---

[1] 王可：《选调优秀高校毕业生到基层工作问题研究》，吉林大学2013年硕士学位论文，第9~11页。

[2] 孙进宝：《新时期选调生工作问题研究》，中共中央党校2014年硕士学位论文，第12页。

检和考察。由省委组织部、省人社厅、省教育厅和省公务员局统一领导,由各地级市具体负责组织面试、体检和考察工作。具体标准由省组织部规定。第六,审批和报到。选调最终结果公示以后,被录用者须填写《公务员录用审批表》,由省委组织部、省人社厅和省公务员局负责审批,由省毕业生就业主管部门负责办理各种报到手续。

三、选调生工作取得的成效

经过多年实践,选调生已成为一个优秀"品牌",越来越受到各级组织和用人单位的欢迎,逐渐成为干部队伍的中坚力量。

首先,培养了大批具有基层一线工作经验的优秀年轻干部。经过近50年的探索和发展,选调生各项工作制度都日臻完善并取得了很大的成绩,不仅为各级机关输送了大批干部人才,而且为我国社会和经济的持续发展起到了巨大作用。重新开展选调生工作以来,在全国逾10万[①]的选调生群体中,大部分早期选调生已成为乡科级、县处级的党政领导干部,还有一些特别优秀的选调生已成为省部级领导干部,一些较为年轻的选调生也成为县、乡领导班子成员或省、区、市直属机关单位的骨干力量和后备干部人选。可见,选调生工作的开展,对于干部培养工作,尤其是培养优秀的具有基层一线工作经验的干部,起到了至关重要的作用,成为我国干部制度和干部培养管理工作的重要组成部分。

其次,优化了我国干部队伍的素质和结构。中共中央始终高度重视干部队伍的建设和发展,积极构建年轻干部和后备干部人才储备库。选调生在以下方面具有优势:第一,在一定程度上改善了机关干部队伍专业背景单一的问题。近些年来,由于公务员招录规则的不断完善,招录单位在人员专业的选择上更加明确,导致同一单位新进人员专业背景不断趋同。而在选调生工作中,专业背景不是主要因素,重要的是其表现出来的综合实力,因此有利于单位内部的知识结构多元化。第二,优化了党政干部队伍的年龄构成。我党一直高度重视年轻干部的培养和选拔。但从实际来看,年轻干部的数量不多、干部队伍整体年龄偏大的现象在一些单位尤其是基层单位仍不同程度地存在。而选调生普遍较为年轻,能带来很多新的思路和作风,有利于新老平衡发展。第三,提升了干部队伍的整体能力和素质。我国公务员考试制度不断健全和规范,面向社会公开招考基本采用笔试与面试相结合的方式。笔试着重对考生的理论分析和基本水平进行测试,而面试由于时间较短,并不能十分全面地反映一个人的能力水平,并且笔试和面试都可以

---

① 江泽秋:《选调生工作现状及对策研究》,河北师范大学2014年硕士学位论文,第12页。

通过有针对性的练习，在短时间内提高成绩，不能充分体现一个人处理实际问题的水平。因此部分通过笔试、面试进入公务员队伍的干部，常常出现眼高手低、纸上谈兵的现象。而经过实践锻炼和复杂环境考验的选调生则避免了以上问题，为改善干部队伍综合能力结构、增强干部队伍整体素质创造了新的经验。

再次，探索了年轻干部和后备干部管理培养的有效模式。实践证明，开展选调生工作是适合中国国情的。一大批优秀的经过基层复杂环境锻炼的年轻干部充实到我国干部队伍中，为基层干部队伍注入了活力，也为我党后备干部队伍库增添了力量，不少选调生还走上了地厅级、省部级的领导岗位，发挥着越来越重要的作用。实践证明，经过基层培养锻炼的干部，对党、对人民有更深的感情，有更务实的作风，有更强的处理复杂问题的能力；也只有经过基层的锻炼，年轻干部才能更快、更好地成长，才能为日后成为德才兼备、心系百姓的领导干部奠定坚实的基础。

最后，缓解了应届大学毕业生及服务基层人员就业问题。近年来，伴随着高校大范围扩招，我国就业形势日趋严峻。一方面，每年新增应届大中专毕业生和往届未就业毕业生需要工作机会；另一方面，经济形势严峻造成就业岗位减少，供需矛盾日益突出，就业形势极为严峻。为此，中央有关部门专门下发了《关于鼓励引导高校毕业生到基层就业的相关意见》，各省、市、区也陆续出台了相应的配套办法和意见，力图努力拓宽就业渠道、完善相关制度，号召高校毕业生到基层工作，深入基层，服务农村、乡镇、街道。另外，选调生工作逐步发展，考录机制日趋规范，已成为进入公务员系统的又一敲门砖。因此，选调生逐渐成为大学生缓解就业压力的一条重要途径。

四、选调生项目与大学生村官计划的异同

选调生工作从 1965 年开始就已经在我国萌芽，到现在为止，已历经了 50 多年的岁月。在这个发展过程中，由于各种原因，选调生工作曾一度中断，但最终获得长效发展，成为我国一项战略性措施。因此，将选调生与大学生村官政策进行对比，有助于促进大学生村官成长成才政策的长效发展。

（一）选调生项目和大学生村官计划的相同之处

选调生和大学生村官在政策目标上具有相同之处，即两者都是为培养党政干部后备人才而制定的一项国家政策。具体来说，根据 2000 年 1 月 12 日中组部下发的《关于进一步做好选调应届优秀大学毕业生到基层培养锻炼工作的通知》（组通字〔2000〕3 号）文件精神，选调生政策的目标是培养党政领导干部后备

人选，同时也为县级以上党政机关培养高素质的工作人员。而大学生村官政策作为一项引导和鼓励高校毕业生服务基层、培养新农村建设骨干力量以及为党政干部队伍和各行各业输送优秀人才的国家政策，为党政领导干部培养后备人才也是其主要目标。因此，两者在政策目标上具有相同之处。

（二）选调生项目与大学生村官计划的不同之处

选调生和大学生村官尽管在政策目标上有一定的相同之处，但两者却是完全不同的国家政策，在很多方面是存在差异的。

一是两者身份不同。选调生尽管与公务员有较大差别，但它属于公务员序列，享有公务员编制。而大学生村官不属于公务员序列，其身份定位是村级组织特设岗位的志愿者。大学生村官要想成为公务员，仍需参加公务员考试获得进入公务员队伍的资格。另外，大学生村官还可以通过考试录用为选调生。根据中共中央组织部《关于选聘大学毕业生到村工作的意见》和《关于建立健全选聘大学毕业生到村任职长效机制的相关意见》文件精神，在村任职满两年的符合报考选调生条件的大学生村官，可经组织推荐，参加选调生选拔考试；且大多数省份每年都会拿出超过30%的名额，用于定向从包括大学生村官在内的服务基层项目人员中招录选调生。可见，选调生和大学生村官从身份上来说是完全不同的。

二是两者选聘对象、条件、程序不同。首先，选调生和大学生村官的选聘对象有明显差别，即选调生主要是从大学毕业生、具备基层工作经验者或大学生村官中进行选择，而大学生村官主要是从大学毕业生中进行选择。因此，相较于大学生村官，选调生选聘对象的范围更广，两者具有明显的差异性。其次，选调生和大学生村官的选聘条件不同。选调生的选聘条件是以公务员的选聘条件为标准，即按国家计划统招的、具有全日制大学本科以上学历的全国普通高等院校应届毕业生，能够如期毕业并获得相应的学历和学位证书，还须具备校级以上"三好学生""优秀学生干部"等荣誉称号或获得奖学金者，另外还得是中共党员或预备党员。除此之外，根据2009年中组部联合有关部门下发的《关于建立选聘高校毕业生到村任职工作长效机制的意见》对选调生政策进行了重大调整，要求"将由原来的清一色从高校应届毕业生中招考，转变为主要从具有2年以上基层工作经历的大学生'村官'及其他到基层工作的高校毕业生中招考"。而大学生村官的选聘条件要求一般应为大学本科以上学历、学生党员或优秀学生干部。可见，与大学生村官相比，选调生的选聘条件更为严格。最后，选调生和大学生村官的选聘程序不同，主要表现为选调生相较于大学生村官还需要党组织推荐这一程序，而大学生村官则不需要推荐直接参考就行。因此，选调生的选聘程序相较于大学生村官而言更为严格。

三是两者选聘规模不同。首先,选调生和大学生村官每年选聘数量不同,表现为选调生每年没有具体选聘数量,而大学生村官对此则有明确规定。根据前面选调生与大学生村官的选聘条件比较可以发现,选调生的选聘条件更为严格,因此,选调生每年的选聘数量没有做明确规定,一般要求各地根据基层工作实际,结合领导班子和干部队伍建设需要,在核定的行政编制内科学合理确定。而大学生村官则规定了从2008年到2012年共选聘10万人,每年选聘2万人,后来做了调整,要求选聘规模达到一村一名大学生村官的标准。其次,选调生和大学生村官在选聘总量上也具有差异性。截至2012年底,全国有近20万[①]选调生活跃在广阔的基层大地。与选调生同一年数据相比,2012年全国已累计选聘大学生村官30万名,在岗21.2万名。[②] 可见,就总的规模来看,2012年选调生和大学生村官选聘规模接近,但是考虑到选调生工作比大学生村官工作实施时间更早,选调生的总规模还是要低于大学生村官的选聘规模。

四是两者发展渠道不同。选调生纵使不是公务员身份,但主要还是按照公务员序列进行发展。事实上,成为选调生后,其提拔速度比公务员还要快,一般本科毕业定科员,硕士定副科,博士定正科。目前我国部分省市干部队伍中,许多年轻有为的领导干部都是选调生出身。所以,组织部门一直把选调生工作视为优秀年轻干部的"源头工程"。而大学生村官不属于公务员,要想获得发展晋升,还需要通过其他渠道。2010年5月10日中组部印发的《关于做好大学生村官有序流动工作意见》文件规定,大学生村官主要通过留村任职、考录公务员、自主创业发展、另行择业、继续学习深造"五条出路"实现发展提升。可见,两者从发展渠道来看存在很大区别。

综上可知,选调生与大学生村官在很多方面上存在很大的不同。经过比较发现,选调生政策相较于大学生村官政策而言目标定位更细、考核更为严格、选聘质量更高。因此,将两者融合起来,实现选调生政策与大学生村官政策之间的并轨,不仅能形成合力更好地发展,还能弥补大学生村官政策的不足,帮助大学生村官更好地成长成才。事实上,实现选调生与大学生村官两者的并轨也是大势所趋。2012年7月29日,中组部、中央编办、教育部、财政部、人社部、国家公务员局联合下发的《关于进一步加强大学生村官工作的意见》首次提出要实现选调生工作与大学生村官工作之间的并轨。2014年全国大学生村官工作座谈会也强调,要把选调生工作与大学生村官工作衔接起来,完善相关政策,规范操作办法,形成良性互动机制。可见,这一并轨举措不仅反映了今后两项政策发展的大

---

① 孙进宝:《新时期选调生工作问题研究》,中共中央党校2014年硕士学位论文,第25页。
② 《中组部召开大学生村官工作会议 李源潮出席并讲话》,人民网,2012年9月12日。

趋势，还帮助解决了大学生村官的身份和出路问题，促使大学生村官能够更好地扎根基层、服务基层，并能在基层服务的过程中成长成才。

第四节 大学生村官与传统村官

传统村官是相较于大学生村官而言的，特指扎根于或来源于农村的村干部，他们绝大部分是农业户口，本人身份是农民，家里承包有土地，是不在编、不脱产的干部。具体来说，他们是农村村级各类政治组织、自治组织以及经济组织的管理人员，主要包括村党支部书记、村民委员会主任及副主任、会计、村团支部书记、妇联主任、民兵连长以及经济组织负责人等。[①] 传统村官不仅是我国农村各项政务、村务工作的承担者，也是党和国家在农村基层组织的负责人。一方面，党和政府的方针政策要通过他们进行贯彻宣传；另一方面，农民群众的意愿、诉求等也需要他们向上级反映。因此，从某种意义上来讲，传统村官是一个既服务于国家整体利益，又代表农民具体利益的特殊社会群体。

一、传统村官政策的发展历程

传统村官是经由农村基层党组织和村民委员会等村民自治委员会组织选举产生的。因此，探索传统村官的发展历程可以从农村村民自治委员会制度的建立中追寻蛛丝马迹。

（一）村民自治的兴起

我国农村的群众自治具有悠久的历史。第一次国内革命战争时期的农民协会，土地革命时期的贫农委员会、卫生委员会、调解委员会，中华人民共和国成立后遍及农村的治安保卫委员会、调解委员会等，都属于基层群众性自治组织或在一定程度上具有群众性自治组织的性质。有中国特色社会主义的新型村民自治组织则是伴随着改革开放而产生发展起来的。

20世纪70年代末和80年代初期，我国开始实行农村家庭联产承包责任制。这一制度的施行导致人民公社管理系统的解体，致使农村基层社会管理出现了短暂的"真空"。农村基层社会急需新型社会组织替代和发展原有组织的管理功能。

[①] 王道坤：《村民自治的多视角研究》，四川大学出版社2007年版，第169页。

另外，这一制度的施行还促使农民获得了生产经营自主权，进而促使农民渴望在政治生活中当家做主、享有一定程度的自治权等。因此，适应这种需要，新时期的村民自治开始兴起。一般认为，广西壮族自治区罗城县和宜山县一带农村是村民委员会的发源地。其中，宜山县（现为宜州市）三岔公社合寨大队（现为屏南乡合寨村）的果作等6个生产队的85户农民以无记名投票方式选举产生的果作村民委员会是我国历史上的第一个村民委员会。①

果作村民委员会的成立产生了示范效应，当地其他村庄也开始自发组织各种类型的自治组织。这些自治组织一成立就在解决乱占耕地、打架斗殴、乱砍滥伐、偷盗、赌博、水利失修等方面发挥了良好作用，引起了当地党委、政府的高度重视。罗城、宜山两县县委和县政府充分肯定了这些自治组织的作用，并在1981年春天将这些自治组织统称为"村民委员会"。两县所属地委在调查研究后也指出："村民委员会建立后，发挥了较好的作用"，希望各地"组织干部社员学习讨论，并根据各地情况从实际出发，参照执行"。② 这样一来，村民委员会首先在广西的一些地区建立起来。

（二）村民委员会的普遍建立

村民委员会的诞生引起了中央的高度重视。1981年下半年，中共中央及全国人大派出调查组，对广西宜山、罗城一带出现的村民委员会进行调查研究后给予了肯定，中央要求各地有计划地开展建立村民（乡民）委员会的试点工作。1982年4月，彭真在五届全国人大常委会上建议，将村民委员会写进宪法，将村民委员会定性为基层群众性自治组织，并且认为"村民委员会是我国长期有效的重要组织形式"。此后，试点工作进一步扩大。

1982年12月，第五届全国人民代表大会第五次会议通过了修订后的《中华人民共和国宪法》，以国家根本大法的形式规定设立乡、镇人民代表大会和人民政府作为农村基层政权组织。《中华人民共和国宪法》第一百一十一条明确规定：农村按居民居住地区设立的村民委员会是基层群众性自治组织；村民委员会的主任、副主任和委员由村民选举产生；村民委员会设人民调解、治安保卫、公共卫生委员会，治理本居住地区的公共事务和公益事业，调解民间纠纷，协助维护社会治安，并且向人民政府反映群众的意见、要求和提出建议。这就为村民委员会的普遍建立提供了根本的法律依据。

1983年10月，中共中央、国务院发出了《关于实行政社分开建立乡政府的

---

① 陈浙闽：《村民自治的理论与实践》，天津人民出版社2000年版，第34~36页。
② 陈浙闽：《村民自治的理论与实践》，天津人民出版社2000年版，第37页。

通知》，该通知明确指出："村民委员会是基层群众性自治组织，应按村民居住状况设立。村民委员会要积极办理本村的公共事务和公益事业，协助乡人民政府搞好本村的行政工作和生产建设工作。村民委员会主任、副主任和委员要由村民选举产生。各地在建立乡级管理机构中可根据当地情况制定村民委员会工作简则，在总结经验的基础上，再制定全国统一的村民委员会组织条例。有些以自然村为单位建立了农业合作社等经济组织的地方，当地群众愿意实行两个机构一套班子，兼行经济组织和村民委员会的职能，也可同意试行。"[①] 此后，全国农村开始进入撤销人民公社和生产大队、生产队建制，普遍建立乡镇政府和村民委员会的阶段。截至1985年，除个别省以外，全国绝大部分地区都建立了村民委员会，村民自治的各项机制和组织机构初具规模。

（三）村民自治的逐步完善

20世纪80年代前期，在党和政府的领导和指导下，中国农民创造的村民自治从广西推向全国；80年代后期以来的十几年间，在党和政府的领导与指导下，中国农民又通过创造性的实践，推动着村民自治不断发展、完善。

一是撤销村公所，改设村民委员会。在村民自治产生发展过程中，对于村民委员会设在何种范围、建立多大规模，全国并没有固定模式和硬性规定。绝大多数省、自治区、直辖市都是以原生产大队的规模设立村民委员会；也有少数省、自治区，如广西、云南、广东等，以原生产队或两三个生产队的规模设立村民委员会，而在原生产大队范围设立了村公所或管理区。一方面，村公所的设立，在强化对农民的行政管理、解决一些村的瘫痪半瘫痪问题上确实发挥了一些作用；另一方面，随着经济和社会的发展，村公所也暴露出了诸多问题，它削弱了村民自治，影响了农民参政议政的积极性。有鉴于此，中共中央［1993］7号文件指出："为减少管理层次，乡镇不再设置派出机构村公所。"此后，广西、广东、云南等省相继开始撤销村公所，改设村民委员会。

二是围绕"四个民主"，不断丰富升华。"民主选举、民主决策、民主管理、民主监督"是村民自治的基本内核。近20年来，中国亿万农民和广大农村基层干部围绕"四个民主"，不断开拓创新，使村民自治在实践中得到了升华。首先，从指派候选人到海选、竞选候选人。毋庸讳言，村民自治产生初期，许多地区民主选举村民委员会干部的工作并未落到实处，往往是乡镇干部直接任命村民委员会干部，或者指定候选人，让村民等额选举。事实上，如何真正做到民主选举是

---

① 中共中央国务院：《关于实行政社分开建立乡政府的通知》，载《中华人民共和国国务院公报》，1983年5月19日。

村民自治发展过程中面临的一个重大现实问题。针对这一问题，农民们创造出海选和竞选的方式，来改变之前指定候选人的选举弊端，从而推动了农村村民委员会干部民主选举的新发展。其次，村民代表会议的产生和发展。尽管海选和竞选的普及在一定程度上找到了实现民主选举的良好途径，但通过何种途径和方式使"民主决策、民主管理、民主监督"落到实处，在村民自治产生初期尚无现成答案。为了解决这个难题，农民们创造出了村民代表会议这一组织形式，也就是在一个村民委员会辖区内按照一定居住区域、人口比例，以十户左右的村民划分为一个基本选区单元，推选出村民代表，由这些代表组成村民代表会议，通过定期不定期地经常举行会议等形式，代表村民议决村中大事，监督村民委员会的工作，乃至行使撤换和补选村民委员会成员的权利。总之，村民代表会议的产生和发展，克服了村委员会向村民会议负责并报告工作的规定流于形式的弊端，是现阶段实行村民自治的一种现实选择。许多地区的实践表明，村民代表会议是村民自治的重要组织保证。

三是广泛开展村民自治示范活动。在村民自治逐步推进的历史进程中，村民自治示范活动发挥了重要作用。村民自治示范活动是指围绕村民自治示范而开展的各项工作。[①] 1990年中共中央19号文件要求"每个县都要选择几个或十几个村，开展村民自治示范活动，摸索经验，树立典型"。[②] 1990年9月26日，民政部还专门下发了《关于在全国农村开展村民自治示范活动的通知》，要求各级民政部门要选择有一定工作基础的县（市）、乡（镇）、村作为示范单位，组织示范活动，另外还提出了村民自治示范的基本内容和示范单位的基本标准。总之，该通知的下发标志着全国农村村民自治示范活动正式启动。截至1993年底，全国已有29个省、自治区、直辖市确定了58个村民自治示范县（市），部分地（市）、县（市）确定了村民自治示范乡（镇）和村民自治示范村，初步形成了省有示范县（市）、地（市）有示范乡（镇）、县（市）有示范村的格局。[③] 为了使村民自治示范活动扎扎实实地开展下去，民政部又在总结各地经验的基础上，于1994年2月印发了《全国农村村民自治示范活动指导纲要（试行）》，对村民自治示范活动的目标、任务、措施、工作原则和指导方针等做了具体规定。同年12月，民政部办公厅又印发了《关于全国农村村民自治示范单位命名管理工作的意见》，进一步强调了坚持标准搞好命名工作、村民自治模范单位的布局、命名村民自治模范单位的程序，以及加强命名后的管理工作等问题。此后，各地按照《全国农村村民自治示范活动指导纲要（试行）》以及有关文件的要求，更

---

① 陈浙闽：《村民自治的理论与实践》，天津人民出版社2000年版，第55~56页。
② 《中共中央关于批转〈全国村级组织建设工作座谈会纪要〉的通知》，1990年12月13日。
③ 陈浙闽：《村民自治的理论与实践》，天津人民出版社2000年版，第58页。

加扎实地推进村民自治示范活动，出现了一批村民自治模范县（市）、模范乡（镇）、模范村。

（四）村民自治的法律化和制度化

就全国而言，村民自治的法律化和法制化进程肇始于1982年《中华人民共和国宪法》第一百一十一条的规定。这一规定为村民自治组织奠定了基本的法律框架基础。此后十几年，在这一法律框架基础上，我国先后颁布了《中华人民共和国村民委员会组织法（试行）》和《中华人民共和国村民委员会组织法》，各地出台了一系列相应的地方性法规，许多村民委员会先后制定了村规民约和规章制度，构成了目前村民自治的法律、制度体系。

1. 《中华人民共和国村民委员会组织法（试行）》

《中华人民共和国村民委员会组织法（试行）》由全国人大常委会于1987年11月24日通过，1988年6月开始实行。这部法律从1984年起草到1987年11月诞生，前后用了4年时间，经过全国人大常委会三次会议审议，全国人大一次全体会议审议，多次讨论研究、反复修改，充分显示了立法过程的严肃性、认真性，充分反映了人们对于村民自治的认识过程。该法共分21条，对于村民委员会的性质、地位、职权范围、组织设置、选举原则、届期、村民会议、工作制度、村民小组、村规民约等方面都进行了比较规范的规定。尽管事后看来有些规定过于笼统，但它毕竟把村民自治纳入了法制化轨道，且这是我国第一部对村民委员会进行全面规范的基本法律，也是第一次用法律的形式对村民自治进行系统规范。总之，这部法律的通过、试行，标志着中国农村的村民自治开始进入法制化运作的历史阶段。

2. 地方性法规和行政性规章的制定

地方性法规和行政性规章是中国农村村民自治的法律、制度体系的重要组成部分，是村民自治的法律、制度进程中不可或缺的环节。村民自治的地方性法规和行政性规章的制定始于20世纪80年代中期。目前，全国绝大多数省、自治区、直辖市都有了关于村民自治的省级地方性立法，有些省、自治区、直辖市的人大常委会不仅制定了"实施《村民委员会组织法（试行）》办法"，而且制定了"村民委员会选举办法"。伴随着省级地方性立法和村民自治实践的进展，各省、自治区、直辖市人民政府及其民政厅（局），部分地级市和县（市）、乡（镇）也先后出台了一系列推进村民自治的行政性规章和规定。其中，地级市的规章和规定以村民委员会选举办法和村民代表会议的规定为主；县（市）的规章和规定以村民委员会选举办法、村民会议和村民代表会议规则、村务规范化管理有关规定为主；乡镇的规章和规定以各种实施细则和指导村民委员会工作规则为主。①

3. 村民自治组织的规章制度

村民自治组织的规章制度包括村规民约、村民自治章程、村务规范化管理规定等，它们是我国农村村民自治的法律制度体系的重要组成部分。这些规章制度的制定进程是我国农村村民自治的法律化、制度化进程的一个重要方面。村民自治组织制定规章制度几乎是与这些组织的成立同时起步的。自《中华人民共和国村民委员会组织法（试行）》颁布后，伴随着地方性相关法规和规定的出台，我国农村村民自治组织规章制度的制定也进入了一个新阶段。不仅越来越多的村民委员会制定了村规民约，而且开始制定村民自治的其他规章制度，包括村民自治章程、村务规范化管理规定、村民自治的各种专门性规章等，开始把村民自治活动制度化、规范化。②

4. 《中华人民共和国村民委员会组织法》的修订和颁布

《中华人民共和国村民委员会组织法（试行）》于1987年颁布后，极大地推动了村民自治实践和村民自治的法律化、制度化进程。各地在贯彻执行的过程中，积累了许多新经验，既为修订这部法律提供了依据，又使这部法律的修订越来越为必要、迫切。从1994年1月起，民政部开始承担《中华人民共和国村民委员会组织法（修订草案）》的起草工作，直到1998年10月27日召开的第五次会议反复研究修改后的《中华人民共和国村民委员会组织法（修订草案）》，并于11月4日通过颁布。新的《中华人民共和国村民委员会组织法》，根据党的十五大精神，在坚持"试行法"确定的村民自治、基层群众直接行使民主权利原则的基础上，针对实际存在的问题，主要在选人、议事、监督三个关键环节上对"试行法"做了补充、完善。《中华人民共和国村民委员会组织法》的公布实施，标志我国农村村民自治的法律化建设进入了一个新阶段，达到了一个新水平。这部法律是对十几年来村民自治的创造性实践的科学总结，是一部扩大农村基层民主、指导农村村民自治跨入新世纪的重要法律。

（五）村民自治的新发展

2005年10月召开的十六届五中全会提出了建设社会主义新农村的战略思路和战略目标，要求继续把解决"三农"问题作为全党工作的重点。2006年2月21日，《中共中央国务院关于推进社会主义新农村建设的若干意见》中指出："要加强农村基层民主政治建设和精神文明建设，加快社会事业发展，推进农村

---

① 陈浙闽：《村民自治的理论与实践》，天津人民出版社2000年版，第66页。
② 陈浙闽：《村民自治的理论与实践》，天津人民出版社2000年版，第68~70页。

社会综合改革，促进农民持续增收，确保社会主义新农村建设有良好的开局。"2007年，党的十七大报告史无前例地将"自我管理、自我服务、自我教育、自我监督"写入报告，并将基层群众自治制度确立为我国社会主义政治制度的四项制度之一和中国特色社会主义政治发展道路的重要内容。2010年10月28日，全国人大常委会表决通过了修订后的《中华人民共和国村民委员会组织法》，该法进一步完善了村民委员会成员的选举和罢免程序、民主议事制度、民主管理和民主监督制度等方面的规定，规范了村民委员会工作中的各项程序和制度，体现出农村法制化的进一步深化。

二、传统村官政策的运行模式

传统村官即村干部，是指通过基层党组织、村民委员会等村民自治组织，由年满18周岁的当地村民经过民主投票选举方式产生并担任一定村两委职务、管理公共事务、行使公共权力、提供公共服务等职能，并享受一定政治和经济待遇的村级工作人员。

（一）传统村官的产生

传统村官主要是指农村基层党支部和村民委员会的工作人员。因此，讨论传统村官的产生要分别对村民委员会和农村基层党支部的工作人员的产生进行分析：一是关于村民委员会的工作人员的产生。2010年10月28日第十一届全国人民代表大会常务委员会第十七次会议修订的《中华人民共和国村民委员会组织法》规定："村民委员会主任、副主任和委员，由村民直接选举产生。任何组织或者个人不得指定、委派或者撤换村民委员会成员。"[1] 可见，村民委员会的工作人员是由选举产生的。二是关于基层党支部工作人员的产生。基层党支部工作人员最初是由乡镇党委直接确定候选人，后来才慢慢演变为选举。这一选举过程经历了"两票制""两推一选""一肩挑"选任机制的逐步发展。

农村党支部是村民自治的领导机构，然而在实行村民自治的过程中，党支部的领导地位受到质疑，且两委关系也不协调。为缓解两委关系，促进村民自治的发展，我国创造出"两票制""两推一选""一肩挑"等农村党支部选人新机制。"两票制"最早是山西省河曲县城关镇党委实行的党支部选举机制。具体做法是：先由全体村民对党员投一次信任票，由乡镇党委根据村民信任度的高低确定党支

---

[1] 中华人民共和国全国人民代表大会常务委员会：《中华人民共和国村民委员会组织法》，载《中华人民共和国全国人民代表大会常务委员会公报》，2010年11月15日。

部成员候选人，然后召开党员大会正式投票选举产生党支部成员。这种做法在河曲县全面推广并取得良好效果后，在山西省内广泛推广，还逐渐传播到内蒙古、河南、河北、安徽、四川、广东等省（自治区）。后来，各地在推广"两票制"经验中衍生出了一种新的党支部选举机制，即"两推一选"，其操作程序为：分别召开党员和村民会议（或村民代表会议），对上届党支部成员进行评议并推荐新一届党支部成员初步候选人，党员和村民的认可票数分开统计，凡票数达到半数以上的，具有初步候选人资格，否则不再推荐为下届支部的初步候选人，乡镇党委组织考察，确定正式候选人后，由党员大会差额选举新一届党支部委员会。"两推一选"这种党支部选举机制很快得到了中央的认可，2000年11月30日，中共中央办公厅下发《中共中央办公厅关于在农村开展"三个代表"重要思想学习教育活动的意见》（中办发〔2000〕24号），要求大力推进村党支部领导班子成员选拔任用制度的改革，实行"两推一选"。随后，"两推一选"作为一种制度在全国推广。但是，在随后的发展过程中，农村党支部和村民委员会的矛盾越来越大，给农民和农村发展带来了很大的影响。为解决两委矛盾、减轻农民负担，提出了"一肩挑"这种新的党支部选举机制，其模式主要是指党支部书记和村委会主任由一人兼任，两委其他成员交叉兼职，实现两套班子、一套人马。2002年7月14日，中共中央办公厅、国务院办公厅发出《关于进一步做好村民委员会换届选举工作的通知》（中办发〔2002〕14号），提倡把村党支部领导班子成员按照规定程序推选为村民委员会成员的候选人，通过选举兼任村民委员会成员。提倡党员通过法定程序当选村民小组长、村民代表。提倡拟推荐的村党支部书记人选，先参加村委会的选举，获得群众承认以后，再推荐为党支部书记人选；如果选不上村委会主任，就不再推荐为党支部书记人选。提倡村民委员会中的党员成员通过党内选举，兼任村党支部委员成员。这就是鼓励在村委会换届选举中实行"一肩挑"的选人机制。这一机制有效缓解了农村两委的矛盾，是农村基层组织建设中的一项制度创新，也是有效发挥村民自治的有效方法，且"一肩挑"的村干部拥有来自上下授予的双重权力，承担着维护党和村民利益的双重职能，更能处理好农村的各项事务，有助于增强村干部之间的团结协作，建设一支高效、精干的干部队伍。

总之，根据上面所述，不管是农村党支部成员还是村民委员会成员，都是依靠选举产生。

（二）传统村官的职责

根据"一肩挑"的选任机制，农村基层党支部和村民委员会实行两套班子、一套人马的工作机制。可见，两者在工作职责方面具有一致性。因此，根据2010

年10月28日修订的《中华人民共和国村民委员会组织法》第二章"村民委员会的职责"的规定:"村民委员会应当支持和组织村民依法发展各种形式的合作经济和其他经济,承担本村生产的服务和协调工作,促进农村生产建设和经济发展。村民委员会依照法律规定,管理本村属于村农民集体所有的土地和其他财产,引导村民合理利用自然资源,保护和改善生态环境。村民委员会应当尊重并支持集体经济组织依法独立进行经济活动的自主权,维护以家庭承包经营为基础、统分结合的双层经营体制,保障集体经济组织和村民、承包经营户、联户或者合伙的合法财产权和其他合法权益。村民委员会应当宣传宪法、法律、法规和国家的政策,教育和推动村民履行法律规定的义务、爱护公共财产,维护村民的合法权益,发展文化教育,普及科技知识,促进男女平等,做好计划生育工作,促进村与村之间的团结、互助,开展多种形式的社会主义精神文明建设活动。村民委员会应当支持服务性、公益性、互助性社会组织依法开展活动,推动农村社区建设。多民族村民居住的村,村民委员会应当教育和引导各民族村民增进团结、互相尊重、互相帮助。"概括起来,就是村干部要承担"两务",即政务和村务工作。政务主要包括贯彻落实法律规定公民应尽的义务,党和国家有关路线、方针和政策以及上级政府的要求,诸如经济和社会发展规划、征兵、收税、计划生育、公安司法、综合治助、民政事务和文化教育等,以及由乡镇政府决定的事务,如乡镇区域内的发展规划、经济管理、公共工程、公益事业等。村务主要包括一村范围内的公共事务和公益事业、经济与社会规划、社会公共秩序、社区文化教育、村规民约以及有关制度建设等。

三、传统村官政策与大学生村官政策的区别

传统村官随着20世纪80年代初期村民自治的兴起而产生,到现在已有30多年的历史。在这30多年的岁月中,传统村官存在不少问题,但也不断获得成长和发展,积累了不少有益经验。因此,将大学生村官与传统村官做一对比,有助于吸收传统村官的有益经验,从而促使大学生村官不断成长发展。

(一) 传统村官与大学生村官的产生方式不同

尽管传统村官和大学生村官都是在村级组织任职,但是两者的产生方式是完全不同的。具体来说,传统村官是伴随着农村家庭联产承包责任制的实施和农村基层社会政治生活的民主化而产生和成长起来的。顺此情势,中央对农村进行了行政体制改革,决定在农村实行村民自治,对村组织建设包括村干部产生问题做了明确规定。2010年10月28日修订并通过的《中华人民共和国村民委员会组织

法》规定:"村民委员会主任、副主任和委员,由村民直接选举产生。"也就是说,村干部既不是通过考试录用,也不是由上级任命,而是直接通过村民选举产生。与传统村官不同,大学生村官则是由各级组织人事部门正式发文、通过选聘程序招录的全日制本科及以上学历应届或往届毕业生,分别按照政治身份的不同(中共正式党员、预备党员和非党员),安排或参加换届选举成为村党支部副书记、村委会主任助理,有一些经过补办手续提名为村委会副主任候选人。需要注意的是,根据中央组织部办公厅 2010 年 5 月 10 日印发的《关于做好大学生"村官"有序流动工作的意见》精神,大学生村官任期满后可根据其工作表现、党员群众认可度,通过党员推荐、群众推荐和乡镇党委推荐等方式,参加村党支部书记、副书记和村委会主任、副主任的选举。总之,尽管大学生村官可以参加到原有传统村官的选举工作中,但其身份的获得还是需要通过考试选聘程序获得。因此,传统村官和大学生村官两者的产生方式是根本不同的。

(二)传统村官与大学生村官的工作职责不同

传统村官与大学生村官在工作职责上是一种主导与协助的关系,即传统村官统管、主导所负责村的政务和村务工作,而大学生村官则是从旁协助、帮助村干部开展各项工作。具体来说,传统村官的工作职责包括政务和村务两大部分,具体内容前面已具体阐述,这里不再赘述。而与传统村官不同,大学生村官一般根据其是否为党员身份确定其选聘职位,并根据其职位进行具体的职责分配。中共中央组织部《关于建立选聘高校毕业生到村任职工作长效机制的意见》(组通字[2009] 20 号)规定:"担任村党支部(党总支、党委)书记助理和村委会主任助理的大学生'村官',主要协助做好以下工作:宣传贯彻党的路线方针政策及上级党组织有关安排部署;组织实施社会主义新农村建设的有关任务,协助做好本村产业发展规划,领办、创办专业合作组织、经济实体和科技示范园;配合完成社会治安、计划生育、矛盾调解、社会保障、调查统计、办事代理、科技推广等工作;负责整理资料、管理档案、起草文字材料和远程教育终端接收站点的教学组织管理、设备网络维护;参与讨论村务重大事项;参与村团组织的建设和工作。大学生'村官'担任村'两委'成员职务的,按照所担任具体职务确定工作职责。乡镇党委和村'两委'要结合本地实际和大学生'村官'专业特长,明确大学生'村官'的具体职责和工作分工。可根据工作需要,安排大学生'村官'担任村团组织负责人等。"① 可见,大学生村官的职责主要是"协助""配合""参与"两委工作,与传统村官统管负责各项工作是存在区别的。

---

① 中共中央组织部:《关于建立选聘高校毕业生到村任职工作长效机制的意见》,2009 年 4 月 13 日。

（三）传统村官与大学生村官的考核管理不同

传统村官与大学生村官两者在考核管理上是不同的，即传统村官主要是根据村民会议和村民代表会议的民主评议进行考核管理，而大学生村官则由乡镇党委负责考核管理。具体来说，2010年10月28日修订并通过的《中华人民共和国村民委员会组织法》规定："村民委员会成员以及由村民或者村集体承担误工补贴的聘用人员，应当接受村民会议或者村民代表会议对其履行职责情况的民主评议。民主评议每年至少进行一次，由村务监督机构主持。村民委员会成员连续两次被评议不称职的，其职务终止。"由此可见，传统村官主要是由村民会议或村民代表会议对其进行民主测评。相比之下，大学生村官的考核管理更为合理。中共中央组织部《关于建立选聘高校毕业生到村任职工作长效机制的意见》（组通字〔2009〕20号）规定："大学生'村官'考核工作由县级组织、人力资源和社会保障部门、团委负责，乡镇党委具体组织实施。考核分为年度考核和聘期考核。考核采取个人述职、党员会议测评、村民代表会议测评、村'两委'班子评价等形式进行。考核结果分为优秀、称职、基本称职和不称职四个等次。考核结果报县委组织部备案，作为续聘、奖惩、选拔干部、招录公务员、招聘事业单位工作人员、报考研究生、补偿学费和代偿助学贷款等重要依据。"可见，传统村官与大学生村官在考核管理上是完全不同的，相较于传统村官，大学生村官的考核管理更规范、更合理。

（四）传统村官与大学生村官的出路不同

传统村官与大学生村官在任职期满后的出路是完全不同的。一般来讲，传统村官任期满后如无连任的可能，通常是只能自谋生路，由于其农民身份，大多数情况只能是重新务农。因此，传统村官往往存在茫然徘徊的状况，这一状况在很大程度上是由"前途没出路、事业没基础、权利没保障、工作没办法、待遇没落实"[1]所致，尤其是任期满后的出路是其主要原因。但大学生村官则不同，他们与传统村官相比有很多的选择。根据中央组织部办公厅2010年5月10日印发的《关于做好大学生"村官"有序流动工作的意见》精神，大学生村官期满后有"五条出路"，包括留村任职、考录公务员、自主创业发展、另行择业、继续学习深造；另外，国家对大学生村官这五条出路还提供一定的优惠、补贴，帮助他们更好地发展。可见，大学生村官在出路上比传统村官有更多的选择，两者在出路上存在巨大差距。

---

[1] 唐振宇：《村干部的积极性在哪里》，载《调研世界》2001年第10期，第44页。

（五）传统村官与大学生村官发挥的作用不同

传统村官与大学生村官在村级事务中发挥的作用也存在明显的不同。一般来讲，传统村官来自于农村，由村民选举产生，一方面对村落的各项事务有相当程度的了解，另一方面也容易与村民沟通并开展工作。因此，他们在村级事务上就能发挥相当大的作用，可以较顺利地开展各项政务和村务工作。相比之下，大学生村官对农村缺乏了解、农村工作经验不足、所学知识不一定与农村事务对口等，都在一定程度上导致他们往往只能"协助"或"配合"传统村官开展工作。但是，大学生村官作为受过高等教育的特殊群体，相较于传统村官而言具有更高的文化程度和勇于创新的拼搏精神，在各项村务工作上能够很好地配合传统村官开展工作、发挥优势特长。可见，在工作上传统村官和大学生村官发挥着不同性质的作用，有利于各项村级事务落到实处。

综上可知，尽管传统村官与大学生村官都是在基层的工作人员，但是两者之间存在很大的不同。而正是这些不同促使两者在工作中形成了互补：一方面，受过高等教育的大学生村官将新的理念、信息、政策等带到农村，使传统村官变革旧的工作方式以便更好地开展和落实各项工作；另一方面，传统村官利用自己特殊的身份和熟悉农村情况的优势，利用自己丰富的农业生产和处理乡村事务（包括宗族、邻里关系等）的经验来开展并落实工作，在一定程度上还可以成为大学生村官成长成才的直接指导者。当然，传统村官由于是土生土长的农民，在很多方面还存在着很大的不足，因此政府还应加强对传统村官的管理和培训，提高其综合素质，更好地发挥其建设新农村和指导大学生村官的作用，帮助大学生村官更快熟悉村务工作并能够独立开展具体工作。另外，政府还应加强对大学生村官的思想引导，促使更多的大学生愿意继续留村任职。

第五节　国外促进大学生基层就业的相关政策

我国对于大学生村官政策的研究主要集中于政策出台的背景、政策本身的解读、政策执行的状况、政策的完善等方面，而对于国外促进大学生到基层就业与我国大学生村官政策之间的比较研究尚不多见。然而，在当前经济全球化和社会转型加快的背景下，对大学生村官政策的分析和认识应放在国际宏观大背景之下，透过与国外政策的比较研究，拓展对不同国家促进大学生到基层工作经验的借鉴和认识，从而促进大学生村官成长成才。

一、国外促进大学生到基层就业相关政策概述

大学生村官具有中国特色,在国外没有对应的概念。但国外有很多吸引大学生到农村就业或培养大学生基层工作能力与素质的政策和措施,对完善我国大学生村官政策有着积极的启示作用。

(一)美国的"为美国而教"计划

"为美国而教"(Teach for American,TFA)是美国一项旨在吸引各专业优秀大学毕业生到中小学执教的计划,其目的是让全国的儿童,特别是贫困地区的儿童获得平等的受教育机会,参加该计划的志愿者将在办学条件较差、师资紧缺的学校任教两年,两年后可根据自己的意愿留任或离开,其核心理念是促进教育公平。[1] TFA 是由普林斯顿的学生温迪·卡普(Wendy Kopp)于 1988 年提出,并于 1989 年募集资金筹建的一个非营利性组织。从 1990 年开始实施到 2015 年,该计划共招募到 50 000 名[2]志愿者,为美国教育事业做出了巨大贡献。

为帮助大学毕业生适应并胜任教育工作,TFA 不仅为志愿者提供短期的教育培训,而且还注重对他们在任教期间的教学工作提供各方面的支持。一是短期的岗前培训。志愿者岗前短期培训一般是在夏季培训学院(Summer Training Institute)完成。目前,夏季培训学院共有 5 所,分别设在亚特兰大、休斯敦、洛杉矶、纽约和费城。志愿者在那里接受持续 5 周的培训,学习那些被认为是最为"精华的"有关教学和课程的知识,掌握基本的教学技能、技巧,为自己成为教师做准备。[3] 培训工作由富有经验的教师、在岗的志愿者和校友担任。培训费、食宿费皆由 TFA 承担。在学院学习期间,志愿者还要按照学院要求进行实习教学,接受来自有经验的教师的反馈和指导。二是持续的专业支持。TFA 团队组织在 20 多个安排有志愿者的地区都设有地方办公室,安排专人负责该地区志愿者的专业支持工作,设有帮助志愿者专业发展的资源协调员,以动员各种力量(包括学区教育工作者、大学教育学院教师以及其他组织成员等)共同为志愿者的专

---

[1] Roy, Kathryn. "Businesses investing in Teach for America." *Hartford Business Journal*, 26 Mar. 2015, p. 23.

[2] "ML locals join Teach for America's 25th anniversary corps." *The Almanac* 2 Sept. 2015, p. 98. [These women join a network of 50 000 corps members and alumni working alongside parents, principals and communities for positive change.]

[3] Labaree D. "Teach for America and Teacher Ed: Heads They Win, Tails We Lose." *Teacher Education*, 2010, p. 48-54.

业发展提供支持。各地区办公室的负责人都要到学校去检查志愿者的教学情况，一般每年不少于 4 次。三是不懈的后续努力。TFA 意识到，要实现教育平等，需要志愿者齐心协力。该计划鼓励曾经为 TFA 工作过的校友，不论是正在从事教育改革工作的，还是已经离开教育领域的，都要一如既往地支持教育事业。四是坚实的财力和社会支援。TFA 得到了不少基金会、公司、个人的捐助，同时还接受来自美国国民服务计划和志愿者工作学区的资金。首先是来自志愿者工作学区的支持。志愿者由他们工作的学区支付工资，接受与别的新教师同等的薪水和健康保险。一般在市内学校的志愿者会有更高的工资，为 2.8 万~4.4 万美元不等；郊区学校的志愿者工资在 2.5 万~3.3 万美元之间，但在郊区的生活花费也相应较低。学历较高的志愿者可以拿到较高的工资，持有硕士或博士学历的志愿者的工资通常会超出上述额度。其次是来自美国国民服务计划的支持。TFA 现已成为美国国民服务计划的重要组成部分，其成员也是美国服务计划的一员，因此，志愿者在两年服务期间，可合法获得一些生活补贴（足以支付房费、食品及零用开支、税费等）、健康保险，服务满两年可获 9 450 美元的奖学金。这笔钱可作为未来的教育费用，也可以偿还贷款。另外，为了保证符合条件、各种经济状况的候选者参加到这个计划中来，TFA 还为志愿者提供无息贷款以便支付第一个月的费用，金额为 6 000 美元到 1 万美元不等，主要根据志愿者的需要及服务区域所在地的消费水平而定。[①]

总之，TFA 不仅缓解了美国大学生就业难的局面，而且为志愿者提供了锻炼的机会，志愿者在两年的服务中，积累了丰富的教学技能、经验，拥有了挑战困难的能力。因此，一些研究院所、大专院校愿意给那些完成了两年服务期的志愿者保留深造的机会，甚至一些大公司也非常乐意招聘这些服务两年后的志愿者，这也鼓励着更多的大学生参与到 TFA 计划中来。

（二）德国的就业创业帮扶计划

德国自 20 世纪 90 年代统一以来，面临着欧洲一体化和世界经济技术发展的新趋势，高等教育进入了调整与完善的新阶段。其中，一个重要表现就是逐步实现了高等教育的大众化，在一定程度上解决了大学生就业难的问题。据国际劳工组织 1998 年的统计，1998 年德国的失业率为 7.9%[②]；纵使受到金融危机的影

[①] 徐春妹、洪明：《解制取向下的美国教师培养新路径——"为美国而教"计划的历程、职能与功过探析》，载《外国教育研究》2007 年第 7 期，第 27 页。
[②] 林燕：《德国青年就业政策及对我国的启示》，载《北京青年政治学院学报》2006 年第 4 期，第 12~19 页。

响，2013年德国包括大学毕业生在内的青年失业率也仅为8.6%[①]，在世界各国也是相当低的。可见，德国具有较低的青年失业率，且与其他国家相比，德国高校毕业生的就业前景较好。其原因在于：一是德国经济经过多年发展，劳动力需求发生了结构性变化，受过高等教育的大学毕业生拥有更多的就业机会；二是德国目前正处于向信息社会转变的过程中，研发、管理、咨询和教育领域的工作岗位不断增多；三是德国政府近年来一直在采取各种措施创造新岗位和促进再就业，包括推行"非全日工作"制度、采取补助低收入岗位以扩大就业的"美因茨模式"以及通过提供补贴鼓励企业雇佣失业人员等。可见，德国在大学生就业方面取得了不菲的成绩，而且其中有些政策对我国大学生村官政策有一定的指导作用。

一是"美因茨模式"。德国在为失业问题头痛的同时，社会上却有诸如清洁工等大量劳动条件较差而报酬又低的工作无人问津。相当多的失业者宁愿领失业救济，也不愿从事这些工作。针对这种状况，德国政府采取了所谓的"美因茨模式"，即愿意从事这类工作的再就业者，每月将得到政府提供的额外的社会保险补贴。有子女的就业人员，还能另外得到儿童补贴。当然，"美因茨模式"中所有补贴都有一定的上限，且就业者受资助的最高时限为3年。[②]这一模式因在以美因茨为首府的黑森州取得成功，因而得名。目前的情况表明，这一措施在其他地方也得到了大量失业者的认可。

二是关于农村就业和创业。德国政府为鼓励大学生到农村或者到各级农村机构工作，对到农村就业、创业的大学生给予很多优惠政策。这些优惠政策包括：第一，赋予他们在农村买地或者租地的权利，允许他们在农村经营农场或者建立企业，在创办农场的第一年，可以得到政府的资金补贴和随后几年的减免税收待遇；第二，在农村创业的大学生还可以申请政府资助及低息贷款，政府给予一定的补贴；第三，国家为他们承担医疗、养老等社会保险项目；第四，农村的农协组织向在农村创业的大学生提供种植、经营等方面的无偿服务。据德国联邦统计局的统计数据，通过这些政策支持，90%以上的农业大学生毕业后能够学以致用，扎根农村。[③]另外，德国还通过法律，使现代社会保障体系覆盖到农村，使农民与其他工人和职员一样，能够享受所有社会保险，并且确保农民获得政府提供的公共利益服务。这些健全的法律体系有助于促进大学生到农村就业、创业，使大学生到农村就业没有后顾之忧，从而有利于留住农业人才。

[①] 黄敬宝：《中国与德国大学生就业比较》，载《中国青年政治学院学报》2014年第2期，第57~62页。

[②] 新华网：《德国广开门路推动再就业》，2002年10月18日，http://news.xinhuanet.com/employment/2002-10/18/ConTent_600801.htm.

[③] 何飞英：《国内外大学生农村就业状况对比及启示》，载《赤峰学院学报（自然科学版）》2013年第6期，第247页。

(三) 法国的青年安置政策

自 20 世纪 80 年代以来，失业始终是困扰法国政府的最大烦恼。30 多年来，无论是左派还是右派执政，如何减少失业大军、让更多的人就业，成为历届政府的头等大事。时至今日，法国的失业率虽然有所降低，但法国青年的就业形势仍不乐观。受到席卷全球的金融危机影响，法国出口前景暗淡、工业订单不足、企业大幅裁员等都在不同程度上导致失业人数增加，使失业再次成为政府及民众担忧的问题。法国相关部门调查发现，到 2015 年 1 月时，约 69.9 万低于 25 岁的年轻人处于失业状态，比上年同期增加了 4 万人。[①] 除此之外，法国近年来农业经营者的人数也在逐渐减少，法国政府为加强农业发展基本队伍的建设，保证农业经营后继有人，稳定农村人口，缓解青年就业压力，实施了青年安置政策，促使大学生扎根农村。

法国青年安置政策的主要内容为：一是通过国家和欧盟财政渠道，为到农村进行农业经营安家落户者（农技师及以上文凭的大学生）提供安置费，对经济状况不同的地区采取不同的鼓励政策，即平原地区、落后地区以及山区最高可分别达到 1.73 万欧元、2.24 万欧元和 3.59 万欧元。二是为到农村创业的大学生提供优惠贷款（11 万欧元内），平原地区、落后地区和山区优惠利率递减。三是减免社会分摊金，18~40 岁的农业经营者，5 年内享受减免待遇，第一年减免 65%，第二年减免 55%，第三年减免 35%，第四年减免 25%，第五年减免 15%。另外，减免税还包括利润税、房产税、土地税等。当然，享受这些优惠政策必须具备一定条件：必须是欧盟成员国的公民；年龄在 18~39 岁；获得农技师证书及以上文凭，再加上 6 个月的农村相关知识正规培训；需要经过 40 小时的实习，以便为农业经营做好准备等。[②] 正是这些政策使法国近年来在青年失业日益严重的形势下，农业学校的招生情况和毕业生的就业情况反而较好。这样既促进了大学生深入农村，又保证了到农村大学生的素质，确保每一颗"钉子"都能发挥其最大作用。

(四) 俄国的"乡村教师"计划

俄罗斯是一个高等教育普及率较高的国家，具有高等学历的居民占全国总人

[①] 武婧雅. 法国年轻人就业形势严峻 近 200 万无工作无学历 [EB/OL]. http://www.hinews.cn/news/system/2015/03/27/017435746.shtml, 2015 年 3 月 27 日。

[②] 杜丽华：《国外促进大学生到农村就业、创业的经验及启示》, 载《世界农业》2009 年第 11 期, 第 9~11 页。

口的38.6%。① 目前,俄罗斯有近750万名学生在各类高校学习,而每年的应届毕业生约有150万。面对如此庞大的应届毕业生就业大军,近年来的统计资料显示,其中只有约1/3的人能找到专业对口、高薪又体面的工作,而每年无法找到工作的毕业生约有10万~15万人。② 俄罗斯专家普遍认为,经济形势、产业结构、大学过度扩招、教育资源与教育质量分布不均、缺乏工作经验、大学生自身定位不准等是造成目前年轻人就业困难的主要原因。因此,结合这些原因,近年来俄罗斯出台了多项政策,从政府、高校及大学生自身等多方面寻找途径,着力解决大学生就业难的问题,其中一项就是利用"乡村教师"计划稀释就业压力。

俄罗斯政府鼓励应届大学毕业生担任中小学教师。目前,俄罗斯共有5.35万所中小学校,其中3.43万所在农村,各中小学校特别是农村学校面临着教师数量不够、师资水平不高的问题。因此,俄罗斯政府出台相关政策,对自愿到俄罗斯各个中小学当老师的应届大学毕业生,在未来两年内每人每年将得到25万卢布(约合7 000美元)的政府补贴。③ 这一方面缓解了农村中小学教师数量不够、师资水平不高的问题,另一方面也在一定程度上缓解了大学毕业生就业难的问题,引导大学生"到国家最需要的地方去工作"。

(五)韩国的"回乡创业"计划

韩国的社会制度与中国虽然不同,但建国时间、传统文化、经济结构相近,受到金融危机的影响趋同,因而也面临大学生就业难和创业难的问题。再加上韩国高达83.8%④的大学入学率,使得韩国大学毕业生面临着更加巨大的就业压力。如何变就业压力为创业动力,以创业带动就业,保持社会经济健康、稳定、持续发展,成为韩国政府和全社会当前急于探索和破解的社会难题。在"教育立国"政策的指导下,韩国政府对大学生创业教育非常重视,采取了一系列激励政策,其中一项就是鼓励大学生"回乡创业"。

韩国政府提出回乡创业务农扶持政策,其目的是为了促进全国三大产业的平衡发展,而庆尚北道政府就是其主要代表。韩国庆尚北道政府作为回乡创业务农扶持政策的主要代表,对回乡务农创业的大学生给予最多2亿韩元的奖励激励。除此之外,该道政府还奖励每个大学生农业创业小组1 000万韩元,并在道、市、郡成立回乡创业咨询服务中心,提供相关服务。另外,该道政府将回乡务农

---

① 可人:《美国、俄罗斯、瑞典、印度、巴西应届大学生就业一瞥》,载《教育与职业》2005年第10期,第40页。
②③ 张春友:《俄罗斯多管齐下解决就业难》,载《法制日报》,2014年8月26日。
④ 联合新闻社:《大学入学率接近84% 学历膨胀严重》,载《东亚日报》,2008年9月3日。

的大学生分成初期（回乡一年者）、定着者（安家落户者，回乡创业务农 2~3 年以上）、安稳者（回乡创业务农 4 年以上者），分别施以不同的奖励政策。首先，对定着者主要提供 1 000 万韩元的奖励和 2 000 万~2 亿韩元的年息 1.5%~2.0% 的低息贷款。此外，还对奖励 1 000 万韩元的定着者实施扶持项目，并规定扶持范围。比如说 2009 年将扶持 150 户，2010 年就将扶持范围扩大到 200 户。其次，对安稳者作为创业农业经营人进行培养，不仅向其提供年息 3%、额度为 2 000 万~2 亿韩元的农渔村结构改善资金，而且该道农民士官学校（农民领军人才培养学校）还将根据这些创业农业经营人的种养业种类按需求对他们进行专业化教育培训。①

另外，韩国还建立了新型的韩国农业大学，鼓励大学生回到自己的家乡扎根农村、服务农业。韩国农业大学以培养终生扎根农村、服务农业的农业部门 CEO 为目标。为了使培养出来的大学生能够真正扎根农村，韩国农业大学实行了包括免费教育在内的一系列特殊的优惠政策：由政府财政拨款，免除学生的所有费用，包括学杂费、食宿费、教材费等；学生还可以免费使用校内的任何公共教学设施，如计算机、实验仪器等；毕业时授予学士学位，并免除兵役；为扎根农村的大学毕业生提供在农村的安家费；通过贷款方式为到农村创业的大学生提供经营启动资金等。当然，并非所有大学生都可以享受到这些政策，享受这些优惠政策是有一定条件的，即大学生毕业后必须在农村工作 6 年；如不满 6 年就要转行，必须支付在校期间的部分培养费。② 该学校每年只计划招收 240 名学生，且 95% 以上的毕业生都能够坚持在农业和农村勤奋创业，每人年均收入达 5 500 万韩元以上，成为支撑韩国农村建设的支柱和精锐力量。③

（六）印度的 "4+1 联动模式" 政策

从人口、经济发展历程方面来看，中印两国国情十分相似。在社会转型过程中，大学生就业难的问题在两个国家普遍存在。近年来，印度虽然保持了经济的快速增长，但国内失业问题仍然比较突出，高校毕业生也不例外。具体来说，印度大学毕业生就业现状表现为：一是受教育程度越高，越有可能失业；二是就业率农村高于城市，男性高于女性；三是人才外流。针对大学生就业难的问题，印度采取了 "4+1 联动模式"： "1" 指的是鼓励大学生自主就业，即 "自我雇

---

① 金在山：《支援回乡务农的大学生最多 2 亿韩元》，载《国民日报》，2009 年 3 月 2 日。
② 张淑萍、薛继坤、章磊：《构建我国大学生"村官"长效机制研究——国外促进大学生到农村就业经验的启示》，载《淮海工学院学报（社会科学版·学术论坛）》2011 年第 17 期，第 138~142 页。
③ 杜丽华：《国外促进大学生到农村就业、创业的经验及启示》，载《世界农业》2009 年第 11 期，第 9~12 页。

佣";"4"指的是印度中央政府、教育主管部门、高校和社会就业服务系统为高校毕业生就业提供各种服务平台。[①]

印度农村地区大学生就业率要高于城市地区,其原因在于:一是农村人口大量向城市流动,造成城市就业难;二是从就业模式来看,印度就业市场尚未形成以知识技术型人才为主的市场优势,印度劳动力最突出的特征是大多数在农村及其相关的加工部门工作。因此,印度大学生"自我雇佣"主要是选择到农村建立公司,从事农业机械的安装、维修及设备和零部件供应等技术服务工作。为此,印度政府部门根据劳动力大多数在农村及其相关的加工部门工作这一特殊国情,制定相应法律,开展农村就业计划,为大学毕业生创造就业条件。具体来说,早在"九五"计划中印度政府就开始实施"农村服务中心计划""农村工程计划"等,这些计划是向失业的大学毕业生和文凭持有者自谋就业提供援助,鼓励他们在农村建立车间,从事农业机械的安装、维修及设备和零部件供应等技术服务工作,并提供就业的财政支持。另外,为适应经济体制改革带来的就业结构变化,印度高校重视对大学生的创业意识、就业知识、就业技能的培养。比如印度高等教育"十年计划"中,高校将职业定位教育纳入高校教学体系之中,政府还专门拨款用于支持高校的职业定位教育。

从印度引导大学生到农村就业的政策来看,其政策的目标体现为促进大学生将专业技术运用到农村的生产和实践之中,依靠技术型创业带动就业。这一举措鼓励印度大学生到农村发展,为农村带来了先进的农业技术,对于农村生产结构的改善起到了积极的作用。

二、国外促进大学生到基层就业政策的启示

尽管各国促进大学生到基层就业的政策都源自不同的国情和社会背景,但从政策的内容上看一般包括三个方面:需求促进政策、供给促进政策、供求匹配促进政策。需求促进政策的立足点在于鼓励创业精神,创造新的工作岗位;供给促进政策的核心在于提供市场激励,鼓励大学生去基层从事特定的职业,改进高校教育培训体系,提升大学生的就业能力;供求匹配促进政策的重点在于关注大学职业指导体系的完善,转变大学生的就业观念,实现人职匹配。因此,我国大学生村官政策可以将需求促进政策、供给促进政策和供求匹配促进政策有机结合起来,结合国外促进大学生到农村或基层就业的经验,完善并优化我国

[①] 严晓、万晓玲:《印度高校毕业生就业政策及启示》,载《理论与改革》2006年第4期,第88~92页。

大学生村官政策。

（一）政策的价值定位应重视民生问题和民众需要

根据现有的大学生村官政策文件，一般村官签订三方协议后具体到哪个村庄担任村官，都是由上级组织部门统一分配。这种情况就会使得大学毕业生与其供职的村级部门之间存在一定的适应期。因此，借鉴韩国引导农业大学毕业生回到自己家乡就业创业的经验，大学生村官政策可以在尊重大学生意愿的基础上，结合农村的资源条件，选拔那些愿意回本乡本土创业的大学生担任村官。回到原籍任职或者来自农村的大学生村官，他们的生活习惯、沟通方式与所去的农村具有相似性，也更能适应新的工作环境。此外，大学生村官政策的价值定位中不仅应充分考虑村官这一群体本身成长成才的需要，还应充分考虑农民群体对于大学生村官的期待。大学生村官合法性的基础来自村民的认同，能否获得村民的认同，则取决于村官给村民带来实际利益的多寡。归根到底，农民期待的是能够帮助改善自身生活状况的村官。因此，如何引导大学生村官在实际工作中满足广大农民的切实需要，满足农村发展的现实需要，是政策完善中应考虑的重要问题。

（二）政策的实施应重视利益激励和利益协调

我国虽然是一个农业大国，但农业和农村发展却极其缓慢。之所以会出现这个问题，与我国传统思维有很大关系。传统思维认为，务农不需要接受教育，没有文化、没有本事的人才留在农村，但凡受过教育的人都是准备跳出"农门"的。因此，要改变这样的职业价值观，可以借鉴国外的利益激励政策和措施，比如美国的"为美国而教"计划、德国的促进大学生农村就业、法国的"青年安置"计划、俄国的"乡村教师"计划、韩国的回乡创业计划等。这些国家政策都在一定程度上采取了不同的利益激励，从而在很大程度上既缓解了大学生就业压力，又为农村发展做出了重大贡献。因此，我国大学生村官政策也可以从利益激励和利益协调的角度出台更加强有力的激励措施，包括针对公务员考录的激励、进入企业事业单位的激励、继续深造的激励、自主创业的激励、工资待遇的激励等，尤其需要完善的是针对大学生村官的创业激励政策。另外，还可借鉴德国和印度促进大学生到农村创业的经验，对所在农村有创业条件并且有创业愿望的大学生村官，政府应有更优惠的启动资金、税收减免和创业培训等政策予以支持。

（三）政策的施行应注重纵向沟通和横向衔接

目前，我国在村官政策执行中存在着各自为政、条块分割、城乡分离的不足。因此，借鉴印度"4+1联动模式"就业政策的经验，政府、高校、用人单位等部门应协同合作，共同落实好大学生村官政策。对此，高校、政府部门、农村基层组织在政策执行中应积极改进工作，注重纵向沟通，做到"一条龙"服务。在纵向沟通过程中，政府部门占据主导地位。一方面，政府部门应加强与高校之间的沟通，了解高校人才培养情况，把握大学生报考村官的内在心理状况和心理期待，同时积极与农村基层组织之间加强沟通，做好相关的调研工作，客观把握基层农村对大学生村官的需求，并以此把好村官的"入口关"，选好人，选准人。另一方面，政府部门还应成为高校和农村基层组织之间沟通的重要桥梁，积极反馈大学生村官在农村基层的工作情况，努力促使高校将人才培养模式与社会需要有效结合起来。在横向衔接方面，人事与劳动保障就业部门和教育管理部门要注重横向沟通，联合起来对大学生村官政策形成及时、全面的事前、事中、事后评估体系，以此不断完善村官政策。

（四）大学生村官的培养应注重理论与实践相结合

要让大学生到农村就业、创业，首先高等学校要培养出适合农村建设发展所需要的人才。国外很多高校特别是农业高校都非常重视实践教学，通过理论与实践的密切结合，来增强大学生的实践能力和实践经验。在德国，一般情况下，一年级到三年级的学生都能分到不同大小的试验田，根据种植任务完成情况获得成绩，而四年级学生则直接进入农村实践。且学生必须到农场、公司等参加生产实践，并帮助完成某一生产课题和解决生产实际问题才能毕业和拿到专业技能鉴定证书。在这样的教学模式下，德国农业高校的大学生大多能够学有所成，既掌握了丰富的农业知识，又积累了一定的农业生产实践经验，这为他们将来到农村就业、创业奠定了坚实的基础。因此，借鉴德国的经验，可以采取理论与实践相结合的方式，从高校开始就有针对性地培养适合农村发展的人才，在高校培养阶段还要安排学生到村实习，为其毕业后参与工作积累经验。

（五）政策的发展应关注大学生村官的内在需要

大学生村官政策的目标是为新农村建设培养骨干力量，为党政干部队伍和各行各业输送优秀人才。从其目标来看，大学生村官任职过程就是其成长成才过程。因此，大学生村官政策的实施不仅要关注政策本身的发展和完善问题，还要关注大学生村官的成长成才问题。事实上，在任职期间大学生村官往往会经历酝酿期、调试期、参与期、建业期、倦怠期这样一个发展过程。但课题组对大学生村官关键行为事件的访谈整理发现，许多大学生村官认为倦怠期并不是单独的一个阶段，而是贯穿在整个任职过程中。事实上，大学生村官在任职过程中都会不同程度受到一些消极思想的影响，从而影响其本身的健康发展，也会影响村务工作的开展。因此，在受访的大学生村官中就有人提到希望政府提高对大学生村官的关注度，或者是大学生村官团队有个显性的辅导机构，以便疏导和排解其在任职过程中的心理压力。事实上，美国的"为美国而教"计划在实行过程中就有针对性地在安排志愿者的地方设立地方办公室，由专人负责，为其提供专业支持。因此，借鉴美国的经验，我国大学生村官政策也应该设立地方办公室，建立心理辅导室，关注大学生村官的身心发展。这也是今后大学生村官政策需要完善的一项重要内容。

总之，国外促进大学生基层就业政策有许多有益的经验，这些经验不仅有利于大学生村官政策的发展和完善，而且有利于大学生村官自身的成长成才，帮助大学生村官锻炼和培养优秀品质，从而为其以后的发展做好铺垫。因此，国家要扩大对外交流，借鉴国外相关政策的有益经验，完善和发展我国大学生村官政策。

第六章

大学生村官成长成才机制运行现状的评估路径

能否全面、准确地把握全国大学生村官成长成才的现状，是决定课题研究质量和客观价值的关键。依据全国大学生村官成长成才的现状，深入发掘机制运行存在的具体问题及问题产生的原因，才能有针对性地寻求大学生村官成长成才机制优化的具体路径。由此，要客观评判当前大学生村官成长成才及其机制运行现状，必须秉持科学严谨的态度，建立全面、客观、实事求是的现状评估路径，才能奠定坚实的研究基础。

第一节 调研设计

"大学生村官成长成才机制研究"课题组提出了以大学生村官、村民、村官管理者和高校四大群体为调查对象，涵盖全国不同层次和地区的多维度、全方位的立体式调研设计，力图客观、准确、全景式地展现大学生村官成长成才的现状，拓展现有关于大学生村官调查研究的深度和广度。

一、调研目标

本研究立足于国家人才战略、农村现代化、社会治理创新的战略高度，以发现和解决大学生村官政策运行中的实际问题为导向，以提出具有建设性、前瞻性和可操作性的政策建议为目标，以期探索建立一套农村现代化与大学生村官成才成长的双向需求、良性互动的长效稳定机制。按照这一总体思路，开展调研的总体目标是为整个课题研究提供现实依据和事实支撑；其任务是通过科学、系统的调查方法与程序，采取多种方法和手段，从问卷调查分析、访谈调查分析、政策文本分析、基层就业项目比较分析等多重维度对大学生村官成长成才机制进行立体式调查和研究，找准大学生村官政策运行中的问题，为相关的理论研究和对策建议提供基础。具体调研目标包括以下四个：

一是客观、准确地评判大学生村官政策的实施效果，全盘检视大学生村官政策执行和落实情况，包括大学生村官选聘、培训、考核等各项工作开展的具体情况。通过大学生村官政策的文本分析，从历史纵向层面把握大学生村官政策的发展脉络和演进历程。

二是准确把握大学生村官成长成才的现状。通过问卷调查、访谈调查客观评判大学生村官的成长动机和成长过程，了解大学生村官任职的感受和体验，尤其是大学生村官身份定位、任职心态、日常管理、期满分流等方面出现的亟待解决的问题。

三是对大学生村官成长成才的内在素质和外在环境进行深入分析，探讨两方面因素对大学生村官成长成才施加影响的性质、程度、方式以及不同要素之间的关系。

四是客观评判大学生村官政策运行机制的现状、不足和完善措施。通过比较大学生基层就业项目运行的异同，明确大学生村官政策的价值定位，预判大学生村官政策的发展趋势。

二、调研思路

为了掌握当前大学生村官成长成才及其机制运行现状，本研究设计了全覆盖、多维度、立体式、科学化的调研思路。

（一）调研范围覆盖全国，力求全面准确

现有研究对大学生村官的研究样本较少，同时研究方法不统一，存在不同研究所得到的结论相关性小的弊端。鉴于此，本研究将采取多种方法相互验证，对全国范围的大学生村官开展大样本的调查研究。在访谈调查的区域选择上，本次调研计划在全国范围内选择有代表性省（市）的大学生村官、村民和管理者进行访谈调查。针对大学生村官和高校的问卷调查，我们都在全国范围内展开。在针对全国大学生村官开展的问卷调查中，我们遵循简单随机抽样的方法，既确保每

个样本单位被抽中的概率相等，样本的每个单位完全独立，彼此间无一定的关联性和排斥性，又确保搜集到具有典型代表性的样本，以期得出更具有说服力、代表性及应用性的结论，从而为国家主管部门制定有针对性的优化政策提供可靠的依据。

（二）调研视角立体多维，凸显相互关照

现有的关于大学生村官的实证调研一般聚焦于大学生村官自身，本研究则力图突破这一单一视角，首次建立了针对多个主体同时进行调研的思路，形成了相互交错的立体式、多维度的调研思路。其中，大学生村官是与大学生村官政策关系最直接、最密切的主体，因而是调研分析的首要视角。同时，本研究力图跳出部门视角和管理者思维，突出大学生村官的主体地位，回应大学生村官成长过程中的诉求和渴望。在充分尊重人才成长规律和市场运行规律的基础上，充分关注大学生村官的情感和切身需求，注重大学生村官个人价值和社会价值的统一、近期发展与长远发展的统一、调动村官自身积极性和政府主导及社会参与的统一，营造一个充满人文精神的、有血有肉的、有情感的世界，从而实现社会需求与大学生村官个体发展需要的统一，并将这种主体性视角贯穿本研究的全过程和各个组成部分。此外，村民是大学生村官成长成才的直接见证者，管理者是大学生村官政策的具体执行者，两者对大学生村官及相关政策的评价是审视大学生村官群体及相关政策的重要参考。高校既是大学生村官培养的主导力量，也是组织实施大学生村官选聘工作的主体之一，其看法对于全面认识大学生村官成长成才机制同样具有重要价值。

由此，我们从大学生村官、村民、管理者、高校等不同视角的相互关照和比较中，在问卷调查分析、访谈调查分析、政策文本分析、基层就业项目比较分析的不同视野的多维观测中，立体式地展示了大学生村官成长成才的现状以及大学生村官政策运行现状，不仅为理论研究提供了客观科学的现实依据，而且极大地提高了机制优化的针对性。

（三）调研内容点面结合，做到科学有效

为了确保调研的实效性和针对性，此次调研先开展访谈调查，随后设计初步的调查问卷。为了确保访谈调查内容的科学性，针对大学生村官我们运用了关键行为事件访谈法，针对村民和管理者我们运用了团体焦点访谈法。为了确保调查问卷内容的科学性，我们计划对初步的调查问卷进行两个方面的分析，包括质的分析和量的分析。前者对内容取样是否合适、题目的思想性及表达是否清楚等方面加以评鉴；后者对预测结果进行统计分析，确定项目的信效度等，并进行探索

性因素分析。由此，本次调查问卷主要从大学生村官政策的实效性、大学生村官的个体素质构成、外部环境对大学生村官的影响、大学生村官职业生涯发展及其成长成才阶段性特征等多个层面展开，力求把握我国大学生村官群体现状，做到有点有面，各有侧重，确保调研的科学性和有效性。

三、调研方法

全国大学生村官成长成才机制实证调研汇集多种研究方法，主要遵循"质性分析+定量建模"的调研方法。资料收集方法包括访谈（关键行为事件访谈、深度访谈、焦点行为访谈、半结构式访谈）、档案法（文献分析、日志分析）、行为观察法、问卷调查。资料分析方法包括：对质性材料进行提取编码呈现；对定量数据运用 SPSS 17.0、Amos 17.0 等软件进行分析处理。此外，本研究还运用到访谈技术（心理学专业学生掌握访谈技术，投射方法的应用）、纵向基线研究（应届毕业生的追踪回访）等，多种研究方法综合运用，有助于提高研究的科学性和标准化，使信息量最大化。以下简要介绍主要的研究方法。

（一）文献分析法

通过梳理大学生村官相关文献，对相关研究成果进行全面梳理，以期对现有各个学科尤其是人才学、管理学与心理学领域的研究成果有一个全面、直观的认识，力求对大学生村官的理论研究和实际工作形成较为全面的认识，并从中发现可能影响大学生村官工作的相关因素，为进一步深入研究奠定基础。

（二）访谈调查法

对大学生村官、村民、管理者（包括村干部和大学生村官相关管理部门的工作人员）进行行为事件访谈、深度访谈和团体焦点访谈等。在访谈调查中，我们采用经典的实证建模方法——行为事件访谈法（Behavioral Event Interview，BEI），辅以深度访谈法、团体焦点访谈测评和现场观察与记录等方法了解基本信息。其中，行为事件访谈法即通过对大学生村官工作中一些成功和失败的关键行为事件展开访谈；深度访谈法即对绩效优秀的大学生村官与绩效普通的大学生村官进行深度访谈，进行数据收集。团体焦点访谈方法主要通过对村民和管理者进行团体焦点访谈，从多角度对大学生村官工作进行了解，作为对关键行为事件访谈的补充材料。

（三）问卷调查法

课题组通过开展全国范围的大学生村官问卷调查，详细了解大学生村官这一群体对大学生村官政策、大学生村官工作和自身成长成才的真实感受，用可靠数据准确描绘了大学生村官工作现状，为完善大学生村官工作提供了翔实的第一手资料和数据。通过相关文献资料研究和访谈调查，我们将所要研究的问题编制成问题，运用邮寄、当面作答和追踪访问的方式在全国范围内开展纸质版问卷的调查，较好地了解了大学生村官群体的看法和意见。为了保证全国范围内样本的科学性，我们还将问卷设计成网络在线版，通过直接联系各省市相关组织部门通知大学生村官主动在网上进行问卷填写，保证了问卷调查的效率。最后，我们将收集来的数据结果进行录入后，对定量数据运用 SPSS 17.0、Amos 17.0 等软件进行分析处理。

第二节　调研实施

在调研目标、思路和方法确定之后，课题组于 2012 年 11 月起开始了相关问卷调查工作。整个调研步步衔接、层层深入、环环相扣，严格遵循社会学实证研究的方法展开，充分体现了调查研究的科学性和严谨性。在深度访谈、关键行为事件访谈和团体焦点访谈的基础上，课题组编制了初步的调查问卷。随后，经过两次预测试之后，在确保调查问卷效度和信度的基础上，调查问卷经过细致深入的修正后，才最终确定正式版的调查问卷。同时，课题组还从全国 25 个省市专门负责大学生村官选聘工作的高校工作人员中抽样进行了问卷调查，了解了高校培养和选聘大学生村官的工作现状。关于高校的具体调研情况将在第十章中详细阐明。这里，我们专门介绍针对大学生村官、村民和管理者的调研实施过程。

一、文献收集整理

课题组成员对中央层面的大学生村官政策、地方层面的大学生村官政策进行了收集和整理，并对现有关于大学生村官的研究文献进行了分类汇总，为开展访谈调研和问卷调查奠定了坚实的基础。

二、开展深度访谈

为了确保调研问题设置的科学性,课题组对北京市 7 个区 38 名大学生村官进行了深度访谈,其中优秀大学生村官(任职期间至少有一次年终考核被评为优秀)11 名,普通大学生村官 27 名。此后将录音转录为文本,并通过主题分析和内容分析提取胜任特征,为调查问卷问题的设置提供了重要依据。

三、开展关键行为事件访谈和团体焦点访谈

(一)确定访谈区域

借鉴董奇和林崇德的研究,我们将全国 31 个省、自治区、直辖市(港、澳、台地区除外)的初级抽样单元分为四个域(四个抽样框):

第一域:北京、天津、上海;

第二域:辽宁、河北、山东、江苏、浙江、福建、广东、海南;

第三域:黑龙江、吉林、山西、河南、安徽、湖北、湖南、江西;

第四域:内蒙古、广西、重庆、四川、贵州、云南、西藏、陕西、甘肃、青海、宁夏、新疆。

由此,课题组分别选取第一域天津,第二域山东、江苏、海南,第三域山西、河南、江西,第四域重庆、云南、甘肃共 10 个省市的大学生村官进行访谈。

(二)选取访谈对象

访谈对象的选取遵循地区随机取样和方便取样的原则,区分优秀组和普通组。其中,优秀大学生村官人选需达到如下标准:一是上级部门根据"德能勤绩廉"等考核标准,连续两年年终考核均为优秀;二是任职期间至少有一次被评为所在省"十佳大学生村官"以上称号。普通组人选需达到如下标准:上级部门根据"德能勤绩廉"等考核标准,连续两年年终考核均为合格,且任职期间内没有不合格记录。优秀大学生村官与普通大学生村官的访谈比例为 1∶2。每个省份推荐 2~3 名被评为优秀的大学生村官及优秀村官所在地周围的 2~3 名普通大学生村官,所有访谈对象在接受访谈前都不知道访谈目的,访谈人员也不知道所访谈对象属于优秀大学生村官还是普通大学生村官。

（三）准备访谈提纲

1. 针对优秀大学生村官展开的关键行为事件访谈提纲

为了保证样本的代表性和地方性特色，我们拟从大学生村官网（www.54cunguan.cn）上选取2008~2012年各省公开、公平、公正评选出的十佳大学生村官名单为样本（截至2009年底，村官计划在除港澳台地区外的31个省市区全部开展）。然后从辽宁、北京、山西、河南、山东、江苏、浙江、江西、陕西、甘肃、四川、重庆、云南（或海南）、广东、西藏、青海这16个省市区评选过的十佳大学生村官当中各随机选取4名大学生村官进行访谈，共计对39名优秀大学生村官各进行了关键行为事件访谈。

针对这一群体展开关键行为事件访谈的主要内容包括：背景信息（人口学信息与基本经历）；平时工作的主要内容是什么；您对于自己的身份定位是什么样的；工作当中的心态是什么样的；工作当中遇到的最大的困难是什么，怎么克服的；上任以来最欣慰的成就是什么，怎么办到的；您觉得大学生村官成长成才所需要的内在条件是什么；外部条件是什么；这些条件当中最重要的三个因素是什么，并给出排列顺序。

关键行为事件访谈问题如下：作为一名优秀的村官，在当前岗位的工作中，您肯定经历过一些给您留下深刻印象的事情，请注意必须是您是主要当事人的事情。请您详细地介绍：

（1）三件成功、出色的事例。在这些事例中，您当时的判断是正确的、措施得当，困难障碍都被克服，效果良好，您对自己的所作所为和努力感到满意，给您留下了深刻记忆。

（2）两件失败或感到遗憾的事例。在这些事例中，您当时的判断有失误、采取的措施效果不明显，有些困难和障碍因种种原因未能克服，最后的结果您不是太满意，或感到非常遗憾。

（3）一件关于未来设想的事情。请谈谈为了提高目前的工作效率，您正在准备做的一件很重要的事情，包括您的设想、打算和预期。

2. 针对普通大学生村官的访谈提纲

第一类是在任怀才不遇的大学生村官。访谈的主要内容包括：背景信息（人口学信息与基本经历）；平时工作的主要内容是什么；您对于自己的身份定位是什么样的；工作当中遇到的最大的困难是什么，怎么克服的；上任以来有没有一件事情办得比较漂亮让自己感到欣慰；您是否会觉得怀才不遇；您觉得造成这种状况的原因是什么；自己自身的因素和外在因素分别是哪些；您觉得那些做得风生水起的十佳大学生村官成功在哪些方面；您觉得如果哪些方面改进些，您会表现得好些。

第二类是离任的大学生村官。访谈的主要内容包括：背景信息（人口学信息与基本经历）；平时工作的主要内容是什么；您对于自己的身份定位是什么样的；怀着什么样的心态工作的；您当初选择担任大学生村官的初衷是什么；是否获得家人的理解和支持；您在职期间对大学生村官的理解和之前有什么不同；您觉得造成您最后离任的原因是什么；您知道的其他离任的大学生村官离任的原因是什么？实际操作当中有没有什么制度对于任满分流提供保障。

第三类是期满留任的大学生村官。访谈的主要内容包括：背景信息（人口学信息与基本经历）；平时工作的主要内容是什么；您觉得村官的身份定位应该是什么样的；您当初选择担任大学生村官的初衷是什么；是否获得家人的理解和支持；您在职期间对大学生村官的理解和之前有什么不同；您最后为什么选择了留任；您觉得您留任最主要的因素是什么；您觉得大学生村官成长成才的内外在因素是什么；现有的大学生村官制度是否有利于大学生村官成长成才的需要；不合理的地方如何改进才能建立大学生村官成长成才的长效机制。

3. 针对村干部的访谈提纲

村干部是村官所在乡村的基层行政领导。这一类型群体的深度访谈主要对象为与64个普通大学生村官接触最密切的64名直属领导。访谈的主要内容包括：现在的大学生村官工作、生活、学习的现状如何；与村民的关系、与村领导之间的关系以及大学生村官相互之间的关系如何；您认为大学生村官在农村的身份定位是什么样的；农村发展建设当中需要的大学生村官是什么样的；现在的大学生村官日常主要的工作职能是什么；现实功能是什么；您对于大学生村官成长成才的理解是什么；您觉得影响大学生村官成长成才的关键行为因素有哪些；影响他们成长成才的关键素质和能力有哪些；大学生村官任职期间遇到过什么样的困难，怎么解决的，村里给予何种形式的帮助；您了解的身边的大学生村官工作时的心态是什么样的；您觉得现在的大学生村官制度和过去的青年上山下乡有什么不同；现在的大学生村官制度要想继续贯彻执行，最亟待解决的问题是什么。

4. 针对大学生村官主管部门的访谈提纲

我们选择了北京、甘肃、江苏、辽宁四个地区的大学生村官主管部门进行了深度访谈，访谈的主要内容包括：在您看来，贵地区村官政策历史发展情况、总体落实状况如何；大学生村官在岗期间总体发展情况如何；在选聘、选拔过程中，您觉得当好大学生村官需要哪些外在条件和自身素质；您最看重的是哪些素质；当前大学生村官哪些方面需要提高；贵地区有没有针对大学生村官的日常培训，都有哪些，开展情况如何；大学生村官的日常管理情况如何，如何考核、管理，效果如何；期满后流动情况如何；有哪些政策措施，村官都流向哪些单位，发展情况如何；为促进村官成长成才，贵地区出台了哪些保障措施，具体落实情况如何，有哪些监督措施；为了更好地贯彻实施村官政策，促进大学生村官成长成才，您认为现行村官政策还有哪些不足和值得改进的地方；最亟待解决的问题是什么。

5. 针对村民的团体焦点小组访谈提纲

针对优秀大学生村官所在村落各选取 7~8 名村民展开集中的小组访谈，共计访谈 512 名村民。针对村民的访谈内容包括：农村发展建设当中需要的大学生村官是什么样子的；现在的大学生村官日常主要的工作职能是什么；现实功能是什么；影响大学生村官成长成才的关键行为因素有哪些；影响他们成长成才的关键素质和能力有哪些；请选出一位您熟悉的业绩出色的大学生村官具体说明他的行为特点；请再列举一名业绩差的大学生村官的行为特征；对于表现不良的大学生村官而言，您觉得是什么影响了他们的成长成才，怎么样改进、改进哪些方面才能使我们的大学生村官更好地施展才能、不断成长。

6. 针对报考大学生村官的高校毕业生的半开放式访谈提纲

针对应届报考大学生村官的毕业生展开追踪研究。课题组根据招考信息，结合便利性，尽量选取报考上述 16 个省市区的大学生村官，随机选取至少 80 名。针对这一群体访谈的主要内容包括：背景信息；选择报考大学生村官时是否对村官工作有一定的了解；通过哪些渠道了解的；选择村官主要是基于哪些方面的考虑；除报考村官之外，你还有别的职业选择吗；村官工作是你最心仪的工作吗；就你的了解，别的同事选择大学生村官是基于什么样的动机；在校时学习过农业相关的知识吗；对农村有接触吗；大学生村官在农村的身份定位是什么样子的；怎么样才算大学生村官的成长成才。

（四）实施访谈

2013 年 4~6 月，课题组先后赴辽宁、湖南、甘肃等 10 个省市，对 85 名村官进行了访谈，获得了近百万字访谈原始资料。其中绩效优秀者 28 名，绩效普通者 57 名，逐字整理成访谈文本 85 份（其中文字访谈资料为 28 名优秀大学生村官的访谈记录，共计 49 万字）。具体访谈数量如表 6-1 所示。

表 6-1　　　　　　　大学生村官全国调研情况一览表

序号	调研省市	代表区域	优秀村官数量（名）	普通村官数量（名）	共计
1	天津	第一域	3	6	9
2	江苏	第二域	3	7	10
3	海南	第二域	3	6	9

续表

序号	调研省市	代表区域	优秀村官数量（名）	普通村官数量（名）	共计
4	山东	第二域	2	4	6
5	河南	第三域	3	6	9
6	江西	第三域	3	6	9
7	山西	第三域	4	8	12
8	云南	第四域	2	4	6
9	重庆	第四域	3	6	9
10	甘肃	第四域	2	4	6
共计	10个省市	4个域	28	57	85

在开展关键行为事件访谈的过程中，根据提前设计好的提纲，采取一对一面谈的形式，内容主要涉及三件成功的事件以及三件遗憾的事件。每次访谈时间维持在 1.5～2 小时，特殊访谈对象灵活掌握时间，所有访谈过程均在征得对方同意后进行全程录音。

访谈结束后，大学生村官填写《工作分析问卷》，其用途主要用于补充胜任特征的条目。共发放问卷85份，回收有效问卷73份，有效回收率为85.9%。采用工作分析系统中的工作技能问卷、工作风格问卷、工作活动问卷以了解村官的各项工作内容的重要程度，统计结果根据平均数进行排序，挑选平均值在所有题项中位于前30%者作为对胜任特征条目的补充。

在每一地对大学生村官访谈结束后，访谈员明确是优秀大学生村官者，对其所在村的村干部2名、村民3名、所在地组织部官员2名，根据访谈提纲，进行团体焦点座谈会，会议时间约为1小时。共进行团体焦点访谈28次。基于对优秀大学生村官的访谈关键事件，向与会者多方求证，并征求村干部、村民及组织部官员对此村官的评价，从而从多个角度收集优秀大学生村官的资料。在征得参会人员同意后，对会议内容进行全程录音。

之后，将文本进行转录编码和统计分析，找出能够区分绩效优秀者与绩效一般者的那些显著的特征综合，编制出《大学生村官胜任特征编码词典》初稿。

四、编制问卷

根据编码词典，子课题组编制了《大学生村官胜任特征初测问卷》（初始量表），并邀请现任大学生村官、村支书、区/县组织部官员、心理学以及管理学专家对初测问卷的内容有效性进行考核,并修改。

五、问卷预测试

初始问卷编制完成后,先进行小范围修订性预测试,然后在全国抽取样本进行大范围的初测,样本容量为测验项目数量的5倍,至少为500。并运用SPSS 17.0进行项目分析,包括质的分析和量的分析两方面。前者对内容取样是否合适、题目的思想性及表达是否清楚等方面加以评鉴。后者对预测结果进行统计分析,确定题目的难度、区分度等,并进行探索性因素分析。探索性因素分析旨在对项目的内部一致性进行分析,将与总分相关低、与因子分相关低但与其他因子分相关高的项目进行修正或者删除。

(一) 第一次预测试

通过网络问卷及电子邮件方式,共回收问卷497份,根据正负三个标准差原则,剔除无效问卷14份,剩余有效问卷483份,问卷有效率为97.2%。我们对问卷进行了信度和效度的分析。

有关信度的测试如表6-2所示。

表6-2　　　　问卷内部一致性系数 ($n=483$)

	因子一	因子二	因子三	因子四	全问卷
项目数	24	16	15	5	60
Cronbach's Alpha	0.966	0.954	0.943	0.830	0.967

从表6-2可看出,问卷总的Cronbach's Alpha系数为0.967,各因子的Cronbach's Alpha系数为0.943~0.966之间。Cronbach's Alpha≥0.8表示很可信,Cronbach's Alpha≥0.9表示十分可信。本问卷总的系数为0.967,除因子四为0.8以上外,其余三个因子均在0.9以上,表明本问卷具有很好的内在一致性。

有关内容效度的测试如表6-3所示。

由表6-3可看出,所有60个题目与总分均在0.01水平上呈显著性相关,说明该问卷的内容效度较高。根据分析,我们删除了不适合的题目。

有关结构效度的测试如表6-4所示。

表6-3　　　问卷各项目得分与总得分的相关矩阵（$n=483$）

项目编号	相关系数	项目编号	相关系数	项目编号	相关系数	项目编号	相关系数
一2	0.408**	三4	0.707**	三51	0.607**	四31	0.620**
一3	0.377**	三5	0.690**	三52	0.650**	四33	0.691**
二1	0.639**	三15	0.625**	三53	0.531**	四34	0.657**
二7	0.623*	三16	0.625*	三54	0.608**	四37	0.704**
二9	0.476**	三19	0.707**	三63	0.569**	四39	0.646**
二10	0.499**	三20	0.760**	三64	0.594**	四40	0.638**
二12	0.661**	三23	0.683**	四1	0.681**	四47	0.657**
二16	0.576**	三24	0.699**	四7	0.445**	五1	0.638**
二18	0.659**	三40	0.556**	四9	0.584**	五2	0.625**
二22	0.645**	三43	0.604**	四10	0.637**	五3	0.628**
二25	0.558**	三44	0.645**	四12	0.659**	五4	0.520**
二26	0.607**	三46	0.553**	四18	0.624**	五7	0.687**
二27	0.514**	三47	0.534**	四19	0.542**	五9	0.647**
三2	0.641**	三49	0.534**	四20	0.601**	五12	0.609**
三3	0.618**	三50	0.554**	四29	0.698**	五14	0.481**

注：$p \leqslant 0.01$。

表6-4　　　KMO 和 Bartlett 的检验

取样足够度的 Kaiser-Meyer-Olkin 度量		0.959
Bartlett 的球形度检验	近似卡方	24 562.430
	df	1 770
	Sig.	0.000

由表6-4可得出，KMO 值0.959，Bartlett 检验达到0.01水平显著，说明非常适合做探索性因素分析。

从碎石图6-1可以看到，拐点在4处。根据特征值大于1的标准，可解释的因子有8个，但是在4个因子之后解释的分数趋于平缓，所以根据碎石图及特征值，最后抽取4个因子来设计大学生村官成长成才机制的问卷。

图 6-1　碎石图

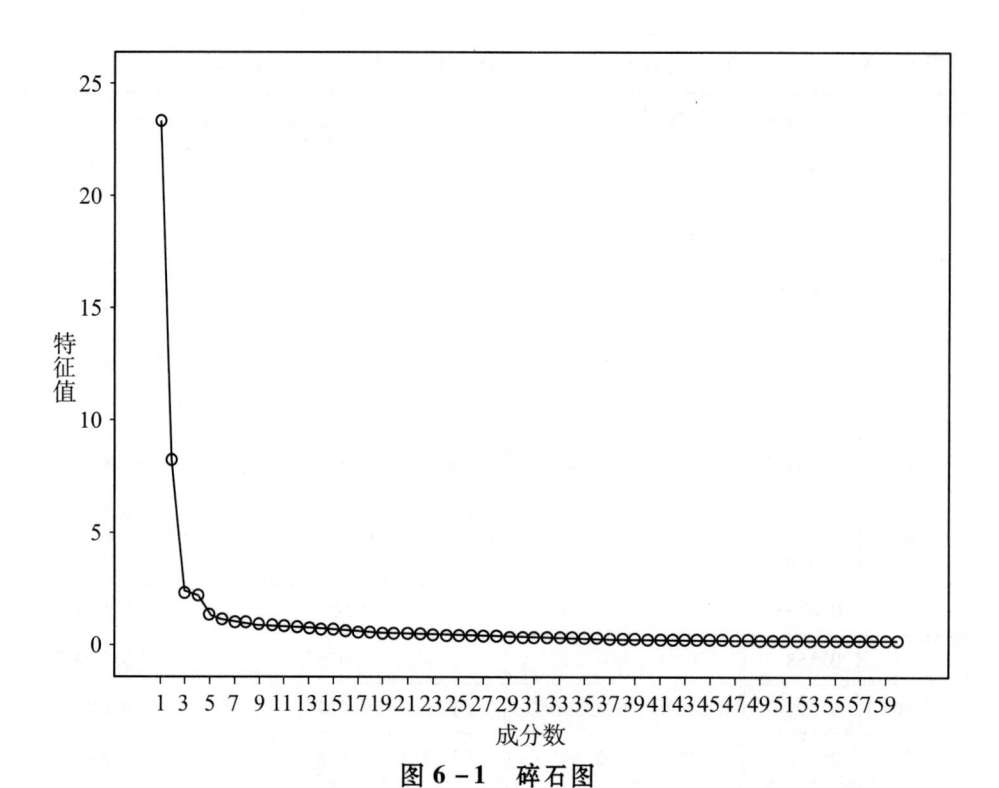

由表 6-5 可看出，4 个因子可解释的总方差为 60.196%，大于 60%。

表 6-5　　　　　　　　问卷主成分分析表

成分	初始特征值 合计	初始特征值 方差的百分比（%）	初始特征值 累积百分比（%）	提取平方和载入 合计	提取平方和载入 方差的百分比（%）	提取平方和载入 累积百分比（%）	旋转平方和载入 合计	旋转平方和载入 方差的百分比（%）	旋转平方和载入 累积百分比（%）
1	23.361	38.935	38.935	23.361	38.935	38.935	14.445	24.076	24.076
2	8.220	13.701	52.635	8.220	13.701	52.635	10.523	17.539	41.614
3	2.319	3.866	56.501	2.319	3.866	56.501	8.021	13.369	54.983
4	2.217	3.695	60.196	2.217	3.695	60.196	3.128	5.213	60.196

提取方法：主成分分析。

各因子的名称及项目数如表 6-6 所示。

表 6-6　　　　　　　　　因子名称及项目数

因子数目	因子命名	项目数
因子一	个性特征	24
因子二	工作能力	16
因子三	工作态度	15
因子四	思想政治素质	5

由表 6-7 可看出，大正交旋转后各因子载荷均大于 0.7，说明问卷具有良好的结构效度。

表 6-7　　　　　　　　　旋转成分矩阵[a]

	成　　分			
	1	2	3	4
五 2	0.800			
四 33	0.772			
五 3	0.755			
五 12	0.748			
五 9	0.735			
五 4	0.734			
四 9	0.729			
四 47	0.719			
四 37	0.716			
四 40	0.714			
五 14	0.704			
四 31	0.697			
四 19	0.694			
四 18	0.686			
五 7	0.686			
四 12	0.685			
四 10	0.679			
四 39	0.674			
四 29	0.664			
四 7	0.664			
四 20	0.648			
五 1	0.631			
四 34	0.626			
四 1	0.618			
三 47		0.891		
三 46		0.887		

续表

	成分			
	1	2	3	4
三52		0.855		
三51		0.815		
三49		0.790		
三64		0.790		
三53		0.785		
三50		0.778		
三44		0.765		
三54		0.715		
三16		0.706		
三43		0.685		
三40		0.669		
三63		0.628		
三15		0.595		
三23		0.557		
二22			0.671	
二27			0.657	
三2			0.652	
二25			0.632	
三5			0.628	
二26			0.621	
三20			0.619	
三3			0.614	
二16			0.608	
二18			0.596	
三4			0.594	
三19			0.575	
三24			0.569	
二12			0.549	
二1			0.546	
一3				0.821
一2				0.777
二9				0.716
二7				0.576
二10				0.569

提取方法：主成分分析。

旋转法：具有 Kaiser 标准化的正交旋转法。

a. 旋转在 7 次迭代后收敛。

由表 6-8 可知，各因子间在 0.01 水平上存在显著性相关，相关介于 0.308 ~ 0.778 之间。各因子与总分相关介于 0.610 ~ 0.860 之间，均达到 0.01 水平显著。此表说明各因子之间、各因子与总分之间均成显著性正相关，而相关程度则各不相同，体现了问卷同源又有差异的特征，也进一步证实了该问卷具有良好的结构效度。

表 6-8　　　　　　各因子分与总分相关矩阵（$n=483$）

		因子一	因子二	因子三	因子四
因子一	Pearson 相关性	1			
	显著性（双侧）				
	N	483			
因子二	Pearson 相关性	0.308**	1		
	显著性（双侧）	0.000			
	N	483	483		
因子三	Pearson 相关性	0.778**	0.455**	1	
	显著性（双侧）	0.000	0.000		
	N	483	483	483	
因子四	Pearson 相关性	0.423**	0.398**	0.455**	1
	显著性（双侧）	0.000	0.000	0.000	
	N	483	483	483	483
总分	Pearson 相关性	0.823**	0.758**	0.860**	0.610**
	显著性（双侧）	0.000	0.000	0.000	0.000
	N	483	483	483	483

注：$p \leqslant 0.01$。

综合以上信息来看，《大学生村官胜任特征问卷》具有良好的信效度。

（二）第二次预测试

预测试之后，因修改题目较多，于是进行了二次预测试，收回有效样本 605 份，进行验证性因素分析，结构方程模型如图 6-2 所示。

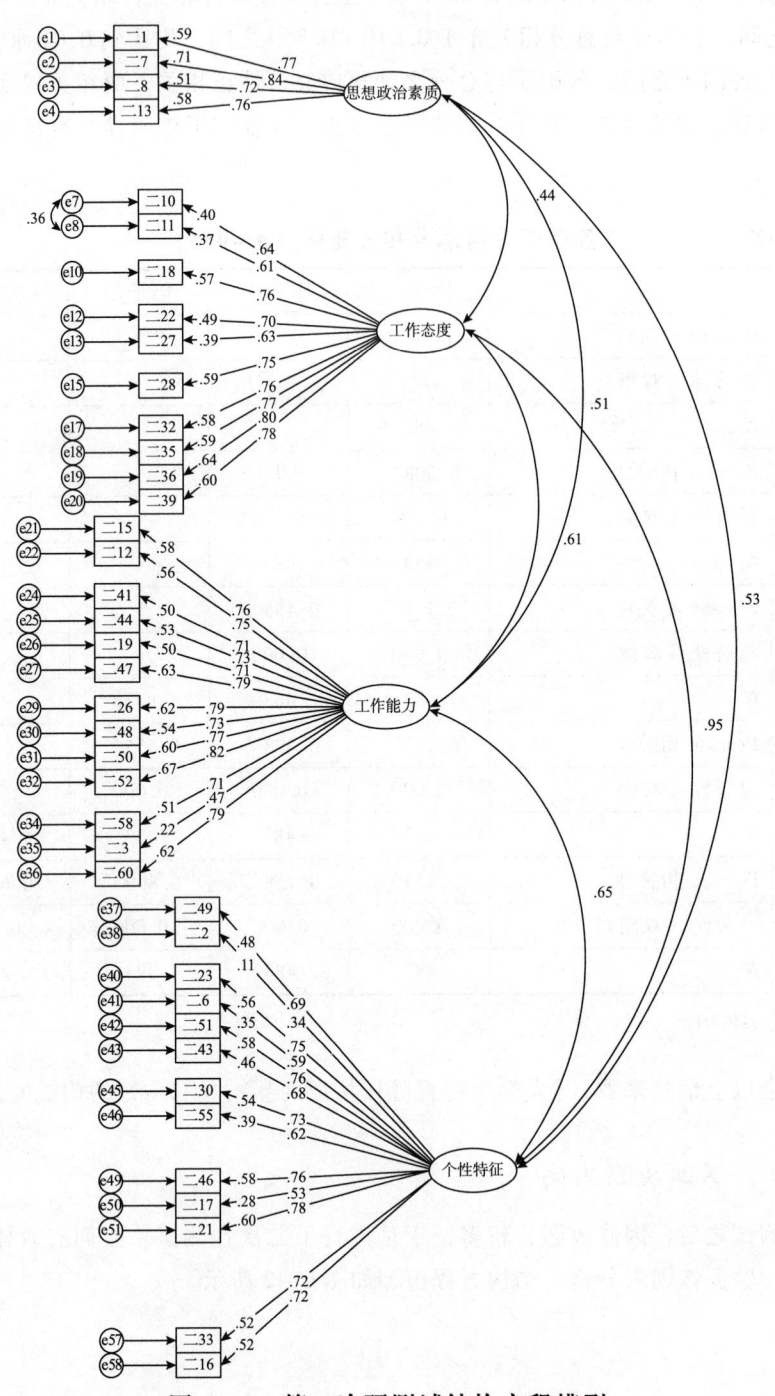

图 6-2 第二次预测试结构方程模型

根据各项修正指标，删除20题，正式问卷至此剩余40题，使得各项指标达到较好效果。如表6-9所示。

表6-9　　　　　　　　四因子模型适配度指标检测

CMIN	DF	CMIN/DF	GFI	AGFI	NFI	IFI	CFI	RMSEA
2 131.542	724	2.944	0.841	0.819	0.870	0.910	0.910	0.057

将最后的40题进行探索性因素分析，信效度达到较高水平，如表6-10所示。

表6-10　　　　　　　　KMO 和 Bartlett 的检验

取样足够度的 Kaiser-Meyer-Olkin 度量		0.965
Bartlett 的球形度检验	近似卡方	15 999.757
	df	780
	Sig.	0.000

由表6-11可看出，四因子可解释的总方差为58.917%。

表6-11　　　　　　　　　解释的总方差

成分	初始特征值			提取平方和载入			旋转平方和载入		
	合计	方差的百分比（%）	累积百分比（%）	合计	方差的百分比（%）	累积百分比（%）	合计	方差的百分比（%）	累积百分比（%）
1	16.365	40.912	40.912	16.365	40.912	40.912	10.923	27.307	27.307
2	3.926	9.816	50.728	3.926	9.816	50.728	8.111	20.278	47.585
3	2.144	5.359	56.087	2.144	5.359	56.087	3.378	8.445	56.030
4	1.132	2.830	58.917	1.132	2.830	58.917	1.155	2.887	58.917

提取方法：主成分分析。

由图6-3可看出，拐点在4处，说明4个因子非常合适。

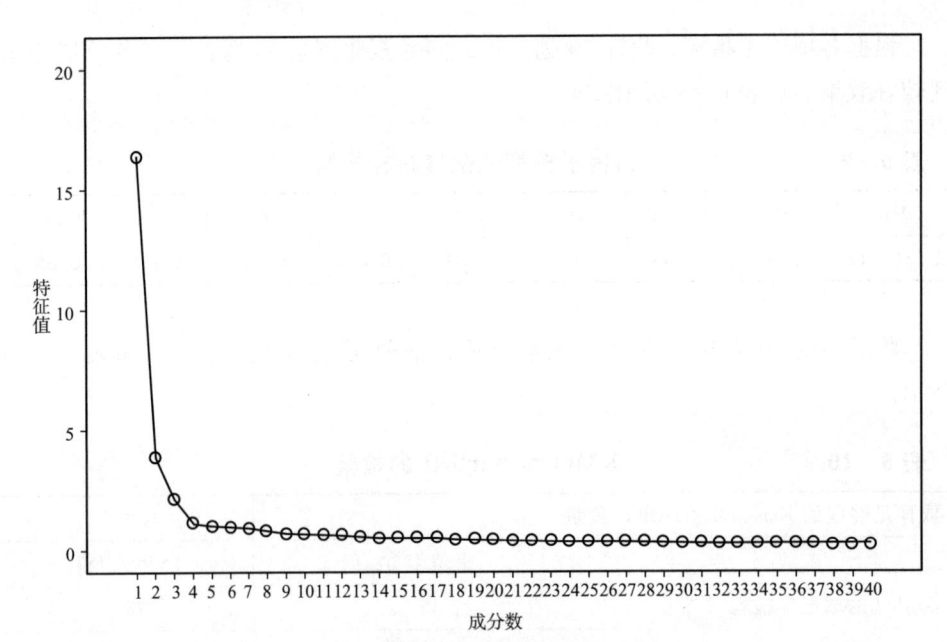

图 6-3　碎石图

六、形成正式问卷进行正式测试

课题组回收两次预测试的数据，完成数据的录入和分析，通过探索性因素分析再次对问卷项目进行修订、增补或删除，最终形成了正式问卷。被试为全国范围内的大学生村官，问卷采用网络问卷（问卷星）方式测试，由中组部以方便取样为原则将问卷链接发给各省组织部，各省组织部组织当地大学生村官填写，填写过预测试问卷的不再参与此次正式测试。共回收问卷 4 528 份，删除无效问卷276 份，最终形成有效问卷 4 252 份，问卷有效回收率 93.9%，并进行验证性因素分析，利用 Amos 17.0 进行结构方程建模，各项指标均显示出较好的拟合性，信效度良好，正式问卷最终形成，如图 6-4 所示。

如表 6-12 所示，CMIN/DF 由于对样本影响非常敏感，所以值偏大，但由于是大样本，在参照其他指标的情况下可不考虑该值；其余指标均已非常符合要求，各项指标均显示出较好的拟合性，信度和效度都达到良好的正式问卷最终形成。

表 6-12　　　　　　结构方程建模指标的拟合性检测

CMIN	DF	CMIN/DF	GFI	AGFI	NFI	IFI	CFI	RMSEA
6 816.062	716	9.520	0.884	0.868	0.918	0.926	0.926	0.053

图 6-4 正式问卷的结构方程模型

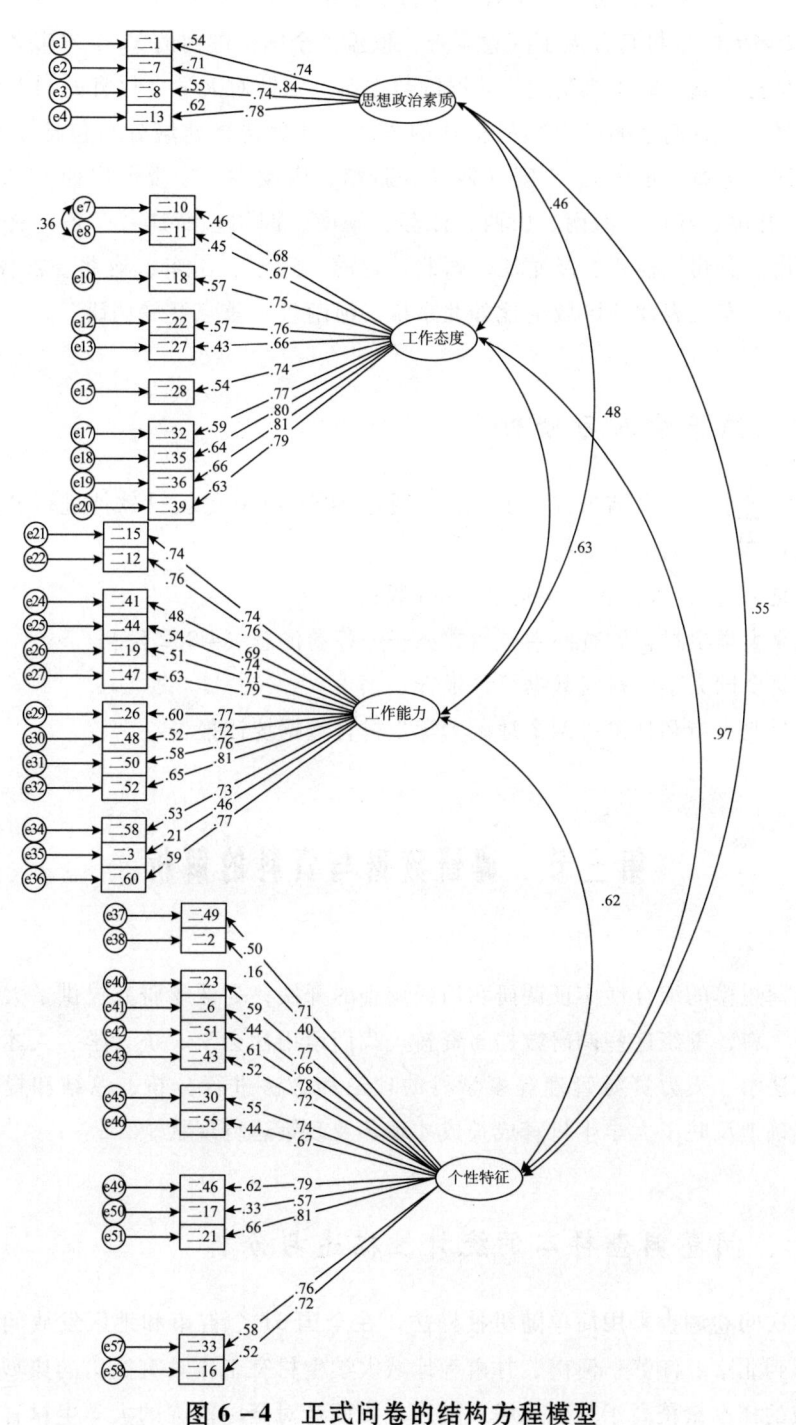

2013年7~9月，历时3个月，课题组采用简单随机抽样法在全国范围内选取4 252名大学生村官开展了问卷调查，覆盖了全国范围内的31个省市区，建立了大学生村官成长成才机制运行状况的数据库。在针对大学生村官的问卷调查区域的选择上，我们遵循简单随机抽样的方法，计划选择地域分布包括4市（北京、天津、上海、重庆）、5区（西藏、新疆、内蒙古、宁夏、广西）、22个省（河南、甘肃、江西、海南、山西、江苏、湖南、四川、浙江、广东、陕西、安徽、云南、贵州、福建、黑龙江、湖北、青海、辽宁、山东、河北、吉林）；同时，在比较有代表性的区域（比如北京市、河南省）重点开展调研。

七、结果录入与分析

将收集来的数据结果进行录入后，通过SPSS 17.0等统计软件进行分析，形成了现有第一手的调研资料：

一是28位优秀村官访谈记录Word版；

二是大学生村官调查问卷原始数据——答卷汇总（4 252份）；

三是全国大学生村官数据统计报告；

四是北京市和甘肃省两个地区大学生村官数据统计报告。

第三节 调研数据与资料的解析

全国规模的综合性实证调研和访谈调查的开展，为课题研究提供了大量宝贵的一手资料，围绕这些调研数据与资料，我们运用社会学、统计学、人才学、政治学、法学、人力资源管理等多学科的理论和方法进行分析、总结和提炼，全面、准确地反映了大学生村官成长成才现状及政策运行现状。

一、问卷调查样本的统计性描述与分析

本次问卷调查采用简单随机抽样法，在全国31个省市和地区发放问卷。同时考虑到北京、江苏、河南、甘肃等地域大学生村官工作具有突出的典型性，这些区域的样本量稍高于其他地域。最终，我们针对全国范围的大学生村官发放调查问卷4 528份，删除无效问卷276份，问卷有效回收率93.9%。

(一) 性别、年龄、入职年份分布状况

如表 6-13 所示，男性大学生村官 2 010 人，占 47.3%；女性大学生村官 2 242 人，占 52.7%；大学生村官年龄在 21 岁以下者 19 人，21~25 岁者 1 871 人，26~30 岁者 2 080 人，30 岁以上者 267 人，年龄数据缺失者 15 人。大学生村官入职年份分布 2005~2006 年 39 人，2007 年 155 人，2008 年 547 人，2009 年 409 人，2010 年 506 人，2011 年 1 086 人，2012 年 1 510 人。

表 6-13 样本基本信息

性别及人数		年龄及人数		入职年份及人数	
男	2 010	21 岁以下	19	2005~2006 年	39
女	2 242	21~25 岁	1 871	2007 年	155
		26~30 岁	2 080	2008 年	547
		30 岁以上	267	2009 年	409
		缺失	15	2010 年	506
				2011 年	1 086
				2012 年	1 510

(二) 专业和学历分布状况

由图 6-5 可知，所调查的 4 252 名大学生村官所学专业分布广泛，结构构成比中管理学类最高，占 20.40%；军事学类最低，占 0.30%；结构构成比按由高到低排列依次为管理学类、法学类、文学类、经济学类、教育学类、工学类、理学类、农学类、医学类、历史学类、哲学类、军事学类。

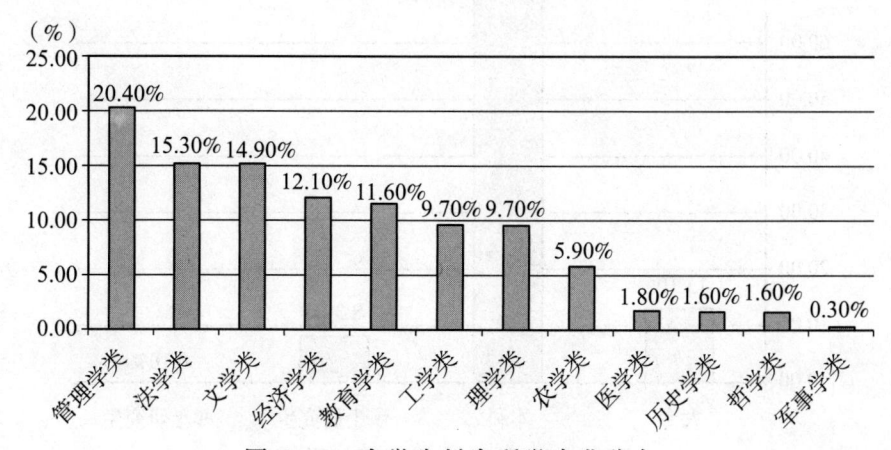

图 6-5 大学生村官所学专业分布

由图 6-6 可知，在所调查的 4 252 名大学生村官毕业院校分布构成比中，二本院校最高，占 44.20%；留学生最低，占 0.20%；结构构成比按由高到低排列依次为二本、专科、211 院校、一本、三本、985 院校、留学生。

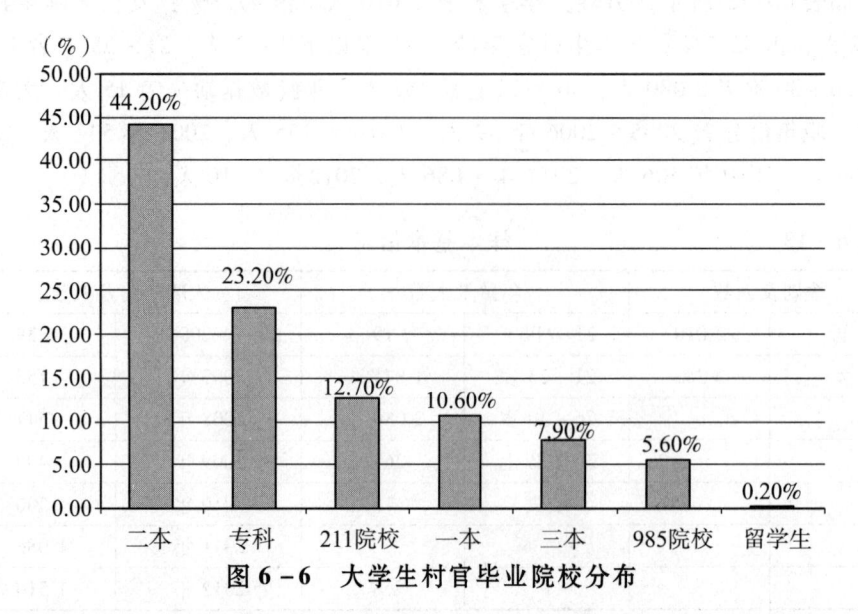

图 6-6 大学生村官毕业院校分布

从图 6-7 可知，大学生村官学历分布构成比中，本科生最高，占 78.50%；其次为大专生，占 13.10%；再次为硕士研究生，占 8.30%；博士研究生最低，占 0.10%。

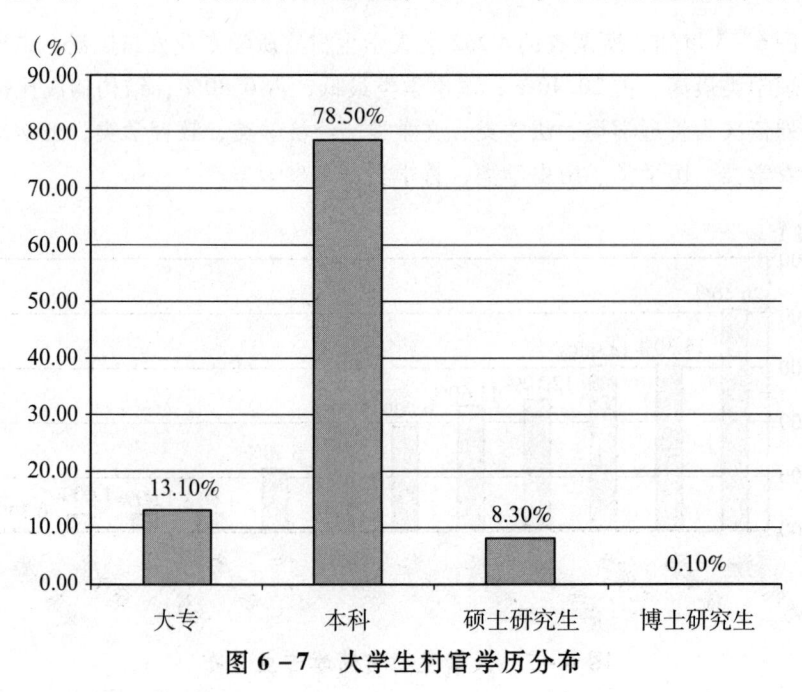

图 6-7 大学生村官学历分布

（三）婚姻状况和收入状况

如图 6-8 所示，所调查的大学生村官中未婚比重最高，占 65.00%。同时，调查显示，处于婚育年龄的大学生村官占 94.6%。

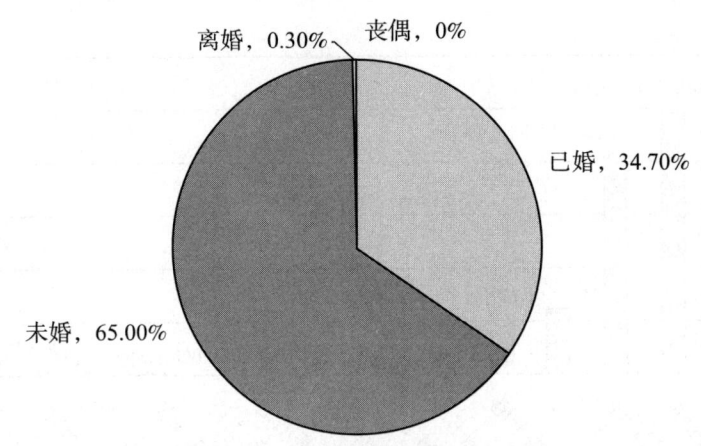

离婚，0.30%　丧偶，0%
已婚，34.70%
未婚，65.00%

图 6-8　大学生村官婚姻状况分布

同时，如图 6-9 所示，所调查的大学生村官中，2012 年一年收入为 10 000~30 000 元者人数最多，超过调查人数的 1/2；其次为 5 000~10 000 元者与 40 000~50 000 元者，分别为 15.30%、11.90%；年收入在 100 000 元以上者最少，仅为 0.30%。

收入区间	比例
100 000 元以上	0.30%
50 000~100 000 元	0.50%
40 000~50 000 元	11.90%
10 000~30 000 元	56.10%
5 000~10 000 元	15.30%
2 000~5 000 元	7.70%
2 000 元以下	4.40%
无收入	3.80%

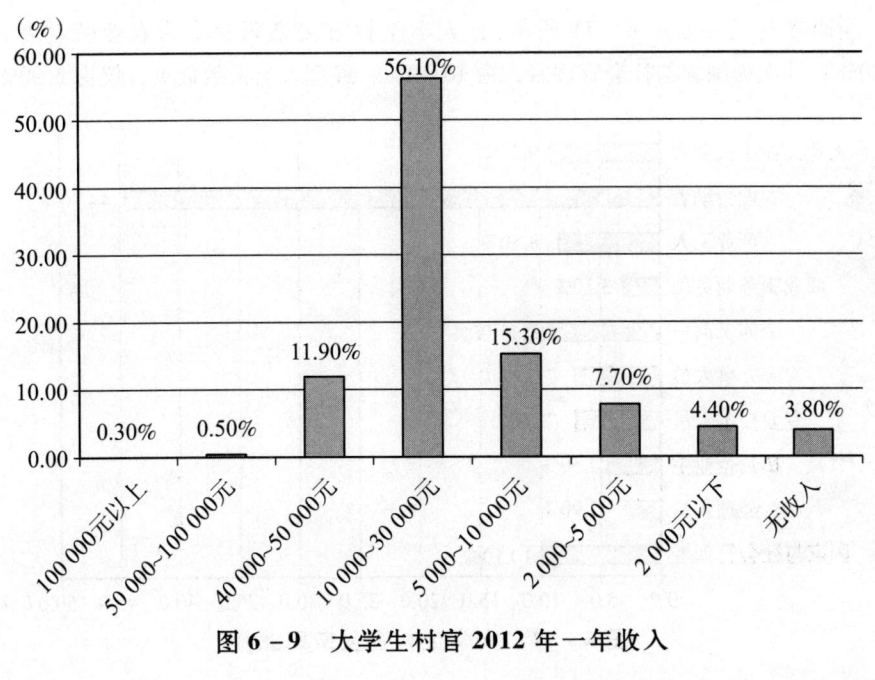

图 6-9　大学生村官 2012 年一年收入

（四）现任职务分布

由图 6-10 可知，所调查的大学生村官现任职务中，担任村主任助理和村书记助理的比重最高，超过 90%，担任乡长的比重最低，仅为 0.10%。

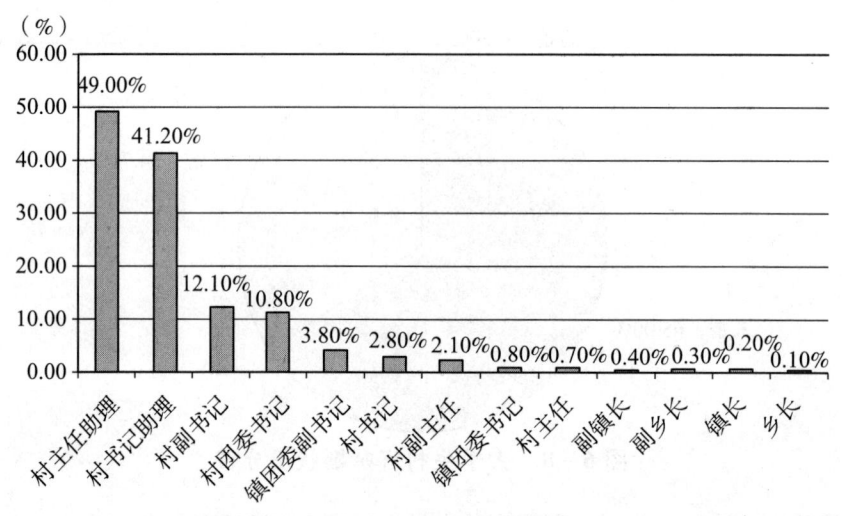

图 6-10　大学生村官现任职务

职务	比例
村主任助理	49.00%
村书记助理	41.20%
村副书记	12.10%
村团委书记	10.80%
镇团委副书记	3.80%
村书记	2.80%
村副主任	2.10%
镇团委书记	0.80%
村主任	0.70%
副镇长	0.40%
副乡长	0.30%
镇长	0.20%
乡长	0.10%

（五）家庭背景

经调查发现（如图 6-11 所示），大学生村官父亲职业多为农业劳动者，占 44.70%；其次为国家与社会管理者，占 10.10%；经理人员人数最少，仅占 2.90%。

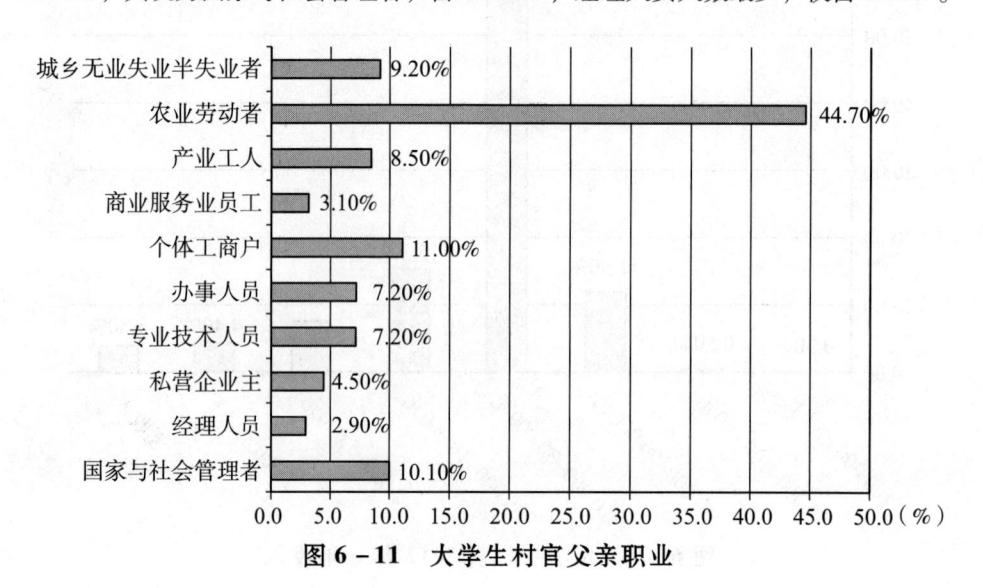

图 6-11　大学生村官父亲职业

职业	比例
城乡无业失业半失业者	9.20%
农业劳动者	44.70%
产业工人	8.50%
商业服务业员工	3.10%
个体工商户	11.00%
办事人员	7.20%
专业技术人员	7.20%
私营企业主	4.50%
经理人员	2.90%
国家与社会管理者	10.10%

经调查发现（如图6-12所示），大学生村官母亲职业多为农业劳动者，占48.90%；其次为城乡无业失业半失业者，占17.80%；经理人员人数最少，仅占1.20%。

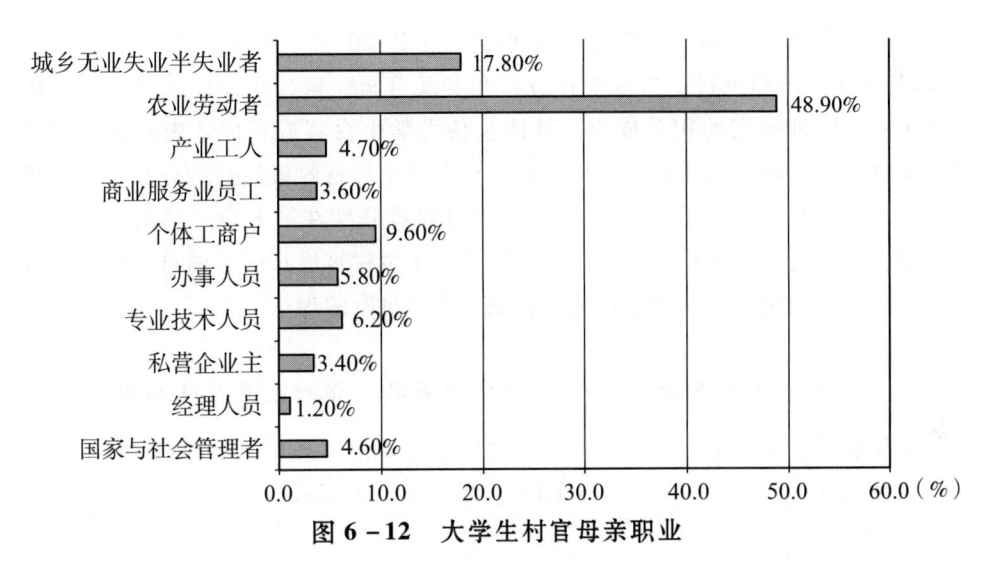

职业	比例
城乡无业失业半失业者	17.80%
农业劳动者	48.90%
产业工人	4.70%
商业服务业员工	3.60%
个体工商户	9.60%
办事人员	5.80%
专业技术人员	6.20%
私营企业主	3.40%
经理人员	1.20%
国家与社会管理者	4.60%

图6-12 大学生村官母亲职业

（六）样本总体描述和分析

以上调查数据表明，我国男性大学生村官占47.3%，女性大学生村官占52.7%，女性大学生村官比例较高。68.2%的大学生村官为中共党员，24.8%的大学生村官为共青团员。大学生村官年龄集中在21～30岁，这是一个年轻的青年人才群体，正处于人生经验和阅历的积累期。大学生村官的知识背景，除哲学、历史等基础理论学科外的文科专业占绝对优势，理工科类明显偏少，尤其农学类（5.90%）和医学类（1.80%）这些在农村极具用武之地的专业毕业生更少。大学生村官以大学本科学历为主，普遍集中于二本院校。期满流动中，17.7%的大学生村官担任村两委职务，5.6%的大学生村官担任乡镇级别领导职务。近半数的大学生村官来自农村家庭，对于已经在智力储备上付出大量成本的大学生村官而言，所能够依靠的家庭力量有限。所调查大学生村官绝大部分是近三年入职的高校毕业生，工资水平一般在10 000～30 000元。大部分大学生村官正处于成家立业的关节点。而目前大学生村官的收入水平仅能维持基本的衣食住行、通讯费用等日常开销，如果考虑到婚姻、家庭、住房以及以后赡养老人、养育子女等问题，则目前的收入水平远远无法满足其需要，因此大学生村官普遍面临着巨大的经济压力。

二、问卷调查数据解析

针对问卷调查数据，我们分四个小组，由近 20 名学生汇总数据并进行了 Excel 的录入，随后进行了数据统计分析和交叉分析，得出了全国大学生村官成长成才机制实证研究的相关成果。具体包括大学生村官成长成才内在素质的现状、大学生村官成长成才外部环境的现状、大学生村官政策运行的现状、高校培养和选拔大学生村官工作的现状等，这些内容将分别在第七章、第八章、第九章、第十章中进行详细论述。在此，我们将大学生村官成长成才的总体概况进行简要介绍，以期呈现出大学生村官成长成才不同阶段的现状。

（一）大学生村官能够较快适应农村基层，但对政策的认知程度不高

调研表明，大学生村官认为自己已适应农村基层工作的人数占 92.40%，超过总人数的九成，未适应者仅占 7.60%。如图 6-13 所示。

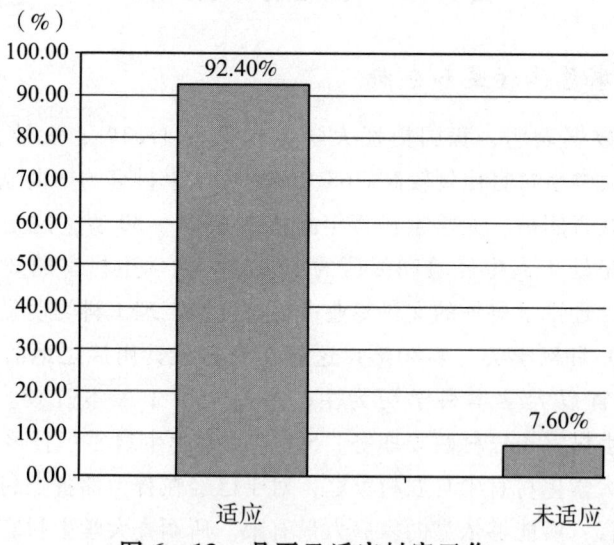

图 6-13 是否已适应村官工作

大学生村官适应期为 2~3 个月的人数比例最高，占 44.80%，接近总人数的五成；开始就适应者占 29.20%，居第二位；半年后适应者占 19.60%，居第三位；一年及以上适应者占 5.30%，居第四位；至今未适应者人数比重最低，占 1.20%。如图 6-14 所示。

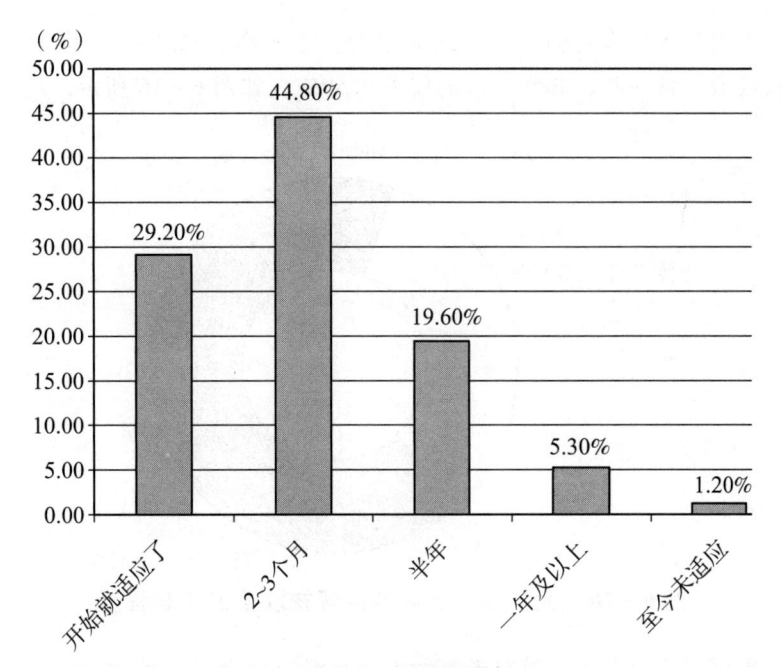

图 6-14　适应期

担任村官前对村官政策了解一般的占 38.50%，比较了解和非常了解的仅占 39.50%，非常不了解或比较不了解的占 21.90%。如图 6-15 所示。

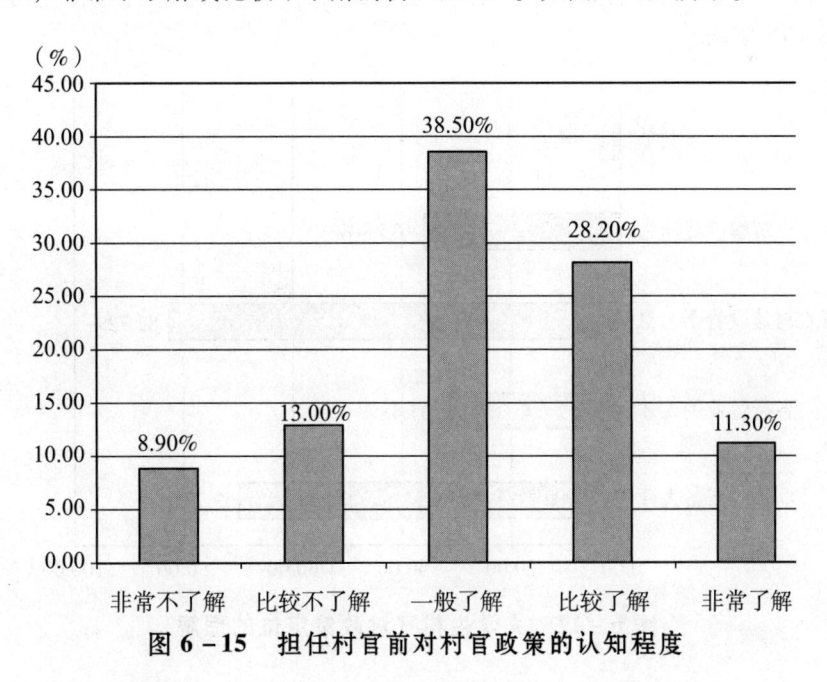

图 6-15　担任村官前对村官政策的认知程度

同时，大学生村官对创业帮扶政策了解程度不高，52.10%的大学生村官对创业帮扶政策了解一些，非常了解的仅占9.50%。如图6-16所示。

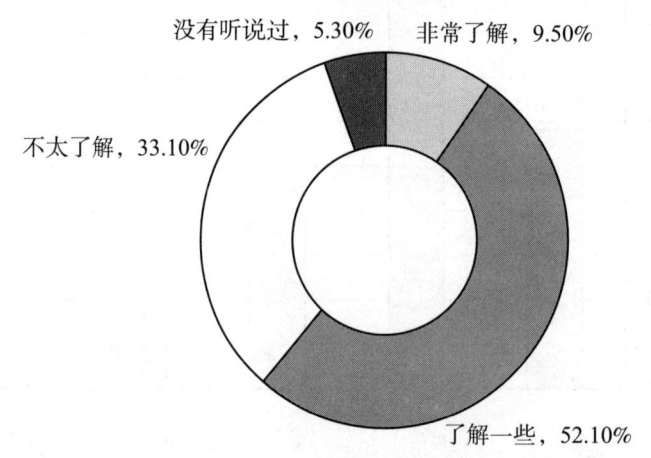

图6-16 大学生村官对创业帮扶政策的了解程度

大学生村官认为大学生村官政策的人才目标定位为新农村建设骨干力量和党政后备人才。高达82.72%的大学生村官认为政策的定位是培养新农村建设的骨干力量，69.75%的大学生村官认为政策定位是培养党政后备人才，还有35.80%和31.48%的大学生村官认为政策定位是缓解就业压力和培养各行各业的人才。如图6-17所示。

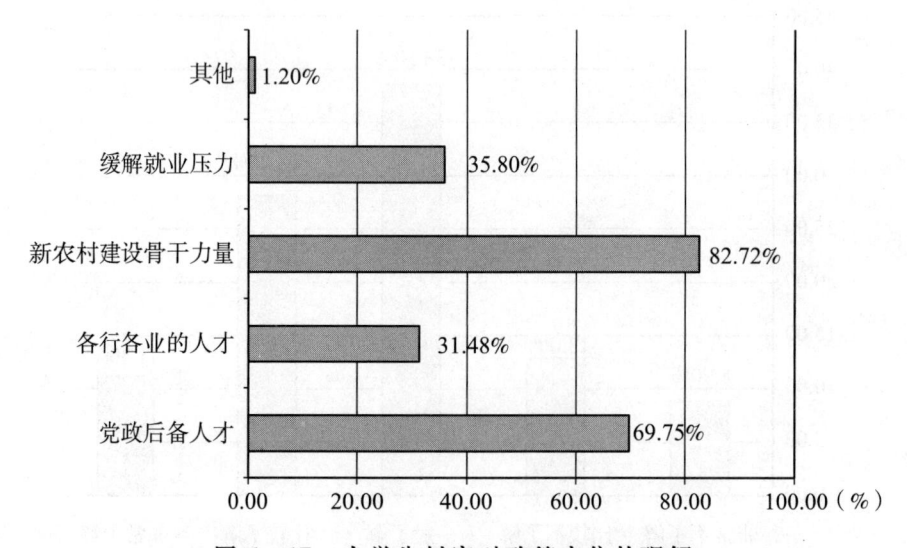

图6-17 大学生村官对政策定位的理解

此外，如图6-18所示，在基层就业项目中，大学生村官更认可各省市开展的选调生项目,其次才是大学生村官项目,再次是大学生志愿服务西部计划项目,最后是社区工作者项目和农村中小学"特岗计划"项目。可见,大学生村官工作虽然具有一定的吸引力,但并不是很大。

农村特岗教师计划　8.60%
三支一扶　12.96%
大学生志愿服务西部计划　12.35%
选调生计划　67.90%
大学生村官计划　61.11%

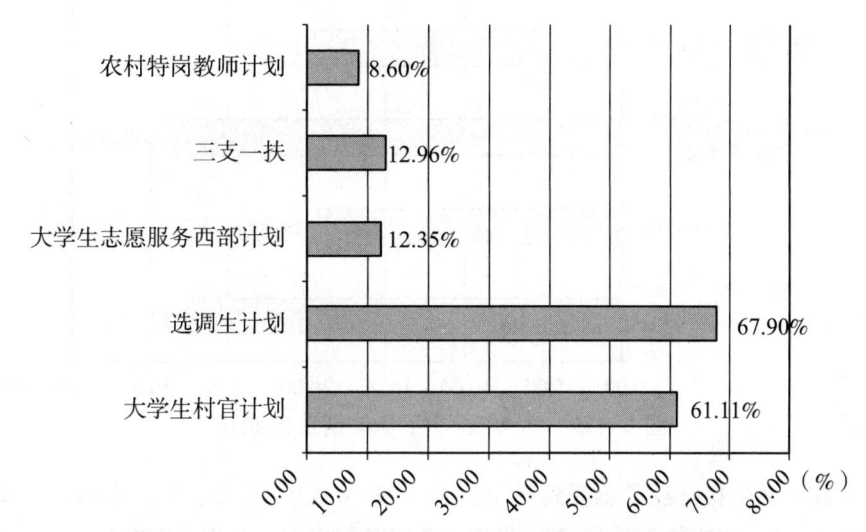

图6-18　大学生村官对不同基层就业项目的评价

以上调研数据表明,绝大多数大学生村官能够较快适应农村环境,对自身的适应能力非常有自信,这与相当一部分大学生村官出生在农村有密切的关系。由于有农村的生活经历,一些大学生村官在较短的时间内就能够适应农村和村官岗位。与此同时,调研发现,大学生村官对现有的村官政策的认知和了解还不够深入,他们很难从战略高度准确把握大学生村官政策的意义。村官们在工作过程中出现的思想和行为上的误区,部分原因在于对该政策的理解存在偏差。目前,大学生村官认为选调生计划比村官计划更具有吸引力,村官计划的吸引力优于志愿服务西部计划、三支一扶计划和农村特岗教师计划。这与大学生村官对政策的认知和了解程度不高有密切关联,同时也说明目前大学生村官政策的吸引力有待提升。为了帮助大学生对村官政策形成客观合理的认识,高校和相关政府组织部门应相互配合,有计划、有目的地开展政策宣讲,让高校大学生在报考村官前能够清楚地了解政策定位,从而帮助大学生村官更好地度过适应期。

(二)大学生村官工作积极主动,最大心理落差是农村文化娱乐活动单一

调研表明,77.5%的大学生村官曾参与创业,包括独立、全过程创业及合作创业或某些部分和环节的创业。如图6-19所示。

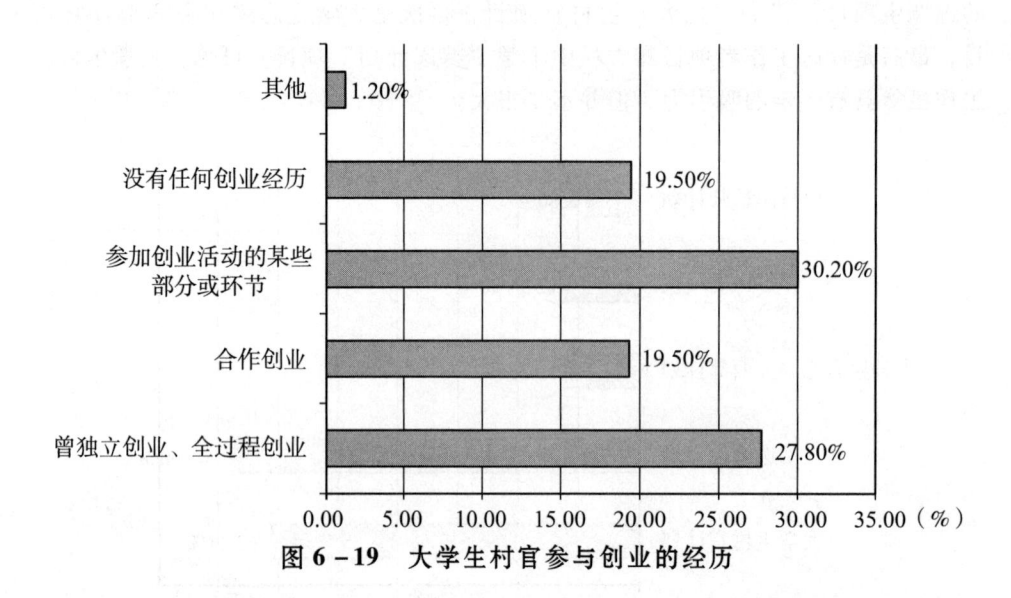

图 6-19 大学生村官参与创业的经历

半数大学生村官经常感受到竞争压力。有 34.57% 的大学生村官偶尔感受到竞争压力，14.20% 的大学生村官没有感受到竞争压力。如图 6-20 所示。

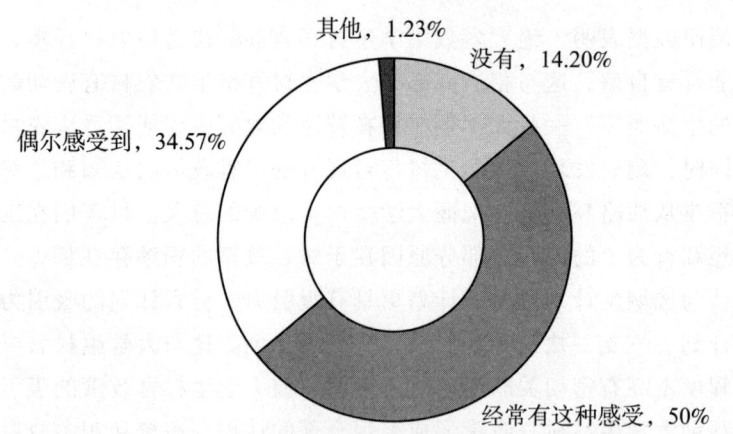

图 6-20 大学生村官任职期间是否感受到竞争压力

在村官工作的想象与现实间存在的差距方面，最主要的问题是任职后文化娱乐活动单一，不能满足村官群体的需求。同时，大部分村官表示，自然环境、工作环境和生活环境都比预期的要好。如图 6-21 所示。

多数大学生村官闲暇时间用于看娱乐书籍、上网、复习考公务员，群体性的娱乐活动较少。如图 6-22 所示。

```
文化娱乐单一          3.5061
自然环境比预期好      3.389
工作环境比预期好      3.277
生活环境比预期好      3.2378
没考虑这些因素        3.1416
生活环境差            2.8643
工作环境差            2.7919
娱乐丰富，比预期好    2.7378
自然环境差            2.7328
```

图 6-21　村官工作的想象与现实间存在的差距

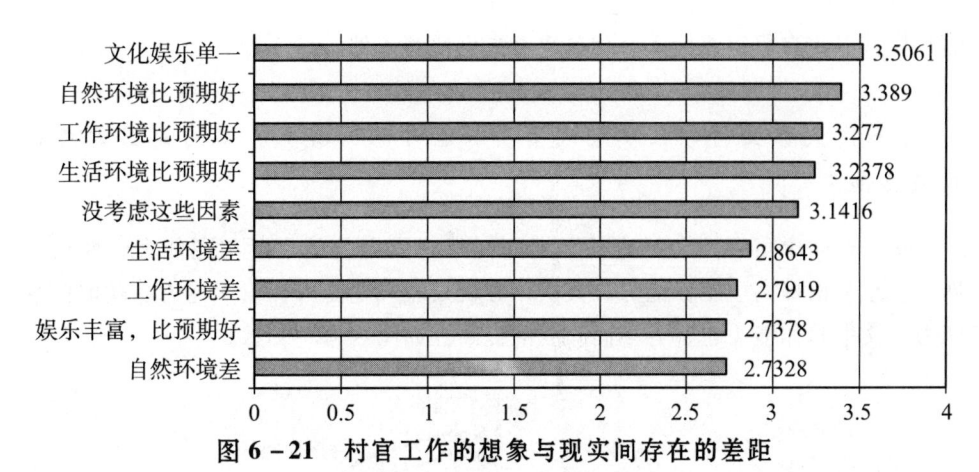

注：图 6-21 中的横坐标代表我们将问卷的答案选项设置为李克特五级量表，即非常不同意、不同意、一般、同意、非常同意五个等级，分别赋值 1、2、3、4、5。根据问卷调查对象所选择各个项目的分数计算代数和，并计算出所调查对象填写总得分的平均值，得出了 3.5061、3.389、3.277、3.2378、3.1416、2.8643、2.7919、2.7378、2.7328。以下相关图表中的数值计算方法相同。

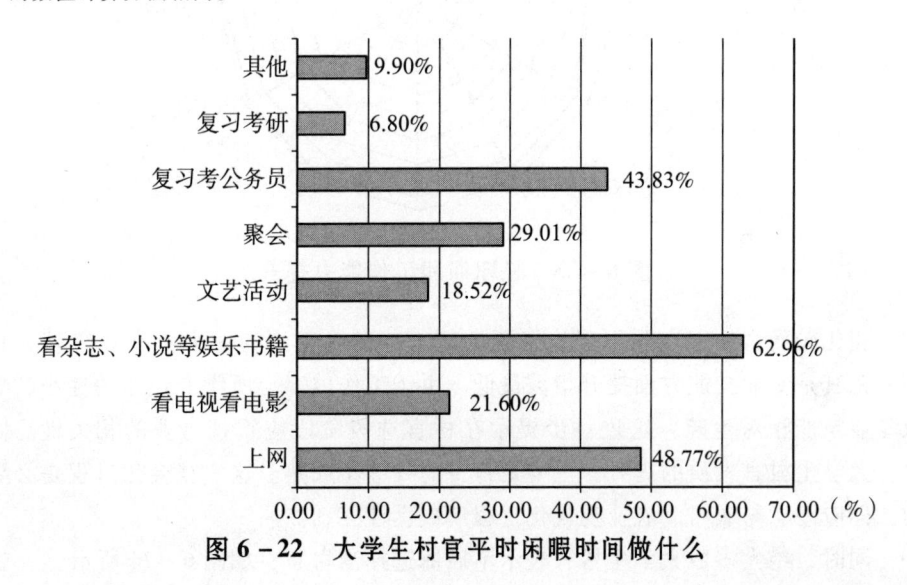

```
其他                        9.90%
复习考研                    6.80%
复习考公务员                43.83%
聚会                        29.01%
文艺活动                    18.52%
看杂志、小说等娱乐书籍      62.96%
看电视看电影                21.60%
上网                        48.77%
```

图 6-22　大学生村官平时闲暇时间做什么

以上调查数据表明，大学生村官能够积极参与到基层农村的实际工作之中，一部分大学生村官在基层农村开展创业活动，半数的大学生村官经常感受到竞争压力。村落的自然环境、生活环境和工作环境并没有给大学生村官造成较大的心理落差，大学生村官普遍感受到现实与想象中最大的差距在于文化娱乐单一。他们在闲暇时间大多是从事个体性活动，缺乏群体的娱乐活动。这说明大学生村官作为一群刚从大学毕业的年轻人，具有较强的环境适应能力和丰富的精神文化需求。这提示相关组织部门应加强村官间的交流联系，多组织精神文化活动，或者倡导村官群体自行组织活动，相关政府提供便利条件。

（三）大学生村官任职期间素质和能力不断提升，但与岗位需求仍存在差距

从雷达图中可看出，村官任职期间，收获最大的是人际沟通能力、性格成熟、思想觉悟提高、工作能力；其次，分析处理问题能力、组织能力、获取信息能力、文书写作能力也都有不同程度的提高。如图 6-23 所示。

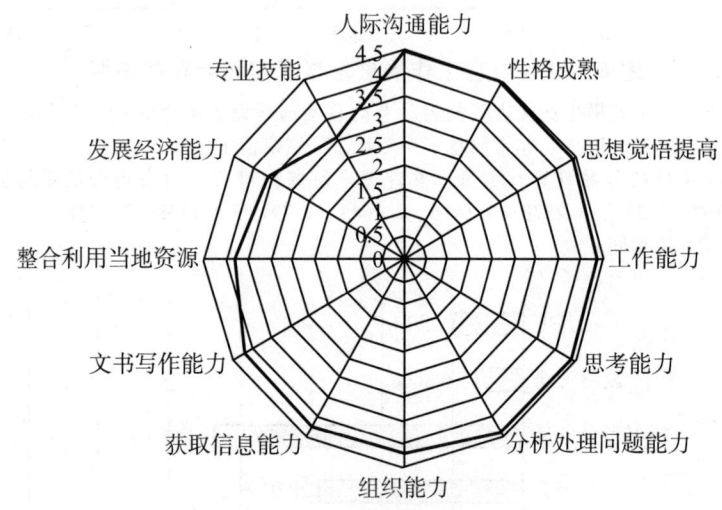

图 6-23 任职期间工作能力提升

相比较而言，整合利用当地资源的能力、发展经济的能力没有获得较大提高，尤其是专业技能方面提升指数最低。由于工作内容与所学专业相关性小，导致专业技能相对生疏，这进一步提示在村官选拔阶段应重视专业的相关性。同时，大学生村官素质的提升，主要是自身的社会化成熟。这一社会化过程是必要的，但应注意与农村、农业现代化过程形成良性互动。

同时，绝大多数大学生村官表示不后悔选择当村官，如图 6-24 所示。

尽管农村基层条件艰苦，但大学生村官对选择当村官不后悔，可能源于基层农村作为磨炼青年人才的一线阵地，能够较好地提升大学生村官各方面的综合素质和能力，这与担任村官的职业选择动机相吻合。

但是，大学生村官自身素质能力与岗位需求之间还存在着不匹配的地方，如缺乏工作经验、缺乏对农村事务的了解、缺乏解决实际问题的能力、不善于与基层村民沟通等。如图 6-25 所示。

不确定，15.57%

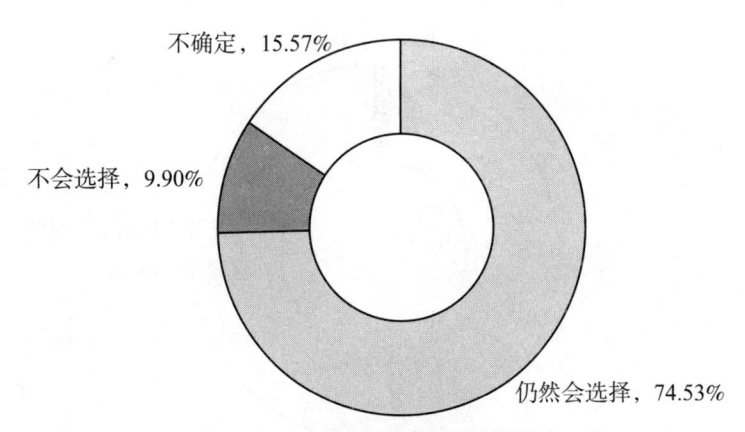

不会选择，9.90%

仍然会选择，74.53%

图 6-24　是否还会选择当村官

其他　2%
不善于沟通　20%
缺乏解决实际问题的能力　60.80%
缺乏对农村的了解　41%
缺乏工作经验　82%

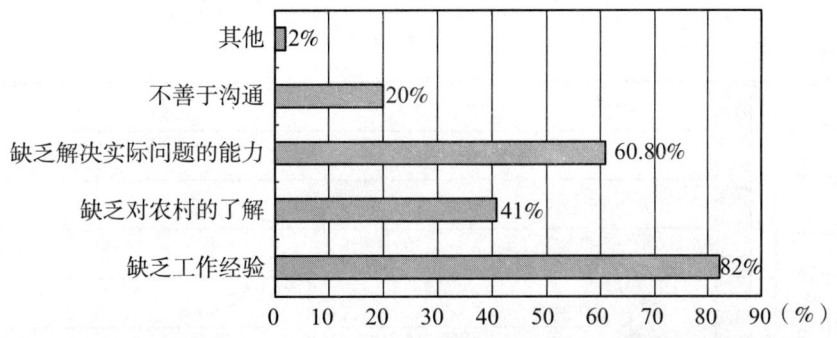

图 6-25　基层干部认为大学生村官素质能力与岗位需求之间的差距

由此可见，为了提升大学生村官的创新创业素质和能力，使这支队伍在新农村建设中发挥更大的作用，需要政府、社会、学校等各方面对大学生村官给予有效的指导和支持。其中，高等学校在培养大学生村官创新创业素质和能力方面起着重要作用。

（四）大学生村官分流期心态平稳，但发展规划相对单一

51.85%的大学生村官对二次就业充满信心，但仍有32.72%的大学生村官不太确定是否有信心，还有13.58%的大学生村官感到没有信心，这部分群体需要重点关注和帮扶。如图6-26所示。

一般来说，大学生村官的任职年限是三年。现行政策为任职期满后的大学生村官规划了多条出路。理论上看，大学生村官期满后对未来发展有着多种选择。然而据调查统计，大学生村官们的期满规划相对集中，选择考取公务员的比例最高，占到55.8%，其次是事业单位，这两种选择比例合计达到71.4%；少部分希望期满留任、自主创业、继续学习深造或自主择业。如图6-27所示。

其他，1.85%

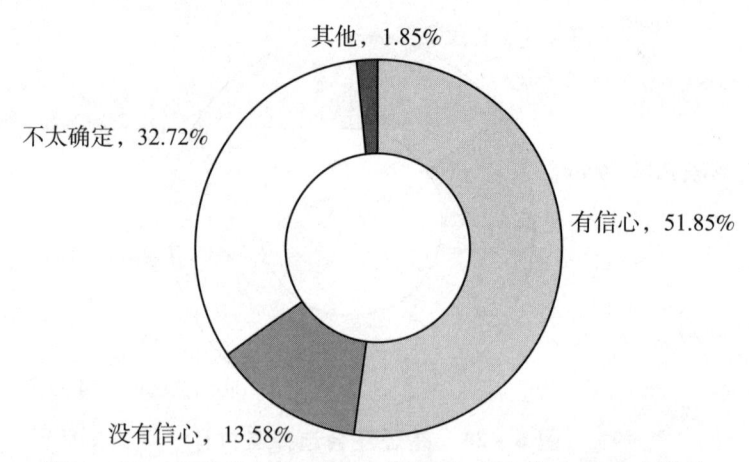

不太确定，32.72%

有信心，51.85%

没有信心，13.58%

图 6-26　大学生村官对未来期满的二次就业是否有信心

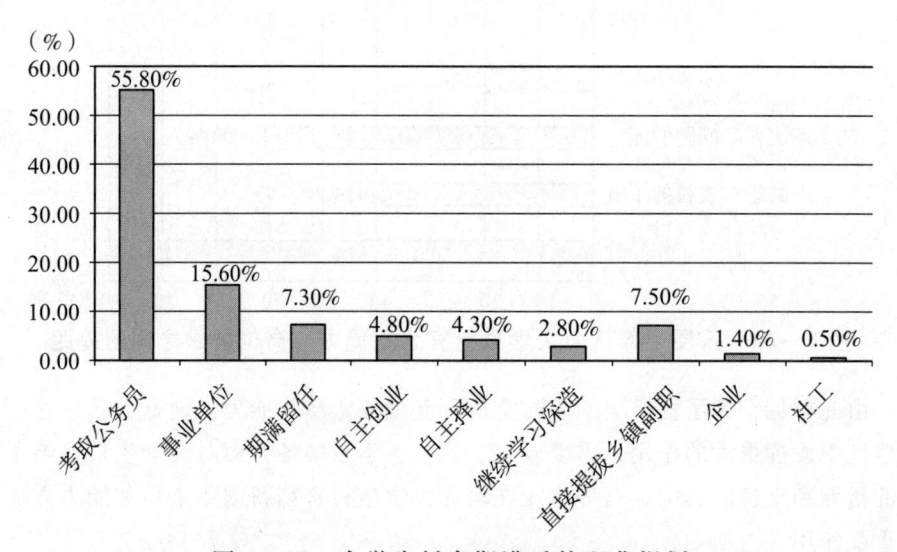

考取公务员 55.80%
事业单位 15.60%
期满留任 7.30%
自主创业 4.80%
自主择业 4.30%
继续学习深造 2.80%
直接提拔乡镇副职 7.50%
企业 1.40%
社工 0.50%

图 6-27　大学生村官期满后的职业规划

　　这表明，大学生村官对自身职业发展规划相对单一。这一数据也从侧面反映了如下现实，即大学生村官任职期满以后，固然有一些留在了农村，但多数人还是要走向新的工作岗位。正是基于此，现行政策把大学生村官岗位定位为一个综合性的实践岗位，不以培养某一方面的人才为最终目标，而是着眼于培养提升大学生的综合能力，促进大学生村官成长成才，从而为社会各行各业输送人才。

　　对于"很多大学生村官期满后仍然留在了农村，您认为原因是什么"这一开放性问题的问卷调查结果表明，大学生村官认为主要受个体态度因素、职业发展因素、环境压力因素三个方面的影响。个体态度因素主要包括：在农村找到了自我存在的价值；受到自身习惯性、惰性、随遇而安等内在因素的影响；对工作的热爱、想为农村的发展做点儿贡献；对农村产生了感情、愿意为村民服务；想在农村发展；抱着侥幸心理，认为国家的政策导向会偏向村官，等待解决编制；个人价值观的选择、志愿扎根农村、服务农民；认为农村是当前及今后发展的重要领域，发展前景广阔。职业发展因素主要包括：个人抱负；在职期间有未完成的项目或者创业需要延续；农村给了适合发展的大舞台，适合个人创业；适应了农村的生活，有些是进了两委，待遇总体而言比一般的公司要好点，工作相对自由。环境压力因素包括：在农村组建了家庭；年龄偏大，不知道干什么了；未能完全适应重新出去面对社会；在农村继续发展种养殖业；没有其他出路滞留村中；在农村待几年后，与大城市已经脱轨，相比之下农村的压力小于城市，加之更加熟悉农村的生活，转行难度和压力大。

三、访谈资料解析

在整理出大学生村官、村民和管理者的访谈资料后，经过精心归类和提炼，我们将定性分析和定量分析相结合，运用比较研究的方法对访谈资料进行了深入解析，得出了客观结论。定性分析包括对行为事件访谈中优秀村官与普通村官访谈资料进行比较，发现两者间存在的主要差异，找出大学生村官岗位的核心素质。在定性分析中，还对大学生村官、村民和管理者三个群体展开了比较研究，找出了三者看法和观点的相同点和不同点，并分析了产生差异的深层次原因。定量分析主要从数据上统计村民和管理者对大学生村官和大学生村官政策认可的程度以及形成的原因，了解村民和管理者眼中的大学生村官，以及二者对大学生村官政策比较集中的建议和意见。

（一）对大学生村官行为事件访谈资料的解析

针对大学生村官的访谈运用了关键行为事件访谈法，该方法的访谈提纲设计有固定的标准，即STAR标准。其中S是指访谈过程中的情境，T指访谈中的任务，A指访谈中关于行为方面的内容，R指访谈中关于事件结果方面的内容。访谈过程中遵循"打破砂锅问到底"的精神，问题设置遵循具体化、精确化的原则，以避免泛泛而谈。访谈主体主要涉及三件成功的事件以及三件遗憾的事件，每个事件都根据STAR原则进行循环提问，以收集更加丰富而真实的材料。在根据STAR原则设计了访谈提纲后，为了确保访谈内容的科学性，课题组在正式访问之前进行了试访问练习，力图确保访谈内容符合规范。由于大学生村官学历一般都较高，对访谈内容的配合及理解都比较好，针对他们的访谈效果更有保障。但是在访谈时间控制方面，由于受个体差异影响较大，时间差异较大，由此在具体访谈过程中遵循灵活掌握时间的原则。通过整理、提炼大学生村官访谈记录，我们整理出了大学生村官任职期间比较成功的事件和比较失败的事件。

通过比较优秀大学生村官和普通大学生村官在具体事件中的情绪反应、态度倾向、扮演的角色、决策行为等，我们发现优秀大学生村官普遍具有高度的工作责任感和成就动机，能够创造性地解决工作中碰到的各种问题。虽然所从事的农村基层事务性工作繁杂琐碎，但大学生村官积极主动地为村民解决各种问题，同所在村落的村民产生了深厚的感情，在成功的事件中能够充分体会到工作的成就感。比如山西一位优秀大学生村官谈道："在村里头已经两年时间了，我一定要按照生态经济村的规划来把村子建设好，收入翻番，老百姓致富我就挺高兴。"海南省一位优秀大学生村官谈道："我觉得年轻人就是一个国家的发展，你要看一个国家是否发展就要看它的年轻人是否发展，这是很重要的。所以说一直以来我都特别关注青少年发展这一块，然后在今年高考出来之后我就想尽自己的一些能力去帮助一下他们。"

面对基层农村工作中的问题和困难，大部分大学生村官能够坚持不懈，凭借坚强和积极的态度应对，不仅能够妥善处理和协调一些问题，而且能够锻炼自身的综合素质和能力。甘肃省一位偏远落后村落的大学生村官张某谈道："在农村工作遇到的困难也挺多的，比如机器问题啊，掉地膜啊。或者有时候明天就要去人家地里铺，结果又说没肥料什么的，然后就要连夜从别处给他们家里去借来，要协调很多问题。"一位连续多年被评为优秀的大学生村官谈道："感觉在农村干工作要有耐心，遇到啥事都不能急，就算天塌下来了你都不能急。"甘肃一位大学生村官谈道："我现在见什么样的人，见什么样的老百姓，我该跟他说啥样的话我都很清楚。"山西省一位优秀大学生村官谈道："要从处理复杂、危机、突发事件中学本领，和老百姓产生真正的感情不是你坐在这儿就能产生的。要通过处理一些事情真正掌握农村的真实情况。当村官干啥？就是要下来锻炼、了解农村的，发展农村的同时肯定要接触农村一些其他问题，这些矛盾一定要参与处理，这样才能了解农村、农民，增加自己的本领，我觉得以后再有这些事处理就不一样了。"

同时，大学生村官在基层农村扮演着管理者的角色，在决策过程中发挥辅助作用。天津大学生村官谈道："刚开始觉得在村工作就像可有可无，这事谁都可以干。刚开始就是这样，越往后我们书记感觉他离不开我，我还是能帮助他做一些重要的事情。他们每个人都盯一摊事，都对我比较信任，很多的事都由我来做，什么事他交给我都放心。"这表明，大学生村官在基层农村要有所作为，不仅需要干事创业的平台、村干部的支持和信任，更需要自身良好的工作素质和能力。正如海南省一位优秀大学生村官谈到："我觉得优秀村官在性格上应该开朗，因为开朗了才能交流,才能说。动机一定要单纯,千万不要总想着自己要得到什么。另外,思想觉悟要高,政治敏锐性和政策解读能力要强。"

(二) 对村民、管理者团体焦点访谈资料的解析

课题组从每省(市)大学生村官所在村落随机抽选20名村民以及10名相关管理者进行访谈,主要采取团体焦点访谈法,用于从他评的角度对大学生村官进行评价,补充对大学生村官成长成才现状的全面认识,同时为《大学生村官胜任特征编码词典》的编制提供参考。遵循团体焦点访谈的原则和方法,针对村民和管理者的访谈内容设计主要采用开放式提问,搜集资料后通过整理归类,分别从村民和管理者对大学生村官的评价、对大学生村官政策的建议和意见等方面进行归纳总结。

比如通过访谈,我们了解了村民对于大学生村官所具有的不同品质的认可程度。在村民朴实的语言中,多数村民比较赞赏大学生村官"老实能干"、"态度好"和"亲民"。比如天津市一位村民说:"还是有大学生村官好,农村哪有几个大学生啊,都是大老粗,村官来了跟我一说我全都懂了。我们老百姓对村官的态度是比较欢迎,因为村官更多的是为农村付出,还有很多需要牺牲自己的时间和精力,我们都非常感动。"河南省一位村民说:"进村发展,刚开始不知道这个人,一个大学生他能干成啥事嘞?经过两年一看,好几个村的人都认识他,中!办实事。现在养鸡养猪有什么问题都找他。"由此可见,大学生村官主要依靠注重实干、不断创新的工作方式,任劳任怨的工作态度,以及密切联系群众、服务群众的工作作风赢得了大多数村民的喜爱、认可与支持。

同时,管理者普遍对大学生村官评价较高,多数管理者欣赏大学生村官的质朴精神,认为大学生村官能够吃苦耐劳。比如有管理者说:"大学生村官作为年轻人,对村里的规范化、技术化有很大作用,大学生村官在村里主要担任副书记角色,根据农户需要开展工作。"还有管理者说:"我们对大学生村官相当满意,他们是新形势下的带头人,对农村建设有很大帮助,由于农村比较落后,对高科技先进文化比较需要,例如村里农作物病虫害比较多,对科技方面人才需求比较多。"为了帮助大学生村官更好地适应基层农村工作,各地区管理者普遍为大学生村官提供了力所能及的工作、生活条件,并建议为大学生村官提供更多政策支持,尤其希望能够在各种招考中,适当增加名额,放宽相关的名额、专业方面的限制,帮助大学生村官顺利实现二次就业。

(三) 对大学生村官、村民和管理者访谈资料的比较

大学生村官、村民、管理者对于大学生村官和大学生村官政策有相同的观

点,也有不同的期待和评价,从三重视角的比较中,可以深入探讨相同观点和不同观点背后深层次的原因,从而有针对性地提出完善建议,实现大学生村官成长成才中个体价值和社会价值的统一,促进大学生村官成长成才机制的良性运行。经过认真思考和深入挖掘,我们主要从对大学生村官的评价、对大学生村官的期待、对大学生村官政策的评价、对大学生村官政策的期待四个维度比较大学生村官、村民和管理者的看法和态度。

比如通过比较研究,我们发现,村民、管理者、用人单位对大学生村官素质提升的评价与村官自我评价基本是一致的。针对大学生村官政策的建议和意见,村民、管理者和大学生村官都提到了大学生村官的物质待遇问题以及期满后大学生村官的去向问题。村民和管理者对大学生村官的生活、工作都给予了极大的关心,普遍认为大学生村官待遇偏低,应提高相关待遇保障。同时认为大学生村官在基层农村做出了较大贡献,对于干得好的大学生村官应该给予政策的扶持,帮助大学生村官留村任职或者选择其他岗位。大学生村官在访谈中,也普遍提出了提高薪酬待遇、解决出路等要求。

在发掘大学生村官、村民和管理者相同观点的同时,我们还致力于深入探讨大学生村官、村民和管理者看法和观点的差异,通过分析差异的程度和原因,以期发掘影响大学生村官成长成才的深层次因素,为有针对性地提出对策建议提供客观依据。

第七章

大学生村官成长成才的内在素质：
基于大学生村官的问卷调查

为了便于了解大学生村官成长成才内在素质的现状，我们以大学生村官自身为视角，通过问卷调查，从思想政治素质、工作态度、工作能力、个性特征四个方面具体考察了大学生村官对自身素质的主观评价。同时，为了区分优秀大学生村官和普通大学生村官的内在素质，我们建立了大学生村官四因子模型，为促进大学生村官的成长成才提供了客观科学的依据。

第一节 大学生村官内在素质的自我认知与评价

为了了解大学生村官对其内在素质的自我认知和评价，我们设计了40个问题，主要采取自陈式表达方式。考虑到大学生村官整体学历较高，为避免过于集中选择中间项，课题组采用了李克特六点量表即1~6的6点计分方式而非5点计分方式，以增加处于中间选项的区分度。答题时，被试结合自己的实际情况选择题干的描述对自身情况的符合程度。其中，"1"表示"非常不符合"，"2"表示"比较不符合"，"3"表示"有点不符合"，"4"表示"有点符合"，"5"表示"比较符合"，"6"表示"非常符合"。正向表述题采用正向计分方式，反向表述题采用反向计分方式。经转换后，所有题目均为正向计分，总分得分越高，表示大学生村官对该项素质特征的认识越趋同。根据相关数据分析，具体调查结论如下。

一、思想政治素质：对政策和领导支持心存感激，对发展前景担忧

围绕思想政治素质，我们设计了4个问题，分别从大学生村官对自身发展前景的信心、对政策扶持的感受和感激程度、对领导支持的感知等方面来了解大学生村官思想政治素质的现状。

调查数据显示，2 385名大学生村官认可"村官会有很好的发展前景"，约占被调查大学生村官总数的56%，有44%的大学生村官对自身发展前景表示担忧。其中856名大学生村官选择"有点符合"，所占比例最高。如图7－1所示。

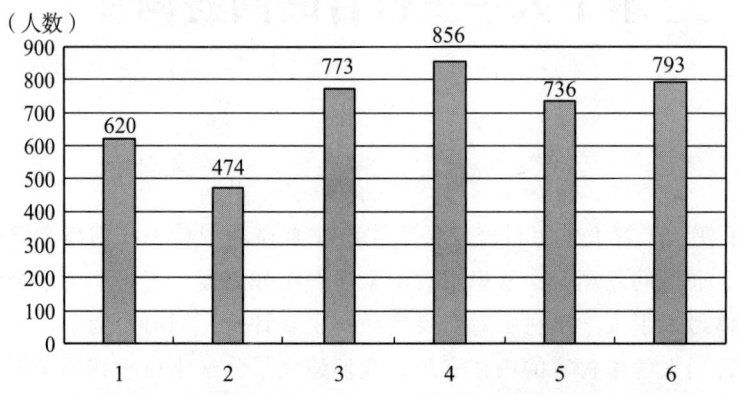

图7－1　村官对"目前的政策条件下，村官会有很好的发展前景"的态度

对于"我能够感受到国家政策对村官各项工作的扶持"这一提问，1 073名大学生村官选择"非常符合"，所占比例最大，达到25%以上。861名大学生村官选择"比较符合"，859名大学生村官选择"有点儿符合"。这表明，65.7%的大学生村官能够不同程度地感受到国家对自身工作的扶持。如图7－2所示。

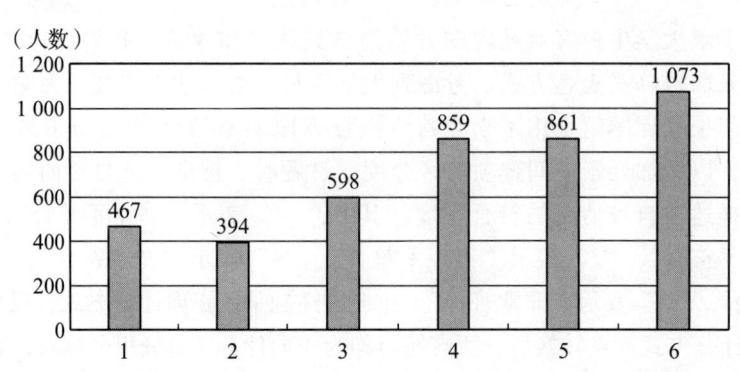

图7－2　村官对"我能感受到国家政策对村官各项工作的扶持"的态度

大学生村官对国家推行的大学生村官政策普遍持感激态度，3 410 名大学生村官不同程度地感激国家政策的扶持，占所调研总数的 80% 以上。其中选择"非常符合"的大学生村官人数达 1 515 名，占总人数的 35.6%，所占比例最高。如图 7-3 所示。

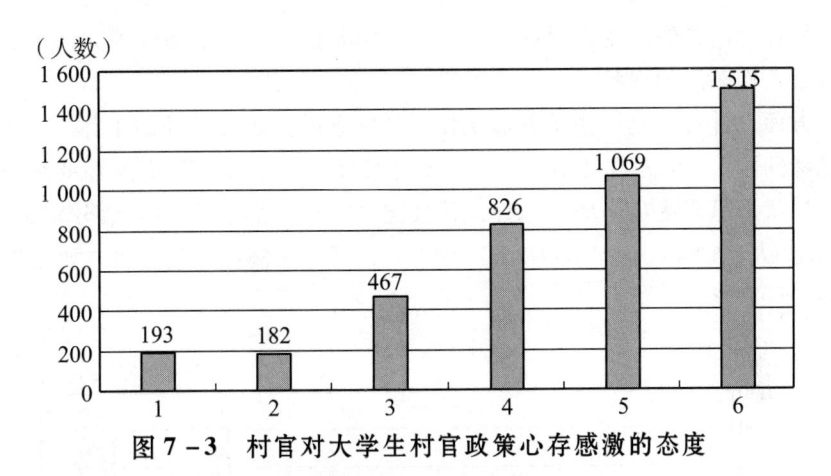

图 7-3　村官对大学生村官政策心存感激的态度

3 471 名大学生村官不同程度地能够感受到上级领导对其工作的支持，其中 1 681 名大学生村官选择了"非常符合"，占总人数的 39.5%，所占比例最高。如图 7-4 所示。

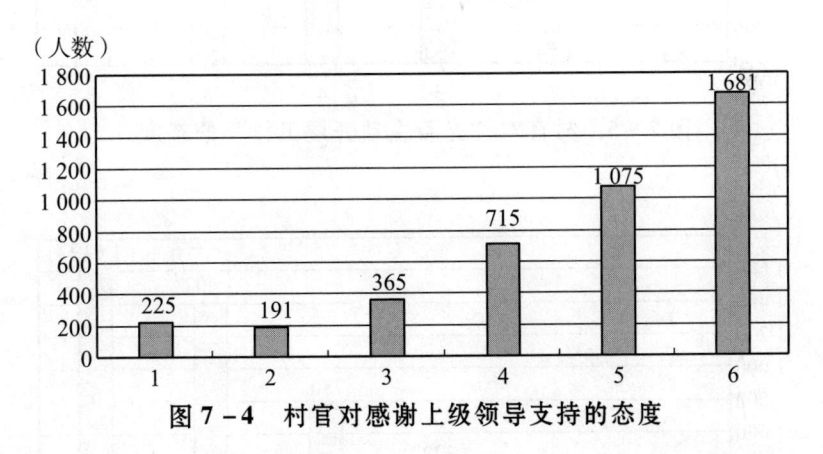

图 7-4　村官对感谢上级领导支持的态度

总之，目前大学生村官普遍能够感受到政策的扶持力度和上级领导的支持，并心存感激，但对自身发展的前景仍有担忧。由此可见，下一步大学生村官工作应重点关注大学生村官自身的成长成才问题，尤其要解决大学生村官的发展出路问题。

二、工作态度：积极进取，创新精神有待提升

围绕工作态度，我们设计了10个问题，分别从大学生村官开展工作的主动性、分析处理问题的态度、观察力、细心、领导信任、创新态度等方面来了解大学生村官工作态度的现状。

一方面，针对"是否主动开展工作""自愿承担职责之外的工作""从多个角度思考问题""认为自己细心""领导对交代的工作放心"等问题的统计数据表明，柱状图呈现逐步递增的趋势，并且选择"非常符合"的人数分别是1 523人、1 619人、1 843人、1 659人、1 914人，所占比例都是最高的。如图7-5～图7-9所示。

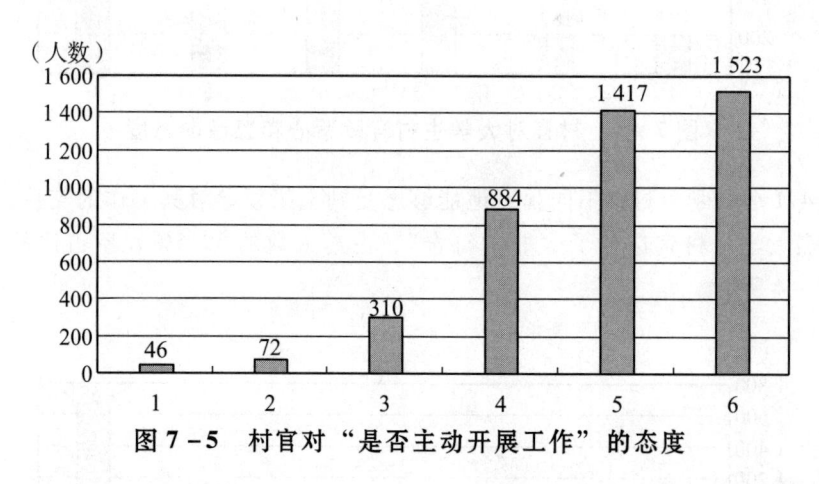

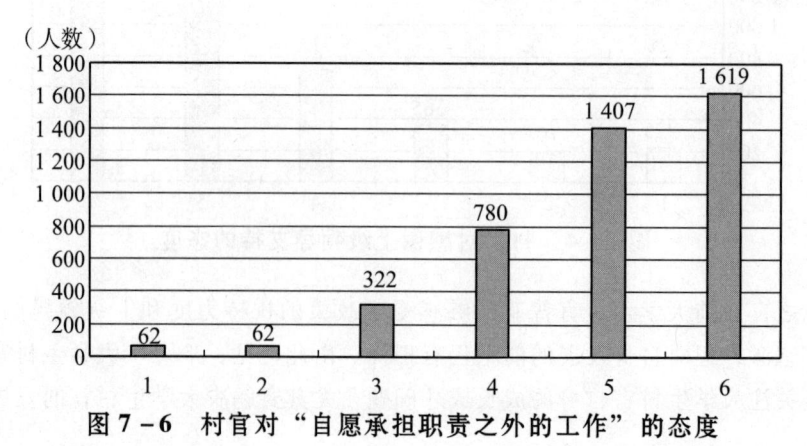

图7-5 村官对"是否主动开展工作"的态度

图7-6 村官对"自愿承担职责之外的工作"的态度

(人数)

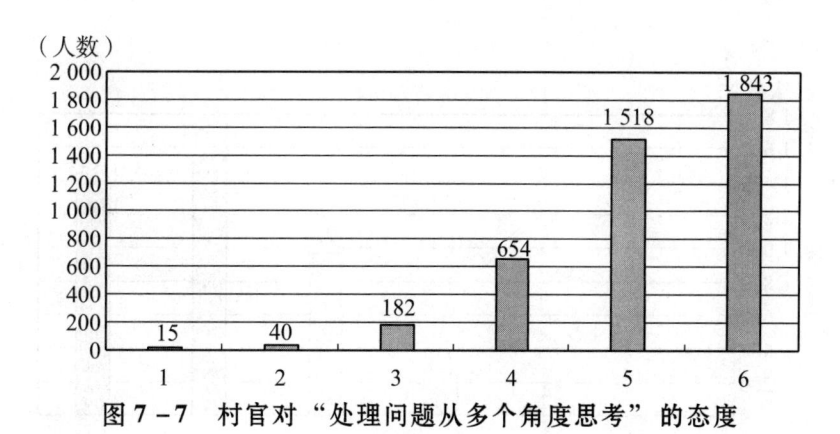

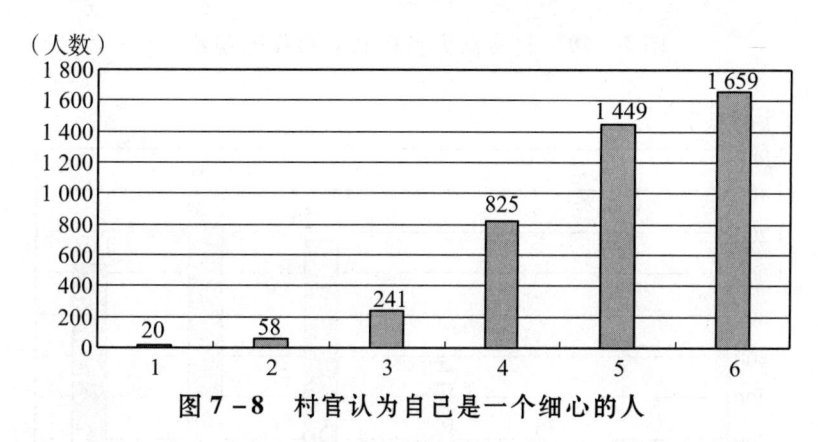

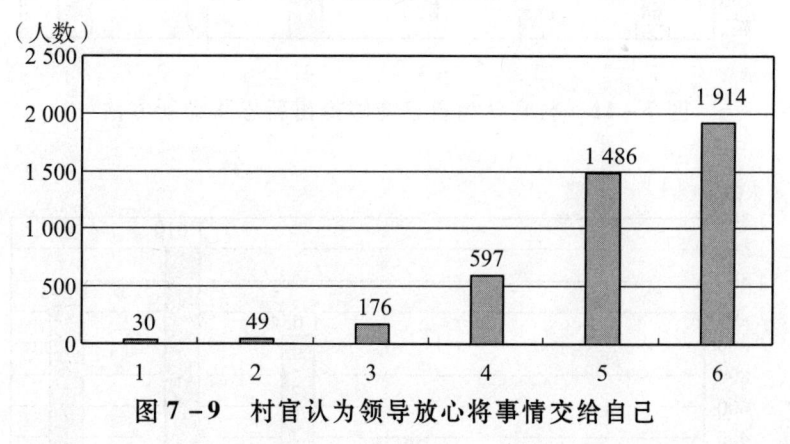

图7-7 村官对"处理问题从多个角度思考"的态度
1: 15; 2: 40; 3: 182; 4: 654; 5: 1 518; 6: 1 843

图7-8 村官认为自己是一个细心的人
1: 20; 2: 58; 3: 241; 4: 825; 5: 1 449; 6: 1 659

图7-9 村官认为领导放心将事情交给自己
1: 30; 2: 49; 3: 176; 4: 597; 5: 1 486; 6: 1 914

另一方面，在大学生村官对"具有很强的观察力""能够提出新思路和新方法""抓住问题的本质""解决问题思路清晰""能够协调各方面的关系"等几个问题的回答中，选择"比较符合"的人数分别是1 544人、1 389人、1 610人、1 662人、1 642人，所占比例都是最高的。如图7-10～图7-14所示。

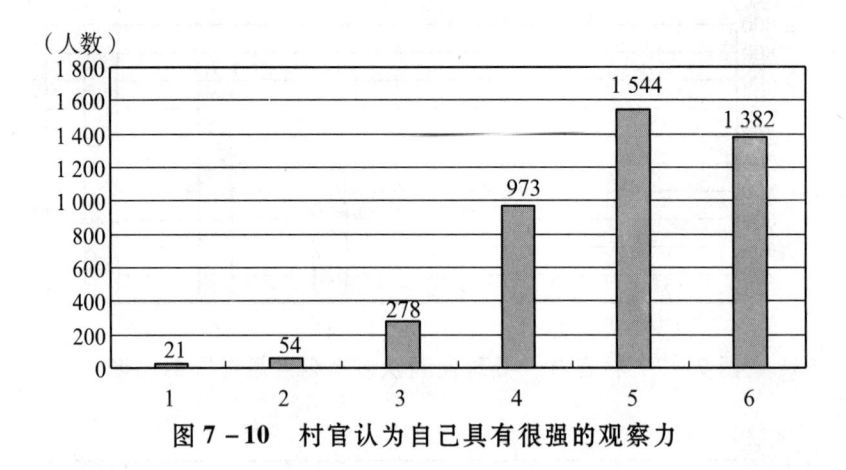

图 7-10　村官认为自己具有很强的观察力

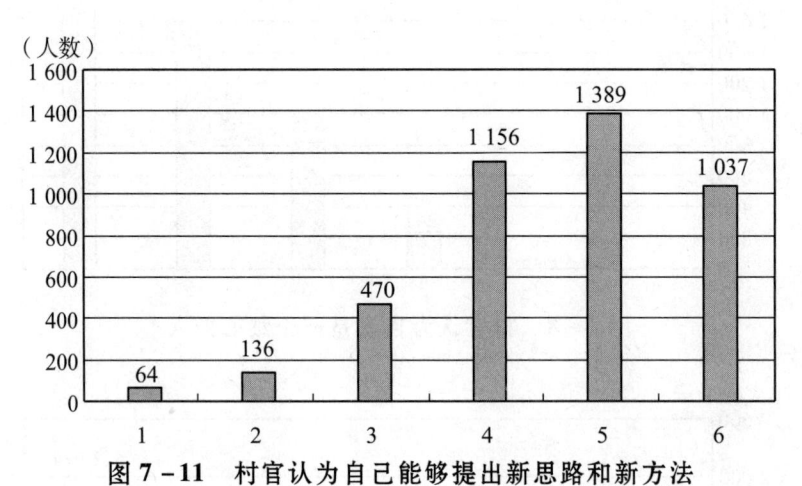

图 7-11　村官认为自己能够提出新思路和新方法

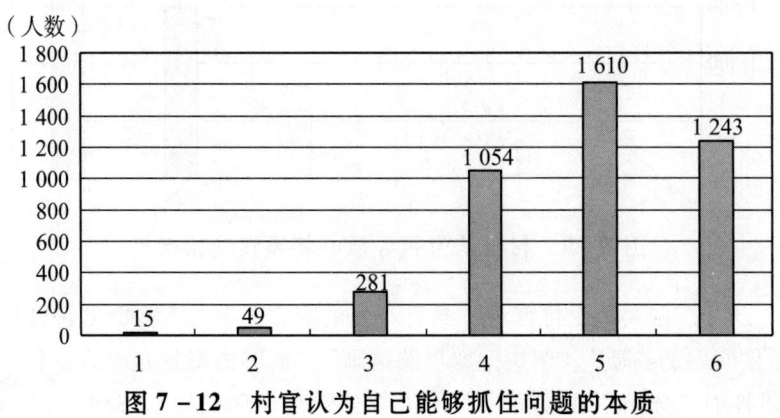

图 7-12　村官认为自己能够抓住问题的本质

图 7-13　村官认为自己解决问题思路清晰

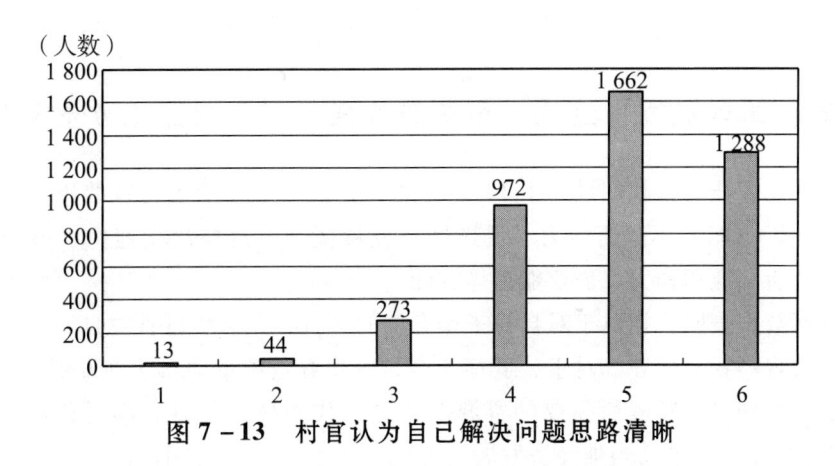

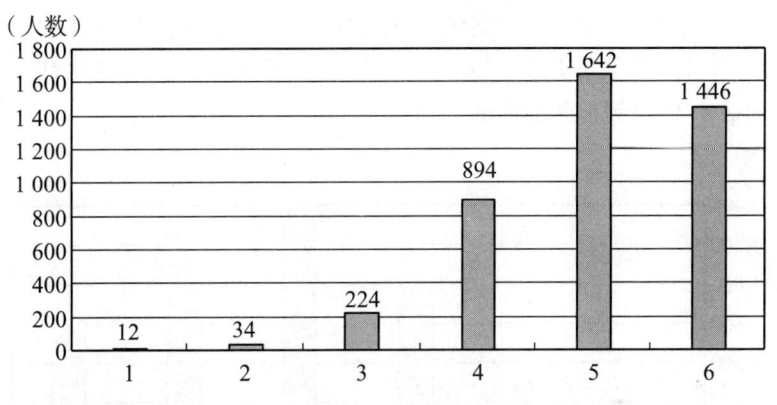

图 7-14　村官认为自己能够协调各方面的关系

由图 7-1～图 7-14 可知，89.9% 的大学生村官认为自己能够主动开展工作，89.5% 的大学生村官愿意承担职责之外的工作，94.4% 的大学生村官能够从多个角度思考问题，91.7% 的大学生村官认为自己具有很强的观察力，92.5% 的大学生村官认为自己是一个细心的人，94% 的大学生村官认为领导放心将事情交给自己做。这表明：一方面，大学生村官对自身的工作态度评价非常高，绝大部分大学生村官认为自己的工作态度认真负责、积极主动，工作中具备细心、耐心和责任心等良好品质，能够让领导放心；另一方面，大学生村官对于自身的观察力强、能够提出创新思路和方法、能够抓住问题本质、解决问题思路清晰、能够协调各方面关系这五个问题的回答，选择"非常符合"的比例均低于"比较符合"，体现出大学生村官对这五个方面的工作不太自信。由此可见，大学生村官在工作中呈现出两面性，既有非常自信的一面，又有不太自信的一面，大学生村官在观察力、创新精神、解决问题的思路和效果、协调关系等方面的能力亟待提升。

三、工作能力：适应、组织能力强，创新创业能力亟待提高

围绕工作能力，我们设计了 13 个问题，分别考察大学生村官的资源整合能力、争取资源能力、沟通能力、促进经济发展能力、战略决策能力、群众号召力、专业所学应用能力、创业能力等方面。

调研数据表明，相对于对自身工作态度的评价，大学生村官对自身工作能力的评价表现得相对保守。对于"我能整合村中现有资源带动当地的发展""从很多渠道争取到村子发展所需要的资源""经常代表村民与政府部门和投资方沟通""工作重心是推动当地经济发展""致力于当地特色产品的品牌化推广""设计详细的阶段性目标和方向""尝试发展循环经济""大家愿意听自己""我的专业技能在工作中发挥了作用"等方面的回答多数都选择了"有点儿符合"。选择"有点儿符合"的比例都是最高的。如图 7-15~图 7-24 所示。

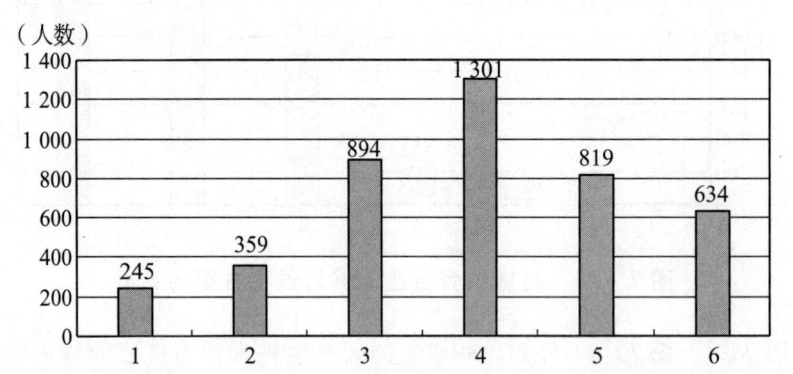

图 7-15 村官对"我能整合村中现有资源带动当地的发展"的态度

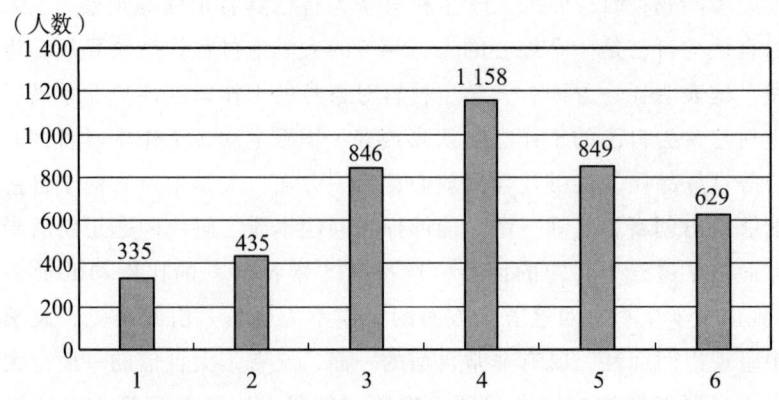

图 7-16 村官对"我可以从很多渠道争取到村子发展所需要的资源"的态度

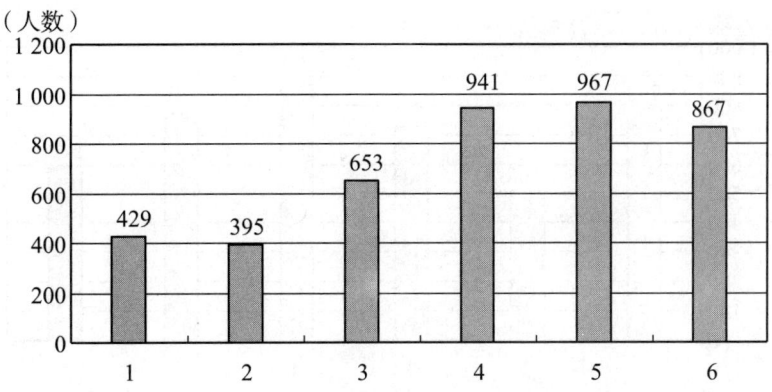

图 7-17　村官对"经常代表村民与政府部门沟通"的态度

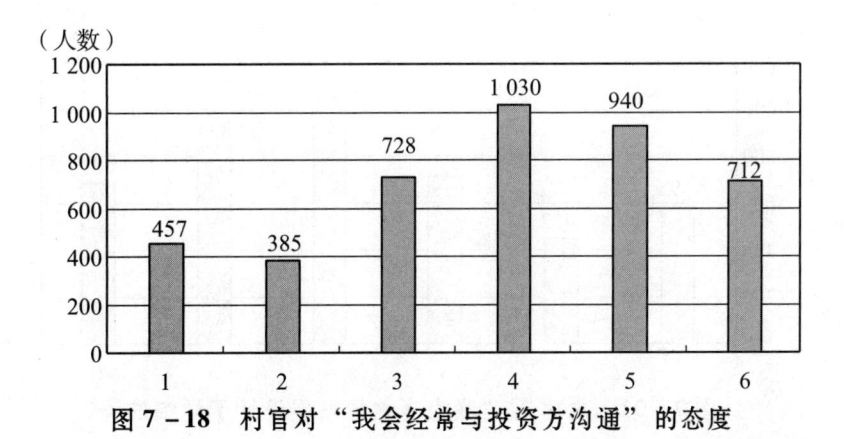

图 7-18　村官对"我会经常与投资方沟通"的态度

图 7-19　村官对"我的工作重心是推动当地经济发展"的态度

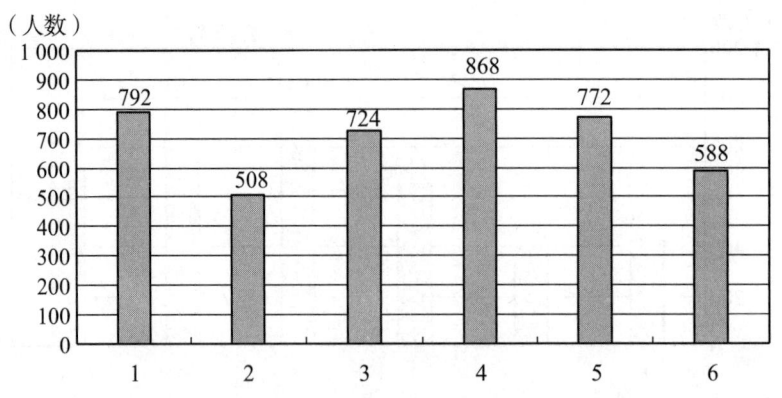

图 7-20　村官对"我致力于当地特色产品的品牌化推广"的态度

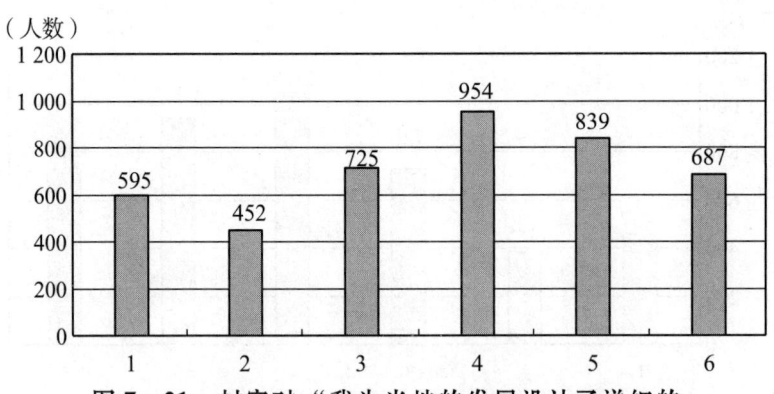

图 7-21　村官对"我为当地的发展设计了详细的阶段性目标和方向"的态度

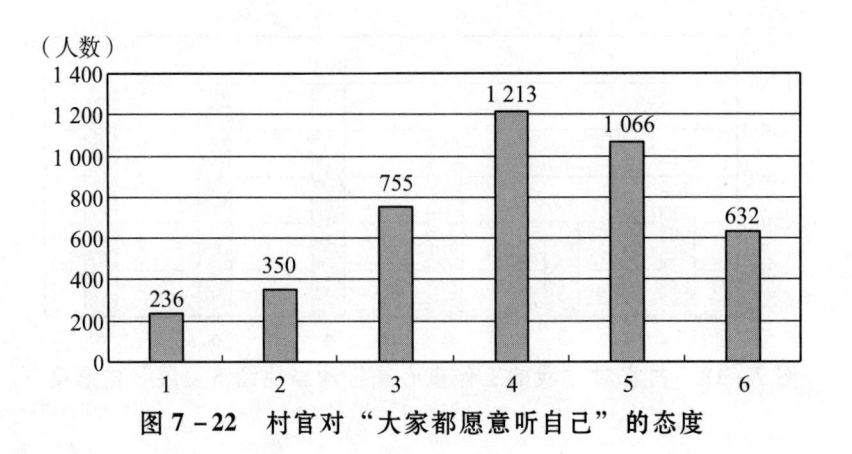

图 7-22　村官对"大家都愿意听自己"的态度

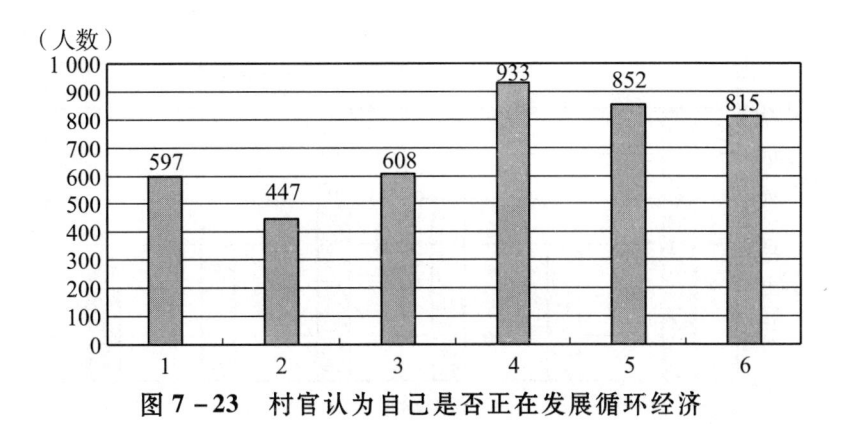

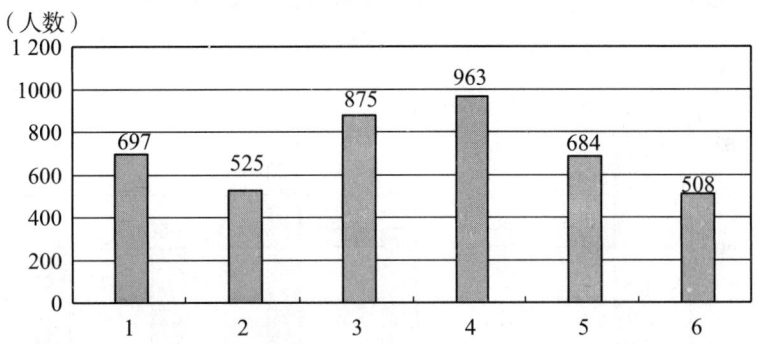

图 7-23 村官认为自己是否正在发展循环经济

图 7-24 村官对"我的专业技能在工作中发挥了作用"的态度

大学生村官对于"曾经与他人合作项目""引进经济效益良好的项目""创业型村官"这三个问题的回答，选择"非常不符合"的比例最高，选择"非常符合"的比例最低。如图 7-25～图 7-27 所示。由此可见，大学生村官对自身推动农村经济发展的能力不太自信。

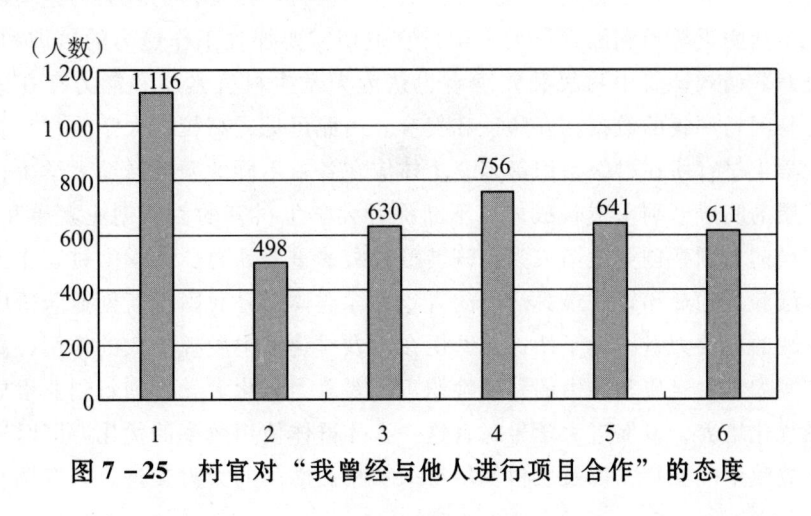

图 7-25 村官对"我曾经与他人进行项目合作"的态度

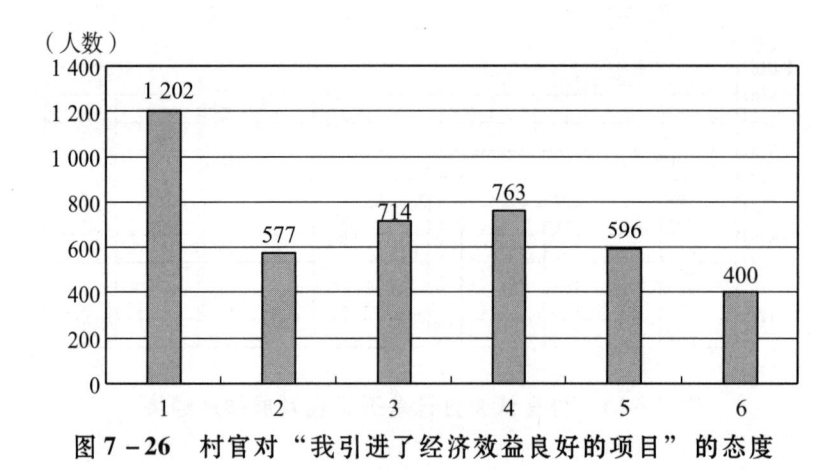

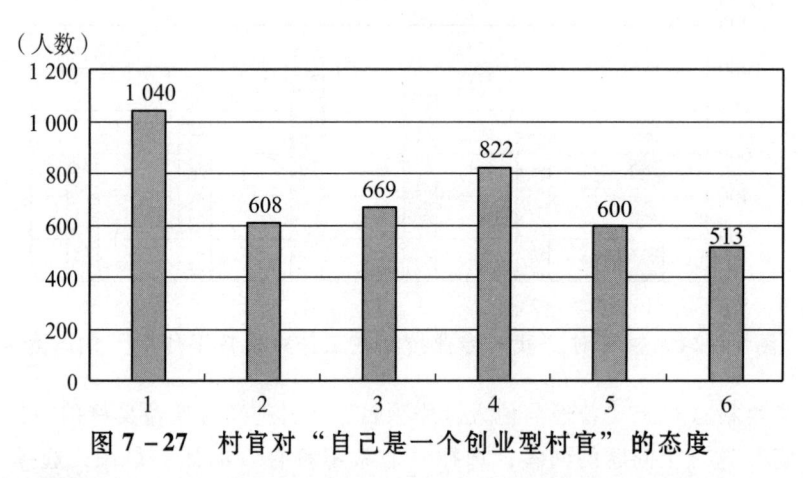

图 7-26 村官对"我引进了经济效益良好的项目"的态度

图 7-27 村官对"自己是一个创业型村官"的态度

由此可见，大学生村官的工作能力存在较大的提升空间。一方面，大学生村官自身对工作能力缺乏自信，加上经验欠缺、农村可以支持的社会力量薄弱、精神文化生活匮乏等不利因素，大学生村官迫切需要加强工作能力的培训和帮扶。另一方面，访谈调研中村民和管理者也认为大学生村官素质和能力存在诸多不足，这与问卷调查的数据相互印证和契合。由此可见，高校、大学生村官管理部门、大学生村官所在村级组织等多个主体应在各自不同的领域帮助大学生村官在农村基层的实践磨砺中成长成才，不断提升大学生村官的创新创业素质和能力。尤其在当前，创新创业逐渐成为经济转型升级的重要动力，大学生村官作为在农村最基层服务的最年轻、最具活力的青年人才群体，是我国创新创业队伍中一支不可或缺的重要力量。为了使这支队伍在新农村建设中发挥更大的作用，高校肩负着夯实大学生素质和能力的基础性职责，要着力强化大学生创新创业素质和能力的系统化培养，以促进大学生村官这一人才群体使用效率的优化。同时还需要政府相关政策的支持，以及农村基层组织和相关部门的大力支持。只有调动各方面的积极性，才能促使大学生村官成长成才机制良性运行。

四、个性特征：亲和坚韧，亟待提升信心和胆量

围绕个性特征，我们设计了13个问题，分别考察大学生村官是否具备"随和""有热情""爱挑战""坚韧""有激情""迎接压力""适应力""自信""胆量""深入调查""亲和力"等方面的个性特征。

调研数据显示，大学生村官具有良好的个性特征。针对"随和""有热情""爱挑战""坚韧""有激情""适应力""深入调查""亲和力"等问题的调查，柱状图都呈现出明显的递增趋势，选择"非常符合"的人数分别是1 974人、2 086人、1 868人、1 995人、1 692人、1 823人、1 686人、1 977人、1 869人、1 732人、1 868人，所占比例都是最高的。如图7-28～图7-38所示。

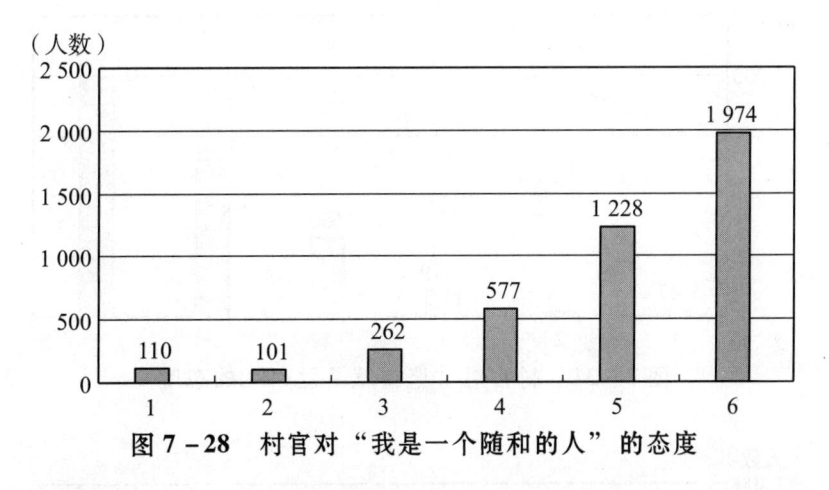

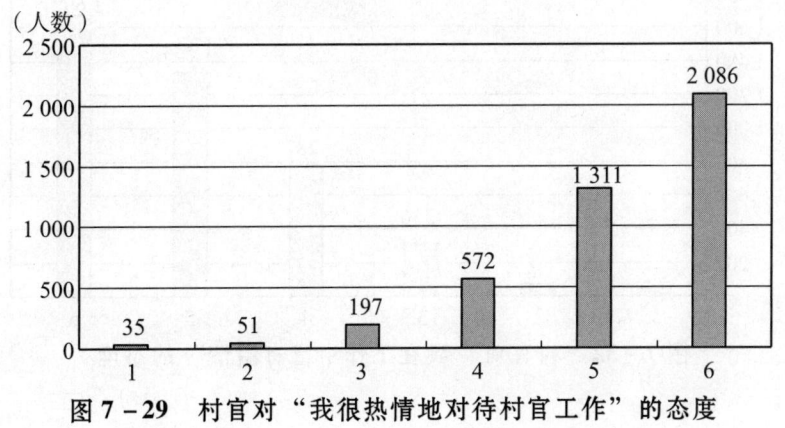

图7-28 村官对"我是一个随和的人"的态度

图7-29 村官对"我很热情地对待村官工作"的态度

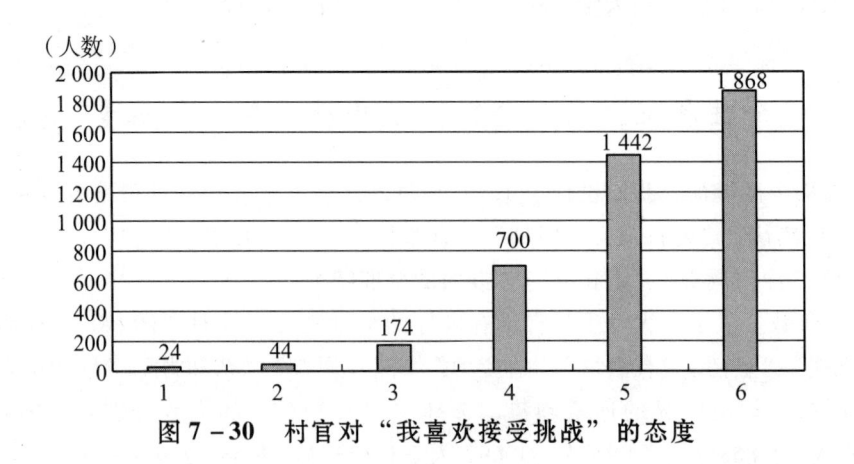

图 7-30 村官对"我喜欢接受挑战"的态度

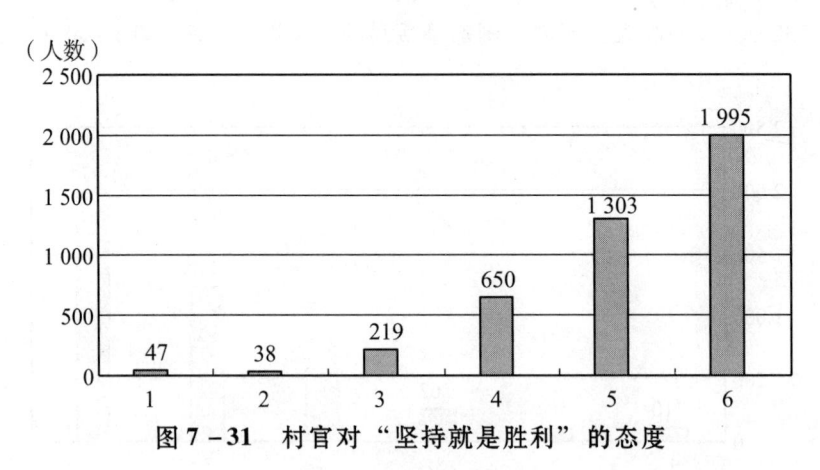

图 7-31 村官对"坚持就是胜利"的态度

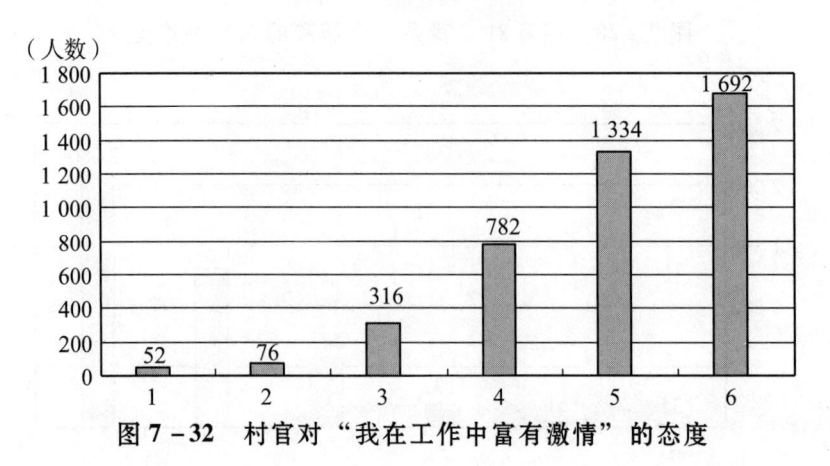

图 7-32 村官对"我在工作中富有激情"的态度

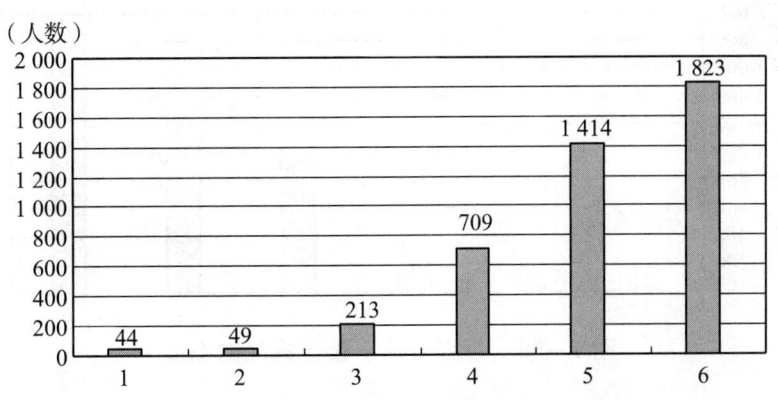

图 7-33　村官对"工作的压力让我有很多收获"的态度

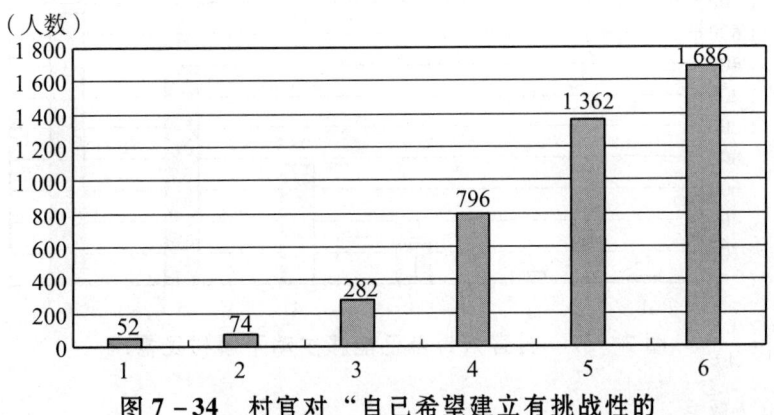

图 7-34　村官对"自己希望建立有挑战性的目标并为之努力"的态度

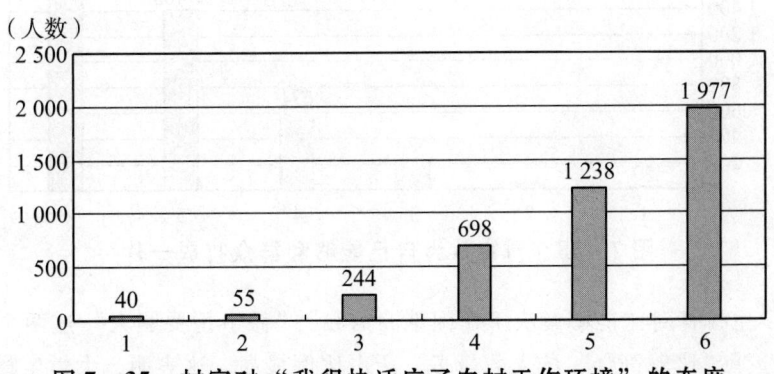

图 7-35　村官对"我很快适应了农村工作环境"的态度

第七章　大学生村官成长成才的内在素质：基于大学生村官的问卷调查

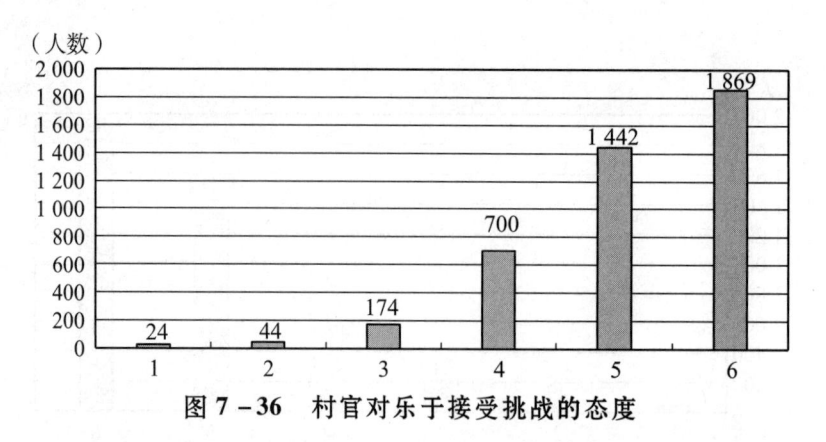

图 7-36　村官对乐于接受挑战的态度

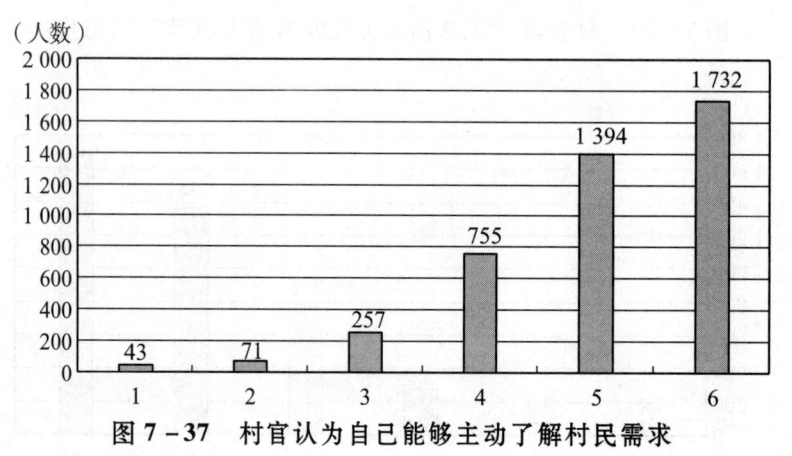

图 7-37　村官认为自己能够主动了解村民需求

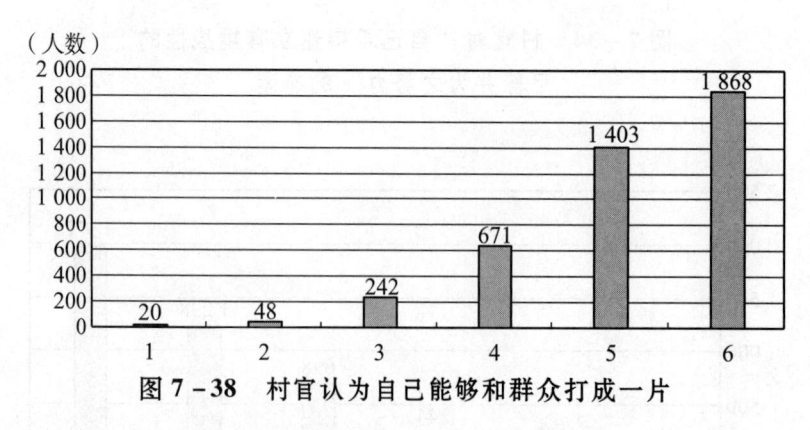

图 7-38　村官认为自己能够和群众打成一片

大学生村官对"能够解决工作困难的信心""做事情要胆大"这两个问题的回答,选择"比较符合"的人数最多,所占比例最高。这表明,大学生村官对解决困难的信心和胆量方面有待培养。如图 7-39 和图 7-40 所示。

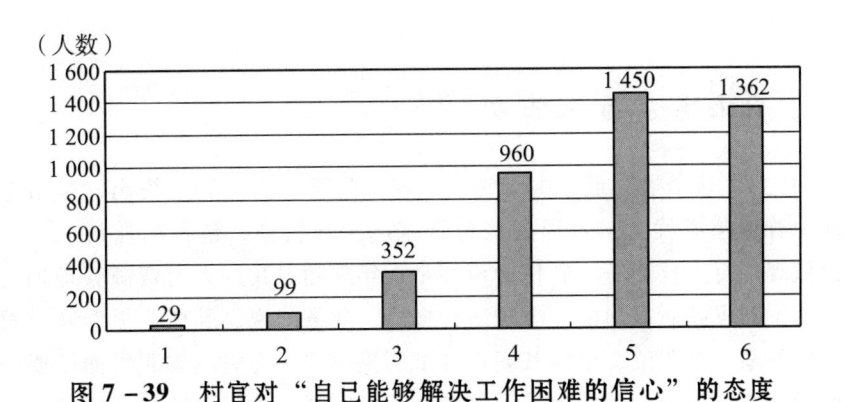

图 7-39　村官对"自己能够解决工作困难的信心"的态度

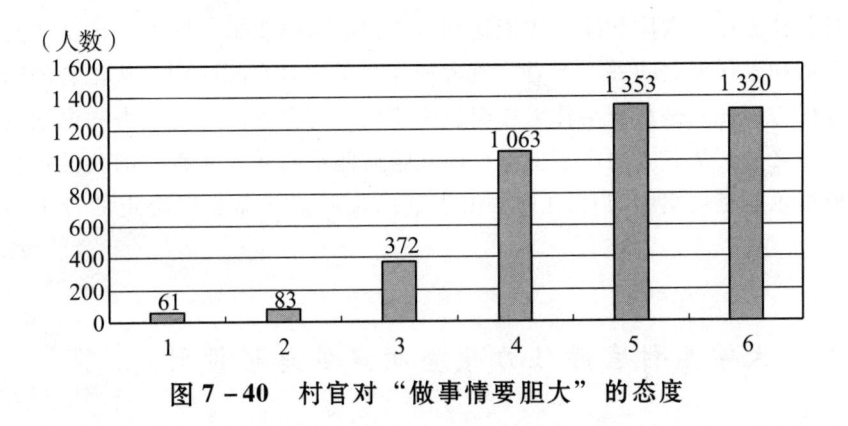

图 7-40　村官对"做事情要胆大"的态度

由此可见，大学生村官对自身的个性还比较自信，多数人认为自己是一个随和的人、热情对待工作、喜欢接受挑战、认可"坚持就是胜利"、有工作激情、在工作压力中能够有所收获、能够很快适应工作环境、主动了解村民需求、能够和群众打成一片。相比较而言，大学生村官对自己能够解决工作困难、做事情胆大这两个方面的自信程度稍低。

第二节　大学生村官胜任力模型的构建

大学生村官作为一个在农村最基层工作的特殊群体，胜任这项工作需要什么样的素质？我们在对不同类型的大学生村官进行比较分析的基础上，发现在取得优秀工作业绩的大学生村官身上，有一些共同的素质和行为特征。这些特征主要集中在四个方面，即思想政治素质、工作态度、工作能力和个性特征。在对数据和访谈材料进行深入分析的基础上，我们建立了大学生村官四因子胜任力模型。

一、内在素质与胜任力

"胜任力"这个概念最早由哈佛大学教授戴维·麦克利兰提出，是指能将某一工作中有卓越成就者与普通者区分开来的个人特征，包括内在动机、自我态度、价值观、行为技能等。胜任力模型是近年来随着我国人力资源管理理论和实践能力的不断提高而提出的一个全新的概念。通俗地说，胜任力模型就是对组织或企业中的某一个职位，依据其职责要求所提出的，为完成本职责而需要的能力支持要素的集中表示。胜任力模型的确立，可以帮助人们了解从事这项工作的人需要具备什么样的素质和能力才能达到该岗位职责的要求。因此，前文所阐述的内在素质和胜任力之间并不矛盾，二者相互联系同时有所区别。从二者的联系上看，胜任力体现的是从事某种工作岗位所需要的内在素质，胜任力和内在素质之间有重合之处。从二者的区别上看，内在素质侧重的是人才素质的共性特征，胜任力所展示的是现实中具体的人才由于其岗位职责的需要所决定的特定的素质结构。

二、大学生村官胜任力模型构建的路径设计

为了保证大学生村官胜任力模型构建的科学性和有效性，本书运用社会学的调查方法，设计了大学生村官胜任力模型构建的具体路径。

（一）深度访谈

首先，我们针对北京市7个区38名大学生村官进行了深度访谈，其中优秀大学生村官（任职期间至少有一次年终考核被评为优秀）11名，普通大学生村官27名。此后将录音转录为文本，并通过主题分析和内容分析提取胜任特征。提取的胜任特征结果如表7-1所示。

表7-1　　对大学生村官胜任特征深度访谈结果的词频统计

特征词条	频次	频率（%）	特征词条	频次	频率（%）
踏实务实	38	100	宜人性	12	31.58
做事认真	34	89.47	机遇	10	26.32
人际沟通能力	31	81.58	奉献精神	7	18.42
吃苦耐劳	29	76.32	技术技能	7	18.42

续表

特征词条	频次	频率（%）	特征词条	频次	频率（%）
模糊耐受性高	29	76.32	概念技能	6	15.97
坚持不懈	25	65.79	诊断技能	5	13.16
组织协调能力	23	60.53	外向	5	13.16
团队合作能力	23	60.53	亲和动机	5	13.16
工作主动性	22	57.89	经验开放性	4	10.53
准确的自我定位	22	57.89	具有一定的农业知识	3	7.89
可寻求的社会支持	21	55.26	自我觉察	3	7.89
社交技能	19	50	自我约束	2	5.26
再学习能力	19	50	自我激励	2	5.26
应变能力	19	50	共情	2	5.26
创新能力	18	47.37	知识面广	2	5.26
责任心	18	47.37	良好的思想政治觉悟	1	2.63
环境适应力	17	44.74	心理健康	1	2.63
自我效能	16	42.11	耐挫性	1	2.63
自信乐观	16	42.11	专业知识扎实	1	2.63
自我调节能力	16	42.11	总人数	38	100

从表7-1可看出，所访谈的38位大学生村官都认为要做好村官工作需要踏实务实；其次，有一半以上的人认为村官工作需要认真、具有良好的组织协调及团队合作能力等；而只有2.63%的村官认为做好工作需要良好的思想政治觉悟、心理健康、耐挫性、专业知识扎实。

（二）《工作分析问卷》结果分析

为了弥补访谈结果和胜任特征词典的不足，我们采用工作分析系统中的工作技能问卷、工作风格问卷、工作活动问卷专门了解村官的各项工作内容的重要程度（见表7-2、表7-3、表7-4）。此问卷共发放85份，回收有效问卷73份，有效回收率为85.9%。统计结果根据平均数进行排序，挑选平均值在所有题项中位于前30%者作为对胜任特征条目的补充。

表7-2　　　　　　　　工作技能问卷描述统计

	人数	均值
主动学习	73	4.479
回应群众	73	4.452
谈话	73	4.425
沟通	73	4.384
社交的洞察力	73	4.301
协调组织能力	73	4.301
建立和发展团队	73	4.222
建立维持人际关系	73	4.219
群众服务意识	73	4.219
阅读理解	73	4.192
主动聆听	73	4.178
判断和决策	73	4.153
与上级、同事或下级沟通	73	4.111
反思	73	4.083
人力资源管理	73	4.029
服务倾向	73	4.000
解决复杂问题	73	3.986
做出决策及解决问题	73	3.972
集成	73	3.944

表7-3　　　　　　　　工作风格问卷描述统计

	人数	均值
毅力	73	4.361
合作性	73	4.329
政治诚信	73	4.306
主动性	73	4.274
自我控制	73	4.254

表7-4　　　　　　　　工作活动问卷描述统计

	人数	均值
做出决策及解决问题	73	4.194
建立和维持人际关系	73	4.192
为群众工作或直接与群众交往	73	4.082

续表

	人数	均值
建立和发展团队	73	4.068
与上级、同事或下级沟通	73	4.027
组织、计划和按重要性安排工作	73	4.027
发展目标和策略	73	3.944
协助和关怀别人	73	3.931
更新及应用相关知识	73	3.845
与组织以外的人沟通	73	3.836

（三）编制《大学生村官胜任特征编码词典》

在综合文献资料以及前期全国访谈、深度访谈、问卷调查的基础上，我们编制出《大学生村官胜任特征编码词典》初稿。该编码词典的组成包括名称、定义、强度以及行为描述。举例如下：

廉洁自律

定义：有良好的职业品德，严于律己，不易被诱惑，坚持原则。

■ 严于律己：保持自身正直纯洁，不与不良现象同流合污。

■ 坚持原则：原则性强，不受不良风气影响，坚持个人底线。

■ 遵守规则与纪律：严格遵守组织规定，不损害国家、集体利益，不以权谋私，能够严格要求自己。

大学生村官胜任行为等级和行为描述的例子如表7-5所示。

表7-5　　　大学生村官胜任行为等级和行为描述样表

行为等级	行为描述
A-1	缺乏公平正直，容易受不良现象和风气影响；个人底线不明晰，强调变通性，忽视原则性；将权力看成特权，认为组织规则与纪律是可以有条件地违反的
A-2	公平正直，不易受不良现象和风气影响；具有一定原则性，但偶尔会违反组织规则与纪律
A-3	自觉抵制社会不良风气和现象；原则性强，个人底线明晰；遵守组织规则与纪律，不因个人利益损害国家和集体利益
A-4	自觉抵制社会不良风气和现象，是同事的工作楷模；原则性很强；严格遵守组织规定，不损害国家集体利益，时时刻刻进行自我监督
A-5	自身正直纯洁，不与任何不良现象同流合污；极强的原则性使其在各种利益的诱惑下从不会迷失自我；从不将权力当成特权，时时刻刻监督自己遵守组织规则和纪律，不以权谋私

《大学生村官胜任特征编码词典》共包括 35 项胜任特征词，每项胜任特征词的具体含义如下：

1. 热爱农村：认同农村的生活习俗和价值观念，有长远立足于农村的打算，不把农村工作作为一个跳板。

2. 思想政治觉悟：是指人们的思想、观点和政治立场，对党忠诚，热爱人民，拥护组织政策。

3. 开拓创新能力：发散思维能力强，不拘泥于已有经验 能够不断提出新的学习与工作方法。

4. 应变能力：在面临不同的问题及工作情境时，能够迅速做出相应调整，灵活处理，化险为夷。

5. 执行能力：严格执行计划，保质保量地完成上级安排的工作。

6. 开放性：信息获取渠道多样，大度，乐于尝试，心胸宽广，不吝啬分享。

7. 获取和利用信息：善于把分散在各处的原始材料搜集集中起来，进行重新加工整合，为我所用，通过分析信息了解新趋势，并能够指导实践。

8. 先锋模范：在集体活动中，通过积极带动、示范等方式，给大家提供可模仿的榜样，易于得到他人的认可。

9. 整合与利用资源能力：从宏观上考虑资源配置，将各种资源合理组织起来，尽可能地提高资源利用率。

10. 分析处理问题：面对工作中的问题，不临阵逃脱，理智分析各方面因素，挖掘问题本质，积极寻求问题解决方法。

11. 群众观念：日常工作中时时考虑老百姓的需求，切实为他们提供适时的帮助，使他们能够感受到关心和爱护。

12. 廉洁自律：有良好的职业品德，严于律己，不易被诱惑，坚持原则。

13. 工作主动性：能够根据一定的岗位要求和工作要求，在主体意识的积极支配下进行能动性活动。

14. 全局观念：进行决策时需以大局为出发点和落脚点，不能为短期的、局部的问题所束缚。

15. 坚持不懈：意志坚强，坚忍不拔，对待工作坚持到底，始终不松懈。

16. 组织协调能力：是指根据工作任务，对资源进行分配，同时控制、激励和协调群体活动过程，使之相互融合，从而实现组织目标的能力。

17. 表达能力：利用文字、话语或者肢体语言等方式表达自己的观点。

18. 学习能力：通过网络、报纸、杂志、他人经验等途径，获取自己所需要的信息或经验，从而不断提高自己各方面的能力。

19. 团队合作：是指在进行工作的过程中，有合作意识，通过大家的齐心协力共同完成工作，各司其职但都为完成同一个目标而努力。同时无论自己在团队中扮演何种角色，都能出色地完成本职工作。

20. 人际沟通能力：乐于与人交往，善于与人交流自己在某问题上的观点或看法，易获得别人的回应，并营造良好的氛围。

21. 成就导向：渴望成功，对自己要求严格，经常设定对自己来说难以完成的目标。

22. 发展经济能力：除了在任期内使当地经济状况有所改观外，在发展经济的同时还要注意与当地环境以及当地居民之间关系的协调。

23. 领导力：在管辖的范围内充分利用人力和客观条件，以最小的成本办成要办的事情，提高整个团体的办事效率。

24. 工作拓展能力：不拘泥于已有的工作范围或内容，乐于尝试新的工作内容，或引进新的方式。

25. 适应能力：在不同的情境或状态下都能够迅速调整自己各方面的状况，并融入到工作中去。

26. 责任心：工作中有较强的使命感，将村民遇到的事情当成是自己的事情，积极予以帮助和解决。

27. 内省：善于自我反省和反思，不断深化对某问题或自己的认识，使自己不断进步。

28. 宜人性：对待群众热情耐心，能够站在对方的角度考虑问题，给群众值得信赖的感觉；有亲和力，理解群众，可以跟群众打成一片，积极帮助群众。

29. 心理弹性：个体能够经受困境并在困境中能够适当调适，具有能够对抗逆境并能持续生活的卓越能力。

30. 组织认知：了解自己在工作团队中所处的位置和相应的权力，以及在更高的层次上该组织的地位。

31. 服务意识：认为自己需要对有困难的村民提供帮助，协助他们解决在工作或生活中遇到的问题，非常注重去发掘村民可能存在的问题或需求。

32. 吃苦耐劳：在艰难困苦的环境中依然能坚持住，勤奋工作，任劳任怨，完成本职工作。

33. 关注细节：心思周密，在处理事务或是解决矛盾的过程中注重细节，能够洞察微小的变化并能做出相应反应。

34. 前沿追踪：时时关注最新的理论、政策以及实践信息，对自己领域发展的热点、动态及趋势了如指掌。

35. 自信敢为：相信自己，不畏首畏尾，不犹豫不决，果断坚决，认为自己能够完成目标的状态。

（四）胜任特征编码

在获得访谈文本后，我们需对访谈内容进行内容分析和语义分析。分析单元依据《大学生村官胜任特征编码词典》，将语句拆分至能单独表述一个独立意思的一段文本为分析单元，如句子、短语及关键词等。两位编码员分别对28位优秀大学生村官的访谈文本进行编码，编码过程中两位编码者根据编码结果进行探讨，使得对于编码词典的认识越来越趋于一致。最终整理形成85份访谈材料，其中绩效优秀者29份，绩效普通者56份。

为保证普通大学生村官与优秀大学生村官在胜任特征方面的差异不是由于访谈时间及字数的不同而导致的，需将访谈时间与字数进行检验，检验结果如表7-6所示。

表7-6　　　　　　　不同绩效组访谈长度比较 t 检验表

	优秀组 Mean	优秀组 S.D.	普通组 Mean	普通组 S.D.	t	df	p
字数（字）	17 076.00	6 383.51	12 620.11	3 865.07	1.970	83	0.057
时间（分）	75.29	22.25	63.11	13.91	1.539	83	0.133

对访谈的字数和持续时间两组原始数据进行方差齐性检验，结果表明原始数据符合方差齐性假设。如表7-6中 t 检验结果所示，优秀绩效组访谈字数平均为17 076字，平均访谈时间为75分钟，普通绩效组访谈字数平均为12 620字，平均访谈时间为63分钟。在访谈长度上，绩效优秀组与绩效普通组之间的差异在0.05水平上无统计学意义（其中，访谈字数与访谈时间相关系数为0.82，在0.01水平上有统计学意义）。

同时，两位编码者按照《大学生村官胜任特征编码词典》对文本材料进行独立编码结果的一致性程度会影响胜任特征评价法的信度水平，该一致性信度是编码结果是否可靠与客观的重要指标。该研究主要通过归类一致性及编码信度系数来检验胜任特征评价法的信度指标。具体结果如表7-7所示。

表7-7　　　两位编码者的胜任特征编码归类一致性及编码信度系数

被试编号	T_1	T_2	S	CA	R
1	83	77	50	0.625	0.769
2	104	63	39	0.467	0.637
3	75	49	35	0.565	0.722

续表

被试编号	T_1	T_2	S	CA	R
4	115	70	41	0.443	0.614
5	126	54	39	0.433	0.605
6	51	48	29	0.586	0.739
7	56	28	20	0.476	0.645
8	62	46	33	0.611	0.759
9	129	86	49	0.456	0.626
10	64	33	29	0.598	0.748
11	98	53	32	0.424	0.595
12	50	39	24	0.539	0.701
13	41	49	19	0.422	0.594
14	33	49	21	0.512	0.677
15	82	66	23	0.311	0.474
16	65	56	26	0.430	0.601
17	59	53	21	0.375	0.545
18	60	44	29	0.558	0.716
19	63	64	31	0.488	0.656
20	67	61	31	0.484	0.653
21	75	80	49	0.632	0.775
22	66	65	37	0.565	0.722
23	51	51	35	0.686	0.814
24	47	43	32	0.711	0.831
25	55	56	28	0.505	0.671
26	77	59	26	0.382	0.553
27	61	57	36	0.610	0.758
28	63	59	28	0.459	0.629
全体被试	1 978	1 558	892	0.505	0.671

归类一致性（CA）指的是针对同样的文本材料进行编码时，不同评分者编码相同的个数以及此相同个数占总个数的百分比[1]。根据编码一致性原理，董奇

---

[1] 计算方法参照温特（Winter，1994）的动机编码手册执行，归类一致性 $CA = 2S/(T_1 + T_2)$，其中 S 为编码者编码归类相同的个数，T_1 为第一位编码者的编码个数，T_2 为第二位编码者的编码个数。

(1990，p.398) 在《心理与教育研究方法》一书中提供了编码信度系数的计算方法①。两位编码者对 28 位优秀大学生村官进行编码的一致性及编码信度系数的计算结果如表 7-7 所示。

本部分的编码结果主要用于说明编码者是否对所列出的 35 项胜任特征词的认识一致，所有 35 项胜任特征词是否都有存在的必要，这将作为设计问卷时的依据。对于 57 名普通大学生村官的访谈材料未进行编码，优秀大学生村官所具备的胜任特征已经涵盖了普通大学生村官所具有的胜任特征。

由表 7-7 可看出，两位编码者归类一致性的值为 0.311~0.711，全体被试归类一致性值为 0.505；编码信度系数的值为 0.474~0.831，全体被试编码信度系数的值为 0.671。归类一致性是对编码者进行编码的信度进行评估的最严格标准，因为编码不仅要求来源一致，同时还要求编码等级相同。编码过程中，不仅要记录某项编码特征是否出现，还要根据《大学生村官胜任特征编码词典》记录该事件中出现的胜任特征所处的具体等级，不同的编码者之间要达到较高程度的一致存在相当的难度，因此会存在某些胜任特征归类一致性偏低，编码者会根据编码情况进行讨论，并不断对编码词典进行修改与完善，尽量提高一致性。参照以往研究，本书中编码结果的一致性是可以接受的，说明两位编码者对编码词典中列出的胜任特征条目的认识是一致的，所有 35 项胜任特征都有存在的必要，后期设计问卷时需根据所有胜任特征条目设计问卷项目。

（五）问卷编制和测试

根据《大学生村官胜任特征编码词典》的编码结果，本书提取 5 个维度：思想政治素质、工作能力、工作风格、个性特征、价值观，初始问卷中各维度的项目数量为 5、65、27、47、18，共计 162 项题目。本书中，问卷的项目主要采取自陈式表达方式，考虑到被试群体整体学历较高，为避免过于集中选择中间项，所以采用 1~6 的 6 点计分方式而非 5 点计分方式，以增加处于中间选项的区分度。答题时，被试结合自己的实际情况选择题干的描述对自身情况的符合程度。其中，"1"表示"非常不符合"、"2"表示"比较不符合"、"3"表示"有点儿不符合"、"4"表示"有点儿符合"、"5"表示"比较符合"、"6"表示"非常符合"。详见本书附录"一、全国大学生村官成长成才现状的调查问卷"。

问卷编制完成后，课题组对其进行了两次预测试。鉴于第一次预测试的结果，收集到第二次预测试的数据后，先对数据进行验证性因素分析。根据验证性

---

① 计算公式具体为：R 编码信度系数 $= \dfrac{n \times CA}{1+(n-1) \times CA}$，其中，$n$ 为编码者的个数，CA 为编码者的归类一致性。

因素分析的修正指标，在60题的基础上将指标表现不佳的题项删除，最终剩余40题，经过重新排列顺序，组成最终的《大学生村官胜任特征问卷》（正式版），进行正式测试。探索性因素分析和验证性因素分析的结果均表明，"思想政治素质""工作风格""工作能力""个性特征"这4个维度的结构能够较好地拟合最初的理论构想维度，问卷结构的信效度分析均符合统计学要求。

三、大学生村官胜任力四因子模型的确立及其特征

（一）大学生村官胜任力四因子模型的确立

大学生村官四因子模型由四个因子组成，包括思想政治素质、工作态度、工作能力和个性特征。如图7-41所示。

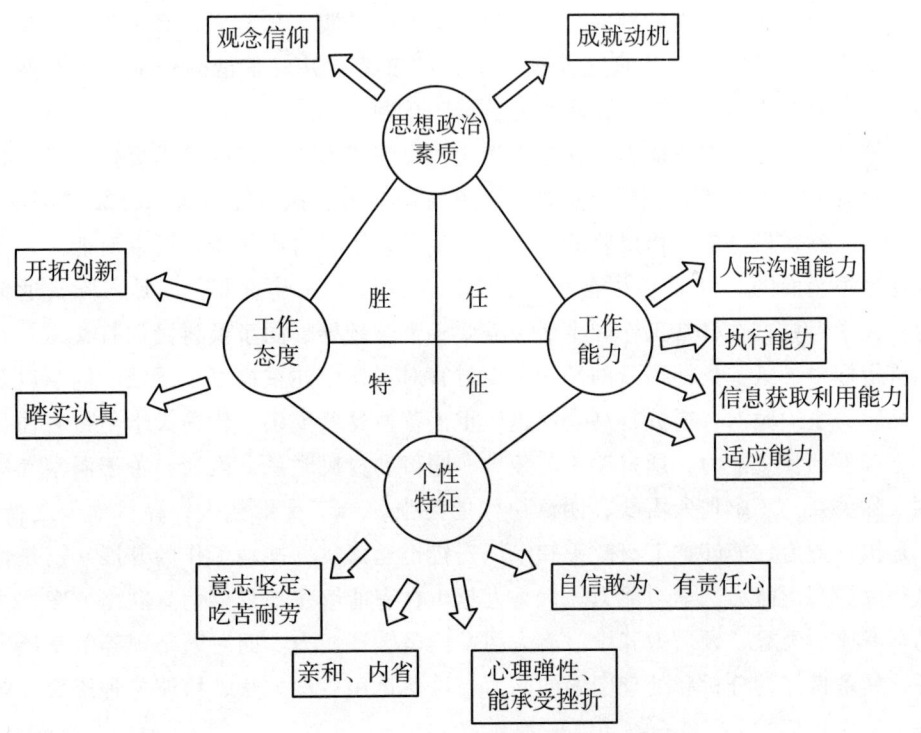

图7-41 大学生村官四因子胜任力模型

第一个因子是思想政治素质，这是大学生村官的首要素质，涉及两个子因素：一是在大学生村官政策、社会发展等基本问题上的基本观念、立场和信仰，二是对个人表现、自我提升的关注和价值取向。优秀大学生村官能够认同大学生

村官政策的战略意义和发展前景，认为基层锻炼是青年成才的一条重要途径，有良好的全局观念、组织认知，较高的思想政治觉悟，有较好的群众观念、服务意识和自律意识。同时，他们也积极关注个人表现和自我发展，有较高的成就动机，表现为：基于经验积累和能力培养等促进个人成长和发展的因素选择村官岗位；有意识地在工作中接受历练、提升能力；经常向有关部门和领导汇报思想和工作成绩；努力追求在工作上取得成就，并为之感到欣慰；对工作有很高的自我要求，经常超过领导要求的标准；相信自己有能力在村官岗位上工作出色并获得成功。在统计数据中，这一因子得分越高，说明村官越关注自我成就发展问题，优秀大学生村官普遍有着强烈的成才意愿和长远的个人发展眼界。

第二个因子是工作态度，指的是大学生村官对待工作的态度。其中核心要点有三个：一是开拓创新，衡量大学生村官对在工作中采用新技术、新方法、新工具的倾向，在这一因素中得分越高，表明越具有创新意识。优秀大学生村官在工作中往往具有较强的创新精神，有新思路、新方法。二是踏实认真，衡量大学生村官工作中踏实、认真的倾向，得分越高表明越踏实、越努力认真工作。三是优秀大学生村官通常能够认真完成领导交办的事情，并对事情的轻重缓急有所权衡，吃苦耐劳不抱怨，对工作有满腔热情、乐观主动。

第三个因子是工作能力，这是大学生村官完成本职工作的基本要件和必备技能，包括人际沟通能力、领导能力、组织协调能力、执行能力等。村级"两委"的工作虽然在最基层，但要管的事情大到生产，小到村民纠纷，所以对能力的要求还是很全面的。以下几种能力对于胜任村官岗位尤其重要：一是人际沟通能力。大学生村官在日常工作和生活中需要经常与领导、同事及村民们打交道。在调研指标中，这一指标衡量的是大学生村官对工作中注重搞好上下级、同事以及村民间关系的倾向，得分越高表明越注重去营造这些关系。优秀大学生村官往往具有较强的社交能力，通常善于与领导、同事和村民联系、沟通；善于洞察和协调人际关系，了解他人需要；团队协作能力强，善于帮助他人，赢得他人支持。二是执行能力，能够把上级政策和组织安排迅速落实，推动工作的开展。三是信息获取和利用能力、学习能力。优秀大学生村官能够建立重要信息联络方案，主动学习成功经验，领悟力和学习能力强。四是管理能力。面对繁杂琐碎的基层事务，具备良好的分析和处理问题的能力，灵活运用各种方法，协调各种资源，服务于工作目标。

第四个因子是个性特征，衡量的是大学生村官个体所具有的独特的心理品质及其处世态度，体现在多个方面，包括意志是否坚定、是否能够承受挫折和失败、是否能够适应环境等。调研结果显示，优秀大学生村官展现出更为优良的个性特征，如他们能够保持自己的上进心，而不被安逸的生活消磨，不因为总做些平凡琐碎的小事而动摇扎根农村的信念；为人处世低调，不夸耀自己的能力和成绩，不自视高人一等，和当地人打成一片；即使面对工作中的挫折和失败，也能保持积极心态和信心；不过分追求物质享受，能够接受农村艰苦的生活条件和工作环境等。

（二）大学生村官胜任力四因子模型的特征

与现有的大学生村官胜任力模型研究不同，我们提出的大学生村官胜任力四因子模型具有三个方面的显著特征。

1. 较强的科学性和客观性

本书注重综合运用多学科的研究理论，这源自于大学生村官胜任特征既是基于人—职—组织匹配的管理学领域的研究内容，又可运用心理学方面建构模型的各种方法，还可借鉴人才学有关素质的相关理论。因此，本书综合运用了人才学、管理学、心理学、社会学等多学科的研究理论，从研究大学生村官成长成才素质入手，明确了大学生村官素质的内涵和特征，厘清了胜任力的概念和内涵，这为胜任力研究奠定了坚实的理论基础。同时，多元方法的采用可以避免单一方法的片面性，每种方法结论间的相互验证可以有效提高研究的信度。因此，本书采用文献分析法、工作分析法、关键事件访谈法、团体焦点访谈法、问卷调查法等多种研究方法，确保了胜任力四因子模型的科学性和客观性。

2. 较高的普遍性和概括性

现有研究大学生村官胜任力的调查问卷样本较少，代表性不足。而在取样时应尽可能使范围更广，才能提高胜任特征模型适用的普遍性和针对性。由此，课题组在全国范围内开展调查研究，通过大学生村官胜任力测量问卷，并经过预测试和正式测试，产生了包含40个选项的胜任力测量问卷。该问卷经过了全国范围大样本数据的多次检验，体现了测量结论的科学性和严谨性。本研究严格遵循社会调查理论和方法，通过在全国所有大学生村官所在地域进行抽样，形成了全国范围内的大样本的问卷调查。同时，课题组选择10个有代表性的省份，针对28名大学生村官开展了关键行为事件访谈。由此，本研究通过大样本的访谈及问卷调查，构建了全国范围内大学生村官群体的常模，为其他相关研究提供了借鉴比较的标准，具有较高的普遍性和概括性。

3. 较好的绩效预测力

大学生村官四因子胜任力模型具有很高的绩效预测力，即胜任力模型能够较好地体现出大学生村官这一工作岗位的特点，同时与大学生村官工作绩效具有较高的相关性。这源自于本研究首先采用关键事件访谈法（简称为"CIT"）开发胜任力模型，然后检验模型的绩效预测性。检验结果表明，基于大学生村官所构建的胜任力模型具有绩效预测的重要作用，是区分优秀大学生村官和普通大学生村官的重要标准，即优秀大学生村官普遍具有良好的思想政治素质、工作态度、工作能力和个性特征。更为重要的实践指导意义在于，四因子胜任力模型能够为大学生村官自身成长成才提供科学的目标和路径。本研究通过访谈、文献分析等多种方法获得了质性材料，归纳总结出胜任特征词，编写了《大学生村官胜任特征编码词典》，并将大学生村官工作中所需胜任特征进行了详细的命名与强度等级划分，尤其是每个等级强度都有具体的行为表现形式，这将为大学生村官成长成才由自发到自觉提供重要的实践指导。

四、胜任力模型对大学生村官成长成才的作用

大学生村官胜任力模型对大学生村官的选聘、培训、绩效考核以及职业发展规划都具有重要的意义，将有效提高大学生村官工作的科学化和专业化水平。

（一）胜任力模型是大学生村官自我能力开发的指南

人才进行自我能力开发是人才成长的重要途径。大学生村官具有良好的成才动机，能够充分发挥主体能动性，实现自我职业生涯的持续发展。同时，人才自我开发不是盲目的，而要进行客观的自我定位，遵循自我开发的规律。胜任力模型的建立，有助于大学生村官明确这一岗位应具备哪些优秀品质，其中起关键作用的素质能力有哪些（比如思想政治素质、沟通能力、工作能力等），由此可以指导大学生村官通过主动学习和自觉实践，更有针对性地将这些胜任特征转化为自身的素质和能力，较好地实现"人岗匹配"，从而创造性地开展工作，实现自我价值。

（二）胜任力模型为大学生村官的职业生涯规划奠定了基础

在胜任力模型中，思想政治素质、人际沟通能力、工作能力等实际能力，以及良好的个性心理品质，不仅在大学生村官工作中有着重要作用，而且也是各类人才都特别需要具备的素质。前面对用人单位的调查已说明了这一点，尽管期满村官再就业后的发展与单位性质、工作内容、企业文化有关系，可能会有一些不同的要求，但如果良好的基本素质已经形成，则原来的大学生村官就会很快适应新的工作要求。这也就是说，按照胜任力模型的指引，不但可以使我们更好地胜任当前大学生村官的工作，而且还能够为我们今后的职业发展奠定基础。这在一定程度上与大学生村官政策的预期目标相吻合，也是大学生村

官政策战略意义的体现。

(三) 胜任力模型为大学生村官工作提供了依据

大学生村官工作是一个系统工程，包括选聘、培训、考核、激励等多个环节。胜任力模型可以为实际工作提供更为精确的指导，从而提高大学生村官工作的质量，优化大学生村官成长成才的机制。四因子模型可以用来测量大学生村官的胜任力水平，以选拔出更适合担任大学生村官的高校毕业生。即可以有效运用四因子模型和胜任力特征编码词典来编制大学生村官胜任力测量问卷，使大学生村官的素质和能力测评成为可能，测评结果可以为大学生村官选聘提供客观有效的依据。此外，四因子模型中的各项胜任特征对指导大学生村官岗位培训具有重要意义。根据胜任力模型可以科学设置大学生村官的考核指标体系，通过测量现任大学生村官的胜任力水平，能够客观把握大学生村官素质和能力的不足，有利于通过有针对性的培训来提高大学生村官的素质和能力，有效促进大学生村官工作绩效的提升。

第三节 大学生村官成长成才内在素质的综合分析

基于调研数据和胜任力研究，我们对大学生村官成长成才的内在素质有了整体把握，这为加强大学生村官素质和能力提供了客观依据。

一、内驱性的成长动机有助于大学生村官成长成才

调研表明，大学生村官选择村官岗位的主要动机依次为：积累基层工作经验（4.9107）、培养个人能力（3.9612）、缓冲就业压力（3.4287）、本人兴趣（3.1891）及户口等优惠政策（2.703）。如图 7-42 所示。

其中，如图 7-43 所示，第一域、第三域村官动机中户口等优惠政策高于全国平均水平，第一区域（北京、上海、天津）普遍较全国平均值高，第二域、第四域村官动机中户口等优惠政策明显低于全国平均水平。由此，户口等优惠政策在不同的区域呈现出不同的吸引力，北京、上海、天津三地户口政策对高校毕业生选择担任大学生村官具有更大的吸引力。

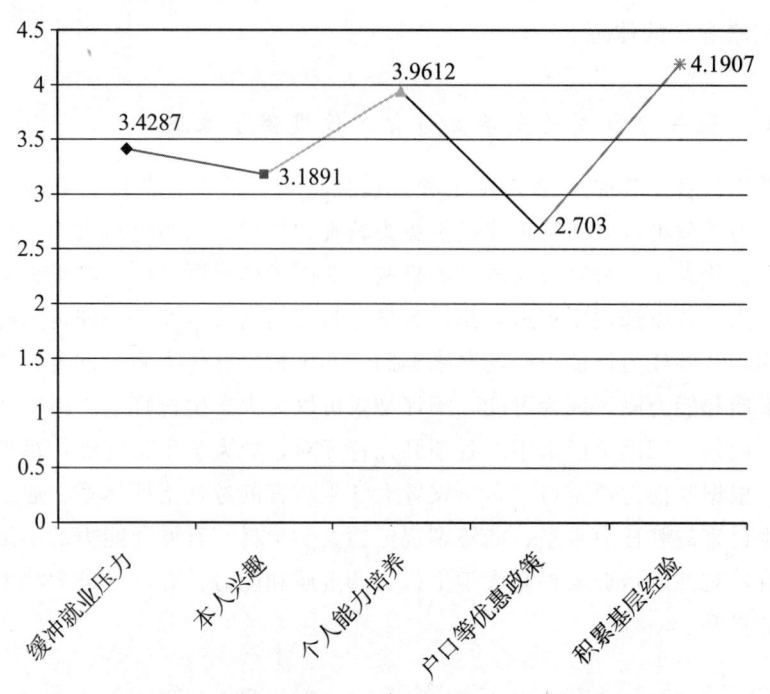

图 7-42 选择大学生村官工作的动机

注：图中数值计算方法同图 6-21 的计算方法。

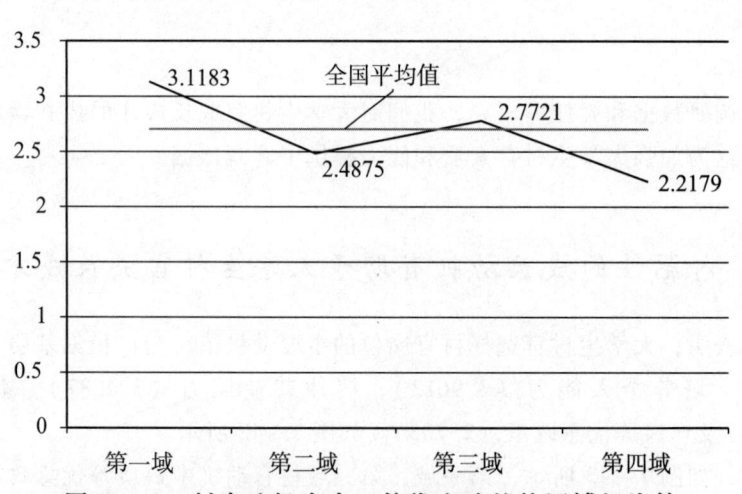

图 7-43 村官动机中户口等优惠政策的区域间比较

注：图中数值计算方法同图 6-21 的计算方法。

同时，绝大部分大学生村官选择创业的动机在于实现自我价值，其次是提高收入水平和积累经验。如图 7-44 所示。

就业 13.20%
积累经验 32.13%
提高收入水平 46.59%
实现自我价值 80.46%

图 7-44　大学生村官的创业动机

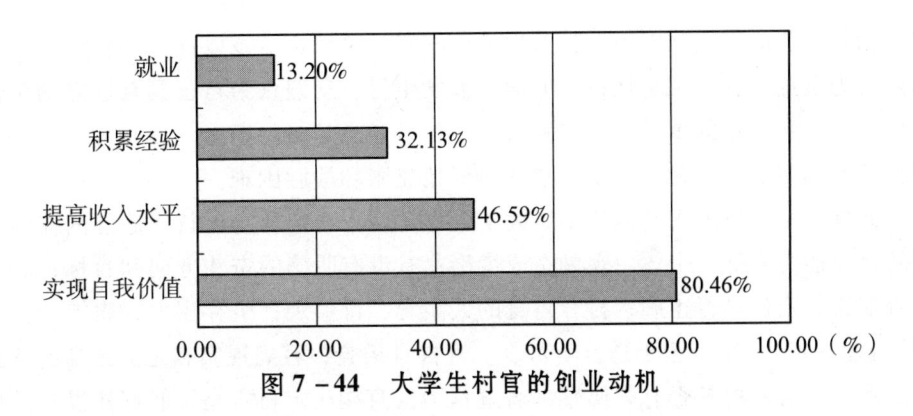

由此，就担任大学生村官的内在动机来看，基于本人兴趣及户口、加分等优惠政策对选择担任大学生村官影响较小，对大学生村官影响最大的是能够积累基层工作经验，其次是培养个人能力，然后是能够缓冲就业压力。大多数大学生村官既无优越的家庭背景，也非重点大学毕业，他们选择担任大学生村官的首要动机是锻炼自己。同时，大部分大学生村官选择创业的动机也是为了实现自我价值。这表明，大学生村官的职业价值导向良好，具有内驱性的成才动机，普遍具有积极进取的品质和比较长远的发展眼界。相对于就业、户口等短期的外部政策驱动，基于个人成长成才的内驱性动机能够有效激发大学生村官产生较高的成就需求，有利于工作主观能动性和创造性的充分发挥。

二、大学生村官对自身素质呈现自信和不自信交融的两面性

调研数据显示，大学生村官普遍对自身的思想政治素质、工作态度和个性特征呈现出自信的一面，但对自身的工作能力呈现出不太自信的一面。即一方面他们对政策扶持和领导支持心存感激、积极进取、适应能力和组织能力强、亲和坚韧，同时对自身发展前途担忧，创新精神、创新素质和能力、自信和胆量亟待培养和提升。

具体而言，在思想政治素质方面，大学生村官普遍对政策心怀感激，同时对未来发展心怀忧虑。这提示我们，必须重视解决大学生村官身份定位和发展出路问题，以缓解他们对自身前途的担忧和焦虑，帮助他们更好地投入到岗位工作之中。在工作态度方面，大学生村官对自身的评价非常高，体现了他们普遍具有积极进取的工作态度，这与访谈调研中村民、村干部普遍认可大学生村官的工作态度相互印证。在工作能力方面，大学生村官自信心不足，在肯定自身部分工作能力的同时，普遍认为自身分析解决问题的能力存在不足，尤其是大学生村官创新创业素质和能力有很大的提升空间。因此，高校在人才培养过程中要重点提高大

学生创新创业的素质和能力，针对大学生村官的培训也应该以提高创新创业素质和能力为重点内容。在个性特征方面，大学生村官普遍认为自己具有良好的个性品质，下一步工作的重点在于加强大学生村官意志品格的塑造，提升大学生村官的自信心和胆量，以帮助大学生村官更好地克服和战胜困难。

此外，在开放式问卷调查中，大学生村官认为影响自身成长成才的内在因素包括自身能力高低、个体主观勤奋或懒惰；有没有明确的奋斗方向和目标；心态是否端正、定位是否正确；村官自身的人生观、价值观；生存压力、耐挫性强弱（是否能吃苦）；是否善于进行学习以丰富自身经验；客观现实和之前预期的落差是否巨大；对农村是否有归属感（普遍认为这直接决定村官是否能够扎根农村）；村官自身的性格特点（如性格外向容易与群众打成一片，性格内向则较难适应）。

在成长成才标准的开放式问卷调查中，大学生村官认为主要包括7个方面的成长成才标准：一是工作态度，具体体现为有扎根农村、为民服务的精神。二是工作能力，具体表现为能力的提升，包括：交际能力，尤其是与村民交流的能力；能够处理好村民之间的矛盾；有过创业经历；有较多的基层工作经验；组织能力、文字表达能力、执行力、突发情况处理能力、吃苦耐劳、团队精神；会搞调研等。三是性格特征，具体表现为：大胆创新，能把想法变为现实；对于人生价值的实现有着清晰的规划，并逐步实施；责任感提升；敢想、能说、会写、善做；积极乐观；较高的人格魅力。四是工作认可，包括：领导赏识；家人和社会的认可。五是工作业绩，具体表现为能带动当地经济的发展、带领农民致富；提高村民素质和文化修养；提高村民环保意识。六是价值观，包括：具有高度的政治觉悟、目标远大；作风端正；热爱公共事业，并将热情融入工作中；个人品德优于工作能力。七是期满出路，即期满后能够顺利实现就业。

针对成长成才阶段的开放式问卷调查，能够明显体验到积极或消极两种情绪，任职期间归属感高，融入程度高的村官，情绪比较积极，阶段划分一般会包括适应期、学习期、调整期、参与期、积累期、建业期，即使有倦怠期也会调整到积极奋斗的状态；另一部分村官则比较消极，遇到问题不是积极解决而是消极对待，如（原话摘录）："激情—碰壁—冷静—思考—激情—碰壁—思考—碰壁—思考—排斥—抵触""一是彷徨期，二是适应期，三是人生思考期（在想以后的出路），四是疲乏期（缺少政策机制导致90%村官混日子）""适应期—参与期—淘汰期—失业期"。其中，倦怠期是否作为阶段之一值得商榷，很多村官表示工作时间久了会感到累，但是不会维持太长时间，整个过程还是比较有激情有理想的；少部分村官表示最后一阶段是倦怠期，直到期满结束，可能是由于他们与村民的融入度低、没有实现自己当初当村官的理想所致。

总之，提升大学生村官的内在素质，有大学生村官的自我期待（个人前途）、农民和村干部的期待（利益）、国家的期待（培育干部和其他人才），这些期待不完全一致。那么村官素质提升最终以什么为准？最终依据不应是其中某个主体的期望，而应是社会发展趋势本身，各主体的主观尺度都应服从社会发展的客观尺度。大学生村官个体、村民、政府主管部门都应以社会发展客观规律和趋势为依据，调整自己对村官素质的期待和预设。我国是农业大国，农村人口占绝大多数，这样的国家要发展，必然需要大量农村技术人才、管理人才和创业人才。设计战略发展思路、进行技术示范、带头创新创业特别是农村产业模式创新，应是大学生村官的真正使命，也是他们自身素质提升的内在根据。

三、大学生村官的胜任力存在性别差异、学历差异和地域差异

如上所述，我们构建了大学生村官四因子的胜任力模型。同时，调查显示，不同性别、不同学历、不同地域大学生村官的胜任力具有明显的差异。

（一）大学生村官胜任力的性别差异

如表7-8和表7-9所示，除个性特征这一维度以外，其余三个维度上不同性别间存在显著的差异，思想政治素质方面女性得分明显高于男性得分，工作能力和工作风格两个维度上，均为男性得分平均高于女性得分。由此，女大学生村官具备更好的思想政治素质，男大学生村官具备更好的工作能力和工作风格。

表7-8　　　　　不同性别各维度得分均值比较

	性别	N	均值
思想政治素质	男	1 460	16.5747
	女	1 550	17.5039
工作风格	男	1 460	49.3829
	女	1 550	48.7594
工作能力	男	1 460	49.4658
	女	1 550	45.4523
个性特征	男	1 460	64.4404
	女	1 550	64.7942

表7-9　　　　　　　　　性别与各维度的 t 检验

		t	df	Sig.（双侧）
思想政治素质	假设方差相等	-4.893	3008	0.000
工作风格	假设方差相等	2.042	3008	0.041
工作能力	假设方差相等	6.958	3008	0.000
个性特征	假设方差相等	-0.897	3008	0.370

（二）大学生村官胜任力的学历差异

在思想政治素质及工作能力两个维度上存在显著性差异，这说明思想政治素质的高低及工作能力表现的强弱与学历水平存在较大关系；而在工作风格及个性特征两个维度上不同学历大学生村官之间并不存在显著差异（如表7-10所示）。

表7-10　　　　　不同学历村官在不同维度上差异的方差分析

	平方和	df	均方	F	显著性
思想政治素质	666.928	3	222.309	8.195	0.000
	81 544.567	3 006	27.127		
	82 211.495	3 009			
工作风格	167.100	3	55.700	0.794	0.497
	210 919.407	3 006	70.166		
	211 086.506	3 009			
工作能力	2 846.204	3	948.735	3.744	0.011
	761 717.593	3 006	253.399		
	764 563.797	3 009			
个性特征	94.464	3	31.488	0.269	0.848
	351 516.800	3 006	116.938		
	351 611.264	3 009			

（三）大学生村官胜任力的地域差异

调研显示，不同地域村官在思想政治素质及工作风格两个维度上存在显著性差异，这可能跟不同地区的经济发展水平有关，不同的经济发展水平对村官的首要要求不同；而在工作能力及个性特征两个维度上不同地域村官并不存在显著差异（如表7-11所示）。

表 7-11　　不同地域村官在不同维度上差异的方差分析

	平方和	df	均方	F	显著性
思想政治素质	3 340.351	3	1 113.450	42.437	0.000
	78 871.144	3 006	26.238		
	82 211.495	3 009			
工作风格	543.528	3	181.176	2.587	0.051
	210 542.979	3 006	70.041		
	211 086.506	3 009			
工作能力	890.963	3	296.988	1.169	0.320
	763 672.834	3 006	254.050		
	764 563.797	3 009			
个性特征	466.902	3	155.634	1.332	0.262
	351 144.362	3 006	116.814		
	351 611.264	3 009			

总之，由于不同性别大学生村官具有不同的胜任力，首先有必要建立有针对性的培训机制和绩效考核机制。在培训过程中，要注重提高女大学生村官的工作能力和工作风格，提高男大学生村官的思想政治素质，由此可以有效弥补不同性别大学生村官素质和能力的不足，促使选拔出来的人才能够在任职期间更好地完成大学生村官工作，从而提高人才的使用效率和大学生村官政策的成本效益。其次，有必要建立科学的选聘机制，这种必要性源自于不同学历大学生村官和胜任力之间具有一定的联系性。由于学历对大学生村官的思想政治素质的高低及工作能力表现的强弱具有显著的影响，因此目前大学生村官招聘过程中普遍包括学历要求，比如要求具备本科以上学历，这具有一定的合理性，由此可以保证更为科学有效地选拔出合适的人才担任大学生村官。当然，在人才选拔过程中应避免"唯学历论"，应注重综合考查思想道德素质、工作能力、工作风格和个性特征。最后，应努力提高大学生村官所在农村地区的经济发展水平。这源自于不同地区经济发展水平和大学生村官胜任力之间具有一定的联系，即大学生村官所在地区经济发展水平越高，越有利于提高大学生村官的思想政治素质及工作风格。由此，大学生村官个人的成长成才是外部环境和内在素质综合作用的结果，不仅要提高大学生村官自身的素质和能力，促进大学生村官的全面发展，更要注重提高大学生村官所在农村地区的经济发展水平。由此，大学生村官的成长成才是一个综合因素相互作用的结果，将大学生村官这一人才强国战略工程纳入我国"三农"发展战略规划范围之中，有助于两者相互促进，形成合力效应。

第八章

大学生村官成长成才的外部环境：
基于大学生村官的问卷调查

大学生村官的成长成才是内部因素与外部环境相互作用的结果，外部环境是探讨大学生村官成长成才的一个不可缺少的重大因素。大学生村官成长成才的外部环境包含的内容广泛，不同因素对村官成长的作用性质、方式及程度各有不同，彼此之间又有着千丝万缕的联系。通过调研数据及其不同因素之间的相关性分析，我们对大学生村官成长成才的外部环境形成了客观评判。

第一节 大学生村官对外部环境的感知和评价

为了客观全面地把握大学生村官成长成才的外部环境，我们从家庭（主要指经济状况和家庭观念两个方面）、村落（主要指物质和人文两个方面）、政府（主要指历史和政策两个方面）、社会（主要指社会舆论和价值向度两个方面）四个维度入手，了解大学生村官对外部环境的感知和评价。

一、大学生村官成长成才的家庭环境

调研数据显示，大学生村官父亲职业多为农业劳动者，占44.70%；其次为国家与社会管理者，占10.10%；经理人员人数最少，仅占2.90%。大学生村官母亲

职业多为农业劳动者，占48.90%；其次为城乡无业失业半失业者，占17.80%；经理人员人数最少，仅占1.20%。虽然接近半数的大学生村官出生在农村家庭，父母职业多为农业劳动者，但88.50%的大学生村官父母对自己选择村官岗位表示了不同程度的支持。其中，32.40%的家庭非常支持，28.30%的家庭比较支持，仅有11.40%的父母表示不支持。如图8-1所示。

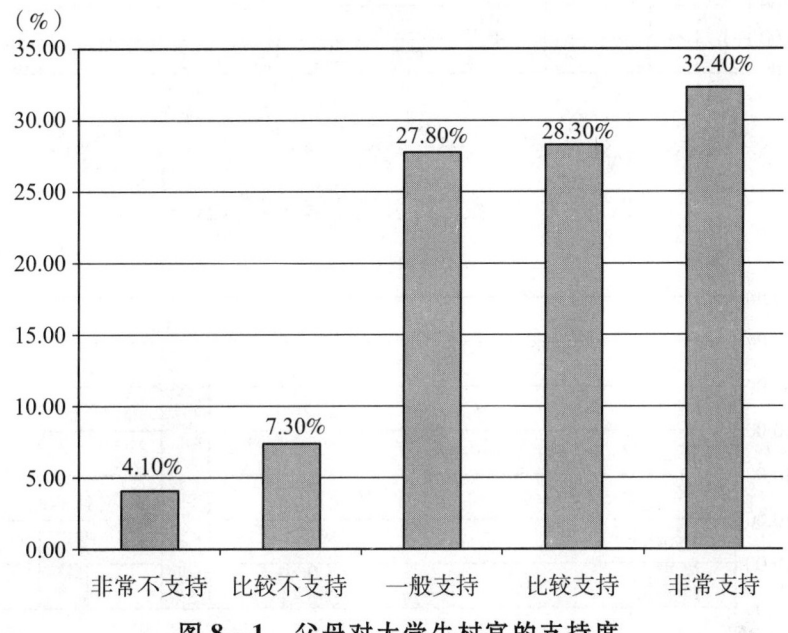

图8-1 父母对大学生村官的支持度

由此可见，大学生村官的家庭对他们选择担任村官给予了极大的肯定，这为大学生村官成长成才提供了重要的精神动力。由于接近半数的大学生村官出生在农村，有在农村的生活经历，这有助于他们更好地适应农村基层艰苦的环境。

二、大学生村官成长成才的村落环境

大学生村官所在村落的居民家庭年收入水平集中在4万~5万元以下。其中，年收入水平在1万~2万元的家庭最多，占33.90%；其次为2万~3万元，占24.60%；再次为1万元以下，占23.50%；然后为4万~5万元，占9.90%。所在村落居民家庭年收入水平在5万~6万元以上者仅占8%，不足一成。如图8-2所示。

大学生村官所在村落的自然环境一般者占58.10%，人数最多；环境优美者仅占18.00%；大约23.90%的村官所在村落存在环境恶劣、干旱严重、洪涝灾害严重、防火工作突出等情况。如图8-3所示。

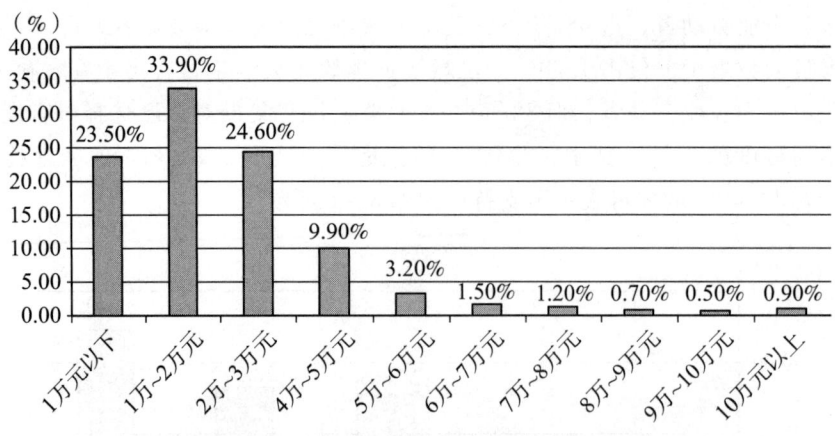

图 8-2 所在村落居民家庭年收入水平

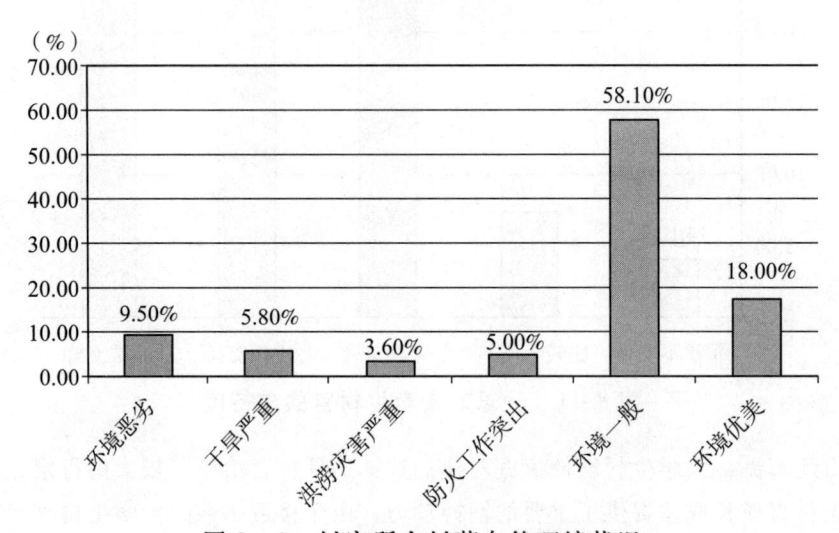

图 8-3 村官所在村落自然环境状况

大学生村官工作所在地家族势力对选举存在影响的比重为 50.50%，超过村官工作所在地总数的一半，说明家族势力在很大程度上影响着所在村落的选举。如图 8-4 所示。

调研显示，重视和支持村官工作的村领导约占 71.30%，超过总数的一半，说明村领导对村官工作的重视和支持程度较高。如图 8-5 所示。

调研显示，当地村民对大学生村官的看法由不信任到态度转变者比重最高，占总人数的 35.60%；认为大学生村官非常能吃苦且做得很好者占 15.30%，居第二位；认为大学生村官知识水平高，什么都会者占 14.70%，居第三位；认为大学生村官来是为了镀金者占 12.70%，居第四位；认为大学生村官找不到工作来当村官的占 12.00%，居第五位；认为大学生村官社会经验少，什么也做不了者约占9.8%，人数比重最低。如图8-6所示。

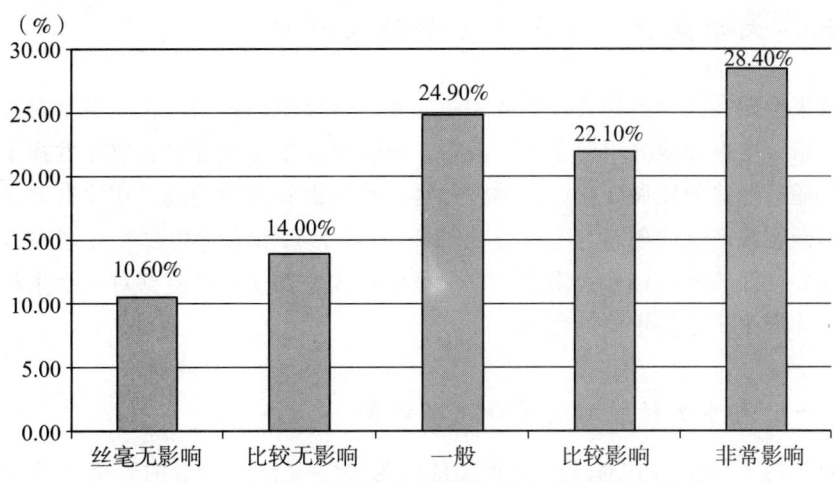

图8-4 村官工作所在地家族势力对选举的影响

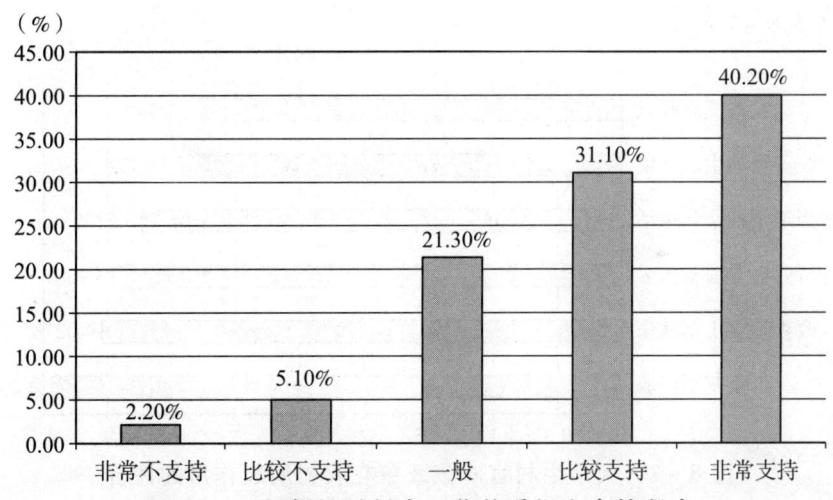

- 丝毫无影响：10.60%
- 比较无影响：14.00%
- 一般：24.90%
- 比较影响：22.10%
- 非常影响：28.40%

图8-5 村领导对村官工作的重视和支持程度

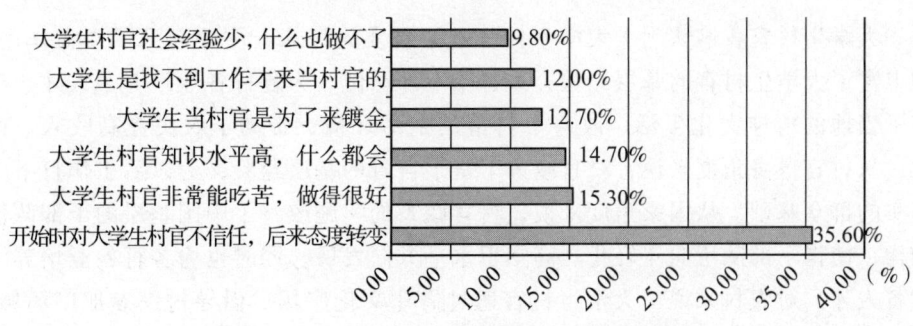

- 非常不支持：2.20%
- 比较不支持：5.10%
- 一般：21.30%
- 比较支持：31.10%
- 非常支持：40.20%

图8-6 当地村民对大学生村官的看法

- 大学生村官社会经验少，什么也做不了：9.80%
- 大学生是找不到工作才来当村官的：12.00%
- 大学生当村官是为了来镀金：12.70%
- 大学生村官知识水平高，什么都会：14.70%
- 大学生村官非常能吃苦，做得很好：15.30%
- 开始时对大学生村官不信任，后来态度转变：35.60%

三、大学生村官成长成才的政策环境

政策导向在大学生村官成长成才中起着非常重要的作用。从大学生村官工作启动开始,中央和地方出台了各种政策,对促进大学生村官成长成才发挥了重要作用。随着形势的发展变化,大学生村官工作也面临新的挑战,在原有政策的基础上不断实现政策的创新与完善,比如2016年北京市大学生村官计划和选调生计划合并,江苏省直接从大学生村官中择优选拔选调生,这些都对大学生村官的成长成才产生了至关重要的影响。

(一)大学生村官对政策作用的评价

64%的大学生村官对政府及相关部门为大学生村官设置的政策条件和制度条件表示满意或比较满意;对大学生村官政策在农村所起作用普遍持肯定态度。如图8-7所示。

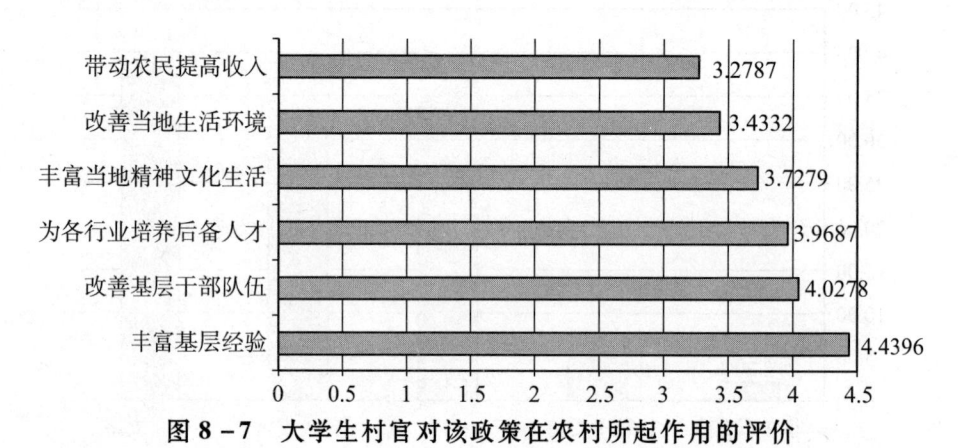

带动农民提高收入	3.2787
改善当地生活环境	3.4332
丰富当地精神文化生活	3.7279
为各行业培养后备人才	3.9687
改善基层干部队伍	4.0278
丰富基层经验	4.4396

图8-7 大学生村官对该政策在农村所起作用的评价

注:图中数值计算方法同图6-21的计算方法。

大学生村官普遍认为,大学生村官政策自实施以来,主要起到了六大作用,即丰富了大学生村官的基层经验、改善了干部队伍、为各行各业培养了人才、丰富了当地的精神文化生活、改善了村落的生活环境、带动了农民提高收入。由此,从村官自身角度来说,村官政策丰富了自身的基层经验,为以后工作打下了坚实的群众基础。从国家角度来说,村官政策的实施改善了中国基层的干部队伍结构,使得干部队伍向年轻化、高知识水平方向发展,同时也为各行各业培养了后备人才。对农村来说,大学生村官通过修建文化广场、倡导村民参加广场舞、设置健身器材等方式丰富了当地的精神文化生活,通过修建道路、改电线线路等渠道改善了当地村民的生活环境,通过养殖、种植、手工艺品制作等方式不同程度地提高了当地村民的经济收入。由此,大学生村官对村官政策心怀感激,这也印证了政策本身发挥了重要作用,对大学生村官自身成长成才有所帮助。

(二) 大学生村官对政策的满意度

虽然大学生村官对该政策所起作用持肯定态度,但对村官工作本身的满意度处于一般水平,并没有达到很高的程度。在对工作满意度的调查中,表示满意的接近40%,而表示"一般"的则超过半数。如图8-8所示。

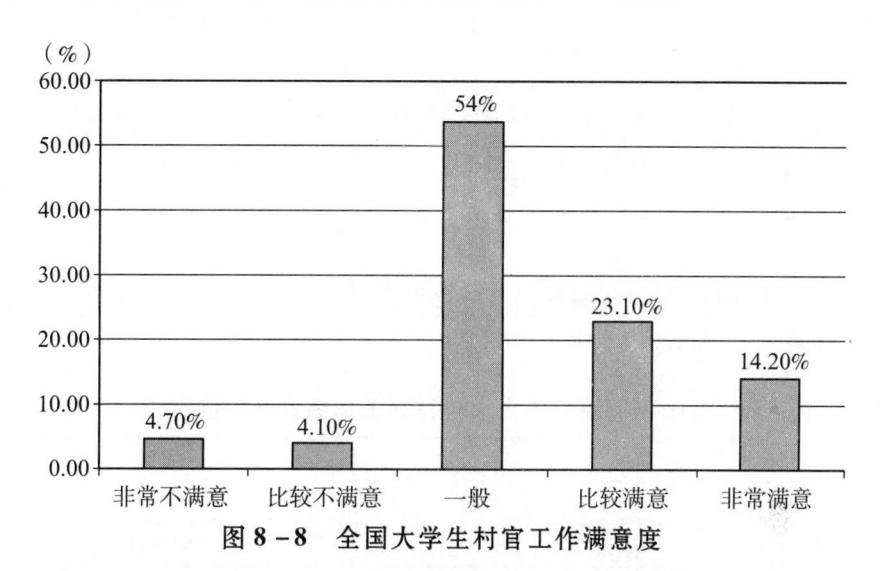

图 8-8 全国大学生村官工作满意度

由此可见,大学生村官一方面对政策发挥的作用普遍持肯定态度,另一方面对政策实施的满意度处于一般水平。这种对政策评价态度的两面性表明,大学生村官政策实施的社会效益不断彰显,但政策实施的个体价值亟待提高。从大学生村官选择担任村官的动机和创业动机的内驱性来看,村官岗位并不仅仅是他们维持自身生存的手段,更是他们展示自身价值、实现自我发展的重要平台。因此,下一步要提高大学生村官的工作满意度,以大学生村官个体的成长成才为立足点,通过建立和完善管理体制和机制,使大学生村官能够在基层农村找到干事创业的平台,实现自身创新创业素质和能力的提升,促进大学生村官自我价值感的实现。

值得注意的是,受各地经济社会发展水平、村官待遇保障高低、政策落实情况以及管理服务机制的完善度等多种复杂因素影响,大学生村官工作满意度存在着省际(自治区、直辖市)差别。由图8-9可看出,村官工作满意度的全国平均水平约在6.5,大部分省市自治区基本在全国平均水平上下,其中吉林、江西、广西壮族自治区三省区明显高于全国均值，也有部分省区（河北、陕西、四川、青海）低于全国均值。

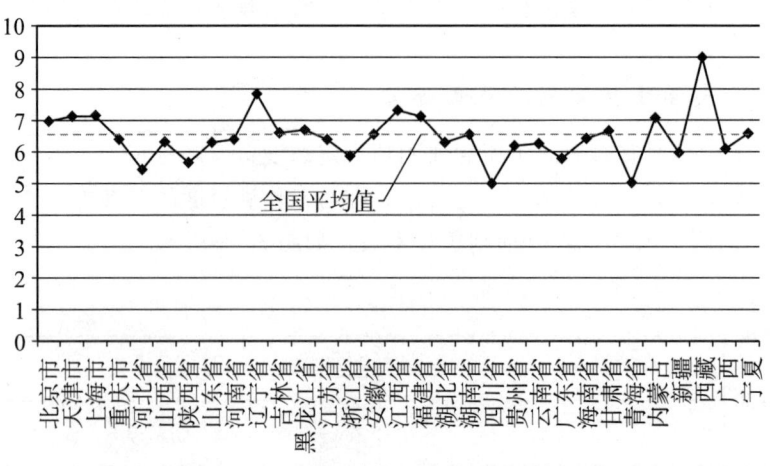

图 8-9　31 个省区市村官满意度比较

同时，从方差分析结果可看出，毕业于不同院校的村官工作满意度存在显著差异。如表 8-1 和表 8-2 所示。

表 8-1　毕业于不同院校的大学生村官工作满意度均值比较

	N	均值
专科	987	6.4225
三本	315	6.7111
二本	1 877	6.6548
一本	437	6.7757
985 院校	237	6.5570
211 院校	392	6.6658
留学生	7	6.4286
总数	4 252	6.6127

表 8-2　毕业于不同院校的大学生村官工作满意度方差分析

	平方和	df	均方	F	显著性
组间	55.778	6	9.296	2.195	0.041
组内	17 975.262	4 245	4.234		
总数	18 031.039	4 251			

具体差异情况如图 8-10 所示。

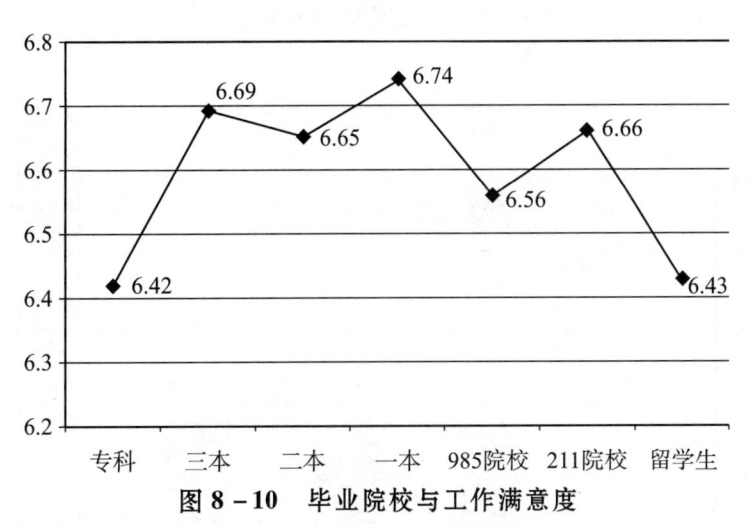

图 8-10 毕业院校与工作满意度

注：图中数值计算方法同图 6-21 的计算方法。

由此，毕业于一本学校的大学生村官满意度最高，其次是三本院校及 211 院校毕业生，毕业于二本和 985 院校的大学生村官满意度稍低，专科和留学生对大学生村官工作的满意度最低。这表明，大学生村官的学历与工作满意度不具有显著的相关性。

与此同时，有五成以上大学生村官认为当地大学生村官政策落实不够全面。如图 8-11 所示。

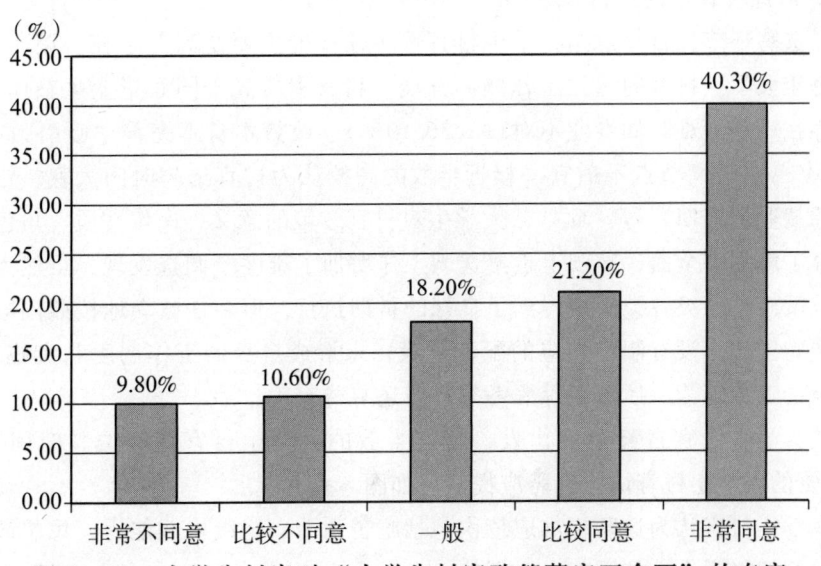

图 8-11 大学生村官对"大学生村官政策落实不全面"的态度

七成以上村官认为当前村官政策在各地区间差异大，不统一，易产生不满情绪，影响大学生村官的工作积极性。如图 8-12 所示。

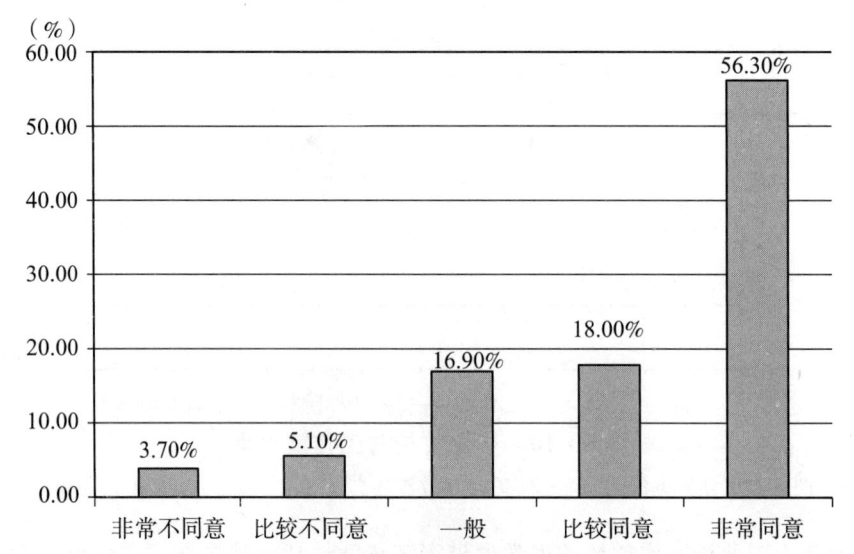

图 8-12 大学生村官对"各地区村官政策不统一，地域差异大"的态度

（三）大学生村官对政策实施的评价

大学生村官作为政策实施的利益相关者，对选拔聘用、教育培训、管理考核、激励保障、期满流动等不同环节的政策运行有不同的感受和评价。具体如下：

1. 对选拔聘用的评价

在选聘环节，目前承担大学生村官选拔任务的主要是高等学校。调研表明，高校每年大学生村官的选拔工作顺利开展，村官素质高于同届毕业生整体水平。但仍存在一些困难，如专业不对口（56.10%）、政策本身不完善"吸引力有限"（49.70%）、选聘节点不适宜（接近半数的高校认为村官选聘时间太晚，错过了学生的就业黄金期）等。此外，大学生对村官政策的意义、岗位性质、角色定位等内容了解不够全面，客观上也给选聘工作增加了难度。调查发现，虽然大学生村官政策已在各级各类高校得到了良好的贯彻执行，但多是被动地按照国家要求开展选聘工作，没有制定相应的配套政策，未形成自身的工作制度和实施细则，对政策的宣传解读、后续跟踪服务等环节还有待完善。

从大学生村官自身角度出发，超过半数的大学生村官认为选聘时间合适，23.70% 的大学生村官认为选聘应提前。如图 8-13 所示。

大学生村官认为选聘标准应依次包括吃苦耐劳、组织协调能力、思想政治素质、组织纪律观念。如图 8-14 所示。

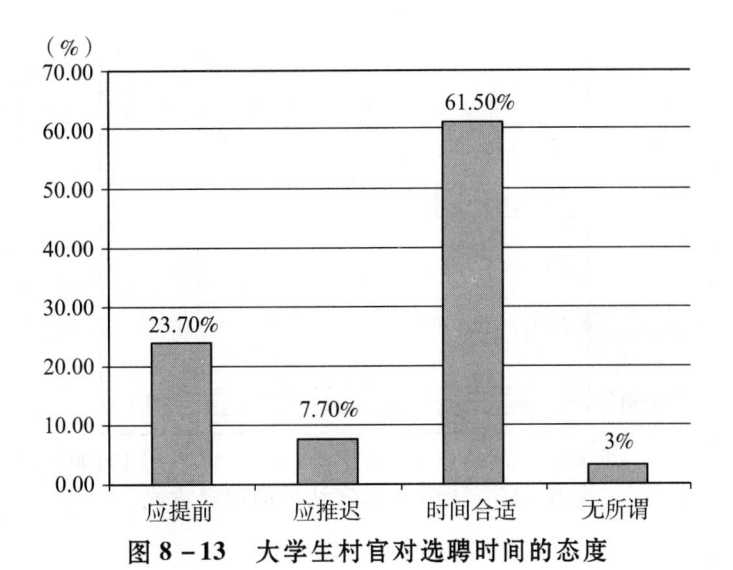

图 8-13　大学生村官对选聘时间的态度

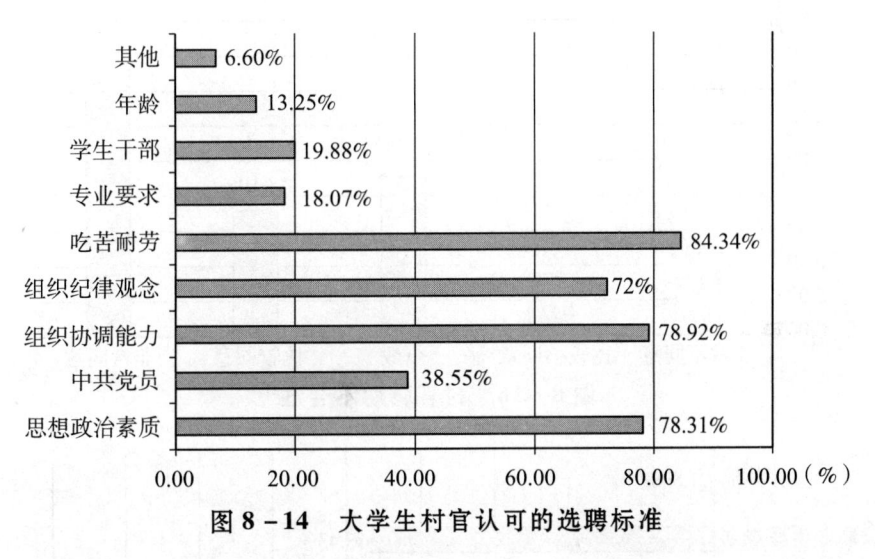

图 8-14　大学生村官认可的选聘标准

大学生村官普遍认可笔试加面试的选聘方式，高校推荐和自我推荐的方式也不可忽视。如图 8-15 所示。

超过半数以上的大学生村官认为村官聘期不合理，这提示政策制定者应对任期问题进行进一步调研，以制定更加符合当前情况的任期。如图 8-16 所示。

2. 对教育培训的评价

如前所述，在教育培训环节，不论培训数量、培训方式、培训质量都没有让村官们感到很满意。

大学生村官希望针对创新创业能力培养、农村事务管理、涉农政策、沟通技能等内容进行培训。如图 8-17 所示。

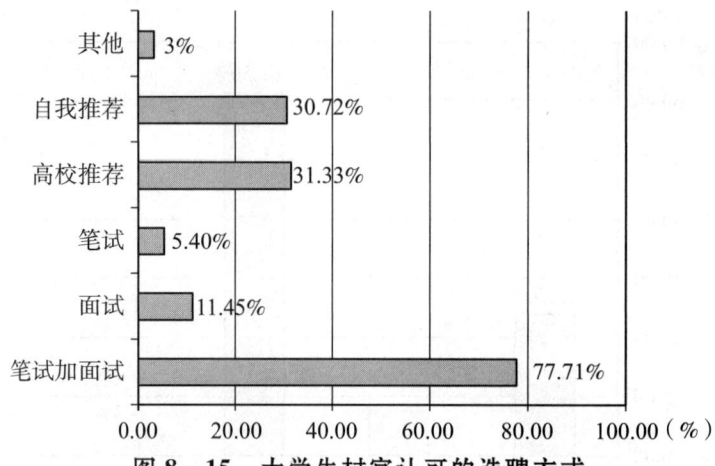

图 8-15 大学生村官认可的选聘方式

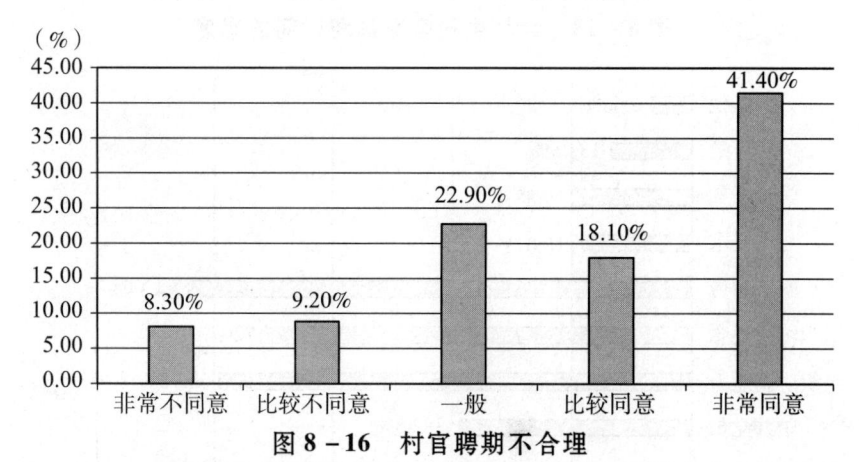

- 其他 3%
- 自我推荐 30.72%
- 高校推荐 31.33%
- 笔试 5.40%
- 面试 11.45%
- 笔试加面试 77.71%

图 8-16 村官聘期不合理

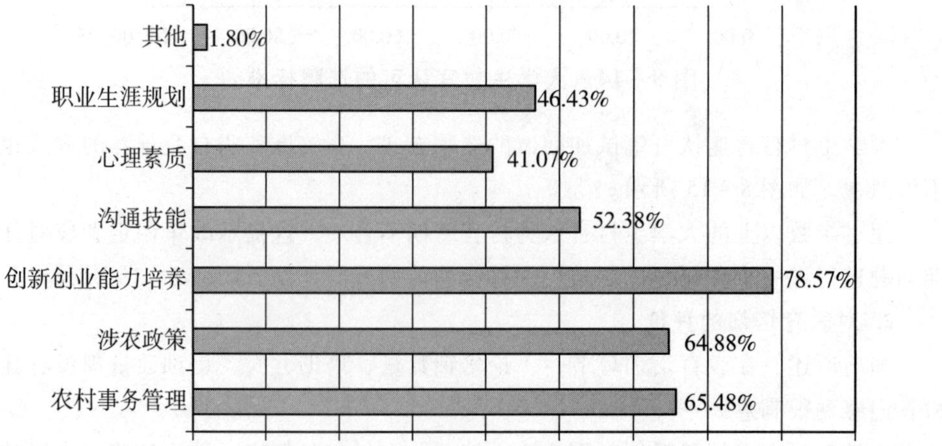

- 非常不同意 8.30%
- 比较不同意 9.20%
- 一般 22.90%
- 比较同意 18.10%
- 非常同意 41.40%

图 8-17 大学生村官需要的培训内容

- 其他 1.80%
- 职业生涯规划 46.43%
- 心理素质 41.07%
- 沟通技能 52.38%
- 创新创业能力培养 78.57%
- 涉农政策 64.88%
- 农村事务管理 65.48%

在培训方式上，村官们期望多以一些新鲜、生动的方式开展，大学生村官更乐于接受实地参观和论坛的培训方式。如图8-18所示。

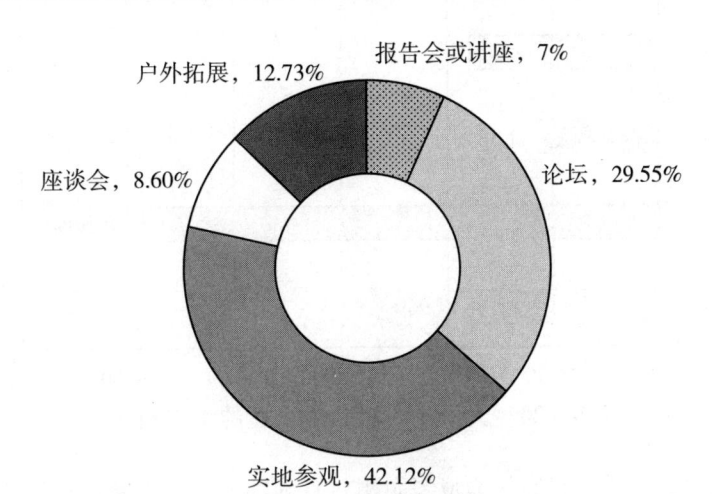

户外拓展，12.73%
报告会或讲座，7%
座谈会，8.60%
论坛，29.55%
实地参观，42.12%

图8-18　大学生村官最乐于接受的培训方式

69.90%的大学生村官每年能接受到的培训次数为2次或以下，甚至有34.90%的大学生村官除了入职培训之外，几乎没有接受过任何培训。如图8-19所示。

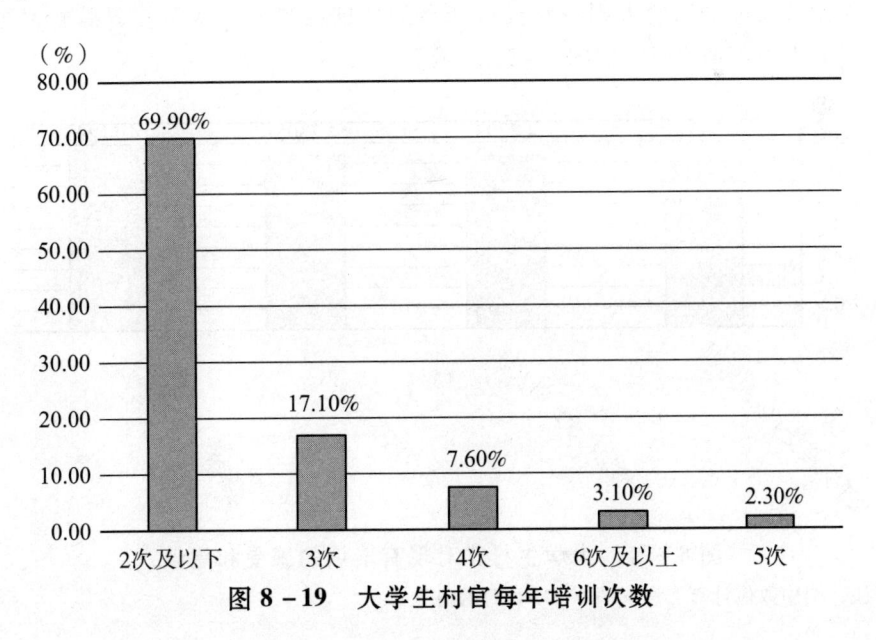

2次及以下 69.90%
3次 17.10%
4次 7.60%
6次及以上 3.10%
5次 2.30%

图8-19　大学生村官每年培训次数

目前，大学生村官自身认为合适的培训频次是每年2次。如图8-20所示。

每月1次 ┤ 3.60%
每季度1次 ┤ 17.96%
每年3次 ┤ 11.38%
每年2次 ┤ 48.50%
每年1次 ┤ 17.96%

图8-20　大学生村官认为合适的培训频次

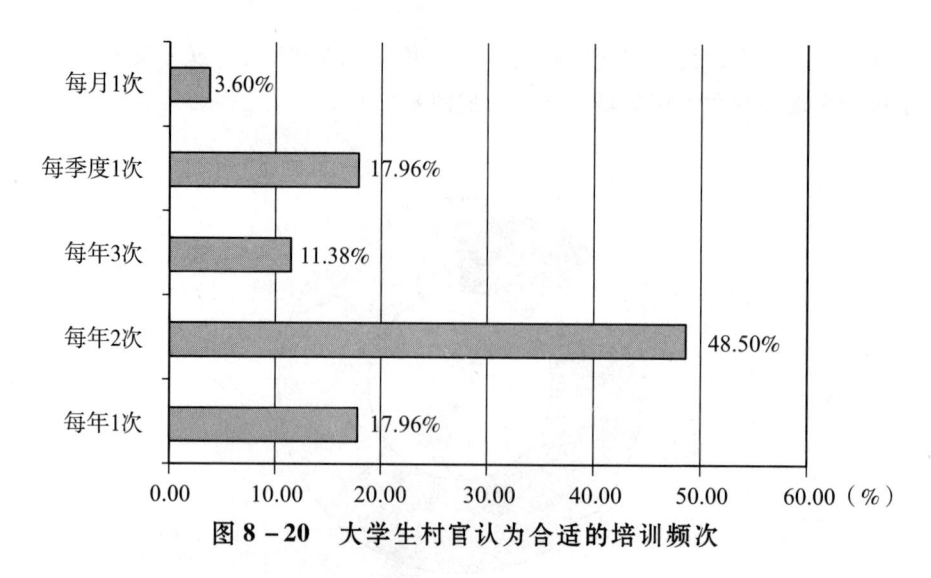

调查显示，大学生村官认为应多组织村官到外地学习观摩，将学到的经验与所在村的实际情况联系起来，以带动当地发展。应根据服务型、创业型等村官类型的不同，进行不同主题的培训，而不是不加区分地对所有村官进行相同内容的培训。还应增加每次参加培训的人数，扩大培训的覆盖面，而不是每次将少数的培训名额集中在相同的村官身上，以避免参加过一次培训的人会参加所有的培训，而没参加过培训的人则一直没机会参加培训的状况，从而使资源配置更均衡，受益人群更加广泛。如图8-21所示。

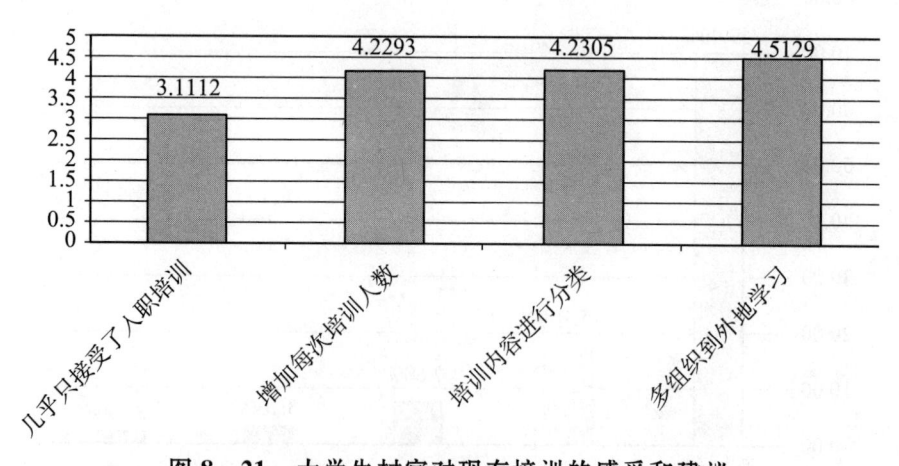

几乎只接受了入职培训：3.1112
增加每次培训人数：4.2293
培训内容进行分类：4.2305
多组织到外地学习：4.5129

图8-21　大学生村官对现有培训的感受和建议

注：图中数值计算方法同图6-21的计算方法。

3. 对管理考核的评价

在日常工作方面，调查显示，部分大学生村官存在工作边缘化现象，积极性没有得到充分发挥。在大学生村官任职期间，借调到乡镇的占被调查大学生村官总数的 65.30%。在任职过程中，43% 的大学生村官认为自己提出的建议很少被村两委采纳。

在考核方面，目前大学生村官经历比较多的考核种类是年度考核，考核中乡镇管理部门的评价占很大分量。如图 8-22 和图 8-23 所示。

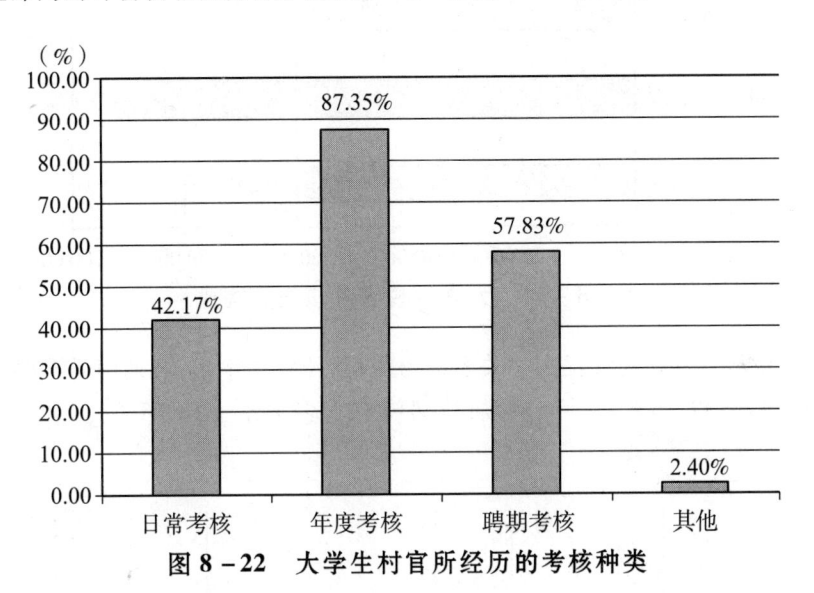

图 8-22 大学生村官所经历的考核种类

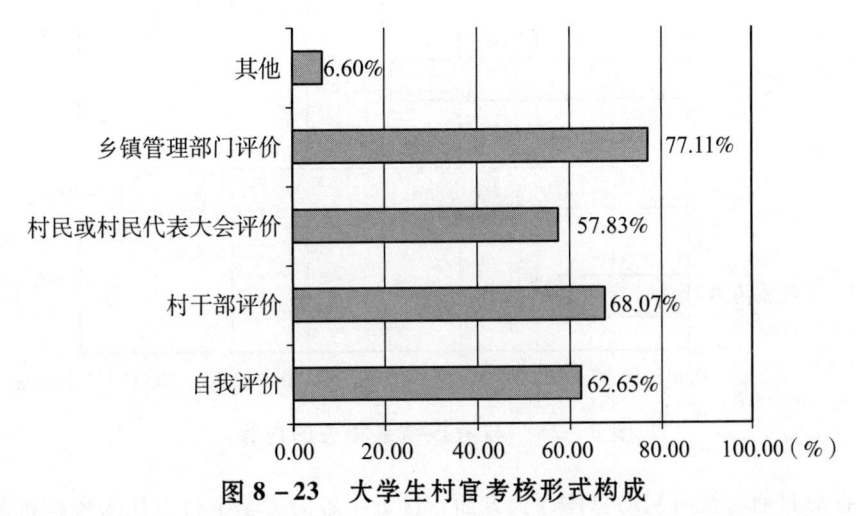

图 8-23 大学生村官考核形式构成

在考核内容上，驻村时间、完成本职工作情况、受表彰情况、参加重要活动情况、创业情况等都有涉及。其中，绝大多数考核都会涉及完成本职工作情况，其次是驻村工作时间（见图 8-24）。

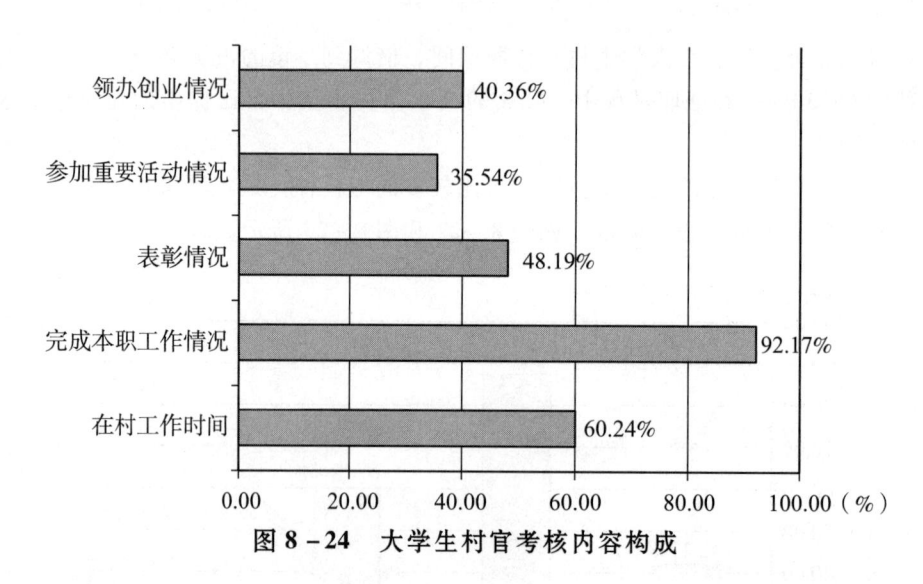

图 8-24 大学生村官考核内容构成

大学生村官考核与评优表彰关系最为密切（74.70%），与期满后再次就业有一定的关系（39.16%），但与物质待遇没有太多关系（18.67%）。如图 8-25 所示。

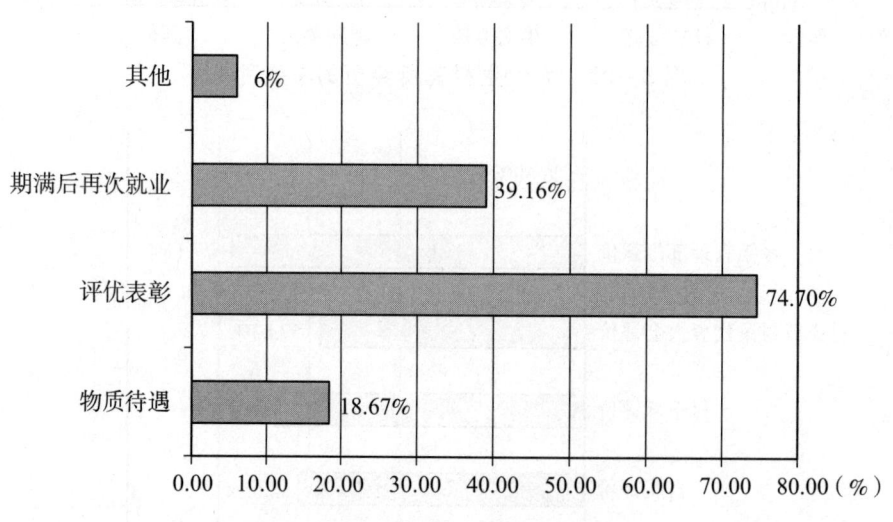

图 8-25 与考核结果相关的内容

在对目前考核机制的总体评价方面，接近半数的大学生村官认为考核机制不够合理（见图 8-26），表现在诸如"考核不规范，指标不具体"（39.50%）、"考核过于频繁，致使工作量增加"等方面。

39.50% 的大学生村官认为考核不规范，指标不具体，接近调查大学生村官的四成，说明大学生村官的考核机制应该得到完善。如图 8-27 所示。

图 8-26　大学生村官对"考核机制不合理"的评价

图 8-27　大学生村官对"考核不规范,指标不具体"的态度

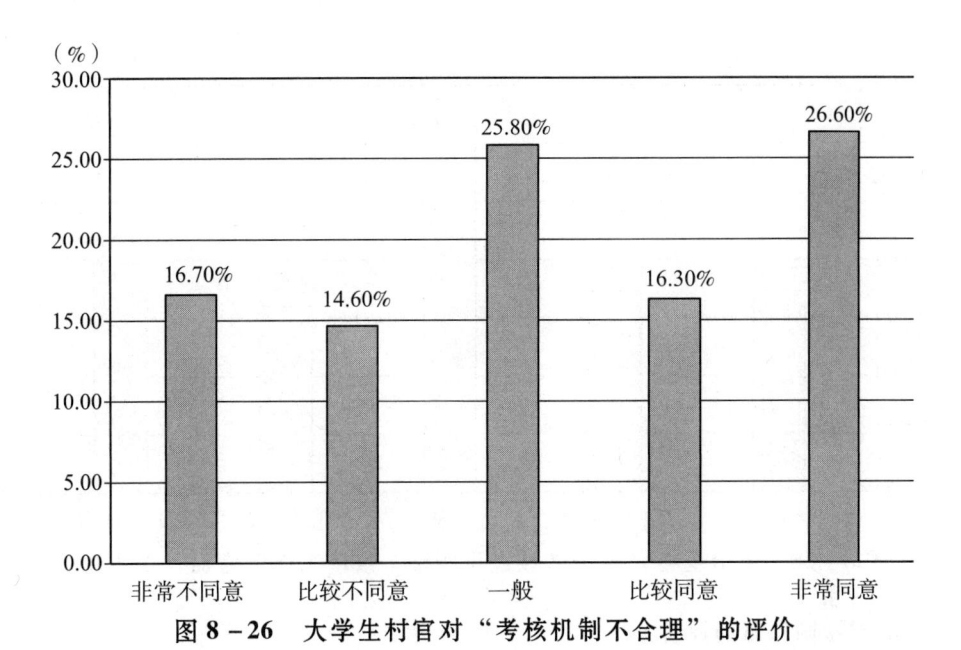

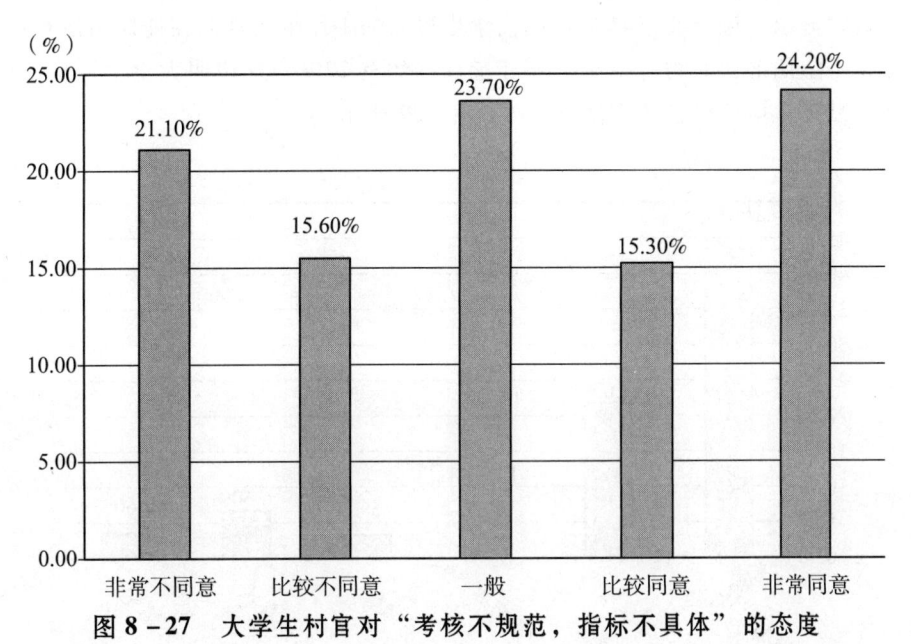

如图 8-28 所示,35.80% 的大学生村官认为村官考核过于频繁,致使工作量增加,约占总人数的四成,说明大学生村官的考核机制不合理,在考核过程中应精简程序,提高大学生村官的工作效率。科学、规范的考核机制,既能有效约束和督促村官的日常工作,又能起到良好的激励作用。但如果考核不够规范,或失于频繁,则不仅起不到这些效果,反而可能挫伤工作积极性、徒耗人力物力。

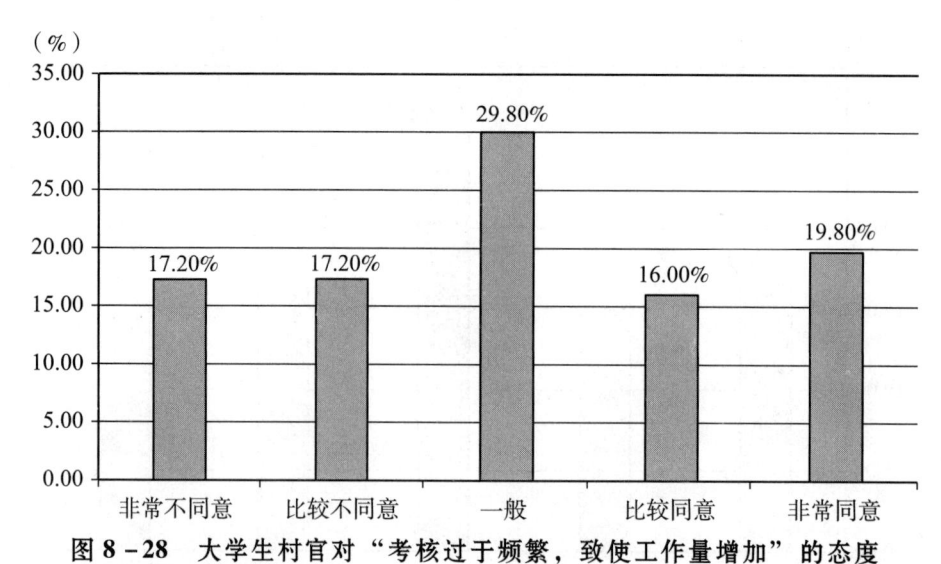

图 8-28　大学生村官对"考核过于频繁，致使工作量增加"的态度

4. 对激励保障的评价

数据显示，近半数（45%）的大学生村官的工作生活补贴在任期内没有什么变化，不定期增加的约占 20%，每年递增的约有 22%，这说明大学生村官工作、生活补贴正常增长机制还不健全。如图 8-29 所示。

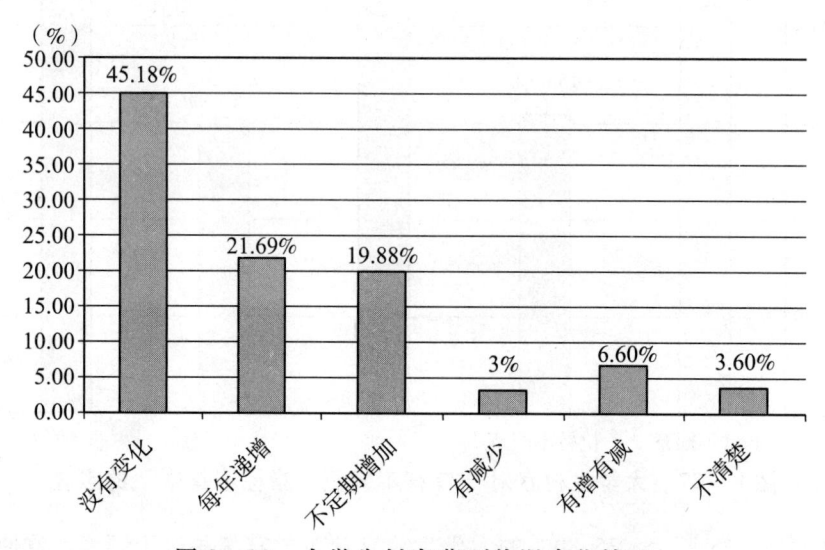

图 8-29　大学生村官薪酬待遇变化情况

认为工资待遇一般的大学生村官比重最高，占 34.50%；不满意者约占 42.80%，接近调查总人数的一半；满意者仅占 22.70%，不足三成。这说明大部分大学生村官对工资待遇不满意。如图 8-30 所示。

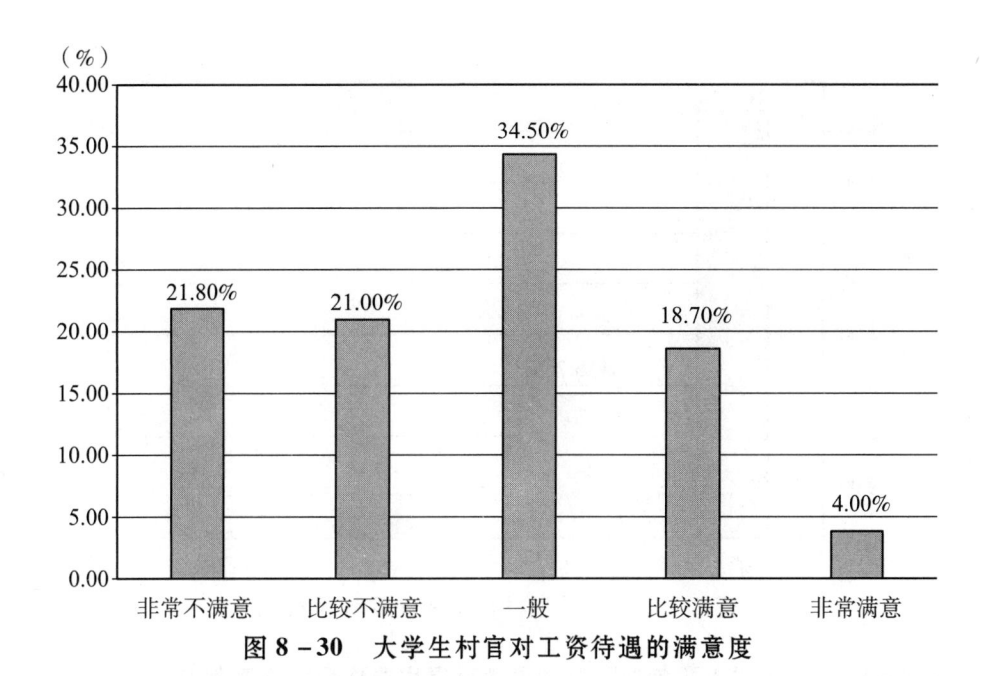

图 8-30　大学生村官对工资待遇的满意度

所调查的大学生村官中仅有 22.10% 获得荣誉称号，不到调查人数的三成。如图 8-31 所示。

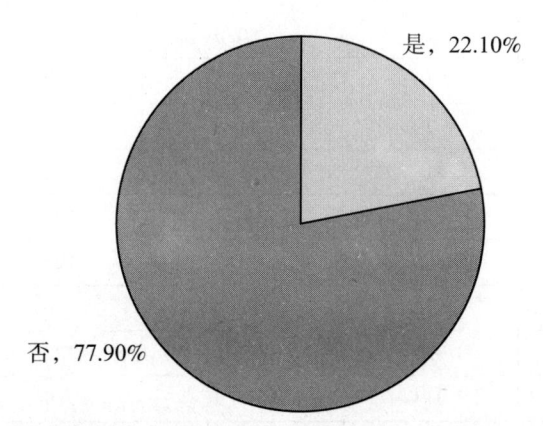

图 8-31　是否获得"优秀村官""党代表"或"人大代表"称号

对大学生村官所获优秀称号级别进行统计分析，结果显示，县级优秀称号所占比重最高，为 16.80%；国家级最低，为 0.30%；第二为市级，占 5.70%；第三为省级，占 1.70%。如图 8-32 所示。

同时，从入职年份与获得优秀村官称号的交叉分析来看，随着年份的推迟，获得优秀村官称号的人数比例及绝对人数都有所下降，可进一步探究其原因。如表 8-3 所示。

图 8-32　大学生村官所获优秀称号级别

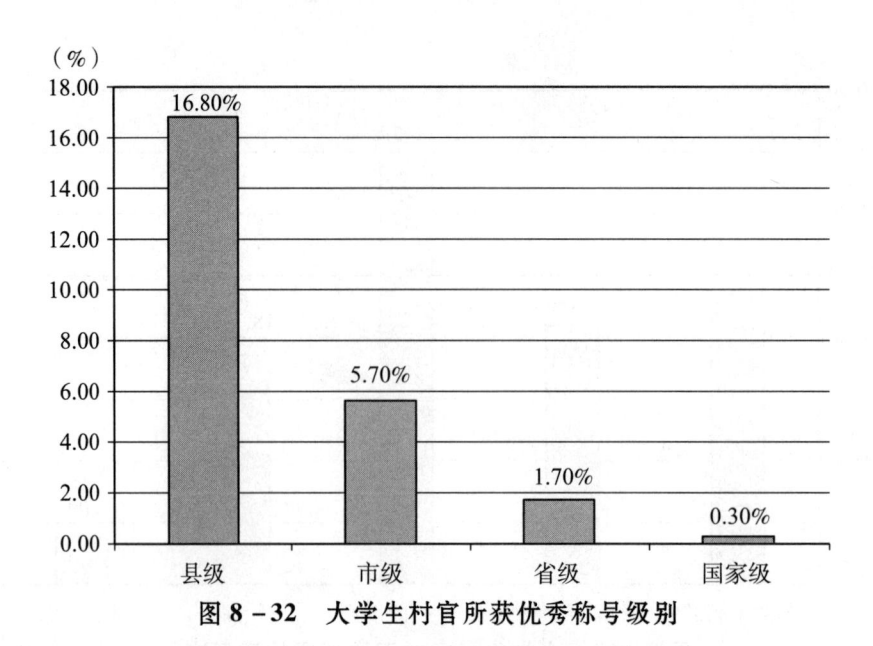

表 8-3　"入职年份"与"是否获得优秀称号"交叉制表

入职年份	入职人数合计	未获得优秀称号	所占比例（%）	获得优秀称号	所占比例（%）
2005	20	10	50.0	10	50.0
2006	19	10	52.6	9	47.4
2007	155	79	51.0	76	49.0
2008	547	317	58.0	230	42.0
2009	409	271	66.3	138	33.7
2010	506	380	75.1	126	24.9
2011	1 086	856	78.8	230	21.2
2012	1 510	1 390	92.1	120	7.9
合计	4 252	3 313	77.9	939	22.1

调研表明，创业政策优惠、政治荣誉、再就业优惠政策、物质待遇对大学生村官能起到激励作用。由此，应从这些方面加大对大学生村官奖励的力度，提高奖励的级别，以增强对大学生村官的激励作用。如图 8-33 所示。

大学生村官任职期间最希望获得的帮助是提高工资待遇，其次为增加培训教育机会，再次是领导更加重视，最后为更多创业基金扶持。但是，四者之间差别较小。

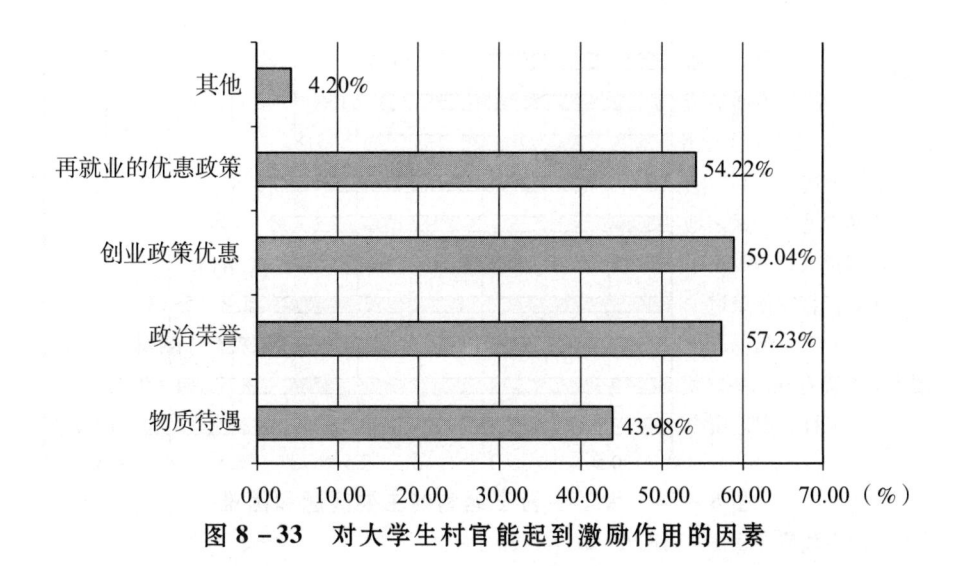

```
其他           4.20%
再就业的优惠政策  54.22%
创业政策优惠    59.04%
政治荣誉       57.23%
物质待遇       43.98%
       0.00  10.00  20.00  30.00  40.00  50.00  60.00  70.00（%）
```

图 8-33　对大学生村官能起到激励作用的因素

5. 对期满流动的评价

面对大学生村官期满出路的选择，不少省市区都出台了各项优惠政策帮助大学生村官顺利实现二次就业。对此大学生村官心存感激，对期满流动中各级政府政策的帮扶表示认可，但仍然对自身发展前景表示担忧。不少大学生村官表示任职的最后一年都是在为自己的出路做准备，考公务员或者事业编，所以参与村里事务的积极性和主动性会降低，这一过程他们称之为迷茫、困惑、焦虑期、倦怠期、退出期、再就业期。这一阶段对他们来说非常重要，关系到他们的期满出路问题。

四、大学生村官成长成才的社会环境

如图 8-34 所示，大学生村官任职期间面临的最大困难是社会舆论压力，主要来自家庭成员、社会公众、朋友等；第二是没有编制，身份尴尬；第三是任职期间借调现象严重，说明各地区存在不同程度的借调现象，不能扎实地融入最基层的群众之中，这给大学生村官造成了较大困扰。相比而言，生活环境、语言交流及工作任务安排问题并没有给大学生村官造成较大困扰。

调研显示，61.11% 的大学生村官遇到困难时会选择求助同学或朋友，44.44% 的大学生村选择求助家庭成员，34.57% 的大学生村官选择求助村干部。如图 8-35 所示。

由此，大学生村官碰到困难时，更多求助于同学和朋友，其次是家庭成员和村干部。这表明，大学生村官面临的社会舆论压力较大，社会支持力量薄弱。此

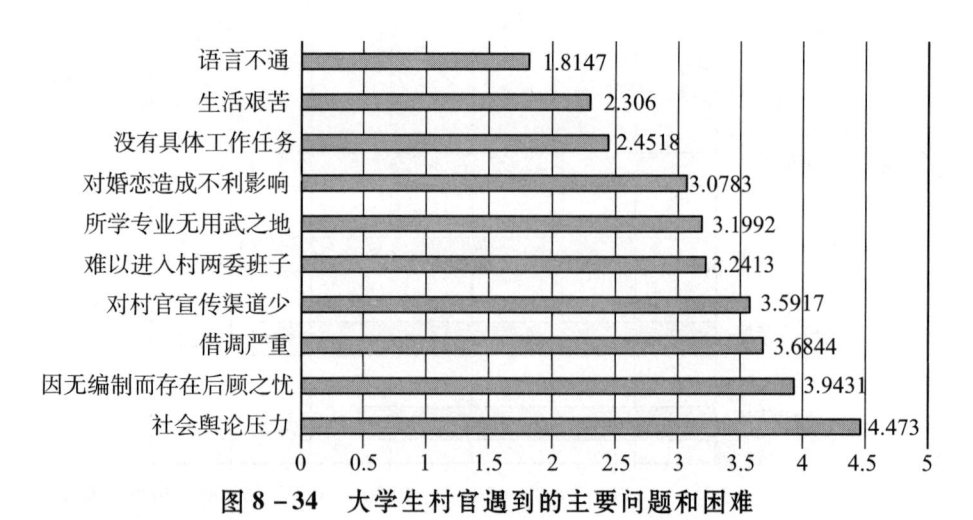

图 8-34 大学生村官遇到的主要问题和困难

语言不通 1.8147
生活艰苦 2.306
没有具体工作任务 2.4518
对婚恋造成不利影响 3.0783
所学专业无用武之地 3.1992
难以进入村两委班子 3.2413
对村官宣传渠道少 3.5917
借调严重 3.6844
因无编制而存在后顾之忧 3.9431
社会舆论压力 4.473

注：图中数值计算方法同图 6-21 的计算方法。

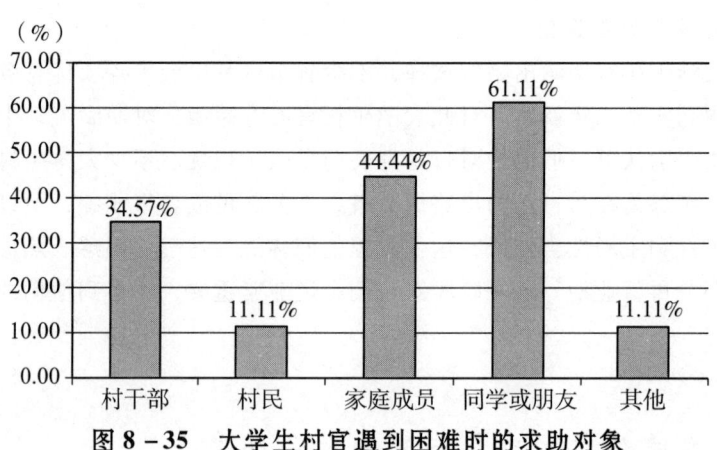

图 8-35 大学生村官遇到困难时的求助对象

村干部 34.57%
村民 11.11%
家庭成员 44.44%
同学或朋友 61.11%
其他 11.11%

外，访谈调查结果显示，目前部分大学生村官对自己的职业缺少认同感，社会舆论方面对大学生村官的评价亦不够客观中肯，或过于乐观，或过于悲观，无形中对大学生村官的成长成才产生了不良影响。社会舆论环境对大学生村官的行为具有重要的导向作用，有必要坚持正向、理性的态度对大学生村官的社会舆论环境进行全面优化。

第二节 外部环境对大学生村官成长成才的影响

为了深入研究不同外部环境因素与大学生村官成长成才的内在联系，我们将外部环境归纳为四个子环境进行研究。根据前文所述的大学生村官成长的理论解释框架，我们提出了理论假设，并以此为基础进行相关性分析。

一、理论假设

在这一部分，问卷一共选用了 13 个解释变量来了解大学生村官对外部环境的评价，其中反映村落环境的变量 4 个，反映政策环境要素的变量 4 个，反映社会环境要素的变量 2 个，反映家庭环境要素的变量 3 个。[①] 采用 Stata/SE 12.0 统计软件对全国调研数据进行处理和模型估计。根据研究需要和被解释因素的统计性质，建立以工作能力、人际沟通能力、性格成熟以及思想觉悟为因变量的多元回归模型验证理论假设，即对解释变量和被解释变量之间的关系做出假设：

假设 H1：村落环境与大学生村官成长存在密切联系。理论上，宗族势力常被认为是阻碍人才成长的因素之一。两委是大学生村官的直接领导，他们的支持有助于大学生村官的成长。村落家庭年收入是村落经济发展水平的一个重要指标。村落发展程度越高，意味着人才成长的空间越大，越有利于大学生村官的成长。自然环境越好越有助于大学生村官的成长。因此，假设 H1a：宗族势力与大学生村官成长具有负相关关系；H1b：两委支持与大学生村官成长具有正相关关系；H1c：村落家庭年收入与大学生村官成长呈正相关关系；H1d：自然环境与大学生村官成长呈正相关关系。

假设 H2：政策环境与大学生村官成长呈正相关关系。国家政策从意图上看都是为了大学生村官更好地成长。因此假设 H2a：编制问题的解决与大学生村官的成长呈正相关关系；H2b：创业基金扶持与大学生村官的成长呈正相关关系；H2c：教育培训机会与大学生村官成长呈正相关关系；H2d：薪酬制度与大学生村官成长呈正相关关系。

假设 H3：社会环境与大学生村官成长有相关关系。社会环境在本书中主要指村民的社会舆论和媒体宣传。因此，假设 H3a：不同倾向的村民舆论对大学生村官成长的影响是不同的；H3b：媒体宣传与大学生村官的成长呈正相关关系。

[①] 为了研究的方便，此处用职业声望估计值估计样本中父母的职业状况。职业声望是人们或社会对每一个职业应该拥有怎样的名望地位的一种主观评价。折晓叶、陈婴婴研究发现，相关学者通常使用一个可操作的百分制量表，让被调查者按声望地位的高低直接对各种职业评分，得分越高的职业，其职业声望就越高，人们在一定时期内职业声望的变动情况在很大程度上反映了其职业发展的状态。本书将利用许欣欣的职业声望评价调查研究的结果，对样本中的父母职业进行一一对应的声望赋值并进行排序。由于职业声望赋值是连续变量，而且其中十个变量采用里克特量表测量，因此可以近似地看成连续变量。对村民社会舆论变量处理成 (0, 1) 分布的虚拟变量，其中，以"村官没什么社会经验，什么也不会做"为参照变量，所以我们运用一般的多元回归模型来检验本书所提出的理论假设。

假设 H4：家庭环境与大学生村官成长呈正相关关系。在本书中家庭环境主要包含父母的支持程度、父母的职业声望等要素。因此，假设 H4a：父母的支持与大学生村官成长呈正相关关系，职业声望越高的父母，通常比较希望孩子追求更高声望的职业；H4b：父亲的职业声望与大学生村官的成长呈反相关关系，H4c：母亲的职业声望与大学生村官的成长呈反相关关系。

二、数据分析与结论

表 8-4 是数据处理后得到的拟合结果。我们结合这一结果对外部环境对大学生村官成长的影响以及大学生村官群体对外部环境的感知进行分析（见表 8-5）。

表 8-4　　　　　　　大学生村官成长的回归模型结果

变量	模型 1 工作能力	模型 2 人际沟通能力	模型 3 性格成熟	模型 4 思想觉悟
宗族势力	-0.00544 (0.00931)	-0.000767 (0.00856)	0.00381 (0.00846)	-0.00149 (0.00972)
两委支持	0.139*** (0.0156)	0.136*** (0.0144)	0.123*** (0.0140)	0.151*** (0.0157)
村落家庭年收入	-0.0331*** (0.00800)	-0.0274*** (0.00784)	-0.0214*** (0.00745)	-0.0262*** (0.00837)
自然环境	0.00482 (0.00979)	0.0185** (0.00933)	0.0203** (0.00913)	0.0209** (0.0100)
编制问题	0.0173** (0.00875)	0.0112 (0.00830)	0.00457 (0.00816)	0.00488 (0.00971)
创业基金扶持	0.0272* (0.0152)	0.0154 (0.0139)	0.0113 (0.0134)	0.0133 (0.0156)
教育培训机会	0.107*** (0.0198)	0.128*** (0.0190)	0.132*** (0.0181)	0.146*** (0.0200)
薪酬制度	0.0755*** (0.0200)	0.0659*** (0.0190)	0.0593*** (0.0187)	0.0449** (0.0197)
村落居民舆论（以村官什么也做不了为参照）				

续表

变量	模型 1 工作能力	模型 2 人际沟通能力	模型 3 性格成熟	模型 4 思想觉悟
找不到工作而来	0.0752 (0.0631)	0.0547 (0.0614)	0.0254 (0.0583)	0.0365 (0.0686)
为了镀金而来	0.0798 (0.0616)	0.0965* (0.0580)	0.0323 (0.0562)	0.0820 (0.0647)
水平高,什么都会	0.150*** (0.0572)	0.150*** (0.0545)	0.0727 (0.0535)	0.182*** (0.0605)
开始不信任,后转变态度	0.299*** (0.0512)	0.237*** (0.0498)	0.194*** (0.0479)	0.295*** (0.0548)
能吃苦做得好	0.287*** (0.0554)	0.240*** (0.0533)	0.159*** (0.0525)	0.281*** (0.0588)
媒体宣传	0.0149 (0.00965)	0.0104 (0.00899)	0.0131 (0.00913)	0.0157 (0.0105)
父母支持	0.0986*** (0.0131)	0.0864*** (0.0123)	0.0800*** (0.0120)	0.102*** (0.0134)
父亲职业声望	0.00439 (0.00496)	-0.00116 (0.00487)	0.00144 (0.00491)	-0.00604 (0.00541)
母亲职业声望	-0.00664 (0.00586)	-0.00280 (0.00575)	0.000422 (0.00585)	-0.00212 (0.00621)
常量	2.387*** (0.128)	2.507*** (0.128)	2.609*** (0.121)	2.324*** (0.129)
样本量	3 987	3 987	3 987	3 987
调整 R^2	0.154***	0.153***	0.138***	0.162***

注:括号内为稳健性标准差。
*** 表示 $p<0.01$,** 表示 $p<0.05$,* 表示 $p<0.1$。

表 8-5 大学生村官对现实各项环境要素的感知情况

变量	样本数	均值	标准差	最小值	最大值
两委的支持	3 987	4.013795	1.01076	1	5
父母的支持	3 987	3.774266	1.10906	1	5
自然环境	3 987	3.264359	1.314874	1	5

续表

变量	样本数	均值	标准差	最小值	最大值
村落家庭收入水平	3 987	2.583145	1.571764	1	5
媒体宣传	3 987	2.311763	1.318885	1	5
编制问题	3 987	2.054427	1.400952	1	5
创业基金扶持	3 987	1.799599	1.086209	1	5
教育培训机会	3 987	1.576624	0.939107	1	5
薪酬制度	3 987	1.526461	0.913735	1	5

（一）两委支持、教育培训机会、薪酬制度和父母支持对大学生村官成长成才具有显著的正向相关关系

第一，两委、父母的支持。两委是村级组织的核心，也是大学生直接接触的上级领导，他们对大学生村官工作的态度与支持程度，关系到大学生村官工作能否顺利开展，也关系到大学生村官的心理健康。父母对大学生村官工作的支持同样非常重要，他们是大学生村官重要的后盾。调查数据显示，八成以上大学生村官认为父母对于自己选择村官岗位表示不同程度的支持，仅有11.40%的村官认为父母比较不支持或非常不支持；来自家庭的理解和支持为大学生村官安心工作提供了强有力的精神支撑；62%的村官认为"村两委"对村官工作的重视和支持程度都较高。这些因素都有利于大学生村官在工作能力、人际沟通、性格成熟和思想觉悟方面得到较快的成长。

第二，教育培训机会、薪酬制度与大学生村官的成长呈正相关关系。接受教育、参加培训是提升大学生村官素质、水平和能力的有效途径；提高工资待遇也有利于大学生村官的成长。然而在现实中，大学生村官对这两方面并不满意。在教育培训方面，不管培训数量、培训方式、培训质量都没有让村官们感到很满意，不能满足大学生村官的成长需求。据统计，约占七成的大学生村官每年只能接受到2次及以下的培训，而5%以上的村官每年能接收到5次及5次以上的培训（见图8-36），从侧面反映出培训资源配置的不均衡。

第三，大学生村官对薪酬的不满。按照目前中央有关部门规定，大学生村官的工作生活补贴比照本地乡镇新录用公务员试用期满后工资水平确定，中央财政补贴按照西部地区人均每年1.5万元、中部地区人均每年1万元、东部地区人均每年0.5万元的标准拨付，不足部分由地方财政承担。同时，中央财政给大学生村官按人均2000元的标准发放一次性安置费。这样的力度在大学生村官看来是

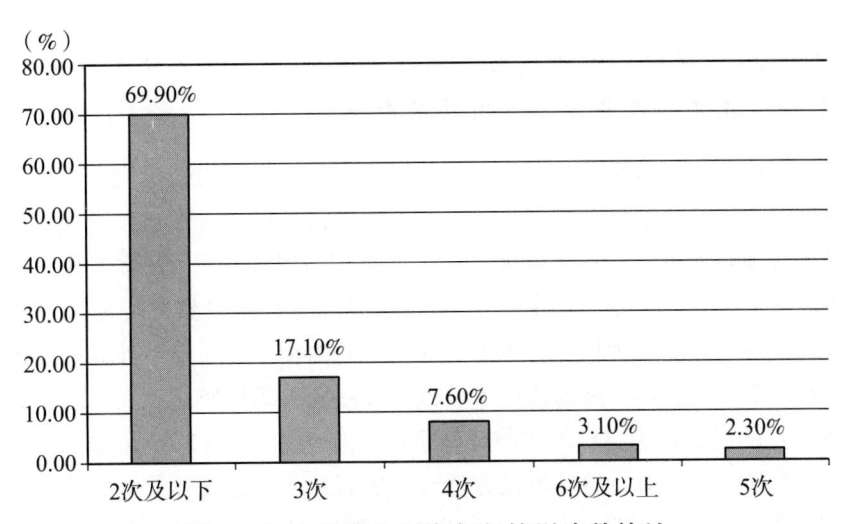

图 8-36 大学生村官每年培训次数统计

不够的。在 2014 年两会期间，大学生村官代表冼润霞谈到大学生村官的工资还不到一个保姆工资的一半。此次调研发现，大学生村官认为任职期间最希望获得的帮助，排在第一位的就是提高工资待遇（见图 8-37），说明村官对目前的薪酬和收入是不满意的。

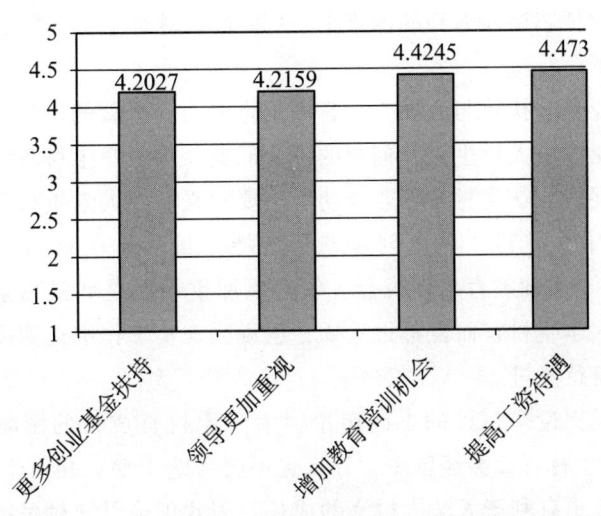

图 8-37 大学生村官任职期间最希望获得的帮助
注：图中数值计算方法同图 6-21 的计算方法。

（二）自然环境、编制问题、创业基金扶持、村民社会舆论对大学生村官成长成才的某些方面具有显著影响

第一，自然环境对工作能力没有显著影响，但对人际沟通能力、性格成熟和思想觉悟三个因变量呈显著的正相关影响。通过访谈得知，多数大学生村官的日常工作是管理村官事务，不管村落大小，都是"五脏俱全"，日常工作事务不分自然环境优劣，因此大学生村官工作能力的提高与村落自然环境的关系也不显著。然而，自然环境较为优良的地方，人们之间的相互交流、与外界的交流相对较多，对大学生村官的人际沟通能力、性格成熟等有积极影响。在调研中，过半数（58%）的村官认为自己工作的环境条件一般（如图8-3所示）。

虽然大学生村官对自然环境没有感到特别满意，但也没有觉得非常艰苦（如图8-35所示，"生活艰苦"在大学生村官任职期间遇到的困难中排名倒数第二），总体评价属于中等水平。自然环境的优劣在短期内难以改变，应该积极发挥大学生村官的主体性和能动性，引导其适应自然环境，自觉克服消极影响。

第二，编制问题与工作能力呈显著的正相关关系。编制问题关系到大学生村官的"身份"问题，身份明确，则工作名正言顺，各方面的阻力和压力会大为减少，工作开展也会相对顺利。从数据来看，大学生村官对编制问题并不满意。在大学生村官自评任职期间遇到的困难中，"因无编制而存在后顾之忧"排在第二位（见图8-35）。

第三，创业基金扶持与大学生村官的工作能力呈显著的正相关关系。创业基金扶持巧妙地化解了大学生村官创业的资金问题，为大学生村官发挥工作才能提供了平台，对促成大学生村官创业成功有重要意义。在大学生村官任职期间最希望获得的帮助中，得到"更多创业基金扶持"虽然排在第四位，但与前三项（提高工资待遇、增加教育培训机会、领导更加重视）之间的差别很小，反映出这四项内容对大学生村官而言都很重要，也说明现实工作中这四项内容还不能令村官们满意，有待改进。

第四，村民舆论。村民的不同舆论对大学生村官成长的影响是不同的。以"村民认为大学生村官社会经验少，什么也不会"为参照，相对于负面评价来说，村民的正面评价更有利于大学生村官的成长。因此正确引导村民舆论，创造有利于大学生村官成长的良好的舆论环境，有助于大学生村官的成长。数据显示，大学生村官认为村民对其有负面评论的累计达34.61%，即大约1/3的村官认为村民不看好他们，"开始不信任，后来改变态度"的占35.74%，即大约1/3的村官认为村民们的态度有一个变化过程，后来对大学生村官给予较高的评价（见表8-6）。由此看来，如何让更多的村民信任大学生村官，让那些对大学生村官

持负面看法的人转变态度，这些问题是值得关注的。

表8-6　　　　　　　　　村民对大学生村官的看法

村民舆论	频数	百分比（%）	累计百分比（%）
社会经验少，什么也做不了	384	9.63	9.63
找不到工作才来的	483	12.11	21.75
为了镀金才来的	513	12.87	34.61
知识水平高，什么都会	587	14.72	49.34
开始不信任，后来改变态度	1 425	35.74	85.08
能吃苦，做得好	595	14.92	100
总数	3 987	100	

（三）宗族势力、村民家庭年收入、媒体宣传、父亲职业声望、母亲职业声望对大学生村官成长成才没有显著影响，有些存在负相关关系

一是村民家庭年收入与大学生村官的成长之间存在显著的负相关关系。这一统计结果说明两个问题：首先，村民家庭年收入并不一定能代表该村落的经济发展水平，这些居民收入可能不是以村庄为载体的，特别是在现代化过程中，大量农民工涌入城市，农民工工资就是农民的收入。这样，居民收入跟村庄本身的经济发展水平并没有直接关系。其次，家庭年收入低，经济发展落后，村民生活贫困，能够激发大学生改变村落现状的热情，会想方设法帮助村民脱贫，"穷则思变"。这样的环境反而给大学生村官更大的发挥空间，启发他们思考如何增加农民收入、建立致富项目等。经历这些过程，大学生村官的工作能力、人际沟通能力、性格成熟度、思想觉悟等都能得到提高和改善。

二是媒体宣传对大学生村官的成长并没有显著影响。这可能是因为媒体宣传的是一个个特殊的、少数的村官个体，并不能代表总体大学生村官的成长，而大学生村官的成长是在实践中自觉或不自觉获得的，较少受到媒体宣传的影响。在调研中，大学生村官认为"对村官宣传渠道少"是任职期间面临的困难之一（3.5917），认为目前网络媒体对大学生村官的宣传程度不够，各种媒体的宣传难以使社会大众客观理性地看待村官群体。这一结论启发我们，对大学生村官群体和大学生村官政策的宣传，要注意方式和程度，应采用多种方式，全面客观，适度即可。

三是父亲的职业声望与母亲的职业声望对大学生村官成长并没有产生显著的影响。大学生村官各项能力的提高以及思想、性格等的成熟是在任职期间取得的，是边际量，即新增加的量。进入大学生村官系统后，村官的工作生活相对独立，受到父母职业的影响相对较小。

第三节　大学生村官成长成才外部环境的综合分析

外部环境对大学生村官的成长成才具有重要作用。依据前文的理论框架假设，我们将大学生村官成长成才的外部环境分为村落环境、政府环境、社会环境和家庭环境四个环境子系统，将大学生村官成长成才要素分为工作能力、人际沟通能力、性格成熟、思想觉悟四个层面。在对全国大学生村官抽样调查的基础上，我们运用Stata/SE 12.0统计软件，研究了四个环境子系统对大学生村官成长成才四个要素的影响性质和程度。调研表明，政策环境、管理体制和机制、情感支持对大学生村官的成长成才产生重要影响。

一、政策环境对大学生村官产生显著的直接影响

调研数据表明，现行政策对大学生村官成长成才有显著的直接影响，具体体现为薪酬制度、编制问题和创业基金扶持都与大学生村官成长成才呈现全面显著的正相关关系。其中，薪酬制度对大学生村官成长的各个要素均呈显著的正相关关系，即薪酬制度直接影响大学生村官的工作能力、人际沟通能力、性格成熟和思想觉悟；编制问题和创业基金扶持仅与工作能力有显著的正相关关系，即编制的解决和创业基金扶持直接影响大学生村官的工作能力。

目前，一系列薪酬政策为大学生村官在基层农村工作提供了切实的物质保障。同时，在创新创业的时代背景下，中央和地方政府出台了多项扶持大学生村官创新创业的政策和措施，为大学生村官提供创业基金扶持、指导大学生村官合理选择创业项目，安排创业导师指导大学生村官干事创业。今后，要进一步强化大学生村官成长成才基本保障政策的有效落实，包括加大投入，对西部边远、艰苦地区的大学生村官要适当倾斜等。此外，还需要加大监督、监察力度，提高政策的执行力，以确保中央与地方制定的大学生村官社会保障政策得到有效落实。

现有政策尚未明确解决大学生村官的编制问题，虽然部分省市已经开始探索有条件地将部分优秀大学生村官纳入公务员编制或事业编制，但尚未有全国统一的政策文件明确大学生村官的身份定位问题。由此，大学生村官政策完善的关键在于把握重点、突破瓶颈。当前，身份定位问题是制约大学生村官成长成才机制

运行的主要瓶颈,影响着大学生村官选拔培养、管理考核、期满出路等。因此可以考虑将大学生村官身份定位问题作为解决大学生村官工作的重要突破口,从根本上解决大学生村官的后顾之忧。

二、管理体制和机制对大学生村官产生重要影响

大学生村官的培训、考核、激励等方面的管理机制对其成长具有重要影响。调查显示,多数大学生村官有着强烈的成才意愿和长远的个人发展眼界。同时,大学生村官制度实施以来,政府部门、高校、村两委等都投入了大量的人力、物力和财力,大学生村官自身也积极努力。但从实际工作效果来看,大学生村官的潜能还没有得到充分发挥。在实践中重选聘轻培养、重使用轻管理等情况依然存在。部分大学生村官存在被边缘化的现象,造成人才使用错位或人才效能偏差。调查显示,任职期间大学生村官曾被借调到乡镇的占65.30%,43%的大学生村官认为自己提出的建议很少被村两委采纳。还有接近50%的大学生村官认为考核机制有待完善,考核不规范,指标不具体,难以发挥激励作用。结合调研数据,我们认为以下几个方面的大学生村官管理机制急需优化:

一是建立、完善绩效考核制度,重点解决考核什么、怎么考核、考核结果如何使用这三个问题。应根据中央相关规定和大学生村官胜任力模型的研究结论,科学合理地设置考核指标体系;在考核结果的运用上,要与工资待遇、教育培训、选拔录用等直接挂钩,充分发挥考核的导向作用。同时,考核还必须做到程序规范和民主公开,为良性竞争提供好的环境。二是打造大学生村官培训体系。要根据大学生村官成长不同阶段的需要和心理特征,进行有针对性的培训。节奏过于频繁或舒缓、内容趋于泛化的培训,既影响正常工作,又达不到预期效果。另外,还要丰富培训的内容和形式。三是建立择优奖励制度。目前从中央到地方已建立起了大学生村官的奖励制度,但尚未形成具有稳定性和权威性的评优表彰机制。建议尽快规范不同级别的奖励制度,建立稳定、权威的大学生村官奖励体系,拓宽奖励覆盖面,拓展各种竞争平台,鼓励优秀大学生村官脱颖而出,同时发挥大学生村官基层成才对广大青年的引领作用。

三、情感支持对大学生村官具有重要的保障作用

大学生村官虽然有来自于政府的制度支持,也有来自于家庭、村落的不同程度的支持,但情感支持相对欠缺。大部分村官任职后感觉自然环境、工作环境、生活环境都比预期得要好,而农村文化娱乐活动的单一与自身的期待反差最大。

同时，调查显示，社会舆论的压力成为大学生村官任职期间遇到的最大困难，大学生村官对媒体宣传的感受一般。这表明，大学生村官群体作为刚从高校毕业的青年人，不仅需要物质上的支持和保障，而且更需要精神文化层面的支持。在农村的陌生环境中，原有的情感支持弱化，新的情感支持的建立尚需时日，心理上难免会有巨大的落差。因此，强化对大学生村官的关爱和情感支持对他们的成长成才有着非常重要的保障和支撑作用。

首先，全社会应该为大学生村官营造良好的社会氛围，增强大学生村官的职业归属感。要运用多种形式，坚持引导人们转变观念，关注农村对创新创业人才的需求，在双向、多向的互动中让更多人接受城乡人才环流（既包括从农村到城市的人才流动，又包括从城市到乡村的人才流动）的新态势，逐步改变传统观念。其次，基层单位要关心大学生村官的情感需求、注重人文关怀。不但要重视大学生村官物质生活的改善，还要重视他们的情感需要。在生活中关心他们，让他们充分感受到领导的真情关怀，尽可能帮助他们解决生活、工作中的困难，引导他们参与各种基层群众活动，促进他们与村民的感情交流，建立和谐的人际关系。最后，把握好大学生村官政策宣传的度。对政策本身了解程度不够深入，容易出现思想和行为上的误区，从而影响自身的成长成才。所以，要通过形式多样、内容生动的宣传，提高政策的知晓率，才能使大学生村官在任职以后自觉地规划好成长成才的路径，成为这一政策的真正受益者。

四、四区域大学生村官的外部环境存在不平衡性

总体上看，大学生村官对国家扶持政策的认同度、村官工作满意度以及工作困难存在区域上的显著差异，这与不同地区大学生村官政策的落实力度以及经济社会发展水平密切相关。区域环境的不平衡性对大学生村官的素质提升、所学专业作用的发挥、村民舆论、大学生村官创新创业、期满流动等方面产生重要影响。具体表现在以下几个方面。

（一）四区域大学生村官对国家政策扶持程度的评分

如图8-38所示，第一区域和第三区域的大学生村官普遍认为国家政策扶持较大，而第二区域和第四区域大学生村官普遍认为国家政策扶持较小。这表明，虽然国家出台了一系列关于大学生村官的扶持政策，但大学生村官是否能够感受到政策的支持，还在于地方层面对政策的落实情况，包括地方政府及村两委对于大学生村官工作的重视、地方出台的各项有特色的相关保障措施等。依前文的实证调研，第一区域和第三区域大学生村官对村官工作的满意度高于第二区域和第

四区域，这表明，大学生村官对国家政策扶持的态度和对村官工作的满意度存在一定的关联。

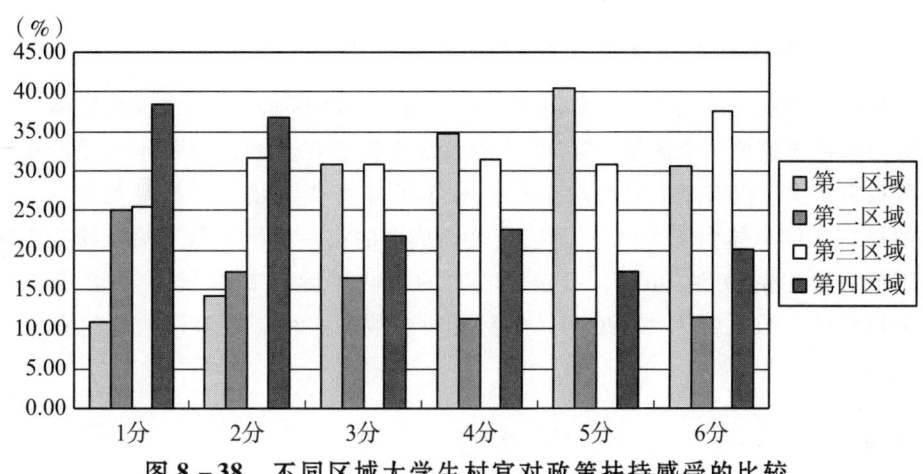

图 8-38　不同区域大学生村官对政策扶持感受的比较

（二）四区域大学生村官遇到的主要困难

如图 8-39 所示，从四个区域大学生村官面临的主要困难来看，第四区域大学生村官面临的困难最多，第二区域和第四区域大学生村官面临更多的编制问题、对村官宣传少、借调严重、没有具体任务、生活艰苦、语言不通等问题。产生婚恋问题的大学生村官多数集中在第一区域和第四区域。这表明，第二区域和第四区域大学生村官面临更多困难，直接影响了大学生村官的满意度。不同区域

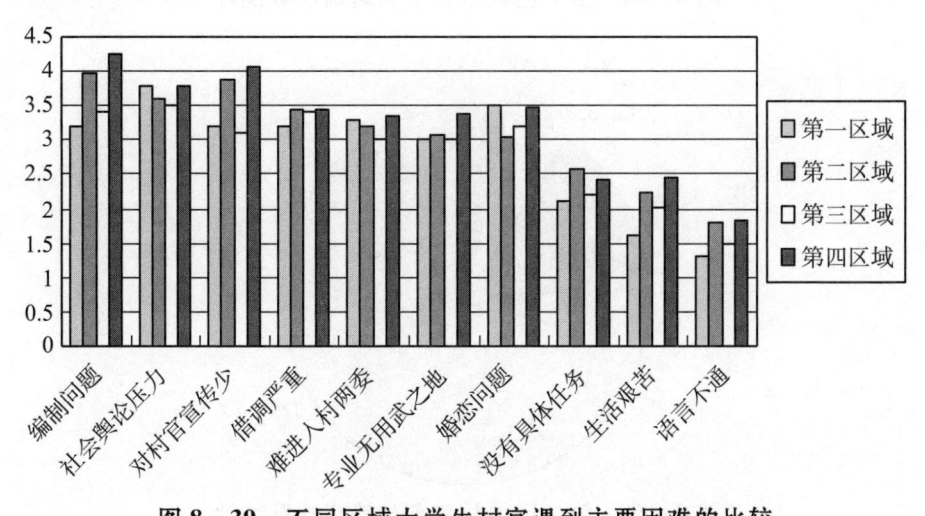

图 8-39　不同区域大学生村官遇到主要困难的比较

的大学生村官管理部门应针对大学生村官个性化的需求，完善配套措施，帮助大学生村官解决实际困难。

（三）四区域大学生村官接受培训的情况

从交叉分析及饼图来看（如图4-40~图4-44所示），第四区域整体培训次数明显低于其他三个区域，86.60%的大学生村官在任职期间每年接受的培训次数只有1次，仅有9%的大学生村官每年可接受2次培训，接受培训大于2次的村官比例总体为4.50%。而接受培训最多的第一区域，每年只能接受1次培训的人数比例为54.90%，可接受2次的人数比例为22.20%，可接受2次以上培训的人数比例为22.90%。接受培训次数的多少，直接影响着村官工作的满意度。

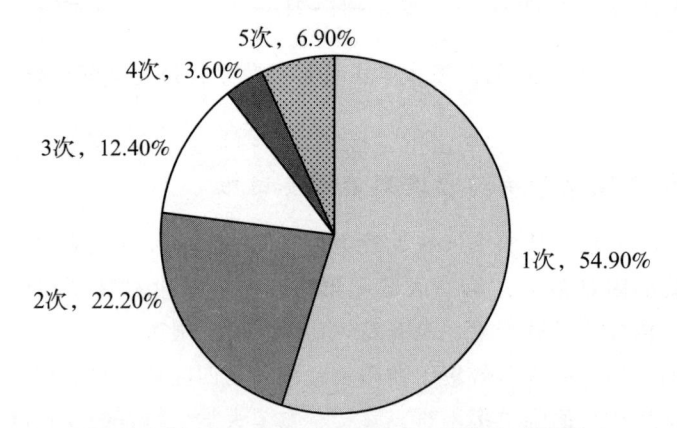

图8-40 第一区域村官参加培训次数统计

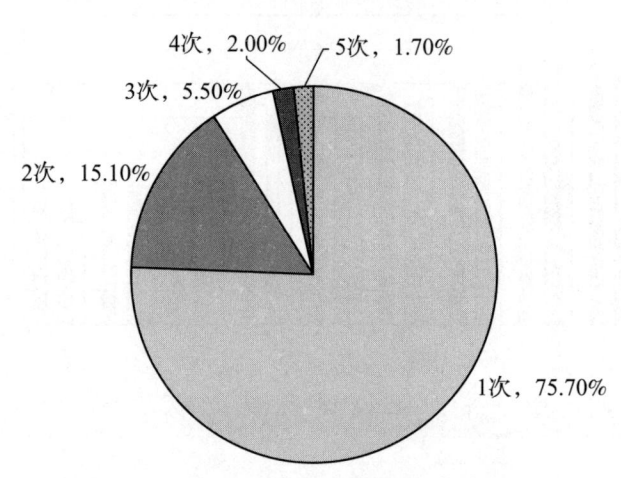

图8-41 第二区域村官参加培训次数统计

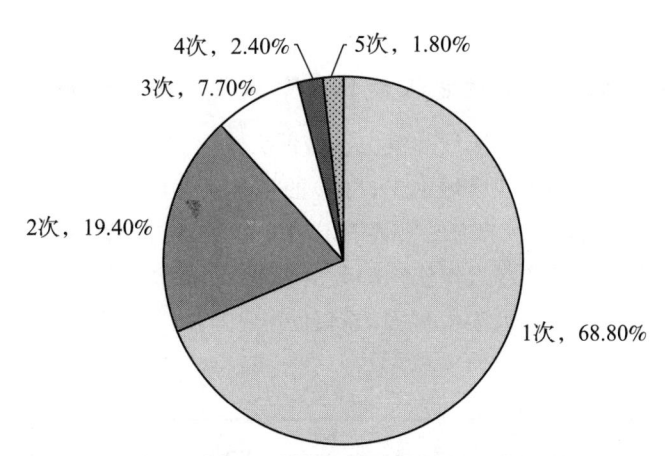

图 8-42　第三区域村官参加培训次数统计

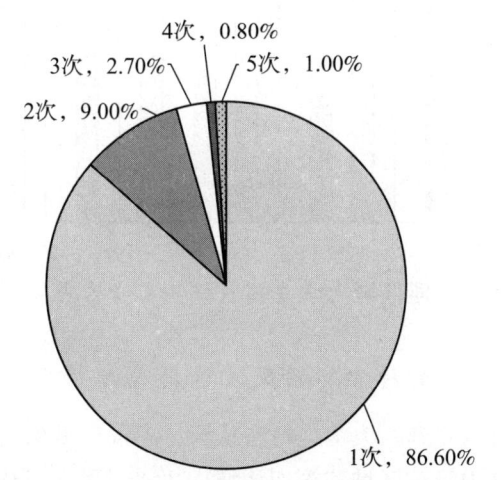

图 8-43　第四区域村官参加培训次数统计

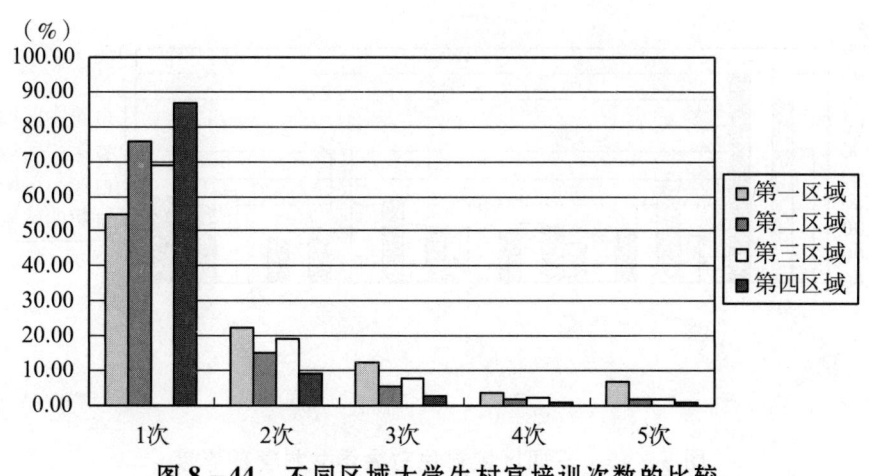

图 8-44　不同区域大学生村官培训次数的比较

（四）四区域大学生村官认为自身专业所发挥的作用

如图 8-45 所示，第一区域和第三区域的大学生村官认为自身专业在工作中发挥作用较大，尤其是第三区域中 37.80% 的村官认为自身专业发挥作用非常大，第一区域中 35.80% 的认为自身专业发挥作用较大；第二区域和第四区域大学生村官专业所学在实际工作中发挥作用的程度较低。由此，大学生村官所学专业是否能够发挥作用，影响着大学生村官的满意度。

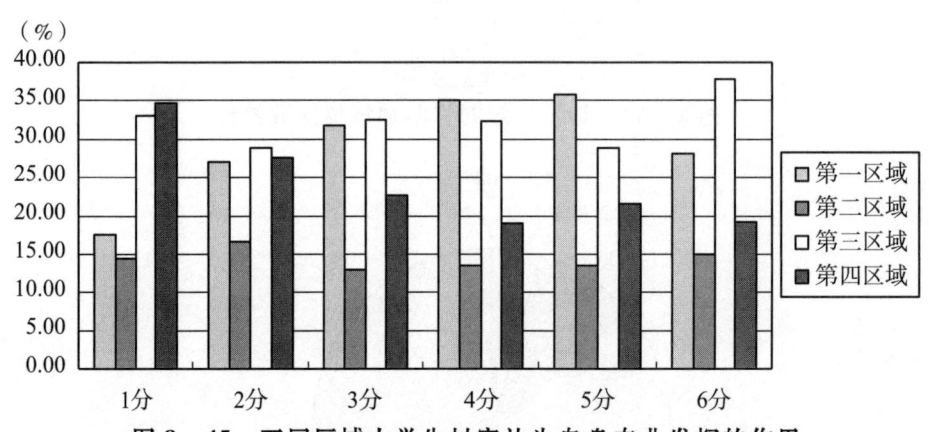

图 8-45 不同区域大学生村官认为自身专业发挥的作用

（五）四区域大学生村官对村民舆论的感知情况

从图 8-46 中可以看到，大学生村官认为，不同区域的村民对他们的态度一般都发生过转变，其中第三区域和第四区域中更多村民在对待大学生村官的态度

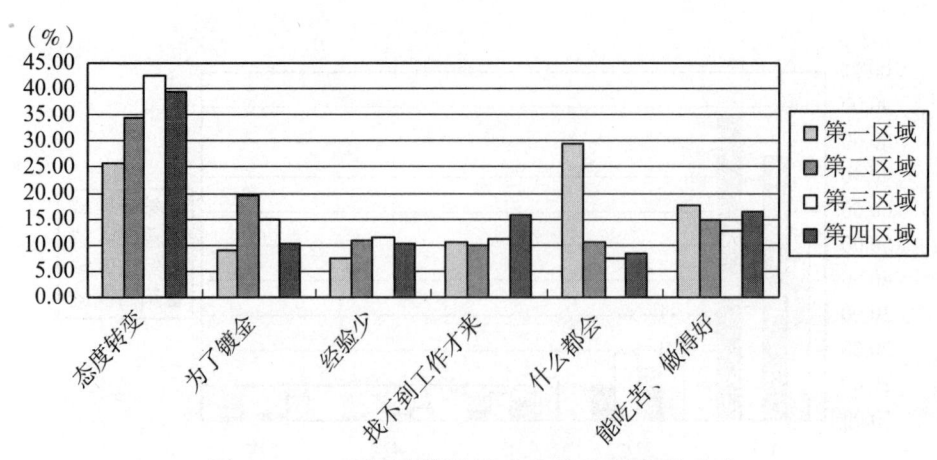

图 8-46 不同区域村民对大学生村官的态度

上有过转变。第一区域中更多村民认为大学生村官什么都会。第二区域中更多村民认为大学生村官来到农村是为了镀金。由此,第二区域、第三区域和第四区域的大学生村官管理部门有必要通过社会舆论引导村民对大学生村官建立相对客观的认识,其中第二区域中的相关管理部门应着眼于努力消除村民对大学生村官来镀金的偏见,而第三区域和第四区域的相关管理部门应努力加大宣传力度,让更多村民了解大学生村官政策和大学生村官。

(六) 四区域大学生村官期满的出路规划

从图 8-47 中可以看出,半数左右的大学生村官期望考取公务员,而第一区域和第四区域的比例更高些,分别占 63.20% 和 59.90%。选择进入事业单位或继续学习深造的大学生村官更多地集中于第一区域和第二区域;选择期满留任的大学生村官更多地集中在第二区域和第三区域,而第一区域(1.80%)明显低于其他三个区域。原因可能在于,第一区域的大学生村官多元发展机制运行更为良好,大学生村官有更多的发展路径。选择自主创业的大学生村官更多地集中在第三区域,占 7.90%,这可能是因为第三区域创业条件更有利。选择自主择业和进入企业的大学生村官更多地集中在第一区域;选择直接提拔为乡镇副职的大学生村官更多地集中在第四区域,第一区域(1.0%)明显低于其他三个区域。这表明,不同的区域由于就业环境不同,使得大学生村官对于期满出路的规划呈现出差异性。

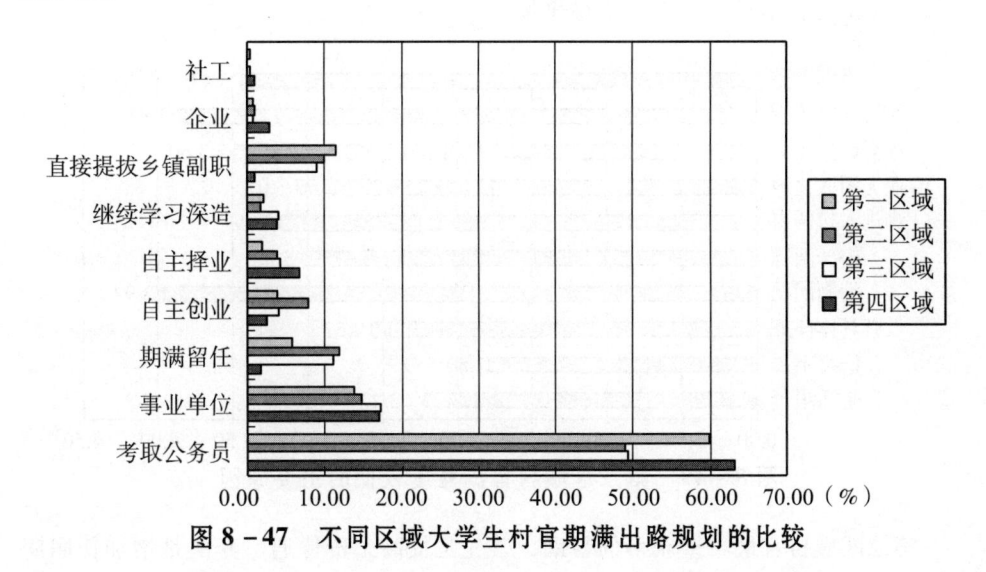

图 8-47 不同区域大学生村官期满出路规划的比较

(七) 对大学生村官工作满意度的区域比较

由图 8-48 可以看出，四区域村官工作满意度最高的为第一区域（北京、上海、天津），最低为第四区域，由高到低排列为第一区域、第三区域、第二区域以及第四区域。

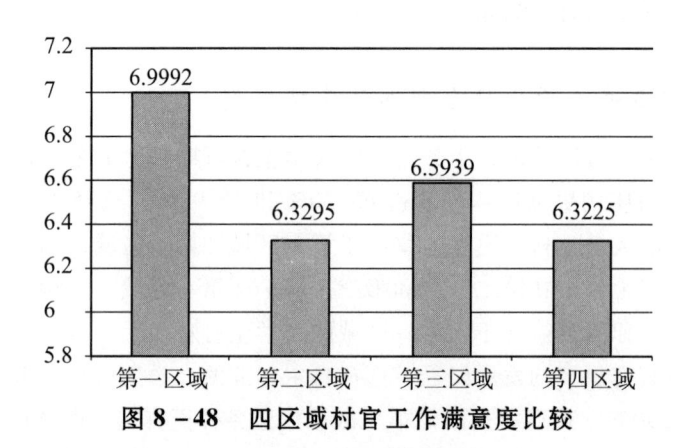

图 8-48 四区域村官工作满意度比较

第二区域村官满意度较低。其存在的主要问题如图 8-49 所示。

从图 8-49 可看出，第二区域村官满意度较低，主要的问题是编制问题；其次是当地对村官进行宣传的渠道少；再次是遭受社会舆论压力大，当地借调现象严重，使得村官本身难以在村中做事情。

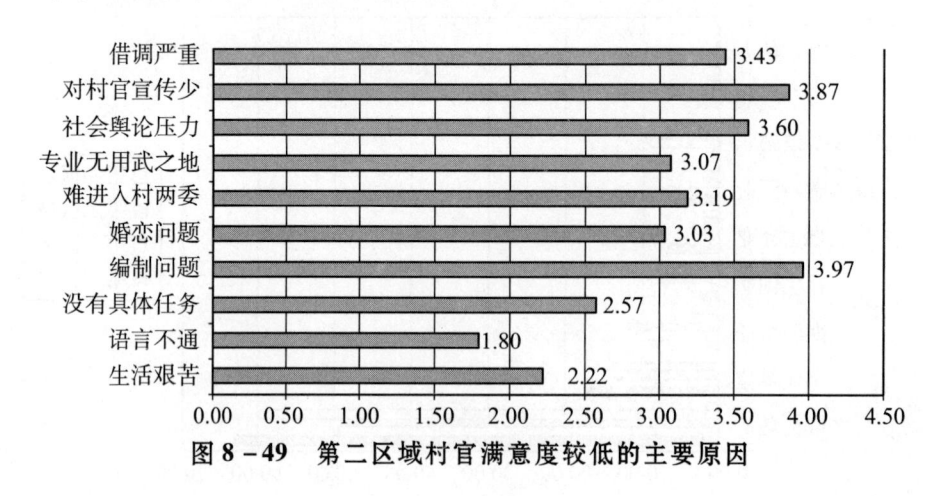

图 8-49 第二区域村官满意度较低的主要原因

第二区域村官最希望获得的帮助，首先是提高工资待遇，其次是增加任职期间教育培训的机会（见图 8-50）。

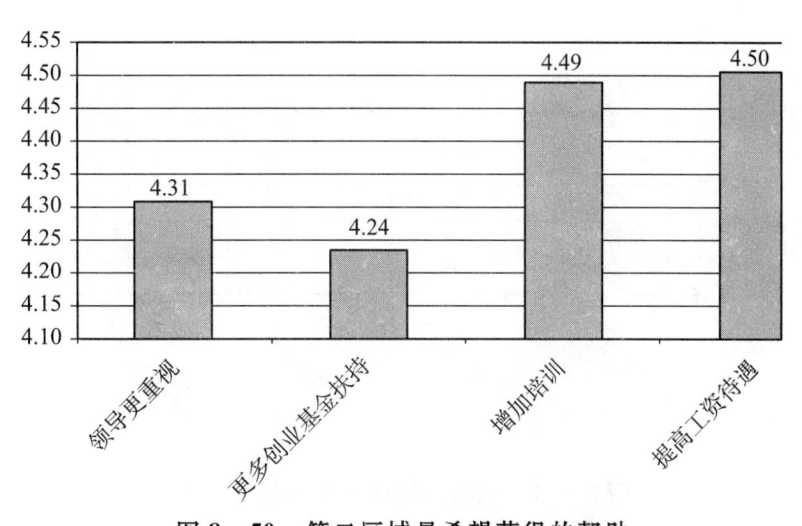

图 8-50　第二区域最希望获得的帮助

从图 8-51 可看出，第四区域村官遇到的最大问题是编制问题，其次是对村官宣传少，以及社会舆论压力。

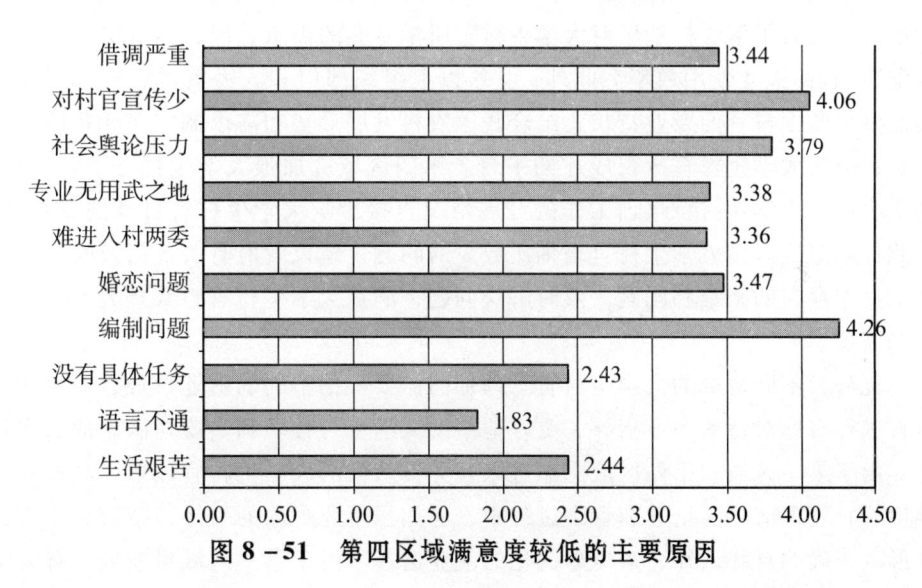

图 8-51　第四区域满意度较低的主要原因

从图 8-52 可看出，第四区域大学生村官最希望获得的帮助是增加任职期间的教育培训机会，其次是提高工资待遇。

总之，从以上比较分析可以看出，大学生村官管理机制应考虑地域差异，遵循分类指导的原则。比如在第二区域和第四区域应加强对大学生村官的政策帮扶力度，进一步发挥大学生村官所学专业的作用。调研结果显示，第二区域和第四区域认为帮扶政策力度不足，原因可能是帮扶政策的具体落实存在问题，也有可

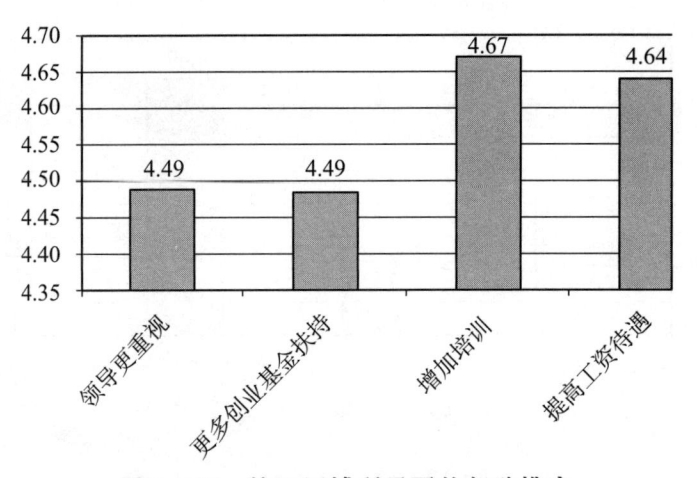

```
4.70
4.65                              4.67
4.60                                        4.64
4.55
4.50  4.49    4.49
4.45
4.40
4.35
     领导更重视  更多创业基金扶持  增加培训  提高工资待遇
```

图 8-52　第四区域所需要的帮助排序

能是帮扶政策与大学生村官成长成才的需要之间存在差距。因此，有关管理部门应加强调查研究，分析具体原因，并提出完善措施。同时，由于这两个区域大学生村官感到自己所学专业发挥作用不够，因此在这两个区域选聘大学生村官的过程中，应及时了解农村地区对大学生村官所学专业的需求状况，尽量实现"人岗匹配"，提高人才使用效率。此外，县级以上组织部门和人力资源管理部门应切实发挥大学生村官的专业特长，结合我国农村发展形势和需求制定多元化的岗位职责，完善大学生村官成长成才的平台。第四区域应加强大学生村官培训工作。调研表明，大学生村官培训工作的开展情况直接影响大学生村官自身的满意度，因此针对第四区域大学生村官培训次数少的问题，建议政府有关部门及时调研培训工作中存在的困难和问题，及时解决问题，满足大学生村官自我提升、自我发展的需要。

　　此外，不同地域的大学生村官管理部门需要根据不同的就业形势，对大学生村官进行有针对性的职业指导，更好地帮助大学生村官顺利实现期满后的二次就业。由于第一区域和第四区域志愿进入公务员队伍的大学生村官较多，高校和大学生村官管理部门在培养和管理过程中，应加强就业观念的引导，帮助大学生村官形成正确的自我认知，避免单一化的就业选择。由于第一区域目前较少有大学生村官留村任职或直接提拔为乡镇副职，因此可以出台相关激励措施，疏通这两条发展出路，为愿意留村任职的大学生村官提供良好的政策支持和基本保障，这对于建立和完善多元发展机制大有裨益。由于第三区域具备相对较好的创业条件和环境，这一区域的政府部门应重点扶持大学生村官创新创业，为推动农村经济发展创造良好的政策环境。

第九章

村民和管理者视野下大学生村官的成长成才

大学生村官成长成才既是大学生村官自身发展的必然要求，也是大学生村官政策制定和执行的关键。在大学生村官履职过程中，接触最多的就是村民和管理者。因此，从村民和管理者的视角来透视大学生村官成长成才可以从外界环境和政策制度等方面起反推作用，从村民和管理者的视野考量"需要我怎么做"以及"如何达到最好的效果"等问题，从而促使大学生村官更好地成长成才。本章内容主要是以课题组对十省市的大学生村官、村民和管理者进行的访谈调研资料为线索，从访谈调研中挖掘关键信息并分析得出结论。

第一节 基于村民访谈调查的分析

村民是居住在农村基层一线的公民。大学生村官下到农村基层，最关键的就是为村民服务。因此，作为大学生村官政策的既得利益者，村民对大学生村官的审视和建议显得尤为重要。访谈调查显示，村民对大学生村官的工作态度、工作能力和工作成绩给予了肯定和认可，同时对大学生村官的成长成才给予了积极的关注。

一、大学生村官的工作业绩得到了村民的肯定

在对十省市共计 200 名乡村居民进行访谈之后,我们发现对大学生村官持认可或基本认可态度的乡村居民在样本当中所占比重较高。在总样本中,持认可态度的总人数为 163 人,在总样本中所占比重为 81.50%。具体信息如图 9-1 所示。

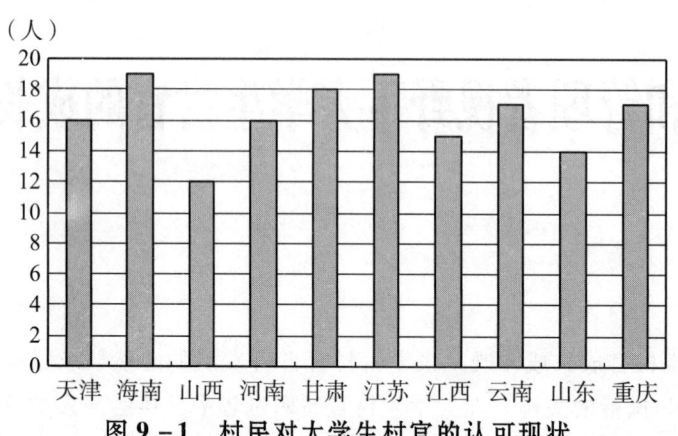

图 9-1 村民对大学生村官的认可现状

通过图 9-1 可以很清晰地看到各省市受访村民对大学生村官持"认可或基本认可"态度的具体人数。在天津市,持该种态度的人数为 16 人,在该市样本中所占比重为 80%;在海南省,持该种态度的人数为 19 人,在该省样本中所占比重为 95%;在山西省,持该种态度的人数为 12 人,在该省样本中所占比重为 60%;在河南省,持该种态度的人数为 16 人,在该省样本中所占比重为 80%;在甘肃省,持该种态度的人数为 18 人,在该省样本中所占比重为 90%;在江苏省,持该种态度的人数为 19 人,在该省样本中所占比重为 95%;在江西省,持该种态度的人数为 15 人,在该省样本中所占比重为 75%;在云南省,持该种态度的人数为 17 人,在该省样本中所占比重为 85%;在山东省,持该种态度的人数为 14 人,在该省样本中所占比重为 70%;在重庆市,持该种态度的人数为 17 人,在该省样本中所占比重为 85%。

通过以上数据我们不难看出,十省市受访村民中的大多数都对大学生村官持"认可或基本认可"的态度。主要原因在于大学生村官在基层农村为广大村民解决了很多实际问题,工作业绩良好。通过对乡村居民进行访谈,我们了解到这些大学生村官任职期间主要负责完成以下 11 项工作:材料与文字处理、政策传达、技术传播、财务监督、纠纷调解、治安维持、项目洽谈、劳动生产、致富帮扶、党建工作、决策制定。由此,大学生村官在具体的农村基层工作中发挥了重要作

用，赢得了广大村民的高度赞赏。

比如，海南的受访村民认为大学生村官在解决农业技术问题、规范日常村务工作和处理村民纠纷调解等方面发挥了重要作用。有村民提出："这些村官来了以后，农田水利方面有了很大的改进，帮助变化肯定是有的，他们懂得水利技术，帮助修理水沟，经常帮助组织一些村里的文化娱乐活动，文书方面也得到了规范，财政预算也搞得更加好了，还有就是一些土地纠纷，他们可以运用法律知识来调解纠纷。"还有村民谈到："惠农政策宣传得很好，外面的信息收集到很多，在农村大学生奖助学金方面都搞得很好，还有写文章方面，都要靠大学生村官。"在山西省，一些受访村民指出："在新农村建设中这些大学生村官会协助参与设计规划，村容村貌有了很大改观，大学生村官们能改变村民的思想动机，引进科技，成立养鸡合作社，种核桃树和小杂粮，间作套种，帮助村民致富，给村里带来天翻地覆的变化，村子环境改善，路面硬化，图书馆的管理，给村民发资料，办合作社提高收入、提高管理水平。"

在甘肃省，多数受访村民表示对大学生村官的工作非常满意。比如有村民提出："我们对大学生村官相当满意，大学生村官是新形势下的带头人，对农村建设有很大帮助。目前农村比较落后，对高科技和先进文化比较需要，大学生村官组织联系专家，针对大棚种植、病虫害等开展科技讲座，或请专家来棚里指导，宣传农业方面的知识。他们还组织开展村里的文化活动，比如腰鼓表演什么的，真的是丰富了我们的春节气氛。"此外，还有村民表示："大学生村官年轻有活力，有创新意识，原来的村干部普遍文化层次低，大学生村官对于村里各项事业都有更好的帮助。比如给村里提出'两公开'决策，即党务、村务公开，做到公平公开。在申请项目过程中，大学生村官利用计算机技术，帮助申请，大学生村官为村里到相关部门跑项目，拉资金，真的是做了好多实在事儿。"

二、大学生村官的工作态度深受村民欢迎

中国的乡村居民是一个数量相对庞大但却始终处于社会边缘的群体，这一群体"具有经济实力相对较弱、政治参与程度与文化水平普遍不高、社会地位相对偏低等诸多特点"，[①] 而这种群体特点使得众多乡村居民更加渴望得到他人在多方面的帮助与扶持。正是基于这种渴望与需求，在对村民进行访谈的过程中，我们发现多数村民对于大学生村官表示欢迎。

---

① 万能：《1978 年以来中国农民的阶层分化：回顾与反思》，载《中国农村观察》2009 年第 4 期，第 65~73 页。

大学生村官在基层农村一般主动投入工作，其积极热情的态度深深感染着村民。我们对受访村民的诸多观点进行了"热词"分析，通过这种分析，我们将进一步明确受访村民对于大学生村官所具有的不同品质的认可程度。通过对访谈材料进行整理，我们从中抽取出8个出现频率最高"热词"，分别为：态度好、吃苦耐劳、责任心强、亲民、愿意付出、工作踏实、老实能干、有经济头脑。其中"老实能干"出现了11次，"态度好"与"亲民"各出现了9次，"吃苦耐劳"出现了8次，"责任心强"与"工作踏实"各出现了6次，"有经济头脑"出现了5次，"愿意付出"出现了3次。如图9-2所示。

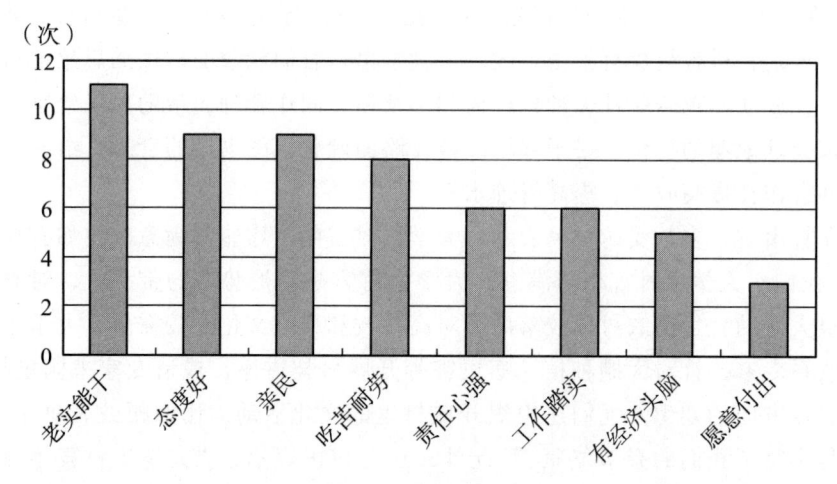

图9-2　村民访谈记录中对大学生村官评价的"热词"分布

通过如图9-2所示的这张"热词分布图"中我们不难看出，在大学生村官所具有的诸多优秀品质当中，最受村民认可的三项品质为"老实能干""态度好"以及"亲民"。这表明，大学生村官具有良好的工作态度，依靠任劳任怨并敢于接受批评的工作态度、密切联系群众和服务群众的工作作风赢得了大多数村民的喜爱和支持。比如山西省一些受访村民认为，"大学生村官有热心、有耐心、有思想、能创新"，这些村官"关心村民，能吃苦，公道，熟练掌握电脑技术，平易近人，没私心，一视同仁，大公无私，年轻有朝气，有知识，清正廉洁，朴素，勤奋，不怕苦不怕累，接地气，爱护百姓，能力强，懂科技和技术，胆大心细，敢想敢干"。

三、大学生村官易于得到村民的理解

访谈调研显示，村民普遍对大学生村官给予了支持和帮助，大学生村官的年龄、身份等因素易于得到村民的理解。

第一种因素是大学生村官的年龄。大学生村官群体成员的年龄一般都在20~30岁，这种年龄很容易使其被乡村居民视为"娃娃"。在村民们看来，大学生村官还都是孩子，能来到人生地不熟、环境相对艰苦的农村已经很不容易了，这种对于大学生村官的认知使得村民善于宽容大学生村官。比如海南省的受访村民反映："这些村官太过年轻稚嫩，在工作之初还很难把每一项工作都料理得十分妥帖。"正是基于这种认知，乡村居民乐于配合、帮助和关心大学生村官。例如天津市的村民在接受采访时便直言道："这些孩子很不容易，他们更多的是为农村付出，他们的待遇低、工作苦，很多人到了谈婚论嫁的年龄也找不到对象。"正是基于对这些年轻"孩子"的同情，村民普遍关心大学生村官，对大学生村官开展的各项工作也能积极配合和支持。正如一些村民所说："还是有大学生村官好，农村哪有几个大学生，都是大老粗，政策来了村官跟我一说我全都懂了，以后来了慢慢来沟通呗，有啥不懂的就帮帮她。"

第二种因素是大学生村官的身份。如果大学生村官不是临时人员而是一些在编长期任职人员，那么他们的到来将打破原有的乡村利益格局并很有可能引起新一轮的乡村利益集团重组。然而现实情况却完全与之相反，大学生村官基本上都是任期在2~3年的临时聘用人员，其在村中所担任的职务也都属于助理类的辅助职位。这样的处境使其既不会与村中原有干部进行竞争，也不会与村民产生任何利益上的瓜葛，这便使其更容易为乡村居民所接受，也更容易得到这些村民的认可与支持。有受访村民表示："我们老百姓对村官的态度是比较欢迎的，因为村官更多的是为农村付出，而且不占据村里的职位，自己所得的回报几乎没有，所以对大学生村官特别欢迎。""总体来说还是需要大学生村官的，比没有要好，希望政策更科学更完善，让他们沉下来，做得好的要能升上去。"

总之，大学生村官的工作业绩、工作态度、年龄和身份等多种因素使得村民普遍认可大学生村官。在接纳并认可大学生村官群体的同时，村民普遍对大学生村官寄予厚望，希望大学生村官能够不断提高自身的素质和能力，在基层农村发挥更大作用。比如海南省的一些受访村民指出，"希望大学生能够发挥领导作用，能够为整个村做出规划""希望大学生村官能够更大胆地管理"。十省市中，有一些受访村民认为这些大学生村官在上任之前几乎没有什么工作经验，比如有村民提出："村官知识文化水平的确高，还能带来新的事物和想法，但是实际经验还是很缺乏。"海南省部分受访村民指出："希望大学生村官能够深入农民，同住同吃，住在农村，深入基层，长期在农村工作，一心一意，长期扎根农村。"山西省的一些受访村民指出："农村流动人口太多，现在村里都是留守人员，缺乏劳动力，希望大学生村官能多联系群众，多在村里住，和群众打成一片，发挥自身能力。"

四、村民普遍支持大学生村官政策

受访村民普遍认为,大学生村官政策在促进乡村地区发展与解决村民各类生活问题方面确实发挥了显著的作用。在该政策的引导之下,越来越多的高素质大学毕业生不断涌入乡村地区,这不仅为村治活动的良性运转提供了人员方面的保障,更为广大乡村地区注入了"新鲜的血液"与活力。同时,村民对大学生村官政策实施寄予希望,期待通过完善政策促进大学生村官自身成长和农村工作的双赢。

(一)村民对大学生政策的正面评价

在大学生村官们开展工作的过程中,村民们确实看到了大学生村官政策实施给乡村地区带来的变化。

如图9-3所示,在受访村民当中,有11人(占总样本的11%)认为政策实施使得本村的经济状况有所好转,有46人(占总样本的46%)认为本村的娱乐活动不断增多,有52人(占总样本的52%)认为本村的信息变得更加畅通,有33人(占总样本的33%)认为本村各类纠纷的解决工作更为有效,有61人(占总样本的61%)认为本村的文字处理工作更为有效,有26人(占总样本的26%)认为本村的农业生产技术有所改进,有41人(占总样本的41%)认为村容更加整洁,有19人(占总样本的19%)认为本村的治安状况更为理想,有47人(占总样本的47%)认为大学生村官政策实施后,各类村务工作变得更加高效。

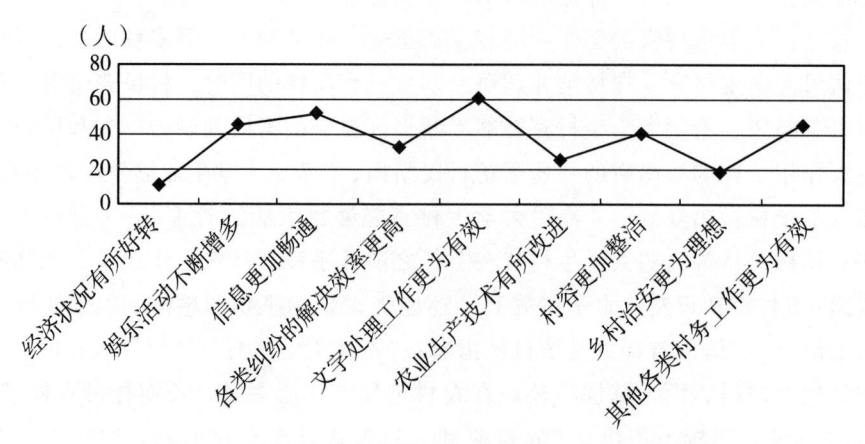

图9-3 村民认为大学生村官所带来的主要变化

通过这一数据我们发现，大学生村官政策实施后最大的改变在于文字处理、传递政策信息以及组织文娱活动三个方面。这三项工作之所以会获得较高认可度，主要原因在于这些工作与大学生村官群体的"能力储备"有着更为密切的关联。大学生村官都是来自国内各高等院校的应届或往届毕业生。经过高等教育的熏陶，这些大学生村官已经逐步形成了较为坚实的语言文字处理能力；在赴村任职以后，这种语言文字处理能力恰好得到了应用并取得了较好的效果，这便为其所负责的文字处理工作赢得了更多的好评与认可。而传递信息与组织文化娱乐活动也恰恰是这些大学生村官们的专长。与农村原有的村官相比，这些大学生村官思维敏捷，视野开阔，显然更加善于利用现代手段搜集并传递各类信息，把信息时代的特点带到了农村。大学生村官是刚刚走出校门的年轻人，具有活泼、热情的特点，在大学学习期间，几乎每个学生都有参与和组织校园文化活动的经历。因此，看到农村相对贫乏的精神文化生活，大学生村官在感到苦闷的同时，也非常希望能够用自己的行动改变这种状况。在组织农村文化娱乐活动时，大学生村官能够充分发挥自己的主动性和创造性，展现出更为突出的组织与协调能力，正是凭借这些能力，大学生村官才得以为乡村地区的相关工作带来诸多变化。

此外，大学生村官政策实施后，村容整治、纠纷处理等工作得到了较多村民的认可。这说明多数大学生村官能够积极投入到农村工作中，较快地提高自身的综合素质，并在相对陌生的工作领域逐步取得了成绩。部分大学生带领村民改进生产技术，进而使村子的经济状况得到好转，对新农村建设所起的积极推动作用是值得肯定的。比如有一些受访村民指出："大学生村官政策不错，我们村的经济好了，大学生村官也成长得很快，对他们和对我们而言，是双赢。"还有村民谈到："实施大学生村官政策以后，经济发展了，农民富裕了，先进技术可以跟村官学，村民现在懂得多了，整理河道也痛快多了，社会效益要个三五年才能看出来，管理方面使农田机械化管理，个人干不起，集体化就干起了，下半年要加工回收一体化，提高种地的效益，又能跟村官学技术，感觉有了村官之后村民们少花了很多冤枉钱。在管理方面，村官能把群众团结在一起，把地集中，便于管理道路硬化、健身器材，而这些是群众最需要的。"

(二) 村民对大学生村官政策的建议

基于对大学生村官的高度认可和殷切希望，村民在对大学生村官政策给予积极肯定的同时，对完善这一政策也提出了相关建议。

首先，村民希望提高大学生村官的待遇、解决大学生村官的编制。访谈调研显示，76%的受访村民认为大学生村官的薪酬待遇偏低。例如天津市的受访村民认为，"大学生村官在任职期间的待遇有待提高，期满后到了谈婚论嫁的年龄，总得有点儿积蓄", "两年期间发生活费，工资＋保险＋一次性安置费，这个补助根本不够。"海南省的一些受访村民则指出："村官们的工资实在太低，没有补贴，很难让村官安心。"山西省的受访村民表示："本村的部分村干部对大学生村官非常排斥，其原因就在于大学生村官到底是什么身份，到底来干什么，大家都不太了解。村干部的排斥态度不仅使得原有村干部无法与大学生村官和平共处、相互协作，更使得大学生村官难以施展拳脚。"河南省的受访村民认为："大学生村官待遇低，如果有编制的话更好。"一些受访村民满怀深情地谈到："我们老百姓相信大学生村官，觉得他们适合为我们当家做主，如果这些大学生村官将来去当领导干部，相信都可以做得很好，因为他们真的懂农村、懂农民、懂农业。"

其次，村民希望加强对大学生村官的培训和考核。天津市受访村民谈到："现在对大学生村官的培训感觉还不够，好像上面的组织部门会安排一些，具体的不太了解，但终归感觉还是比较少的，要是能多培训一下效果会更好，希望培训能够帮助村官了解我们农村的基本情况。"山西的受访村民指出："在我们这里，村民也是要对大学生村官进行考核的，村民画勾打叉，群众代表、两委会、全体党员都要参加对村官的考核，每月有一次汇报，也会有问卷调查和测评、座谈，但我们觉得考核应该有区分度，排出名次。"

最后，村民希望增强大学生村官选拔的针对性。46%的受访村民认为，应该招聘一些基层农村急需的专业人才，使大学生村官来了以后有事可干。比如海南省受访村民谈到："招录村官的时候还是应该要专业对口，主要应招录种植、养殖、市场营销、法律、行政管理专业的，其他一些专业的人招进来也不一定有用，最好还能找一个会做生意的，那样的话可以帮农民把种植的东西销售出去，帮忙找销路。"

第二节　基于管理者访谈调查的分析

管理者主要是指村干部以及在乡镇政府任职并主管或分管大学生村官工作的政府部门的工作人员，他们直接负责大学生村官的日常管理。从管理者的角度了解管理者对大学生村官和大学生村官政策的看法，可以拓宽大学生村官成长成才研究的视角。

一、管理者高度评价大学生村官的思想政治素质

受访的管理者普遍认为大学生村官在处理乡村各类事务的过程中主要扮演着

"协助者"与"后备力量"的角色,十省市的受访管理者几乎无一例外地认为赴村任职的大学生村官思想政治素质突出,普遍具有较强的政策理解力和执行力、具备较高的政治觉悟。

例如江苏省的受访管理者指出:"这些村官善良、乐观、肯学肯干、虚心、有耐心、不发火、能吃苦、善于处理矛盾。"而甘肃省的受访管理者也指出:"他们有质朴的精神和能吃苦的态度,把村官工作当成一项事业去干,责任心强、肯付出。"山西省的受访管理者指出:"这些村官太谦虚,关心村民,能吃苦,公道,平易近人,没私心,一视同仁,大公无私,年轻有朝气,有知识,清正廉洁,朴素,勤奋,不怕苦不怕累。"天津市的受访管理者则以一些真实的事例向我们展示了大学生村官的优秀品质:"我们这里的大学生村官能够非常主动地去帮助村中的老弱病残者,努力为村民服务。比如村里有一位韩大妈,她的女儿身体残疾,吃喝拉撒都不能自理,村官们便经常去他们家帮忙,还给韩大妈的女儿办了低保,我抓妇女工作,我们的交流比较多,我有什么事情他们也都会主动过来帮忙。"山东省的受访管理者给我们讲述了这样一个故事:"我们这里的山村要发展一个莲藕的种植项目,而种莲藕就需要有藕池,但藕池的建设缺乏资金,在这种情况下,大学生村官拿出自己的工资来帮助村里开展藕池建设,后来资金还是不够,有个女村官就把自己结婚的礼金全都拿了出来,她这种舍小家顾大家的精神深深地感动着我们。而且,大冬天冷得不行,她冻在水里,和大家一起挖藕,我都心疼她。"

从受访管理者的信息反馈中,我们不难看出大学生村官具有善良、质朴、亲和、吃苦耐劳等诸多优秀道德品质,尤其是大学生村官普遍具有乐于奉献、服务村民的思想觉悟,体现出大学生村官群体具有良好的思想政治素质。由此,大学生村官在服务村民的过程中易于赢得村民的大力支持,同时深受管理者的重视和信任。更重要的意义在于,大学生村官在助人自助的实际工作中,形成了助推自身成长成才的强大社会支持。正如特里弗斯所说:"如果一种'亲社会行为'是发生在若干陌生人之间的,那么这种行为便具有了'互惠利他'的意义,这种利他的'亲社会行为'虽然会在某一时间段内给施与帮助的个体带来损失,但是该行为也会以一种及时的或延迟的方式来给予这些个体以利益,因为那些受到帮助的人有可能会反过来对这些个体予以帮助,或者这些个体会在一系列利他活动当中赢得群体地位和荣誉。"[1] 由此,对于大学生村官而言,通过"亲社会行为"所获得的利益正是特里弗斯所说的群体地位、荣誉以及威信,而上述非物质利益

---

[1] Trivers, R. L. (1971). The evolution of reciprocal altruism. *Quarterly Review of Biology*, 46 (1), p. 35–57.

的获得不仅能够帮助大学生村官不断对"亲社会行为"进行自我强化，更为积极主动地投入实际工作之中，还能够增强大学生村官服务乡村社会的自信心与自豪感，形成自我激励的良好效应。

二、管理者普遍肯定大学生村官的工作能力

受访管理者普遍认为，大学生村官不仅具有优良的道德品质，而且更具有良好的问题处理能力。例如山东省的受访管理者指出："大学生村官有两个方面的能力非常突出：第一个是基本技能，他们具备良好的文字能力，能够正确系统地处理村务文件材料并协助村委拟定各种书面材料，在与村民沟通中能够倾听他们的想法和愿望并向上反映，能够条理清晰地口头表达自己的想法。第二个是思维能力，他们对农村工作有新看法，能够认识到自己的不足之处并吸取教训加以改正，主动学习农村工作的方式方法，逐步掌握了处理信访、宅基地、计划生育等农村复杂问题的能力。"河南省的受访管理者指出："村官在百姓心中的形象原是一批进村发展的人，刚开始人们不太熟悉他们，觉得一个大学生能干成什么，而经过这两年一看，他们处理问题的能力确实很强。现在村里的很多事务都找大学生村官来处理，就连养鸡养猪之类的问题都找他们，他们能吃苦，有经济头脑，能跟村民打成一片。""大学生村官懂科学技术，能够协助解决各类村务问题，这些人比预想的要好得多，他们有知识，能起示范和带动作用，他们可以去跟老百姓进行矛盾调解，最好农村的干部慢慢都被大学生取代，……刚过来是白面书生，这么多地他们能干来？来了之后连干带指挥，从白面书生变成了黑泥鳅，完全变化了，不像大学生。在养殖方面，谁有困难，他们都搭上自己的钱，他们平易近人、随和、不拿官架子，像个公仆，不脱离群众，了解村里情况。"甘肃省的受访管理者也指出："对大学生村官相当满意，他们是新形势下的带头人，对农村建设有很大帮助。大学生村官在工作中组织联系专家，针对大棚种植、病虫害等开展科技讲座，或请专家来棚里指导，宣传农业方面的知识。在大学生村官的带领下，村里的文化事业也有了较大发展。""大学生村官帮助村里使用电脑，进行课件的下载与播放。西沟村比较落后，大学生村官的到来，使农户在农业方面调整了产业结构。例如，原来大棚里主要种茄子等，效益较低，大学生村官通过考察，结合实际提出种植提子、油桃等，引导大家改变种植结构，获益更多。大学生村官还重点扶持养殖业。"云南省的受访管理者也指出："大学生村官工作相当热情，他们协助解决老百姓致富的问题，而且政治上过硬，还帮村民解决一些实际的困难。"

通过上述访谈信息，我们能够看到大学生村官在处理各类乡村事务时确实体

现出了良好的问题解决能力，发挥了明显的带动帮扶作用。能力建设理论认为，能力建设是一个动态的、持续的过程，它需要多元利益相关者的共同努力。由此，大学生村官工作能力得到管理者的积极肯定，不仅得益于大学生村官自身的积极探索与不断努力，还得益于政府部门、村民以及其他各类利益相关者的帮助与支持。可以说，大学生村官赴村任职的过程也正是一个能力建设的过程。在这一过程中，大学生村官不仅要充分发挥现有能力来帮助村民解决各类问题、引导村民转变传统观念、带动村民共同致富，更要勤于和善于在这一过程中不断学习、积累经验、增长才干，只有这样，大学生村官成长成才的目标才能得到有效实现。

三、管理者对大学生村官政策形成了理性的认知

访谈调研显示，管理者对大学生村官工作普遍具有系统、深入的思考，对大学生村官政策形成了理性的认知。

（一）能够理性认识大学生村官政策的目标定位和影响

针对"现在的大学生村官政策与过去的上山下乡政策有何区别"这一问题，受访管理者普遍认为两者具有显著区别。比如有受访管理者认为："二者历史条件、目的都不同，不能放在一起比，现在对村官的要求高，国家对他们的定位是后备人才，要把他们培养成农村建设的骨干、基层干部、各行各业的人才。"通过对这一问题的回答，我们可以看到受访管理者对大学生村官政策目标的理解是基本正确的。

针对"影响大学生村官成长成才的因素有哪些"这一问题，管理者们进行了客观理性的思考，认为影响该群体成员成长成才的主要因素可以被概括为主观因素与客观因素两个方面。主观因素主要体现在该群体成员赴村任职的目的与动机方面，客观因素则主要来自于其所处的政策环境。比如山西省的受访管理者指出："村里对大学生村官所提出的要求相对比较严格，这样严格的环境不仅可以在一定程度上规范这些'村官'在工作当中的具体行为，更能够使其充分意识到自己是一个'人民公仆'，自己的行为一定要符合村民们的利益。"海南省的受访管理者们则认为影响该群体成员成长成才的因素主要来自于政府部门、乡村居民以及这些"村官"的家庭。管理者指出："要定期与大学生村官谈话，了解他们在生活与工作当中所遇到的困难和麻烦，多去协调、协助他们完成任务、工作，帮助他们解决各类问题，要与其开座谈会并对他们进行培训，以便提高他们的素质。"而乡村居民则需要支持并尊重这些大学生村官，以使他们能够更加顺

畅地开展工作，进而在工作中不断增长才能。这些大学生村官的家庭则需要不断鼓励、支持自己的孩子，以使他们能够在没有"后顾之忧"的条件下进行工作。河南省的受访管理者则认为："资金支持、人际关系、群众支持、好的政策，这些都会影响到大学生村官。"

（二）能够理性认识大学生村官政策的不足

针对"为了更好地贯彻实施村官政策，您认为目前最亟待解决的问题是什么"这一问题，管理者们给出了不同层面的理性分析。如图9-4所示。

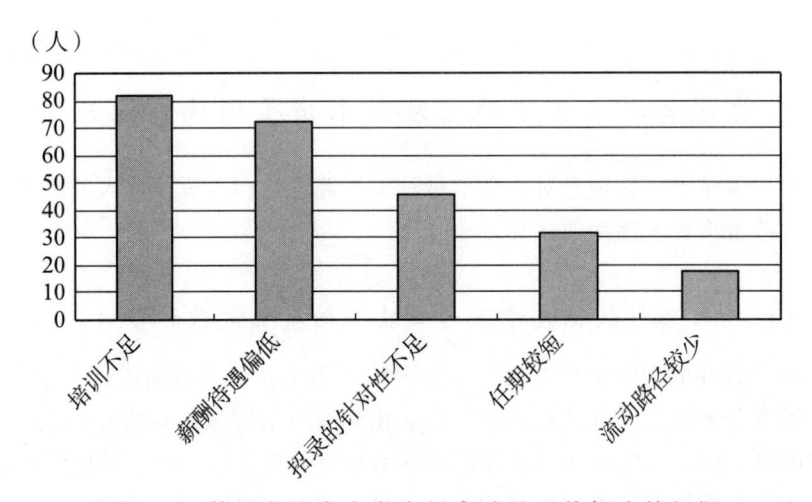

图9-4　管理者认为大学生村官政策亟待解决的问题

图9-4显示了管理者眼中最亟待解决的5个问题，这5个问题分别为：培训不足、薪酬待遇偏低、招录的针对性不足、任期较短、流动路径较少。在受访的100名管理者中，82人（占管理者总样本的82%）认为政府部门对这些大学生村官的培训不充分是目前亟待解决的问题，72人（占管理者总样本的72%）认为这些大学生村官实际待遇偏低是目前急需解决的问题，46人（占管理者总样本的46%）认为大学生村官招录的针对性不足是当前必须要解决的问题，32人（占管理者总样本的32%）认为大学生村官的任期相对较短是目前急需解决的问题，18人（占管理者总样本的18%）认为大学生村官的流动路径较少是目前急需解决的问题。通过以上数据，我们不难看出，多数受访管理者都将目光投向了培训与薪酬待遇这两个重点问题，他们认为培训与薪酬待遇方面的规定是现行大学生村官政策当中最为薄弱的两个环节。

针对"贵地区出台了哪些辅助政策，是否落实且是否存在不足"这一问题，大学生村官的相关管理者能够给予客观评价。比如海南省的管理者指出："我们以精神激励着手，但是事业单位录取的优惠政策还是没有得到突破；落实情况还是比较理想的，但没有具体的招录政策的监督措施。"江苏省的管理者指出："我们这里制定了包括村官招录、培养、管理和考核等方面的完备措施。在培养方面，采用体系化、递进式以及链条式的培养模式，保证每一层次都有大学生村官出身的干部，市委组织部每年组织'大学生村官初任培训班'，帮助村官进行角色转换。在镇村一级，实施'6+1'帮带培训体系，市、镇、村三级形成结对帮扶。在管理方面，市委组织部统一扎口管理，镇村相关职能部门共同管理，设立'农宝网''为农服务信息中心'支持创业。在考核方面，坚持从源头上开始考核，将考核平台下放到镇，镇里建立'五心工作法社会实践服务站'，由站长进行季度考核，每年进行'大学生村官素质测评'。"山西省的受访管理者则指出："我们这里设立了专门针对村官的基层岗位，与人才交流中心进行合作；专门发给村官交通补助。村官要完成规定篇数的工作日记、民情日志，主管部门会定期抽查、电话询问工作等。"甘肃省的受访管理者指出："区上有保障措施，市里也有大学生村官'星火计划'，工作补贴都有，省里也正在研究给大学生村官入保险，与公务员待遇相同，会经常组织大学生村官培训。""区里正在不断探索建立长效激励机制，主要包括三点：一是加大培养力度；二是提高政治待遇，扩大从大学生村官中选拔公务员、选调生、事业单位工作人员的比例；三是鼓励村官自主创业。大学生村官待遇与公务员相同。""创业资金方面，现有政策较好，国家可以考虑更多投放创业基金，增加创业扶植力度和数量；在创业方面，主要的牵制因素是缺乏项目的论证。"

　　从受访管理者们对于该问题的回答中，我们不难看出上述地区主要在薪酬待遇、政治待遇以及培训等方面出台了相关辅助性政策，这些辅助性政策的实施不仅能够进一步弥补原有政策在薪酬与培训等方面存在的不足，更能够为大学生村官提供更为理想的工作与生活环境。虽然各地在解决大学生村官任期结束以后的去向问题时遇到了不同程度的困难与阻碍，但随着相关政策的不断完善以及大学生村官自身素质与水平的不断提升，这种任职期满后的"转岗难""再就业难"问题一定能够得到有效解决。总之，在管理者看来，大学生村官的薪酬待遇、培养培训和出路问题是完善大学生村官政策的重点。

第三节　大学生村官、村民、管理者三重视角的比较分析

　　在村民、管理者、大学生村官三重视角下，我们选取了四个维度，分别从对

大学生村官的评价、对大学生村官的期待、对大学生村官政策的评价、对大学生村官政策的期待四个方面，具体分析不同利益主体的主观态度和看法。我们通过总结大学生村官、村民和管理者认知的相似性和差异性，分析其深层次的原因，探寻影响大学生村官成长成才的各种复杂因素。

一、大学生村官、村民、管理者认知的相似性

虽然大学生村官、村民和管理者的视角和表达方式有所不同，但我们却能够从中看到他们对大学生村官群体和大学生村官政策的相当多的一些共识，具体表现在对大学生村官的肯定性评价、对大学生村官的建议、对大学生村官政策的建议等方面。在此，我们主要对这种"共识"进行总结、梳理、比较，以使访谈资料更具有参考与借鉴的价值。

（一）三者都对大学生村官给予肯定性评价

对大学生村官的肯定评价中，村民和管理者对大学生村官的思想政治素质、工作态度、个性特征方面评价都很高，诸如态度好、能吃苦、乐于奉献、亲民等热词都体现了大学生村官普遍具有良好的思想政治素质、积极主动的工作态度、务实随和及吃苦耐劳的个性特征。同样，从大学生村官对自身素质和能力评价来看，他们对自身的思想政治素质、工作态度和个性特征普遍具有自信心。这表明，大学生村官对自身素质和能力的主观评价具有一定的客观性，与村民和管理者的评价具有相通之处。

同时，村民和管理者认为大学生村官到基层农村得到了较大锻炼，磨炼了意志，增进了群众感情，提升了工作能力。而通过与大学生村官的访谈，我们发现大学生村官普遍认为两到三年的基层农村锻炼，对于他们自身的成长成才帮助很大。此外，在对村官现在工作单位（事业单位、国企、外企）管理者的访谈中，用人单位认为，期满村官在人际交往、工作执行能力方面显著高于应届毕业生，他们更加珍惜工作中的学习和晋升机会，抗挫折能力优于应届生和其他已工作三年的职员。由此可见，大学生村官的素质和能力具有极大的可塑性，在良好的外部环境和自我努力等综合因素的作用下，农村基层的工作经历能够有效提高大学生村官的素质和能力。

（二）三者都认为大学生村官的工作能力有待提高

虽然审视的主体不同，但大学生村官、村民、管理者都认为大学生村官在今

后的工作和学习中工作能力有待提高和加强。其原因如下：

一方面，大学生村官的工作涉及农村事务的方方面面，其内容的多样性、繁杂性等特征决定了大学生村官这一工作岗位对工作能力的特殊要求。大学生村官认为，"沟通能力、社交能力、表达能力、协调能力、农业知识、法律法规知识、性格开朗、无私奉献、务实、吃苦耐劳等"都是其在任职过程中所应具备的基本素质，也是所有素质特征中出现频率较高的主要素质特征。村民最看重的是"态度好、吃苦耐劳、责任心强、亲民、愿意付出、工作踏实、老实能干、有经济头脑"这几个方面的素质。管理者最看重的是优良的道德品质和良好的问题处理能力。具体来说，道德品质主要包括能吃苦、随和、实干精神、责任心强、亲民、有耐心、肯付出等品质，能力素质主要包括文字处理能力、沟通能力、表达能力、思维能力、创新能力、管理能力、协调能力、适应能力等。总之，通过对大学生村官、村民、管理者三者视野下的素质归纳，可以清晰地看到，三者都不同程度地关注到了知识素质、能力素质、思想品德素质以及心理品格素质这几大方面的素质，这在一定程度上也反映了大学生村官岗位的特殊性，需要较高的综合素质和能力才能胜任这一岗位。

另一方面，大学生村官尽管经过了高等教育的培养，具备了一定的文化知识水平，但相较于农村工作的复杂性，其能力、知识水平等仍然存在差距。作为刚从高校毕业的青年大学生，大学生村官社会阅历缺乏，加之高校课程设立和培养目标一般较少涉及农村基层事务管理，大学生村官在接手基层农村工作后，需要一段时间适应和学习，在入职初期急需帮扶。

比如江西一名受访的大学生村官谈到："黄寺村作为张坪畲族乡的北大门，具有很大的地理优势。我们乡里面考虑发展旅游项目，制定了一个种植油菜花的产业项目。但最后没推动，最主要的原因我觉得还是我在基层农村的工作能力的不足。"通过对大学生村官对自身期待的访谈资料整理发现，"坚持学习"在出现的"热词"中排名第二，这在一定程度上反映了受访大学生村官也发现了自身的不足，认为还需要坚持学习，才能不断提高工作能力。对于学习的内容，从热词的出现频率也可以整理得出，农业知识、法律知识、农村基层管理知识等与农村工作相关的内容是大学生村官比较关注的。这一认知与村民和管理者的看法基本一致，比如海南省的受访村民反映，"这些村官太过年轻稚嫩，在工作之初还很难把每一项农村基层工作都料理得十分妥帖"，"村官知识文化水平的确高，还能带来新的事物和想法，但是基层工作能力还是很缺乏"。在受访的管理者看来，目前大学生村官的创新能力、突发事件应对能力、交流能力、矛盾纠纷处理能力、管理能力、综合与系统分析能力、协调能力、实践能力等有待提高。比如甘肃受访的管理者在被问到"村官还有哪些需要改进的地方"时，一名管理者提出

"对农村基层的管理能力有待提升"。

（三）三者都对大学生村官政策的实施效果给予了高度评价

通过对访谈材料进行整理和统计，大学生村官、村民和管理者都对大学生村官政策实施效果给予了高度评价，认为这一政策的效果主要体现在农村"村容"状况得以改善、农村文化建设工作得到促进、农村行政工作更加高效这三个方面。

首先，三者都认为村容村貌得到了不同程度的改善。在受访村民群体当中，有183人（约占受访村民总数的91.50%）认为政策的实施到了强化乡村基础设施建设进而优化该类设施状况的作用。一些受访村民指出："大学生村官开始帮助村民开展硬化村中道路、修缮或改装路灯以及挖掘水渠等工作，这些工作的开展不仅改善了乡村基础设施的状况，更为村民的日常生活提供了诸多便利。"在受访的管理者群体当中，共有95人（约占受访管理者总数的95%）对这些大学生村官在改进乡村基础设施方面所做的工作予以肯定或认可。比如有管理者提出："这些孩子不怕苦、不怕累，即使是一些女'村官'也愿意在一旁打打下手什么的。"而在受访的大学生村官群体当中，有20人（约占受访"村官"总数的71.40%）都认为"自己做过最成功的一件事"是"改进农村基础设施"。具体如图9-5所示。

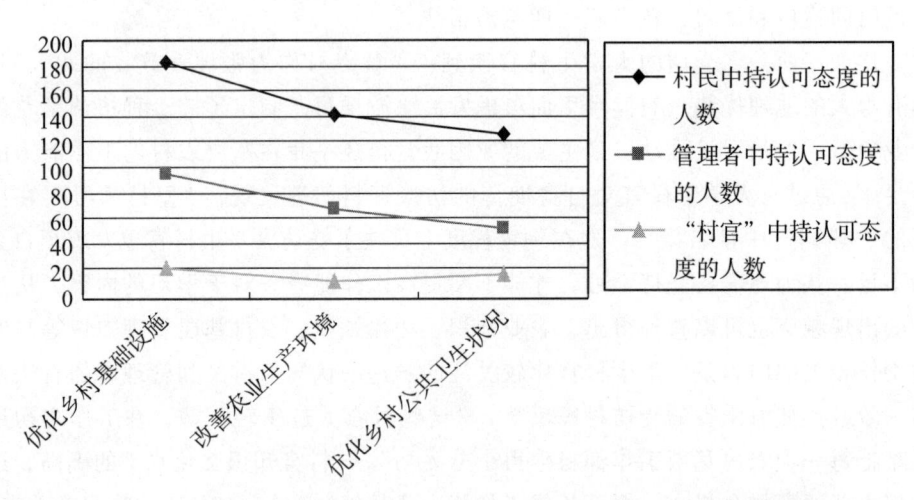

图9-5 三类受访群体对大学生村官在村容状况改善方面的态度

三者都认为农业生产环境得到了改善。通过数据统计，有141名受访村民（约占受访村民总数的70.50%）从不同侧面指出了在该政策实施以后乡村农业生产环境所发生的不同程度的变化。例如海南省的受访村民指出:"大学生村官来了之后农田水利方面有了很大的改进,变化肯定是有的,他们懂得水利技术,帮助修理水沟。"河南省的受访村民指出:"他们(村官)在田地保护方面还是有些办法的,总的来讲不'孬'。"而天津的受访村民则指出:"村官们来了以后农业生产条件有了一定的改善,他们有时会帮我们进田里除除草、洒洒农药什么的。"在受访的管理者群体当中,有67人(约占受访管理者总数的67%)认为大学生村官在改善农业生产环境方面所做的工作是值得肯定的,比如山西省受访管理者说:"在这方面,很多村官都不是很擅长,但是他们依然能够发挥出很好的辅助作用。"而在受访的村官群体当中,有10人(约占受访"村官"的35.70%)对自己在优化农业生产环境方面所开展的工作表示满意。

此外,三者都认为乡村公共卫生状况得以改善。有126名受访村民(约占受访村民总数的63%)认为,大学生村官的到来使村里的公共卫生状况有了明显的改进;有51名受访管理者(约占受访管理者总数的51%)认为,这些大学生村官在乡村公共卫生优化方面确实做出了应有的贡献;而有15名受访大学生村官(约占受访村官的53.60%)认为围绕改善乡村公共卫生状况做出了一定的成绩。

其次,三者都认为政策实施后促进了农村文化建设工作。在受访的200名村民当中,有175人(约占受访村民总数的87.50%)认为大学生村官们的到来使得村中的文化生活变得更加丰富多彩。正如受访的山东村民所说的那样:"村官们经常会在喇叭里放些音乐,逢年过节的时候,也会排几个节目,让人们看着挺乐呵。"而云南的受访村民则指出:"在农闲或者收完庄稼后,村官会组织大家搞点文化活动,有时会打歌。"在受访的管理者群体中,69位受访者(占受访管理者总数的69%)明确肯定了这些大学生村官在农村文化工作中所做出的突出贡献。例如,甘肃省的受访管理者指出:"大学生村官对村里的文化事业贡献较大,比如组织开展村里的文化活动,进行腰鼓表演等,丰富了春节气氛。"而江西的受访管理者则指出:"村官在乡村文化工作中扮演了带头人的角色,村里的很多文化活动都是他们负责开展的,村民也很认可他们。"而在受访的村官群体当中,有21人(约占受访村官总数的75.80%)都将开展文化工作视为自己工作内容中的重要组成部分。如图9-6所示。

通过以上数据可以看出,大学生村官在强化农村地区的文化建设方面的努力不仅得到了多数村民以及管理者们的肯定,也在一定程度上得到了自我认可。这种他人肯定与自我认可的一致性,不仅得益于大学生村官自身的努力,更得益于相关政策的正面引导与有效支持。这些大学生村官在农村文化生活中所做出的努力正是对相关政策文件当中提到的"发挥引领与带动作用"的一种亲身践行,这种"践行"不仅能够使相关政策内容得到落实,更促进了大学生村官自身的成长成才。

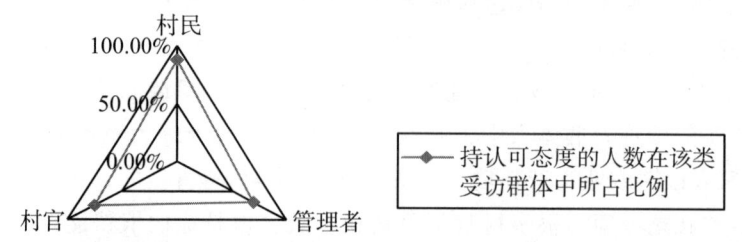

图 9-6 三类受访群体对大学生村官介入后文化工作中若干变化的认可程度

最后,三者都认为农村行政工作更加高效。在受访村民群体当中,有139人(约占受访村民总数的69.50%)认为,这些大学生村官来了以后很多事情办起来速度更快也更方便了。例如云南省的受访村民指出:"村官主要负责村里的文秘、党建、办公室等工作,他们在工作上勤劳,文件等方方面面的事情你一问他们都懂,办起来相当痛快,工作相当热情,解决了老百姓的很多问题,政治上过硬,帮村民解决了一些实际的困难。"海南省受访村民则指出:"文档处理、文字处理等工作,以及各项业务的开展都要靠村官,他们懂得使用现代化的设施,知道怎么运用电脑,搞打印、电子文件等。"在受访管理者群体当中,有75人(约占受访管理者总数的75%)明确指出大学生村官的到来对农村行政工作的改进有很大的帮助,不论是在文件处理与材料拟定方面,还是在社保办理与证明出具方面,村官们的工作效率都显著更高,在开展便民服务的过程中,村官们能够在较短时间内快速熟悉并适应相关服务流程,这也使得相关服务的开展变得更为顺畅。而在受访的大学生村官群体当中,有18人(约占受访村官总数的65.80%)认为自己在便民服务、政策宣传等方面所开展的工作能够给村民带来了更多的帮助。如图 9-7 所示。

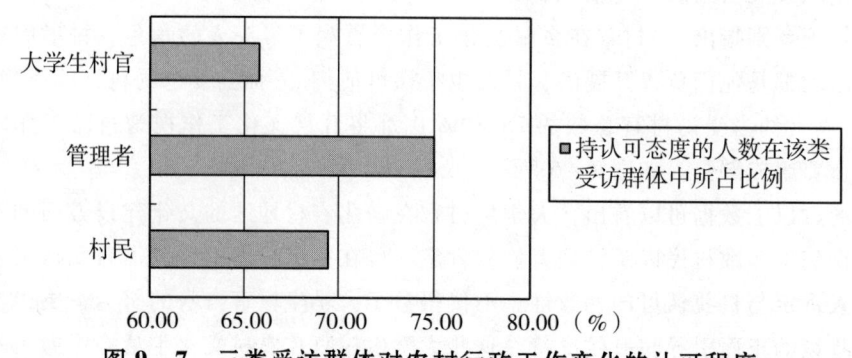

图 9-7 三类受访群体对农村行政工作变化的认可程度

（四）三者都对大学生村官政策的完善给予了关注

在对大学生村官政策的建议中，村民、管理者和大学生村官都提到了大学生村官的薪酬待遇、培训管理和选拔聘用等方面。

首先，三者都认为村官待遇不高、补贴不足是当前制约大学生村官发挥积极性的重要因素。比如海南省的一些受访村民明确指出："村官们的工资实在太低，没有补贴，很难让他们安心。"云南省一名受访的大学生村官指出："我觉得我们的待遇低了。如果待遇上去了，很多人还是很愿意在农村开始创业的。"

其次，三者都认为要加强对大学生村官的培训。在诸多关于大学生村官选聘的公告文件中，对于培训经费、培训类别、培训方式等都有明确的规定，但各地在具体落实过程中力度不一。比如海南省受访的管理者指出："村官的培养力度比较小，一年一次太少，最好一年 3~4 次。而且课堂培养应该是基地加课堂模式，直接在基地讲，现场讲解；还应该去省外参观，开阔发展思路等。"天津市一名受访大学生村官谈到："在培训这方面除了专门针对村官进行培训外，针对村干部的培训也应该让村官参加。"

最后，三者都认为大学生村官政策应提高选聘的针对性，更好地把大学生村官在任期的作用发挥出来。比如山东省受访的管理者谈道："从大学生村官选聘条件看，对应届毕业生的年龄、政治面貌、是否为学生干部等做了具体规定，但是选聘条件还略显单一，缺少对毕业生专业、地区的规定，致使选聘的村官专业不对口，不符合农村发展需要。"另外，天津市受访的村民也谈道："所招专业和实际村里需要的不够对口，和村里的实际情况不够对口。村里需要一个有一技之长的。不然自己来了之后还需要再学习，需要时间，而村官本身时间又短。"海南省受访村民指出："招录村官的时候还是应该专业对口，主要应招录种植、养殖、市场营销、法律、行政管理专业，其他一些专业的人招进来也不一定有用。"

综上可知，大学生村官、村民和管理者对大学生村官和大学生村官政策的评价和期待基本上是一致的。这表明，大学生村官政策运行良好，效果显著。这一效果不仅体现在大学生村官政策的实施促进了农村地区的变化和发展，还在一定程度上提高了大学生村官自身的内在素质和能力。由此，大学生村官政策是一个积极有效的青年人才培养项目，是值得继续推广和全面实施的。

二、大学生村官、村民、管理者认知的差异性

在大学生村官、村民和管理者三者视角转换的过程中，我们发现三大群体由于利益需求不同、文化知识不同、生活环境不同，因此对待大学生村官和大学生

村官政策也存在不同的态度和看法。具体比较如表 9-1 所示。

表 9-1　村民、管理者、大学生村官三重视角四个维度的比较

四个维度的评价和期待	村民	管理者	大学生村官
对大学生村官的评价	能干、亲民、态度好	谦虚、奉献、能吃苦；文字能力、表达能力、思维能力、组织能力强	思想政治素质、工作态度、个性特征良好，工作能力有待提升
对大学生村官的期待	领导能力、经验、群众感情、融入乡村、热情	经验、对农村事务的了解、解决实际问题的能力、与基层村民沟通等	吃苦耐劳、组织协调能力、思想政治素质、组织纪律观念
对大学生村官政策的评价	发挥显著作用（文字处理、传递信息、组织活动、村落整治、纠纷处理）	高度评价政策实施的作用	认可政策发挥重要作用，但对村官工作满意度一般，认为政策落实不全面、地域差异大
对大学生村官政策的期待	薪酬、培训、考核、选拔	培训、薪酬、选拔、期满出路	调整聘期、配套政策；改进培训内容和方式；增加培训次数；完善考核指标、方式、使用；提高待遇等

总体上看，村民对大学生村官的看法主要来自于与村官的直接接触，以及所产生的切身感受，因而语言形象生动。而管理者作为政策的直接执行者，对大学生村官的看法更加具有理性，能够从政策的高度分析其中的得失。大学生村官主要从自身的切身感受出发，态度和看法主观性较强。比如对于大学生村官来说，"沟通能力、坚持学习、协调能力"这三大热词集中反映了大学生村官相较于村民、管理者来说更为关注的是自身能力的提升。对于村民来说，"老实能干、态度好、亲民"这些出现频率最多的素质特征在一定程度上反映了村民更多从表象上观察大学生村官，认可大学生村官的工作态度和个性特征。对于管理者来说，"思想觉悟高、亲民、热心"等素质特征也清晰地反映了管理者的认识更为理性和深入，比较关注大学生村官的工作态度和工作能力。由此，大学生村官、村民和管理者认知上的差异性主要表现在三个方面。

（一）村民对大学生村官具有更多的角色期待

相比于管理者和大学生村官，村民更多期待大学生村官具有较强的领导能

力，在基层农村发挥主导作用，带领村民致富。而在访谈中，大学生村官和管理者一般将大学生村官的角色定位于协助者，他们一般担任村两委的助手，虽然对于村务决策能够发挥一定的影响和作用，但更多的是辅助作用。相当一部分大学生村官认为在实际工作中借调严重，难以发挥在基层农村的实际作用。一般来说，大学生村官下派到各个村之后，任期内都会在该村工作服务。但是由于一些特殊原因，大学生村官存在被借调的情况，即被上级政府借调到其他村或乡镇政府里去，这就在一定程度上损害了原有村的工作和发展。正如山西省受访的村民谈道："村官干得好，也熟悉了各种工作，但是之后被调走，这个现象老百姓并不希望看到。"对于管理者来讲，目前大学生村官的任期较短。事实上，大学生村官的任期一般为2~3年，期满后续任或另行择业。一般来说，大学生村官到村任职后并不是马上就能接手工作，还需要一个适应的时期，这就在一定程度上缩短了工作时间。因此，对于管理者而言，他们更期望能够延长工作任期，并给予大学生村官明确的编制，解决大学生村官的后顾之忧。

总之，从对大学生村官的期待来看，村民对大学生村官具有更多的角色期待，希望他们具有较强的领导能力，发挥主导作用。然而，大学生村官面临模糊的身份定位，虽然他们是由国家选聘到农村基层工作的管理者，但不具有公务员的身份；虽然作为"村官"身份参与农村各项工作，但不是真正意义上的村干部。对此，解决好大学生村官的身份问题是大学生村官能够在农村基层扎实工作的关键。只有取得了合理合法的身份认同，才能具备清晰的角色定位，缩小角色期待和应然身份之间的差距，从而帮助大学生村官在岗位上发挥主导作用。

（二）管理者对大学生村官具有更多的素质能力期待

村民期待的大学生村官素质特征是领导能力、经验、群众感情、融入乡村、热情；大学生村官认为选聘标准应定位于吃苦耐劳、组织协调能力、思想政治素质、组织纪律观念四个方面。相比于村民和大学生村官自身，管理者认为大学生村官与基层农村工作需要之间存在一定的素质能力差距，主要表现在经验、对农村事务的了解、解决实际问题的能力、与基层村民沟通等方面。由此，管理者对大学生村官解决问题的能力更为关注。经验、感情融入、热情、吃苦耐劳、纪律观念等人才素质构成要素一般可以在大学生村官任期内得以塑造和锻炼，但解决问题能力的培养并非朝夕之功，需要高校、政府、社会组织、大学生村官自身的共同参与，需要通过教育成才、自学成才和实践成才等不同途径的综合培育，才能有效提高大学生村官的工作能力。这提示我们，大学生村官素质和能力培养绝不是从任职后才开始进行，从高校这一环节就应该建立农村基层创新创业人才的培养理念，改革培养模式，才能更好地满足农村基层对人才的渴求和需要。

(三) 大学生村官具有较高的自我发展期待和政策期待

从表 9-1 可以看出，村民和管理者普遍对大学生村官给予了肯定评价，村民和管理者普遍认为大学生村官具有良好的工作态度和个性特征，同时管理者认为大学生村官具有较强的文字能力、表达能力、思维能力和组织能力。但大学生村官对自身的工作能力却不太自信，尤其认为亟须提高自身的创新创业素质和能力，在工作中应自信敢为。这表明，大学生村官对自身具有较高的工作期待，不满足于自身在思想政治素质、工作态度和个性特征等方面的良好表现，更看重自己在基层农村的工作能力，这与大学生村官成才动机的内驱性相符合。由于大学生村官具有较强的自我价值的实现动机，因此在工作中对自己有较高的目标期待。这种较高的自我期待为大学生村官成长成才注入的重要动力，但值得注意的是，一旦在实际工作中遭遇困难和挫折，尤其是农村基层事务性工作的复杂性和大学生村官刚离开校园的不成熟性，可能造成大学生村官理想与现实之间的巨大落差。因此，在大学生村官成长成才过程中，一方面要及时关注大学生村官的思想引导，给予更多的情感支持，另一方面要通过完善培训、考核、激励等具体管理措施帮助大学生村官提高创新创业的工作能力，缩小自我期待与工作实绩之间的差距。

同时，大学生村官对政策实施效果的评价明显低于村民和管理者，对政策的期待明显多于村民和管理者。究其原因，一方面大学生村官具有良好的思想政治素质和知识文化素质，另一方面作为政策的直接利益相关者，他们对政策具有更高的预期。相比于村民和管理者，大学生村官在肯定政策发挥作用的同时，认为政策落实不全面、地域差异明显，期待在选聘录用、培训考核、激励保障和期满流动等各个不同环节改进不足，为自身成长成才提供完善的政策支持。

第十章

高校视野下大学生村官的成长成才

高校作为培养大学生村官的主导力量，同时也是大学生村官选聘工作的组织实施主体之一，所开展的培养和选拔工作是大学生村官工作的核心环节，直接关系到大学生村官政策的实施效果和大学生村官自身的成长成才。因此，了解高校培养和选拔大学生村官的工作现状，对于掌握和研究大学生村官政策的落实情况和实施效果具有重要意义。"大学生村官成长成才机制研究"课题组专门设计了针对高校的调研，其调查结果较为客观地呈现了当前高校对于大学生村官政策的认识状况、工作评价、执行落实、政策配套等情况，明确了高校在培养和选拔大学生村官的过程中值得关注的问题及解决思路。

第一节 调研基本情况

2013年12月，课题组以问卷调查的形式针对高校选聘大学生村官工作开展调查研究。主要的调研对象是各高校就业服务中心专门负责村官选聘工作的人员，重点从政策认识、工作评价、执行状况、政策配套、项目比较和满意度测评六个维度设计调查问卷。调查组共发放问卷160份，回收155份，回收有效率96.8%。155个高校样本涵盖了一本、二本、三本和专科等不同类型的学校。在地域分布上，从东部地区的北京、上海、广州等11个省市抽选了81所高校，占样本总量的52.3%；从中部地区的山西、河南、湖北等6个省份抽选了41所高校，占样本总量的 26.5%；从西部地区的四川、广西、内蒙古等 8 个省、自治区、直辖市抽选了 33 所高校，占样本总量的 21.3%（见表 10-1）。

表 10-1　　　　　　　　　　高校抽样情况

地区	抽样个数	比例（%）	省份	抽样个数	比例（%）
东部	81	52.3	北京	20	12.9
			辽宁	7	4.5
			福建	4	2.6
			浙江	3	2.6
			山东	10	1.9
			河北	8	9.7
			广东	3	6.5
			江苏	9	5.2
			上海	10	3.2
			天津	4	1.9
			海南	3	5.8
中部	41	26.5	山西	15	1.9
			吉林	5	6.5
			江西	4	2.6
			河南	4	2.6
			黑龙江	8	2.6
			湖北	5	2.6
西部	33	21.3	重庆	4	4.5
			广西	3	3.2
			陕西	4	1.9
			甘肃	7	1.9
			四川	5	5.2
			内蒙古	3	1.9
			新疆	3	2.6
			云南	4	3.2

问卷主要包括以下 7 个维度：一是基本情况（第 1 题）；二是高校对大学生村官政策的认知（第 2～3 题）；三是高校对大学生村官政策的认识和评价（第 4～10 题）；四是高校在大学生村官政策落实中发挥作用的情况（第 11～17 题）；五是高校选聘大学生村官工作相关配套政策和跟踪服务（第 18～20 题）；六是高校对大学生村官政策与其他基层就业项目评价的差异性（第 21 题）；七是高校对大学生村官选聘工作的整体满意度和具体建议（第 22～23 题）。

第二节　调研主要内容

一、高校对大学生村官政策的认识

在受调查的 155 份有效问卷中，南方学校 55 个，北方学校 100 个。其中，有 79% 的受访者参加过大学生村官选派工作，如图 10-1 所示。这表明，高校对大学生村官选聘工作给予了重视。

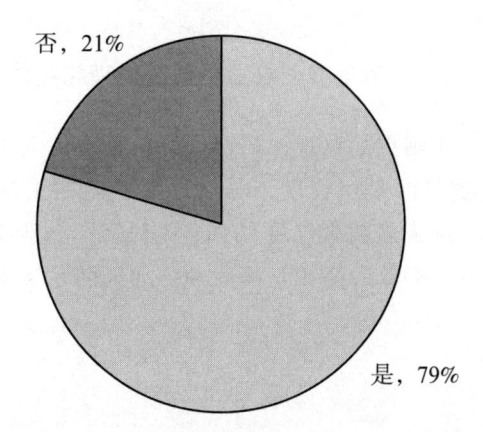

图 10-1　是否有参与过大学生村官的选聘工作

同时，卡方检验显示，P 值为 0.019，由此，南方与北方高校老师是否参与过大学生村官选派工作的差异性达到显著程度：北方高校有 85.2% 的受访者参加过大学生村官选聘工作，南方高校有 76% 的受访者参加过大学生村官选聘工作。如表 10-2 所示。由此，本次调查对象比较了解大学生村官选聘工作，这使得问卷调查结果具有较强的信度。

表 10-2　南北方学校的老师参加过大学生村官选聘工作的卡方检验

	参加	未参加
北方	85.2	14.8
南方	76	24

检验统计量：$x^2 = 17.002$，$P = 0.019$。

在受访的 155 所高校中,60% 的高校开设了与农业相关或与基层管理工作相关的专业,如图 10-2 所示。为了更好地满足基层农村对人才的需求,高校应加强相关专业的设立和建设,培养基层尤其是农村基层需要的人才。

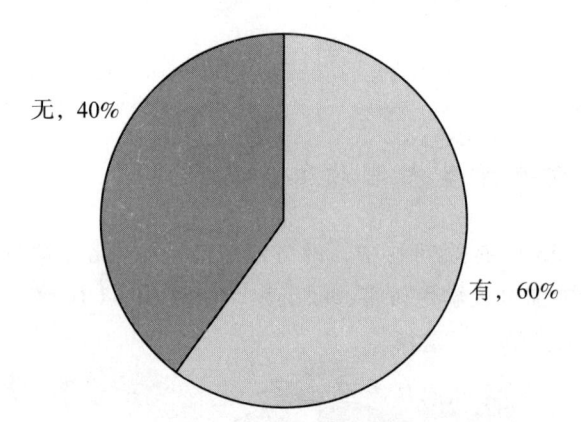

图 10-2　选聘大学生有无农业或基层管理相关的专业背景

图 10-3 和图 10-4 则更加直观地测试了高校负责就业工作的老师对大学生村官的关注程度和对政策的了解程度,虽然存在一定的主观性,但可以作为参考。如图 10-3 所示,绝大多数高校对"大学生村官"选聘工作十分重视或比较重视。如图 10-4 所示,85% 的高校对国家和各地区的大学生村官相关政策比较了解。

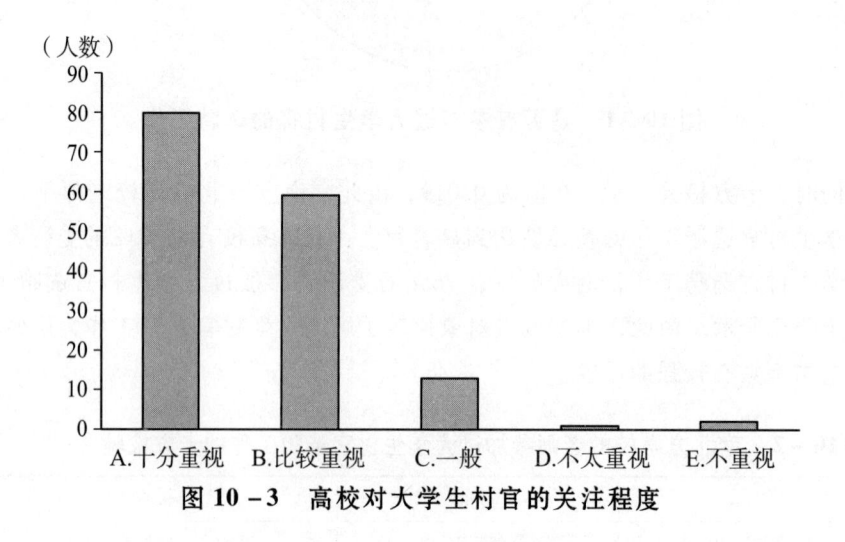

图 10-3　高校对大学生村官的关注程度

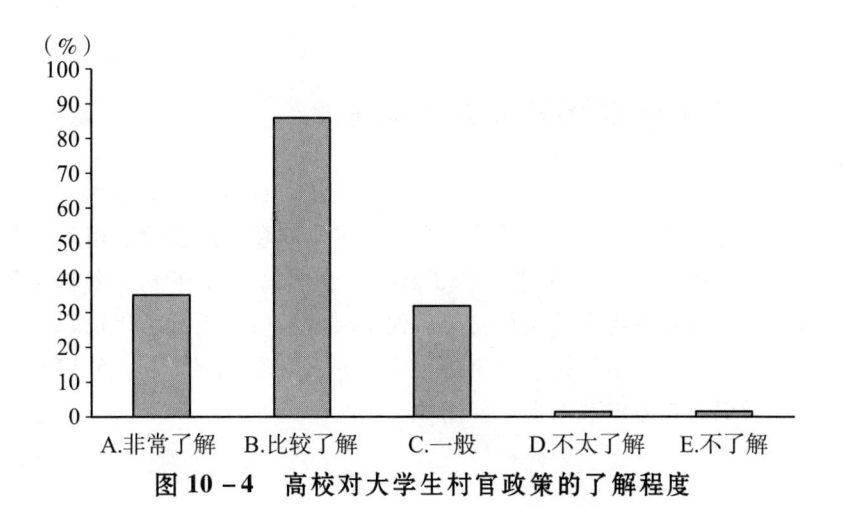

图 10-4　高校对大学生村官政策的了解程度

在对政策了解程度较低的二次调查中，受访的高校老师希望加强对大学生村官省市层面和任职单位层面政策的宣传，如图 10-5 所示。

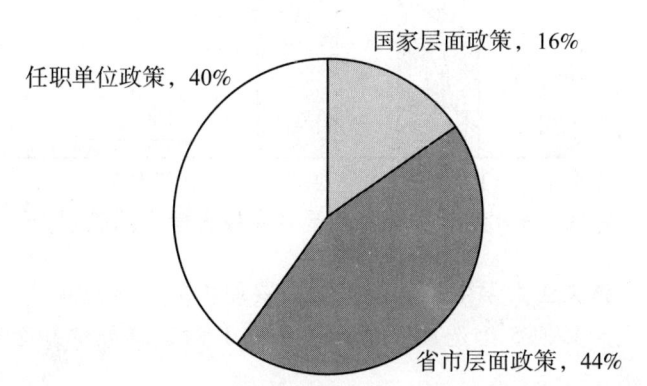

图 10-5　高校认为哪些大学生村官政策需要加强宣传

在高校认为大学生村官政策存在的主要问题的调查中，排在第一位的是"自身定位不明确"，占 61.9%，说明高校老师认为大学生对村官角色的认同感偏弱；"后续发展乏力"排在第二位，占 60.6%；"工作保障机制不健全"排在第三位，占 56.8%。这表明经过几年的政策实践，大学生在选择应聘村官的过程中趋于理性，更加注重在实际工作中角色定位及村官职业的后期发展方向，并对于现行的大学生村官工作保障机制政策评价不高。同时，调研显示，超过半数的高校认为大学生村官政策应该在工作考核、工资待遇、法律保障、社会宣传、培养培训、监督落实等方面尽快完善。

二、大学生村官政策吸引力调查

从大学生村官个体的视角出发,大学生村官政策对学生的吸引力如何?大学生群体普遍关注大学生村官政策的哪些方面?本次问卷专门设置了相关问题(第5题、第6题、第7题)。为了进一步了解大学生村官政策在大学生基层服务项目中的吸引力,问卷还将大学生村官与其他基层服务项目进行了比较。

调研表明,目前大学生村官政策的吸引力还是比较高的,有96.12%受访者认为政策的吸引力在适中及以上。如图10-6所示。

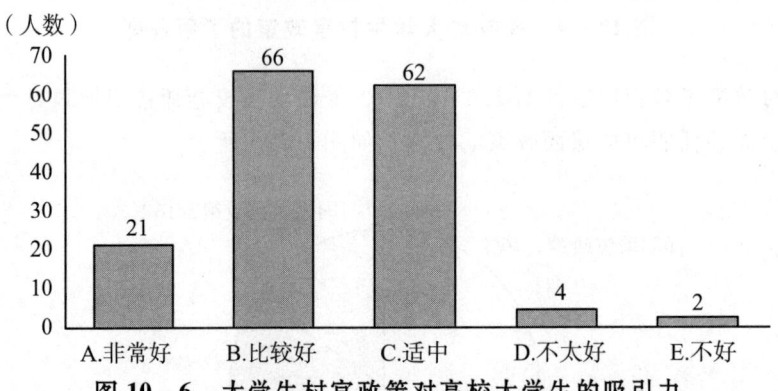

图10-6 大学生村官政策对高校大学生的吸引力

在大学生群体关注大学生村官政策的主要原因的8个选项中,A、B和F 3个选项显著区别于其他5个选项,尤其是B和F的选择频率甚至超过了50%。如图10-7所示。

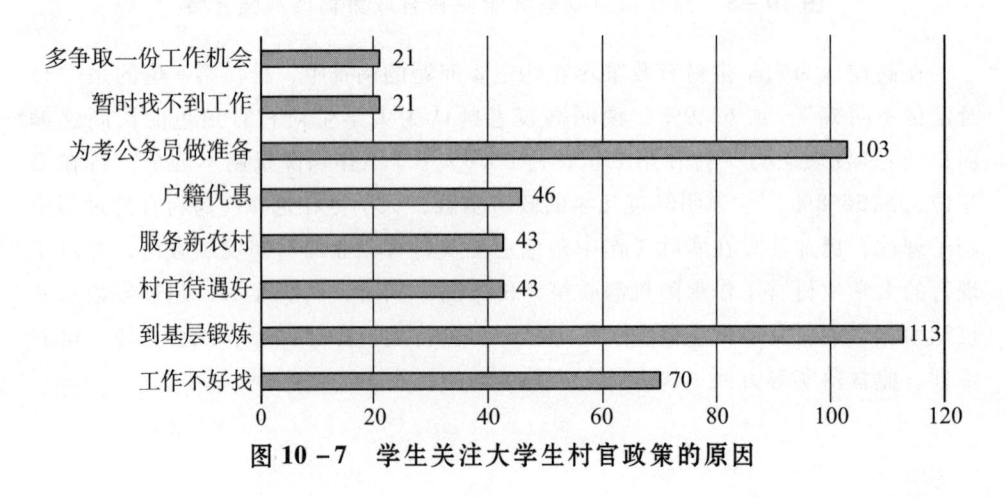

图10-7 学生关注大学生村官政策的原因

其中，72.9%的受访者认为大学生关注村官政策源自于到基层锻炼的成才观，这表明，高校老师普遍认为大学生群体的成才动机是积极向上的。这与之前课题针对大学生村官就业动机的调研结果基本一致。如前文所述，绝大部分村官认为自己选择村官岗位的动机是积累基层工作经验。此外，有一些大学生关注大学生村官政策源自于考研、考公务员相关政策的支持，这反映了还有部分大学生将村官工作当成自身未来发展的前提基础。还有一部分大学生关注大学生村官政策源自于"工作不好找""临时找不到工作"等就业压力。由此，虽然大学生村官政策具有一定的吸引力，大多数大学生源自于内在激励（自我锻炼、自我发展等方面）关注大学生村官政策，但仍有部分大学生是因为外部激励（缓解就业压力、户籍优惠等方面）而关注大学生村官政策，高校在选聘工作中应重视这些内在动机，及时引导大学生形成正确的政策认知。

调研发现，受访者认为63.2%的学生会选择回家乡所在地担任大学生村官，36%的学生会选择在较为发达的地方担任大学生村官，仅1%的学生会选择在边远地区担任大学生村官，这一调查结果与实际村官去向大致一致。这表明大学生村官选聘受地缘因素影响较大，大部分学生选择家乡所在地从事大学生村官工作，偏远地区大学生村官招聘吸引力不大，存在"选人难、留人难"的现象。

为促进青年在基层中得到锻炼，我国采取了多项措施鼓励大学生选择服务于基层。在这些基层就业项目中，开展大学生志愿服务西部计划项目的高校最多，约为27%；其次是三支一扶项目，约为24%；再次是各省市区的选调生项目，约为19%；最后，社区工作者项目和农村中小学"特岗计划"项目各占15%和14%。如图10-8所示。因此，青年基层就业项目的多元化，为大学生就业提供了更多的就业渠道，拓宽了大学生就业选择范围。

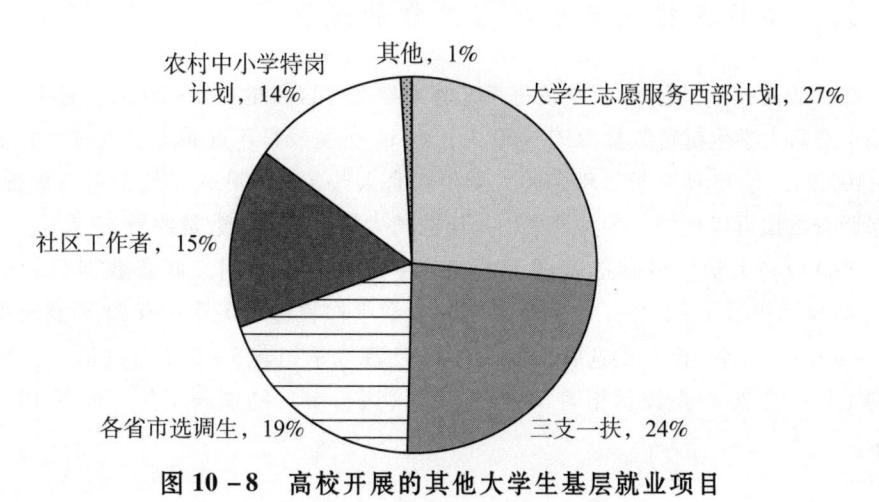

图10-8 高校开展的其他大学生基层就业项目

课题组在调查中发现，在促进青年基层就业的各项目中，最受学生欢迎的项目是各省市区的选调生项目，其次是大学生志愿服务西部计划项目，再次是"三支一扶"项目，最后是社区工作者及农村中小学"特岗计划"项目。各基层就业项目受学生欢迎程度的不同，是由政策本身的实施条件以及相关服务保障措施等造成的，大学生应从自身发展的角度出发，分析各项目的利弊以做出决策，从而更好地服务于基层，实现自我价值。如表10-3所示。

表10-3　　各高校其他大学生基层就业项目

其他基层就业项目	受学生欢迎程度排序
A. 大学生志愿服务西部计划	2
B. 三支一扶	3
C. 各省市区选调生	1
D. 社区工作者	4
E. 农村中小学"特岗计划"	5
F. 其他	6

此外，为了了解大学生村官政策的宣传途径，我们进行了独立样本的 t 检验，结果发现虽然政策咨询会略高于其余三个选项，但在0.05的显著性水平下，p 值为0.12，并不显著。由此，调研显示，仅靠高校自身加大政策的宣传力度还不足以发挥作用，大学生村官政策本身亟待改革和完善。

三、高校选拔大学生村官工作的现状

在受访高校中，有85所高校每年选聘大学生村官数量为0~20人；有42所高校每年选聘大学生村官数量为21~50人；有15所高校每年选聘大学生村官数量为51~100人；有13所高校每年选聘大学生村官人数超过100人。如图10-9所示。根据调查数据可以预估，各高校平均每年选聘大学生村官的数量约为35人。

各高校在大学生村官选聘过程中起着举足轻重的作用。调查数据显示：有98所高校承担着1~2个省（区、市）的大学生村官选聘工作；有21所高校承担着3~4个省（区、市）的选聘工作；有16所高校承担着5~6个省（区、市）的选聘工作；有20所高校承担着7个以上省（区、市）的选聘工作。如图10-10所示。

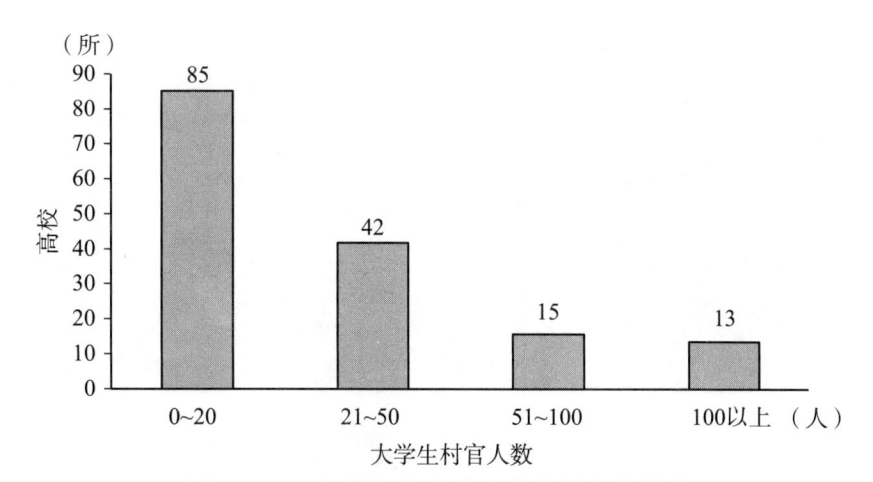

图 10 – 9　高校每年选聘大学生村官的数量

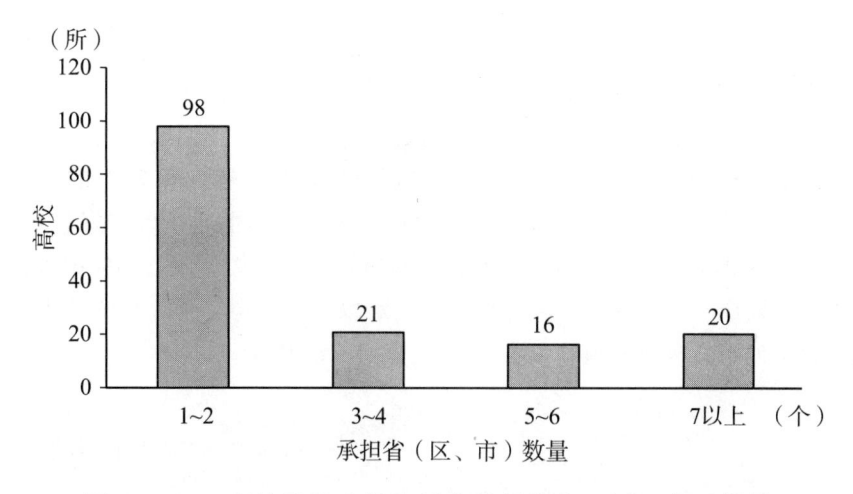

图 10 – 10　高校承担大学生村官聘任的省（区、市）数量

同时，课题组对各样本高校中每年大学生村官选聘工作的报名比例进行了调查，结果显示：在接受调查的 155 所高校中，约有 74 所高校每年大学生村官选聘工作学生报名比例为 5% 以下；有 55 所高校大学生报名选聘村官的比例为 5% ~ 10%；有 17 所高校大学生报名选聘村官的比例为 10% ~ 20%；有 9 所高校大学生报名选聘村官的比例在 20% 以上。如图 10 – 11 所示。

由此可以预估，调查样本中平均每所高校每年参与村官选聘工作的大学生占总人数的 6.3%，说明大学生村官政策作为一项促进青年基层就业的项目，已经成为应届毕业生就业途径的重要选择之一。同时，虽然报名人数的比例不高，但 81.9% 的高校认为，参与大学生村官项目的毕业生整体素质和能力要高于同届毕业生的整体水平。

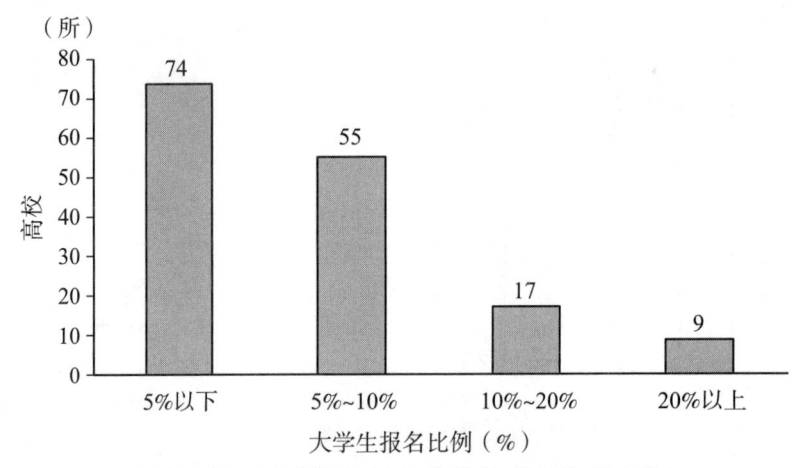

图 10-11　高校每年报名大学生村官的学生比例

此外，大学生群体作为就业主体，直接决定了村官选聘成功与否的几率，但是往往由于一些因素，致使大学生在村官选聘工作中的主动性并不高。有 36% 高校负责人认为，学生之所以不主动参与村官选聘，是由于政策本身的保障力度不够，大学生在任满再次就业时仍然面临着一系列的难题；有 21% 的高校负责人认为，出现此现象是由于村官选聘时间较晚，多数学生已经确定好就业去向；此外，有 15% 的高校负责人认为这是由于村官待遇太差而导致，13% 的人认为是大学生自身素质不高、缺乏经验等原因使其难以开展基层工作，11% 的人认为学生从事村官使得自身的价值难以实现。如图 10-12 所示。

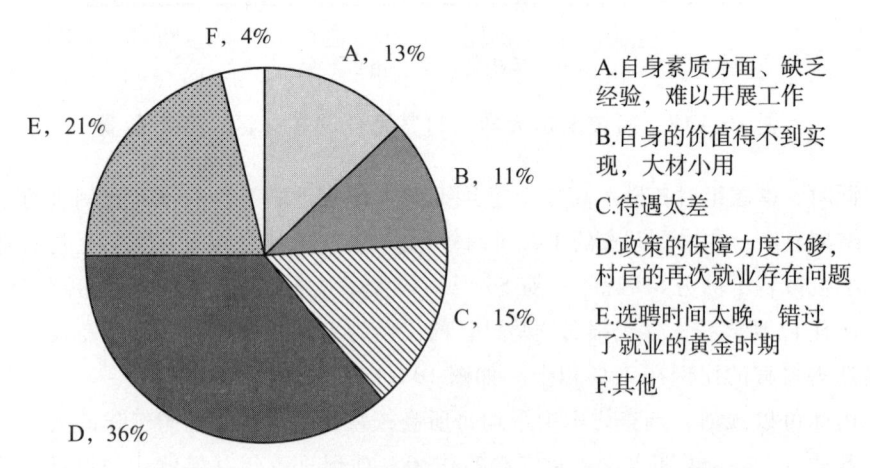

A.自身素质方面、缺乏经验，难以开展工作
B.自身的价值得不到实现，大材小用
C.待遇太差
D.政策的保障力度不够，村官的再次就业存在问题
E.选聘时间太晚，错过了就业的黄金时期
F.其他

图 10-12　学生不报名参加大学生村官项目的原因

由此可见，学生不主动参与大学生村官选聘工作，外部因素占主导地位，合理安排村官选聘时期、提高村官就业待遇以及加大聘任期满后的相关保障措施，

才能吸引更多的优秀毕业生从事地方基层村官工作。

四、高校制定的相关配套措施

在访谈调研中，课题组了解到，各地高校依据院校地域分布、学科建设特色以及人才培养优势等方面的特点向我国农村输送了一批批优秀的大学生。因此，高校在培养和选聘大学生村官工作中发挥着重要的作用。当前，部分高校制定了有关大学生村官政策的配套措施。调查显示，21.9%的高校制定了本校大学生村官选聘的工作制度，但78.1%的高校并没有开展这一工作，如图10-13所示。在后续跟踪与服务方面，有43.9%的高校制定了帮扶措施，主要涉及"村官间的交流""培训讲座"等方面，但仍有56.1%的高校并没有实行相应的跟踪与服务工作，如图10-14所示。这说明各高校大学生村官配套政策的落实工作与后续的跟踪服务工作有待进一步深入开展。

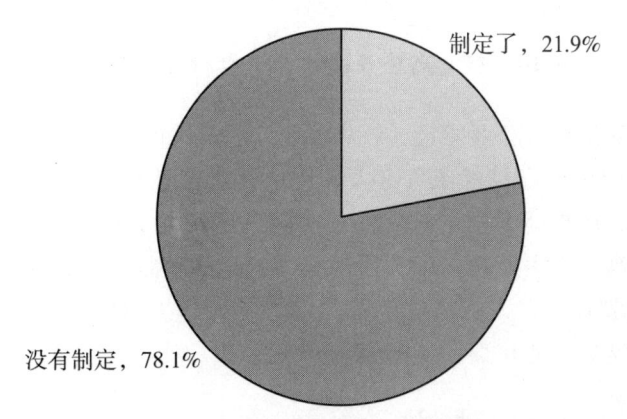

图 10-13　高校是否制定了与大学生村官选聘相关的配套政策

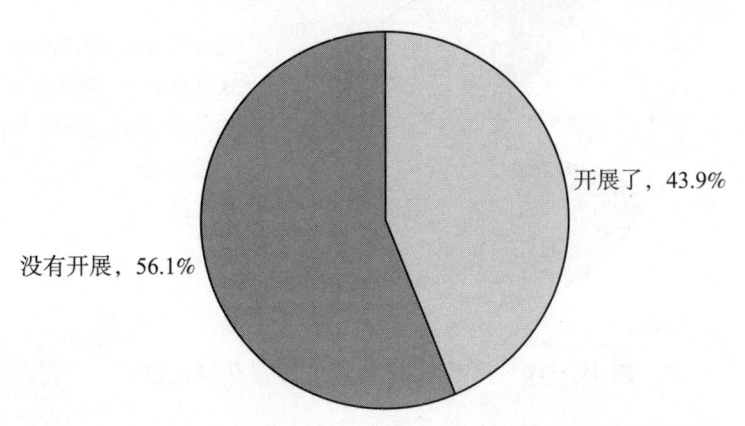

图 10-14　高校是否开展了大学生村官的跟踪和服务工作

各高校关于开展大学生村官服务工作涉及的方面首先是定期组织村官间的交流（约占48.8%）；其次是定期举办培训讲座（约占24.0%）；再次是定期开设文化课培训（约占8.3%）。此外，还有开展新老干部一对一辅导、组织阅读相关刊物、经验交流等方式。如图10-15所示。

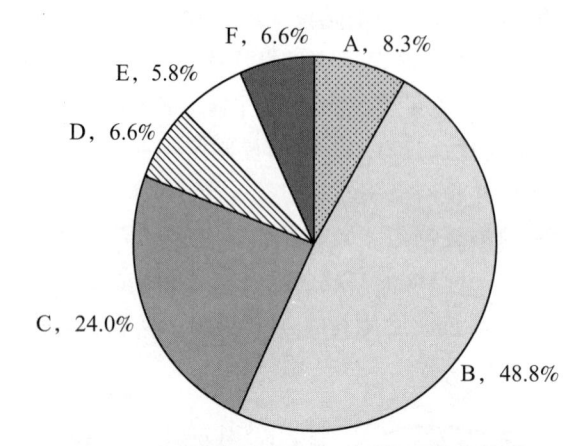

A.定期开设文化课培训
B.定期组织村官间的交流
C.定期举办培训讲座
D.老干部一对一教导新干部
E.定期组织阅读相关刊物
F.组织退休干部传授工作经验

图10-15 高校开展的大学生村官服务工作

为提高大学生村官就业质量，各高校应开展相关的培训以提升大学生自身素质和能力。有41%的高校就业负责人认为，针对大学生村官项目的社会实践在高校开展较少，应提高大学生村官处理实际问题的能力；有30%的高校就业负责人认为应提高大学生处理人际关系的能力，以更好地适应现实中的人际交往；有20%的高校就业负责人认为文字写作能力在大学生村官的实际工作中应用较多，应该加强这方面的培训。如图10-16所示。

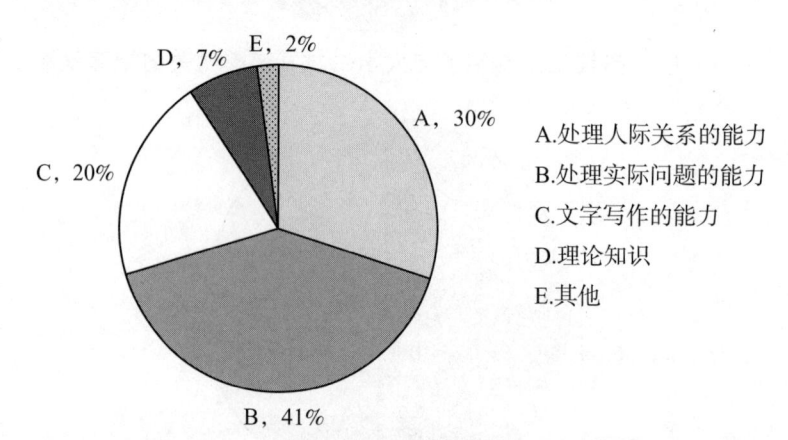

A.处理人际关系的能力
B.处理实际问题的能力
C.文字写作的能力
D.理论知识
E.其他

图10-16 高校针对大学生村官开展的培训

五、高校对大学生村官政策的评价

调查显示，多数高校反映在岗大学生村官对目前的工作较为满意或一般满意（约占总数的 93.5%），仅有少部分高校在岗大学生村官对工作状况表示不满意（约占总数的 6.5%）。如图 10-17 所示。

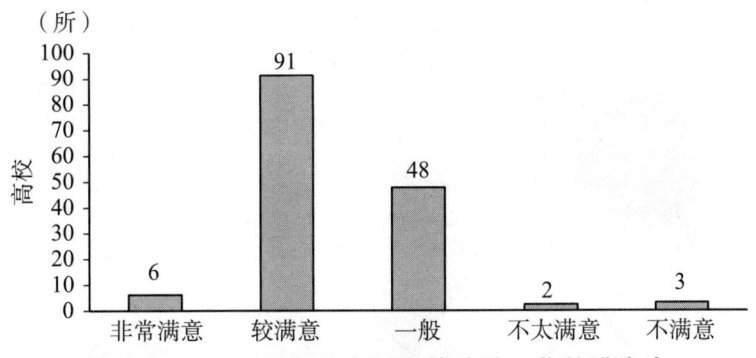

图 10-17　大学生村官对高校选聘工作的满意度

课题组对各高校大学生村官政策实施情况整体评价进行了调查，其中有 98 所高校的就业负责人对此项政策比较满意，有 10 所高校对此项政策非常满意，有 43 所高校对此项政策一般满意，仅有 4 所高校对此项政策不太满意。如图 10-18 所示。调查结果说明，当前大学生村官政策的实施，得到了大多数高校的认可和支持，今后相关部门可以对村官选聘日期安排、选聘流程、就业服务保障等细节进行完善，以提升大学生村官的就业数量和质量，鼓励更多的优秀人才服务于各地农村基层、在基层中就业并得到锻炼。

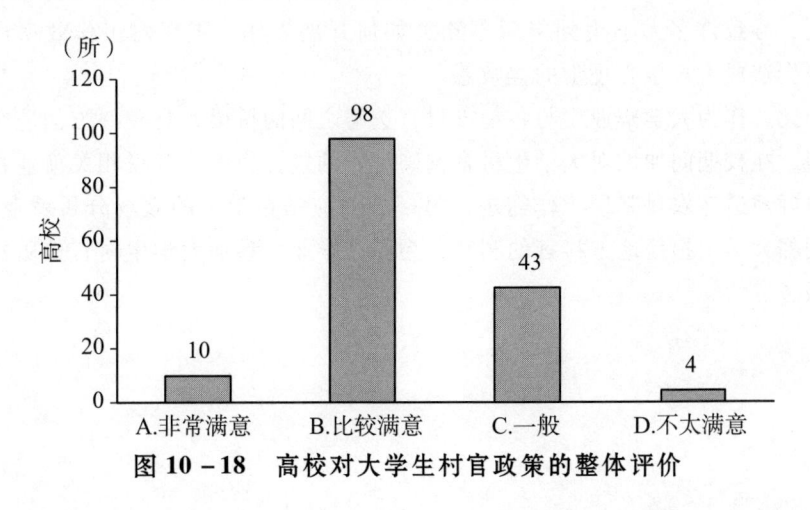

图 10-18　高校对大学生村官政策的整体评价

关于高校对大学生村官选聘工作的评价，排在第一位的是专业设置与农村基层实际需求有差距，占高校总数的21.8%；其次是同学参与不热情，缺乏到农村基层工作的动机以及相关政策吸引力不大，这两个原因各占高校总数的19%左右；再次是由于选聘时间太晚，有一部优秀的学子已经确定好工作，这部分原因约占总数的16.3%；最后是宣传方面不到位（占总数的12.8%）以及竞争过于激烈、成功几率低（占总数的10.8%）等因素。如图10-19所示。

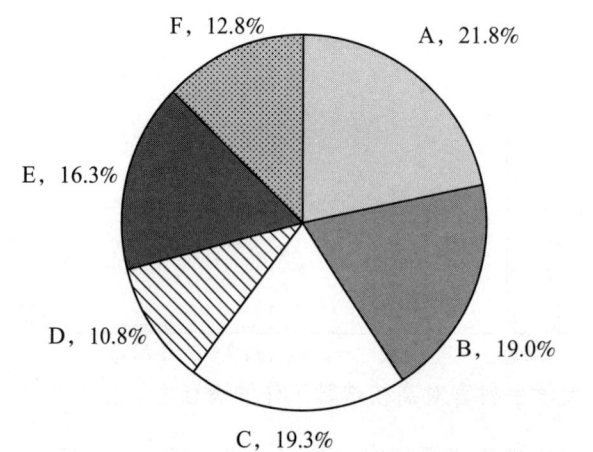

F，12.8%　A，21.8%
E，16.3%
D，10.8%　B，19.0%
C，19.3%

A.专业设置与农村基层实际需求有差距
B.同学参与不热情，缺乏到农村基层工作的动机
C.相关政策吸引力不大
D.宣传途径单一，无法实现覆盖
E.选聘时间太晚，流失了一批优秀学子
F.竞争过于激烈，学生竞聘成功的几率不高

图10-19　高校开展选聘工作存在的主要困难

在访谈中，高校老师认为目前在招聘过程中主要存在以下几个问题：首先，当前大学生村官招聘比较偏重于表象，过多关注年龄、学历、党员身份、毕业院校、生源地等，而忽视了对大学生综合素质的考察。其次，在大学生村官招录中，笔试占据重要地位，面试分数比例低，导致许多大学生村官上岗后并没有表现出应有的解决实际问题的能力。最后，选聘的村官专业不对口，不符合农村发展需要，导致许多大学生到岗后不知道如何开展工作，不仅对工作效率产生影响，也会造成大学生心理上的挫败感。

由此，作为大学毕业生与各地方村官选聘之间的桥梁，高校一方面应响应政策号召，在校期间加大对大学生村官选聘工作的宣传力度，开设相关就业指导课程，更好地适应农村基层工作需求；另一方面应站在学生的立场分析就业问题，客观阐释大学生担任地方村官的利弊，为促进毕业生参加大学生村官选聘提供指导和服务。

第三节 调研主要结论

从以上问卷调查和访谈调研中,我们发现了大学生村官政策存在的主要问题,这为下一步提出完善大学生村官工作的对策建议奠定了前提基础。

一、因地制宜、协同联动成为完善工作的关键

调查显示,虽然大学生村官政策对毕业生具有一定的吸引力,但吸引力有限。主要体现在以下几个方面:一是报名比例不高;二是虽然愿意报名的大学生普遍具有较高的综合素质,但有相当一部分毕业生关注、选择担任大学生村官源于就业压力;三是多数高校只承担1~2个省(市、区)的村官选拔工作,选拔覆盖面比较狭窄;四是大学生通常会选择家乡所在地从事村官工作,边远贫困地区招聘大学生村官对高校毕业的吸引力不大。同时,访谈中很多高校选聘工作负责人指出,各省(市、区)的大学生村官选聘程序不一,学生不一定特别了解,同时高校负责就业指导的老师也不一定完全了解,无法有效指导毕业生报名大学生村官。由此,各地组织部门和高校如何结合本区域的实际情况开展选聘工作并建立协同联动的工作机制成为关键。各地应遵循因地制宜的原则开展政策宣讲和就业引导,同时高校与各市、县、乡等服务地建立有效沟通,与省、市组织、人事部门进行政策对接,与当地村官办建立协同培养和培训的长效机制,共同选拔符合新农村建设要求的大学生村官,促进大学生村官的成长成才。为了提高大学生村官政策对高校毕业生的吸引力,除了加大高校对政策的宣传力度以外,亟待依据新的时代需要和大学生村官成长成才的需要,不断改革和完善大学生村官政策本身。

二、配套措施制定和系统培养亟待加强

目前,大学生村官政策已经在各级各类高校得到了良好的贯彻执行,每年大学生村官的选拔工作顺利开展,村官素质高于毕业生同届整体水平。但在政策执行过程中,多数高校没有制定相应的配套政策,未形成自身的工作制度和实施细则。在对本校大学生村官的跟踪服务上,高校的主动性不高,且多局限在村官交流和培训讲座方面,不能充分依托学校的学科、人才等优势为大学生村官的成长

成才提供足够的保障，尚未形成"扶上马，再送一程"的人才培养长效机制。针对多数大学生直接从校园到农村，缺少农村生产劳动经历，对农村的政策法规和民俗村情知之甚少的状况，建议各高校对大学生村官做好有针对性的岗前培训工作。应建立县、乡、村三级"帮带引导"制度，结对培养，向大学生村官传授经验、进行现场指导，使大学生村官在农村实际工作中尽快实现心态和角色适应。建议将大学生村官教育培训工作纳入干部培训计划，统筹安排，强化培训，将培训教育情况作为考核指标计入大学生村官的考核评价档案，作为大学生村官保障政策兑现的重要依据之一。在当前大众创新、万众创业的时代背景下，高校还应努力提升大学生创新创业的素质和能力，为毕业生到基层就业奠定内在基础。

三、高校对大学生村官政策存有疑虑

调查表明，绝大部分高校对村官选聘工作给予了高度的重视，且对大学生村官的选聘业务熟练，高校期望能够加强对各省市区大学生村官政策的宣传和解读。与此同时，高校对大学生村官政策的满意度不高，选聘工作存在一定的困难。由于多数高校对大学生村官的整体评价不高，存在诸多疑虑，因此高校认为大学生村官群体的工作状况一般，不是毕业生就业的最佳选项。访谈中，部分高校认为目前大学生村官面临着自身定位不明确、保障不健全、发展后续乏力等问题，亟待建立起一套完善的工作体制机制，迫切需要在岗位定性、工资待遇、后续发展等政策优惠上加快改革力度。同时，高校在大学生村官的选聘工作中也遇到了一些阻力，专业的不对口、政策的不完善、选聘节点的不适宜不仅影响了毕业生的选择，也影响了大学生村官选聘工作的顺利推进。其中，政策的保障力度、村官的再就业问题、选聘时间的前置成为高校期待解决的现实问题。对此，建立完善大学生选聘的保障制度可以从财政投入支持、引导创业激情、提升政治地位、优惠政策兑现四方面着手。要加大各级财政投入支持力度，对于大学生村官的工资及补贴实行年度递增的政策；参照事业单位有关规定，参照公务员标准，参加相应的社会保险，从政策上保证大学生村官福利待遇的制度化、规范化、常态化。

四、选调生项目比村官项目更受欢迎

调查显示，大学生到基层就业的渠道逐步拓宽，呈现出多元蓬勃发展的态势。在这样的背景下，大学生村官能否通过政策扶持和完善实现其预期目标和工作初衷，成为高校关心的问题。目前，就受欢迎程度而言，相较于大学生村官，选调生项目凭借其政策优势、待遇优势和就业身份的优势，得到了更多毕业生的青睐。在采访中，有的负责大学生村官选拔工作的同志直言："对学生而言，选调生是公务员身份，考取的是干部；而大学生村官是一份临时工，多是权宜之计。"由此，在大学生村官政策实施中，人才培养的战略定位和目标定位有待进一步实现；应建立完善科学合理的人才评价机制，注重大学生村官选拔中综合素质的考察，摒弃片面的"唯学历"或"唯分数"的做法，以选拔真正志愿到农村接受锻炼的高校毕业生；应完善相应的激励机制，确保大学生村官长期扎根农村工作的持久性和创造性；应为大学生村官在基层创新创业提供空间和支持，对于部分政治素质高、工作业绩好、群众公认的大学生村官实行破格提拔，激发大学生村官的发展潜能和内在动力。由于选调生项目比较受毕业生欢迎，下一步可以考虑将大学生村官计划和选调生项目合并，发挥基层就业项目的政策合力效应。在一些偏远落后的农村地区，为保证大学生村官政策的有效实施及大学生村官队伍的稳定性，可考虑招收定向村官，通过高考加分政策培育一批新农村建设者，并针对定向大学生村官开设专门课程，从而解决大学生在校专业设置与农村基层实际需求有差距的根本矛盾，使学生学以致用，在农村的实际工作中找准定位，实现人生价值。

第十一章

大学生村官成长成才机制的运行现状

大学生村官成长成才机制随着大学生村官政策和实践的不断发展而逐步确立、完善，与大学生村官工作机制的建立同步。经过20多年的实践探索，大学生村官成长成才机制已经有了一定的经验积累，形成了相对稳定的运行模式，这是探讨如何优化大学生村官成长成才机制的实践基础。本章在全国调研及专项调研的基础上，对当前大学生村官成长成才机制运行现状进行总体检视，概述机制运行现状，发现其中的问题并试图探究问题产生的原因，以便为机制优化和提出对策提供依据和方向。

第一节 大学生村官成长成才机制运行概况

大学生村官工作作为党中央做出的一项重大战略决策，已经历了20多年的积累与发展。从整体上看，大学生村官成长成才机制运行良好，成效显著。

一、形成了"多方协作、上下联动"的领导体制和运行机制

大学生村官的成长成才是一项系统工程，需要建立健全"多方协作、上下联动"的领导体制和运行机制。目前，大学生村官工作由中组部作为主要负责单位，中组部牵头做了大量宏观规划、组织协调、指导监督等工作，教育部、人力

资源和社会保障部、共青团中央等积极配合，全国各省区市围绕工程确定的目标任务，结合本地区实际情况主动推进。由此，从横向看，大学生村官工作涉及中央多个部委和相关组织系统，从纵向看，涉及从省到县再到乡镇和村落的各级组织，这为大学生村官工作的常态化和可持续发展提供了组织保证。

在中央层面，由中央组织部统一牵头，会同教育部、公安部、民政部、财政部、人力资源和社会保障部、农业部、国家林业局、国务院扶贫办、团中央等中央部委协作配合，通过制定规划和政策、组织协调、指导监督，发挥了宏观指导的重要作用。

在地方层面，大学生村官工作建立了由县（市、区）党委组织部牵头负责、乡镇党委直接管理、村党组织协助实施的组织管理体制；人事档案由县（市、区）党委组织部管理或县（市、区）人力资源和社会保障部门所属人才服务机构免费代理，党团关系转至所在村组织。大学生村官选聘工作由省（区、市）组织、人力资源和社会保障部门定期、统一组织实施，或者由省、市两级组织及人力资源和社会保障部门共同组织实施，由县（市、区）组织、人力资源和社会保障部门与大学生村官签订聘任合同。

从运行的实际效果看，各有关主体都成立了负责大学生村官工作的专门机构，配备了专门人员，分工明确，职责到人，形成了良好的工作局面，为大学生村官成长成才奠定了组织基础。

二、政策体系的完善为大学生村官成长成才提供了重要的制度保障

经统计，中央和地方每年都出台有关大学生村官的政策文件。尤其是2010年以后，大学生村官工作进入国家人才工程，受到党和政府的高度重视，更加注重政策的制定和实施，以规范大学生村官工作的有序开展，为大学生村官成长成才提供了必不可少的制度保障。

1995年江苏省徐州市丰县实施的"雏鹰工程"标志着大学生村官政策的开始，也是大学生村官成长成才机制在小范围内的初步尝试。2005年7月，中央办公厅、国务院办公厅下发了《关于引导和鼓励高校毕业生面向基层就业的意见》（中办发〔2005〕18号），首次对高校毕业生到村任职工作予以明确支持。2008年，中央组织部会同教育部、财政部、人力资源和社会保障部出台了《关于选聘高校毕业生到村任职工作的意见（试行）》（组通字〔2008〕18号），这是首个专门规范大学生村官工作的政策文件，标志着大学生村官工作机制在中央层面正式构建，大学生村官成长成才机制也正式开始确立。2009年中组部联合中宣部、

教育部等 12 部门下发《关于建立选聘高校毕业生到村任职工作长效机制的意见》，着力构建长效稳定的制度体系，大学生村官成长成才机制建设得到有力推进。随后，在中央相关文件的推动下，村官工作进一步整合资源、创新推进。2012 年中组部联合 6 部门下发《关于进一步加强大学生村官工作的意见》，整合资源、谋求创新，明确提出要提高选聘质量，在健全保障机制和加大选拔使用力度方面提出了具体的创新思路和措施。2015 年，中央层面出台了多个关于村官创业富民、有序流动、社会保险等方面的专项政策，为构建大学生村官工作的长效机制奠定了制度基础。此外，各个地方结合自身实际情况，积极探索创新，出台了大量多样化的大学生村官工作的具体政策。例如，从 6 年来大学生村官选拔标准的政策文本中可以发现，所有省市区对大学生村官准入标准都有不同程度的修改和调整。在大学生村官选聘、考核、激励、保障等方面，各地也出台了多项符合自身情况的地方政策。

总之，自 2008 年以来，中央和地方制定的大学生村官政策不但数量多，而且覆盖到了大学生村官工作的各个方面，共同构成了大学生村官政策的制度体系。中央关于大学生村官政策目标的设定日益科学明晰，政策价值取向日益人本化，发挥了宏观导向作用；地方大学生村官政策不断进行多样探索和创新，在操作层面上发挥了重要的指导作用。

三、大学生村官的管理机制日趋完善

从人才个体成长成才的视角出发，大学生村官的成长和发展要经历不同的时期和阶段，每一个阶段中大学生村官成长发展面临的主要矛盾和任务是不同的，大学生村官成长成才机制也可以据此分为不同环节。近年来，大学生村官的选聘录用、教育培训、管理考核、保障激励和期满分流等具体工作有序开展，形成了一套运行良好的管理模式。

（一）选拔聘用

选拔聘用是由高校毕业生进入大学生村官队伍的"入口"，是大学生村官成长成才机制有效运行的前提基础。大学生村官选拔聘用工作经过 20 多年的不断探索，从选聘范围、选聘职位和数量、选聘条件到选聘程序，已经形成了比较成熟、完善的制度体系。各地组织部门在具体实施过程中严格把握选聘标准，创新选聘录用机制，注重选聘质量，致力于把志愿服务基层农村、具备良好的综合素质和能力的大学生选聘到大学生村官队伍中来。例如，浙江省采取专业定向的选聘方式选拔了涉农类专业学生；江苏省明确了回原籍任职优先的原则；甘肃省注重选聘少数民族地区的"双语"人才。选聘程序更加具有可操作性，有利于优秀学生的入选。比如宁夏在采取传统考试方式的基础上，探索采取了取消笔试、直接面试、驻村见习、组织考察等新的选聘方式。此外，各地高校密切配合选聘工作，对大学生村官的选聘工作予以了高度的重视并具体落实。

（二）教育培训

在大学生村官教育培训方面，从完善培训体系、搭建锻炼平台、建立培训制度等不同方面，已经建立了多渠道、多层次的大学生村官教育培养机制。中央文件明确将大学生村官纳入整个干部教育培训规划，配以专项经费，实行分类、分层培训，形成了省（区、市）、市（地、州）、县（市、区）三级培训体系。2015年，中组部会同农业部、中国扶贫开发协会举办示范培训班60期，培训6 000人。各级组织部门强化岗前培训和日常培训，基本实现了聘期内至少参加1次市以上、每年至少参加1次县以上培训。培训重点为涉农政策和理论，培训方式包括菜单选学、基地实践、案例教学等多种方式。岗位培训日益科学化，开始注重按照党政人才、创业富民人才、农村实用人才等不同培养目标进行分类培训，尤其注重创业培训和各类主题培训。① 各地在落实政策的过程中，结合实际在培训的组织、内容、方式、资源等方面多有创新，突出了地方特色，更加适合大学生村官的成长特点。② 比如，北京市平谷区在培训中注重引导大学生村官把所在乡镇经济发展和自身成长发展紧密结合起来；山西省通过开展典型案例分析和素质能力拓展的方式加强大学生村官培训工作；内蒙古不仅邀请专家学者对大学生村官进行政策讲解，而且选用在岗和往届优秀大学生村官传授经验、以身示范。

（三）管理考核

对大学生村官的管理考核力度不断加大、考核内容更加细化、考核程度日趋

---

① 2014年5月11日，中组部联合农业部开设了大学生村官示范培训班，增加了有关网络营销方面的培训。中国扶贫开发协会于2014年先后举办了十多期的培训班，主要以提高大学生村官创业能力为目标。各地针对大学生村官创业举办了形式多样的培训，比如河北、吉林、浙江、安徽先后举办了电子商务培训班，浙江省温州市还专门设立了大学生村官电子商务实践基地，为企业和大学生村官建立了沟通和合作的平台。

② 2013年8月21日，江苏省泰州市成立了江苏省首家"大学生村官创业学院"，采取小班化培养、专业化授课、互动式教学、实训式演练的方式进行培养。学院面向社会，优选成立了由28人组成的以提供创业政策和理念帮助为主的"创业顾问团"、由17人组成的以提供技术支持和帮助为主的"创业指导团"和由10人组成的以提供精神鼓励、胆量支撑、经验传授为主的"创业示范团"。北京市平谷区为了促进大学生村官成长实行"3+1"帮带制度，乡镇党政领导、包村干部和村干部结对帮扶大学生村官，担任大学生村官的生活导师、工作导师、思想导师，将思想和业务指导工作常态化。此外，各地依托微信群，开设"微"课堂，举办"微讲座"，为大学生村官成长成才、干事创业搭建平台。

严谨、考核方法逐步创新、考核制度日益健全。目前大学生村官考核工作主要由乡镇党委负责实施，分年度考核和聘期考核，考核方式为工作实绩和群众满意度量化积分考核，不少地方开始探索将考核结果与续聘、奖惩、培养、使用等挂钩的方式方法。比如，江西省贵溪市推行了大学生村官成长积分制度，考核大学生村官的实绩、实践、学习、民意等工作成效。重庆市丰都县建立了大学生村官成长成才心理档案，促进大学生村官心理健康成长。河北省新乐市坚持定量考核和定性考核相结合，使得考核更加客观公正。此外，各地开始探索大学生村官自我管理的方式方法，有效激励大学生村官的自我发展。比如，福建省泉州市洛江区建立了大学生村官实绩公示制度，激励大学生村官的自我成长和自我教育。江西省宜春市建立了大学生村官联合会，大学生村官自行制定了章程和自我管理制度，有效调动了大学生村官自我管理的积极性和主动性。江西省上饶县建立了大学生村官协会，通过成立学习小组定期开展组织生活、学习讨论，促进了资源共享和信息沟通。

（四）保障激励

保障激励是大学生村官工作的重要环节，得到了中央的高度重视。其中，享有一定的福利待遇和工作激励是大学生村官成长成才的物质基础和必要条件，是稳定大学生村官队伍、推进大学生村官事业发展的重要条件。大学生村官工作开展以来，中央与各省、市地方出台了一系列有关大学生村官的保障激励措施，并逐渐规范化、制度化，有力地推动了大学生村官工作的进展。

中央于2008年出台的《关于选聘高校毕业生到村任职工作的意见（试行）》明确了大学生村官的保障激励措施，提出比照本地乡镇新录用公务员试用期满后工资收入水平确定大学生村官的工作、生活补贴标准，为大学生村官办理社会保险、养老社会保险、医疗保险、人身意外伤害商业保险。2009年出台的《关于建立选聘高校毕业生到村任职工作长效机制的意见》中专门提出建立大学生村官配套保障制度，具体包括落实工作生活补贴、社会保险、学费补偿和代偿、提供工作生活基本条件。从2011年起，中央财政补助西部地区大学生村官的标准提高到人均每年2万元，中部地区人均每年1.5万元，东部地区人均每年0.8万元，不足部分由地方财政承担。2012年中组部发布的《关于进一步加强大学生村官工作的意见》专门规定按时足额发放大学生村官工作、生活补贴，建立正常增长机制，探索建立大学生村官绩效考核奖励制度，健全和落实大学生村官社会保险和重大疾病、人身意外伤害保险以及学费补偿、助学贷款财政代偿等相关配套保障制度，进一步提高财政补助标准。

目前，各级财政能够按时足额发放大学生村官工作、生活补贴，对于新聘任大学生村官补贴标准,各地比照乡镇新录用公务员试用期满后工资收入水平确定,并随之同步提高。各地在实践中还积极探索建立大学生村官社会保障体系,形成了更为细化的保障激励措施,有效促进了大学生村官工作的开展。① 各地还注重将考核结果和补贴挂钩,实行绩效奖励。此外,各地还开展多种形式的表彰激励活动,一批具有典型示范作用的大学生村官不断涌现,使得社会对大学生村官的关注度和认可度不断增加,为大学生村官成长成才创造了良好的外部环境和氛围。

(五) 期满分流

在期满分流方面,有关部门高度重视,建立健全了组织引导、市场配置、双向选择的工作机制和择优推荐制度。中央和地方组织部门不断加大从大学生村官中定向招录公务员的力度,择优从大学生村官中直接选拔党政机关领导干部。各地逐步摸索出了独具特色的大学生村官期满流动的工作模式,有效拓展了大学生村官期满分流的路径。比如,重庆市规定大学生村官任职期满后经考核合格可以直接聘用为公务员;海南省在2011年招考公告中规定,大学生村官期满后经组织考核合格,可以直接录用为本县(市、区)乡镇公务员;甘肃省规定大学生村官任期满三年,考核合格,即可转为事业编制;江苏省于2015年出台政策选拔大学生村官纳入选调生培养管理。

四、大学生村官的公共服务平台相继建立

随着《大学生村官报》、大学生村官网、大学生村官培训网、全国大学生村官论坛等媒体和组织的建立与完善,大学生村官公共服务平台逐步形成,为大学生村官工作提供了强有力的社会支持。

由中共中央组织部提议创办并委托江苏省负责主办的《大学生村官报》于2011年4月15日在南京正式创刊,该报及时反映工作动态,宣传先进典型,成为大学生村官工作的宣传阵地和大学生村官成长的精神家园。由《大学生村官报》打造的大学生村官网,集新闻、互动、培训多功能为一体,为大学生村官获

---

① 比如,2012年北京市出台了《关于调整北京市大学生村官工资待遇政策的通知》,明确规定为大学生村官发放社会保险、住房公积金、独生子女费等;重庆市在《2015年重庆市选聘大学生村官工作简章》中规定,聘任期间,大学生村官所在区县统一办理人身意外伤害保险、住院医疗保险等七项保险,保险费用为每人每年200元。湖北省在《2015年湖北省大学生村官选聘工作公告》中规定,应为大学生村官办理养老、医疗、人身意外伤害三项保险。福建省规定大学生村官每人享受350元的人身意外伤害保险、住院医疗保险和每人每年500元的交通补贴。

取信息、交流经验、自我管理搭建了新平台。由《大学生村官报》和国家行政学院音像出版社联合主办的大学生村官培训网于 2015 年上线运行，提供各类课程 2 300 多门，目前已有 3 万余名大学生村官参与了学习。由中国村社发展促进会编著的《大学生村官发展报告》自 2009 年开始分年度发布关于大学生村官的理论研究、调查报告、重要工作、经验交流等。由中国村社发展促进会、中国农业大学、中国农业出版社、《农民日报》主办的大学生村官论坛自 2007 年开始已连续举办九届，通过专题报告会、座谈会、参观访问、联谊活动等形式多样的活动，为全国大学生村官提供了学习和交流的平台。2015 年，中国村社发展促进会大学生村官创业工作委员会（又称"全国大学生村官创业联盟"）成立，为大学生村官分享创业经验、交流创业心得提供了崭新的平台。

第二节 大学生村官成长成才机制运行的成效和经验

　　大学生村官政策经历了自发探索、全面试验、战略推进、稳步提高等几个主要阶段，从其发展轨迹可以看出，大学生村官工作逐步完成了从地方探索到中央统抓、从注重数量到注重质量、从注重管理到注重培养、从注重眼前到注重长远的重要转变。如果说大学生村官政策实施的初期还与大学扩招、大学生就业难有一定关联，那么在实施的过程中，其战略意义早已超出了这一局限。大学生村官工作取得了显著成效，不仅体现在经济效益上，还产生了巨大的社会效益。

一、主要成效

（一）大学生村官带领村民创业致富，有效推动了农村经济的发展

　　长期以来，我国城乡资源配置严重失衡，优秀人才不断向城市富集，农村面临农业技术人才缺乏、人才老化严重等难题。大学生村官为农村注入了新鲜血液和发展活力，在一定程度上缓解了我国农村人才匮乏的现状。大学生村官作为一批有理想、有抱负、有朝气的高校毕业生，大部分都具备干事创业的热情和抱负，他们充分发挥自身观念、知识、信息等方面的优势，把新观念、新思路、新知识和新技术带到农村，带领村民创新创业，为农业生产现代化和农村脱贫致富做出了贡献。虽然全国各地的自然条件和经济社会发展的程度有很大区别，但大学生村官们克服了各种困难，努力将自身专业特长和地域产业特点有效结合起

来,"做给农民看、带着农民干、帮着农民富",带领村民创业致富。大学生村官根据本地的实际情况,积极推广农业新品种和新技术,成立专业生产合作社,组织村民开展农作物和经济作物的种植和猪、羊、鸡等家畜家禽的养殖;因地制宜地带领村民开展乡村旅游产业;利用互联网销售本村农副产品,开拓农产品的市场渠道,带动了农村的经济发展。截至 2015 年底,全国参与创业富民的大学生村官达到 1.5 万人,领办创办专业合作社 2 686 个、致富项目 1.1 万个,为农民群众提供就业岗位 15.2 万个。①

尤其在当前,我国正推进"精准化扶贫"的发展战略,这不仅是党中央在新形势下的战略部署,而且是当今有志青年的历史使命。大学生村官带领村民创业致富的过程,不仅为大学生村官实现个人价值提供了舞台,而且缓解了我国农村地区高素质人才稀缺的难题,促进了我国农村的经济发展。虽然农村基层扶贫工作千头万绪,工作难度大、任务重,但大学生村官心系民众、敢于担当、乐于奉献,以对群众高度负责的态度认真贯彻落实中央精准扶贫的战略措施,包括经常性走访入户、撰文建档、联系项目,创造性地开展各种繁杂具体的扶贫工作。

比如安徽亳州谯城区大学生村官开展的"暖冬行动"是在谯城区推进精准扶贫的大背景下开展的一项扶贫帮困志愿行动,活动通过精准帮扶,实现广大农村贫困群众的新年"微心愿",有针对性地解决贫困群众当前在生产生活中遇到的实际困难。再比如陕西省镇安大学生村官联合社区工作者在有关管理部门的支持和帮助下,于 2014 年成立了镇安朝阳志愿者协会,开展爱心公益活动,不仅为贫困村民提供各项志愿服务,而且开展贫困山区儿童早教示范活动,取得了良好效果,得到了中央财政支持。同时,在创新创业的新态势下,全国各地出台了鼓励大学生村官创新创业的相关政策和文件,各地管理部门通过建立创业基地、安排创业导师、发放创业基金等方式为大学生村官创业提供良好的服务保障。不少大学生村官具备强烈的创业意愿,他们努力将自身专业特长和地域产业特点有效结合起来,把发展农业项目、开展创新创业作为基层扶贫工作的重要途径。比如山西省大学生村官张新苗,从 9 年前青涩的"大学生村官",到"山西最美村官",再到"全省优秀共产党员",他以所在村落为自己干事创业的平台,结合当地农业发展特点,探索了一条"公司+合作社+基地+农户+社区"的创业新模式,不仅带动当地群众致富,有效推动了基层农村的扶贫工作,而且助推了自身的成长成才,在扎根农村大地、艰苦创业无私奉献的过程中实现了人生价值。

---

① 《权威发布:村官工作数据"一口清"》,中国青年网,2017 年 3 月 24 日,http://cunguan.youth.cn/cgxw/201703/t20170324_9340284.htm。

（二）大学生村官为农村基层政权建设注入了活力，促进了农村治理水平的现代化

大学生村官在任职期间，以村党支部书记助理和村委会主任助理的身份，直接参与农村基层组织的各项工作，改善了村两委成员的知识和年龄结构，成为活跃在农村一线的生力军。

大学生村官普遍具有较为坚实的马克思主义理论基础，具有强烈的责任感和使命感，对党和政府的各项政策和文件有良好的理解力和执行力。在推行村民自治制度，农村党务、村务、财务"三公开"制度，村"两委"议事制度等民主管理制度中，大学生村官发挥了积极作用。还有不少大学生村官向村民普及法律知识，引导帮助村民运用法律手段维护自身合法权益，积极参与农村的民主管理，提高了村民的民主法制意识。

大学生村官在推动农村党建工作方面也发挥了积极作用。例如陕西省大学生村官积极参与"互联网+党建""手机+党支部""支部+X+贫困户"等党建工作，还利用信息化手段打造了"360°"学习教育服务平台，使在职党员与流动党员实现了网上在线互动交流，做到了党员学习教育全覆盖，提高了农村党员的思想觉悟。

大学生村官在村两委的工作中，充分发挥自身文化水平高、文字功底好、网络技能强的优势，提高了村委会和村党支部办公自动化水平，促进了农村基层管理的规范化和科学化。截至2015年底，6.7万名大学生村官进入村"两委"班子，其中担任村党支部书记的有5 748人，担任村委会主任的有1 667人，真正成为农村发展的当家人。

（三）为村民办实事，推动乡村文明建设

由于各种原因，我国农村长期处于相对闭塞的状态，大学生村官具备独特的人才优势，他们的到来，为农村公共服务、文化教育的改善和乡村文明建设的推动起到了积极作用。

大学生村官心系民众，在深入调查的基础上，找出本村急需解决的问题，筹集资金整修道路、安装路灯、清洁环境，改善了村民的生活条件，村子的面貌发生了变化。大学生村官结合自身专业特长，向农民宣讲党的方针政策，传播先进文化和价值理念，宣传健康的生活方式。他们组织村民开展文化娱乐活动，通过政策宣讲、创办书屋、播放电影、成立艺术团、发掘保护农村非物质文化遗产等方式，为农村搭建文化舞台，丰富了农村的精神文化生活，促进了农民思想观念

的更新。不少地区的大学生村官还自发地组织起来，开展志愿服务活动，为孤寡老人和留守儿童办实事，为有需要的群众提供电脑服务、农村家教等，受到村民的热烈欢迎。

（四）促进了青年大学生的成长成才，为党政干部队伍和各行各业输送了大批优秀人才

基层一线的锻炼是青年知识分子成长成才的必由之路。相对艰苦的乡村生存状态、以宗族等复杂联系方式形成的社会关系、乡村特有的政治生态，都对大学生村官的成长成才形成挑战。相对于其他途径，农村基层的锻炼的确更为艰苦，但正是在艰苦的磨炼中，大学生村官内在素质的优化、基层工作经验的积累，以及对国情民情的了解才会更有成效。因此，这是一条青年人才成长的客观规律。调查数据显示，大学生村官通过农村基层锻炼，在人际沟通能力、性格成熟、思想觉悟提高以及工作能力等方面都有明显提升。从一个刚出校门的大学生，成长为"站起来能说，坐下来会写，到村里能开展工作"的大学生村官，很多大学生村官都认为这一段经历收获巨大，"带领村民创业的艰辛用言语无法表述，但会成为自己一生的财富""鞋子上有多少泥，就收获多少真情"，这就是大学生村官的真实感受。在访谈调查中我们发现，用人单位普遍欢迎大学生村官，认为他们历经基层锻炼，积累了经验，磨炼了意志，在踏实勤勉、吃苦耐劳、沟通协调、学习思考等方面展现出了更为优秀的素质和能力。

在基层农村历练中成长起来的优秀大学生村官积极通过换届选举或公开选拔进入基层党政队伍，成为党政干部队伍的源头活水，更新了队伍结构，激发了干部活力，形成了中国特色青年领导人才的培养链。截至2015年底，大学生村官进入乡镇领导班子4 778人、县直部门领导班子756人，其中正职90人。大学生村官工作还为各行各业输送了一批优秀人才。历经基层锻炼的大学生村官在踏实勤勉、吃苦耐劳、沟通协调等方面展现出了更优秀的品质，受到了企事业等用人单位的肯定和欢迎。截至2016年底，全国大学生村官累计流动37.2万人，其中进入公务员队伍13.6万人，占36.5%；进入事业单位11.7万人，占31.5%；自主创业3.3万人，占8.8%；另行择业8.3万人（其中，进入国有企业或金融机构2.1万人），占22.4%；考取研究生2 984人，占0.8%。[1]

---

[1] 《权威发布：村官工作数据"一口清"》，中国青年网，2017年3月24日，http://cunguan.youth.cn/cgxw/201703/t20170324_9340284.htm。

（五）创新了引导人才到基层服务的工作机制

长期以来，大学生毕业后能否留在大城市、进入大机关已成为衡量大学生是否成功的标准，而面向农村基层的选择还没有被社会所普遍接受，而我国广大农村和基层的发展又迫切需要一大批具有现代知识和思维方式的青年人才。因此，吸引人才到边远地区和农村基层就业，一直是我国人才工作要突破的重点和难点。

为了解决这一矛盾，推进我国农村和农业现代化进程，大学生村官工作成为引导高校毕业生到基层农村的人才战略工程，具有重要的现实意义和深远的历史意义。在不断探索中，大学生村官工作通过吸引优秀人才的入口定位、多元流动的发展定位、解除后顾之忧的保障定位等方面的制度设计和配套措施，先后吸引了数十万青年大学生参与其中，覆盖了全国 31 个省区市，既为新农村建设提供了生力军，又使青年人才得到了锻炼，成为我国人才队伍的优秀后备力量。这是改革开放以来最大规模的青年大学生到农村最基层的行动，因而引起全社会的广泛关注。大学生村官工作稳步推进的显著成效和成功经验，不但创新了引导高校毕业生到基层服务的工作机制，而且产生了鲜明的品牌效应，对于我国其他领域吸引人才到基层工作具有重要而积极的导向和示范作用。

（六）赢得了群众的广泛认可，产生了积极的社会影响

大学生村官在推动农村的经济发展、促进农村精神文化建设等方面做了大量工作，不但取得了显著成效，而且赢得了群众的欢迎和认可。在访谈中，村干部和村民对大学生村官频率最高的 8 个评价词依次为"态度好""吃苦耐劳""责任心强""亲民""愿意付出""工作踏实""老实能干""有经济头脑"。不少村民表示："我们老百姓对村官是非常欢迎的，农村还是需要大学生村官的，希望政策更科学更完善，让他们沉下来，做得好的要能升上去。"近年来，大学生村官在服务基层、服务群众的农村大舞台得到锻炼成长，在"中国青年五四奖章""感动中国年度人物""中国好人榜"等国家级的奖励和表彰活动中，都有大学生村官入选。2012 年 11 月，4 名优秀大学生村官作为全国党代表参加了党的十八大会议；2013 年 3 月，11 名大学生村官当选第十二届全国人大代表并参会。2016 年，全国当选各级党代表、人大代表、政协委员的大学生村官共 1 926 人，其中，省级以上"两代表一委员"47 人，市级 187 人，县级 1 692 人。① 这都反

---

① 《权威发布：村官工作数据"一口清"》，中国青年网，2017 年 3 月 24 日，http：//cunguan.youth.cn/cgxw/201703/t20170324_9340284.htm.

映出大学生村官已经树立起良好的社会形象，得到越来越多的赞扬与认同。

优秀大学生村官集中体现了当代年轻人的优秀品质和良好精神风貌，是社会主义核心价值观的生动诠释和社会正能量的体现。大学生村官的成长成才状况不仅关系着自身价值的实现，而且对全国 2 000 多万在校大学生以至于全社会都具有当下和长远的示范意义和辐射作用，激发大学毕业生和其他各类人才立足基层、脚踏实地、谋求发展的就业创业取向。大学生村官成长成才的成功经验，也呼唤着高校在人才培养理念和模式上的改革，促使高等教育更加注重社会需求，更加注重理论与实践的结合。

二、主要经验

在党和政府的高度重视下，大学生村官工作稳步推进，大学生村官成长成才机制行之有效，积累了丰富的经验。

（一）各级领导的高度重视是做好大学生村官工作的根本保证

大学生村官这一新生事物，从一诞生就得到党和政府的高度重视，这为做好大学生村官工作提供了根本保证。

大学生村官是新时期我国人才队伍的重要组成部分，早在 2008 年 12 月 22 日习近平同志主持召开大学生村官代表座谈时，就以战略眼光指出："大学生村官是加强党的基层组织建设和推进社会主义新农村建设的重要力量，也是党政机关培养和储备来自工农一线后备人才的重要来源。"从 2010 年至今，习近平总书记通过给大学生村官代表复信、接见大学生村官代表等方式，多次关注到了大学生村官成长成才的各个环节，从资金保障、培养培训、管理考核，再到大学生村官中优秀典型的宣传，以至大学生村官的婚恋，这不但充分体现了习近平总书记对大学生村官的殷切期望，而且体现出构建大学生村官工作长效机制的系统性要求。只有这样，才能使大学生村官下得去、待得住、干得好、流得动，逐步形成一支规模适度、结构合理、素质优良、充满活力的大学生村官队伍。

中央各部委的领导同志都高度重视并亲自过问大学生村官工作，保证了各项工作的落实。中组部单独发文 8 次，联合其他部门发文 12 次，对全国大学生村官工作起到了重要的推动和指导作用。各省区市也把大学生村官作为一项具有战略意义的重要工作，认真加以落实。各级领导通过参加大学生村官的培训、走访、慰问等多种方式表达了对大学生村官的关心和爱护。

（二）健全高效的工作体制和运行机制是做好大学生村官工作的关键

大学生村官工作是一项复杂的系统工程，每一项具体工作都涉及不同的部门、不同的层级。同时大学生村官成长成才过程又具有阶段衔接和角色变换的特征，其管理工作实质上是在不同时段对不同角色的动态性调度。如果没有一个有效的工作体制和运行机制，就很容易使大学生村官工作出现碎片化和工作链条的断裂。只有形成有效顺畅的沟通互动与配合，才能形成工作的合力，达到工作的预期目标。

大学生村官工作开展伊始，就根据实际需要，确立了由中组部牵头并主要负责、有关部委协同配合，地方各级组织、人社部门层层负责的工作体制和运行机制。在中央的宏观引导下，各地主动作为，建立健全各项管理体制和机制，同时也不断创新大学生村官政策更优化的发展路径。同时，村官政策在各地具体落实中遇到的困境和问题，也促使中央决策层不断检视、反思、完善现有政策。中央的宏观引导作用主要体现在对大学生村官工作的整体规划上，具体包括对农村人力资源状况的掌握，对大学生村官社会需求岗位、大学生村官供给、大学生村官期满分流的预测、计划、指导和服务。地方的积极探索主要体现在根据中央精神，结合本地情况，制定具体化的政策和措施，为大学生村官搭建干事创业的平台，保证中央精神得到贯彻执行。随着大学生村官工作的不断深入，这一工作体制和运行机制不断得到充实和完善。

目前，大学生村官工作已经形成了一套中央引导与地方探索相结合的分工明确、协调有序、科学规范的上下联动机制，有力地推动了大学生村官工作的有序、稳定运行。各个主体既各负其责，又相互配合，每一项工作和每一个环节都能落到实处。这一机制成为大学生村官工作能够不断创新发展、始终良性运行、持续发挥积极作用的关键所在，也是大学生村官工作经过多年实践总结摸索出的重要经验。

（三）坚持与时俱进、不断创新是大学生村官工作发展的动力

20多年来，从中央到地方各级组织不断总结大学生村官工作中的新情况、新问题，实现了工作目标、工作内容和工作方法的创新，推动了大学生村官工作健康发展。

大学生村官工作的目标不断凝练深化。2008年相关文件把大学生村官的目标定位于"新农村建设带头人"和"党政干部后备人才"，2009年以后将"新农村建设带头人"更改为"新农村建设骨干力量"，2012年又增加了"各行各业优秀人才"这一目标定位，充分体现了对大学生村官工作特征和规律的深刻认识，

中央对大学生村官的目标定位越来越科学合理。

大学生村官工作的内容不断丰富。随着实践的发展，大学生村官工作从注重数量积累到注重质量提升，从重视人才使用到使用与培养并重，从侧重任期成长到着眼于长远发展，在原有的选聘、使用、考核、分流等环节的基础上，开始重视系统培养、精神激励、自我管理、人才群体结构优化等人才成长深层次的需要，形成了更为丰富的工作内容。

大学生村官工作的方法不断创新。随着大学生村官工作的深入推进，各级组织部门重视总结实践经验，不断改进工作方法，建立了大学生村官工作的长效机制。目前，大学生村官工作注重发挥各种现代化传播手段的优势，将线上和线下培训相结合；注重发挥合力作用，将物质激励和精神激励相结合，促进了大学生村官的茁壮成长。

总之，大学生村官工作是一项前所未有的开创性工作，坚持与时俱进、不断创新不仅是大学生村官工作适应新形势的迫切需要，而且是提高大学生村官工作科学化水平的必然要求，更是大学生村官工作不断向前推进的动力源泉。这成为大学生村官工作持续、有效推进的一条重要经验。

（四）促进大学生村官成长成才是大学生村官工作的着力点

大学生村官是国家宝贵的人才资源，他们的成长成才关系到大学生村官工作的战略意义能否得到充分体现。在实践中，虽然大学生村官工作千头万绪，但各有关部门始终把促进大学生村官成长成才作为工作的着力点，从而保证了大学生村官工作健康发展，树立了良好的社会形象，并得到越来越多大学生的青睐。

大学生村官工作在深化发展中，紧紧围绕大学生村官的成长成才，从大学生村官的尊严、权利、需要和发展出发，通过制定政策和开展各项工作，最大限度地激发和释放大学生村官创新创业活力，为大学生村官各尽其能、各展其长、各得其所创造条件。大学生村官工作在实践中注重将新农村建设需求与大学生村官发展相结合，发挥大学生村官有理想、有抱负、有朝气，又具有知识、信息、思维等方面的独特优势，通过工作机制的不断优化，为大学生村官干事创业打造平台，提供社会支持，大学生村官的综合素质和能力快速提升，逐步实现了"要我去农村"到"我要去农村"的思想转变，一批又一批优秀的青年大学生开始抓住在农村锻炼的大好机会，形成了在基层实践中锻炼成才的自觉意识。

大学生村官的成长成才是一个动态衔接的发展过程，2~3年的有限任期要经历适应期、参与期、稳定期、分流期四个阶段，完成从校园到田园、又从田园到社会的衔接。近年来，各项大学生村官政策与措施的出台，都坚持从实际出发，具体问题具体分析，增强针对性、精准性，体现出大学生村官的特点与实际需求。为帮助大学生村官尽快适应农村的生活和工作环境，完成角色的转变，从中央到地方的各级组织满怀真情，为大学生村官提供指导、支持和服务。陕西省省委组织部提出，要把大学生村官"当成自家孩子来关爱，当成优秀人才来服务，作为后备干部来培养"。很多地区都建立了帮扶联系制度，定期与大学生村官谈心谈话，了解和把握大学生村官在不同时期的生活、工作状况和诉求，及时为他们排忧解难。这些工作不但提高了大学生村官培养和管理的科学性，而且使得大学生村官与各级管理者结下了深厚的友情，也涌现出一大批优秀的大学生村官管理干部。

正是由于大学生村官工作从制度设计到具体运行，都遵循大学生村官成长成才的规律，始终坚持以促进大学生村官成长成才为着力点，才最大限度地调动了大学生村官的积极性和创造性，在新农村建设中释放出了青年人才的巨大能量。

第三节 大学生村官成长成才机制运行的主要问题及原因

一、主要问题

任何一个新事物的成长都会遇到诸多困难与问题，大学生村官也不例外。虽然这些问题是发展中的问题，但如果不能得到有效解决，势必影响大学生村官成长成才机制的可持续发展。目前，大学生村官成长成才机制运行存在的主要问题主要体现在"五个差距"上。

（一）大学生村官工作的战略地位与运行模式之间存在差距

大学生村官计划是国家基于人才战略目标而制定的一项重大决策。因此，大学生村官成长成才机制中不但应在顶层设计上达成共识，能够在把握现状的基础上做出具有战略性、前瞻性的工作规划，而且需要有强有力的运行模式来保障实施。

然而，目前大学生村官计划的运行依据主要源自中央和地方发布的"意见""通告""实施方案"等政策性文件。这说明我国大学生村官工作的运行基本上还是依赖于政策驱动的模式。虽然这些政策性文件发挥了重要作用，但其刚性不足、稳定性和系统性较差，导致大学生村官工作容易被当成一种"应景工程"或"政绩工程"，出现盲目性和临时性，难以建立长效机制。调研中不少地方管理部门认为大学生村官工作的发展走向不清晰，社会对大学生村官政策的实施效果、成本效益、未来发展等也存有疑虑，这与政策驱动型模式也不无关系。实践中侵害大学生村官合法权益、漠视大学生村官成才需求的事例时有发生，但相关立法仍处于缺失状态，司法救济渠道不畅。这些因素构成了大学生村官工作的潜在风险，因此必须立足于长远，改变单纯依靠政策驱动的模式，走法治化道路，为大学生村官工作提供最有力的保障。

（二）大学生村官素质能力与岗位需求之间存在差距

调研显示，大学生村官的整体素质是好的，特别是在专业知识、政策理解力、执行力等方面有明显的优势。大学生村官绝大多数都有着强烈的成才意愿和长远的个人发展眼界，在他们当中蕴藏着巨大的潜能。但与村官的岗位需求相比，仍存在素质能力方面的不足。在调研中，基层干部认为，村官能力素质上的不足体现在缺乏工作经验、缺乏对农村事务的了解、缺乏解决实际问题的能力、不善于与基层村民沟通等。而大学生村官认为自身存在的主要不足表现在创新创业能力、农村事务管理、涉农政策、沟通技能、职业生涯规划、心理素质等方面。由此可见，大学生村官的素质能力具有极大的可塑性，发展潜力大，在有利的条件下通过基层实践、教育培训等途径，可以有效优化提升，尽快缩小与岗位需求之间的差距。

（三）大学生村官成才动机与作用发挥之间存在差距

调查显示，大学生村官的任职动机，一是积累基层工作经验，二是培养个人能力，三是缓冲就业压力。这表明，大学生村官多数是有着强烈的成才意愿和长远的个人发展眼界。大学生村官制度实施以来，政府部门、高校、村两委等都投入了大量的人力、物力和财力，大学生村官自身也积极努力。但从实际工作效果来看，大学生村官的潜能还没有得到充分发挥，存在人才使用效率低、人才资源浪费的现象。具体表现在：在村官管理层面，重选聘轻培养、重使用轻管理等情况依然存在。数据显示，近七成（69.9%）的大学生村官每年能接受到的培训次数为2次或以下。甚至有34.9%的大学生村官除了入职培训之外，几乎没有接受过任何培训。近50%的大学生村官认为考核机制有待完善，考核不规范，指标不具体，难以发挥激励作用。在人才使用层面，部分大学生村官存在被借调或被"边缘化"现象，没有充分发挥"村官"职能，造成人才使用错位或人才效能偏差。调查显示，任职期间大学生村官曾被借调到乡镇的占65.3%，43%的大学生村官认为自己提出的建议很少被村两委采纳。

人才学的研究表明，人才使用效率的高低是人才潜能发挥程度的表征，与工作环境、工作成就满足感、人际关系、工资待遇、发展空间等因素密切相关。目前存在的制约人才潜能发挥的因素主要集中在管理体制和机制方面,迫切需要创新大学生村官的管理体制和机制,促进大学生村官潜力的充分发挥,提高使用效率。

(四)大学生村官政策设计与实施效果之间存在差距

尽管现行政策在吸引优秀人才的入口定位、多元流动的发展定位、村级组织特设岗位的角色定位等方面做了很好的设计,但在执行效果却与大学生村官自身的期望、政策预期目标存在着不小的差距,在一定程度上削弱了大学生村官政策的吸引力和影响力。

首先,存在培源工程与有限吸引力之间的矛盾。大学生村官计划在选聘入口上的设计初衷是吸引优秀大学生到农村锻炼,助力新农村建设,是为党政人才队伍建设等提供后备力量的培源工程。但调研表明,在高校中,大学生普遍认为选调生项目优于大学生村官计划,特别是对属于国家优质教育资源的名校、重点高校毕业生吸引力不够大。从大学生村官毕业院校的分布构成上可以看出,二本院校毕业生比例最高,占44.20%,其次是专科生,一本院校和211院校的本科生比例仅为12.7%和10.6%。

其次,存在多元流动与"公务员情结"之间的矛盾。现行政策为期满大学生村官规划了多条发展出路,以促成期满后村官的多元有序流动。但调研表明,大学生村官所期待的职业发展方向呈集中趋势,有63.6%的大学生村官打算考取公务员,选择去事业单位的为17.1%,选择其他去向的不到10%。这表明,大学生村官相对单一的发展规划与大学生村官政策中多元流动的预期愿景有一定的差距。出路问题仍然是相当一部分大学生村官的主要忧虑。

最后,存在村级特设岗位与"身份迷思"之间的矛盾。现有的制度设计将大学生村官设定为"村级组织特设岗位"的志愿者,这一定位看似明确却仍未彻底解决大学生村官的身份问题。他们以何种身份参与村务管理?如何与村民自治组织的选举、社会保障、未来职业发展相协调?在访谈中发现,相当一部分大学生村官对其村级组织特设岗位的定位不理解、不接受,为自身没有编制且不确定的身份而感到尴尬。这一模糊定位成为影响大学生村官成长成才的核心症结所在。期满后个人发展的诸多不确定性,也造成部分大学生村官在岗心态不稳和对待遇等问题的不满。任职期间不少大学生村官一心备考公务员,无心在基层脚踏实地工作,难以在工作岗位上做出成绩。由此,明确大学生村官的法律地位和法律关系,找准大学生村官的角色定位,是大学生村官制度设计中必须面对与解决的核心问题。

近年来，随着大学生村官工作的不断完善，尤其是选聘标准逐步优化，一批又一批优秀大学生进入大学生村官队伍当中，大学生村官政策的吸引力得以提升。2015 年底，全国在岗大学生村官总数已从 2013 年底的 22.1 万人调减到 13.8 万人，在岗大学生村官中，本科以上学历、党员、学生干部分别占 83.3%、71.8%、32%，较 2015 年之前分别提高了 7 个、10.1 个、5.5 个百分点。[①] 但是，为了使大学生村官工作的战略意义得到更加充分的发挥，还有必要继续采取措施，提升政策的吸引力。

（五）家庭、村落、政府的支持与社会舆论支持之间存在差距

社会支持指人们从社会中所得到的来自他人的各种帮助。大学生村官刚刚步入条件相对艰苦的农村，迫切需要外力的支持助推其成长成才。调查显示，八成以上大学生村官的父母对于子女选择村官岗位表示不同程度的支持，62% 的大学生村官认为村落基层组织对村官工作重视和支持，64% 的大学生村官对政府及相关部门为其设置的政策条件和制度条件表示满意或比较满意。这些因素都对大学生村官的成长成才产生了积极的促进作用。

然而，大学生村官虽然有来自于政府的制度支持，也有来自于家庭、村落的不同程度的支持，但情感支持相对欠缺。大部分村官任职后感觉自然环境、工作环境、生活环境都比预期要好，但农村文化娱乐活动的单一与自身的期待反差最大。同时，调查显示，社会舆论的压力成为大学生村官任职期间遇到的最大困难，大学生村官对媒体宣传的感受一般。

大学生村官群体作为刚从高校毕业的青年人，不仅需要物质上的支持和保障，更需要精神文化层面的支撑。长期以来，大学毕业后能否留在大城市、进入大机关已成为衡量大学生是否成功的标准，而对于面向农村基层的选择还没有被社会所普遍接受，这种传统观念及其他社会影响也对大学生村官造成了心理压力。

二、原因分析

大学生村官成长成才机制运行中出现的问题与不足，是多种因素造成的，既有机制内部构成要素的缺失或联结方式上的原因，也有某些因素自身的影响，既有大学生村官主体的因素，也有成才环境中某些因素的影响。对原因的分析有助于我们从问题根源上思考如何修正、完善目前的机制，使对策建议的提出更具针对性。

[①] 《权威发布：村官工作数据"一口清"》，中国青年网，2017 年 3 月 24 日，http://cunguan.youth.cn/cgxw/201703/t20170324_9340284.htm.

（一）人才战略意识不强

大学生村官成长成才机制的战略意义集中体现在对人才的成就和培养上：首先，有利于培养党政干部队伍后备人才，对基层干部的素质提高和结构更新、建设高层次党政干部队伍意义重大；其次，能够为社会主义新农村建设培养大批骨干力量；最后，是培养锻炼青年人才的一种重要途径，是向各行各业输送优秀人才的源头活水。这与中央将大学生村官工作作为一项长远战略决策的初衷是一致的。而目前部分管理人员将大学生村官视为一种单向度的"经济人""工具人"，而不是作为主体的一种"社会人""复杂人"，从而忽视大学生村官的成长需求和个性发展，对大学生村官轻培养、重使用，服务态度淡漠。按照马斯洛的需求层次理论，只有满足人的从低到高的各种复杂而有层次的需求，人才能获得行为的动力基础和精神源泉。对大学生村官而言，只有从培养人才、成就人才的高度认识成才机制的战略意义，将工作理念从目前单纯将大学生村官作为一种管理对象的"工具性管理"理念，转变到重视村官成长需求的"需求性管理"上来，将大学生村官视为成才主体给予其更多人性化关爱，着眼并合理满足大学生村官的成长需求，在基层实践中科学管理、合理使用，才能激发大学生村官的创造热情和活力，实现推动农村建设和实现村官成长成才的双重目标。

（二）政策设计执行缺陷

大学生村官成长成才机制运行中出现的一些问题部分源于政策设计上和执行上的不足，如政策缺位、政策模糊、政策执行偏差等。政策缺位指的是对村官成才过程中的一些重要问题，没有相应的政策予以调整。如对于大学生村官权益保障，现有政策很少涉及；村官的激励制度和社会保险等，现有政策也不够完善。政策模糊是指政策在目标、定性、方式等方面的规定导致多重理解，从而产生争议，影响执行。如目前大学生村官政策具有推动新农村建设、培养锻炼年轻党政干部、引导就业趋向等多重目标，不同政策主体对此理解不同，关注点和着力点亦不相同，决策层重点关注其在培养人才方面的战略意义，基层干部会倾向于将其理解成一种缓解就业压力的举措。另外，很多大学生村官认为现行政策中关于选拔提干等优惠政策中的"优先录用""政治素质好""实绩突出""群众公认"等措施不够明确，在具体执行时易生争议。政策执行偏差即已有政策在实际中没有得到落实，仍停留在纸面上，或者没有得到忠于政策初衷的执行，未发挥出对实践应有的指导和规范作用。如不少地区为鼓励村官创业富民，出台了村官创业优惠扶持政策，但由于缺乏后期宣传等原因，导致政府与村官之间信息的不对称，很多大学生村官创业者对于创业有何优惠、如何申请、去哪个部门办理等信息不清楚。再如，国家对大学生村官政策寄予厚望，不断出台完善相应的政策制度，但仍有部分地区和一些基层干部对到村任职的大学生持怀疑态度，对村官的教育培养不够，管理松散，为大学生村官融入农村环境增加了难度。

(三) 法治建设薄弱

一种机制的长效稳定运行，离不开法治的保障。大学生村官成长成才机制亦如此，目前机制运行中的很多问题可归因于立法的缺失。

表现之一：虽然大学生村官工作开展已有20年，仍有不少声音对该工作是否利大于弊、是否可以持续发展下去等问题提出质疑。多年来，该项工作的启动和推广，主要是采取由行政力量主导的"政策驱动"模式，很多方面带有运动化特征。[①] 在这种模式下，中央及政府能够在短期内最大限度地动员行政管理资源开展工作，短时间内快速达成目标。但因所动员的资源不能长期持续，运动时间越长，成本越高。通过建立完善立法，既能够以法律形式对大学生村官的长远规划和战略意义予以规定，明确政策的发展导向，减少不确定性，消除疑虑，又可以使村官成才机制运行已取得的成效、形成的成熟经验及时通过立法加以巩固，以回应对村官工作的质疑。

表现之二：虽然一再强调大学生村官的主体地位，但实际工作中对村官的保护未见显著成效，基本权益也没有得到有效保障。选聘到村的大学生虽然是宝贵的人才资源，但在陌生的基层环境中仍是弱势群体，其基本权益的保护和救助需要法治的保护。此外，大学生村官所享受的待遇及优惠政策，是对社会利益的一种重新分配。调研发现，部分村干部等利益群体对此感到某种程度的不平衡，加之对政策目标的理解偏差，导致实际生活中侵害大学生村官权益、漠视大学生村官成才需求的事例时有发生。没有完善的立法，就不能确保利益重新分配后格局的平衡和稳定。

(四) 大学生村官自身的原因

大学生村官自身存在的不足也是影响成长成才机制有效运行的重要原因之一。主要有三：一是毕业大学生的专业技能与农村实际需求有差距，在村官选聘环节，专业技能的可适性并没有得到特别强调。调研显示，师范类、管理类等文科毕业生所占比例较高，而农学类比例较低。大学生村官的岗位职责主要是村务管理、农技推广、创业富民等涉农事务，毕业大学生的知识结构和专业背景与岗位需求有一定偏离，对村官适应新环境、开展村务工作造成了一定影响。二是报

[①] 王兆萍：《大学生村官工作长效机制研究》，经济科学出版社2012年版，第102页。

考村官的动机复杂。根据访谈调研，毕业大学生报考村官的动机呈多样化趋势，部分是有志于在农村发展，想在农村发挥所长，锻炼成长；有的是迫于就业压力，以及优惠政策的吸引，期望从中得到好处，同时缓解就业；还有的是将其作为进入公务员队伍和事业单位的一种过渡和跳板，为日后考试铺垫基础。报考动机如何，将深刻影响村官任职期间的心态和工作状态。将其视为缓冲或过渡的心态，对村官认真投入农村建设有一定干扰作用。三是在岗心态不稳定，这首先表现在对自我身份的疑虑，不少村官认为自己"非官非民""非公务员也非村'两委'成员"，没有明确正式的身份，在参与村里重要事务讨论、融入村民和村干部圈子等方面妄自菲薄，不够坚定自信；或者仍存有大学生的优越感，自视过高，不屑于村务工作中的琐碎杂务，亦不利于他们融入乡村生态文化。心态的不稳还源自对任职期满后出路的担忧。虽然政策上明确了数条出路，但大学生村官对政策的稳定性和能否兑现仍有明显的不确定感。因此他们或不闻村事、一心备考，或对政策期望过高，对待工作不够认真勤勉，或畏首畏尾，放不开手脚，对上级的管理教育态度不够积极。这些不良心态对大学生村官认真履职、接受锻炼产生了很大的负面影响。

（五）外部因素的消极影响

外部环境中的诸多因素对大学生村官的顺利成长成才造成了压力，对成才机制的有效运行提出了挑战，如乡村社会生态。中国乡土农村与城市有很大区别，显著的一点是农村是基于血缘关系形成的礼俗社会，各种家族关系、传统习惯、人情往来根深蒂固、盘根错节，一个村子就是一张特殊的人脉网络。虽然当代农村也在随着时代进步变得日益开放，但相比城市，仍相对封闭，村民之间熟悉度较高，在日常琐事、利益协调上，人情关系远超工作关系。而刚接受完高等教育就来到基层农村的大学生村官想无障碍、快速地融入这一圈子，建立起互信合作关系，并非易事。很多村官表示，村民并不了解他们，认为他们是找不到工作才来到农村，或者只是为了"镀金"，而不是真正要为农村或农民做点儿什么。再如村官岗位与村民自治的矛盾。自20世纪80年代以来，我国农村以群众自治为主体的村民委员会在农村得到广泛建立，走的是一条村民自我管理、自我教育、自我服务的道路，也是经我国法律确认的。而大学生村官是自上而下分派来的，对原有群众自治体制是一种带有"行政色彩"的介入。大学生村官如何在两者之间处理好角色定位和职责履行等问题，将深刻影响其成长过程。现实中，部分大学生村官只是做一些边缘性事务而无法参与重要村务管理和决策，即是这一矛盾在大学生村官身上的表现之一。

第十二章

大学生村官成长成才机制优化的路径选择

大学生村官成长成才机制的优化，是对与大学生村官工作有关的各种资源的一种重新整合。不管是理论层面还是实践层面，可供选择的研究进路和整合方式是极其多样的，如何确立起大学生村官成长成才机制优化的路径，成为本研究的又一重点和难点。我们以习近平人才思想为指导，立足于国家人才战略的高度，根植于农村的现代化目标，从农村经济、生活等全面可持续发展的根本意义上，通过国内比较和国际借鉴，对大学生村官的内在素质和影响其成才的外部环境进行了理论分析，在全国范围内开展调查研究，以国家、高校和大学生三重视角建构了立体式、全方位的内外要素相协调、相配合的具有灵活性和可操作性的双向互动的大学生村官成长成才机制。

第一节 习近平人才思想及其对大学生村官成长成才机制优化的指导意义

党的十八大以来，习近平总书记站在全局和战略的高度，对人才工作做出了一系列重要指示，提出了许多新思想、新观点、新论断，集中体现了习近平总书记对于人才问题的高度重视以及对我国人才发展和国际人才竞争态势的规律性认识，对优化大学生成长成才机制具有极其重要的指导意义。

一、高瞻远瞩的战略思维

人才是一个国家最宝贵的财富和最重要的资源。随着历史的发展，科技创新发挥出越来越大的作用。能否敏锐地把握世界科技创新的发展趋势，紧紧抓住和用好新一轮科技革命和产业变革的机遇，是我国在新形势下面临的重大问题。实施创新驱动发展战略决定着中华民族的前途和命运，而创新驱动实质上就是人才驱动。人才在推动社会发展中的作用越来越突出。习近平总书记要求全党全社会都要充分认识科技创新的巨大作用，把创新驱动发展作为面向未来的一项重大战略实施好。正是在对国内、国际形势深刻分析和准确把握的基础上，习近平总书记做出了"我们比历史上任何时期都更接近实现中华民族伟大复兴的宏伟目标，我们也比历史上任何时期都更加渴求人才"[①]的重要判断。他还强调："关键是时机和决断。历史的机遇往往稍纵即逝，不然就可能与历史机遇失之交臂，甚至可能付出更大代价。"[②] 因此习近平总书记指出："创新的事业呼唤创新的人才……实现中华民族伟大复兴，人才越多越好，本事越大越好……知识就是力量，人才就是未来。"[③]

大学生村官是新时期我国人才队伍的重要组成部分，早在2008年12月22日，习近平同志主持召开大学生村官代表座谈时就指出："大学生村官是加强党的基层组织建设和推进社会主义新农村建设的重要力量，也是党政机关培养和储备来自工农一线后备人才的重要来源。"

如今，大学生村官工作已在全国普遍开展，并取得了显著成效。进一步优化大学生村官成长成才的机制，首先要坚持战略思维。大学生村官成长成才机制中的所有主体及利益相关者必须从我国所面临的历史阶段的特点和党中央实施创新驱动发展战略的视角，充分认识和把握大学生村官工作的战略意义。大学生村官既是我国新农村建设的重要力量，又是党政干部队伍和其他行业人才储备的重要来源。实现农村改革发展的目标，"迫切需要一大批有现代知识、现代思维、现代眼光的优秀青年才俊积极投身社会主义新农村建设"。同时，农村基层的锻炼，也是青年人才成长的必由之路。"农村基层是青年学生熟悉当代中国社会、了解中国基本国情的最好课堂，也是我们党培养人才、锻炼人才的重要阵地。"

由此可见，大学生村官工作是我国人才创新驱动发展战略的重要组成部分，

[①] 习近平：在欧美同学会成立100周年庆祝大会上的讲话，载《人民日报》2013年10月22日，第02版。

[②③] 习近平：在中国科学院第十七次院士大会、中国工程院第十二次院士大会上的讲话，载《人民日报》2014年6月10日，第02版。

是关系到我国广大农村的发展和青年人才培养的重大问题。因此，不能片面、简单地看待大学生村官工作，应该站在战略高度，突出大学生村官的主体地位，从有利于大学生村官这一主体成长成才的角度来探讨该机制的组成及最佳运行方式，区别于从村官管理流程切入的单向度的管理者视角，机制优化体现的是大学生村官的成长需求和价值实现，同时体现出机制运行的社会效果和整体价值。

二、着眼整体的系统思维

2013年9月17日，在党外人士座谈会上，习近平总书记强调全面深化改革是一项复杂的系统工程，需要加强顶层设计和整体谋划，加强各项改革的关联性、系统性、可行性研究。2013年9月30日，在中共中央政治局第九次集体学习时，习近平总书记又指出："实施创新驱动发展战略是一个系统工程。"习近平总书记多次提出"链条"的思想，强调要建设有利于青年人才成长的教育培养体系，形成完整的人才培养成长链。人才问题的解决，必须要有整体性的系统性思考，如果各自为政，就事论事，只抓一点，不及其余，就会导致人才工作的碎片化，不能从根本上改变人才状况。习近平总书记把这种情况形象地比喻为"就像接力赛一样，第一棒跑到了，下一棒没有人接，或者接了不知道往哪儿跑"。[①]

大学生村官的成长成才也是一个涉及诸多因素和环节的系统工程，其成长成才机制的优化是对现有大学生村官工作资源的系统反思和优化重构。习近平总书记在多次讲话中都关注到了大学生村官成长成才的各个环节，从资金保障、培养培训、管理考核，再到大学生村官中优秀典型的宣传，以至于大学生村官的婚恋，这不但充分体现了习近平总书记对大学生村官的殷切期望，而且体现出了构建大学生村官工作长效机制的系统性要求。只有这样，才能使大学生村官下得去、待得住、干得好、流得动，并逐步形成一支规模适度、结构合理、素质优良、充满活力的大学生村官队伍。当前大学生村官工作面临的形势和困难正在发生着全方位、多层次的深刻变化，适应种种变化，既需要大学生村官工作的基层单元做出敏捷恰当的应急反应，更要从顶层设计上做出制度安排、统筹谋划、综合推动。既要推动大学生村官运行机制内部多主体的协同、多环节的衔接、多层级的联动，又要站在人才强国战略的高度，推进村官系统内外不同项目资源的整合，以形成合力，从而打造出真正促进大学生村官成长成才的"成长链"。

[①] 习近平：在中国科学院第十七次院士大会、中国工程院第十二次院士大会上的讲话，载《人民日报》2014年6月10日，第02版。

三、冷静理性的辩证思维

在创新驱动发展战略实施的过程中，人才的重要性和复杂性叠加显现出来。习近平总书记运用辩证思维，对当前经济形势和人才问题进行了深刻分析。面对我国经济快速发展的局面，习近平总书记多次讲道："我国经济规模很大，但依然大而不强，我国经济增速很快，但依然快而不优。"[①] 他还形象地说："块头大不等于强，体重大不等于壮，有时是虚胖。"[②] 在人才问题上，习近平指出："我国科技队伍规模是世界上最大的，这是我们必须引以为豪的。但是，我们在科技队伍上也面对着严峻挑战，就是创新型科技人才结构性不足矛盾突出，世界级科技大师缺乏，领军人才、尖子人才不足，工程技术人才培养同生产和创新实践脱节。"[③] 在一分为二看待形势的基础上，习近平指出了人才工作的重点是要"改革人才培养、引进、使用等机制，努力造就一批世界水平的科学家、科技领军人物、工程师和高水平创新团队，注重培养一线创新人才和青年科技人才"，他特别强调，"拥有一大批创新型青年人才，是国家创新活力之所在，也是科技发展希望之所在"。[④] 这就为当前人才工作指出了重点和方向。尊重规律，按规律办事，是习近平总书记在人才问题上一贯的思想和原则。他曾多次强调要深刻认识、自觉遵循社会主义市场经济规律和人才成长规律，注重把握客观性，避免片面性。他还强调不同类型的人才有不同的成长规律，青年人才、军事人才等都"要按照人才成长规律改进人才培养机制，'顺木之天，以致其性'，避免急功近利、拔苗助长"。

从对经济形势和人才队伍一分为二的分析，到抓住人才工作的主要矛盾，再到对规律的认识和把握，无一不体现出习近平总书记辩证思维的闪光。习近平总书记辩证思维的思想方法，为大学生村官工作提供了重要指导。大学生村官工作开展以来，所取得的成效有目共睹。但是，面对这一新生事物，我们又必须保持清醒的头脑。大学生村官成长成才机制的优化，就是要在总结经验的基础上，客观分析存在的不足及其原因，明确今后工作的方向和着力点。大学生村官成长成才机制的优化，既不能靠主观臆断，也不能照本宣科，必须遵循人才成长规律和市场经济的发展规律，这是大学生村官成长成才机制优化的客观依据。因此，在大学生村官成长成才机制优化的过程中，要进一步认识和研究青年大学生在农村基层成长成才的规律性特征，总结运用市场规律配置资源、调动社会各方面力量

[①②③④] 习近平：在中国科学院第十七次院士大会、中国工程院第十二次院士大会上的讲话，载《人民日报》2014年6月10日，第02版。

促进大学生村官的成长成才的成功经验，使大学生村官成长成才机制真正达到"系统完备、科学规范、有效管用、简便易行"的要求。

四、科学严谨的法治思维

　　法治思维是习近平总书记人才思想的重要特征之一。他高度重视法律制度在治国理政中的重要作用，指出："法律是治国之重器，法治是国家治理体系和治理能力的重要依托。"[①] 在首都各界纪念现行《宪法》公布施行 30 周年大会上习近平指出："依法治国是党领导人民治理国家的基本方略，法治是治国理政的基本方式，要更加注重发挥法治在国家治理和社会管理中的重要作用，全面推进依法治国，加快建设社会主义法治国家。"他还要求："各级党组织和党员领导干部要带头厉行法治，不断提高依法执政能力和水平，不断推进各项治国理政活动的制度化、法律化。"[②] 在新的形势下，善于运用法治思维思考问题、做出判断、制定措施，是推进人才工作进一步深化的首要保证。

　　大学生村官工作从 2008 年在全国普遍推开，至今已有近十年的发展历史。虽然取得了重要成效，但其发展方式从总体上说还主要是"政策驱动"的模式。大学生村官工作开展以来，党、中央和地方推出了一系列加强大学生村官工作的政策措施，对促进大学生村官成长成才起到了重要作用。但是，随着国家法治进程的推进，大学生村官工作要获得健康、稳定、持久的发展，就必须改变目前政策驱动的模式，走法治化道路。通过建立健全相关的法律制度，明确大学生村官计划的长远战略意义和政策的发展导向，把以往的成功经验以法律形式固定下来，为大学生村官工作提供最可靠的保障。按照习近平总书记法治思维的原则，大学生村官成长成才机制的优化，既求大学生村官工作的各方参与者（包括决策者、执行者以及利益相关者等）要增强法治观念和法律意识，又要积极推动立法，求得大学生村官工作的刚性规定，对大学生村官机制运行予以规范和提升，从根本上保障大学生村官成长成才机制的系统完备、科学规范、运行有效。

　　[①] 习近平：《关于〈中共中央关于全面推进依法治国若干重大问题的决定〉的说明》，载新华网，http://www.chinacourt.org/article/detail/2014/10/id/1469675.shtml。

　　[②] 《习近平在首都各界纪念现行宪法公布施行三十周年大会上的讲话》，载《人民日报》2012 年 12 月 05 日，第 01 版。

第二节 大学生村官成长成才机制的构成要素

大学生村官成长成才机制作为一个有机的整体，是各种要素相互作用、相互影响的结果。这些要素包括大学生村官政策、制度、法律法规、大学生村官工作的相关组织机构和职能等，以下就这些构成要素及其关系展开深入研究。

一、相关政策和制度

大学生村官政策和相关制度是指党和国家政府以文件形式发布的，针对大学生村官的选聘、培训、保障、培养、管理和流动的具体现实情况制定和采取的政治策略和有效措施，规定着大学生村官工作的各项程序和准则，在目前的大学生村官工作中具有正式效力，起着指导具体工作开展的重要作用。

中央层面出台的大学生村官政策制定主体一般为中组部牵头，同时包括国务院、教育部、人力资源和社会保障部、农业部等部委。比如2008年中央组织部会同四部门联合发布《关于选聘高校毕业生到村任职工作的意见（试行）》，标志着大学生村官政策的形成。2009年中组部等12个部门下发了《关于建立选聘高校毕业生到村任职工作长效机制的意见》，就"大学生村官"的选聘、培训、保障、培养、流动和管理工作提出了指导意见。2011年，中组部、中宣部、教育部等联合印发了《关于做好大学生"村官"有序流动工作的意见》；对大学生村官的有序流动给予了规定，明确指出大学生村官可以担任村"两委"负责人以及解决待遇问题，到期后可以续聘，对自主创业发展的大学生村官给予扶持政策等。2012年7月，中组部等六部门联合发出《关于进一步加强大学生村官工作的意见》，明确提出了大学生村官工作的总体目标规划要求。这一系列文件对大学生村官工作中的重点难点问题做了进一步规定。这一系列政策和制度为大学生村官成长成才提供了良好的制度环境。

地方层面的大学生村官政策制定主体一般为各级党委组织部门和政府人力资源和社会保障部门。早在2005年中共北京市委组织部就出台了《关于引导和鼓励高校毕业生到农村基层就业创业实现村村有大学生目标的实施方案》（京组发[2005]16号）和《关于进一步加强高校毕业生到村任职工作的意见》，明文规定了应聘担任北京地区村党支部书记助理、村委会主任助理的高校毕业生的有关待遇。随后，相关部门相继下发了一系列制度文件，促进和保障大学生村官成长成才。江苏是全国选聘高校毕业生到村任职工作开展较早的省份，采取主动出击姿态，吸引人才加盟。为鼓励更多的大学生村官投身创业，各地纷纷制定扶持创业的制度，给予小额贷款、技术支持等，并将创业作为对其考评的重要依据，记入大学生村官的成长档案。此外，各地都有针对于大学生村官的政策和相关制度出台，助推大学生村官成长成才。比如，浙江省富阳市委组织部、人事局、财政局联合下发《关于调整富阳市招聘到村和社区工作高校毕业生工资待遇的通知》，增加年度预算150余万元，为大学生村官加薪。明确参照企业同类人员有关标准为其缴纳养老、医疗、失业、工伤、生育保险，并为他们缴纳住房公积金和人身意外伤害商业保险。甘肃省甘谷县出台的《甘肃省甘谷县三措并举打造发展型大学生村官》，通过建立完善结对帮扶、教育培训、干事创业三项机制力促大学生村官扎根农村、建功立业。

二、相关法律法规

这里的相关法律法规指的是与促进和保障大学生村官成长成才有关的法律法规，一般是指国家各级立法机关（主要是各级人大）或各级人民政府制定的具有强制性和惩罚性的各项规范。与大学生村官政策的不同之处在于，法律法规的制定主体是各级人大和政府，而政策制定主体除了政府以外，还包括党委组织部门。同时，法律法规以权利和义务的关系为主要内容，具有强制性和惩罚性，而政策的约束力和强制力相对较弱。

目前，我国尚无专门促进和保障大学生村官成长成才的法律法规，大学生村官的成长成才一般依靠政策驱动，这是目前制约大学生村官成长成才的重要瓶颈。虽然中央对大学生村官工作从源头选拔到有序流动各个环节都给予了宏观指导，但"缺少制度化、科学化的刚性规定和操作依据"。[1] 同时，"相关政策尽管对大学生村官在工作生活、保险、补偿等方面的保障关注较多，但对大学生村官的申请权、自主选择权、参与权、知情权、正当程序权及申诉、控告、检举权等方面的权益关注较少"。[2]

由于相关法律规范的缺失，目前大学生村官的法律地位、岗位性质、岗位职责缺乏相关的法律依据，这导致大学生村官工作的开展缺乏长效机制，直接影响到大学生村官权益的实现。同时，一旦权益受损，大学生村官很难有正当合法的

---

[1] 万银峰：《大学生村官：一种值得推广的制度安排——对河南省实施"大学生村官"计划的调查与思考》，载《中州学刊》2007年第4期。

[2] 宋智敏：《大学生村官的权益及其保障》，载《法学论坛》2015年第1期，第139页。

申诉渠道和救济方式。然而,大学生村官计划作为夯实我国乡村基层政权的重要战略举措,蕴含着沟通城市与乡村、理论与实践的人才发展理念,大学生村官作为特殊的人才群体,是我国宝贵的青年人才资源。他们当中不乏有思想、有抱负、有责任心的青年志士,是我国基层政治生态的中坚力量。只有切实维护好大学生村官的合法权益,才能有效释放大学生村官计划的社会效应,形成国家、政府、高校、农村、大学生村官相互促进的共赢局面。未来,随着我国大学生村官队伍日益壮大,大学生村官政策发展日益完善,大学生村官将走上职业化的发展道路,应及时出台专门针对大学生村官群体的法律法规,为大学生村官的成长成才提供强有力的法治保障。

三、相关工作主体和职能

从现有的大学生村官工作相关利益主体及其相互关系来看,大学生村官成长成才机制应该是国家、政府、高校、农村基层组织和大学生村官自身相互作用的结果,由此我们对大学生村官工作相关主体和职能分别进行系统分析,以把握不同主体在大学生村官成长成才机制构建中的作用及其相互关系。

一是国家和政府提供的相关制度和体制保障,在大学生村官成长成才机制构建中发挥着宏观导向的重要作用。目前,大学生村官政策经过20年的酝酿、践行和发展,逐步形成了一整套行之有效的规则和制度化措施,有效提升了大学生村官政策的实施效果,保障了大学生村官政策的可持续发展。为了有效巩固政策探索的有益成果,迫切需要推动大学生村官工作的制度化和法治化。2015年中央农村工作会议强调,"十三五"时期农业农村工作要坚持"创新、协调、绿色、开放、共享"的发展理念,牢固树立强烈的短板意识,坚持问题导向,切实拉长农业这条"四化同步"的短腿、补齐农村这块全面小康的短板。[①] 大学生村官政策作为促进城乡一体化、打通城乡人才双向流动的人才战略工程,能够为解决我国农村和农业短板问题提供宝贵的人力资源。未来为了促进大学生村官政策主导作用的发挥,应将其纳入我国"三农"问题发展战略规划之中,在不断推动我国现代农业发展体制和制度改革创新的基础上,促进大学生村官政策效益的最大化。

二是大学生村官具体管理部门提供的组织管理,在大学生村官成长成才机制构建中发挥着主导作用。大学生村官具体管理部门承担大学生村官选拔、培训、

---

① 新华网:《中央农村工作会议,加强农业供给促改革》,http://news.xinhuanet.com/food/2015-12/26/c_1117585598.htm。

考核、激励、流动等具体管理工作，直接负责针对于大学生村官这一特殊人力资源的开发和使用，在大学生村官成长成才过程中发挥着思想引导、素质能力提升、职业发展指导的重要作用。尤其是每一个大学生村官任期结束后都面临着个人发展问题，在我国现有的管理体制下，各地逐步摸索了独具特色的大学生村官期满流动的工作模式，有效拓展了大学生村官成长成才的路径。比如，"重庆模式"将大学生村官计划纳入公务员招录体制之中，作为公务员人才队伍的后备军；"宿迁模式"鼓励大学生村官创新创业；"屯留模式"将大学生村官纳入全县干部教育培训体系之中，促进大学生村官留村担任村干部。

三是高校在人才培养方面拥有特有的资源优势，直接塑造着大学生村官的思想政治素质、能力素质、个性特征等，因此高校在大学生村官成长成才过程中具有重要的地位和作用。

首先，高校提供的教育是大学生村官素质和能力形成的基本手段。人才学的研究表明，教育对人才素质开发具有基础作用、凝练作用、拓展作用，通过改变人的素质，使之成为社会所需要的理想人才。由此，高校具有其他主体无法替代的人才培养的重要功能。

其次，高校是促进大学生村官成长成才的主导力量。高校提供的教育是一种有目的的培养人的活动，能够引导大学生村官个体的发展。同时，高校凭借专门化、制度化、系统化的建制，能够对大学生村官施以全面、系统、深刻的影响，这种影响不仅是通过大学生村官个体产生，还可以通过影响大学生村官所在家庭、朋辈群体以及社会大众而产生作用。

最后，高校在大学生村官不同成长阶段发挥着不同的作用。在担任大学生村官之前，高校有必要鼓励优秀人才投身基层，为农村发展贡献力量，通过系统的思想教育引导高校毕业生形成良好的成才观。为了帮助毕业生更好地适应基层农村工作，高校有必要在课程设置、培养方式等方面加以改革，不仅要培养适应城市发展所需的人才，而且要培养农村实用型人才。尤其是在当前创新创业的时代背景下，高校应积极探索创新创业教育改革，把创新创业教育贯穿人才培养全过程，这是我国当前加快实施创新驱动发展战略的迫切需要，也是推进高等教育改革的重要突破口，更是促进大学生村官成长成才的重要举措。在担任大学生村官之后，高校应为大学生村官这一特殊人才群体的持续发展提供能量，推动人才水平和层次的提升，形成长效培养的机制，最大限度地提高人才培养的社会价值和个体价值。

四是社会层面提供媒体宣传、公众认可和社会资源整合，在大学生村官成长成才机制构建中发挥着外部环境的保障作用。大学生村官的成长成才是一项社会各方面力量都应支持和参与的重要战略任务，实践中应吸引各方力量参与其中，实现共赢。将媒体的积极作用纳入大学生村官成长成才机制的构成要素之中，有利于形成媒体、大学生村官和公众之间的良性互动。国家、政府、大学生村官管理部门和高校都需要通过媒体向社会公众介绍大学生村官相关政策、及时宣传优秀大学生村官，提高公众的舆论支持。目前社会公众对大学生村官普遍已经有所认识，但由于缺乏整体和系统的宣传推广，往往还停留在表面层次，缺乏对大学生村官工作战略价值和意义的了解。为了有效发挥公众认可的重要作用，构建大学生村官工作的舆论引导机制不容忽视。

此外，要注重整合和利用社会资源。对于企业而言，为大学生村官提供创业帮扶和就业机会，不仅有利于企业支持社会公益事业，拓展企业的社会影响力，而且有利于企业选拔到合适的人才。对于到边远艰苦地区工作的大学生村官，社会慈善机构可以协助募集资金，帮助大学生村官开展工作。同时，对于有经济能力并且有志于从事社会慈善事业的个人，也可以建立大学生村官工作慈善项目，有效满足大学生村官发展初期的资金需求。尤其是在大学生村官期满后再次就业过程中，用人单位应积极主动地考虑选拔一定数量的大学生村官充实人才队伍。当前在人才招聘中，大学生村官作为在最基层农村经受过磨炼的青年人才，素质和能力普通大有提升，符合了用人单位对人才素质和能力的需求，因而受到欢迎。

第三节　大学生村官成长成才机制优化的目标和原则

大学生村官的成长成才作为一个过程展开，是内外部多种复杂因素相互作用下的综合效应。这些因素既包括村官自身素质、所处的时代背景、生活工作环境，又包括现行与村官工作有关的政策文件、体制制度、信息等。这些能够长期发挥作用、促进大学生村官成长成才、各要素有机联系和相互作用的制度体系和工作关系，就是大学生村官成长成才机制。各项与大学生村官工作相关的制度，如选聘制度、培训制度、保障制度、流动制度等，是要求村官、管理部门等相关主体共同遵守、按照一定程序办事的规程或行动准则，而成长成才机制则是将这些制度联结在一起，形成一个整体，并稳定运转起来的工作原理。要对大学生村官成长成才机制加以优化，必须遵循一定的目标与原则，才能保证各项因素的良性运行。

一、大学生村官成长成才机制构建的目标

(一) 科学性

"科学性"作为一个具有丰富内涵的概念,其核心内涵就是"符合客观规律"。规律是自然界和社会诸现象之间必然、本质、稳定的联系,规律具有客观性、重复性、稳定性,不以人的主观意志为转移。只要规律发生的条件存在,无论人们是否认识到规律的存在,规律必然发生作用。机制的合理运行以遵循客观规律为前提条件,否则机制的作用和功能将无法有效发挥。同时,"当人们没有意识到机制问题或意识到但不设法改变它的时候,社会规律就通过自发机制对社会产生影响,这种自发机制同规律一样是客观存在的,这时,机制本身带有更多的必然性"。[①] 由此,大学生村官成长成才机制建设的首要目标即科学性。

一方面,要实现大学生村官成长成才机制构建的科学性,必须遵循人才成长的规律。大学生村官成长成才是一个不断运动、发展、变化的过程,也是一个复杂、多样、多维的系统工程。作为一种特殊的成才主体,大学生村官遵循一般人才成长和发展的规律,如有效的创造实践成才规律等,但同时又具有自身特殊的规律性,如基层磨炼成才规律、角色转换成才规律、竞争择优成才规律以及团队共生成才规律等。大学生村官成长成才机制建设只有遵循这些基本规律和自身特殊规律,才可能发挥机制应有的作用和功能。一旦违背人才成长规律,机制建设就会出现失误,难以达到预期效果。

另一方面,要实现大学生村官成长成才机制构建的科学性,还必须遵循市场规律。市场最重要的特征是交换,市场规律即以充分竞争为前提,发挥市场在资源配置中的基础性作用,实现供求双方的利益交换。然而,目前大学生村官管理工作主要依据相关政策,政府在资源配置中起主导作用,市场在各种资源配置中的基础性地位还远未形成。比如在大学生村官选聘中,选聘时间、选聘方式、选聘人数等较少从市场供求关系出发来考虑;大学生村官的薪酬和待遇也较少以大学生村官所在区域的市场价格、竞争程度为依据,尚未建立与市场经济发展相契合的工资增长制度,而更多是从政治因素出发,采取行政手段制定相应的管理机制,难免出现高投入低效率、高消耗低效益的粗放式管理模式。甚至有的地方出现运动式的管理模式,造成决策失误,诸如盲目扩大选聘规模,将大学生村官工作作为"政绩工程",造成大学生村官期满流动受阻,不利于大学生村官自身的

---

① 于真:《论机制与机制研究》,载《社会学研究》1989 年第 3 期,第 58 页。

成长成才。尤其是当前随着市场经济的建立和深入发展，我国大学生就业制度早已从计划分配转变为供需见面，从单向选择转变为双向选择，从推荐就业转变为自主择业。担任大学生村官作为高校毕业生的就业选择之一，同样需要以市场为导向，发挥市场的基础性配置作用，促进大学生村官和农村基层组织之间的双向选择。

遵循市场规律，不仅能够满足大学生村官成长成才的需求以及我国农村现代化发展的需求，而且能够有效提高大学生村官政策的效益。所谓政策效益，是指政策投入和产出的比较，即政策成本和政策收益之间的比率。大学生村官政策成本不仅包括人力、物力、财力等可以用经济指标计算的资源的支出，还包括政治资源、社会资源等无法量化的资源的支出。这种无形资源的投入，造成的是广大民众对政府的认同和反对、社会秩序的改变等。要促进大学生村官政策效益与政策收益之间的平衡，必须以社会公平作为政策的价值目标。市场经济作为一种资源配置的形式，通过建立自由平等的交换可以实现资源的最优配置，有利于实现社会公平，也有利于市场主体积极性与创造性的发挥。由此，高校担负着大学生村官素质和能力的培养义务，必须高度重视和主动适应市场规律，加大高等教育改革，培养服务于社会主义市场经济发展的人才，尤其要注重培养我国农村基层发展所需的实用型人才。政府应遵循市场规律，发挥市场在人力资源配置中的主导作用。尤其在新形势下，顺应政府职能转变的发展趋势，政府应注重发挥市场在大学生村官工作中的主导作用，通过建立竞争机制、供求机制、价格机制来实现政府引导和调控，推动大学生村官工作的科学化。

（二）有效性

"有效性"即完成特定活动达到预定结果的程度。机制有效性的判断标准，主要是分析机制是否解决了该领域内存在的问题，以及在多大程度上解决了存在的问题。大学生村官成长成才机制建设的重要目标之一就在于解决大学生村官成长成才过程中存在的问题和不足，提高大学生村官政策预期目标的实现程度。依前文所述，大学生村官成长成才机制存在"六个差距"，基于这六个方面的问题，大学生村官成长成才机制设计的核心任务和目标就在于最大限度地解决"六个差距"的问题，促进大学生村官政策的有序推进，实现政策的价值目标，以保障大学生村官政策的可持续发展。当前，要实现有效性这一目标定位，必须依据社会发展的客观需要，不断优化大学生村官成长成才机制，推动大学生村官培养和管理工作走上科学化、规范化、法治化的道路。由此，有效性是大学生村官成长成才机制的核心属性，以此为中心才能有效激活大学生村官成长成才的各项基本要素，使大学生村官成长成才系统与其他社会系统处于和谐有序、良性互动的状态之中。

（三）可操作性

大学生村官成长成才机制构建的可操作性，就是要使大学生村官政策在落实的过程中，能够在成本较低的基础上顺利实现促进大学生村官成长成才的目标。要实现机制的可操作性，首要任务是进行合理、周全、科学的机制设计，使得大学生村官政策能够顺利得以执行。

公共政策理论研究在谈到公共政策的可操作性目标时，强调公共政策只有具有可行性标准，才具有可操作性。"公共政策的可行性标准包括技术可行性、经济与财政可承受性、政治可接受性和行政可操作性四个方面。"[1] 大学生村官成长成才机制的构建亦是如此，必须要考虑现有的技术能否为相关政策措施提供支撑。比如要提高大学生村官选聘质量，那么在设计选聘机制时，应该考虑运用人才测评技术，以尽可能科学、精准地选拔出优秀的、适合村官岗位需求的人才进入大学生村官队伍。大学生村官薪酬机制、创业基金扶持机制则需要考虑当地政府的财政支付能力，如果超过了政府经济和财政承受性，即使能够调动大学生村官的积极性，由于不具有可操作性也是不能持续的。此外，大学生村官身份定位的确定，需要考虑与当前的制度和体制环境相兼容，便于现有的行政体系所操作和管理，即考虑当前政治体制可接受性和可操作性的问题，尤其要考虑体现不同利益主体利益的合理安排，创新机制设计思路，提出增进可操作性的对策建议。

（四）合法性

"合法性是指某个政权、政权的代表为什么应该获得其成员的忠诚的问题。它不只是指法律意义上的合法性，它还具有正统性的色彩。合法性事实上是一个价值规范的问题，它就是要形成并维持'现存的制度最适合于这个社会'的信念。"[2] 由此，"合法性"虽然包含着"合法"的内涵，但更意味着民众的自愿认可和支持，"合法性"本身经常被理解为一种被认可的状态。合法性意味着大学生村官成长成才机制的构建首先要合乎法律，其次还应得到包括村民、大学生村官以及多数社会公众的自愿认可和支持。能否在机制完善的过程中提高合法性，成为判断机制建设现代化程度的根本标准。因为"任何一种政治系统，如果它不抓合法性，那么，它就不可能永久地保持住群众（对它所持有的）忠诚心。"[3]

---

[1] ［美］卡尔·帕顿，大卫·萨维奇主编，孙兰芝等译：《政策分析与规划的初步方法》，华夏出版社2002年版，第205~216页。

[2] 杨光斌：《政治学导论》，中国人民大学出版社2000年版，第202页。

[3] ［德］哈贝马斯著，郭官义译：《现代国家中的合法性问题》，社会科学文献出版社2000年版，第264页。

合法性是大学生村官成长成才机制构建的先决条件。所以，大学生村官成长成才机制的良性运行不仅依靠法律制度的强制性规范，更要注意协调各方利益，调动各级党委组织部门、政府人力资源和社会保障部门、高校、村级组织、大学生村官自身的积极性和主动性，对大学生村官工作形成一种自愿认可和支持。

要实现合法性这一根本目标，首要的是推进大学生村官工作的法治化，为大学生村官工作提供合法性的制度支撑。因为"在一个现存的社会体系中，合法化必须通过遵循有关的规范而实现，在法制社会中，则要通过诉诸相应的法规来实现"。[①] 法治化是大学生村官成长成才机制实现长效稳定发展的内在需求。大学生村官是国家选派岗位，不同于现有农村通过选举产生的当地村官。然而，目前大学生村官机制的发展走向、运行的稳定性、文件制度的规范性、保障措施的强制性等都有所不足，传统的主要依靠政策驱动的管理模式已经不能适应中国特色社会法治化管理体系建设的要求，迫切需要通过完善相关法律法规对大学生村官的选聘、岗位培训、配套保障激励措施、有序流动、各级政府部门职责分工等内容加以明确，并推动执行。

大学生村官成长成才机制的法治化要求"政府不断推进依法管理与合理创新的有机统一，权力制约与权利保障的有机统一，有效管理与优质服务的有机统一，各司其职与相互衔接的有机统一，程序正当与高效便捷的有机统一"。[②] 就当前而言，能否突破大学生村官自身身份定位的困境，将是机制建设合法性目标实现的关键。"由于不能从法律上给大学生村官一个明确的定位，大学生村官这一模式无法制度化，名不正言不顺，导致了这支队伍的不稳定"。[③] 只有从法律上明确了大学生村官的身份定位问题，明确了不同主体的权利和义务关系，才能进一步推动大学生村官的选拔录用、绩效考核、工资薪酬、社会保障等一系列机制建设的合法性。

二、大学生村官成长成才机制构建的原则

大学生村官成长成才机制的构建是一项复杂的系统工程，涉及内容广泛，工作千头万绪。在思考具体的制度设计和技术细节之前，首先应在更高层面思考这一机制的存在价值为何，为了实现这一价值，机制构建所应遵循的基本原则有哪些。没有一套统摄全局、进步科学的理念原则作为支撑，任其设计如何精巧完

[①] ［德］奥特弗利德·赫费著，庞学铨等译：《政治的正义性——法和国家的批判哲学之基础》，上海译文出版社1998年版，第53页。
[②] 徐汉明：《全面推进社会管理法治化》，《人民日报》2012年12月19日。
[③] 林善炜：《大学生村官研究综述》，载《当代青年研究》2009年第5期，第78页。

善，也终摆脱不了离散和被动。

正如我们一再强调指出的，大学村官成长成才机制不同于一般的工作机制，首先在于这一机制的首要价值目标是为了实现大学生村官的成长成才，是为了实现"人"的全面发展。大学生村官群体的顺利成长是自我价值和社会价值的统一，在实现"人"的全面发展的同时，也能够推动社会发展。这是大学生村官成长成才机制构建的基本价值取向，贯穿始终，统摄全局。而要实现这一理念，则必须在尊重市场规律和人才成长规律的基础上，坚持社会需求与个体发展需要相结合、内在素质提升与外在环境优化相结合、有限任期与长远发展相结合以及政府主导与多方推动、多方共赢相结合的基本原则，不断优化大学生村官成长成才机制。

（一）社会需求与个体发展需要相结合

社会需求与个体发展需要相结合是大学生村官成长成才机制建设应遵循的首要原则。这一原则根源于人才个体价值与社会价值之间的有机统一性，个人和社会相互满足各自发展的需要，个人和社会在相互联系中实现共同发展，因此要将社会需求和个体发展有效结合起来。一方面，社会需求要靠人的参与，离不开个体聪明才智的有效发挥；另一方面，人自身发展的需要归根到底是由外部的社会需要内化而生成的，因此外部社会需要是人自身发展需要产生的前提基础。同时，人的价值的实现也只有在社会需求实现的过程中获得，社会需求为个体发展提供了机遇和舞台。由此，在实践中必须找准社会需求和个人发展的结合点，大学生村官战略工程就是一个很好的平台。

一方面，社会需求是大学生村官政策出台的根本动因，也是大学生村官成长成才的根本动力。根据中国人事科学研究院的一项统计数据，目前我国人力资源中大约只有11%的人拥有大学学历，而国家的目标是到2020年能够有20%的人拥有大学学历。2020年，我国的人力资源是10亿左右，如果要达到20%的目标，需要培养2亿名的大学生，而目前我国每年毕业的大学生是700万，到2020年基本上能达到2亿，接近20%的目标。但关键的问题在于这20%的高素质人才一般都集聚在城市，受传统就业观念的影响，大学毕业生即便在城市找不着工作也不愿意到基层农村去就业，农村劳动力中大学生的比例很低，大约占1%～2%，离20%还遥不可及。由此，我国农村比任何时代都需要具有现代知识和思维方式的青年人才。为了提升农村劳动力的整体素质，推进我国农村和农业现代化进程，大学生村官政策应时而生，成为"自上而下"发动的满足农村现代化发展需求的人才战略工程，具有重要的现实意义和深远的历史意义。

另一方面，社会需求实现的关键在于大学生村官能否真正融入并积极主动地参与其中，只有大学生村官自身实现从"要我去农村"到"我要去农村"的转变，抓住在农村锻炼的大好机会，才能自觉推动自身的成长成才。而要实现这样的转变和预期结果，必须依赖于大学生村官成长成才机制的有效运行，将社会需求和大学生个体发展需要有机结合起来。人才学的研究表明，参加实践锻炼是人才价值实现的根本途径，也是人才价值实现的最直接途径。[①]因此，将自身的发展与新农村建设的社会需求相结合是实现个人价值的重要途径。可以说，农村工作是最基层、最艰苦、最具挑战性的实践锻炼岗位，大学生村官通过切实投入农村基层的实践锻炼，才能够深刻了解中国的国情，不断积累新经验、形成新认识，得到全方位的实践锻炼。只有珍惜基层农村的锻炼机会，切实投入基层实践岗位当中，大学生村官内在素质和能力才能不断得到磨炼而快速提升，才能在实现社会理想的基础上实现个人理想。

当前，我国正在推进"精准化扶贫"的发展战略，促进贫困地区群众脱贫致富，精准化、动态化的脱贫措施有效推动了由"输血"向"造血"的转变，这不仅是党中央在新形势下的战略部署，而且是当今有志青年的历史使命。大学生村官作为一批有理想、有抱负、有朝气的高校毕业生，大部分都具备干事创业的决心和抱负，能够带着责任心和真感情解决农村贫困地区面临的现实问题，尤其是在解决农村基本公共服务和文化教育落后的问题上，大学生村官具备独特的人才优势。加之近年来的实践表明，选聘大学生村官到贫困村帮助贫困群众干事创业，是实现贫困村脱贫致富的有效途径，不仅能够帮助大学生村官实现个人价值，而且能够解决农村地区高素质人才稀缺的重大难题。由此，大学生村官主管部门应遵循社会需求与个体发展需要相结合的原则，结合我国农村发展战略的需求，将大学生村官这一人才强国重要战略纳入我国农村发展战略体系之中，重视对大学生村官作用的有效发挥，促进大学生村官个体价值和社会价值的统一。

（二）内在素质提升与外在环境优化相结合

唯物辩证法认为，事物的变化发展是内因和外因共同作用的结果，其中内因是事物变化发展的根据，而外因是事物变化发展的条件，内因直接决定着事物本身的运动和变化，而这种运动和变化又与事物外部的影响密不可分，这种影响通过加强或者削弱矛盾双方的某一方面来影响事物的变化发展，因而内因和外因的关系是辨证的。同样，"作为人类社会中一种特殊的运动形式——人才运动，无论是人才个体的成长和发展，还是社会人才总体的发展，均是内外诸因素相互作

---

① 罗洪铁：《人才学学科 30 年建设和发展研究》，中央文献出版社 2009 年版，第 165 页。

用的综合效应，绝不仅是内因或外因造成的，更不是单因素引起的"。① 由此，大学生村官的成长成才需要良好的内在素质和外部环境，其中内在素质是大学生村官成长的决定性因素，是第一位的，外部条件是大学生村官成长不可缺少的条件因素，是第二位的。能够胜任大学生村官工作的内部素质的形成，不仅来自于大学生村官主观能动性的发挥，而且依赖于外部条件作用的发挥，因为外部环境直接影响人才内在素质的形成和发展。由此，大学生村官成长成才机制在运行过程中，只有坚持将大学生村官内在素质提升和外部环境优化有机结合起来，才能发挥内部素质和外部环境相互协调、相互支撑的合力效应。

实证调研表明，大学生村官成长成才的困境不仅源自于自身素质和能力的不足，而且还有来自于体制和机制方面的困境，诸如大学生村官政策对身份定位的模糊界定、大学生村官岗位职责的泛化、大学生村官管理机制不健全等。而大学生村官作为我国基层农村宝贵的青年人才资源，只有充分发挥这一群体的优势，提高人才使用效益，才能为我国"三农"问题的解决提供重要的人力资源支持。这就要求我们不仅要解决大学生村官内在素质提升的问题，还要解决外在环境优化的问题，只有将内外两个方面紧密结合起来，才能对大学生村官进行系统的人力资源规划和使用，实现习近平同志提出的"下得去、待得住、干得好、流得动"的工作目标。

（三）有限任期与长远发展相结合

了解和把握大学生村官成长的不同阶段以及不同阶段的成长诉求，有利于提高大学生村官管理和培养的科学性，把大学生村官的成长成才当成系统工程来抓。大学生村官成长成才机制建设的重要任务之一是要处理好大学生村官有限任期和长远发展的关系，只有保证大学生村官队伍在整体稳定的基础上实现个体的有序流动，才能有序高效地释放大学生村官作为特殊青年人才的巨大能量。

一方面，要重点关注大学生村官任职期间的阶段性特征。人才学的研究表明，人才个体成长是一个渐次展开的过程。同样，大学生村官成长成才过程具有阶段性，不同阶段呈现出不同的特点。依前文所述，基于不同阶段的特点，大学生村官的有限任期可以分为适应期、参与期、稳定期、分流期四个阶段。这四个阶段存在两个关节点：适应期是从校园到田园衔接的关节点，分流期是从田园到社会衔接的关节点。从校园到田园，意味着从大学生身份转变为大学生村官，从田园到社会，意味着从大学生村官转变为社会各行各业的人才。因此，大学生村官成长成才机制要着眼于在大学生村官有限任期的不同阶段以及两个关节点的转

---

① 叶忠海主编：《新编人才学通论》，党建读物出版社2013年版，第204页。

换中发挥重要作用，以促进不同成长阶段的动态衔接，帮助大学生村官缩短适应期、提前参与期、顺利进入稳定期和分流期。

另一方面，还要重点关注大学生村官的长远发展，这源自于大学生村官岗位培养性和预备性的特征。大学生村官岗位的培养性具体表现为大学生村官到村任职期间要接受政府有关部门为其提供的大量理想信念、专业技能、人际交往、岗位工作方法、创新创业能力等方面的教育培训，帮助其熟悉并融入基层工作环境，积累乡村工作经验，提升实际工作和创业致富能力，在农村一线岗位得到锻炼和素质提升。而大学生村官岗位预备性的特征则体现为大学生村官政策主导性目标是培养党政干部队伍后备人才，因此大学生村官在农村经受锻炼，聘任期届满后大多数人势必进行递进培养或合理流动。这个阶段实际上是高校毕业生在农村接受再教育和培养提升自身能力、积累经验的过程，可以为大学生村官聘任期届满后选择多元发展方向、实现各自人身价值奠定实践基础。

尤其在当前，城市始终是与人才有密切关系的联结点，当代的城市已经成为人才、货物、信息和资金等各种要素的汇集点，同时也是各种信息产生、交流、释放和传递的高度聚会点。[①] 如果城市在人才成长中发挥着如此重要的作用，那么大学生村官在农村度过的有限任期对大学生成长成才的意义何在呢？虽然大学生村官的任期是短暂的，但从大学生村官的长远发展来看，农村基层的三年锻炼是青年人才"蓄能"的时间。不论哪一种人才，基层锻炼都是其成长的基本途径，也是人才成长的一条重要规律。相对艰苦的乡村生存状态、以宗族等复杂联系方式形成的社会关系，以及乡村特有的政治生态，更能够锻炼人、培养人，使人才迅速成长起来。不同于"扎根农村一辈子"的极端导向，这个政策是"一池活水"，在这一政策的引导下，新农村的建设总会有大学生村官参与，而经受过农村洗礼的大学生又会源源不断地输入到各行各业，形成人才城乡环流的态势。大学生村官政策的战略意义是在村官个体流动和群体稳定的平衡中得到充分而持久体现的。由此，大学生村官成长成才机制建设要着眼于大学生村官的长远发展，有效调控大学生村官期满流动的流量、流向和节奏，对稳定性和流动性进行分析和预测，把握大学生村官的供给和需求，做好战略规划和顶层设计。

（四）政府主导与多方推动、多方共赢相结合

大学生村官成长成才机制建设是一个长期复杂的系统工程，依赖于政府、农村基层组织、大学生、高校和社会多方力量的共同参与、共同推动，形成政府主导、多方推动、多方共赢的有机统一。因此，大学生村官成长成才机制的构建要

---

① 汪怿：《构建全球人才枢纽：原因、内涵与策略》，载《科学发展》2013 年第 2 期，第 89 页。

坚持"政府主导、部门协调、多方参与、多方共赢"的原则，通过机制的良性运行，充分发挥政府为公共利益服务的职能，引导利益相关者自愿参与其中，共同促进大学生村官的成长成才。

政府的主导作用主要体现在对大学生村官工作的整体规划上，具体包括对农村人力资源状况的掌握，对大学生村官社会需求岗位、大学生村官供给、大学生村官期满分流的预测、计划、指导和服务。由此才能最大限度地提高大学生村官的使用效益，促进大学生村官的成长成才，为我国农村经济社会发展以及社会各行各业提供基层实用型人才。高校作为大学生村官素质和能力的奠基地，应构建培养的长效机制，营造与政府部门和村级组织对接的培养模式，这是促进大学生村官制度可持续发展的关键。同时，高校只有积极参与大学生村官成长成才机制的构建，才能为高校自身改革和发展注入强大的动力。尤其在当前鼓励创新创业的时代背景下，高校人才培养要实现与社会需求的有效对接，必须扭转以城市为导向的人才培养模式，依据社会需求不断改革人才培养目标和方式方法，为我国经济发展的新常态提供高素质人才。农村基层组织通过为大学生村官搭建干事创业的平台，能够有效发挥大学生村官创业富民的作用，促进农村基层经济、政治、文化等各方面的全面提升。在市场规律的引导下，企事业单位以及各种社会组织积极参与到大学生村官工作之中，不仅能够有效帮助大学生村官实现成长成才，而且能够提高自身的社会影响力，拓宽业务发展的范围，畅通人才选拔的渠道，促进自身的发展和完善。

总之，大学生村官成长成才机制的构建不仅仅要推动大学生村官自身的成长成才，还要促进政府部门、高校、村级组织、社会组织形成整体协调发展的理念，在大学生村官培养和管理中实现共赢。

第四节　大学生村官成长成才的五大机制

大学生村官成长成才机制的构建以科学性为目标之一，这要求机制的构建必须符合大学生村官成长成才的规律。借鉴人才学关于人才成长过程和规律的研究成果，我们认为大学生村官成才是作为一个过程而展开的，主要包括个体素质优化、外在活动质变、社会承认三个主要阶段。具体来说，这个过程是村官内在素质（包括德、识、才、学、体的综合）在内外因素（包括外界环境、自身学习、实践活动等）的交互作用下不断优化，经过量的积累促使劳动性质由重复性变为创造性，取得创造性劳动成果，这一成果经过社会承认，即标志着大学生村官进入了人才行列，同时开启第二轮循环，并不断以螺旋式上升。

在这一过程中，大学生村官成才显示出鲜明的交互性、动态性和实践性。其过程如图12-1所示。

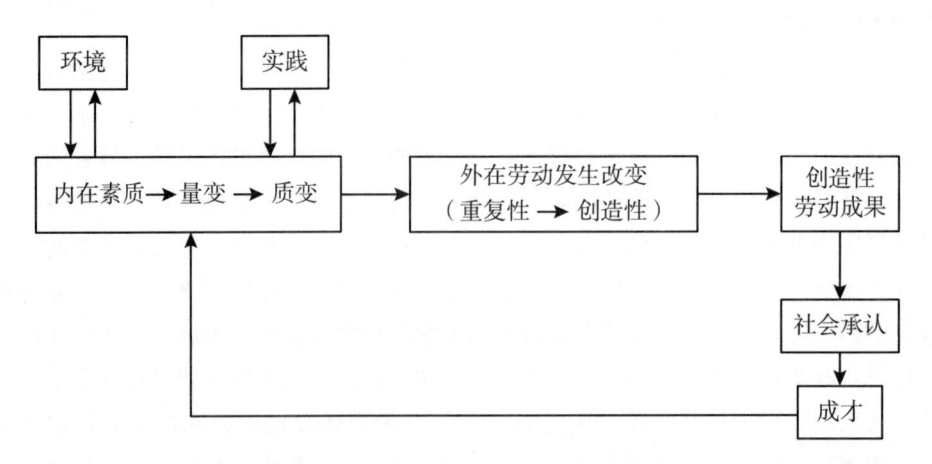

图12-1　大学生村官成长成才过程

大学生村官成长成才机制的构建是对村官成才过程中内外部因素的组合联结。以人才学成才理论为指导，综合已有研究和实证调研结果，我们提出大学生村官成长成才机制是由内在素质提升机制、外在环境优化机制、动态衔接机制、多元发展机制、监督指导机制五大子机制构成。其中，内在素质提升是大学生村官成长成才的根据；外在环境优化是大学生村官成才的外部条件；动态衔接是大学生村官成才的整体性表现；多元发展是大学生村官成长成才的阶段性结束和新的开始；监督指导是村官成才必不可少的保障。五大子机制间的相互关系可以简要表述为：通过外部环境的不断优化和强有力的监督保障，促进大学生村官内在素质的提升，以整体性观点推进大学生村官任期内的成长成才，为日后的多元发展打下良好的基础。五大子机制如下：

整合力量、优化环境——环境优化机制；

双管齐下、提升素质——素质提升机制；

链式培养、循序成长——动态衔接机制；

有序流动、长短结合——多元发展机制；

持续关注、有效监督——监督指导机制。

区别于管理视角下的"大学生村官工作机制"，我们提出的大学生村官成长成才五大机制主要从大学生村官这一主体成长成才的角度界定机制组成要素及其运作方式，凸显的是大学生村官的主体地位。工作机制和成才机制既有区别又有联系。两者的区别是：工作机制是从管理部门的视角出发，按照工作环节和流程来讨论机制的构成和完善，包括选聘、管理、考核以及分流等。"成长成才机制"

则是从大学生村官的视角出发，按照人才学揭示的内外因综合效应成才律等人才成长规律，探讨大学生村官成才过程中涉及的因素及运作方式。由于人的成长成才是一种高度复杂的社会现象，因此本书提出的大学生村官成长成才五大机制具有综合性、系统性、内驱动和自完善等特性。两者的联系是：工作机制是成才机制的重要组成部分，成才机制涵盖但不限于工作机制，还包括大学生村官主体的自我提升、工作机制以外的社会环境和文化环境的优化等内容。

以习近平人才思想为指导，以大学生村官实证研究和理论研究为前提，我们提出的大学生村官成长成才机制是一种内外要素相协调、相配合的，具有前瞻性、系统性、创新性和针对性的多维互动、多方共赢的运行机制。前瞻性即运用发展的眼光力求大学生村官成长成才机制的构建适应国家经济社会发展；系统性即从整体上进行设计，并不讲究面面俱到，而注重突出大学生村官成长成才机制构建的重点；创新性即注重围绕大学生村官成长成才提出新的建议和措施；针对性即彰显问题意识，基于目前大学生村官成长成才机制运行中存在的主要问题提出完善路径。

一、整合力量、优化环境——环境优化机制

环境是大学生村官成长成才的外部影响因素的总和，是大学生村官成长成才必不可少的外部条件。大学生村官身处的环境，既包括社会环境、政府环境在内的宏观环境，也包括家庭、村落等中微观环境。创造良好的外部环境，为大学生村官进行创造性活动提供有利的外部支持，是大学生村官成长成才的必要条件。环境优化是通过发挥家庭、村落、政府、社会等具体环境要素的积极作用，促进大学生村官成长成才。由此，环境优化机制是对影响大学生村官成长和成才的环境要素进行整合和优化，充分发挥其对人才成长的积极作用。尤其要注重发挥政策环境对大学生村官成长成才的主导作用、管理体制和机制对大学生村官成长成才的保障作用、社会环境对大学生村官成长成才的支持作用；进一步发挥家庭环境、村落环境对大学生村官成长成才的积极扶持作用。值得注意的是，以促进村官成长为指向，外部环境的优化应以大学生村官的成长需要为基点，以实现村官成长和农村发展双赢为目标。环境的外延很广，对环境的优化内容很多，根据调研结论，我们重点对如何提高村官政策的吸引力、强化大学生村官的基本保障、优化管理体制机制和社会舆论环境这四个方面进行研究，提出具体的优化建议。

二、双管齐下、提升素质——素质提升机制

内在素质是人才成长的基础，外部环境是否能够发挥作用，从根本上说取决

于大学生村官能动性的发挥。大学生村官的内在素质是一个多序列、多要素、多层次的系统，主要包括生理因素系统和心理因素系统，前文已经对这一系统的构成、大学生村官胜任力素质模型进行了深入探讨。素质提升机制是通过村官自身学习、积极实践及外部提供教育培训等多种方式，促进大学生村官素质不断提升的各种制度的有机联系和运行方式。在素质提升机制的优化方面，我们将以提高大学生村官的胜任素质为着眼点，对在大学生村官素质培养和提升中负有重要责任的特定主体——高校的作为提出建议，再对大学生村官素质提升有重要影响的关键环节——选聘录用机制、培训机制的完善提出对策。通过完善大学生村官培养和培训、提升大学生村官选聘质量等方式和方法促进大学生村官心理因素的提升，这是促进大学生村官成长成才的核心任务。此外，还要注重引导大学生村官从自在成才阶段走向自为成才阶段，注重引导大学生村官努力实现自我素质提升。

三、链式培养、循序成长——动态衔接机制

大学生村官成长成才具有鲜明的阶段性和过程性，应以动态眼光看待大学生村官个体发展和群体流转，虽然批次接续使农村长期都驻有大学生村官，但单批次的大学生村官任职期间通常只有短暂的两三年，呈现出不同的成长成才阶段。结合大学生村官成才成长的过程和规律，需要建立合理的机制推动大学生村官从一个阶段向另一个阶段实现成长的顺利转化，由此我们将深入研究并努力建构大学生村官成长成才的动态衔接机制。动态衔接机制即是以过程论、总体性思维探讨如何实现不同场所、角色和制度间的有序衔接，以发挥出机制的最优功能。这一机制不仅包括大学生村官成长不同阶段之间的动力衔接机制，而且包括不同主体间的协同管理机制。只有从不同成长阶段和不同管理环节两个方面形成链式培养，才能助推大学生村官循序渐进的成长成才。

四、有序流动、长短结合——多元发展机制

大学生村官的政策设计本身决定了大学生村官的动态性特征。大学生村官的任职期限一般在三年左右。因此，大学生村官计划是每年都有新的大学生加入，同时每年又都有任职期满的大学生村官走向其他工作岗位。不同于"扎根农村一辈子"的一元导向，大学生村官政策是"一池活水"，在有序流动中，其生命力不断增强，战略意义逐步显现。从这一意义上看，合同期满后大学生村官的发展状况不仅是大学生村官普遍关心的热点，也是大学生村官工作机制中突出的难

点。这一问题的解决，更能体现这一政策的实际效果和战略意义。由此，关注大学生村官作为青年人才的可持续发展，必须建立和优化大学生村官的多元发展机制。多元发展机制即通过疏通和拓宽大学生村官个体成长与发展的渠道和平台，解决大学生村官期满出路的方式方法。促进大学生村官的有序流动，就是要拓展并畅通大学生村官的出口，使这池水真正成为活水。在对现有政策目标进行分析的基础上，我们把为党政干部队伍培养后备人才作为主导性目标，在明确大学生村官聘任制公务员这一身份定位的基础上，打造期满流出的主渠道。同时，积极引导大学生村官通过留村任职、自主创业、另行择业、继续学习深造等多种发展途径有序流动，建立一种"下得去、待得住、干得好、流得动"的可持续发展机制。

五、持续关注、有效监督——监督指导机制

大学生村官政策的制定、实施和完善，都离不开有效的监督和指导。目前，实践中不同地区对大学生村官培养、实际使用、配套管理等工作的重视程度和实际成效不同，造成大学生村官成长成才还处于自发状态，存在一定的人才浪费现象。为了保证大学生村官政策的健康持续发展，并促使其实现规范化、科学化和常态化，构建大学生村官成长成才的监督指导机制至关重要。监督指导机制是对大学生村官相关制度运行进行监督和指导的方式，以保证制度得到正确执行和及时调整。只有以相对稳定的制度设计实现对村官工作的监督和指导，减少政策实施过程中的不确定性，明确中央、省、市、县、乡、村六级政府以及政府不同部门职责，建立以评估、跟踪回访、检查、考核等手段为主要内容的政府监督指导机制，才能确保大学生村官成长成才政策在实际执行中发挥预期的功能和作用。

总之，大学生村官成长成才机制需要通过以上五大子机制的运行实现有效运转。虽然五个子机制各有自身的功能和目标，但彼此之间存在着密切联系，是一个有机整体，在构建和实施大学生村官成长成才机制的过程中，不能将上述子机制进行简单叠加、机械拼凑，而是要充分研究如何从整体上保证机制运行的科学性、合理性、有效性。深入研究影响大学生村官成长成才的各个要素，以及各个要素之间动态的联系，厘清目前存在的障碍因素，通过改变相关制度，从结构、人员、功能、方式方法上加以调整，找到形成有效机制的合理结构和最佳联结方式，才能发挥出机制整体的最优功能，助推大学生村官的成长成才。

第十三章

大学生村官成长成才机制的系统优化（一）

作为一项被赋予重大战略意义的中央决策，大学生村官工作的开展目前已经到了关键阶段，必须充分认识到农村建设的重要性，针对农村对高素质人才的巨大需求，在尊重市场规律和人才成长规律的基础上，以战略思维、系统思维、辩证思维推动大学生村官成长成才五大机制的系统构建。本章着重探讨环境优化机制、素质提升机制的具体构建对策。

第一节 环境优化机制

从调研结果看，目前家庭和村落为大学生村官的成长成才提供了有力的支持，政府和社会的支持力度相对不足。因此，我们把环境优化的重点放在了完善政策、集约管理等宏观环境上。

一、明确身份定位，强化政策的战略意义

大学生村官政策不是应对一时一地问题的权宜之计，而是立足于青年人才发展、农村发展、社会发展的多方共赢的人才战略部署。这一制度自实施以来，在不断完善的过程中已经逐渐显现出其战略意义。但是调研表明，大学生村官计划对优秀大学生的吸引力还不足。究其原因，主要是大学生村官对现有的"'村组

织特设岗位'志愿者"的身份定位没有充分理解和接受。如前所述,这一问题已经成为大学生村官工作深入开展的主要瓶颈。要提高政策吸引力,强化政策的战略意义,必须从根本上入手,尽快明确大学生村官的身份定位,这是一项十分重要和紧迫的任务。只有明确大学生村官的法律地位、权利和义务等重要问题,大学生村官培养和管理过程中的一系列问题才能迎刃而解。

目前这一问题已经引起了很多关注,现有研究提出了种种对策建议,诸如将大学生村官定位为"职业经理人""职业村官""公务法人"等①,这些提法意在用市场化的方式解决大学生村官的身份定位问题,并没有从根本上解决大学生村官的编制问题,因此大学生村官身份定位模糊的问题仍然存在。加之大学生村官成长成才有其特殊的规律,不同于职业经理人完全由市场需求决定,而是一项培育人、发展人的人才战略工程。由此,通过前期理论分析和实证调研,依据大学生村官工作岗位的特征以及大学生村官成长成才的规律,我们建议结合各地区的实际情况,可以将大学生村官的身份定位为基层公务员("乡镇级基层公务员"或"县级基层公务员");或定位为"聘任制公务员";或定位为事业单位工作人员,其工作岗位性质为"政府特设派出岗位"或"事业单位特设派出岗位"。无论是哪一种身份定位,其目标都是为大学生村官提供明确的身份定位,从培养人才、成就人才的高度认识大学生村官政策的战略意义,实现从"工具性管理"到"需求性管理"的转变,真正尊重和满足大学生村官的成长需求,从而实现推动农村发展和助推大学生村官成长成才的双重目标。

(一) 身份定位之一:基层公务员

1. 政策基础:契合党政干部后备人才的目标定位

通过对国家层面大学生村官政策进行文本分析,我们发现,2008年政策文本将大学生村官定位于"新农村建设带头人"和"党政干部后备人才";2009年政策文本将大学生村官定位于"新农村建设骨干力量"和"党政干部后备人

---

① 有学者提出,在现有的法律法规框架下,大学生村官可以职业化,成为职业经理人,建立大学生村官协会,通过赋予协会一定的权力和责任,为大学生村官工作提供法律支持(参见郑腊香、杨海军、孙菁、黄仪嘉、朱烨:《大学生村官的法律地位对其创业的影响》,载《经济与法》2014年11月刊,第153页)。有学者提出,赋予大学生村官公务员的身份,让其代表行政权力管理农村基层公共事务,是对中国基本政治制度的违背,而在农村基层,高素质、职业化的社会事务管理者成为迫切需要,因此职业化的大学生村官正是在一定程度上对这一需要的满足(参见刘文慧、宋远军、颜勇、翁阳:《困境与出路:大学生村官的法律地位》,载《中国农村观察》2010年第5期,第59~60页)。还有学者提出,"建立一个公务法人性质的组织机构全权负责对大学生村官的管理和服务工作"。让大学生村官以公务法人这样的身份参与村中事务,行使法律权力,履行法律义务(参见肖任:《大学生村官身份困境及对策问题研究——基于嵌入性制度视角》,载《安徽农业大学学报(社会科学版)》2012年第6期,第11页)。

才"；而2012年政策目标在2009年的基础上增加了"各行各业优秀人才"这一目标定位。这表明，随着大学生村官工作在实践领域的不断深入，对大学生村官的身份定位逐步趋向理性化和科学化，但也呈现出分散泛化趋势。多而分散的身份定位不但难以突出政策的吸引力，而且给大学生村官的选聘、培养、管理等带来了各种不确定性。因此，有必要在多元目标中确立一个主导性目标，以保证政策执行的稳定性和针对性，促进政策执行的精准化。从大学生村官成长成才所具有的战略意义出发，可以将大学生村官定位为基层公务员，以契合"党政干部后备人才"这一主导性目标。

将大学生村官的身份定位为"乡镇级基层公务员"或"县级基层公务员"，实质上也是我国国家公共服务向基层农村的一种延伸。在这一定位下，管理体制和财政给付也有相应调整，由各级组织部门负责大学生村官的选聘、由公共财政负担村官工资待遇。由此，不仅可以更好地解决大学生村官任职期间的工资待遇、福利保障等现实问题，而且能够明确大学生村官的岗位职责和发展出路，强化政策的吸引力，有效推动大学生村官成长成才机制建设目标的实现。

2. 实践基础：适应新常态下公共管理体制创新的需求

为了充实乡镇公务员和县级公务员的人才队伍，可以考虑将大学生村官明确为乡镇公务员或县级公务员。近年来，部分省市推出了大学生村官政策与选调生政策接轨的举措，比如江苏省、北京市、山东省都出台了相关政策。这实际上是有条件地给予大学生村官一种确定的"基层公务员"身份，同时也拓宽了选调生队伍的人才选拔范围。这些尝试表明，大学生村官的身份定位已成为迫切需要解决的关键问题，地方已经开始结合自身实际试图予以解决。虽然具体解决方案不尽相同，但多数地区都倾向于赋予大学生村官确定的公务员身份，顺应、满足多数大学生村官进入公务员队伍的就业期望，解除在岗期间的后顾之忧，以激励他们干事创业的积极性和主动性。同时，这样还能够有效避免大学生村官管理部门和社会舆论对大学生村官政策执行和理解的偏差，促进"党政领导干部后备人才"这一政策目标的实现。

从已有的实践效果看，乡镇级公务员或县级公务员具有较强的可行性。据统计，仅在2016年一年内，全国进入乡镇领导班子的大学生村官总数为9 020人，全国进入县直部门领导班子的大学生村官共有992人。[①] 当前，随着社会主义市场经济向纵深发展，我国公共管理逐步步入了科学化、民主化和法治化的进程。"现代化的市场经济客观上要求有一个符合现代化管理要求、功能齐全、结构合

[①] 《权威发布：村官工作数据"一口清"》，中国青年网，2017年3月24日，http://cunguan.youth.cn/cgxw/201703/t20170324_9340284.htm。

理、运转协调、灵活高效的管理体系对其进行宏观规划、协调和监督。这就要求我们改变过去落后的公共管理体制。"① 将大学生村官定位为基层公务员,适应了新常态下我国公共管理体制创新的需求,体现了新常态下国家治理方式的创新,对巩固党的基层政权具有战略意义。值得注意的是,以"基层公务员"定位大学生村官,在村官工作上更是一种大胆的创新,在具体操作层面可能会对现有机构编制、财政负担、管理体制等提出挑战。但遵循基层公务员的身份定位,探讨从根本上解决大学生村官发展的瓶颈问题,仍然值得尝试。

(二) 身份定位之二:聘任制公务员

从法律层面上看,2005年新修订的《中华人民共和国公务员法》(以下简称《公务员法》)规定:"机关根据工作需要,经省级以上公务员主管部门批准,可以对专业性较强的职位和辅助性职位实行聘任制。"② 这一立法为我国实行聘任制公务员提供了法律依据。同时,《公务员法》中规定的聘任制必须有职位空缺、有编制有工资预算才能够进行聘任,聘任后即取得了公务员身份,而一旦解聘后公务员身份随即消失。同样是公务员,聘任制公务员不同于选任制和委任制公务员,主要表现在三个方面:一是选拔方式上,聘任制公务员必须通过公开招聘的方式产生,而委任制通过考试、调入或公开选拔产生,选任制则通过选举产生。二是岗位期限上,聘任制公务员根据双方约定的任期来完成工作任务,根据现行《公务员法》的规定一般是一年到五年。而选任制公务员任期与人民代表大会的任期一致,委任制公务员一般是终身任职直到退休。三是管理方式上,聘任制公务员依据双方共同协商和签订的聘任合同来进行管理,因此聘任制公务员实行的是协议工资制度,有效引入了市场机制,在双方平等协商的基础上来确定工资待遇水平。而选任制和委任制公务员严格遵循《公务员法》和相关法律法规进行管理。由此,聘任制公务员在选拔方式、任期期限和管理方式方面更具有灵活性和自主性。

大学生村官岗位自身的特点决定了这一岗位也可以适用于聘任制公务员的相关规定。首先,大学生村官一般担任村党支部书记助理或村委会主任助理,属于辅助性的职位,符合《公务员法》中可以实行聘任制的相关规定。其次,聘任制公务员只是在聘期内具有公务员身份,一旦解聘,就不再是公务员身份。大学生村官也是有一定任期的,任期内赋予其公务员身份,而一旦出现任职期间不能履行工作职责、考核不合格的情形,可根据相应的淘汰退出机制予以解聘,其公务

---

① 方世荣:《中国公务员法通论》,武汉大学出版社2009年版,第35页。
② 参见《中华人民共和国公务员法》第九十五条。

员身份也随之消失。因此，聘任制公务员的身份既能使大学生村官以明确的身份安心在村履职，又通过有限聘期的方式给予其一定风险和压力，避免出现"养懒汉""干多干少一个样"的情况，创设出一种正面激励和负面激励相结合、能进能出的人才管理机制，为大学生村官成长成才提供宽松安定又不失适度刺激的外在环境。届时，大学生村官的培养和管理主要依据聘任合同的具体规定，他们的薪酬待遇、工作环境、发展空间都有了法律保护和长效稳定机制，这将使大学生村官政策的吸引力不仅仅体现在公务员身份上，而且还在于通过聘任合同订立的受到法律保护的规范稳定的薪酬待遇、上升空间等。

将大学生村官定位为聘任制公务员，是一种制度创新。为了避免在管理过程中出现混乱，有必要出台相应的法律法规对大学生村官身份定位给予明确说明。由于与普通公务员的法律地位不同，大学生村官作为聘任制公务员，其法律地位具有公共性和不对称性。公共性主要表现为大学生村官的具体工作职责带有公共管理的性质，工作目的在于对公益和基层行政管理秩序的维护。不对称性主要表现为大学生村官并不享有和相关管理部门对等的权力义务，双方签订合同后，相关管理部门对大学生村官享有管理权和监督权，双方法律地位并不对等。因此，只有从法律法规规范层面上确定大学生村官岗位的性质和大学生村官的身份地位，并对不同主体的权利（力）义务关系予以明确，才能保证在具体推行过程中不会太过偏离政策初衷。

目前在我国，聘任制公务员仅仅是常任制公务员的一种补充，现在仍在试点阶段，还没有形成成熟和完整的经验。以"聘任制公务员"定位大学生村官，在村官工作上更是一种大胆的创新，但可以从根本上解决大学生村官发展的瓶颈问题，值得尝试。

（三）身份定位之三：事业编制工作人员

大学生村官的身份定位问题是大学生村官成长成才机制运行的前提和基础，随着这一问题在实践过程中的凸显，各地政府部门已经进行了有益的探索。

部分地区出台相关政策从大学生村官中选拔事业单位工作人员，比如浙江萧山 2015 年面向期满大学生村官招聘事业单位工作人员，考试采用笔试、面试和考核评价相结合的方式进行，重点考核大学生村官日常工作表现，体现了注重实绩、注重平时的导向。

还有部分地区在招聘大学生村官之初，就明确其事业编制工作人员的身份定位，即规定大学生村官期满考核合格即可解决事业编制。比如陕西省大学生村官管理部门自 2012 年专门出台了相关文件，对于三年期满考核合格的大学生村官直接转为事业编，比较顺畅地解决了大学生村官的期满出路问题。通过明确事业编工作人员这一身份，大学生村官具备了相应的职务影响力，能够在基层农村树立必要的权威，在一定程度上保障了大学生村官参与村级组织核心事务的权利和权力。

值得注意的是，明确大学生村官的身份定位，必须依据相应的考核结果来决定是否续聘，是否继续享有基层公务员身份、聘任制公务员身份或事业编制工作人员身份。由此，在明确大学生村官身份的同时，要给予一定的期限，这一期限可以与大学生村官的聘期相一致。在 2~3 年聘期结束后，通过科学完善的考核机制考核后的一部分大学生村官才能继续保留公务员编制或事业编制。而对于考核不合格的大学生村官，应畅通多条出路，鼓励大学生村官多元化发展，比如可以根据个人意愿，参加国家、省级、市级等其他类型公务员考试，可以参加企事业单位的招考，也可以留村任职，还可以选择另行择业创业或者继续升学深造等。只有通过建立这种竞争机制，才能有效促进大学生村官努力提高工作业绩，为基层农村的建设和发展做出积极的贡献，同时促进大学生村官自身综合素质和能力的提升，为我国基层农村实用人才的培养和造就提供源头活水。

二、注重统筹协调，体现地区差异和分类指导

由于不同地区对大学生村官工作的重视程度、执行工作的力度存在差别，加之不同地区经济发展水平、区域人才竞争力、村落环境、社会舆论等各种复杂因素的差异性，使得一些地区大学生村官工作特色鲜明、成效突出，而有些地区大学生村官工作则相对薄弱。调研表明，61.5% 的大学生村官认为大学生村官政策落实不够全面，各省份地区间差异大，影响了大学生村官的工作积极性。比如有的地区培训次数偏少、培训内容相对单一；有的地区大学生村官管理服务不到位、期满出路不畅通；部分地区大学生村官工作生活补贴增长机制不够健全，45% 的大学生村官的工作生活补贴在任期内没有什么变化；部分地区大学生村官存在工作边缘化现象，积极性没有得到充分发挥。这在一定程度上反映出目前大学生村官工作缺乏系统的战略规划，包括对我国农村地区人才需求状况缺乏整体预测、对大学生村官的培养缺乏系统规划、对大学生村官期满后的流动缺乏战略化的顶层设计等。针对大学生村官工作发展不够平衡的问题，应加强统筹协调，在工作重点、方式方法和管理机制等方面加强分类指导，正视地区差异，避免"一刀切"。

（一）注重统筹规划，保证政策向欠发达地区适度倾斜

大学生村官福利待遇应该由基本工资、津贴、补贴和绩效奖金构成，同时还应包括地区附加津贴、艰苦边远地区津贴、岗位津贴等津贴。由于欠发达地区发展水平相对落后，工作环境和生活条件相对艰苦，在考虑地区差异的基础上应人性化地提出各个地区的补贴政策和标准。可以用适当的补贴消除因地区间的价格差异、工作环境差异等引起的不平等，尤其是要为边远、艰苦地区大学生村官提供特殊补贴，制定相关政策向不发达地区倾斜，以降低由地区间的价格差异、工作环境差异等引起的不平衡，体现大学生村官薪酬标准的公平合理。为了更好地发挥津补贴维护公平的调节功能，必须将各个地区津补贴标准的差异控制在合理的范围之内，既要避免大学生村官津补贴发放的差异悬殊，又要防止发放的绝对平均。因此，有必要建立一套全国统一的大学生村官津补贴制度，由各地财政规范管理，统一发放，并建立相应的法律法规保证实施。

问卷调查和实证调研表明，目前大学生村官认为所在村落环境普遍比预期要好。与农村基层生活工作环境保障的满意度相比，部分地区大学生村官基本社会保障力度不足，主要表现在三个方面：一是福利待遇普遍偏低。前文调研显示，仅22.7%的大学生村官对自己的工资待遇表示"非常满意"或"比较满意"，42.8%表示"非常不满意"与"比较不满意"，34.5%表示"一般"。很多地方的大学生村官管理部门也认为，与当地同级别的公务员、事业单位工作人员相比，大学生村官的待遇偏低。大学生村官正处在适龄婚育期，如果再考虑上婚姻、家庭、住房等问题，所面临的经济压力可想而知。二是福利待遇地区差异较大。在东部沿海等比较发达的城市，村官人均每月补贴在2 000元以上，而在中西部欠发达地区则不足1 000元，有的只有五六百元[①]。如此明显的地区差异，容易使大学生村官心里产生不公平感[②]。三是社会保障政策不完善，各地在参保

[①] 根据政策文本，目前北京市大学生村官基本工资标准为本科学历第一年每人每月2 500元，第二、第三年每人每月3 000元，续聘后每人每月3 500元。上海市大学生村官每月发放2 000元日常补贴，每年发放一次性政府奖励21 760元；江苏省享受全额拨款事业单位工资待遇，省财政按照每人每年1.8万元下拨专项工资补贴经费，不足部分由市、县、区级财政补贴。湖北省大学生村官每人每年补贴15 000万元，一次性安置费2 000元。浙江省专科生每月1 000元，本科生每月1 200元。四川省专科生900元，本科生1 100元，研究生1 500元。而河南省给予研究生每月800元，本科生600元，专科生500元的补贴；贵州省人均每月补贴为600元，还规定要提高待遇标准的需要由地方政府承担。

[②] 福利待遇上的地区差异是不同地区经济发展、财政状况、管理机制等因素综合作用的结果。大学生村官的薪酬待遇要由所在县镇村补贴、地方财政补贴和中央财政补贴三部分组成，由于一些不发达地区财政状况不佳，往往容易导致县镇村补贴和地方财政补贴无法全面落实。课题组在调研中发现，在地方财政困难的区域，大学生村官的地方补贴、津贴存在不能按时、足额发放的情况。甚至同一乡镇的大学生村官隶属于不同的村落，也存在待遇上的较大差别。

类型、缴费额度、补贴发放等方面的落实状况参差不齐。① 由此，目前重点是遵循地区差异和分类指导的原则，强化大学生村官成长成才的基本保障。

针对部分地区大学生村官待遇较低的现状，应提高大学生村官的岗位补贴、薪酬补贴和生活费补贴，确保大学生村官的福利待遇不低于当地公务员的平均水平。同时，村官的薪酬标准应与我国经济总量或经济规模之间保持一定的比例关系，"大学生村官的薪资和市场的薪酬相比较，应随着经济的变动适当进行浮动"。② 因此，有必要由中央及各级财政部门建立大学生村官福利待遇有序增长机制。目前，有学者认为大学生村官名义薪酬在企业中的"相当"岗位是"管理类"岗位，其外部公平的挂靠薪酬指标不是社会平均工资或当地企业平均工资，而应是企业管理类岗位的平均工资。③ 然而，企业工资随着市场发展变化较大，由于我国尚未建立工资定期调查制度，企业管理类岗位的平均工资较难确定。各地可以将大学生村官的工资待遇纳入地方公务员工资待遇体系，根据地方社会经济发展情况，渐进、有序地提高工资水平与社会保险的缴付标准，保证大学生村官福利待遇的持续增长。当然，确定大学生村官薪酬水平应在综合考虑各种影响因素的基础上进行，这些因素通常包括当地企业的薪酬水平、政府财政能力、公众舆论、物价水平、宏观经济发展状况、法律制度与文化传统、当地社会的平均工资等。④

此外，尽管大学生村官的待遇确实需要适度提高已基本达成共识，但提高到何种程度才算是合理并没有统一的考量标准。本研究倾向于许多学者已经关注的时限累进式待遇设计，即不仅在大学生村官规定服务期内其待遇随着工作年限而递增，其服务期满后，如愿意留在农村继续为农村建设服务，其待遇随工作年限递增的幅度适当提高，以形成长效性的激励机制。

（二）坚持分类指导，促进管理的科学化

以区域差异的现实为基础，可以将大学生村官工作目标和岗位职责分为多个

---

① 有的通过文件明确规定为大学生村官发放社会保险、住房公积金、独生子女费等，规定为大学生村官办理人身意外伤害保险、住院医疗保险等七项保险，保险费用为每人每年200元。湖北省在《2015年湖北省大学生村官选聘工作公告》中规定，应为大学生村官办理养老、医疗、人身意外伤害三项保险。福建省规定大学生村官每人享受350元的人身意外伤害保险、住院医疗保险和每人每年500元的交通补贴。

② 王萍：《我国大学生村官薪酬制度合理化及其设计探讨》，载《现代财经》2009年第4期，第75~78页。

③ 张广科：《津补贴、薪酬差距与行政机关大学生村官薪酬公平——基于中部三省大学生村官与企业薪酬数据的实证分析》，载《经济管理》2012年第37期，第83~93页。

④ 张广科：《行政机关大学生村官薪酬公平及其影响因素研究》，载《统计研究》2012年第1期，第92~95页。

维度，根据各区域不同的激励要素如工资、户口、加分等发生效用的力度，多角度对大学生村官的工作业绩进行评价。政府应以区域差异的现实为基础，根据各区域不同的激励要素如工资、户口、加分等发生效用的力度，平衡区域差别，建构合理的区域化激励格局。比如不能盲目要求所有地域的大学生村官必须进行创业，应因地制宜地开展创新创业活动。但为了更好地鼓励创新创业，对于适合创业的地区，可以酌情给予大学生村官一定的股份或在项目收益中拨付一定的奖金作为奖励，这样可以激发大学生村官的创业热情和工作动力。此外，合理的薪酬机制是大学生村官成长成才机制有效运行的一个要害环节。所谓"合理的薪酬机制"主要指的是公平的薪酬机制，即"同工同酬"机制，主要包括三方面的内涵：一是薪酬外部公平，即实现大学生村官与其他从事同样或"相当"工作的人们所得报酬间的公平；二是薪酬内部的公平，即大学生村官内部所得的报酬是公平的；三是绩效薪酬公平，即大学生村官队伍中具有相同或类似生产要素贡献率的员工所得的不同报酬间的公平。要实现大学生村官福利待遇的公平合理，首要问题在于建立合理的福利待遇标准。

（三）遵循适度原则，各地应灵活变通，稳步推进各项政策的有效实施

在体现地区差异和分类指导的同时也应注意，合理差异的存在是达到实质公平的必要手段，但必须将差异控制在一定范围内，避免过分悬殊，否则有可能造成地区间的不公平，危及大学生村官队伍的稳定和村官工作的长远发展。因此，遵循适度的原则，各地应结合地区特殊情况出台配套政策，稳步推进中央各项政策的落实，由此促进各地区大学生村官工作的协调平衡和可持续发展。目前，部分地区给大学生村官提供的社会保障政策，包括地方配套的补贴、津贴、医保、养老保险等相对较为完善，财政支持力度也相对较大，多数地区尚未对大学生村官的社会保障加以明确规定，或已有规定有待完善。对此，今后应制定统一完善的社会保障政策。按照2008年、2009年、2012年由中组部牵头、各部门联合签发的三个文件精神，地方政府应完善大学生村官社会保障政策，除落实基本待遇外，还应细化中央规定的补贴、津贴、医保、养老保险等社会保障政策。在访谈调研中，大学生村官的社会保险普遍存在项目不健全的问题，很少有地区给予大学生村官比较齐备的"五险一金"。由于社会保障的不健全，大学生村官一旦面临生病、被辞退、意外伤害、购房和生育等情况，将背负较重的经济压力。因此，国家和地方政府应切实完善大学生村官的各项社会保障制度，包括养老保险、医疗保险、失业保险、工伤保险和生育保险，建立大学生村官住房公积金制度。针对女大学生村

官，还应建立生育保险，以减轻生活压力。为了保证大学生村官福利待遇的全面落实，促进现有保障中薄弱环节的彻底解决，各地组织管理部门还需要加大监督、监察力度，督促各级各部门切实落实中央与地方的大学生社会保障政策，让参加农村基层工作的大学生村官真正感受到制度有保障、生活有依靠。

三、优化管理体制和机制

人才是宝贵的第一资源，以用为先是我国人才强国战略实施的关键和核心所在。大学生村官是建设新农村的宝贵人才，使用是大学生村官成长成才机制的重要环节。实现大学生村官的合理使用，离不开一套科学、集约的管理体制和机制。从促进大学生村官成长成才的角度出发，现行大学生村官的管理体制和机制需要在以下几个方面加以优化：

（一）建立大学生村官绩效考核制度

所谓"绩效"就是完成工作目标的程度和效果。[1] 这里的"工作目标"主要指的是一定组织确立的工作目标，而非组织中个人预期的工作目标。大学生村官的工作绩效即大学生村官完成组织确立的工作目标的程度和效果。绩效考核作为人力资源管理的核心概念，是一种行为引导和控制方法，也是一种激励方法。所谓"绩效考核"，即"采用科学的方法，按照一定的标准，考察和审核员工对职务所规定的职责、任务的履行程度，以确立其工作绩效的一种有效的系统管理方法"。[2] 建立大学生村官绩效考核制度，不仅能够激发大学生村官的潜能和积极性，帮助大学生村官明确自身的工作职责，调整工作方式，而且能够为大学生村官培养和管理工作提供了现实依据，是保障大学生村官成长成才机制高效运转、实现预期目标的一项重要内容。绩效考核制度的建立需解决三个问题：考核什么、怎么考核、考核结果如何使用。

1. 突出以业绩为主的考核导向

在前期访谈中，部分大学生村官表示自己有干事的决心和热情，但工作目标和工作职责不够明确，影响到工作的具体开展。这就说明在大学生村官管理中考核导向和内容还不够明确。基于基层公务员的身份定位，应全面考核大学生村官的德、能、勤、绩、廉，重点考核其工作实绩。建议明确将创业富民和服务群众作为现任大学生村官的主要职责，重点考核工作职责的履行情况以及对村落发展

---

[1] 余泽忠：《绩效考核与薪酬管理》，武汉大学出版社2006年版，第18页。
[2] 余泽忠：《绩效考核与薪酬管理》，武汉大学出版社2006年版，第19页。

的贡献情况。在设置考核内容时仍应注意地区差异和分类指导，应当结合不同地区的情况，把大学生村官的职责进行细化和分解，以明确不同地区大学生村官的工作目标和工作职责，真正将考核落到实处。

2. 建立科学合理的绩效考核指标体系

考核要收到预期效果，必须做到程序规范和民主公开，同时要有明确、科学、统一的考核依据。① 可以参照干部选拔考察，科学设置大学生村官考核程序，在坚持访谈了解、调查核实工作实绩的基础上，组织进行民主测评，做到公开透明。建立一套科学合理的绩效考核指标体系，作为考核依据，不仅能够保证考核内容的重点突出且不失全面，又能最大限度地保证考核的公平性。

根据中央相关规定和大学生村官胜任力模型的研究结论，我们按照如下思路对指标体系进行设计：以德、能、勤、绩、廉为一级指标体系。为了突出"绩"的考核导向，将权重比例分别设置为20％、20％、20％、26％、14％。其中，依据大学生村官胜任力词典，可以将"德"的二级指标设置为思想政治觉悟、品行端正、群众观念、全局观念、责任心、开放性；"能"的二级指标设置为适应能力、开拓创新能力、组织协调能力、领导力、应变能力、执行能力、人际沟通能力、发展经济能力、获取和利用信息能力、分析处理问题能力、表达能力、学习能力；"勤"的二级指标设置为热爱农村、服务意识、亲和、吃苦耐劳、自信敢为、团队合作；"绩"的二级指标设置为工作主动性、坚持不懈、关注细节、成就导向、工作实绩；"廉"的二级指标设置为遵纪守法、廉洁自律。这些指标构成了大学生村官绩效考核评价体系。如表13－1所示。

表13－1　　　　　　　大学生村官绩效考核评价体系

一级指标 （5个）	二级指标 （31个）	观测点	权重	得分
一、德 20％	1. 思想政治觉悟	是否积极主动地参加各类政治理论培训学习活动，完成学习任务并撰写心得体会； 是否自觉查阅政治理论方面的书籍、杂志、报纸等； 是否正确理解重大方针政策以及大学生村官政策的相关内容； 对于党的方针政策的落实，是否提出了具体的、具有操作性的实施措施。	4％	

---

① 这里的统一，并不是全国统一，而是针对组织考核的职能主体而言。如同一个乡镇上的大学生村官，应该有一份统一的考核依据，或者是一份具有效力的考核规定，或者是一套明确具体的考核指标体系。

续表

一级指标 （5个）	二级指标 （31个）	观测点	权重	得分
一、德 20%	2. 品行端正	是否了解聘任制公务员的职业道德规范； 是否关心和热心帮助身边的人； 为村民办事时，是否热情认真、客观公道； 是否言行举止得体。	4%	
	3. 群众观念	是否关心村民的生活疾苦； 是否积极为村民办实事、好事； 是否能够听取群众的意见和建议。	3%	
	4. 全局观念	是否能够自觉维护整体利益； 是否能够自觉维护长期利益； 是否注重团结协作、甘于奉献。	3%	
	5. 责任心	是否自觉承担工作职责； 是否积极履行相关义务； 是否能够克服困难完成工作目标。	3%	
	6. 开放性	是否虚心向身边人请教问题； 是否乐于接受建议和意见； 是否积极改进工作中的不足。	3%	
二、能 20%	7. 适应能力	是否积极配合村"两委"工作； 是否坚决维护村"两委"班子团结，与他人建立真诚良好的工作关系。	2%	
	8. 开拓创新能力	是否排斥新事物； 在工作中，是否提出过与以前不同的工作思路和工作方法，并取得了一定的成效。	2%	
	9. 组织协调能力	是否具有较强的组织能力； 是否使得组织中的人际关系融洽。	2%	
	10. 领导力	是否充分利用人力和客观条件，善于调动群众的积极性和主动性； 是否有效提高了农村事务性工作的效率。	2%	
	11. 执行能力	是否具有良好的业务水平和管理能力； 是否能够保质保量地完成工作任务。	2%	
	12. 人际沟通能力	是否能够较好地理解别人； 是否能够增加别人对自己的理解。	2%	

续表

一级指标 （5个）	二级指标 （31个）	观测点	权重	得分
二、能 20%	13. 表达能力	是否具有良好的口头表达能力； 是否具有良好的文字处理技能。	2%	
	14. 发展经济能力	是否促进了村落的经济发展； 是否提高了村民的收入。	2%	
	15. 应变能力	是否能迅速应对突发紧急情况。	1%	
	16. 获取和利用信息能力	是否能够理解、获取、利用重要信息和信息技术。	1%	
	17. 分析处理问题能力	是否能够独立解决工作中出现的各种问题。	1%	
	18. 学习能力	是否积极主动学习农村工作相关知识和技能。	1%	
三、勤 20%	19. 热爱农村	是否热爱本职工作； 是否乐于与农民交流； 是否积极参加岗位培训； 是否对选择村官岗位感到后悔或心生抱怨。	4%	
	20. 服务意识	工作态度是否热情； 工作态度是否周到； 工作态度是否主动； 工作态度是否谨慎。	4%	
	21. 亲和	是否容易接近； 是否能够包容和理解他人。	2%	
	22. 吃苦耐劳	是否能够经受农村的艰苦； 是否能够忍受工作的劳累。	2%	
	23. 自信敢为	是否在工作中勇挑重担； 是否在工作中敢于独当一面； 是否敢于提出不同的建议和意见； 是否在工作中发挥模范带头作用。	4%	
	24. 团队合作	是否乐意向他人请教； 是否善于与人合作； 是否能够平等待人； 是否尊重他人。	4%	

续表

一级指标 （5个）	二级指标 （31个）	观测点	权重	得分
四、绩 26%	25. 工作主动性	是否驻村； 是否经常迟到、早退。	2%	
	26. 坚持不懈	是否在工作中具有良好的毅力； 是否在工作中具有良好的耐力。	2%	
	27. 关注细节	工作是否认真仔细； 工作是否精益求精。	2%	
	28. 成就导向	是否能够自觉完成聘任合同规定的任务； 是否获得乡镇政府的认可； 是否获得村干部的认可； 是否获得村民的认可。	4%	
	29. 工作实绩	是否积极宣传国家有关"三农"问题的政策； 是否为群众事务办理提供了方便； 是否帮助村民增收； 是否帮助解决农村科技问题； 是否积极反应群众意见和建议； 是否及时调解群众纠纷； 是否丰富了农村文化生活； 是否开展安全生产工作。	16%	
五、廉 14%	30. 遵纪守法	是否有被查实的违法行为； 是否有被查实的违规违纪行为。	2%	
	31. 廉洁自律	是否利用职权为亲人和熟人谋利； 是否接受宴请、旅游或财物； 是否诚信做人； 是否踏实做事； 是否公私分明； 是否甘于奉献。	12%	

从表13-1可以看到，大学生村官绩效考核满分为100分，每一个二级指标分数即为100×权重的得分。比如考察大学生村官的思想政治觉悟这一二级指标，得分为100×4% = 4分。由于观测点分为四个方面，因此可以设置为每一个观测点的得分为1分。由此，除去第29个和第31个二级指标对应的每一项观测

点为 2 分以外，其余每一个二级指标对应的观测点满分为 1 分。为了考核大学生村官的服务意识、创业能力、办事水平以及村民的满意度等，指标设置要兼具科学性与可操作性，每个地区的指标设置应与当地农村工作实际相结合，既要着眼未来，又要脚踏实地，避免假大空，避免以偏概全，防止催生政绩工程、形象工程。由于各个指标体系的重要性是不同的，应根据不同地域、不同性别的大学生村官科学地确定绩效考核各个指标的比重，使得各个考核要素的重要性得以量化，形成一个能够对大学生村官进行客观评价、量化分档的业绩考核指标体系。

此外，大学生村官考核工作分为日常考核、年度考核和聘期考核三种形式。大学生村官考核工作由县（区）级公务员主管部门负责，乡镇政府具体组织管理，村级组织协助实施。考核中可以让乡镇政府管理人员、村两委、村民代表进行量化打分，综合多方面评价得出平均分。

3. 考核结果与激励、福利待遇、职业发展规划挂钩

在绩效考核的结果确定后，大学生村官主管部门和大学生村官自身应对考核结果进行深入分析，合理运用绩效考核结果，考核结果作为续聘、录用、奖惩、选拔、培养等的重要依据。

首先，绩效考核结果可作为检视村官选聘政策的一手资料。通过对大学生村官绩效考核结果的分析，可以检验大学生村官选聘的质量，同时还可以为评价人岗匹配提供现实依据，便于及时发现选聘中存在的问题，调整选聘条件、选聘方式和选聘方法，提升大学生村官的选聘质量。

其次，绩效考核结果应作为改进管理的重要手段。绩效考核为改善大学生村官管理工作提供了导向，便于管理部门及时发现制约绩效目标实现的因素，主动消除不利因素，及时采取纠正措施。绩效考核结果可以运用于培训，根据绩效考核中存在的不足，有针对性地制定培训计划，还可以检测培训的实效性。同时，绩效考核结果还可以运用于激励。对于在绩效考核中表现出色的大学生村官，主管部门应进行经常性的培养和锻炼，任满两个聘期、聘期考核称职，或者任满一个聘期、聘期内工作业绩突出且考核优秀者，可在国家行政编制限额内按照有关规定进行公务员登记。乡镇机关补充公务员应主要从大学生村官中招录，以此形成凭绩效用人的良好机制，激励大学生村官在基层农村贡献力量。此外，绩效考核的目标对大学生村官具有重要的导向和激励作用，能够帮助大学生村官找到自身存在的优势和不足，有利于大学生村官合理进行职业生涯规划，促进个人的成长成才。乡镇政府可以通过科学、公正的考核，在评优、提拔、入党方面优先考虑表现优秀的大学生村官，考核成绩较低的，相应地进行诫勉谈话，对考核不及格的予以解聘。由此，考核不仅可以规范大学生村官的实际工作，提高工作效率，也能够保证优秀的大学生村官及早脱颖而出，接受组织考察，为进一步提拔任用奠定基础。

再次，绩效考核结果应作为福利待遇发放调整的依据。大学生村官的福利待遇在注重公平性建设的同时，还应遵循竞争原则，实现公平和效率的统一。只有使福利待遇具备竞争性和市场回应性，才能吸引和留住一批高素质的人才，并激励人才积极性和主动性的发挥。为了实现薪酬激励的效果，必须将大学生村官的福利待遇与工作绩效挂钩，避免"干多干少一个样，干好干差一个样"这种毫无绩效激励的福利待遇影响大学生村官工作积极性的发挥。在实际操作中，有必要适当增加绩效工资在大学生村官收入中的比重，对在创业、服务、争取农业项目等方面取得成绩的大学生村官，可根据相关绩效工资浮动机制，给予一定的绩效奖励。

最后，绩效考核结果应运用于大学生村官自身的工作和职业发展规划。一方面，绩效考核可以充分显示出大学生村官自身存在的优势和不足，村官应根据考核结果及时制定绩效改进计划。另一方面，绩效考核结果是对大学生村官素质和能力的一种评价，结合考核结果，大学生村官应在深刻认识自我的基础上对职业发展做出适合自己的、理性的、长远的规划。

（二）建立、完善竞争择优和奖励制度

人才成长的规律之一是：竞争是个体成长和发展的动力，在竞争中其内在的积极心理品质和创造潜能才能得到充分的开发和施展。公平合理的竞争机制，有利于激发人才的进取心和首创精神，使优秀人才脱颖而出。同时，通过科学的考核体系以及顺畅的选拔晋职渠道，在大学生村官群体中营造争先创优的工作氛围与竞争意识，对"干得好、待得住"的优秀大学生村官不仅给予荣誉奖励，而且还应该将其选拔到新的领导岗位上去，敢于压担子，积极促发展，提供更好的成就平台，创造良好的发展空间，使人才的才能得以充分发挥，为新农村建设做出更大的贡献。

一方面，对于实绩突出、群众公认的任期届满的大学生村官，可以鼓励和支持他们参加村级选举，担任村级组织负责人。还可通过公开选拔担任乡科级领导干部，其中特别优秀的，可以破格提拔为乡科级正职领导干部；符合乡镇领导班子换届提名人选条件的，可按程序推荐作为换届提名人选。同时，乡镇还可以增加事业编制用于选拔优秀的大学生村官，比如团委、妇联、工会等群众组织的事业单位岗位出现名额空缺，结合大学生村官的自身意愿，可以择优选拔他们承担相应的岗位职责。

另一方面，应建立稳定、权威的大学生村官奖励体系，拓宽奖励覆盖面，拓展各种竞争平台，鼓励优秀大学生村官脱颖而出，发挥奖励应有的激励效果。目

前，从中央到地方已建立起了大学生村官的奖励制度，如由共青团中央网络影视中心及有关媒体共同组织评选的"中国十佳大学生村官"，各地政府以及民间组织评选的"优秀大学生村官标兵""村民十大贴心人""创业标兵"等。这些评选活动，对于树立典型、激励大学生村官更好地开展工作都起到了积极作用，但尚未形成具有稳定性和权威性的评优表彰机制。因此，应尽快建立和规范不同级别的大学生村官奖励制度。国家应将大学生村官的评优表彰纳入国家荣誉制度评选的范围之内，各个地区可设立省市级的"优秀大学生村官"等荣誉称号，也可以根据大学生村官工作的特色设立单项奖励和荣誉称号。对优秀大学生村官给予国家级别的最高奖励，能够满足和提升大学生村官的归属感、成就感和幸福感，从而有效激发人才的创造活力，鼓励大学生村官为国家和社会贡献聪明才智。同时，这将对广大青年人才起到重要的引领作用，鼓励更多有志青年到国家最需要的地方奉献青春、贡献力量。奖励制度的建立，要坚持公平公正的理念，保证评选标准的客观科学和参与机会的均等，以激发大学生村官的工作热情和创造力，同时发挥大学生村官基层成才对广大青年的引领作用。

（三）建立淘汰退出机制

从维护人才发展环境的角度讲，良性竞争离不开淘汰机制，淘汰机制有利于良性竞争的有序开展。从竞争和淘汰的关系上讲，竞争与淘汰是相互依存、相辅相成的。一方面，竞争是市场经济的核心机制和内在动力，竞争是淘汰退出机制建立的前提条件。另一方面，没有淘汰，竞争将流于形式，无法形成真正意义上的竞争。事实上，大学生村官工作已经开展多年，每一名大学生村官都经历了从最初的选聘、管理、培训到培养、使用等一系列程序。可以说，当前日益严格的选拔考核本身，就是要在农村干部中建立一支素质过硬的大学生村官队伍，优化农村人才队伍建设。因此，建立大学生村官淘汰退出机制是必然的，也是必需的。淘汰的目的在于让那些不适合村官工作岗位的村官及时离开，这样既能够帮助这些大学生村官进行第二次择业，改善大学生村官队伍结构，有效避免人力资源的浪费，同时又符合市场经济发展优胜劣汰的客观规律，实现人才配置的最佳化。

然而，目前大学生村官选聘、考核、激励、流动等机制日益完善，但淘汰退出机制建设相对滞后。淘汰退出问题直接影响着大学生村官个体的成长成才，同时也是一个社会问题和政治问题。2009年9月广西兴宾区的大学生村官接到通知，因为区里没有空余事业单位编制，他们面临被解聘辞退。[①] 面对突如其来的

---

① 褚朝新：《广西201名选拔生去留困局》，载《新京报》，2009年6月15日（A15）。

解聘通知，大学生村官们产生了不满甚至对立情绪，一度影响到社会稳定。在访谈调研中，一些省市的大学生村官管理部门对于没有落实就业去处的期满大学生村官表示担忧，认为这不仅影响大学生村官的个人发展，而且不利于政府部门工作的开展。由此，必须建立一套合理的淘汰退出机制，才能保证大学生村官成长成才机制的有效运行。

大学生村官淘汰退出机制可以分为被动退出和主动退出两种。被动性退出是指大学生村官到任以后，不能很好地履行职责，甚至长期不在岗。这种情况虽然属于极少数，但如不能及时处理，会造成不良影响，因此，可以首先通过诫勉谈话等形式予以帮助，如果此后仍然不能有所改变、年度考核不合格者，应予以正式辞退。主动性退出则是指大学生村官到岗以后，由于个人的原因，提出解除合同。这种情况也是可以理解的，但是需要有相应的规范作为支撑。虽然以上两种情况在实践中都只是少数，但不论哪种，从制度设计上，都需要建立严格的标准和程序，使大学生村官的退出机制有效运行。

首先，在大学生村官选聘结束后，可以进行一定期限的试用期考核。在试用期间，可以结合实际工作对大学生村官进行考核，以客观地了解大学生村官是否能够胜任本职工作，对于试用期考核不合格的大学生村官应及时谈话劝退。其次，在绩效考核结束后，对于素质能力不适应岗位要求、年度考核连续两年不称职的，或者聘期工作考核不称职的，应予以解聘。当然，大学生村官聘期结束后也可以自行选择不再续聘。对于解聘和不再续聘的大学生村官，为了建立大学生村官重新择业的自信，避免产生对立情绪，有必要建立大学生村官鉴定制度、谈话制度和职业推介制度，引导帮助其自主择业。可以根据大学生村官工作聘期长短，为其发放 6~12 个月的基本生活保障金，以在其自主择业前保障其基本生活，并免费托管人事档案和免费参加一期职业培训。最后，大学生村官在与相关主管部门签订聘任合同时，在明确管理考核、待遇保障、教育培训、期满去向问题的同时，也应有淘汰退出方面的条款，保障大学生村官的知情权。

（四）发挥大学生村官的群体优势，提高人才使用效率

通过统计 2015 年各省市大学生村官的招聘公告，我们发现，目前各省区市大学生村官人数总体呈现出下降趋势。为什么在农村地区大学生供给量不足的情形之下，大学生村官的招聘人数却逐步减少呢？二者之间看似矛盾，实则不然。究其原因，目前我国进入新常态的发展阶段，经济从高速增长转为中高速增长，提高人才的使用效率是当前对我国经济发展产生重要影响的关键问题之一。大学生村官人才队伍建设也不例外，在保持数量稳定的基础上各省区市开始着力提高大学生村官的质量。目前，农村基层对创新创业人才的需求提升，大学生村官不

仅要能够承担村落的日常事务管理和服务，而且要能够运用自身的知识、技能和信息方面的优势，开展创业活动，这就对大学生村官提出了更高的要求。因此，大学生村官管理部门要着力强化大学生创新创业素质和能力系统化培养，不断优化大学生村官这一人才群体的使用效率。

然而在基层农村，大学生村官可以得到的信息、资金、项目支持十分有限，村干部和村民中能与大学生村官交心谈心的同龄人很少，农村的文化生活又比较单调，因此容易使大学生村官产生孤独无助和寂寞空虚的感觉。仅仅依靠个人的努力，大学生村官要实现创新创业的目标是十分困难的。尽管大多数大学生村官个体具有良好的综合素质，但单打独斗的组织形式，不利于大学生村官优势的发挥。因此，在目前大学生村官规模趋稳的形势下，更应该注重发挥大学生村官的群体优势。

群体是由个体组成的。尽管个体的数量和质量会直接影响到群体的状况与特点，但个体一旦组成群体，它就有了自己不能简单由个体来解释的新的特征和新的质。由于组织结构的不同，整体功能可以大于部分之和，也可以小于部分之和。我们可以充分利用大学生村官的专业知识、能力特长、性格特点的不同，形成优势互补，充分激发大学生村官的潜能，最大限度地发挥个人优势，在共同愿景的引领下，提高群体士气，产生更多的智慧和力量，形成人才群体的整体效应。大学生村官群体功能的有效发挥，有利于组织和整合影响大学生村官个体成长成才的各种复杂因素，实现资源的优化配置，提高人才的使用效率。

在保持大学生村官到村工作的格局下，可以以乡镇为单位，将临近村落或有相近之处的村落中的大学生村官组织起来形成团队。紧密结合本乡镇的实际情况，确定要解决的项目课题，开展交流与协同创新，产生群体优势，最大限度地发挥对当地经济社会发展的推动作用。团队成员的日常村务工作仍以各自所在村落为主，大学生村官管理部门可以根据团队确定的项目和运行效果，给予适当经费支持。大学生村官基层公务员的身份和政府特设派出岗位的定位，也会更有利于县政府、乡镇政府对团队的支持和管理。

同时，人力资源管理与开发理论表明，人岗匹配是提高人才使用效率的重要环节。当前不少地区将大学生村官工作定位为"八大员"，即政策法规"宣传员"、群众事务"勤务员"、助民增收"服务员"、农村科技"辅导员"、百姓心声"代言员"、群众工作"组织员"、民事纠纷"调解员"、安全生产"督查员"。然而，调查表明，四个区域大学生村官承担的工作内容有所差别，男大学生村官和女大学生村官的工作优势也不尽相同。比如第三区域和第四区域的大学生村官的工作重心是推动当地经济发展，第三区域的大学生村官更多参与创业，而第一区域的大学生村官较少从事创业。再比如女大学生村官在获得领导信任、沟通协调、体察民情、整合资源等方面具有优势，而男大学生村官将推动经济发展、在工作中提出创新思路和方法、从事创业作为自己的工作重心，全盘统筹和领导能力更为突出。由此，为了最大限度地实现人岗匹配，大学生村官管理部门应注重优化大学生村官群体的人才结构，为不同地域和不同性别大学生村官确立不同的岗位职责和工作任务，并将不同特长和不同性别的大学生村官组成团队，发挥人才群体中个体优势互补的作用。

尤其要鼓励大学生村官自结联盟，实现专业合作，引导他们组成创业团队。从政策层面，政府鼓励大学生村官利用专业所学自主创业。这里既需要大学生村官接受外援，更需要大学生村官自结对子，组成创业团队，积极发挥团队作战的优势。也就是说，大学生村官既可以根据所学独立创业，也可以采用同村民、村委会、相关企业对接"联合创业"等模式，通过组织建立专业合作社和产业协会的方式，进一步加快我国基层农村由贫民贫村向富民强村前进的步伐。对于基层村组织，可以结合大学生村官创业项目、村干部富民创业项目和相关创业扶持政策，鼓励大学生村官依托村域特点、产业布局、资源优势，兴办投资小、见效快的农副产品种植和运销企业。与此同时，可以不断拓宽外援渠道，如"YBC"就是一个面向中国青年创业者的扶持计划。"YBC"是中国青年创业国际计划的简称，是共青团中央发起的瀛公益基金会旗下的扶持青年成功创业的教育和扶持性公益项目。该计划中的"大学生村官创业扶持项目"专门为大学生村官提供创业咨询、创业培训、资金支持、"一对一"导师辅导等多种服务，帮助大学生村官实现成功创业。

四、优势互补，发挥大学生基层服务项目的合力

大学生村官工作是国家引导和鼓励高校毕业生服务基层的一项战略举措，类似的还有"西部计划"、"三支一扶"计划、选调生计划、农村学校教师特设岗位计划等项目。这些项目各有特色，实践中各自发挥了很好的作用。目前，不同项目基本是按照自身既有模式进行运转，项目间的沟通合作很少。研究发现，现有的大学生基层服务项目既各具特色、各有侧重，又存在相通之处和相互借鉴、相互补充的可能。

（一）主要项目的比较

"大学生志愿服务西部计划"（简称"西部计划"）是由中央部委每年招募一定数量的高校应届毕业生，到西部贫困县的乡镇从事为期1~2年的教育、卫生、农技、扶贫等方面的志愿服务工作；服务期满后，鼓励志愿者扎根基层，或者自

主择业和流动就业。与大学生村官工作相比,"西部计划"重点服务西部而不是覆盖全国,服务内容跟着项目走,相对明确,但在选聘对象和政策目标上有相似之处。选调生是各省、市、区党委组织部门有计划地从高等院校选调品学兼优的应届大学毕业生或选拔具有2年以上基层工作经历的大学生村官到乡镇、街道及基层企事业单位工作,将其作为党政领导干部后备人选和县级以上党政机关高素质的工作人员人选进行重点培养。相较于大学生村官项目,选调生选聘质量严格、聘后身份和出路明确,项目吸引力和成熟度都相对较高,但在"党政干部后备人才培养"的目标上两者趋同。"三支一扶"计划是2006年以来由国家相关部门每年选拔部分高校毕业生到农村基层从事2~3年的支农、支教、支医和扶贫工作。与大学生村官项目相比,"三支一扶"的岗位职责和专业技能要求相对清晰,与大学生专业结合相对紧密。

(二) 整合现有项目资源

现有这些项目尽管在运行模式、服务侧重点等方面有所不同,但都是引导鼓励大学生到基层服务的渠道和平台,在政策目标和服务功能上具有一致性。大学生村官工作若要长效稳定运行,必须跳出大学生村官工作自身的小系统,在服务人才强国和人力资源强国的大战略视野下,加强不同项目间的统筹和资源整合,相互配合、形成合力,以更好地促进大学生村官的成长成才和经济社会的发展。建议由中央牵头,以省级为单位,整合"大学生村官计划"、"西部计划"、"三支一扶"计划、"选调生计划"等项目中的人才资源,根据各项目的资源优势和特色功能,统筹开展选派。如实了解、掌握大学生供给情况,科学调查、合理测算不同地区对各种类型人才的需求,如有村官需求的农村数量及村官需求量、有"三支一扶"需求的农村数量及人员需求量;在此基础上协调确定选派名额,使项目服务者与当地现实需求有效对接,实现大学生村官、"西部计划"服务人员、"三支一扶"人员等在当地的合理搭配,既发挥人才群体优势,又避免人才浪费。

(三) 推动不同项目的衔接并轨

对现有项目进行系统整合并非一日之功,可在时机成熟的情况下积极推动部分项目之间的衔接并轨。目前有并轨基础的是大学生村官项目和选调生项目。两者都是培养党政干部后备人才的重要举措,但各有利弊。选调生虽有公务员身份,但由于缺乏基层农村的工作历练,在实际工作中显示出一些素质和能力的不足。大学生村官在基层历练后综合素质明显提升,但出于对期满去向的担忧,将大量时间用于公务员备考,不能安心于工作。为了促进两个项目的相互协调,发挥各自优势,有必要推进两个项目的整合并轨。

目前实践中主要有两种做法：

一种做法是以选调生的条件要求在高校毕业生中招录大学生村官到村任职，任职期间按照大学生村官进行管理考核，期满合格的则录用为选调生，试用期合格后在国家行政编制限额内进行公务员登记。比如《2017年北京市大学生村官（选调生）招录公告》规定，北京市从2017年开始实施大学生村官和选调生工作的并轨，每年直接选调400名左右的应届优秀高校毕业生到村任职。这一做法使得大学生村官的招聘门槛大幅提高，比如北京市选调大学生到村任职的选拔条件中，明确规定必须是中共党员或获得过三好学生、优秀学生干部、校级奖学金等荣誉和奖励，同时在选聘人数上呈现出大幅减少的趋势。

另一种做法则是面向大学生村官选拔选调生，选拔录用后经试用合格成为公务员。比如2015年3月24日，河南省委组织部、编办和公务员局等联合发布了《关于河南省2015年从大学生村干部中考录乡镇机关公务员、省选调生的通知》，计划从大学生村干部中选拔1900名乡镇机关公务员和420名省选调生，这是近年来河南第一次大规模面向大学生村官招录公职人员。这一做法不涉及大学生村官招聘管理环节，只是在出口处开辟一条通道，相较于前一种做法，并轨程度较轻。无论哪一种方式，都是各地区结合自身实际情况在大学生村官政策上的重大突破，取得了很好的效果。

总之，各地可以根据实际情况借鉴现有做法或谋求新的并轨方法，不管采取何种方法，首先，应重视完善相关政策，规范操作办法，确保公平公正；其次，应根据当地的经济发展现状和农村发展需要，合理规划并轨方式和程序，最大限度地实现人岗匹配；最后，不同层次的主管部门应达成共识，对大学生村官与选调生给予积极关注，实现两者的优势互补和共同提升。

值得一提的是，未来从高校毕业生中选拔出的选调生如果都需要到农村基层接受锻炼，那么"大学生村官"有可能被称为"选调生"，甚至于"大学生村官"这一称谓也有可能不复存在，但选拔高校毕业生到基层农村成长锻炼这一举措不会消失。大学生村官政策的有效实施，打破了人才集中向城市单向流动的格局，不仅对国家、社会和基层农村产生积极影响，而且有助于青年人才自身的成长成才。因此，在新的时代背景下，仍然需要积极探索促进高校毕业生到基层农村工作的方式和方法，推动相关政策的改革创新，营造良好的制度环境，进一步释放青年人才的活力和创造力。

五、全面优化舆论环境

大学生村官成长成才离不开社会舆论环境，社会舆论环境对大学生村官的行为具有重要的价值导向作用。大学生村官群体作为刚从高校毕业的青年人，其成长成才除了需要物质生活条件的保障外，还特别需要精神文化层面的满足。访谈调查结果显示，目前部分大学生村官对自己的职业缺少认同感，他们觉得"村官"这个工作没有社会地位，不被社会所认可。这和整个社会观念与职业氛围有着密不可分的关系。与此同时，我们的社会舆论对大学生村官也缺乏客观中肯的评价，或过于乐观，认为"村官们"前途似锦，或过于悲观，认为大学生村官计划是新时代的上山下乡，这些都在无形中对"村官们"产生了不良的影响。加之中国人的传统观念是"学而优则仕"，认为学有所成就要出仕为官，不然就是学无所用、学无所成。另外，从计划经济时代一直延续至今的对从业者的身份管理将从业者分成了"正式工"与"临时工"，也就是所谓的"体制内员工"和"体制外员工"，在福利待遇相差悬殊的同时，也带来了从业者社会地位的高低差异。社会舆论对大学生村官的评价亦不够客观中肯，或过于乐观，或过于悲观，无形中对大学生村官的成长成才产生了不良影响。社会舆论环境对大学生村官的行为具有重要的导向作用，有必要坚持正向、理性的态度对大学生村官的社会舆论环境进行全面优化。

（一）强化对大学生村官的关爱和情感支持

大学生村官对艰苦的环境有着较充分的思想准备和较强的适应能力，但非常渴求精神文化生活方面的满足和支持。大学生到农村后，处于相对闭塞的环境，离开了朝气蓬勃的朋辈群体，思想上会出现不同程度的波动，严重的还会出现心理问题。这就迫切需要对他们进行心理健康指导和咨询，帮助他们顺利完成新的适应和转变。大部分村官在任期结束以后还面临着再次择业的挑战，在心理、信息、规划等方面也会遇到新的问题。因此，各级管理部门和宣传舆论部门特别要注意加强对大学生村官的心理健康和职业生涯规划方面的宣传、教育、指导和帮助，通过多种方式促进大学生村官的情感交流与分享，发挥朋辈群体的支撑力量。同时，应充分利用网络平台，采取更加灵活多样的方式，给大学生村官提供学习提高的机会，提供更充分的学习空间和高质量、个性化的培训机会，满足大学生村官在精神文化生活上的需求。由《大学生村官报》和国家行政学院音像出版社联合主办的大学生村官培训网目前已上线运行，并取得了较好成效。要进一步加强这一网站的建设，通过政策导向和优化服务发挥更大的作用。同时，还应进一步办好《大学生村官报》，使其成为大学生村官的精神家园。

（二）深化、细化大学生村官政策的宣传

调查显示，在校大学生在任职前虽然对村官政策有不同程度的了解，但非常

了解的只占11.3%，还有20%左右对政策不了解。有的地区在选聘时，把政策的好处说得淋漓尽致，而对于各种不确定性和困难则避而不谈，造成大学生对政策的误读，任职后感到反差巨大。由此可见，虽然大学生村官有着积极的成才意愿和健康的成才动机，但由于对政策本身了解不够深入，所以在工作过程中容易出现思想和行为上的误区，影响自身的成长成才。因此，要进一步加强大学生村官政策的宣传和引导，提高政策的知晓率。要通过政策宣传，让人们认识到"没有农村的小康就没有全国的小康"。在全面建成小康社会的今天，"三农"问题仍没有得到有效破解，而城市反哺农村，将城市的人才引入农村，为农村建设提供智力支持和人才保障，正是破解这一难题的重要环节。同时，要通过形式多样、内容生动的宣传，使更多的大学生在报考村官之前就能较好地理解大学生村官政策的宏观战略定位和微观层面的具体规定，从而在任职以后能够自觉地规划好成长成才的路径，成为这一政策的真正受益者。

（三）把握好大学生村官政策宣传的关注点

大学生村官政策是一项重大决策，其战略意义通过不同方面体现出来。在宣传中要全面、准确地加以阐释，不炒作，不拔高。例如，有的大学生村官在带领村民致富方面发挥了积极作用，但不宜把大学生村官定位为农民致富的带头人，这样很容易造成社会对大学生村官期望值过高。一旦感到与实际情况不相符合，就容易产生对大学生村官的质疑。同时，媒体应关注大学生村官这个群体，将大学生村官工作、生活的真实一面展现在大家面前。要把先进的大学生村官典型挖掘出来，让榜样的力量鼓舞其他大学生村官奋发进取，同时带动更多的大学毕业生投身到农村工作中去。对大学生村官中的先进典型、感人事迹，以及各地在政策实施中取得的好经验、好做法，社会各界对大学生村官的支持、鼓励和帮助等，都应当用不同的方式进行广泛宣传。同时，也要把大学生村官在工作生活中遇到的困难和迷茫展现在人们面前，让想要选择大学生村官这一职业的大学毕业生们真实地了解"村官"职业的现状，既不盲目乐观也不盲目悲观。

（四）运用多种形式坚持传播正能量，引导人们转变就业创业观念

在社会舆论引导中，应关注农村对创新创业人才的需求，在双向、多向的互动中让更多人接受城乡人才环流的新态势，逐步改变传统观念。传统意识中"学而优则仕"的观念根深蒂固，很多家长认为自己的孩子学业有成后就应该进入大公司拿高薪水，或者进入政府当官。尤其是农村的家长对子女大学毕业又到农村工作不理解、不支持，觉得没有出息，害怕别人的流言蜚语和投来的异样目光。由此，我们要通过宣传教育转变这种陈腐的意识，让更多的人转变就业观念，认

识到农村也是一个广阔天地，能为有理想、肯奋斗的知识分子提供足够的发展空间。此外，对于正常退出的大学生村官，应引导社会舆论对其退出行为给予理解，营造宽松的社会环境。

六、推进大学生村官工作的法治化

大学生村官计划实施以来，党和国家制定并实施的各项政策发挥了巨大作用。但仍应看到，到目前为止，我国尚无一部关于大学生村官的专门的法律规范文件，学界关于大学生村官法治建设的研究更是少之又少。大学生村官的权利义务不明确，角色定位、岗位职责等缺乏相应的法律保障和约束，促进大学生村官成长成才也远没有成为社会的共识和自觉行动。在依法治国的大背景下，大学生村官成长成才机制要健康、稳定、持久地运行，就必须尽快改变目前主要依靠政策驱动的运行模式，走法治化道路，树立法治思维和法治理念，通过建立健全相关的法律制度，为大学生村官工作提供最可靠的保障。

（一）法治建设的必要性

目前，要积极推动大学生村官法治建设原因在于：首先，调研中发现的一些问题亟须通过法治化道路予以解决。大学生村官工作开展多年，政策驱动运行模式的弊端开始显现，机制的发展走向、运行稳定性、文件依据的规范性、保障措施的强制性等都有所不足，需要从法律层面对大学生村官工作进行规范和提升，以法律形式明确大学生村官计划的长远战略意义和政策的发展导向，从而有效减少政策的不确定性，强化机制运行的保障力度。其次，法律建设是保护大学生村官顺利成长成才的需要。大学生村官是经由国家选派来到基层的，不同于土生土长的村官。对于既有的乡村管理秩序而言，他们的到来可视为一种"嵌入"。大学生村官作为新人能否被当地农村的干部和群众所接纳、大学生村官群体的基本权益能否得到切实保护和及时救助等问题随之而来。实践中，大学生村官权益受到侵害的事例时有发生，大学生村官被"边缘化"而无法实质介入村庄管理的情况亦不鲜见。没有完善的立法，就不能为大学生村官合法权益保护和机制的顺利"嵌入"提供强有力的法律保障。最后，大学生村官工作法治建设已有良好基础。执政党的政策是国家法律、法规最核心的来源。经过20年的发展，我国已经建立了大学生村官的政策体系，并已涵盖大学生村官工作的各个环节，这为大学生村官工作的法治化奠定了良好的基础。通过立法将运行的成熟经验及时加以总结和提升，形成长效制度，能够有效推动大学生村官工作的持续发展。

（二）树立法治思维和法治理念

法治作为一种治国方略和社会调控方式，强调的是法律至上，将法律作为判断是非和处理事务的准绳。大学生村官成长成才机制的运行，应该首先在思想认识上自觉树立法治意识和法治观念，大学生村官自身既要有权利意识，又要有职责、义务观念；管理者除了要有相应的权利义务观念，还要有正确的权力观；其次，在具体事务处理层面，从村官招聘、管理、培养、使用到期满分流，每个环节运行都必须符合现有法律规范，从执法的权限、内容，到执法的手段、程序都必须做到合乎法律；最后，应注意法律面前人人平等，任何人不能凌驾于法律之上。大学生村官之所以被称为"一种特殊的成才主体"，是因为他们在成才规律、成才途径上的独特性，基于这种独特性给予有效的扶持和帮助，以促进其成才，并不意味着他们可以享受到某些特权。不管是针对这一主体的立法、执法还是司法，都应坚持法律面前人人平等的原则，警惕将大学生村官作为法律上的"特殊主体"而赋予其不恰当的特殊权利和优惠措施。

（三）制定《大学生村官工作促进条例》

推动大学生村官成长成才机制的法制建设，一项重要任务就是推动针对大学生村官工作的专门立法，为大学生村官成长成才保驾护航。考虑到大学生村官政策尚处在发展变化中，在立法资源稀缺有限的情况下，可以考虑在立法内容和层级上采取循序渐进的策略。即在立法层次上，可先推动制定位阶不是特别高的规范性文件，如国务院制定的行政法规。按照《中华人民共和国立法法》规定，可由国家最高行政机关国务院根据宪法和法律，在行政管理职权范围内，针对政治、经济、文化等领域内某些具体事项制定行政法规，可称为"条例""规章"或"办法"，建议以"条例"为名；从效力上说，由国务院制定的条例效力低于宪法和法律，高于部委规章和地方规章，是具有普遍法律效力的规范性文件。在立法内容上，目前可先就某些意义重大的、原则性强的内容，或者相对成熟、确定环节的事项拟定导向性规章，不断积累，在条件成熟时再推进其他方面的立法。结合大学生村官发展现状和趋势，建议从大学生村官工作整体上拟定导向性、促进性的规章，对大学生村官工作的战略意义、发展路向，以及大学生村官身份定位、岗位职责、聘用管理、期满流动等关键环节予以明确的法律规定。日后随着工作的深入开展，在时机成熟时或整合立法，或推进立法层级，逐步完善大学生村官工作的法制保障。

具体来说，《大学生村官工作促进条例》（以下简称《条例》）首先应从战略高度阐释大学生村官工作的长远意义，充分体现党和国家关于大学生村官工作的方针政策，并将其制度化，建立起促进大学生村官成长成才的长效机制。其次，以往工作中存在的突出问题，如岗位性质和身份定位、选聘、考核、权益保障等具体内容，要以法律形式予以明确。确定大学生村官的身份定位和岗位性质，以定人心；规定大学生村官选聘条件、程序、合同签订等事项，减少纠纷；明确大学生村官岗位职责和工作形式，使其开展工作有法可依；规定大学生村官享有接受教育培训的权利、享有获得报酬和相关社会保障的权利；对大学生村官考核、期满流动等涉及切身利益的事项做出详细规定；对村官工作监督、追责制度以及争议处理渠道应有说明。再次，大学生村官成长成才机制建设是一个长期复杂的系统工程，需要发挥各方面的积极性，因此要对各级管理部门、高校、企事业单位、新闻媒体等的职责做出规定，形成政府主导、多方参与、多方共赢、全社会关心的良好环境，使大学生村官能够切身感受到社会各界的认可和支持。此外，《条例》的制定要符合上位法的相关规定，与之联系紧密的主要是《中华人民共和国公务员法》（以下简称《公务员法》），应注意两者的有效衔接。对《公务员法》已经有明确规定的事项，遵从《公务员法》的规定；对《公务员法》没有规定的事项，应在符合《宪法》《公务员法》及其他相关法律精神的前提下，做出相关规定。最后，条例的起草、修改、决定以及签署和公布都有严格程序，《条例》的制定应严格遵循《中华人民共和国立法法》的相关规定，按照立法程序进行。

第二节　素质提升机制

大学生村官的成长成才过程，实质是大学生村官素质不断积累、优化的过程。不管是自评还是他评，不管是从发挥岗位功能还是自身成长诉求角度，大学生村官的素质提升都急需加强。高校在大学生村官素质提升中负有特殊责任，也有开展工作的优势特长，其功能有待进一步发掘；选聘录用是大学生村官的入口环节，对村官培养具有导向作用；培训则是在岗大学生村官持续发展的主要"充电"方式。本节以上述三点为主对素质提升机制的完善提出具体建议。

一、在高校建立大学生村官（含其他农村人才）预培养机制

高校是人才培养的重要基地，也是大学生村官的直接来源。尽管国家通过大学生村官等制度设计引导大学生到农村基层服务，但目前农村高素质人才的需求

依然存在巨大缺口，大学生村官所学专业以及自身能力素质也与农村的实际需求存在差距。因此高校应当发挥更大的作用，改变只是配合招聘的现状，从高等教育综合改革入手，建立为农村培养和输送高素质人才的长效机制。大学生村官"预培养"机制即高校根据农村基层对创新创业人才的需求，通过开设课程、设置专业（或专业方向）、搭建实践平台等方式，为有志于到农村基层工作的高校大学生提供支持和帮助。当前，在高校建立大学生村官（包含其他农村人才）预培养机制的具体路径如下：

（一）创新人才培养观念

长期以来，我国高等教育体制以城市发展需求为导向，人才培养目标、专业设置、教学内容主要服务于城市的产业发展，造成涉农教育的缺位，大学生涉农方面的素质和能力严重不足。目前，高校开设的农林类专业有 27 种，专业布点 824 个，在校本科生达 24.4 万人。但基层人才培养能力不足，能够下得去、干得好、留得住的应用型复合型农林人才相对短缺。[①] 调研显示，目前大学生村官中具有农林渔牧专业背景的仅占 6.4%。在实践中，农村不仅需要应用型人才，而且也大量需要懂经营、懂管理的人才。因此，高等教育要注重需求导向，坚持与国家战略和区域发展需要同向同行。不论是农林类高校，还是其他高校，都要瞄准农村人才的巨大需求，结合自身特点，把为农村培养人才作为高校的重要任务之一。这不仅是高校的社会责任，而且也是高校自身发展的需要。

（二）明确预培养机制建构的目标

大学生村官预培养机制建构的目标是育人，必须遵循人才成长的规律。既要着眼于人才成长阶段性和过程性的特征，又要着眼于大学生的长远发展。因此，大学生村官预培养机制建构应具有前瞻性和战略性，不能仅仅以大学生村官岗位的职业培训为内涵，或以农村基层创新创业者的速成为导向，而是要将培养大学生建设新农村的社会责任感、服务"三农"的精神、农村创业意识和技能有机结合起来，树立正确的价值导向。大学生村官的预培养机制还可以推广到西部志愿者、三支一扶、选调生等基层服务就业项目中，使更多的有志于到农村和基层工作的大学生受益。由此，大学生村官预培养目标可以界定为促进大学生形成创新创业意识、创新创业个性心理品质和创新创业能力，培养、造就一批应用型、复合型、创新型的基层实用人才，以适应创新创业新态势下社会发展和变革的需要。

---

① 杜玉波：《创新高校人才培养机制基本思路和任务》，载《中国教育报》2014 年 1 月 13 日。

（三）创新人才培养模式

大学生村官预培养机制要着眼于大学生村官成长成才过程中的身份和角色的转换，着眼于大学生的未来可持续发展。预培养机制的良性运行，能够使大学生在走上村官岗位后，缩短适应期，提前参与期，顺利进入创新创业的关键时期。而在结束大学生村官任期时，学校学习期间奠定的良好素质基础和农村的实践锻炼，可以帮助他们从容进行新的职业选择，融入到新的工作中，释放大学生村官作为特殊青年人才的巨大能量。

一方面，建立大学生村官预培养机制，可以推进高等教育自身的改革，提高教育教学质量，促进高校人才培养体系更好地满足基层发展的需求。尤其是针对当前我国城乡二元对立的结构，高校人才培养目标和培养模式应改变以城市需求为导向，更多地关注农村和基层的需要。

另一方面，大学生村官预培养机制建构不是对当前高校人才培养机制的"推倒重建"，而是以当前高校人才培养体系为基础，将大学生村官预培养融入高校人才培养体系之中，稳步推进大学生村官预培养和整个高校人才培养体系的有机结合。同时要把农村人才预培养机制的建设纳入高校人才培养质量评价体系之中。由此，农村人才的预培养以培养、造就一批应用型、复合型、创新型的基层实用人才为目标，使学生通过课程学习和相关实践活动，对农村、农业和农民有正确的认识，有到农村基层服务的责任感和使命感，初步具备农村工作的素质和能力，将来能尽快适应农村基层工作的需要。

由此，大学生村官预培养机制具有自己的特点。从培养主体上看，大学生村官预培养以高校为主导，还需要负责大学生村官工作的党政部门和农村基层组织共同参与；从培养方式上，大学生村官预培养强调实践特色，以提升大学生到基层创新创业的实践能力为重点。因此，大学生村官预培养机制与高校人才培养目标和培养模式并不是矛盾和对立的。应该说，大学生村官的预培养机制是对目前高校人才培养目标和模式的有益补充。

（四）建立课程体系和专业培养体系，突出实践环节

从培养方式上，高校应结合农村基层创新创业人才的培养，对传统课程设置模式和内容进行更新和变革，建立起更加适合创新创业人才的课程体系，从而为农村基层实用人才培养提供重要支撑。高校之间要加强沟通协作，通过互联网开放相关课程信息，共享高校优质教学资源。高校应以教学为中心，发展多样化、多层次、实用型的课程体系。

对大多数非农高校来说，有必要将与农村相关的教育纳入教学课程环节。可

以开设富有实用特色的涉农课程，突出到农村进行实践的教学环节。比如开设"中国'三农'政策解读""农村基层管理学""农村基层创业案例分析""农业法""村委会组织法""土地管理法""农村土地承包法"等选修和必修课程，主要涉及农村基层管理、农村政策研究、涉农法律法规、农业技术创新、农村基层创业等。在教学中要及时讲授农村新政策、农业新技术，增强课程教学环节的时效性和针对性。高校之间要加强沟通协作，通过互联网开放相关课程信息，共享高校优质教学资源。此外，涉农课程要突出实践环节对学生素质和能力的培养，比如德国农业大学重视实践教学环节，规定学生必须到农场、公司等参加生产实践，并协助完成某一生产课题，在解决生产实践问题后才能毕业。在实践教学环节，学校专门规定学生应到实践基地参与农业试验田的种植，根据学生种植后获得的经济收益评定成绩。

高校还应以专业为依托，设置多层次的专业培养体系。可以设立本科层次的相关专业或专业方向。借鉴免费师范生的专业培养方式，可以开展"准村官"方向的本科生培养。通过定向招生，适当降低录取分数线、减免学费、设立专门奖学金等优惠政策，鼓励和吸引有志于将来服务家乡农村的应届高考生报考涉农专业。比如可以将此专业设置为农林经济管理、农村区域规划、农村社会工作等专业。2008年，河南农业大学率先开设了全国首个与大学生村官有关的专业——农村发展与管理专业。这种专业培养使得大学生对未来的村官职业规划有了清晰的认识，从而有针对性和目的性地进行知识学习和社会实践。为了提高这种"准村官"专业的报考率，政府可以通过政策创新的方式将大学生村官计划和选调生计划合并，在村官任期届满后定向招录选调生，帮助学生在高中阶段做好职业生涯规划，以建立大学生村官培养的长效机制。还可以开设第二学位。作为"准村官"方向本科教育的有益补充。为了吸引更多大学生志愿到农村基层工作，高校在允许的情况下，还可以打破学科专业限制，鼓励其他专业的学生通过修读第二学位的方式完成"准村官"课程的学习，毕业后颁发两个学位证书，为复合型人才培养奠定基础。

此外，为了满足高素质人才培养的需要，高校还可设立研究生层次的专业学位。为提高大学生村官创新创业素质和能力，有条件的农林院校可以依托涉农学科的硕士学位点专门开设与大学生村官有关的方向，开展创新创业应用型硕士研究生的专业培养。学生一方面可以从本科毕业生或在职大学生村官中通过考试的方式招录，另一方面可以借鉴"支教保研"的政策，选拔一批本科毕业生先到农村基层工作2年，期满后直接保送攻读相关方向的研究生。通过研究生层次的教育，可以为大学生村官提供继续深造的方向，有助于将实践经验和专业理论研究结合起来，提升大学生村官的理论素养和实践能力。目前，中国农业大学在"农业推广硕士"专业学位上增设了"农业科技组织与服务"研究方向,专门面向大学生村官单独进行硕士招生,帮助大学生村官不断增强服务"三农"的本领。此外,通过研究生层次的专业学位培养,能够为大学生村官创造良好的人才聚集平台,培养一批既有扎实的理论基础,又有农村实际工作经验的高层次人才。

新形势下,大学生村官预培养机制要凸显创新创业教育,必须创建以服务为导向的校内和校外实践平台。在校内实践平台建设方面,高校可以以社会实践、专业实习、大学生创业大赛为实践平台,积极引导大学生到基层农村开展创新创业的实践活动。有条件的高校还可以通过开设大学生创新创业实验园,为大学生到农村基层创业提供资金、场地、设备、信息咨询等创业指导。在校外实践平台建设方面,高校可以积极与大学生村官创办的企业和农村基层建立联系,整合社会力量,建立实习实践基地。学校还可以组织引导将大学生农村基层创业项目纳入"国家级(或地区、部门)大学生创新创业训练计划"之中,为在校大学生到农村创业搭建实践平台,帮助大学生将理论学习和实践锻炼有效结合起来。总之,要发挥校内校外实践平台协调推进的合力作用,共同致力于提升大学生创新创业素质和能力。

二、优化大学生村官的选聘录用机制

从确保选聘质量、实现人岗匹配、促进村官发展的角度来看,现有的选聘录用机制还需要得到进一步的优化,而这些需要被优化的环节主要体现在以下几个方面:

(一)应开展选聘需求分析与人员可获得性分析

开展选聘需求分析不仅可以及时了解农村地区对于大学生村官的实际需求结构,更能够在一定程度上提升"村官"选聘活动的针对性与有效性。在进行选聘需求分析时,选聘方首先需要组建一个分析小组,该小组一般由负责分析工作的专家、选聘方代表以及相关工作人员组成,在进行正式的需求分析之前,分析小组的相关负责人需要首先通过实地访谈、调查问卷、电话采访等途径了解村民、村干部以及"村官"工作管理者对于"村官"选聘工作的真实看法,在对这些看法与意见进行整理的基础之上,相关分析工作才能够具体展开。选聘需求分析的重点应当放在对于需求结构的分析上,要通过相关分析结果,使选聘方清楚地看到"村官"需求数量的空间分布结构,以及不同地区所需"村官"的专业结构、性别结构、学历结构等,只有这样,选聘方才能够以此为依据来编制选聘说明,而接下来的一系列工作才能够顺利展开。此外,在开展选聘需求分析的过程中，选聘方还需要尽量增加对于该类分析活动的投入力度（除了增加上文所提到的人员投入之外，还需要进一步增加与选聘需求分析活动相关的经费投入、设备投入以及组织投入的力度），这种投入的增加虽然意味着更多成本的产生，但能够为"人岗匹配"这一目标的实现以及人才使用效益的提升打下良好的基础，因此在一个可以被接受的限度之内，增加相关投入的做法便显得十分必要。

与此同时，选聘方还应该对人员可获得性分析给予必要的关注。这一分析活动是对外部劳动力市场当中潜在应聘者的学历层次、专业背景以及这些人的"薪酬期望"等信息进行搜集和分析，通过分析使选聘方大致了解"自己可能会选聘到什么样的大学生村官"。这种分析活动是对"选聘需求"进行二次校正，因为根据相关分析结果，选聘方可以大致判断出"选聘需求"中哪些是"有效需求"（可以通过选聘得到满足的需求），而哪些是"无效需求"（无法通过选聘得到满足的需求），哪一类高校毕业生是较容易获得的，而哪一类高校毕业生是不容易获得的。总之，选聘需求分析与人员可获得性分析将使得大学生村官选聘结果更加符合现实且更具有效性。

（二）完善选聘说明的编制环节

选聘说明既是一种能够将选聘方与潜在应聘者连接在一起的媒介，也是一种能够帮助潜在应聘者在诸多竞聘岗位之间进行有效筛选的工具。以往的经验表明，选聘说明的完善程度将会对选聘活动的有效性产生重要的影响，[①]而优化选聘说明的编制环节进而在一定限度内提升选聘说明的完善程度的做法则可以被视为一种能够增强选聘活动有效性的可行之举。选聘说明的编制应该以选聘需求分析的结果为依据，以大学生村官岗位的空缺数量、类型和性质作为参考，这样既可以确保选聘说明能够充分体现选聘需求，又能够使其真实体现乡村地区大学生村官岗位的实际承载力。此外，选聘说明应该对任职以后的主要工作任务与岗位职责加以详细描述，使潜在应聘者较为明确地了解该项工作的主要内容，进而帮助其对"是否要应聘该岗位"这一问题做出理性判断。如果大学生村官工作中存在一些"特殊条件"（比如赴边远贫穷地区或少数民族地区工作），那么在选聘说明当中便应当予以说明。这样可以保证应聘者的知情权，做到信息对称，使大学生村官对未来可能面临的境况和困难有充分的心理准备，此外，这种选聘说明也有利于帮助他们更为顺利地适应新的工作岗位和环境。

---

① ［美］埃文·伯曼著，萧鸣政等译：《公共部门人力资源管理》，中国人民大学出版社2008年版，第83页。

（三）探索多样化的选聘方式

目前，各省区市所选用的大学生村官选聘方式一般都只有制度性选聘（或称批量选聘）一种，而针对性选聘（或称单个选聘）尚不多见。然而，针对性选聘能够为某些关键岗位提供关键人才，而与通用的制度性选聘相比，针对性选聘在选聘效率、所选人才的质量等方面都要"更胜一筹"。因此，在选聘大学生村官的过程中，制度性选聘与针对性选聘相结合的方式能够更为有效地满足选聘方的选聘需求。此外，非竞争性选聘与委托选聘这两种方式也可以适当运用。非竞争性选聘意味着负责选聘工作的人员可以对应聘者直接做出正式录用的决定而无须将其与其他应聘者进行横向比较，而该决定得以做出的一个根本性前提便是该应聘者一定要符合某些特定标准，比如入选了某些专项计划或在校期间综合素质和能力比较优秀。这种选聘方式的采用既可以在一定限度内弥补"笔试＋面试"这一传统模式的一些不足，又可以选拔更多有志于服务基层农村的大学生。同样，委托选聘这一方式也应该引起选聘方的关注。比如政府有关部门可以通过与某些猎头公司签订协议，将大学生村官选聘计划部分或全部移交给这些代理机构来完成，只要委托协议当中的激励措施与监督措施足够有效，通过市场化的选聘方式可以选拔出适合到基层农村锻炼的大学生村官。

（四）合理安排选聘评估

选聘评估是大学生村官选聘流程中一个具有"承上启下"意义的重要环节，这种评估活动的开展既意味着本轮选聘活动的终结，又为下一阶段选聘活动的开启设置了"序幕"。在进行大学生村官选聘评估时，选聘方既可以通过组建专门的选聘评估小组来对选聘过程及结果进行评估，又可以委托专业评估机构来对选聘活动进行"第三方评估"。在选取评估内容时，"村官"的最终选聘数量、正式聘用人员的整体质量与结构、选聘结果与选聘需求的契合度、选聘流程的运作效率、成本耗费等问题都应该被纳入评估内容之中。而在界定评估活动参与者的具体范围时，一切与"村官"选聘活动密切相关的群体或群体代表也都应当被纳入评估"参与者"的范畴之中。选聘评估的最终结果应当被及时传达给"村官"选聘工作的主管，这种针对选聘活动所做出的信息反馈将帮助主管人员进一步确定选聘工作中的缺陷与不足，进而使其能够在此基础之上对选聘流程中的相关环节进行调整与完善。

三、打造全方位、立体化、精细化的大学生村官培训体系

培训是大学生村官任职期间接受的一种"继续教育",是大学生村官及时更补知识、提升岗位技能的"加油站",也是激发创造灵性、实现自身可持续发展的"推进器"。从村官组织管理部门和社会的角度看,对大学生村官既要合理使用,又不能"涸泽而渔"、只用不养,应从长远发展的角度为大学生村官打造一套符合其成长需求、切合农村发展需要的教育培训体系。针对目前大学生村官培训工作的不足,我们认为,在培训内容上需进一步向全方位拓展,培训方式上向线上线下相结合的立体化方向发展,强化培训评估环节。具体措施如下:

(一)拓展培训内容,重视大学生村官职业发展规划和心理健康教育

培训内容在一定程度上决定了培训成效。培训内容既要符合农村发展和村官岗位的要求,也要符合个人的成长特点和发展需求。培训内容的提供有三种渠道:第一种是政府可以根据大学生村官的总体情况和当今的形势与政策规划培训内容。尤其应依据胜任力模型,对大学生村官自身素质与胜任力之间的差距进行客观判断,并以此建立培训内容体系,以增强大学生村官培训工作的针对性和个性化。第二种是让大学生村官到"培训市场"根据自己的需要自主选择。第三种渠道是"菜单式培训",在客观把握大学生村官个体需求的基础上,由大学生村官培训部门公布培训菜单,由受训大学生村官自主选择培训课程。这一渠道集合了前两种渠道的优势,既给予大学生村官在参加培训、选择课程、选择培训教师和授课时间方面的自主性,又能够针对大学生村官在工作中遇到的具体问题以及知识能力的不足加以培训,强化了实用性和针对性。[1]

在具体培训内容上,大部分村官渴望得到的培训内容首先是"创新创业能力培养""农村事务管理""涉农政策"等在农村工作所需的实用技能,其次是"沟通技能""职业生涯规划""心理素质"方面的需求。而从访谈得知,目前大学生村官培训内容主要是学习政治理论、群众工作方法、基层党建、涉农知识、农村政策法规等,这种传统的培训内容更多围绕大学生村官工作本身展开,在一定程度上满足了工作本身的需要,但对大学生村官自身成长的关注不够,应加强对大学生村官个人成长成才需要的关注,尤其要对人才发展有长远、深刻影响的职业发展规划和心理健康开展教育培训。

---

[1] 王健、王树恩:《关于我国大学生村官培训创新的对策研究》,载《新视野》2010年第5期,第52~54页。

从大学生村官职业发展角度来看，大学生村官岗位是有限任期制，大学生村官在村任职期间通常只有短暂的几年时间。对绝大多数村官而言，这一岗位是他们初入社会、了解基层的"首站"。而随后的人生发展之路，还需要大学生村官根据自身需要做出不同的选择。从大学生服务社会的长远目标来看，大学生村官只是临时性的工作岗位，在经受农村锻炼、聘期届满后，势必还会进行有序的递进培养或合理流动。换言之，大学生村官仅仅是大学生服务社会的第一站，是积累基层工作经验的初始阶段。他们通过在农村开展实践，不断培养和提升自身能力，积累各种经验，为将来取得进一步的发展做准备。这就不可避免地涉及村官任期届满后的发展问题。大学生村官本身对这一问题非常关注，可以说，对未来的职业规划不仅影响大学生村官的成长成才，还直接影响他们在村履职的工作状态。有必要通过职业发展规划培训，帮助大学生村官更为清晰地了解这一岗位本身以及自身的优势和不足，以确立科学合理的职业发展目标，以期在他们聘任期届满后，可以选择适合自己的多元化的职业发展方向。

刚出校门的大学生村官到村任职，面临诸多困难和挑战：一方面，大学生村官难以迅速摆脱固有的学生思维方式，缺乏社会阅历和基层工作经验；另一方面，作为外来者，大学生村官与农村基层的农民在价值观、生活方式、思维方式方面都有所不同，在村干部和村民中能与大学生村官交心谈心的同龄人很少，加之农村的业余文化生活比较单调，各种内外因素的交织作用，容易造成大学生村官从校园到农村的环境适应问题，具体包括工作适应、人际关系适应以及心理适应问题。为了使大学生村官能够更好地胜任大学生村官岗位，2009年出台的《关于建立选聘高校毕业生到村任职工作长效机制的意见》明确指出，各地区和有关部门要掌握大学生"村官"的思想状况，注意做好心理疏导。强化心理健康教育成为大学生村官培训内容亟须补强的一项内容。具体对策有：首先，在培训中应加入大学生村官团体心理辅导。团体辅导可以让大学生村官在宽松愉悦的氛围中直面自身的心理困惑，并寻找问题的根源，帮助他们树立信心，尤其是可以发挥大学生村官相互之间互通感受、互帮互助的团队优势，增强个人发展的团队支持力度。对于心理素质较弱的大学生村官，在培训中要给予重点帮扶，通过结对帮带的方式帮助他们提高抵抗挫折的素质和能力。其次，应有针对性地开展心理健康教育。对于刚上任不久的大学生村官，应重点帮助其提高心理适应能力；对于已经任职一段时间的大学生村官，应重点帮助其提高工作胜任素质和能力；对于即将期满的大学生村官，要帮助其客观认识自己，转变不切实际的就业观念，根据自己的实际情况和现实可能，理性选择发展方向。最后，要建立一支大学生村官心理健康教育培训的专业化队伍，成员包括专门从事大学生村官研究的专家学者、心理咨询师、优秀大学生村官等，在定期培训中应主动了解大学生村官的心理动态,建立排查制度,及时帮助其消除心理压力。

总之,要通过职业发展培训和心理健康培训,密切围绕大学生村官成长成才这一核心目标,尊重青年人才成长发展规律,增强大学生村官的社会支持,使其真正成长为社会主义新农村建设的骨干力量和党政干部后备人才,为农村文化发展做贡献,实现大学生村官的社会价值和个人价值。

(二) 打造层级化和市场化相结合、线上线下相结合的立体化培训方式

培训模式一般有两种:层级化模式和市场化模式。传统上,培训机构都由党和政府指定,培训机构也是由党和政府亲自培育的机构,如各类党校、行政学院、管理干部培训中心和部分高校等。这种方式被称为层级化培训模式。在这种培训方式中,培训对象没有自主选择权,只有被动地接受所学的课程。近年来,民营的培训结构迅速发展,承担了一定的培训任务,这为市场化培训模式创造了条件。市场化培训模式的优势在于可以根据培训对象的需要"生产"培训内容,更好地满足不同培训对象的需求。

当前,有必要建立大学生村官层级化和市场化相结合的培训模式,尤其要加强市场化培训机制的形成。具体而言,要在公营的培训部门引入竞争,在公营的培训机构和民营的培训机构间形成竞争关系,竞标成功者,负责培训,政府支付其培训费用。这种市场化培训模式可以采取以下几种方式:一是合同承包的方式。合同承包是将传统上由政府直接提供的公共服务和产品以签约的方式外包给企业或者社会组织。在大学生村官培训中,政府也可以将培训外包给私人培训部门,这将通过竞争降低培训成本,提高培训质量。当然,政府选择谁来培训需要严格把关。二是凭单的方式。凭单又称消费券,是指"政府部门向有资格消费某种公共产品或服务的对象发放的代金券或消费券",[①] 亦被称为竞争性公共选择制度。它有两个主要的特征:凭单直接给予需方而非供方;采取代金券而非现金的方式。所以,在大学生村官的培训项目中,政府可以向有资格接受培训的大学生村官发放凭单。大学生村官就可以根据自己的培训需求选择培训机构,既可以选择公营机构,也可以选择民营机构,用凭单付费,培训机构根据凭单的总量向政府兑换培训费用。这样,不但解决了公营机构缺乏竞争、效率低下的问题,也解决了大学生村官不能自主选择培训内容导致不能满足培训需求、造成培训浪费的情况。

随着社会的发展,具体的培训方式也不断创新,特别是随着信息社会的到来,远程培训、网络培训的方式受到越来越多的青睐。与传统的面对面的集中培

[①] 陈振明:《当代西方政府改革与治理中常用的市场化工具》,载《福建行政学院福建经济管理干部学院学报》2005年第2期,第5~12页。

训方式相比，网络、远程培训通过文本、图形、图像、音频、视频等媒体手段的综合应用，使学习内容有形、有声、有色，具有很强的直观性，能够引导受训对象更快地学到所需的知识和技能。学员可以从网上得到学习所用的参考资料，通过异步交互、虚拟仿真等技术手段与培训教师和其他学员进行网上交流，这既提高了受训对象获取知识、处理信息的学习能力，又提高了协作能力和创新能力。远程培训的好处不一而足：一是既降低了培训成本，又提高了培训效率。有数据显示，这种培训方式的采用可节约15%～50%的费用，同时可使学员的学习效率提高25%～40%。二是可使受训对象由被动型学习改为投入型学习，使他们在真实的环境中建构知识和能力，接受挑战，提高教学效果。三是合理地解决了工学矛盾，因为它不受地域、时间、环境的限制。因此，有效利用信息、网络技术是培训发展的大势所趋。

当然，传统的讲授法、开会研讨法、案例研究法、榜样示范法、工作轮换法、角色扮演法方式在大学生村官培训中也有其优势。未来可以联合采用各种不同的培训方式，以其中一两种为主、多种方法变换组合的方式，使培训效果达到最理想的状态。为了更好地发挥合力效应，有必要建立线上和线下相结合的培训方式。这一培训方式尤其适应于大学生村官。由于我国幅员辽阔，大学生村官分布在不同的村庄里，集中培训的成本很高，加之大学生村官日常工作繁忙、琐碎，每年单独抽出时间离岗参加培训，时间精力成本也很高。而当前随着网络信息化的普及和发展，几乎每个村落都有网络，这为大学生村官在网上学习创造了条件。因此，这种线上和线下相结合的方式尤其适合大学生村官培训。

实践中，2015年5月11日，由国家行政学院音像出版社和《大学生村官报》联合打造的大学生村官培训网（www.dxscgpx.com.cn）作为大学生村官培训的官方网站正式上线测试，河南省济源市154名大学生村官成为首批学员。"大学生村官培训网是为全国在岗大学生村官量身定制的在线学习平台，以网络课程为基本教学形式。针对大学生村官的岗位特点，精心遴选教学内容，聘请一流专家，制作网络课件，注重理论与实践的有机结合，为学员提供充分的选择空间，满足学员自主学习的要求。课程分为必修课和选修课，并根据课时的长度和难度折算学分。必修课是指从事村官工作必须具备的基本知识和技能，选修课则是根据各自的工作实际以及兴趣爱好，自主选择的课程。大学生村官不仅可以在个人计算机终端上学习，也可以在iPad、手机等移动终端学习，真正实现了轻松一点，随时随地个性化学习。"[①] 这一网上培训逐步在全国大学生群体中获得推

---

① 车婧：《大学生村官培训网上线测试——河南济源村官成首批学员》，载《大学生村官报》2015年5月15日，第1版。

广，目前已经有16 000多名大学生村官参加了线上学习，网站不断完善培训内容，有效增强了培训效果。未来应鼓励大学生村官积极参加线上学习，并将学习时数和学习效果纳入考核范围之中，形成线上线下相结合的立体化培训方式。

（三）将大学生村官培训作为考核依据，提高培训的实效性

培训的实效性即接受培训后取得的实际效果。要提高大学生村官培训的实效性，除了完善培训内容和培训方式以外，还有必要提高大学生村官参与培训的积极性和主动性。为了加大培训结果的使用力度，有必要将大学生村官培训情况作为考核依据，即将大学生村官参加培训的学时、学习成绩、出勤率等纳入大学生村官考核体系之中，由此作为大学生村官任职和晋升的重要参考因素。对于没有达到学时数、培训考试不合格的大学生村官，当年的年度考核不能确定为优秀等级，由此将正面激励和反面激励相结合，不仅有助于提高大学生村官参加培训的积极性，提高培训效率，而且能够有效激励大学生村官将培训所获得的知识转化为个人和组织的绩效。

目前，大学生村官培训一般以举办报告会、讲座、论坛、参观等形式推进，大学生村官承担的各项村务工作繁杂琐碎，造成大部分大学生村官参加培训的次数较少。由此可以充分发挥网络培训覆盖面广、自主性强、方便快捷的特点，通过出台相关政策引导每一位大学生村官在任职期间登录"大学生村官培训网"进行在线学习，这有助于大学生村官自行安排时间进行自主学习，逐渐将网上学习发展为大学生村官成长成才的自我需求，从而提高培训的实效性。

四、大学生村官素质的自我提升

大学生村官的任期一般是三年，但这三年的成长也是一个连续性与阶段性相统一的过程。在这一过程中，每一个阶段都会有不同的特点和需要解决的主要问题。如果把握不住这种阶段性特征，不能完成阶段性任务，大学生村官成长成才的链条就会出现断裂。这就需要大学生村官增强自觉性，遵循大学生村官成长的五大规律，根据不同阶段自身发展和外部环境情况，把握重点，调整状态，完成好每个阶段的不同任务。

（一）"交往—嵌入"期：积极主动开展社会交往，奠定成长基础

适应期是大学生村官刚刚离开"校门"进入"农门"的时期，从熟悉的大学环境步入陌生的社会，首先遇到的现实问题就是工作、生活环境的改变和心理

上的调整。这一阶段的主要任务就是尽快适应新的环境。调研显示，44.8%的村官自认为2~3个月即可完成这一角色转换，可以看出，大学生村官的适应力还是比较强的。但是，我们所说的适应，还不仅仅是简单地适应生活环境，而是要获得周围环境的认同感和心理上的归属感，初步融入到所在农村的干部群众中去，并为最终顺利实现"社会的嵌入"打下基础。从调研结果看，在这一阶段融入程度高、归属感强的大学生村官，在今后的工作中，状态积极向上，个人成长也比较顺利；反之则比较消极，成长也不尽如人意。

因此，要达到这一"交往—嵌入"的目标，积极主动地开展社会交往活动是必要途径。只有随着交往范围的不断扩大、交往方式的多样化，以及交往中的良性互动，大学生村官才能尽快融入新的环境，也才能克服心理上的孤独感、恐惧感与焦虑感。通过良好的社会交往，实现自我全方位的调整，才能更好地嵌入到农村基层环境之中。这一时期，大学生村官要主动接触所在农村的干部和群众，通过交往活动，尽快熟悉生活和工作环境，既了解自己未来的工作对象，也让所在农村的干部群众熟悉并接纳自身；同时，大学生村官所在的农村基层组织应自觉、有意识地帮助大学生村官熟悉环境、了解乡土民情、村规民约以及村务工作的概况等，促使大学生尽快完成角色转换、心理调适，为下一步参与到农村基层组织工作中奠定基础。

（二）"介入—筹划"期：理性思考，逐步弥补素质能力的不足

大学生村官在基本适应和熟悉所在农村的生活与工作环境，并完成心理的调适后，开始进入参与期，即开始主动地、试探性地介入农村的生活和村官的工作中，并且开始筹划自己从哪里入手去打开工作局面。因此我们也可以把这一过程称为"介入—筹划"过程。这是大学生村官成长成才过程从一个阶段向下一个阶段转换的枢纽和必要的准备。这一阶段的主要任务就是介入与筹划。如何介入与筹划呢？可以从以下三个方面入手：

一是从现实工作角度来说，可以尝试着从"少"到"多"、从"易"到"难"、从"轻"到"重"、"先协助、后独立"地逐渐增加参与的工作量和工作难度。在这一过程中，可以加深对村官工作的理解，激发兴趣和好奇心。由于工作内容逐步变换，工作任务逐步加码，也能够使大学生村官喜爱自己所从事的工作，并产生自我实现的工作成就感。

二是从未来发展角度来说，可以对村官工作进行理性思考，寻找今后工作的切入点，形成初步的、可能的工作方案，并可以开始做一些准备，从而为进入下一阶段打下基础。

三是从自我完善角度来说，介入和谋划的过程，也是一个不断审视自我、发

现自身不足的过程。大学生村官的整体素质是好的，特别是在专业知识、政策理解力、执行力等方面具有明显的优势。大学生村官尤其要针对创新创业能力、农村事务管理、涉农政策、沟通技能、职业生涯规划、心理素质等方面的不足，客观、理性地进行自我分析和规划，抓紧时间有针对性地弥补不足，通过学习有关农业、农民和农村的文件政策、管理知识、技能等，努力提升个人素质。

（三）"创新—建业"期：勇于创新，积极从事创造性实践活动

大学生村官对村务情况和本职工作已经比较熟悉，基本进入了角色，心理状态也趋于稳定和成熟，逐步进入稳定期。因此这一阶段是做出成绩、谋求创新的阶段。我们也可以把这一过程叫做"创新—建业"过程。这一阶段的主要任务，不但是要保持参与，而且还要勇于创新，开展开拓性的、有效的创造性实践。从调研结果看，大学生村官真正出成绩并获得村民的认可，主要就是在这一时期。从人才学界定的成才标准来看，"潜人才"和"显人才"的分水岭就在于是否从事具有创造性的实践活动。

调研中，甘肃省、山西省等受访村民表示："由于农村比较落后，村里农作物病虫害比较多，特别需要高科技方面的支持，大学生村官就组织联系专家，针对大棚种植、病虫害等开展科技讲座，或请专家来棚里指导，宣传农业方面的知识，起到了很大作用。"还有的村官引进新科技，带领村民成立合作社，种核桃树和小杂粮，间作套种，帮助村民致富。还有村民说："大学生村官对村里的文化事业贡献大，例如改善了图书室的管理、组织开展村里的腰鼓表演等文化活动，活跃了文化氛围。"

在村务管理方面，村民说："大学生村官有创新意识，原来村里的干部综合素质较低，大学生村官给村里提出了党务村务公开的建议，做到了公平公开。在筹资和引进项目等方面，大学生村官利用计算机技术，到相关部门跑项目，拉资金，配合村里工作。"大学生村官积极想办法，带领大家改善村容村貌，包括修路、通电等，也都得到了农民的充分认可。

因此，我们可以看到，大学生村官在带领农民致富创业、创新农村村务管理的方式方法、创建农村思想文化新媒体平台等方面都是大有可为的。关键是在这一时期要勇于探索，敢于创新。在这一"创新—建业"时期，大学生村官要充分利用创业创新的国家政策和优惠措施，多向村民、管理者和其他社会组织寻求帮助，积极稳妥地推进创新创业。

（四）"选择—流动"期：客观定位、提早规划

分流期是即将届满的大学生村官谋划前程、思考再就业的时期，也可以被称

为"选择—流动"期。虽然从政策安排上看，国家为服务期满大学生村官开辟了多条出路，引导期满村官有序流动、多元发展，但由于前途的不确定性，很多大学生村官都会在这一时期有不同程度的倦怠、迷茫等情绪，是最容易产生情绪波动的阶段，如不能控制好，就会使大学生村官的经历虎头蛇尾，甚至还有可能影响今后的职业发展。那么，怎样使自己的选择更加理性、流动更加顺畅呢？

首先，要正确理解政策。大学生村官计划是一个长期、持续的过程，并不是一批大学生村官就能完成的。这个计划是"一池活水"，每年都有新大学生村官的加入，同时期满大学生又不断分流，走向不同的工作岗位。实际上，大学生村官政策的战略意义就是在村官个体流动和群体稳定中越来越充分地展示出来。因此，多数大学生村官都必然要有一个重新选择职业的过程，考虑自己的出路，并不是一件不好的、见不得人的事情。相反，这是他们职业发展的必经环节，要大大方方、认认真真地进行思考和准备。

其次，要提早规划。前面我们已说过，从参与期开始，大学生村官就应该在工作中不断审视自我，努力提升个人素质，发现自身的不足，同时也更清晰地认识自己的特长和职业兴趣，在此基础上逐步明确自己期满后的职业生涯走向和定位。

最后，要有自信心。大学生村官在准备分流的阶段，往往会缺乏自信，认为自己在村里长期工作，与外界接触较少，大学里学到的专业知识也有些生疏，是否会受到用人单位的欢迎呢？其实，我们应打消顾虑。大学生村官在任职期间，认真完成了各项任务，综合素质有了提升，积累了宝贵的基础工作经验，已经形成了自身的优势，自然会受到用人单位的青睐。

调研表明，用人单位普遍认为，期满村官在人际交往、工作能力、文书写作等方面显著高于应届毕业生，他们在工作中上手快、适应快，更加珍惜工作中的学习和晋升机会，抗挫折能力优于应届生和其他已工作三年的职员。当然，由于不同单位的岗位需求不同，大学生村官在走上新的工作岗位时也需要再做调整，如专业技能有些生疏，需要尽快赶上。如去外企，工作模式和思维模式也要有所改变。但总体来说，期满村官再就业是有自身优势的，用人单位也是欢迎的，所以要树立起自信心。

总之，大学生村官任期只有三年，却要经历四个阶段，完成从校园到田园再从田园到社会的两次转变，这种转换频率和强度是一般人才成长过程所没有的。因此，了解每个阶段的特点和任务，调整自身状态，发挥主观能动性，自觉而有效地实现不同阶段的有序衔接，是大学生村官成长过程中必须把握好的问题。

第十四章

大学生村官成长成才机制的系统优化（二）

　　本章是系统构建大学生村官成长成才五大机制的第二部分。第十三章中的素质提升机制和环境优化机制是依据大学生村官成长成才的内外因素而来，是一对相互作用、相辅相成的矛盾体。本章中的三个机制是建立在对大学生村官成长成才整体过程进行审视的基础上的，彼此之间、与第十三章两个机制之间都有着深刻的交互作用，三个机制的构建内容贯穿村官成长的始终，渗透进村官成长中的每个环节，因此在层次上更为综合和抽象。不过在机制构建的对策建议上，我们仍力争具体实在、有针对性，避免笼统。

第一节　动态衔接机制

　　大学生村官是国家开展的选派项目。大学生毕业后来到农村任职，再到期满流动，涉及多个场所、多重角色、多种工作体制的转换和衔接。主体能否顺利过渡并完成角色转换，对其成长成才有深刻影响。经过研究，我们发现动态衔接机制不仅表现在大学生村官群体成长成才阶段转换背后的动力机制上，而且表现在不同主体在促进大学生村官成长成才过程中的协同管理上。

一、健全大学生村官成长成才不同阶段的动力衔接机制

人才学的研究表明，人才个体成长是一个渐次展开的过程。依前文所述，大学生村官成长成才过程具有阶段性特征，可以分为适应期、参与期、稳定期、分流期四个阶段。按照方法论个人主义与方法论整体主义相结合的考察原则，兼顾个体需要与组织利益、个人成长成才与组织发展、个人理想与社会目标的协调或相互协同，特别是考虑到个人动机、行为与环境、处境的互动关系，利用人才学所揭示出的人才成长的有关规律，我们发现在大学生村官成长成才不同阶段的衔接中，存在以下"十大动力机制"：

在酝酿期、调适期，也是个体素质优化阶段，有三个机制在发挥作用：(1)"需要—利益的驱动机制"；(2)"交往—认同的嵌入机制"；(3)"介入—筹划的参与机制"。它们分别发挥着肯定激励、归属激励、自我激励的作用。在参与期，也就是大学生村官的外在活动质变阶段，应强化情感激励、压力激励、角色激励的作用，因此，有必要引入以下三个机制：(4)"信任—关爱的发动机制"；(5)"责任—目标的导入机制"；(6)"优势—互补的协同机制"。在建业期到届满分流期或大学生村官成长成才获得社会承认的阶段，针对大学生村官在参与基层社会实践活动的过程中对于建功立业成就感的渴望、对于个人发展和进步的要求，以下两种机制发挥着独到的功能：(7)"竞争—任用的促动机制"；(8)"愿景—行动的拉动机制"。

从开始到期满分流的大学生村官成长成才的全过程，一直发挥着积极作用的就是由得到历练和磨砺的心理预期而产生的内在激励，决定了(9)"体验—磨砺的内生机制"的存在；与大学生村官有关的各项政策、制度的出台、落实与实施有关，涉及各个环节的另一个机制就是(10)"政策—制度的保障机制"。由此，为了实现大学生村官成长成才不同阶段之间的衔接，有必要建立"十大动力机制"。以下将具体描述和说明"十大动力机制"何以能够以及如何发挥作用。

(一) 需要—利益的驱动机制：动机、肯定性激励

大学生村官是有血有肉、有理想的"有生命的个人的存在"——"现实的个人"，他们的确拥有马斯洛在"基本需要层次理论"中所说的各种需要，不仅有吃喝住行等日常生活需要、安全需要、尊重需要，而且有更为高级的交往和自我实现的需要。换句话说，大学生村官也有自己的基本需要和成长成才的独特利益诉求。正是大学生村官的需要、利益构成了其个人的理性选择和博弈的基本权衡因素，进而，也使得需要—利益的动机成为大学生村官成长成才的动力机制。

同时，只有认识和把握这一"需要—利益的驱动机制"，在有关大学生村官的政策制定上，在接纳大学生村官的乡村和基层单位，才能做到政策上更人性化，并在满足大学生村官基本需要的基础上，努力改善他们必要的生活条件、福利待遇，特别是为他们成长成才提供锻炼的机会、发挥作用的岗位和可能的发展空间。

因此，能否认识到并善于发挥"需要—利益的驱动机制"，事关能否把有志于到农村广阔天地锻炼自己、施展才干的优秀大学生吸引、选拔到大学生村官的队伍中来；事关被选拔出来并下派到农村基层组织中去的大学生村官能否得到基本的生活保障并尽快安顿下来；还事关能否与大学生村官最初的选择动机、心理预期相吻合或基本符合，从而对其做出积极的回应，达到动机激励或肯定性激励的效果，诱发大学生村官主动适应和投入农村生活的激情。

（二）交往—认同的嵌入机制：慰藉、归属激励

大学生村官被下派到农村后，从熟悉的大学环境步入陌生人社会，首先遇到的现实问题就是如何摆脱心理上的孤独感、恐惧感与焦虑感，而社会交往活动是克服孤独、恐惧与焦虑的必要途径。实际上，也只有随着交往范围的不断扩大、交往方式的多样化，以及交往中的良性互动，才能获得心理的认同和归属感，而融入所在农村的社群中，并最终顺利地实现"社会的嵌入"，避免使大学生村官遭遇"社会的排斥"。

"嵌入"一词的英文是"embeddedness"，也翻译成"镶嵌"，最早由卡尔·波兰尼提出，后来由格兰诺维特进行了经济社会学的阐发。与"嵌入"相对应的另一个词就是"排斥"。前者是指一种经济行为或结构能融入包括制度在内的各种非经济因素的社会中去，而后者则是指不能融入或遭到拒斥。这里借用"嵌入"和"排斥"，是为了说明大学生村官制度作为一项新的社会建制能否被既有的农村建制所包容，大学生村官作为新人能否被当地农村的干部和群众所接纳，大学生村官的行为能否得到其所在农村社群的肯定。而良性的交往—认同是确保大学生村官制度、大学生村官个体以及其行为顺利实现"社会嵌入"的关键。

因此，交往—认同必然被视为大学生村官完成"社会嵌入"的机制，即"交往—认同的嵌入机制"，它有助于大学生村官获得心理慰藉和归属感。从一定意义上说，借助"交往—认同的嵌入机制"能够缓解心理上的孤独、恐惧与焦虑，获得基于认同的慰藉激励与归属激励。认识到这一机制的存在，并能自觉地发挥这一机制的积极作用，需要做到以下两个方面：一方面，鼓励和支持大学生村官主动参与所在农村社群的干部和群众的交往活动，从而尽快熟悉生活和工作环境，既了解自己未来的工作对象，也让所在农村的干部群众熟悉并接纳自身；

另一方面，大学生村官所在的农村基层组织应自觉、有意识地帮助大学生村官熟悉环境，了解乡土民情、村规民约以及各种党政组织结构、职能与政务等，促使大学生尽快完成角色转换、心理调适，有归属感，为下一步参与到农村基层组织工作中来奠定基础。

（三）介入—筹划的参与机制（涉身—设计机制）：理性博弈与自我激励

大学生村官在适应所在农村的生活与工作环境，并完成心理的调适后，开始由被动地适应环境向主动地介入和筹划如何参与到组织生活中转变。"介入—筹划的参与机制"或者叫做"涉身—设计机制"在这一转换的过程中发挥着重要的枢纽作用。

由于大学生村官个体所在的乡镇或村落自身地理位置、历史原因和发展程度存在差异，每一位大学生村官不得不处境化地设计未来的工作规划，因地制宜地想办法、出主意、想对策、谋发展。这里必然要面对如何给所在组织定位以及如何为自己的工作角色与目标定位的问题，需要做出理性的权衡、博弈与选择。可以说，离开了这一环节，就只能被动、盲目地进入下一个工作阶段——参与期，而无法主动、有的放矢地开展工作，甚至由于不熟悉情况而导致工作的不称职，以至于遭到所在工作共同体的"社会的排斥"。

这就有一个如何正确认识并运用"介入—筹划的参与机制"问题。必须看到，"介入—筹划的参与机制"不是可有可无的，它是大学生村官成长成才过程中从一个阶段向下一个阶段转换的枢纽和必要的准备。期间，大学生村官不仅要完成心理上由被动到主动、由不适应到适应的转换，而且需要实现对所在环境及其发展状况，甚至包括其未来走向的理性认知，从而寻找、谋划个人工作的切入点，明确可能的工作方案，选择创造性地开展工作的突破口，并为此努力提升个人素质，学习有关农业、农民和农村的文件政策、管理知识、技能等。为此，一个重要的准备就是认真开展调查研究，大学生村官不仅要善于利用田野调查、符号互动论、扎根理论实地开展介入性调查研究，而且要会利用非介入性调查研究的方法，对既有统计资料和有关材料重新做出科学的分析和综合性研究。

大学生村官由于是在深入开展调查研究而完成理性认知的基础上对下一阶段的工作进行设计与规划，因而，这是一个理性的选择、博弈与自我激励的过程。紧接下来的问题是，大学生村官的自我谋划和工作热情能否得到来自组织的肯定与支持，这又需要在下一个阶段很好地发挥"信任—关爱的发动机制""责任—目标的导入机制""优势—互补的融入机制"。

（四）信任——关爱的发动机制：情感激励

大学生村官下派到农村后，首先经历的是心理调适期，也就是心理素质与个人能力的优化阶段。大学生村官一经获得心理认同，并对下一步工作进行理性的设计与规划，就意味着开始由第一阶段向第二阶段转换。那么，承接上一环节大学生的动机与行为选择，大学生村官所在基层组织特别是负责此项工作的领导，应因势利导，注意保护和调动大学生村官的参与意识和工作积极性，使其顺利进入个体人才成长不可或缺的社会化过程。因此，在此阶段，最为关键的是善于发现和运用"信任——关爱的发动机制"，以充分实现情感激励，让大学生村官以饱满的热情和乐观、向上的心态投入到农村基层组织的各项经济与社会事业建设中去，发挥其聪明才智。

为了保证发挥好"信任——关爱的发动机制"的效用，应主动营造良好的氛围和组织环境，努力促进大学生村官成长成才的个性化与社会化的统一，具体来说需要注意以下事项：一是乡村干部要多关心和爱护大学生村官，及时帮助大学生村官解决所遇到的各种困难，不断强化其心理归属感；二是乡村干部要能主动倾听大学生村官对所参与的农业、农村工作的意见和建议，即使不成熟的建议和想法也要给他们表达意见的渠道和机会，不断增强其参与意识；三是真心地把大学生村官作为基层班子的一员或得力助手，请他们参加党政班子的重要会议，甚至是具有一定保密性的工作会议，充分信任大学生村官，不断强化其参政议政的意识，而不是把其当成外人，排斥在组织生活之外；四是注意尊重和保护大学生村官的个性，毕竟个体成长成才离不开主体个性的健全发展，而个性化的过程是在主体参与社会事务并与环境的互动过程中实现的。

（五）责任——目标的导入机制：压力激励

大学生村官进入农业和农村工作的实质性参与阶段，重要的标志之一就是是否有具体的岗位职责和相应的目标任务。因为，只有工作目标和任务明确、责权清楚，才能使大学生村官在本职岗位的工作中得到锻炼，并做出自己的贡献。

由于个体成长成才是一个渐进的过程，不仅需要个性化与社会化的统一，而且需要知与行的统一。因此，如何把大学生村官所拥有的理论知识和才能应用到社会实践中去就显得尤为重要。这就意味着有必要给予大学生村官一个发挥其作用的恰当的岗位，通过"责任——目标的导入机制"，使其实际地从事农业、农村工作，并在给予目标任务的基础上，与基层干部一样接受组织的考核，实行奖惩制度，从而通过压担子、定目标、定责任的方式，实现压力激励，避免其无所作为、无所适从的茫然与盲目状态。

对"责任—目标的导入机制"的运用，要注意以下几个问题：

一是岗位职责与大学生村官的能力相匹配。如果所配备岗位的工作太轻，一方面会造成人力资源的浪费，另一方面难以达到锻炼大学生村官的目的，甚至使其感到有难以实现自我价值的挫折感；如果所配备岗位的工作责任过于重大，以至于在短时间内难以胜任，也会影响工作的开展，挑战性太大，会使其怀疑自己的能力，进而丧失从事农业和农村工作的自信。所以，要求基层领导善于慧眼识人，量体裁衣般地为大学生村官分配有助于其发展的工作任务。

二是可以试探着从"简"到"繁"、从"易"到"难"、从"轻"到"重"地逐渐增加工作量和工作难度。这对在基层工作的领导提出了较高的要求，要求他们不仅有耐心，还得有爱心，有工作方法和组织艺术，从而使大学生村官喜爱自己所从事的工作，并能够出色地完成，使他们因工作内容的变换而产生工作兴趣和好奇心，因工作担子的不断加码而产生被重用和自我实现的工作成就感。

三是还可以采取先协助工作，后独立负责的办法。这种办法有助于大学生村官熟悉了解情况，学习开展农业、农村工作的方式和方法，摸清错综复杂的交往关系和潜规则，为独立开展工作做好前期准备。但是，当大学生有能力单独开展工作时，要及时为其分配相应的工作岗位，并提出明确的工作目标与责任、权益。同时，在工作中适时监督，并给予善意的提醒，使大学生村官感受到领导和组织的关爱、信任，从而调动其工作的主动性、积极性。

（六）优势—互补的协同机制：角色激励

根据人才学对人才成长和发展过程的一般特点的描述，人才个体成长有一个如何与环境良性互动的问题，如何以恰当的方式完成个体的"社会嵌入"，而不遭受既有组织和工作共同体的"敌意""排斥"或拒绝合作等。这里还存在着个人成长和组织发展的多重互动关系。这就需要协同，不仅要兼顾组织发展、个人目标的实现，还得避免人才的浪费和个人利益的冲突。也就是说，必须处理好"个人自我选择"与"体制的社会选择"的互动关系。

科学社会学家默顿认为："个人自我选择过程和体制的社会选择过程相互作用，影响了既定活动领域相继获得机会结构的概率。当个人的表现达到了体制要求的标准，特别是当它大大超过了这些标准，这就开始了优势积累过程，在这个过程中个人获得日益增长的机会，甚至更加有效地去推进他的工作（而奖励随之而来）。"这也就是为什么他提出了个人获得体制奖励的社会承认的"马太效应"。而人要成为人才，就必须在个人目标与体制目标的选择与互动中脱颖而出。同时，在这一过程中不与其他人才个体的成长发生冲突，做到互惠互利共同发展。这就迫切需要认识到"优势—互补的协同机制"或"优势—互补的融入机制"的存在，以及发挥其作用的重要性。

"优势—互补的协同机制"不仅有社会学的理论根基，而且有人才学的原理基础。人才学明确提出了"优势积累和发挥成才规律"，即"成才主体在创造实践中，通过个人与组织的密切合作，积累和发挥自身优势，使个人的智能优势转化为创造优势，从而取得创造成功的成才规律"。与社会学和人才学的上述理解略有不同的是，"优势—互补的协同机制"不仅强调成才个体的优势发挥与积累，而且关照到组织中与其他个体成员的互补关系，同时兼顾个人与组织目标的协同，以及个人与个人目标的协同，从而减少了个体在发展中来自组织自身的内耗与阻碍。

这一机制不仅要求大学生村官个体要善于发现自己在组织中的优势，寻找创造性实践的切入点，而且也要求大学生村官所在基层组织领导有优化组织结构的意识，并用人所长，以增强组织的合力，实现个人进步与组织发展的双赢。可以说，"优势—互补的协同机制"是立足岗位职能和组织目标实现的角色激励，是大学生村官由参与期向创业期转换的枢纽，是促成大学生村官在农村大显身手和创业的关键机制。

（七）竞争—任用的促动机制：成就激励

上一阶段的"个人选择"与"体制选择"的互动所决定的"优势—互补的协同机制"还需要与其配套的另外两个机制，即"竞争—任用的促动机制"和"愿景—行动的拉动机制"。

首先来看"竞争—任用的促动机制"，它作为"优势—互补的协同机制"的配套机制之一，意味着该机制不仅是对"优势—互补的协同机制"的补充，而且是对"优势—互补的协同机制"作用效果的衔接与继续。因为，通过"优势—互补的协同机制"使有能力的大学生村官脱颖而出，并对自己的发展有了更高的预期，能否趁热打铁、满足其进一步发展的需要，实际上也是满足其创造性实践——创业的需要，进而还是促进农业经济和农村社会发展的需要，这就要求当地乡镇和村级组织提供新的、更高的岗位，使那些优秀的大学生村官走上领导岗位，并对其委以重任。由于领导岗位数量的限制，只能使那些极其优秀的大学生村官先行一步走上重要的领导岗位。这就需要在竞争、选拔的基础上任用，也就是要发挥"竞争—任用的促动机制"的作用，通过成就激励，将那些愿意继续留在农村建功立业的大学生村官中的佼佼者推到新的领导岗位或农村经济与社会建设的主战场，使其有机会再立新功，实现成才的新的优势积累。

（八）愿景—行动的拉动机制：发展激励

正如上文所谈到的，"愿景—行动的拉动机制"是"优势—互补的协同机制"的补充与后续机制。其根本的作用在于把大学生村官个体的目标和价值选择与其所在组织的体制目标和价值选择统一起来或协同起来，而统一和协同的基础就是个人和组织的愿景与行动，当个人的愿景与组织的愿景取得一致后，就必然促进人才个体与组织行为或行动的一致。正是从这个意义上说，"愿景—行动的拉动机制"的运用将有助于"优势—互补的协同机制"的实现，或者说"优势—互补的协同机制"的运用，有赖于"愿景—行动的拉动机制"的实施。

发挥"愿景—行动的拉动机制"作用的关键在于：首先，大学生村官所在的基层组织要在科学的调查研究基础上，创设和构建组织发展的未来愿景，并用愿景来鼓舞干部群众，凝聚人心和社会各界的力量。只有大学生村官所在的单位有了一个好的发展愿景，才能激发大学生村官继续留下来创业的激情和决心，也才能使那些不愿继续留下创业的大学生村官至少在当下能贡献一份力量。一旦组织愿景得到大学生村官的认同，就会促使其结合这一愿景来规划个人的未来发展，并自觉地把个人未来规划与组织愿景协同起来，为实现组织愿景而努力。这也是完全符合个体成才的个性化与社会化相统一、阶段性与连续性相统一、继承性与创造性相统一等原则。其次，仅仅有愿景是不够的，还必须有实现愿景的现实行动。这样才能给各类人才包括大学生村官以创业、发展的机会与空间。可以想象，如果大学生村官所在乡镇或村庄总是死气沉沉，看不出任何发展前景，怎么能满足大学生村官成长成才的愿望和需要呢？又怎么能使那些优秀的大学生村官扎根基层呢？所以，大学生村官所在的农村基层单位必须因地制宜地构建各自的发展愿景，切实发挥好"愿景—行动的拉动机制"的作用，通过发展激励人才，借助发展留住人才，借助发展培养人才，并最终达到促进组织和地区发展的目的。

（九）体验—磨砺的内生机制：精神实践的内在激励

如果说前八种激励机制是专属于或专门服务于大学生村官成长成才的某个时期或某个阶段或一个阶段向另一个阶段过渡的，那么，"体验—磨砺的内生机制"和"政策—制度的保障机制"则伴随大学生村官成长成才的全过程，从而成为超越了某一阶段的总的动力机制。根据方法论个人主义、理性博弈论和社会科学的理解性方法，特别是个体成长成才的主体性原则，前者是源于大学生村官自我诉诸"精神实践"的内在激励；依据方法论整体主义、总体性辩证法，以及组织发展的原则，后者源于教育部门、乡镇、村党政组织促进大学生村官成长成才的外部激励，因为大学生村官制度最终服务于大学生村官个体成长成才与推进新农村建设的双重目标。

从"体验—磨砺的内生机制"来看，可以说，从大学生选择成为村官的那一刻起，不管他们有多少功利性的考量，都会抱着到基层接受锻炼和体验农村艰苦生活的愿望。大学生村官正是有了这种心理预期和内在的发动机制，也就是精神实践诉求，无论所到农村有多么艰苦，都能支撑他们坚持下去，而不是半途而废，甚至还把艰苦的生活本身当成磨炼个人意志和自己成长成才的一笔精神财富。

由于大学生村官分布地区广大，而各个地区甚至同一个地区的不同乡镇、同一乡镇的不同村落的发展极不平衡，因而大学生村官成长成才的环境不同。往往越是条件差的地方，观念越保守，越不利于大学生村官开展工作；而越是条件好的地方，心态越开放，越有助于大学生村官施展才能。然而，无论条件好的还是条件差的地区，都需要大学生村官借助"体验—磨砺的内生机制"、精神实践的旨趣来激励自己，克服各种困难，接受种种挑战，保持心理的健康和积极向上的斗志，并在这一过程中使自己的心智成熟起来，意志坚强起来。

虽然大部分大学生村官由于多种原因未能继续留在农村创业，但凭借"体验—磨砺的内生机制"，使他们能够肯定而不是否定大学生村官的生活。因为，毕竟个体的成长成才是一个过程，大学生村官的经历让他们积累了基层工作的直接经验，让他们切实体验了农村生活，磨炼了意志品质，思索了人生的意义与价值，为分流后未来的职业规划和个人发展提供了必要的心理准备和生活基础。如果看不到"体验—磨砺的内生机制"的存在，就会遮蔽大学生村官成长成才中至关重要的心理和精神要素的作用，也会忽略内在的人之精神的成长，而单纯用外在指标评价大学生村官的成长成才。

（十）政策—制度的保障机制：安全激励、外在激励

大学生村官制度是新时期党和国家出台的人才培养和支持新农村建设的体制性政策与制度，既需要自上而下的贯彻落实，又需要自下而上的不断完善。因此，"政策—制度的保障机制"不仅涉及大学生村官的选拔、下派、适应与创业期，而且涉及大学生村官从开始到期满分流的全过程。这一保障机制作为大学生村官成长成才的外部激励，直接影响到能否吸引优秀的大学生成为村官，而且影响到大学生村官在农村期间的待遇，甚至影响到大学生村官能否无后顾之忧地全身心投身到新农村建设中去，并且事关能否做到让留下来参与农村创业建业的大学生村官获得发展和提升的机会，能否让期满离开农村的大学生村官有多种发

展、升迁的可能途径，从而使这项政策真正达到锻炼、培育人才，推动农村经济和社会发展的目的。从保障作用的意义上看，也可以把这一机制的发挥视为减少个人发展风险的安全激励，因为大学生村官制度的实施旨在确保实现个人与社会双赢的目标。

所以必须认真研究如何发挥好这一保障机制的作用。一方面，应在跟踪调研的基础上，总结以往的工作经验，及时发现在各个环节上政策的疏漏与不足之处，并不断做好更新配套的完善工作。另一方面，还应认真抓好既有大学生村官的有关政策和制度的落实，对于成熟的政策、制度及时以法律的形式加以固化，以保持政策的相对稳定性，避免不计后果的朝令夕改在大学生村官群体中造成不必要的心理困惑和混乱，甚至引起对政策的信任危机及不安全感。

二、完善不同主体间的协同管理机制

大学生村官成长成才过程显示出阶段衔接和角色变换的特征，村官工作的管理实质上是在不同时段对不同角色的动态性调度。在此过程中，由于不同时段中发挥主体作用的动力机制不同，政府、高校、乡村干部、村官等的角色定位也在调整中不断变化，从而形成随成才过程递进而变动的角色位移和角色接力。从横向维度看，大学生村官成长成才机制构建涉及多个主体，只有从上至下形成有效畅通的沟通互动，才能将各项政策真正执行到位，发挥政策的预期功能。调研发现，从最顶层主体到基层单位这一链条中，政策执行者对政策的执行情感、执行政策的积极性存在着逐级递减的现象。省级单位处在中间位置，起着承上启下的作用，一旦这一环节出现问题，影响的将是村官管理工作全局中的一大块；基层单位则是最终环节，是把各项村官管理政策转化为现实管理行动的枢纽，如果这一环节缺失，大学生村官政策将飘在空中无法落地。因此，无论是中间环节还是最终环节，都要注意上下保持畅通、互动，鼓励各层级结合实际创造性地执行政策，以保证村官政策得到切实充分的执行。

（一）发挥政府在协同管理过程中的主导作用

早在2009年，中组部联合11个部委发布了《关于建立选聘高校毕业生到村任职工作长效机制的意见》，明确指出应建立齐抓共管制度。当前新形势下，政府应积极发挥主导作用，构建一套不同主体之间分工明确、协调有序、科学规范的协同管理机制，这是大学生村官成长成才过程中动态衔接机制有效运行的前提基础和重要保障。

政府应积极发挥主导作用，建立大学生村官招聘协同管理机制。基于大学生村官聘任制公务员的身份定位，县以上各级党委组织部门及政府人力资源和社会保障部门是大学生村官的主管部门。各省（区、市）公务员主管部门应每年制定专门的工作计划，确定选聘名额，并统一组织开展选聘工作。具体由县（区）级公务员主管部门与选聘的大学生村官签订聘任合同，由乡镇政府负责对大学生村官进行日常管理和工作指导。此外，政府有关部门在坚持大学生村官选拔的公平、公正、公开等基本原则下，可以将大学生村官招聘分类制度化。目前，已有学者建议政府多招收涉农专业的大学生村官，以解决其专业技能与农村需要错位的问题，但此建议同样存在简单化的问题。因为当前农村不仅仅需要涉农专业的人才，更需要综合素质强的农村基层实用人才。因此，我们建议政府在选拔方式上对大学生村官的招录进行具体分类，如总体上可以分为三种：一类为行政管理型，一类为专业技术型，一类为经济管理型。在此基础上，根据农村对各类人才的需要，适当设计不同的招收比例。

同时，政府还应积极发挥统筹协调作用，建立不同主体之间的沟通协作机制，推动大学生村官培养和管理工作的科学化与规范化。有必要建立高校和农村基层组织之间的沟通机制，使得高校能够及时了解农村基层对人才素质和能力的需求状况，同时村落通过对大学生村官进行培养和锻炼，对大学生村官工作给予客观评价，能够为高校改革人才培养模式提供实践依据。此外，政府应发挥不同主体的积极性和主动性，建立不同管理部门之间的协作机制。比如针对大学生村官培训，可以实行分层、分类培训。其中，省（区、市）公务员主管部门重点负责示范培训，市（地、州）公务员主管部门重点负责创业和拓展培训，县（市、区）公务员主管部门重点负责岗前和日常培训。大学生村官考核工作由县（区）级公务员主管部门负责，乡镇政府具体组织管理，村级组织协助实施。为了保证大学生村官各项政策的有效落实，省级公务员主管部门应建立大学生村官工作监督机制。针对大学生村官普遍关注的二次就业问题，政府有关部门应做好其就业创业服务和指导工作，建立再就业追踪机制、择优推荐机制，促进相关部门认真履行自身的服务职能。

（二）建立大学生村官工作联席会议和定期通报制度

依据政府主导与多方推动、多方共赢相结合的原则，为了有效发挥大学生村官相关管理部门的合力作用，形成主体联动和业务联结的管理服务格局，应建立大学生村官工作联席会议和定期通报制度，切实推动大学生村官相关工作的落实。

目前，虽然不少地方已经建立了大学生村官工作联席会议制度，但对于联席会议的组织机构、参加主体、会议目标、主要内容及其职责分工还处于探索阶段。大学生村官工作联席会议可以每个季度召开一次例会，重要事项还可以召开临时会议，随时沟通和处理大学生村官工作中出现的各种具体问题。联席会议召开的目标是通过信息交流和沟通，通过分析和研究工作中存在的主要问题，集中提出改进意见和建议，促进大学生村官成长成才。会议的主要内容应包括学习党的路线、方针和政策；学习中央组织部关于大学生村官工作相关政策文件的指示精神；通报所在地区大学生村官工作取得的成绩和存在的不足；交流大学生村官工作的经验；研究有关大学生村官工作的配套政策和措施的制定；协调多个部门集中解决大学生村官工作的突出问题等。大学生村官工作联席会议的组织机构应为县以上各级党委组织部门及政府人力资源和社会保障部门，具体由县以上党委组织部门负责召集，县以上政府人力资源和社会保障部门负责组织协调。参加主体应包括组织部门、宣传部门、教育部门、科技部门、公安部门、民政部门、财政部门、人力资源和社会保障部门、农林牧业相关管理部门、工商税务部门、妇联、共青团等，其中组织部门负责统一协调和调度，其他各个部门在各自行政职能范围内开展具体工作。比如人力资源和社会保障部门负责人事档案管理、期满就业、医疗保险、工伤保险等；教育部门负责大学生村官期满后报考研究生、入职后的学费补偿和助学贷款代偿等；财政部门负责大学生村官各项补贴的发放；公安部门负责大学生村官的户籍管理等；宣传部门负责舆论宣传和引导；妇联负责女大学生村官的困难帮扶和就业指导；共青团组织负责宣传、心理健康教育、文化活动开展等方面的具体工作。

在大学生村官日常管理中，主管部门应建立大学生村官工作情况定期通报制度。一方面，村两委应定期向乡镇党委汇报大学生村官开展工作的具体情况，包括取得的成绩和存在的不足。同时乡镇党委要及时将这些工作信息向县级党委组织部门通报，尤其要对存在的问题及时上报，请示解决问题的具体方案。另一方面，县级党委组织部门应定期对所在地区大学生村官的在岗情况、借调使用情况、工作中存在的问题等进行全面检查，向乡镇党委和村两委通报检查结果，发挥政府的监督指导作用。在落实定期通报制度的基础上，在大学生村官工作联席会议上要及时通报各项情况，并及时与有关部门进行沟通协调，共同解决工作中存在的困难和问题。

（三）发挥高校在大学生村官成长不同阶段衔接中的育人功能

从长远上看，大学生村官计划不是一种临时性的就业政策，而是一项重要的人才培养工程。立足党和国家事业的长远发展，高校应建立大学生村官跟踪培养的长效机制，着力打造一支信念坚定、品行端正、为民服务、廉洁奉献的高素质的农村基层创新创业人才队伍。因此，在发挥政府主导作用的同时，应发动高校这一主体积极配合，为大学生村官从适应期、参与期、稳定期到最后顺利进入分流期提供动态衔接，助推大学生村官的成长成才。

1. 高校应积极引导大学生进行职业生涯设计

高校引导大学生进行职业生涯设计，是解决大学生村官从适应期到参与期角色转换不顺的突破口，不仅具有理论依据，而且具有实践需求。从理论依据上看，根据人才开发学的理论，职业生涯设计是个人、家庭、学校和用人单位进行人才开发的重要一环，也是人才开发的一个重要的逻辑起点，[①]其效用的发挥甚至左右着人才成长的趋向与导向。因此政府应积极调动高校的积极性和主动性，使得高校能够积极向毕业生提供大学生村官招考信息，并承担起推荐优秀毕业生报考、负责政审、指导聘任合同的签订等具体就业服务工作。尤其要向大学生村官宣传政策目标和政策的价值定位，吸引有志于服务基层农村的高校毕业生投身大学生村官队伍。同时，人才学的研究表明，兴趣驱动是成才活动的强大动力。因此高校在职业生涯教育中应努力激发大学生投身基层、奉献基层的就业动机，鼓励大学生根据个人的兴趣做出理性的人生选择。从实践需求上看，在调适期的个体素质优化阶段，大学生做出人生选择以村官身份下派到农村后，首先面临的便是由校园到田园的工作与生活环境的转换。在环境转换过程中，"交往—认同的嵌入机制"的建构与效用发挥，是大学生村官初涉农村新环境能够获得心理慰藉与归属感的保障，是其尽快适应农村环境和完成角色转换、为下一步的参与机制效用发挥做好铺垫的关键点。而在大学生村官政策实践中出现的大学生村官由校园到田园的转换衔接不畅问题，即成为嵌入机制发挥效用的重要制约。这一问题的解决，不仅依赖于政府主导的政策宣传和岗前培训，更依赖于高校对大学生开展积极有效的职业生涯规划教育。

2. 建立高校大学生村官"预培养"的理念和原则

高校是我国高素质人才的培养基地，在大众创业、万众创新的新形势下，迫切需要改革人才培养目标和人才培养模式，提高大学生创新创业的素质和能力。虽然大学生村官任职前和任职中都要接受相关培训，但这些培训远远不能解决大学生村官创新创业素质和能力不足的先天缺陷。因此，有必要在大学生就读大学期间对其进行预先的、有针对性的培养和教育，建立大学生村官"预培养"机制。这不仅是助推大学生村官成长成才的重要举措，而且是我国加快实施创新驱动发展战略的助推力量。

大学生村官"预培养"机制即高校根据农村基层对创新创业人才的需求，通过开设课程、设置专业（或专业方向）、搭建实践平台等方式，为有志于到农村

---

① 薛永武：《人才开发学》，中国社会科学出版社2008年版，第47页。

基层工作的大学生提供支持和帮助。大学生村官"预培养"机制具有自己的特点。从培养主体上看，大学生村官"预培养"以高校为主导，还需要负责大学生村官工作的党政部门和农村基层组织共同参与；从培养方式上，大学生村官"预培养"强调实践特色，以提升大学生到基层创新创业的实践能力为重点。

　　由此，大学生村官"预培养"机制与高校人才培养目标和培养模式并不是矛盾和对立的。应该说，大学生村官的"预培养"机制是对目前高校人才培养目标和模式的有益补充。一方面，建立大学生村官"预培养"机制，可以推进高等教育自身的改革，提高教育教学质量，促进高校人才培养体系更好地满足基层发展的需求。尤其是针对当前我国城乡二元对立的结构，高校人才培养目标和培养模式应改变以城市需求为导向，更多地关注农村和基层的需要。另一方面，大学生村官"预培养"机制建构不是对当前高校人才培养机制的"推倒重建"，而是以当前高校人才培养体系为基础，将大学生村官"预培养"融入高校人才培养体系之中，稳步推进大学生村官"预培养"和整个高校人才培养体系的有机结合。

　　大学生村官"预培养"机制是一项系统工程，必须遵循一定的原则才能确保机制建构的科学性，为机制的良好运行奠定前提性基础。

　　一是需求导向原则。以需求带动整个机制的有效运转是人才培养机制健康运行的重要保障，因此大学生村官预培养机制要以社会发展需要和大学生自身发展需要为导向。从社会发展需要的层面上看，目前我国农村地区对大学生这一高素质人才群体的需求量和供给量之间呈现出了严重的不匹配状态，农村地区创新创业的发展迫切需要具有现代知识和思维方式的青年人才。受传统就业观念的影响，大学毕业生即便在城市找不着工作也不愿意到基层农村。由此，大学生村官政策作为"自上而下"发动的满足农村现代化发展需求的人才战略工程，对推动我国创新创业具有重要的现实意义和深远的历史意义。大学生村官"预培养"机制只有找准适应我国农村和基层创新创业发展需要的着力点，才能促进大学生村官这一特殊人才群体创新智慧和创造活力的竞相迸发，为我国社会发展注入活力和动力。

　　从大学生村官自身发展需要的层面上看，大学生村官具有迫切提升创新创业能力的需要。通过课题调研，针对"你想要获得哪些方面的培训"这一提问，78.57%的大学生村官选择"创新创业能力培养"，65.48%的大学生村官选择"农村事务管理"，64.88%的大学生村官选择"涉农政策"。选择"沟通技能""职业生涯规划""心理素质"的大学生村官分别占52.38%、46.43%、41.07%。这表明，大学生村官"预培养"机制构建要满足大学生村官创新创业能力培养、农村事务管理、涉农政策培训等方面的需求。

　　二是夯实基础原则。近年来，各省市大学生村官人数总体呈现出下降趋势，并逐步趋于平稳。为什么在农村地区大学生供给量不足的情形之下,大学生村官的招聘人数却逐步减少呢?二者之间看似矛盾,实则不然。究其原因,目前我国进入新常态的发展阶段,经济从高速增长转为中高速增长,提高人才的使用效率是当前对我国经济发展产生重要影响的关键问题之一。大学生村官人才队伍建设也不例外,在保持数量稳定的基础上,各省市开始着力于提高大学生村官的质量。目前,农村基层对创新创业人才的需求日益提升,大学生村官不仅要能够承担村落的日常事务管理和服务,而且要能够运用自身的知识、技能和信息方面的优势,开展创业活动。这就对大学生村官提出了更高的要求。因此,高校肩负夯实人才素质和能力的基础性职责,要着力强化大学生创新创业素质和能力的系统化培养,以促进大学生村官这一人才群体使用效率的优化。

三是动态衔接原则。人才学的研究表明,人才个体成长是一个渐次展开的过程。大学生村官成长成才过程具有阶段性特征,可以分为适应期、参与期、稳定期、分流期四个阶段。这四个阶段存在两个关节点:适应期是从校园到田园衔接的关节点,分流期是从田园到社会衔接的关节点。大学生村官"预培养"机制要在这两个关节点发挥重要作用,才能促进大学生村官自身角色的顺利转换。从校园到田园,意味着从大学生身份转变为大学生村官,从田园到社会,意味着从大学生村官转变为社会各行各业的人才。因此,大学生村官"预培养"机制要着眼于大学生村官的两次身份转换,着眼于大学生的未来可持续发展。"预培养"机制的良性运行,能够使大学生在走上村官岗位后,缩短适应期,提前参与期,顺利进入创新创业的关键期。而在结束大学生村官任期时,学校学习期间奠定的良好素质基础和农村的实践锻炼,可以帮助他们从容地进行新的职业选择,融入到新的工作中,从而释放大学生村官作为特殊青年人才的巨大能量。

四是统筹协调原则。大学生村官预培养机制涉及政府、社会、大学、大学生等多个主体。大学生村官"预培养"机制要依据国家宏观战略和微观政策的调整而调整,才能够更好地适应现代经济社会的需要。高校是大学生村官"预培养"的实施主体,要保证大学生村官"预培养"机制的良性运转,需要准确定位大学生村官"预培养"机制和高校人才培养机制之间的关系,将大学生村官"预培养"机制纳入整个高校人才培养体系之中,在此基础之上有效整合校内外教育资源,通过全方位的教育手段,实现大学生村官"预培养"目标。社会需求是大学生村官政策出台的根本动因,也是大学生村官成长成才的根本动力。"预培养"机制的运行依赖于大学生的积极主动参与,成功的关键在于找准二者的结合点和切入点,使大学生真心融入并积极参与其中,从"要我去农村"到"我要去农村",实现社会价值和个体价值的有机结合。而大学生村官素质和能力的提升是衡量机制运行有效性的最终标准。

3. 高校"预培养"机制的构建应改革课程体系、专业培养体系和实践平台

大学生村官"预培养"机制建构的目标是育人，必须遵循人才成长的规律，既要着眼于人才成长阶段性和过程性的特征，又要着眼于大学生的长远发展。因此，大学生村官"预培养"机制建构应具有前瞻性和战略性，不能仅仅以专门针对大学生村官岗位的职业培训为内涵，或以农村基层创新创业者的速成为导向，而是要将培养大学生建设新农村的社会责任感、服务"三农"的精神、农村创业意识和技能有机结合起来，树立正确的价值导向。大学生村官的"预培养"机制还可以推广到西部志愿者、三支一扶、选调生等基层服务就业项目中，使更多的有志于到农村和基层工作的大学生受益。由此，大学生村官"预培养"目标可以界定为促进大学生形成创新创业意识、创新创业个性心理品质和创新创业能力，培养、造就一批应用型、复合型、创新型的基层实用人才，以适应创新创业新态势下社会发展和变革的需要。

农村基层创新创业人才的培养需要对传统课程设置模式和内容进行更新和变革，建立起更加适合创新创业人才的课程体系，从而为农村基层实用人才培养提供重要支撑。对大多数非农高校来说，有必要将与农村相关的教育纳入教学课程环节。

新形势下，大学生村官"预培养"机制凸显创新创业教育，决定了大学生村官"预培养"必须创建以服务为导向的校内和校外实践平台。

4. 高校应建立跟踪培养的长效机制

对于选聘后的大学生村官，高校应"扶上马送一程"，对其进行有针对性的任期前培训，做好入职前的各项准备工作。还应及时建立大学生村官成长追踪档案，这不仅能够激励更多在校大学生投身基层、奉献社会，而且能够为高校人才培养改革提供实践依据，助推高校创新创业教育体系的形成和发展。此外，高校还应拓展平台，实现大学生村官和所在高校之间的有效沟通，增强大学生村官的社会支持。比如北京高校普遍开展的红色"1+1"活动从2006年启动以来，每年平均有近400个党支部参与，由大学生村官牵线搭桥，大学生村官母校的学生党支部与其所在的村镇党支部结对共建，逐步形成了一个大学生村官背后有一个高校党支部作为坚强后盾。大学生党员与大学生村官这种朋辈互助机制的建立，不仅有效帮助了大学生村官适应和开展农村基层工作，提供了大学生村官成长的高校支持力量，而且有效激发了大学生党员投身实践、关心农村的热情，有利于加强农村基层组织建设，从而引起了广泛的社会反响，产生了积极的社会效益。

（四）建立以乡村干部为主角色的制度化情感激励

有学者经调研发表，在大学生村官政策实施过程中，部分乡村干部采取了消极的态度，此当为不可否认的事实，但对乡村干部的指责与批判甚至处理，皆非解决问题的有效方式，因为问题的症结主要不在乡村干部。在政府一直以来的单向度人才输送方式中，乡村干部在大学生村官政策的实施过程中始终处于被动地位。如果个体素质优化阶段各动力机制效用发挥不畅，政府下派给乡村的，是将村官视为人生跳板的村官，是在农村工作环境面前不知所措的村官，是所知与所学在农村无用武之地的村官，面对这样的激励客体，乡村干部自然少有施予情感激励的积极性。因此，政府应以制度性规划发动与保障乡村干部在大学生村官政策实施中的参与，首先完成对激励主体的激励。这些制度性规划包括：以定期的乡村实证性调研为基础，不断进行大学生村官政策的调整与完善；以农村实验基地建设为基础，发动乡村干部为大学生了解农村提供实践性平台；以调动乡村干部的角色介入为基础，形成上下互通、供需对称的村官选拔机制。

同时，从大学生村官个体成长成才的视角来看，经过调适期的个体素质优化，大学生村官的成长开始转入外在活动质变阶段。根据人才学的相关理论，"有效的创造实践成才律"是人才成长和发展的必然规律。因此，在外在活动质变阶段，以大学生村官个体素质的优化为基础，"重在实践的用人方略"的实施将凸显其至关重要的作用。[①] 在其实施操作中，引导成才主体掌握和利用成才律，积极而有效地参加创造实践，给予创造主体一定的创造实践自主权，努力营造尊重特点、鼓励创新、宽容失败、信任理解的良好环境，以创造实践成果为主要标准，改革考评和奖励的制度与方法等，皆为必不可少的举措。[②] 在此阶段的初期，"信任—关爱的发动机制"发挥效用，为大学生村官提供情感性激励。因为，情感激励是人才激励中外在激励的重要体现。它主要是通过思想、心理的疏通，形成发自内心的鼓舞力和内驱力，最终体现在人们的主动行为上。[③] 总之，情感激励是大学生村官完成外在活动质变阶段成长的首要动力。

在"信任—关爱的发动机制"运作中，由于大学生村官已经身处农村环境，其所在基层组织的相关乡村干部自然而然成为对大学生村官施予情感激励的主角色。根据本课题组的观察，转入实践参与期的激励主体与激励客体缺位问题是"信任—关爱的发动机制"发挥效用的主要制约。由于激励主体的行动只有原则性要求而无制度性规定，且由于激励客体的身份定位无制度性厘清，因此，这一问题的本质性根源是大学生村官制度性硬伤的所在。以乡村干部为主角色的制度化情感激励应成为解决此问题的主体性对策。

而对激励主体即乡村干部的激励与调动是至关重要的问题。在外在活动质变

---

① 叶忠海：《新编人才学通论》，党建读物出版社2013年版，第383~384页。
② 叶忠海：《新编人才学通论》，党建读物出版社2013年版，第384页。
③ 郑其绪：《微观人才学概论》，党建读物出版社2013年版，第308页。

阶段，以乡村干部为主角色的发动机制的完善是大学生村官的成长过程由发动机制转入导入机制的基础，作为两大机制的重要衔接，乡村干部的角色将在此后导入机制的运作中继续发挥重要作用。建议政府在大学生村官的选拔中调动乡村干部的角色介入。在一直以来的相关实践中，大学生村官政策基本是以政府下派方式进行，这种单向度的人才输送方式亦为大学生村官与农村供需不平衡、不对称的重要原因。故此，建议政府在大学生村官的选拔中调动乡村干部的角色介入，通过自上而下和自下而上的互动与沟通，让政府了解各乡村具体人才需要，让乡村了解国家人才下派意向，形成所供与所需的对接。同时，乡村干部的角色介入亦为下一阶段乡村干部在参与机制中的作用提供了衔接性动力。

（五）发挥社会力量在大学生村官工作中的作用

党的十八大提出，要最广泛地动员和组织人民依法管理国家事务和社会事务、管理经济和文化事业，让人民群众依法通过社会组织实行自我管理、自我服务和参与社会事务管理，以更好地发挥人民的主人翁精神，推动社会和谐发展。大学生村官计划作为独具中国特色的人才政策，目前主要依靠自上而下的政策驱动。然而，随着大学生村官政策20多年的发展，加之我国社会主义市场经济体制的逐步建立和完善，大学生村官工作应在政府主导下，重视发挥市场配置资源的决定性作用，把大学生村官工作中部分管理和服务职能交给社会组织。只有充分发挥社会力量的主体作用，使其成为为大学生村官成长成才提供专业化服务的机构，协助政府做好大学生村官工作，才能将政府的主导性与社会力量的主动性有效结合起来，强化大学生村官成长成才的社会支持。

目前，社会力量主要包括社会团体、志愿者组织、慈善组织、社会公众、事业单位、企事业单位、新闻媒体等，普遍具有独特的技术优势、资源优势、功能优势和组织优势，能够发挥重要的社会服务功能。在大学生村官成长成才过程中，重视发挥社会力量在大学生村官工作中的作用，能够有效解决大学生村官培养和管理过程中存在的问题。

面临目前大学生村官多样化的培训需求，县级以上党委组织部门与人力资源和社会保障部门本身承担着大量的公共事务，为了节省行政成本，可以委托社会机构承担大学生村官的培训工作，建立培训工作项目化运作机制，通过政府采购的方式推进培训工作的科学化和规范化，在节省培训成本的基础上实现培训效益的最大化。针对高校大学生普遍缺少对"三农"问题的深入了解这一现实，政府可以鼓励高校大学生志愿服务组织深入大学生村官所在农村开展社会实践和专业实习，将理论知识和实践积累有效结合起来。志愿服务组织的活动形式可以设定为政策宣讲、法律援助、社会调查、义务劳动、文化活动、慰问帮扶等，在活动组织过程中可以有效发挥大学生村官在志愿服务组织和农村基层组织之间进行沟通和交流的桥梁作用，不仅有助于拓展大学生村官干事创业的平台，建立大学生村官与外界社会联系的纽带，而且有利于实现志愿服务组织和农村发展的双赢。面对大学生村官创业难的问题，政府有关部门可以通过举办大学生村官创业大赛吸引慈善机构、社会公众、企事业单位基金的投入，鼓励企业与农村经济组织之间的合作，为大学生村官在农村创新创业提供各种支持。针对大学生村官社会舆论支持和监督力度不足的问题，政府应发挥新闻媒体传播信息、引导舆论、设置议程、监督政府的重要功能，提高社会舆论对大学生村官的支持力度，加强社会力量对大学生村官工作的监督力度。

尤其对于大学生村官普遍关注的期满分流问题，政府应通过加大优惠力度，从政策、资源、项目、资金等各方面提供支持，鼓励和引导企事业单位优先招录大学生村官，推动大学生村官自身发展和企事业单位发展相结合。调研表明，期满后的大学生村官不仅具备吃苦耐劳的意志品格、对"三农"问题的深入了解，而且具有良好的沟通协调能力，普遍受到用人单位的欢迎。企业在主动吸纳大学生村官的同时，也为自身发展寻求了良好的人才渠道。比如，"国开行江苏分行创新模式、再造路径，想方设法为大学生村官送服务，彰显的是呵护人才成长的殷殷情怀。在热心服务中，他们自己的业态也得到了刷新。这就给许多企业提供一个启示：大学生村官都在千方百计想创业，有多少种想法就可能有多少种商机。因此，服务村官的同时，自身也会赢得新的发展空间"。[①]

由于大学生村官与农行县域用人实际需要相吻合，中国农业银行从 2010 年起启动了大学生村官专项招聘计划，每年招聘选拔一批有志于农村金融事业、熟悉农村工作的大学生村官定向到农行县域机构工作，不仅为大学生村官创造了就业机会，而且具有良好的社会导向性和示范性。由此，政府应鼓励和引导企事业单位优先招录大学生村官，鼓励金融机构为大学生村官成立的专业合作社、公司提供风险担保和融资支持。

第二节　多元发展机制

大学生村官岗位的有限聘期，使得村官并不是一份固定职业，而只是一个暂时项目。每一位大学生村官都面临后续发展问题，无论是留村任职还是进入公务

---

① 王书明、露露：《呼唤更多社会力量参与帮扶》，载《大学生村官报》2012 年 2 月 17 日，第 4 版。

员队伍或事业单位，或者升学、自谋职业，都是发展方式之一。解决大学生村官的出路问题，不仅仅是贯彻落实大学生村官政策的首要问题，更是一个重要的民生问题。应坚持辩证导向和系统原则，保证多元发展机制的良性运行：既要保持大学生村官队伍的整体稳定，又要确保大学生村官个体的有序流动；既要依靠各级组织的共同推进，又要遵循市场规律的有效运作；既要确保大学生村官"流得动"，又要保证大学生村官"留得下"。这就迫切需要建立和完善多元发展机制，将大学生村官期满后一元趋向和多元导向有机结合起来，助推大学生村官的成长成才。

一、疏通为党政干部队伍输送优质人才的主渠道

当前，随着大学生村官工作的深入推进，大学生村官队伍逐渐成为我国农村改革发展的生力军，并日益成为建设中国特色社会主义的一支重要后备力量。[①]大学生村官这一人才群体深入中国基层农村，普遍具有强烈的社会责任感、良好的道德品质和乐于奉献的精神，而基层的实践锻炼向来是人才成长的重要途径。习近平强调："在实践中锻炼、考验和提高干部，始终是培养年轻干部的一个基本途径。"[②] 农村最基层的实践锻炼，使得大学生村官能够不断开拓思路和眼界，提高解决实际问题的能力。因此，将大学生村官作为我国党政干部队伍的"重要后备力量"加以培养，不仅是时代赋予各级党组织的重要历史使命，而且是大学生村官成长成才的主要渠道。

（一）直接选拔为基层公务员，打造具有中国特色的青年党政人才培养链

随着我国农村基层公共管理实务日益复杂化和专业化，未来我国农村发展对人才有巨大的需求。但乡镇公务员队伍面临招录难、数量少、学历低、年龄大等困境，尤其是对高素质人才的吸引不够，人才"进不来、留不住、用不上"的现象比较普遍。而乡镇公务员是我国最基层的执政骨干队伍，发挥着上传下达的工

---

① 在2014年5月30日召开的全国大学生村官工作座谈会上，中共中央政治局委员、中央书记处书记、中组部部长赵乐际指出："坚持稳中求进、改革创新、狠抓落实，把握工作定位，优化整体结构，保持适度规模，完善政策措施，从严教育管理，使大学生村官队伍成为推进农村改革发展的生力军、成为建设中国特色社会主义的一支重要后备力量。"参见新华网：《赵乐际强调：完善政策措施　严格教育管理》，http://news.xinhuanet.com/politics/2014-05/30/c_1110941266.htm，2014年5月30日。

② 《习近平：以改革创新精神做好培养选拔年轻干部工作》，http://news.xinhuanet.com/newscenter/2009-03/30/content_11101506_1.htm。

作职能。加强乡镇公务员队伍建设，对加强党的基层组织建设、提高基层政府的执政能力和推动农村发展具有重要的现实意义。2009年，习近平出席全国培养选拔年轻干部工作座谈会并发表讲话，强调"大力培养选拔年轻干部事关党和国家长治久安"。[①] 同时，习近平总书记在2014年指导兰考县第二批党的群众路线教育实践活动与乡村干部座谈时将乡村干部比喻为地基中的钢筋。这一论断深刻阐述了基层干部的重要作用和重大责任。由此，随着党和国家各项事业的全面推进，社会发展对我国党政人才队伍建设、农村基层组织建设提出了更高的要求，迫切需要加强基层乡镇公务员队伍建设。

为了提升乡镇公务员队伍的整体素质和能力，现阶段的重要任务是畅通进口，拓宽乡镇公务员来源渠道。大学生村官群体作为一批既有高等教育学历背景，又有最基层农村工作经验的高素质青年人才，理应成为乡镇公务员的人才"蓄水池"。相比于高校毕业生，大学生村官已经具备基层的工作经验，对基层事务性工作非常了解，并且吃苦耐劳，具备良好的心理素质。相比于村级组织的村干部，大学生村官在政治素养、理论素养和学习能力方面更胜一筹。尤其是当前，绝大部分高校毕业生都是通过笔试和面试等相关程序后进入公务员队伍之中的，在从校园到机关的角色转换中，由于缺乏基层的实践经验和磨炼，难免造成综合素质和能力的不足，不利于个人的长远发展。而大学生村官在农村基层的艰苦环境中得到了充分锻炼，经历了繁杂的事务性工作，培养了吃苦耐劳的工作作风，具备了良好的环境适应能力，而且从基层复杂的矛盾协调中建立了与广大人民群众的真情实感，加深了对中国国情、社情和民情的了解，这些都有助于他们牢固理想信念的根基，提升党性修养。习近平高度重视年轻干部的选拔培养，并反复强调了基层锻炼的重要性。他指出："越是有培养前途的年轻干部，越要放到艰苦环境中去，越要派到改革和发展的第一线去，让他们在实践锻炼中增强党性、改进作风、磨炼意志、陶冶情操、提升境界、增长才干。""要注重选拔基层中善于做群众工作、能妥善应对复杂局面、有处理实际问题能力的优秀年轻干部充实党政领导机关，改善优化机关干部队伍结构。"[②]

因此，除了当前"四级联考"[③] 这种选拔乡镇公务员的渠道以外，有必要通过组织认可的方式为大学生村官提供发展空间，从大学生村官队伍中选拔真正适合乡镇工作需要的优秀人才。大学生村官不同于一般意义上的党委派驻村落的干

---

①② 《习近平：以改革创新精神做好培养选拔年轻干部工作》，http://news.xinhuanet.com/news-center/2009-03/30/content_11101506_1.htm。

③ 所谓"四级联考"，即按照省、市、县、乡四个级别用同样的考试来选拔公务员，考生只能报其中一个级别，目前我国公务员考试普遍实行的就是这种模式。

部，也不同于传统意义上的村官，将其定位为基层公务员，实际上是国家政权向基层农村的一种延伸，将成为沟通国家和乡村的重要纽带和桥梁。目前在大学生村官群体中提拔党政干部并不困难，最大的难题在于如何形成从基层一线中选拔干部的常态化和运行顺畅的长效机制。其中，从大学生村官中直接选拔乡镇或县级公务员是一个重要的突破口。这不仅能够打通从基层到上层的党政干部人才的选拔渠道，而且有利于形成优秀年轻干部脱颖而出的基层人才选拔机制，使我国党政领导班子和干部队伍形成合理的结构，始终充满生机与活力。

在实践中，各地正积极打通发展渠道，从大学生村官队伍中选拔优秀人才进入乡镇公务员队伍。比如北京市平谷区于2010年5月在北京市率先启动"从合同期满大学生村官中选拔优秀人才充实全区干部队伍"工作，到2014年，已选拔优秀大学生村官59名，根据其个人特长和工作需要，安排到区直各事业单位任职。平谷区以此为切入点，不断优化调整全区干部队伍人员素质结构，形成了"大学生到基层锻炼、人才在基层培养、干部从基层选拔"的良性循环。同样，江西宜春市为进一步拓宽乡镇领导班子成员选拔范围，早于2012年9月即从优秀大学生村官中公开选拔了13名县直单位、乡镇（街道）副科级领导干部。

对此，2012年颁发的《关于进一步加强大学生村官工作的意见》指出，任满1个聘期、当选村"两委"副职及以上职务、考核称职以上的大学生村官，可参加面向优秀村干部的乡镇公务员定向考录，录用比例一般应达到从优秀村干部中定向考录乡镇公务员总数的70%以上。任满2个聘期、当选并担任村"两委"副职及以上职务满一届、考核称职以上的，经省（区、市）组织人事部门批准，可采取考核招聘的方式聘用为乡镇事业单位工作人员。乡镇和县（市、区）团委、妇联领导班子调整时，要优先考虑选配大学生村官。任满1个聘期、当选并担任村"两委"副职及以上职务、考核优秀、实绩突出、群众公认的大学生村官，可通过公开选拔担任乡科级领导干部，其中特别优秀的，可以破格提拔为乡科级正职领导干部；符合乡镇领导班子换届提名人选条件的，可按程序推荐作为换届提名人选。经选举担任乡镇党政机关领导人员或经公开选拔担任乡科级领导干部的大学生村官，在国家行政编制限额内按照有关规定进行公务员登记。此外，2014年9月14日，中组部联合人社部、国家公务员局联合发布了《关于做好艰苦边远地区基层公务员考试录用工作的意见》，专门规定了要拓宽基层公务员来源渠道，加大从大学生村官等服务基层项目人员中考录基层公务员的力度。但无论采取何种方式吸纳大学生村官进入公务员队伍，都要采取考试的途径。而目前大部分大学生村官比较集中地将公务员作为未来发展的出路选择，因此在实际工作中容易造成一心备考无心工作，出现"干得好"不如"考得好"的情况，严重影响了大学生村官干事创业的工作积极性。

在大学生村官聘期结束后，依据竞争择优、优中选优的原则，有必要对其进行严格的绩效考核，对于考核优秀的大学生村官要制定相关政策保证其可以直接进入乡镇公务员或县级公务员队伍，而无须参加公务员考试，以改变一考定终身的传统选拔方式。由此不仅可以强化大学生村官在基层农村的实干导向，激励大学生村官在任职期间扎实地开展工作，让"干得好"者发展得更好，而且还能为基层公务员队伍提供高素质的、稳定的人才储备，提高基层公务员队伍的活力。更为重要的意义在于，这样可以打破传统党政干部成长的路径，进一步健全从基层一线选拔干部的长效机制，真正形成从基层锻炼开始的独具中国特色的党政干部队伍人才培养链。

（二）推进大学生村官与选调生工作的政策衔接

大学生村官和选调生都是我国重要的党政干部后备人才，但目前，在高校中，选调生计划比大学生村官计划更具吸引力，大部分高校毕业生会优先选择报考选调生。但由于缺乏基层农村的工作历练，选调生在乡镇公务员实际工作中存在诸多素质和能力的不足。大学生村官在基层农村历练几年后综合素质和能力有明显提升，但往往对未来出路心存不安，因此将大量时间用于公务员备考，不能安心于基层工作。面对选调生政策和大学生村官政策在实施过程中存在的主要问题，为了促进两个政策的相互协调，有必要推进大学生村官政策和选调生政策的整合与衔接，发挥两个政策的优势，破解政策执行的难题，以形成良性互动的机制。整合两个政策，一方面有利于增强大学生村官岗位的吸引力，通过不断提高选聘质量改善大学生村官的队伍结构，有利于解除大学生村官的后顾之忧，调动他们踏实干事的积极性；另一方面有利于通过基层农村的实践锻炼促进青年人才的脱颖而出，培养一支具有丰富的基层工作经验、具有良好的群众观念和党性修养的选调生队伍。

要做好大学生村官政策和选调生政策的衔接工作，应从以下几个方面入手：

首先应重视完善相关政策，规范操作办法，确保公平公正。2013年，山东启动了大学生村官和选调生工作并轨的工作计划，按照选调生的选派标准选调大学生村官。通过两年的实践探索，2015年8月，山东省委组织部制定了《关于做好选调到村任职优秀高校毕业生服务期满后有关工作的通知》，专门针对选调数量和范围、选调条件、选调程序、到村任职与管理服务、录用选调生等具体细节做出了具体而详细的规定，为各级组织部门做好大学生村官录用选调生工作提供了完善的制度规范，取得了良好的效果。

其次应重视统筹规划，做好选聘和考核工作。各省市组织部门应根据当地的经济发展现状和农村发展需要，合理规划选聘数量和选聘条件，最大限度地实现人岗匹配。目前，从大学生村官中直接选拔选调生的政策还处于摸索期，仅在少数省市开始实行，今后随着实践的深入，应逐步扩大选聘比例，实行战略规划。同时，还要注重建立科学有效的绩效考核制度，为大学生村官期满后是否能够进入选调生队伍提供客观依据。

最后，政府主管部门应形成对大学生村官与选调生共同培养、共同管理的工作模式。比如江苏连云港市连云区建立了区乡村三级联动帮带制度，对大学生村官和选调生进行共同管理，对实绩突出的选调生和大学生村官同步提拔使用。[①]为了更好地鼓励人才脱颖而出，连云区还通过建立一定的竞争择优机制来实现大学生村官和选调生的优势互补和共同提升，充分调动二者的工作积极性和主动性，不断提升我国基层党政干部队伍的整体质量水平。

二、拓展大学生村官的其他流动渠道

除了疏通为党政干部队伍输送优质人才的主渠道、发挥组织引导的作用以外，还有必要通过建立健全市场配置、双向选择的工作机制，发挥市场在人力资源配置中的重要作用，引导大学生村官实现多样化发展和有序流动。

（一）为愿意扎根农村基层的大学生村官提供完善的保障和激励措施

对于有意愿扎根基层农村的大学生村官，各级政府需要高度重视配套保障政策的建立与完善。

首先，各级政府应积极鼓励在实际工作中表现优秀、党员群众认可的党员大学生村官，通过党员推荐、群众推荐和乡镇党委推荐等方式，参加村党支部书记、副书记选举。到村任职工作一年以上的优秀大学生村官，可由本人提出书面申请，经村民会议或村民代表会议讨论通过，参加村委会主任、副主任选举。[②]

其次，政府管理部门应制定相应待遇政策，保障大学生村官基本的生活需求。一是由于农村基层工作环境比较艰苦，大学生村官将面临各种挑战，因此针对有意愿扎根基层的大学生村官，应从大学生村官起薪之月起，按照有关政策规定帮助大学生村官办理各项社会保险、医疗保险、意外伤害保险等，统一缴纳住房公积金，解决大学生村官在物质方面的后顾之忧。二是对大学生村官的补助资金应出台明确规定。各级财政部门应切实加强专项资金的管理，做到专款专用，

---

① 邵泽通：《连云港市连云区大学生村官选调生并轨管理》，载《中国组织人事报》2012 年 11 月 23 日，第 5 版。

② 李义良：《大学生村官发展研究》，中国农业出版社 2013 年版，第 122 页。

落实配套措施，确实保证大学生村官工资、生活补贴逐人按时足额发放。三是各级乡镇组织要积极整合资源，不断改善大学生村官的工作和生活条件。从物质层面满足大学生村官的生活所需，本着同工同酬的原则，确保大学生村官薪酬待遇不低于普通公务员，让大学生村官真正建立工作的归属感。

最后，应注重激励大学生村官在基层农村干事创业，通过合理使用发挥大学生村官作为宝贵人才的潜能。大学生村官最大的优势是具备良好的文化素养，不仅包括课内知识，而且还有校园文化的气息，这使得留任基层农村的大学生村官可以发挥其文化优势，成为传承农村优秀民俗文化的主要力量。而农村的休闲时间是开展丰富多彩的文化娱乐活动的最佳时间。"农村特有的生活文化及许多民俗技艺，可因休闲农业的发展而得以延续与传承，同时也可能创造出具有特殊风格的农村文化。"[1] 然而，大学生独有的文化优势恰恰是长期被忽略的。基于此项不足，基层乡镇可以积极发挥大学生的文化优势，以大学生村官为骨干队伍，因地制宜地成立文化站、演出团、宣讲队等民间文化团体，通过创作反映新农村生活的演艺形式、说唱艺术、文学故事等文化作品，有效地活跃农村文化生活，促进农民的精神文化建设，既能够生动形象地阐释社会主义新农村的核心价值，又能够潜移默化地激发广大农民群众的生产积极性，实现农村文化生产力与经济生产力的比翼齐飞，满足农村群众精神文化生活的需求。

（二）鼓励大学生村官参加公务员招考

公务员考试是国家的大考，是无数青年学子学成后的第一选择。各级政府竞聘干部或者公务员的考试应适当增加招收大学生村官的名额比例，让一批优秀的大学生村官能够走上领导干部岗位，不仅能够解决大学生村官的后顾之忧，也可以充实基层政府的人才队伍，有助于调整基层政府的人才结构，提升综合素质。具体招录政策建议如下：

一是参加面向社会统一招考的公务员考试，对表现优秀的公务员给予加分的特殊政策。在农村工作三年以上的大学生"村官"，可以按照规定参加面向社会统一招考的公务员考试。各级政府职能部门对应招的大学生村官，需要组织统一考核，对于考核优秀的大学生村官，可以优先考虑录入基层公务员系统，并给予加分的特殊政策。比如基层考录公务员可以增加大学生村官的录用比例，政策向大学生村官适当倾斜，保证其在总录取人数中占 10%~20% 的录取比例，从政策层面减少大学生村官的流失，保证农村干部整体素质的不断提升。

---

[1] 《大学生人才素质提升方案》编写组编著：《大学生村官人才素质提升方案：现代农业研习分卷》，江苏人民出版社 2014 年版，第 32 页。

二是基层乡镇通过竞聘方式择优录用,可以选拔部分优秀大学生村官担任乡镇领导。乡镇领导岗位是通过竞聘方式产生的。大学生村官可以按照竞聘程序,只要德才兼备,具有三年工作经验者,就可以通过个人报名和集体推荐方式参与竞争,激活基层乡镇领导班子的人才活力,重组优化基层乡镇领导干部的组织模式,从而进一步加强大学生村官主动扎根农村的吸引力。

(三) 鼓励大学生村官进入事业单位

事业单位也是大多数村官向往的理想选择。在每年的招聘工作中,各事业单位的招聘对象历来是应届毕业生。为了让大学生村官有更多的发展道路,可以适当增加"村官"的比例。而拥有三年工作经验的大学生村官,也可以积极参与竞争,充实自己的知识储备,增加竞争的砝码,凭经验优势和专业素质进入相关的事业单位。对于表现积极、考核优秀又能够适应事业单位工作的大学生村官,各级事业单位可以设置相应职数,增加用于招录大学生村官的岗位和录用比例,这能够在一定程度上减轻大学生村官的就业压力,也可避免大学生村官无序流失的现象。同时,各级事业单位需要加大政策引导力度,继续坚持实施定向招录制度,做到定向从大学生村官中招录公务员和选调生,从制度上保证大学生村官拥有优先录用的资格,坚决保证在基层工作的大学生村官能够凭借政策优势逐步充实到公务员队伍和事业单位中来,让一批优秀的大学生村官为国家各项事业的发展做出应有的贡献。

(四) 引导大学生村官通过市场竞争进入企业

大学生村官拥有农村基层工作经验,兼具行政管理经验和了解农村经济的双重优势,是国家需要重点培养的骨干力量。为此,针对任期内考核结果优秀的大学生村官,在基层用人单位直接推荐的基础上,各国有企业可对其优先录用,让一部分既懂农业经济,也了解市场行情的优秀大学生村官步入国有企业,与此同时,大学生村官也可以运用所学积极服务于相应企业。这种直接推荐的方式,既解决了国有企业的用人之需,也解决了部分大学生村官未来再就业的现实问题。

由此,政府应建立大学生村官择优推荐制度,引导大学生村官进入人力资源市场进行自主择业,畅通信息,及时发布有关招聘信息,鼓励大学生村官参加各种招聘会。同时,政府还应积极宣传大学生村官的优势和潜力,通过制定优惠政策鼓励不同类型的企业面向大学生村官进行专项招聘。在历年的招考招聘工作中,各国有企业部门通过公开考试的方式,有效地吸纳了一部分考评优秀的大学生村官。公开考核的方式坚持公正、公平原则,符合人才录用的程序,在直接参与竞争的过程中,大学生村官可以展示出自己的风采,凭借自己的实力,并通过公开考试获得进入国有企业的机会,这也是一部分大学生村官非常不错的选择。其中,一部分大学生村官拥有专业特长,政府部门还应建立一定的宏观调控机制,有目的地为相应企业输送对口人才。比如农林牧专业的大学生村官可以定向调入以农产品为主要生产产品的国有企业单位;市场营销类专业的大学生可以定向调入企业的营销岗位等。当然,这需要相应部门出台大学生村官定向输入政策,以此为大学生村官的多元发展提供政策支持。根据大学生村官的专业专长等特点,用人单位有权向对口国有企业输送人才,实现大学生村官定向调入的发展目标。

(五) 鼓励大学生村官升学深造

经过三年的基层锻炼,具有了较好的实践经验,可以借助这种优势来继续求学,考取相关专业的研究生,掌握更丰富的理论知识,为未来发展探索一条专业化的发展道路。各级高校应适当增加优秀大学生村官考取研究生的人数比例,鼓励求学,争取政策,让致力于基层建设的大学生有更多专业学习的机会,在成为高端专业人才的同时,更好地服务于农村和农业建设,实现大学生村官成为专业人才的培养目标。尤其针对选择农林牧等农业研究方向的大学生村官,各级高校需要在同等条件下优先录取,让这些既有农村生活体验又有工作经验的大学生村官走入研究领域,带着问题做科研,带着梦想做研究,将更有助于科研成果向农村实践工作的转化,实现专业领域研究与实践成果的合理流动与互助。

三、重点扶持大学生村官在基层农村创新创业

当前,"经济新常态"是我国社会发展步入新阶段的新定位。其中,创新创业逐渐成为经济转型升级的重要动力。新形势下,我国正处在新一轮科技革命和产业变革浪潮之中,互联网和智能化技术助推产业结构调整,为我们带来了创新创业的重大机遇。[①] 大学生村官作为在农村最基层服务且最年轻、最具活力的青年人才群体,是我国创新创业队伍中一支不可或缺的重要力量。鼓励和引导大学生村官创新创业不仅是新形势下大学生村官政策的核心内容,是农村地区落实国家创新驱动战略和转变农村经济增长方式的重要环节,而且也是新时期大学生村

---

① 2015年6月16日国务院印发了《国务院关于大力推进大众创业万众创新若干政策措施的意见》,被称为鼓励创新创业的"国十一条",这一政策的出台对激发大众创业、万众创新具有积极的推动作用。

官成长成才的重要途径。[①]

(一) 目前我国大学生村官的创业现状

大学生村官项目自 2008 年在全国普遍实施以来，在中央的高度重视和地方的积极探索下，已经产生了广泛的影响，取得了显著的成效。

1. 大学生村官的创业动机

根据课题组针对全国范围内的 4 252 名大学生村官开展的问卷调查数据，80.46% 的大学生村官的创业动机为"实现自我价值"，46.59% 的大学生村官选择"提高收入水平"，32.13% 的大学生村官选择"积累经验"，13.20% 的大学生村官选择"就业"。这表明大学生村官创业有较高的价值追求，更多的是将创业作为实现自我价值的途径。

2. 大学生村官的创业优势

大学生村官的创业优势主要表现为"年龄""知识""政策支持""创业门槛"四个方面。调研显示，93.25% 的大学生村官年龄在 21～30 岁之间，81% 的大学生村官具有本科及以上学历。根据课题组对村民、大学生村官有关管理部门负责人的访谈资料，大学生村官在年龄、专业知识、政策理解能力、工作执行力、学习创新能力方面都具有明显优势。同时，目前国家层面和地方层面已经初步建立了大学生村官创业的政策依据和保障。此外，大学生村官在基层农村创业门槛低，主要表现为创业启动资金、场地租赁和劳动力成本比较低。

3. 大学生村官的创业类型

当前，我国农业技术进步使得农业劳动生产率和产量水平不断提高，温饱已经不再是主要问题，人们对农业的需求日益多样化，这就促进了农业产业结构的调整，为大学生村官提供了更为广阔的创新创业空间。2015 年全国大学生村官十大创业项目和 2016 年全国大学生村官创业大赛获奖项目的评选结果（如表 14-1 和表 14-2 所示）表明，大学生村官创业类型绝大部分属于农村传统产业，但也出现了"互联网+""乡村旅游"等新兴产业。由此，大学生村官创业不仅成为个人成长成才的重要途径，而且在新农村建设中的作用也日益凸显。这表明，我国一些地区的农村尽管基础设施和公共服务落后，但却存在着巨大的新增投资需

---

① 截至 2014 年底，全国累计选聘大学生村官 41.1 万人，在岗 22.1 万人，全国有 2.9 万名大学生村官领办合办创业项目 2 万多个，领办合作社 5 204 个，为村民提供就业岗位 26.6 万个。调查发现，大学生村官通过创业，带动 20 户以上村民创业的占 27.45%，16～20 户的占 10.64%，10～15 户的占 11.06%，1～5 户的占 34.04%，大学生村官通过创建合作社或创业，个人认为组织能力得到提升的占 59.57%，协调能力得到提升的占 57.69%，领导能力得到提升的占 47.9%，创新能力得到提升的占 34.64%，学习能力提升的占 30.37%。胡跃高:《2014 年中国大学生村官发展报告》，中国农业出版社 2014 年版，第 38 页。

求,大学生村官抓住这样的需求可以形成很多新产业、新业态、新模式。

表14-1 2015年全国大学生村官十大创业项目

创业项目	负责项目的大学生村官
乌骨鸡养殖	周文
蓝莓、黄秋葵种植	杨代显
奉新大米种植	方月萍
宝树天使投资	张宏智
互联网·传媒	陆松艳
葡萄种植	张新苗
土鸡养殖	王效龙
彩色花生种植	霍计武
马铃薯种植	张苹
渔网编织加工	郭长鑫

表14-2 2016年全国大学生村官创业大赛获奖项目

创业项目	负责项目的大学生村官
"原鲜生活"项目	宋俊文
"酒台辣酱"项目	王云龙
"山联金蕊皇菊文化休闲农业旅游"项目	朱虹
"村村游"项目	曹稔苹
"互联网+食用菌生态循环农业"项目	单云飞
"瓜熟蒂落"项目	史淑慧
"三德"服装项目	李庆
"村里巴巴"项目	曾南春
"成立家庭农场发展野菜产业"项目	宋泓霖
"绿源山谷果园"	王万

4. 大学生村官的创业困难

无论是什么人,无论是在哪一个领域进行创业,都不会是一帆风顺的。相对于一般意义上的创业而言,大学生村官的创业历程更是充满了艰辛和曲折。在大学生村官创业的过程中,劣势和威胁并存,创业的困难主要表现在以下几个方面:

一是创业项目选择难。2016年大学生村官网针对大学生村官开展的一项网络调查结果显示，大学生村官认为创业最难的是"创业项目选择"。如表14-3所示。

表14-3　　　　2016年针对"大学生村官创业哪方面最难"的网络调查结果

投票题目	投票数量（票）	投票比例（%）
大学生村官创业项目选择	3 073	23
大学生村官创业政策落实	2 752	21
大学生村官创业资金筹集	2 125	16
大学生村官创业能力建设	1 463	11
大学生村官创业信息获取	1 282	10
其他	2 562	19

二是创业帮扶政策的知晓度不高。数据显示，仅9.5%的大学生村官对创业帮扶政策非常了解，了解一些创业政策的占52.1%，不太了解创业政策的占33.1%，没有听说过的占2.4%。

三是创业资金不足，风险较大。2015年创业者调查报告显示，创业资金对创业的影响程度为72.49%。如图14-1所示。目前影响创业的因素排在前四位的依次是人才、创新性创业项目、资金、技术。大学生村官创业在这四个方面都不占据优势，因此他们创业必然会面临更多的挑战，要取得创业成功实属不易。尤其是我国农村基层资源匮乏，创业资金不足，大学生村官可以依靠的社会支持力量弱，难以抵抗较大的创业风险。

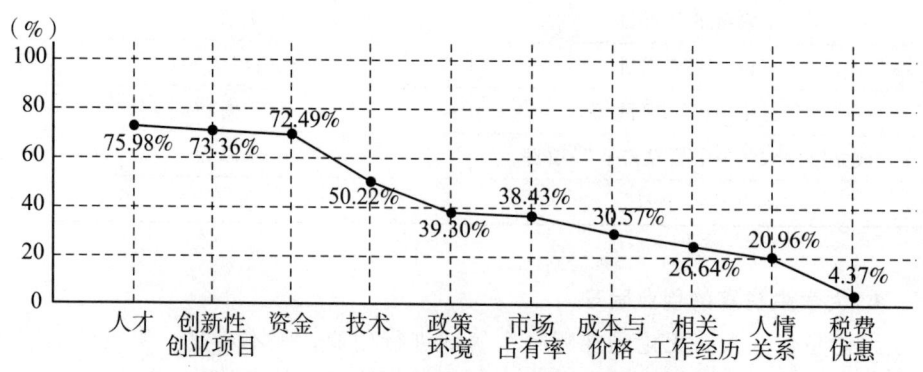

图14-1　相关因素对我国创业的影响程度[①]

———————
① 数据来自《2015年中国创业者调查报告》，载《南方都市报》2015年12月14日，AA08版。

四是大学生村官自身的创新创业素质和能力不足。问卷调查数据显示，大学生村官认为任职期间收获最大的是人际沟通能力、性格成熟、思想觉悟以及工作能力的提升。但是，大学生村官自身素质能力与岗位需求之间还存在着不匹配的地方，如缺乏工作经验、缺乏对农村事务的了解、缺乏解决实际问题的能力、不善于与基层村民沟通等。由此可见，要调动大学生村官创业的积极性，并对其创业进程给予有效的指导和支持，需要政府、社会、学校等各方面的努力。其中，高等学校在培养大学生村官创新创业素质和能力方面起着重要作用。为了提升大学生村官的创新创业素质和能力，使这支队伍在新农村建设中发挥更大的作用，有必要在高等学校的人才培养体系中建立大学生村官的"预培养"机制。

（二）扶持大学生村官创新创业的具体路径

2015年，随着《国务院关于大力推进大众创业万众创新若干政策措施的意见》的出台，在全民创业的大背景下，大众创业的新举措成为推动大学生村官再就业工作的新平台。对此，各级政府部门需要切实调动各方面资源，通过优惠政策、保障资金、专项贷款、提供物质、过程指导等具体措施，重点支持大学生村官自主创业项目，以真正发挥当代大学生的积极作用，带动一方经济，造福一方百姓。基于大学生村官创新创业优势和不足的分析，依据前文的理论研究和实证调研，我们建议重点从以下几个方面扶持大学生村官创新创业。

1. 优化政府管理机制，强化创业培训

大学生村官的成功创业离不开政府和其他主管部门科学化的管理和帮扶。因此，有必要建立健全党委政府引导、社会组织和企业扶持、市场运作相结合的工作机制，这有助于各部门密切配合，形成鼓励和支持大学生村官创业的合力。各省（区、市）可依据具体实际建立由组织、宣传、发改、经贸、科技、财政、人事、劳动、农林、工商、质量技术监督、扶贫、共青团、教育等部门参加的大学生村官创业富民工作协调小组，综合协调和统筹指导大学生村官的创业工作，定期召开会议，研究解决重大问题。目前各省（区、市）已经产生了不少与大学生村官创业相关的政策和服务措施，当前工作的重点是落实好已经制定的政策，做好各部门工作的衔接与配合。

目前，各级人事部门、组织部门还应积极开展有关创业知识的业务培训，并且把大学生村官创业培训纳入培训日程中，通过招商引资、创业专题、旅游规划、农粮销售、营销策略等相关内容的专题业务培训活动，不断加强大学生村官的职业规划进程，使得大学生村官能够定期"充电"，定期武装头脑，在理论学习中深入理解现实中的问题，并学会用所学来解决实际问题，让自主创业更加具有可预期性和可实践性。这样，大学生村官不仅能够从理论上提升认识高度，了解国家的法规制度和优惠政策，而且能够从实践方面不断丰富业务知识，巩固和转化劳动成果。只有理论与实践相结合，才可能更好地促进大学生村官创业致富工作。

2. 帮助大学生村官合理规划创业项目

项目是大学生村官创业的平台，合适的项目是创业成功的一半。各地应依据实际，组织经济、科技、教育、农林等相关部门了解大学生村官工作和创业实际情况，多渠道征集、认真筛选，编制一批适合本地区大学生村官创业富民的项目，并组织基层领导干部、企业经营管理人才和专业技术人员成立专家组，对申报的大学生村官项目提出建议并进行论证。应加强创业项目确立阶段的帮扶，主要包括创业意向的确立、创业团队的形成和创业项目主题的确定三部分内容。

首先，在确立创业意向阶段，关键是提高大学生村官创业的信心。有许多大学生村官是有创业意向的，但没有信心。"从各地推进大学生村官创业的实践看，一些大学生村官内心深处或多或少地存在着某种信心上的心理障碍，缺乏一往无前的勇气，同时，农民群众对他们创业能否成功也存在着较大的疑虑。因此，帮助他们树立信心，转变畏首畏尾的观念是大学生村官迈出创业第一步的关键因素。"[1] 提高大学生村官的创业信心可以通过搭建大学生创业交流服务平台的途径实现。这个平台可以让大学生村官与大学生创业者、成功企业家、社会专业人士进行交流，特别是和创业成功的大学生村官进行交流，激发他们创业的热情，树立创业的信心。

其次是创业团队的建立。大学生村官可以与其他大学生村官合作，也可以寻求和其他企业家、农村的创业能手、村民等合作，建立创业团队。特别是有志于创业的大学生村官联合起来建立的创业团队，可以吸纳不同服务年限的大学生村官加入其中，有利于保证创业项目的持续性，避免因大学生村官服务期限结束而使创业项目中断。[2]

最后，在创业项目主题的确立阶段，需要科学严谨的项目评估体系，降低创业风险。创业项目的评估可通过专家评估的方式进行。大学生村官的主管部门可联合农工办、发改委、科技部、高校的项目专家对创业项目的可行性进行评估。

3. 及时总结推广成熟的创业模式

大学生创业模式是全国各地关注的一个焦点。目前多数大学生村官依托"村官自主创业""村官与合作社双向联合创业""村官与企业、农户三方联合创业"

---

[1] 周锋杰：《扶持大学生村官创业必须破解的四大难题》，载《农村工作通讯》2013 年第 2 期，第 41 页。
[2] 赵桂、张敏敏、李花：《大学生村官创业富民模式研究——以连云港市为例》，载《科技视界》2014 年第 36 期，第 17 页。

"村官联营"等创业模式，逐步成为创业惠民的新生力量。其中，在"村官自主创业"模式下，大学生村官需要个体自负盈亏，适合个性独立、具备专业技能或独立资金的大学生村官；"村官与合作社双向联合创业"模式在大学生村官创业中占很大的比重，对 2013 年中组部和农业部联合举办的大学生村官示范培训班中 1 569 人的调查发现，在创业的 614 人中，有 19.55% 的大学生村官创建了专业合作社；在"村官与企业、农户三方联合创业"模式下，创业模式往往是以企业提供部分资金、大学生村官提供场地并进一步筹措资金入股建立基地、农户进基地务工的形式实现；而"村官联营"模式容易把分散的村官集中在一起，通过优势互补，有效降低创业风险。

有研究将大学生村官的创业模式概括为如下三种：一是以加工业和服务业为主的"村官+社区失业女性+工作室+企业"的创业实践模式。[①] 这种模式成本低，在城市创建创业就业型社区的过程中起到了良好的示范效应。二是以高效农业和养殖业为主的"村官+农户+基地+企业"的创业实践模式。由大学生村官联合投资，建成高效农业示范基地，吸纳当地农户尤其是贫困户参加，取得了良好的社会效应和反响。[②] 三是通过"大学生村官+'双强'村支部书记创业""大学生村官抱团创业""大学生村官+大户+专业合作社创业"等多种创业模式，将企业、经营大户拥有的资金、管理经验，专家拥有的技术，合作社拥有的市场渠道等，与大学生村官所拥有的思想观念新、开拓能力强等优势有机结合起来，多途径创业带民致富。[③]

实际上，创业模式是一种相对稳定的资源整合渠道，灵活度高，实践性强，特别强调因地制宜。各地应坚持科学务实的原则，及时总结村官创业实践中的经验和成果，形成适合当地的相对成熟的创业模式，以及时推广经验，提高村官创业的成功率。

4. 优化创业基金的运用

针对在农村建设中带头致富的大学生村官，国家建立了创业基金扶持制度，

[①] 常州大学生村官薛陵的手工创意作坊是这一模式的典型代表。在 2010 年常州市女大学生创业计划大赛中，薛陵独特的创意和个性化的手工艺品不但得到了评委的认可，也引起了部分企业的关注。2010 年 6 月，常州耀春格瑞纺织品有限公司正式和"布纸如此"DIY 手工坊工作室签下了合作协议书。薛陵本人不仅获得了"常州市大学生村官创业富民先进个人"称号，其手工坊工作室还获得了常州市"大学生村官创业示范项目"给予的 1 万元奖励扶持资金。

[②] 最典型的如江苏省"宿迁模式"。2008 年江苏宿迁沭阳县沭城镇叶庄村大学生村官任杰联合邻近村的大学生村官共同投资，建成占地 570 亩，集葡萄生产、"小兰"瓜种植、食用菌生产和"农家乐"观光休闲为一体的高效农业示范基地，吸纳 300 多人到基地务工，人均年收入 8000 多元，带动 169 户贫困户脱贫致富。

[③] 沈蓓绯、纪玲妹：《女大学生村官创业实践平台搭建的实证研究——以江苏省常州市为例》，载《山东农业大学学报》2011 年第 4 期，第 40~45 页。

各级政府财政部门也通过有效的政策,为大学生村官创业项目提供必要的财力支持。这些制度和措施对于激发大学生村官创业热情、保障创业项目的实施起到了重要作用,但在创业基金的运用上仍有优化空间。

首先,应进一步拓展创业基金的筹集渠道。大学生村官创业基金的筹集方式不仅可以依靠政府拨款,还可以广泛吸纳社会资金。积极联合各级金融机构,针对大学生村官群体,设立并在金融业务中具体实施大学生村官信用示范户创建制度、大学生村官创业小额贷款制度、创业信贷扶持计划项目,同时努力争取各级中国青年创业就业基金的支持,都可以在一定程度上解决创业资金的匮乏问题。

其次,应优化创业基金支持的方式。一种方式是无偿资助,即国家可以在预算中加大对大学生村官创业中的转移支付力度,直接为那些大学生村官立项的项目提供资金。另一种方式是建立创业贷款资金。降低贷款资金的门槛,简化贷款手续,各地要结合实际,对大学生村官创业给予一定的政策优惠;整合"银政企"资源,开展"银政企"合作,让大学生村官既能"贷上款",又能"少付息";采取设立创业失败"风险补助资金"或担保公司实施风险担保的办法,让大学生村官既能"借到钱",又能"还上钱"。对于所学专业与创业项目对口、个人有一定创业经验和资金积累的,可鼓励自主创业;对于创业项目风险小、资金需求较大的,可鼓励采取股份合作的方式创业;对于缺少资金和技术,但具有较大发展潜力的,可帮助联系本地种养大户,实行带动创业。[①]

最后,应优化创业基金监管和激励制度。一方面,对创业有成效、基金能够有效利用的,可以加大对大学生村官创业的扶持力度,开辟政策绿色通道,帮助其更好、更快发展。另一方面,要完善政治激励,拓宽创业大学生村官的政治上升路径,在入党、培训等方面给予优先考虑,激发其扎根基层、干事创业的积极性、主动性。不过应注意适度引导,避免将扶持创业引向"包办创业"的极端,否则,不仅不利于创业者的发展,甚至有可能沦落为某些人赚取政绩的工具。[②] 有鉴于此,建立创业资金的监管和激励制度成为必要。如山西大同在 2008 年 10 月设立专项基金制度,出台《大学生村干部创业基金管理办法》,为大学生村官在创业起步阶段及流动资金紧缺时提供专项资金支持,借款金额一般为 1 万元,免收利息,信誉度高、项目好的可以增加到 2 万~3 万元。全市大学生村官可以随时自主申请,经审批后获得借款,借款期限原则上为一年,到期确需延长的,由借款人提前 20 天提出书面申请,可以延期,须专款专用。此举既有效化解了大学生村官创业资金来源问题,又对基金使用形成了监督和激励,取得

---

① 周锋杰:《扶持大学生村官创业必须破解的四大难题》,载《农村工作通讯》2013 年第 2 期,第 41 页。

② 雨火:《扶持大学生村官创业不能"给钱"了事》,载《人才资源开发》2013 年第 2 期,第 45 页。

了良好的效果。

另外,在确定创业基金给付对象时,不应过多考虑东、中、西部的地域差异,而应按照创业项目来定夺。通过对项目进行科学严谨的评估,确定创业基金的扶持力度,以降低创业失败的风险,避免大学生村官的创业信心受挫。

5. 完善大学生村官创业法治保障

大学生村官创新创业离不开良好的法治环境,法治建设是大学生村官创新创业的重要保障。

首先,应设立大学生村官法律咨询援助平台,加强青年村官创业期间的法律咨询渠道建设,为大学生村官创业提供免费的法律咨询。

其次,应对参与创业的大学生村官进行相关法律的培训。通过培训和学习,使其对《企业登记管理条例》《公司登记管理条例》《公司法》《合伙企业法》《个人独资企业法》等工商管理法规、规章和有关地方规定有基本的了解;引导大学生村官掌握和学习国家的《农村土地承包法》《农民专业合作社法》《乡镇企业法》等与农村农业密切相关的法律法规。除此之外,还要了解企业组织形式的立法依据及组织形式,如股份有限公司、有限责任公司、合伙企业、个人独资企业等。大学生村官创业涉及聘用员工,学习了解与劳动合同、试用期、实习期、工伤、职业病、养老金、住房公积金、医疗保险、失业保险等相关的法律法规也十分必要。

最后,应对大学生村官创业中遇到的重点法律问题提供专项指导和服务。目前大学生村官创业中最容易忽视的问题有二:一是知识产权保护;二是聘任期满后转任公务员、事业编制人员涉及的创业企业股份转移问题。大学生村官的创业企业既不能侵犯别人的知识产权,又要及时建立自己的知识产权保护体系,这就需要帮助他们提前了解与著作权、商标、域名、商号、专利、技术秘密等相关的知识和自我保护方法。大学生村官期满转任公务员、事业编制人员,按照《公务员法》和《行政机关公务员处分条例》,是不能继续在创业的企业、合作社兼任职务的,其所投资的股份,通常折价转让给农村专业合作社、村办企业或者联营的创业合伙人。在这个过程中基层政府有责任和义务提供法律咨询与保障,其股份折价过程应该引入第三方评估机制,以免大学生村官正当利益受损,削弱村官创业的积极性。

第三节 监督指导机制

监督和指导是管理中不可或缺的环节,通过建立健全相关机制,能够有效落实大学生村官的优惠政策，确保大学生村官政策不流于形式，以便他们更加积极主动地开展基层工作。同时，监督指导机制能使日常管理有章可依，对村官、村官管理部门等的行为规范起到引导、控制作用，有利于及时纠正工作的偏差，确保大学生村官政策沿着正确的方向发展，保证政策目标的实现。

一、目前大学生村官工作监督指导不足的具体表现

通过考察大学生村官政策文本，我们发现，现有政策涵盖了对大学生村官的选拔聘用、使用培养、教育培训、待遇保障、管理考核、流动退出等环节的设计，但没有涉及对大学生村官政策的监督、指导。尤其是在政策执行过程中，由谁监督政策执行主体、怎样监督、监督结果如何运用等一系列问题，在政策制定时缺少设计和考虑，而这些问题直接关系到大学生村官政策的实施效果及大学生村官的成长成才，无疑这是大学生村官政策制定过程中的一个缺憾。

同时，任何一项政策的执行效果往往都会受到政策执行者的能力、态度以及其他一系列相关影响因子的制约。在假定其他影响因子所产生的制约作用在一定限度内保持不变而仅考察执行者的能力与态度这两类因子所具有的制约作用的条件下，我们发现在政策执行过程中，执行者的执行态度所能够产生的制约作用要远远超过执行能力所产生的同类作用。究其原因，主要在于任何一项政策的可执行度都是在一定程度上被提前预设的（除非该政策在制定过程中没有经过严格的论证）；在预设的过程中，政策制定者必然要将执行者的执行能力作为这种预设的基本依据（也就是说，执行者的执行能力在政策制定这一环节就已经被政策制定者纳入其视野当中），这便使得多数政策都能够通过执行者的努力而在一定限度内得到执行，换言之，执行能力并不是最主要的制约因子。在多数情况下，真正能够决定政策执行过程成功与否的制约因子是执行者所具有的执行态度而非执行能力。正如海涅曼等人所指出的那样："执行态度在阻碍或推动某项政策的执行进程方面会产生重要影响，因为在政策执行过程中执行者往往会拥有很多可以根据实际情况进行自行裁量的权力，这便将执行者对于任意一个政策或项目所持有的态度的正确与否置于一个更加重要的地位。"[①] 如果政策执行者的价值观与政策制定者的价值观有着很大的差别，那么这些执行者就很有可能对某项政策进行"改造"以使其更加符合自己的观点。在这种条件下便很容易造成政策执行不充分进而使得原有政策目标难以实现。同样，在大学生村官政策的执行监督中，

---

① ［美］罗伯特·海涅曼等著，李玲玲译：《政策分析师的世界》，北京大学出版社2011年版，第56页。

由于受传统政治文化、行政管理体制、监督体制等多方面因素的影响,大学生村官政策执行监督主体没有发挥应有的职能和作用,导致大学生村官政策在执行中出现了种种梗阻现象,出现了一些异化现象,具体表现如下:

(一) 完全抵制政策执行

中央政策规定大学生村官的工作管理及考核由乡镇党委政府负责。现实中,有些乡镇政府工作人员受经济利益、政治觉悟、视野观念、文化水平等因素的影响,在大学生村官政策执行过程中存在某种抵制抗拒情绪,认为大学生村官政策既不能带来经济效益,也不能解决农村各种复杂问题,对自己的个人政治前途也无帮助作用,还需要花费大量精力和时间处理一些问题和矛盾。在这种错误思想的影响下,他们对大学生村官政策执行能拖则拖、能避则避,导致政策目标无法正常实现。

(二) 消极被动执行政策

中央出台大学生村官政策着眼于一种战略思考,而非权宜之计。一些政府机关对大学生村官政策的价值判断存在误区,持有中立、被动、消极和观望的态度。中央从全局、长远的培养战略出发制定大学生村官政策,具有较强的宏观性、导向性,指明了解决问题的总体方向和原则,具体执行层面还需要地方政府根据本地实际制定具有可操作性的政策规划和方案。但在实际政策执行过程中,省、市、县、乡这四级政府不同程度地存在着"上下一般粗"的问题,照抄照搬现象严重,不能积极主动地进行调研与思考,对大学生村官政策进行大胆改革和积极探索的力度不够,直接影响了政策的有效实施。

(三) 片面曲解政策执行

有些政府机关和村级组织根据自己的利益需求对上级的大学生村官政策进行取舍,对自己有利的部分贯彻执行,不利的内容则有意曲解甚至舍弃,导致政策内容残缺不全,无法完整地落到实处,甚至收到与政策初衷相悖的效果。中央政策明文规定,选聘到村任职的高校毕业生聘用期间必须在村里工作,乡镇以上机关及其他单位均不得借调使用。但在实际工作中,很多乡镇政府照样借调大学生,借调现象频繁,而对大学生的培养管理形式化。村级组织对大学生村官政策的态度复杂,既渴望为基层组织带来新鲜血液,提供技术知识支持,又不愿其参与本村事务管理,害怕危及自身利益,只安排大学生村官做一些会议记录、整理文字材料等文案工作,不能从根本上培养锻炼大学生的基层实际工作能力。

（四）盲目扩大政策执行

个别地方政府在执行大学生村官政策的过程中，为了个人的利益或局部的利益盲目扩大政策执行，从而使政策的调控对象、范围、目标、力度超越政策原定的内容，影响了既定政策目标的有效实现。有些省市政府规定将大学生村官政策执行情况作为官员考核指标之一，县乡级政府不根据当地农村的实际需求，大规模地开展选聘录用大学生到村任职工作，盲目跟风，大搞形象工程，追求政绩，而对后期培养管理工作置之不理，导致人才资源的严重浪费。

二、建立大学生村官政策评估制度

建立一整套功能完备、科学有效的大学生村官工作监督指导机制，首要的是建立大学生村官政策评估制度。"公共政策评估作为公共政策过程的重要组成部分，可以检验政策效果、效率和效益，并成为决定政策去向的重要依据，也是决策走向民主化、科学化的必由之路。"[1] 所谓政策评估，就是"依据一定的标准和程序，对政策的效益、效率及价值进行判断的一种政治行为，目的在于取得有关这方面的信息，作为决定政策变化、政策改进和制定新政的依据"。[2] 政策评估作为完整的政策过程中一个必要的环节，有助于剖析政策的优劣和成效，在监督过程中辅助修正和完善政策，对于深层次开发和挖掘政策资源、增强和提高政策效益具有重要作用。

（一）建立评估制度的作用

1. 保证大学生村官政策的贯彻执行

从政策科学的角度说，政策制定出来后，关键在于贯彻执行。美国政策学者艾利森指出："在实现政策目标的过程中，方案确定的功能只占10%，而其余的90%取决于有效的执行。"政策执行出现偏差会严重影响政策预期目标的实现，造成巨大的资源浪费，更损害政府形象。大学生村官政策评估制度通过对政策执行过程进行跟踪，随时收集和分析大学生村官政策执行行为与标准行为之间偏差的信息，能够及时纠正违反大学生村官政策执行要求或有悖于政策目标的行为，加强对各级政府及工作人员的监督，保证大学生村官政策得到切实执行。

---

[1] 张伟平、胡俊生：《公共政策评估主体的缺陷及对策》，载《天水行政学院学报》2014年第5期，第33页。

[2] 陈振明：《公共政策分析》，中国人民大学出版社2002年版，第254页。

2. 促进大学生村官政策的调整完善

政策是为了解决一定背景条件下的某些问题而制定的，客观外部世界总是处于不断发展变化之中。因此，政策必须随着外部世界的变化和人的认识的深化而做出调整。只有这样，才能使政策目标、实施步骤、执行手段等与现实相符合，产生良好的效果。通过建立评估制度，可以不断捕捉政策执行过程中的实践发展动态，以及现行政策与飞速发展的现实之间的差距，通过及时的反馈，促成村官政策的适时调整和完善。

3. 反馈大学生村官政策的重要信息

在政策体系中，反馈的作用是将政策系统输出的信息反馈作用于输入端，并对信息的再输入发生影响，进而起到监督的作用。政策评估的反馈功能，主要是指通过对监督对象的活动及其结果真实性、准确性和可靠性进行评价，为决策者和执行者提供改进工作的科学依据。大学生村官政策评估制度是通过对大学生村官政策执行过程进行科学评估，将政策运行过程中所产生的信息及时反馈给大学生村官政策的制定者、执行者，为他们做出科学的判断提供重要依据，保障大学生村官政策的良性运行。

（二）建立大学生村官政策评估制度的具体建议

1. 加强对政策评估重要性的认识

目前，要引导大学生村官各级管理部门高度重视政策评估的重要性，正视政策评估的批判性建设功能，树立科学的评估观念。尤其要摆脱传统的单向度的管理模式，建立一套民主健全的管理机制，发挥政策评估的积极作用，推动大学生村官工作的科学化和法治化。

2. 健全政策评估组织，加强官方和民间大学生村官政策评估组织建设

目前，我国党政部门已存在不少政策研究组织，但是专门评估大学生村官政策执行的组织较少，评估作用没有充分发挥出来，健全官方的大学生村官政策执行评估组织十分必要。同时，为增强政策评估的客观性和公正性，发展民间的大学生村官政策执行评估组织也是值得考虑的。

3. 建立健全大学生村官政策评估体系

大学生村官政策评估人员在政策评估过程中，应该使用调查法、观察法、访谈法、查阅资料法等方法收集信息，然后对信息进行汇总、归类、分析、比较。收集信息的对象既包括负责执行大学生村官政策的政府机关和工作人员，也包括大学生村官。应借鉴自上而下的评估、自下而上的评估、360度评估等评估方法，对大学生村官政策执行主体的行为和政策执行效果进行科学的评估。

4. 重视评估结果的运用

大学生村官政策监督机构和监督主体要充分利用评估结果，对评估中发现的各种问题进行研究分析，并为其监督检查工作提供重要依据。另外，评估的结果对于改善和修正政策具有指导作用，各级执行大学村官政策的政府机关应高度重视大学生村官政策评估结果，并将其作为调整政策目标、制定后续政策的参考。例如，中共中央办公厅、国务院办公厅、中共中央组织部出台的大学生村官相关文件中，缺少大学生村官成长成才监督保障机制的设计，无疑是政策制定过程中的一个不足。通过政策评估发现问题和纰漏，并及时反馈给政策制策者，有利于中央相关部门及时调整完善大学生村官政策，使其符合社会发展的需要。

三、建立大学生村官工作的巡视督导制度

巡视督导是我党加强党内监督的一种手段，通过建立专门的巡视机构和专职的巡视队伍，由中央派出巡视组和督导组，可以对地方工作起到检查、监督、促进作用。多年来，该制度对于完善党内监督制约机制、保障监督工作取得实效具有重要意义。大学生村官政策从2008年起成为一项由中组部统筹推进的战略工程，大学生村官作为我国农村基层自治组织包括基层党组织和村民委员会在内的村级事务服务人员，是党政干部队伍的后备人才。借鉴党内巡视督导制度，建立大学生村官工作专项巡视督导制度，有助于实现大学生村官工作从选聘到退出每一个程序都规范化和制度化，促使大学生村官工作真正取得实效。

（一）建立大学生村官工作巡视制度

参照党内巡视制度，借鉴《中国共产党巡视工作条例》的做法，建议从如下几个方面建立大学生村官工作专项巡视制度。

1. 设置专门的大学生村官巡视机构，强化巡视工作的组织建设

大学生村官工作由中央组织部牵头，会同中农办、教育部、公安部、民政部、财政部、人力资源和社会保障部、农业部、国家林业局、国务院扶贫办、团中央共同组织开展，各地方的选聘工作则由各省（区、市）党委、政府组织人事部门具体负责组织。考虑到大学生村官工作涉及的指导部门较多，因此，有必要借鉴党内巡视制度，设置专门的大学生村官巡视机构，从而强化巡视工作的组织建设，使大学生村官工作真正取得实效。

首先，应建立相对独立、权威高效的巡视机构。巡视工作的一个基本原则就是中央统一领导，实行分级负责。因此，结合大学生村官工作的各级组织部门，可以在中央组织部和各省（区、市）党委部门下专门成立大学生村官巡视工作领

导小组,负责指导全国各地的巡视工作,并向中央组织部和各省(区、市)党委部门报告工作。另外,巡视工作领导小组下设办公室,作为其日常办事机构。中央组织部门巡视工作领导小组办公室设在中央纪律检查委员会,各省(区、市)党委部门巡视工作领导小组办公室为党委工作部门,设在同级党的纪律检查委员会。除此之外,中央组织部和各省(区、市)党委部门还要设立巡视组,承担具体的巡视任务,且巡视组向巡视工作领导小组负责并报告工作。

其次,应优化巡视队伍人员结构。巡视队伍的人员构成对巡视工作是否有效具有重要作用,因此一定要建立一支具备高素质、高能力的村官工作巡视队伍。通过组织选调、公开选拔等方式,将公道正派的优秀人才吸纳到巡视队伍中来,实现巡视队伍的适度年轻化。还应健全巡视干部考核制度。对不适合从事巡视工作的,果断将其调离;对违法乱纪、腐败变质的,坚决查处;对党性强、业绩突出的,予以提拔重用。还应坚持开放式原则建设巡视队伍。加强巡视干部的交流,对于从事巡视工作的主要干部,应有计划地实行交流任职,同时可适当吸收一些从事大学生村官领域研究的专家学者、任职期间表现优秀的大学生村官参与巡视工作。

2. 全面把握巡视工作内容,根据实际情况突出巡视工作重点

大学生村官政策主要是由中央组织部制定宏观的战略内容,然后由各省(区、市)具体执行。但是,在执行过程中,是否每一环节都严格按照中央政策执行是一个有待厘清的重要问题。事实上,当前大学生村官政策在执行过程中存在完全抵制政策执行、消极被动执行政策、片面曲解政策执行、盲目扩大政策执行等现象。因此,有必要对大学生村官政策的各个环节、各个具体内容进行巡视,反馈其中存在的问题,从而采取措施解决政策执行过程中存在的问题,使大学生村官"下得去、待得住、干得好、流得动"。

首先,应明确两个层次的巡视内容。根据大学生村官巡视工作的机构设置,巡视工作的内容要分为两个层次:一是中央组织部下设巡视组,对各省(区、市)相应的大学生村官工作是否按照中央政策要求具体组织和实施进行巡视,对没有按照中央文件指示执行的情况进行收集、整理,并上报中央组织部巡视领导小组。二是各省(区、市)党委部门巡视领导小组下设巡视组,对大学生村官的招募、培训、保障、管理、流动等各环节进行巡视,对各环节的工作进行认真调查,对没有按照政策文件执行的情况进行收集、整理,并上报各省(区、市)党委部门巡视领导小组,再由各省(区、市)党委部门巡视领导小组汇总上报中央组织部巡视领导小组。

其次,应突出巡视工作重点。由于大学生村官的特殊性,巡视工作不仅要从上到下巡视每个程序的具体内容是否按照政策具体执行,还需要对大学生村官进行调查和访问，了解大学生村官工作在每个环节的执行中是否存在不足和弊端，了解大学生村官在具体的工作中存在哪些问题需要解决，了解大学生村官的实际需要，对这些信息进行汇总整理，并上报巡视领导小组。因为只有对工作在一线的大学生村官进行调查和访问，才能制定正确的政策内容，而不是形式化的、宏观的、大范围的"框架"。

总之，只有根据大学生村官的实际情况，突出巡视工作的重点，做到有的放矢，才能增强巡视工作的实效性，达到巡视的真正目的。

3. 巡视制度应与其他监督制度有效衔接，形成严密的制度体系

在我国监督体系中，巡视制度只是众多监督制度的一种。从本质上来讲，巡视制度是上级对下级的监督，是大权力对小权力的监督。这种监督方式要真正发挥作用，离不开同级的横向监督和下级对上级的纵向监督来配合。因此，在巡视制度的完善过程中，要注意与其他监督制度的有效衔接。如果只靠巡视制度封闭运行，很难收到预期的效果。大学生村官工作巡视制度这种上级对下级的监督一定要与大学生村官工作督导制度、评估制度、问责制度等其他横向或纵向监督制度相结合，构成健全完整的监督保障机制，共同为大学生村官工作的有效开展提供保障。比如说，大学生村官工作的巡视组到各层级去巡视工作，如果没有督导制度和问责制度的辅助，大学生村官工作各环节的负责人员是不敢提意见、讲实话的，大学生村官也不能将遇到的各种问题上报巡视组，那么巡视组就不能在各层级的巡视工作中获得有效信息，中央巡视组也就了解不到各地的真实情况，巡视工作就不能发挥其应有的作用。因此，巡视制度必须与其他的监督机制如督导制度、评估制度、问责制度等一起形成有效衔接并相互制约的严密体系，努力使各种监督制度结合成一个有机整体，形成合力，只有这样，巡视制度才能发挥最大的效力。

（二）建立大学生村官工作督导制度

对政策执行进行监控是政策执行过程中的重要环节，科学合理的政策的出台并不一定能保证既定目标的实现。在政策执行过程中，可能是执行者本身的问题，也可能是目标团体的不配合等原因造成政策的变形、扭曲和走样。因此，为了保证政策的全面落实，就要对政策执行过程进行监督和控制。因此，有必要建立和完善大学生村官工作的督导制度。

1. 设立专门的大学生村官政策执行督导机构，强化督导工作组织建设

目前，国家没有设立专门督导大学生村官政策执行的机构来监督指导各级政府执行这一政策，有些地方政府设立了大学生村官办公室，但也是兼职性质的办公室，主要负责一些日常工作，没有承担督导的职能。

为了确保大学生村官政策的有效落实，中央、省、市、县、乡五级政府应设立专门的大学生村官政策执行督导机构,既监督指导本级政府机关和工作人员对大学生村官政策的执行,又监督指导下级政府机关和工作人员对大学生村官政策的执行,同时监督指导下级大学生村官政策督导机构,形成横纵向结合的网络式督导体系。中央一级政府大学生村官政策执行督导机构应负责制定全国性督导政策,监督检查各项政策的落实情况,并定期认真收集各地区政策执行过程中出现的问题,将相关情况及时反馈给政策制定部门,使其不断根据实际情况的变化修正和完善政策。省级政府大学生村官政策执行督导机构在中央督导机构的领导下,积极贯彻落实督导工作的各项政策、举措和要求,并根据本行政区域的政治、经济、文化和社会特点,结合大学生村官政策执行情况制定具体的督导工作细则,同时统筹协调本区域内的大学生村官政策执行督导工作;收集分析汇总本地区政策执行过程中出现的问题,并将情况及时反馈给本地区大学生村官政策制定者和政策执行者。市级政府大学生村官政策执行督导机构应当负责执行上级督导机构的政策,并根据本地区的实际情况制定具体的督导工作方案,同时督促、检查县、乡政府对大学生村官的选拔、培训、任用、考核和奖惩等具体工作;经常收集分析政策执行过程中出现的问题,并将相关情况及时反馈给本地区政策制定者和执行者。县级政府大学生村官政策执行督导机构认真执行上级政府督导机构的督导政策,监督指导乡镇落实大学生村官政策情况;及时收集本地区政策执行过程中出现的问题,并将情况反馈给相关部门。乡镇政府大学生村官政策执行督导机构应在上级督导机构的领导下,主要负责对村级组织和村干部落实政策情况的督导,并将情况反馈给本级政府。如图 14-2 所示。

  监督的独立性是保障监督工作正常进行的基本条件。大学生村官政策督导机构必须具有独立性和权威性,确保财政经费来源、人员工资福利均由政府财政支出,从根本上建立起独立运行的监督机制,使其对大学生村官政策的有效执行的监督指导作用得以充分发挥。

2. 强化大学生村官政策督导主体的职能作用

  充分发挥大学生村官政策执行督导主体的职能作用,重点是强化行政机关内部上级对下级的督导、行政监察机构的督导以及社会舆论和人民群众的监督,这三部分督导主体在大学生村官政策执行中起着举足轻重的作用。

  一是强化行政机关内部上级对下级的督导。这种督导方式虽然具有一定的局限性,但是它符合我国单一制国家的下级服从上级、全国服从中央的行政组织原则,具有强制性、效率性、便捷性等特点。层级监督基于上级对下级的领导关系而产生,实行领导从属制,监督主体的监督权和领导权、决策权相统一,监督职能本身是管理的环节或要素之一。上级机关对下级机关在领导关系的约束下,具有监督指导作用和效力。

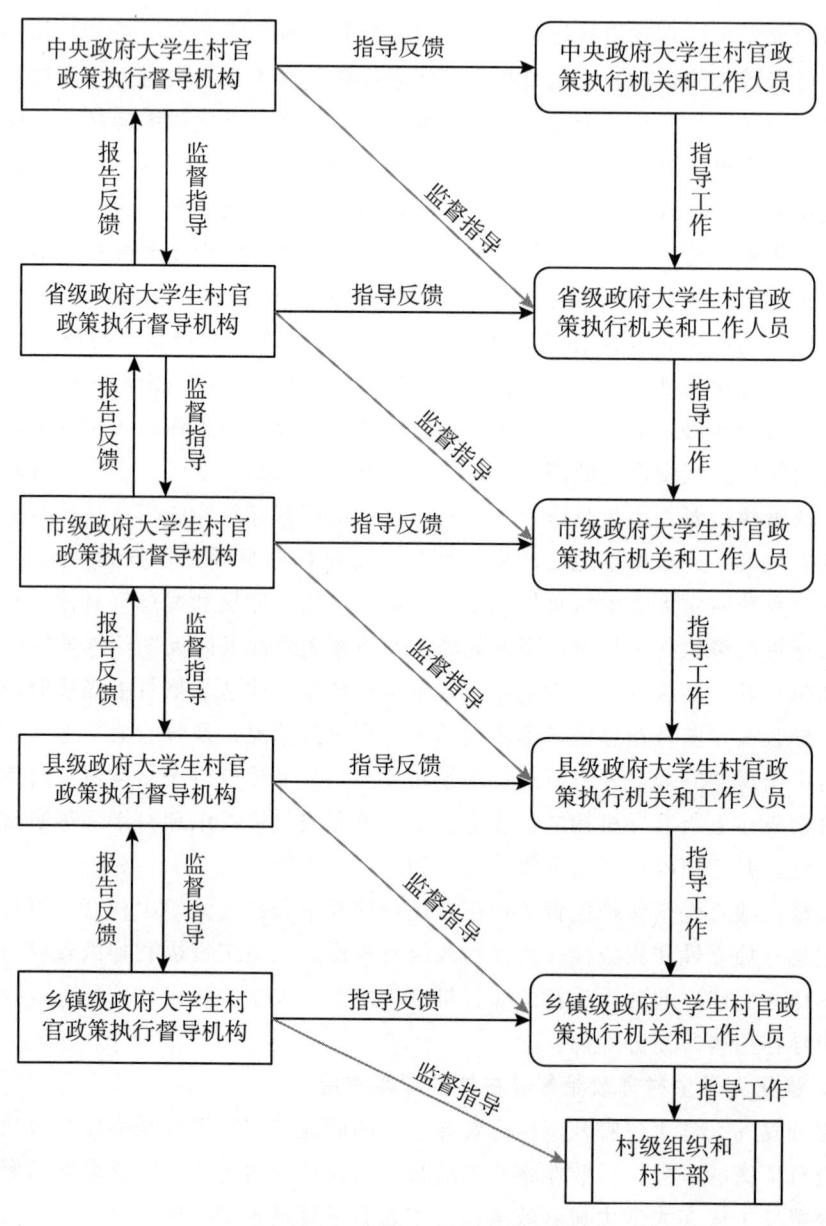

图 14-2　各级督导机构的职责

在大学生村官政策执行督导中，中央组织部、人力资源和社会保障部、团中央在宏观管理的同时，需要加强指导监督各级组织部门、人力资源和社会保障部门、团组织共同做好大学生村官的管理工作。省、市两级相关部门应做好规划协调、组织指导、督导检查工作。县级组织、人力资源和社会保障部门在负责建立大学生村官档案资料、考核工作，落实跟踪培养措施，提出选拔任用意见的同时，加强督导检查工作；团县委在负责大学生村官联系服务工作的同时，应加强监督指导乡镇党委、团委做好具体管理、联系、服务等工作。

二是强化行政监察机构的督导。行政监察机构的监察工作有利于保证政令畅通，维护行政纪律，促进廉政建设，改善行政管理，提高行政效能。在大学生村官政策执行监督中，行政监察机构能否正确履职直接关系到大学生村官政策执行的行政效能。保障行政监察机构的独立性和权威性，提高其在行政系统中的地位，是其发挥功能作用的前提和关键。

三是强化社会舆论和人民群众的监督。大学生村官政策的制定、宣讲以及大学生村官的选拔、录用、培养、考核、退出等环节，需要在社会舆论和人民群众的监督下贯彻执行。社会舆论监督具有很强的公众引导力和威慑力，对人的思想和精神起着重要的影响作用。应强化新闻媒介如网络、广播、影视、报纸、杂志等载体对大学生村官政策执行环节的监督，通过参加、影响、威慑和制衡等方式监督大学生村官政策执行主体严格按照政策制定目标执行政策。人民群众的监督主要通过批评、建议、申诉、检举、控告等渠道表达民意，其中信访和举报是最直接、使用最广泛的监督方式。在大学生村官政策执行中，政府相关部门应主动公开信息，畅通监督渠道，积极采纳人民群众提出的合理化建议和意见，并对提出者给予一定的物质和精神奖励。同时通过多种途径和方式让人民群众积极主动地关注、参与、监督大学生村官的政策执行，汲取人民群众的智慧和力量。

另外，充分发挥其他督导主体的作用也十分必要。应加强党的纪律检查委员会对大学生村官政策执行中党员领导干部的监督，包括对其执行政治纪律和政治规矩、作风建设、廉洁自律等方面的监督。扩大人民代表大会及其常务委员会的监督职能，加强对各级政府部门的政策执行情况的调查和了解，尤其是对政策执行规划和政策执行过程的监督，这也包括对大学生村官政策执行的监督。还应加强司法监督，强化司法系统对同级政府的司法监督和司法制约。

3. 建立常态化、立体式的督导制度

建立"日常检查、重点监督、专项巡视、问题督查"的常态化、立体式的督导制度，全力打造好制度的笼子，用制度规范约束大学生村官政策执行监督工作，是保障大学生村官政策发挥应有效能的重要屏障。

中央、省、市、县、乡五级政府大学生村官政策执行督导机构和督导主体应定期对政府机关和工作人员开展大学生村官政策执行情况的日常检查工作，通过查阅文件、档案、会议记录等文字资料，以及访谈座谈、听取汇报、发放调查问卷的形式，重点检查政策贯彻落实情况，及时发现问题并督促限期整改，重点解决一些地方存在的日常管理松懈和长期借调、村官脱岗等问题。同时深入基层群众，加强调查研究，听取意见和建议，掌握大学生村官政策执行的真实情况。

建立重点监督制度，采取集中督查、工作评估、明察暗访等多种途径，对大学生村官的选拔聘任、教育培训、管理考核、退出流动等关键环节进行重点监督，督促政府机关严格按照相关政策执行，不能任意减少政策环节和随意变通，杜绝"上有政策，下有对策""有令不行，有禁不止"现象的发生。

以问题为导向，建立问题督查制度。大学生村官政策的萌芽虽然可以追溯到20世纪90年代中期，但正式形成并全面执行是在2008年。由于政策出台时间较晚，各地区在具体执行中没有经验可循，都是摸着石头过河，会不可避免地出现不尽如人意的地方。对本地区及下一级政府政策执行中出现的问题，各级大学生村官政策执行监督机构和监督主体应要求相关部门列出问题清单，建立整改台账，制定整改方案，明确时间表和责任人，没有解决或解决不彻底的不能销账。监督机构和监督主体对各部门集中整改工作情况进行检查，并及时通报各类不良现象。

四、建立大学生村官工作的问责制度

问责制度是大学生村官政策执行监督指导机制的重要一环，是影响监督效果的关键因素之一。大学生村官政策执行主体在享有公共政策执行权力的同时，必须承担一定的责任，如果出现政策执行偏差和梗阻，偏离了政策目标，应该严肃追究其责任。正如法国著名行政学家法约尔所说："人们在想到权力时不会不想到责任，也就是说不会不想到执行权力时的奖惩——奖励和惩罚。责任是权力的孪生物，是权力的当然结果和必要补充，凡有权力行使的地方，就有责任。"

（一）目前大学生村官工作问责存在的问题

目前由于多种因素的制约，大学生村官政策执行责任追究存在多方面的问题，导致问责流于形式，没有起到应有的威慑作用，具体体现在以下几个方面：

一是问责落实难度大。地方政府机关在执行中央大学生村官政策时首先考虑地方的、部门的利益，造成政策执行偏差和扭曲现象。这种执行责任一般应由地方政府或部门承担，是一种集体承担责任行为，但是他们出于自身利益维护和自我保护的需要，一般情况下不愿进行责任追究。即使进行责任追究，地方政府和部门之间由于职责不清、权限不明，彼此之间相互推诿，会出现谁都有责任，谁又都没有责任的情况，造成无从问责的局面。

二是问责范围狭窄。从当前的各类问责案例来看，问责范围多集中于公共安全事故领域，侧重于对发生重大事故的事后责任追究。问责事由多针对滥用职权、玩忽职守的违法行政行为，而不针对无所作为的行政行为。大学生村官政策执行中造成重大人员伤亡或财产损失的"重大事故"发生几率较低，但是政策执行中的"慵懒散拖"等不作为、慢作为、乱作为现象却大量存在，严重影响了政策的有效执行。对此进行的问责更是"宽、松、软"，既没有追究到相关部门的行政责任，也没有追究到执行者的个人责任。

三是问责主体和程序不完善。大学生村官政策执行责任追究局限于上级行政机关对下级行政机关的同体问责，缺乏行政系统外的问责主体的问责。大学生村官政策执行中的问责程序不健全，没有明确的启动程序和规范可供遵守，往往取决于行政领导的个人意志和主观愿望，导致问责随意性空间较大。

针对以上问题，有必要健全大学生村官政策执行问责机制，凸显监督工作的权威性和严肃性。

（二）大学生村官工作问责制度的建立和完善

通过扩大问责主体范围、建立严格的问责制度、严肃问责责任主体的责任、明确具体的问责结果等途径建立健全大学生村官政策执行问责机制，确保大学生村官政策执行监督的权威性和严肃性。

1. 扩大问责主体范围

大学生村官政策执行问责的主体不仅来自行政系统内部，即上级行政机关，以及审计、监察机关，而且还应包括行政系统外的问责主体以及社会机构、人民群众、新闻媒体等。只有问责主体具有广泛性、普遍性、多样性，才能保证问责结果的权威性、客观性、公正性。

2. 建立严格的问责制度

首先，制度设计应具有科学性和可操作性。大学生村官政策执行问责制度的制定应当尽可能由既有立法学等专业背景，又有大学生村官管理实践经验的人负责，同时学习和借鉴国内外先进的立法技术，确保制度设计科学合理，易于操作，避免制度体系缺位、制度内容缺乏针对性、程序规定缺乏操作性、制度制定的过程由少数人"闭门造车"而忽视其他相关方权益的先天不足现象。其次，制度内容应完整全面。大学生村官政策执行问责制度应该包括问责依据原则、问责情形和范围、问责方式、问责程序等，其中每一项涵盖的内容应努力做到全面准确。最后，制度初步形成后，应按规定的时限和程序广泛征求、吸纳负责大学生村官政策执行的各级政府机关和工作人员及大学生村官的意见及合理建议，不断修改、补充、完善制度，尽力保障制度设计接地气，与实际情况相符。

3. 严肃问责责任主体责任

建立健全责任分解、检查监督、倒查问责机制，认真做到有责必究、问责必严。坚持谁的问题谁负责，谁分管的单位、部门出问题谁负责。明确责任，正确区分集体责任和个人责任、主要责任和重要责任、领导责任和直接责任。对因措施不力、管理缺失、责任不明，导致大学生村官领薪脱岗、在外兼职、擅自借调或发生安全事故的，实行双查制度，既要追究当事人的责任，又要追究有关领导的责任。

4. 明确具体的问责方式

主要是指被问责的政府机关和工作人员所承担的处分和处罚结果。一般来说，这种结果可以分为政治、道德、行政和法律责任四种，具体承担责任的方式可以参照中共中央办公厅、国务院办公厅印发的《关于实行党政领导干部问责的暂行规定》对党政领导干部实行问责的方式：责令公开道歉、停职检查、引咎辞职、责令辞职、免职。触犯刑法的，需要启动法律程序，追究责任人的刑事责任。

附 录

一、全国大学生村官成长成才现状的调查问卷

您好！欢迎您参与这次调查研究。本次调查是教育部重大课题攻关项目"大学生村官成长成才机制研究"的重要组成部分，课题组由中国政法大学和相关单位的专家学者组成，调查的目的主要是了解您在工作中的感受和体验、可能遇到的困难及希望得到的帮助，以便为完善村官政策提供依据。本问卷中所有问题没有对错好坏之分。我们保证：对于大家提供的信息严格保密。因此，请您在填写问卷时，不要有任何顾虑。填写之前，务必请认真阅读和理解各项问题，真实地表达您的感受。请在您认为合适的等级上划"√"。最后，再次对您的参与和支持表示衷心的感谢！

"大学生村官成长成才机制研究"课题组

于中国政法大学

2013 年 7 月

第一部分

下列关于选择担任大学生村官工作的初衷，对您的符合程度为（其中，1 为非常不符合，5 为非常符合）：

1. 缓冲就业压力	1	2	3	4	5
2. 基于本人兴趣	1	2	3	4	5
3. 个人能力培养	1	2	3	4	5
4. 户口、加分等优惠政策	1	2	3	4	5
5. 基层经验	1	2	3	4	5

第二部分

以下表述是村官工作过程中的一些感受与体验，请选择对您的符合情况：

问卷项目	非常不符合	比较不符合	有点不符合	有点符合	比较符合	非常符合
1. 在目前的政策条件下，村官会有很好的发展前景	1	2	3	4	5	6
2. 我是一个随和的人	1	2	3	4	5	6
3. 我的专业技能在工作中发挥了作用	1	2	3	4	5	6
4. 答应了村民的事情我都会尽力去做	1	2	3	4	5	6
5. 我会把工作计划逐步变为现实	1	2	3	4	5	6
6. 在工作中，我奉行"坚持就是胜利"的理念	1	2	3	4	5	6
7. 在目前的工作中，我能感受到国家政策对村官各项工作的扶持	1	2	3	4	5	6
8. 我感恩上级领导对我工作的支持	1	2	3	4	5	6
9. 与群众相处时，我没有端架子	1	2	3	4	5	6
10. 即使没有上级的指示我也会主动开展工作	1	2	3	4	5	6
11. 我自愿承担职责之外的工作	1	2	3	4	5	6
12. 在工作中，我能整合村中现有资源带动当地的发展	1	2	3	4	5	6
13. 我对国家政策对村官工作的扶持心存感激	1	2	3	4	5	6
14. 遇到问题，我能从大局出发协调各方面利益	1	2	3	4	5	6
15. 我可以从很多渠道争取到村子发展所需要的资源	1	2	3	4	5	6
16. 我在工作中会去了解村民的需求	1	2	3	4	5	6
17. 我认为做事情要胆大	1	2	3	4	5	6
18. 我在处理问题时会从多个角度来思考	1	2	3	4	5	6
19. 在项目合作中，我会经常与投资方沟通	1	2	3	4	5	6
20. 对每项工作，我都细致入微地去完成	1	2	3	4	5	6
21. 在工作中，我乐于接受挑战	1	2	3	4	5	6

续表

问卷项目	非常不符合	比较不符合	有点不符合	有点符合	比较符合	非常符合
22. 我有很强的观察力	1	2	3	4	5	6
23. 我很热情地对待村官工作	1	2	3	4	5	6
24. 当地村民由于我引进的项目提高了收益	1	2	3	4	5	6
25. 我善于学习他人的经验	1	2	3	4	5	6
26. 我的工作重心是推动当地经济发展	1	2	3	4	5	6
27. 我是一个很细心的人	1	2	3	4	5	6
28. 领导很放心把事情交给我处理	1	2	3	4	5	6
29. 在农村工作需要踏实肯干的精神	1	2	3	4	5	6
30. 工作的压力让我有很多收获	1	2	3	4	5	6
31. 我曾运用创新性的方法解决了难题	1	2	3	4	5	6
32. 我在工作中总是能够提出一些新思路新方法	1	2	3	4	5	6
33. 我能够和群众打成一片	1	2	3	4	5	6
34. 我了解农村的现实情况	1	2	3	4	5	6
35. 处理问题时，我能够抓住问题的本质	1	2	3	4	5	6
36. 我解决工作中面临的问题时思路清晰	1	2	3	4	5	6
37. 我擅长调解村民间的矛盾	1	2	3	4	5	6
38. 我能够体谅并帮助他人	1	2	3	4	5	6
39. 我能够协调好工作中各方面的关系	1	2	3	4	5	6
40. 在工作中，我勇于承担责任	1	2	3	4	5	6
41. 在当地，我曾经与他人进行项目合作	1	2	3	4	5	6
42. 成为一名大学生村官是一件值得骄傲的事	1	2	3	4	5	6
43. 我希望建立富有挑战性的目标，并为达到目标而努力	1	2	3	4	5	6
44. 我经常代表村民与政府部门进行沟通	1	2	3	4	5	6
45. 我很乐意处理村里的琐事	1	2	3	4	5	6
46. 我对解决工作中遇到的困难十分有信心	1	2	3	4	5	6
47. 我为当地引进了经济效益良好的项目	1	2	3	4	5	6
48. 我是一个创业型的村官	1	2	3	4	5	6

续表

问卷项目	非常不符合	比较不符合	有点不符合	有点符合	比较符合	非常符合
49. 我喜欢接受新的挑战	1	2	3	4	5	6
50. 我致力于当地特色产品的品牌化推广	1	2	3	4	5	6
51. 我在工作中富有激情	1	2	3	4	5	6
52. 我为当地的发展设计了详细的阶段性目标和方向	1	2	3	4	5	6
53. 我希望在农村建功立业	1	2	3	4	5	6
54. 为了解决问题，必要时我会采取严厉手段	1	2	3	4	5	6
55. 我很快就适应了农村的工作环境	1	2	3	4	5	6
56. 我愿意扎根农村	1	2	3	4	5	6
57. 在工作中，我很好地发挥了带头作用	1	2	3	4	5	6
58. 在当地，大家都愿意听我的	1	2	3	4	5	6
59. 我对农村有深厚的感情	1	2	3	4	5	6
60. 我正在尝试发展循环经济	1	2	3	4	5	6

第三部分

以下为村官任职期间可能遇到的困难及希望获得的帮助，下列表述对您的符合程度为（其中，1为非常不符合，5为非常符合）：

1. 生活环境艰苦，难以适应	1	2	3	4	5
2. 语言不通，交流困难	1	2	3	4	5
3. 没有具体的工作任务，不知从何着手	1	2	3	4	5
4. 因编制问题存在后顾之忧	1	2	3	4	5
5. 村官工作对婚恋问题造成不利影响	1	2	3	4	5
6. 难以进入村两委班子	1	2	3	4	5
7. 所学专业无用武之地	1	2	3	4	5
8. 希望领导能够更加重视	1	2	3	4	5
9. 期望能够得到更多的创业基金扶持	1	2	3	4	5
10. 增加教育培训机会	1	2	3	4	5
11. 应提高工资待遇	1	2	3	4	5

续表

12. 担任村官期间经常面临社会舆论压力	1	2	3	4	5
13. 当地对大学生村官进行宣传的渠道很少	1	2	3	4	5
14. 所在地区村官借调现象严重	1	2	3	4	5

第四部分

村官工作经历对您各方面的提升程度（其中，1 为毫无帮助，5 为非常有帮助）：

1. 专业技能	1	2	3	4	5
2. 文书写作能力	1	2	3	4	5
3. 组织能力	1	2	3	4	5
4. 发展经济能力	1	2	3	4	5
5. 工作能力	1	2	3	4	5
6. 人际沟通能力	1	2	3	4	5
7. 性格成熟	1	2	3	4	5
8. 思想觉悟提高	1	2	3	4	5
9. 整合利用当地资源的理念	1	2	3	4	5
10. 分析处理问题能力	1	2	3	4	5
11. 思考能力	1	2	3	4	5
12. 获取信息能力	1	2	3	4	5

第五部分

下列关于培训的有关表述，您的同意程度为（其中，1 为非常不同意，5 为非常同意）：

1. 除入职培训外，您几乎没接受其他培训	1	2	3	4	5
2. 应针对创业、服务等不同需求，将培训内容进行分类	1	2	3	4	5
3. 应多组织到外地观摩学习	1	2	3	4	5
4. 应增加每次接受培训的人数	1	2	3	4	5

第六部分

您对村官工作的想象与现实是否存在很大差距，下列表述对您的符合程度为（其中，1为非常不符合，5为非常符合）：

1. 自然环境差	1	2	3	4	5
2. 生活环境条件差	1	2	3	4	5
3. 工作环境差	1	2	3	4	5
4. 文化娱乐活动单一	1	2	3	4	5
5. 报考村官时没考虑到这些因素	1	2	3	4	5
6. 自然环境比预期好	1	2	3	4	5
7. 生活环境比预期好	1	2	3	4	5
8. 工作环境比预期好	1	2	3	4	5
9. 文化娱乐活动丰富，比预期好	1	2	3	4	5

第七部分

以下为村官政策在农村所起的作用，各表述对您的符合程度为（其中，1为非常不符合，5为非常符合）：

1. 锻炼了自身，丰富了基层工作经验	1	2	3	4	5
2. 带动当地农民提高收入水平	1	2	3	4	5
3. 改善了当地的生活环境（修路、换新电线等）	1	2	3	4	5
4. 丰富了当地农村的精神文化生活	1	2	3	4	5
5. 改善了基层干部队伍结构	1	2	3	4	5
6. 为各行各业培养了后备人才	1	2	3	4	5

第八部分

村官政策需要改进的方面，您的同意程度为（其中，1 为非常不同意，5 为非常同意）：

1. 大学生村官没有编制，身份尴尬	1	2	3	4	5
2. 公务员、事业单位招录名额少	1	2	3	4	5
3. 对大学生村官创业给予更多优惠政策及扶持	1	2	3	4	5
4. 工资待遇有待提高	1	2	3	4	5
5. 任职期间应解决大学生村官关于出路的后顾之忧	1	2	3	4	5
6. 教育培训机会少，只有少部分人能够参加	1	2	3	4	5
7. 教育培训内容没有区分性，不能满足不同类型大学生村官的需求	1	2	3	4	5
8. 大学生村官任期不合理	1	2	3	4	5
9. 难以进入村两委班子	1	2	3	4	5
10. 领导不够重视	1	2	3	4	5
11. 对大学生村官管理不规范，政策落实不全面	1	2	3	4	5
12. 招录村官时应限定专业	1	2	3	4	5
13. 应根据大学生村官所学专业分派到相关的村落	1	2	3	4	5
14. 每个乡镇增加专项事业编制，用于选拔优秀村官	1	2	3	4	5
15. 选拔符合条件的村官直接进社区工作	1	2	3	4	5
16. 村官招聘时应注重选拔专业对口的学生	1	2	3	4	5
17. 当地的考核机制不合理	1	2	3	4	5
18. 考核不严格，考核指标不具体、客观	1	2	3	4	5
19. 工资补贴发放不按时	1	2	3	4	5
20. 当地缺乏专门机构对村官各项政策落实情况进行监督	1	2	3	4	5
21. 所在地区已出台多项措施保障大学生村官权益	1	2	3	4	5
22. 考核过于频繁，致使工作量增加	1	2	3	4	5
23. 各省份村官政策不统一，地域差异大	1	2	3	4	5

第九部分

1. 决定担任村官之前对村官各项政策的认知程度（其中，1 为非常不了解，5 为非常了解）：

     1   2   3   4   5

2. 父母对于您选择村官岗位的理解和支持程度（其中，1 为非常不支持，5 为非常支持）：

     1   2   3   4   5

3. 您任职所在村落居民家庭年收入水平：

（1）1 万元以下 （2）1 万 ~ 2 万元 （3）2 万 ~ 3 万元 （4）4 万 ~ 5 万元

（5）5 万 ~ 6 万元 （6）6 万 ~ 7 万元 （7）7 万 ~ 8 万元 （8）8 万 ~ 9 万元

（9）9 万 ~ 10 万元（10）10 万元以上

4. 任职期间，您所在村落自然环境状况（ ）：

（1）自然环境恶劣，几乎没有可用于发展的资源

（2）干旱问题严重

（3）洪涝灾害问题突出

（4）防火问题是每年的重点工作

（5）环境一般，无重大自然灾害

（6）环境优美，可用于发展的资源较多

5. 在村两委选举过程中，家族势力对于选举结果的影响程度为（1 为丝毫无影响，5 为非常有影响）：

     1   2   3   4   5

6. 任职期间，村长和村支书对您工作的重视和支持程度（1 为非常不支持，5 为非常支持）：

     1   2   3   4   5

7. 您对于当前村官岗位工资待遇的满意程度（1 为非常不满意，5 为非常满意）：

     1   2   3   4   5

8. 您认为，当地村民对大学生村官的看法是：

（1）大学生村官社会经验少，什么也做不了

（2）大学生是找不到工作才来当村官的

（3）大学生当村官是为了来镀金

（4）大学生村官知识水平高，什么都会

（5）开始时对大学生村官不信任，后来态度转变

（6）大学生村官非常能吃苦，做得很好

9. 任职期间，您每年接受到的培训、外出学习次数为：

（1）2次及以下　　（2）3次　　（3）4次　　（4）5次　　（5）6次及以上

10. 您所在地区对于村官政策的落实程度（其中，1为完全没落实，5为全部落实）：

　　　　　　　　　　1　　　　2　　　　3　　　　4　　　　5

11. 您现在是否完全适应了村官工作和生活：

（1）是　　（2）否

12. 您的适应期为：

（1）开始就适应了　　（2）2～3个月　　（3）半年　　（4）一年及以上

（5）现在还没适应

13. 如果将大学生村官的成长历程划分为以下阶段：

（1）酝酿期　　　　（2）调适期　　　　（3）参与期

（4）a 建业期：由主动参与而实现/b 倦怠期：由被动参与而导致

您是否赞同：

（1）是　　（2）否

14. 如果不赞同，您将如何划分：

15. 任职期间，您是否出现过工作倦怠的状况：

（1）是　　（2）否

16. 在毕业求职过程中，您认为大学生村官的选聘时间是否合适？（单选）

（1）选聘时间应提前　　（2）选聘时间应推迟　　（3）选聘时间合适

（4）无所谓

17. 您认为大学生村官选聘标准应包括哪些？（多选）

（1）思想政治素质　（2）中共党员　（3）组织协调能力　（4）组织纪律观念

（5）吃苦耐劳　（6）专业要求　（7）学生干部　（8）年龄　（9）其他

18. 您认为大学生村官应采取哪种选聘方式？（可选择一项或多项）

（1）笔试加面试　（2）面试　（3）笔试　（4）高校推荐　（5）自我推荐

（6）其他

19. 您认为大学生村官培训内容重点是什么？（可选择一项或多项）

（1）农村事务管理　（2）涉农政策　（3）创新创业能力培养　（4）沟通技能

（5）心理素质　（6）职业生涯规划　（7）其他

20. 任职期间您最能接受哪种培训方式？（单选）
（1）报告会或讲座　（2）大学生村官论坛　（3）实地参观　（4）座谈会
（5）户外拓展　（6）其他

21. 您认为培训时间最合适的频次是？（单选）
（1）每年一次　（2）每年两次　（3）每年三次　（4）每季度一次
（5）每月一次　（6）其他

22. 任职期间您曾经历过以下哪些考核？（可选择一项或多项）
（1）日常考核　（2）年度考核　（3）聘期考核　（4）其他

23. 您经历过哪些形式的考核？（可选择一项或多项）
（1）自我评价　（2）村干部评价　（3）村民或村民代表大会评价
（4）乡镇管理部门评价　（5）其他

24. 您所经历的考核内容包括哪些？（可选择一项或多项）
（1）在村工作时间　（2）完成本职工作情况　（3）受表彰情况
（4）参加重要活动情况　（5）领办创业情况　（6）其他

25. 您的考核结果与下面哪些内容相关联？（可选择一项或多项）
（1）物质待遇（补贴、奖金等）　（2）评优表彰　（3）期满后再次就业
（4）其他

26. 担任村官以来您的待遇是否有变化？（单选）
（1）没有变化　（2）每年递增　（3）不定期增加　（4）有减少
（5）有增有减　（6）其他

27. 您是否了解大学生村官创业帮扶政策？（单选）
（1）非常了解　（2）了解一些　（3）听说过，但不太了解
（4）完全没有听说过　（5）其他

28. 您是否有创业经历？（单选）
（1）曾独立创业、全过程创业　（2）与他人合作创业
（3）参与过创业活动某部分或环节　（4）没有　（5）其他

29. 工作中能对您起到激励作用的因素有哪些？（可选择一项或多项）
（1）物质待遇　（2）政治荣誉　（3）创业政策优惠
（4）再就业政策优惠（考公务员、考研加分等）　（5）其他

30. 您认为是否有必要建立大学生村官的退出机制，即允许一部分不适合当村官或不愿意继续当村官的大学生离开村官岗位？（单选）
（1）有必要　（2）没必要　（3）无所谓　（4）其他

31. 在担任大学生村官期间，您是否感受到了竞争压力？（单选）
（1）没有　（2）偶尔感受到　（3）经常有这种感受　（4）其他

32. 对于期满后的二次就业，你是否有信心？（单选）

  （1）有 （2）没有信心 （3）不太确定 （4）其他

33. 日常工作和生活中遇到一些困惑或思想波动，您倾向于向谁寻求帮助？（可选择一项或多项）

  （1）村干部 （2）村民 （3）家庭成员 （4）同学朋友 （5）自我排解

  （6）其他

34. 如果再给您一次选择机会，您是否还会选择当村官？（单选）

  （1）仍然会 （2）不会 （3）不确定

35. 服务基层项目中哪一项对您最有吸引力？

  （1）选调生 （2）西部志愿者 （3）特岗教师 （4)"三支一扶"

  （5）其他

36. 您认为大学生村官政策的目标是什么？（可选择一项或多项）

  （1）培养党政后备人才 （2）为各行各业输送人才

  （3）培养新农村建设骨干力量 （4）缓解就业压力 （5）其他

37. 在毕业求职过程中，对于基层就业项目，哪些项目对您更有吸引力？（可选择一项或多项）

  （1）大学生村官计划 （2）选调生计划 （3）大学生志愿服务西部计划

  （4）支教、支农、支医和扶贫计划

  （5）农村义务教育阶段学校教师特设岗位计划 （6）其他

38. 您的任职期望是什么？（单选）

  （1）留在农村，参与新农村建设 （2）进入党政人才队伍

  （3）继续学习深造 （4）自主创业 （5）其他

39. 平时闲暇时间，您一般做什么？（可选择一项或多项）

  （1）上网 （2）看电视看电影 （3）看书 （4）文艺活动

  （5）朋友聚会 （6）复习考公务员 （7）复习考研 （8）其他

40. 您认为大学生村官成才的标准是什么？

41. 您认为促进和阻碍大学生村官成才的因素分别有哪些？

42. 很多大学生村官期满后仍然留在了农村，您认为原因是什么？

43. 担任大学生村官以来，您遇到的最大困难是什么？您最大的收获是什么？

第十部分　基本信息

1. 性别：

(1) 男　(2) 女

2. 年龄：_____周岁

3. 入职年份：_____年

4. 工作所在地（单选）：

(1) 北京市　(2) 天津市　(3) 上海市　(4) 重庆市　(5) 河北省

(6) 山西省　(7) 陕西省　(8) 山东省　(9) 河南省　(10) 辽宁省

(11) 吉林省　(12) 黑龙江省　(13) 江苏省　(14) 浙江省　(15) 安徽省

(16) 江西省　(17) 福建省　(18) 湖北省　(19) 湖南省　(20) 四川省

(21) 贵州省　(22) 云南省　(23) 广东省　(24) 海南省　(25) 甘肃省

(26) 青海省　(27) 内蒙古自治区　(28) 新疆维吾尔自治区

(29) 西藏自治区　(30) 广西壮族自治区　(31) 宁夏回族自治区

5. 所学专业（双学位可多选）：

(1) 哲学类　(2) 经济学类　(3) 法学类　(4) 教育学类　(5) 文学类

(6) 历史学类　(7) 理学类　(8) 工学类　(9) 农学类　(10) 医学类

(11) 军事学类　(12) 管理学类

6. 毕业院校（可多选）：

(1) 专科　(2) 三本　(3) 二本　(4) 一本　(5) 985 院校

(6) 211 院校　(7) 留学生

7. 最高学历（单选）：

(1) 大专　(2) 本科　(3) 硕士研究生　(4) 博士研究生

8. 个人成长环境（可多选）：

(1) 大城市　(2) 中小城市　(3) 城镇　(4) 农村

9. 您属于哪一级政府招聘的村官：

(1) 省聘　(2) 市聘　(3) 县聘　(4) 村自主招聘

10. 婚姻状况（单选）：

(1) 已婚　(2) 未婚　(3) 离婚　(4) 丧偶

11. 担任村官是否对自己的婚姻有不利影响（单选）：

(1) 否　(2) 是

12. 现任职务（可多选）：

(1) 村主任助理　(2) 村党支部书记助理　(3) 村主任　(4) 村副主任

（5）村副书记　（6）村党支部书记　（7）副镇长　（8）副乡长　（9）镇长　（10）乡长　（11）镇团委副书记　（12）镇团委书记　（13）村团委书记

13. 任职期间是否获得"优秀村官"荣誉称号或担任"党代表"或"人大代表"等职务（单选）：

（1）否　（2）是（请选择下一题）

14. 所获"优秀村官"荣誉称号或担任"党代表"或"人大代表"职务级别为（可多选）：

（1）县级　（2）市级　（3）省级　（4）国家级

15. 父亲职业（可多选）：

（1）国家与社会管理者（在党政、事业和社团机关单位中担任行政和党务领导职务）

（2）经理人员（企业中非业主身份的高中层管理人员及部分作为部门负责人的基层管理人员）

（3）私营企业主

（4）专业技术人员（科教文卫人员、工程技术人员、经济类业务人员、律师、设计师等）

（5）办事人员

（6）个体工商户（小业主、小雇主、出租少量房屋者等以此职业为主要收入来源者）

（7）商业服务业员工（领班、组长、厨师、出租车司机、推销员、讲解员、空姐、导游、营业员、服务员、保安、清洁工等）

（8）产业工人（班组长、工长、电工、机修工、搬运工、养路工、建筑工等）

（9）农业劳动者（以农、林、牧、副、渔业为主要职业和收入者）

（10）城乡无业失业半失业者

16. 母亲职业（可多选）：

（1）国家与社会管理者　（2）经理人员　（3）私营企业主

（4）专业技术人员　（5）办事人员　（6）个体工商户

（7）商业服务业员工　（8）产业工人　（9）农业劳动者

（10）城乡无业失业半失业者

17. 您去年一年的收入大约为：

（1）无收入　（2）2 000元以下　（3）2 000～5 000元

（4）5 000～10 000元　（5）10 000～30 000元　（6）30 000～50 000元

（7）50 000～100 000元　（8）100 000元以上

18. 您对当前村官工作的满意程度（10点评分）

非常不满意		比较不满意	一般				比较满意	非常满意	
1	2	3	4	5	6	7	8	9	10

19. 您对自己村官任职期满后的短期规划是（单选）：
（1）考取公务员　（2）进事业单位　（3）期满留任　（4）自主创业
（5）自主择业　（6）继续学习深造　（7）直接提拔乡镇副职
（8）企业（9）社工

再次感谢您的合作！

二、高校培养和选拔大学生村官工作现状的调查问卷

就业服务中心村官工作负责同志：

　　您好！非常感谢您参与我们的调查，受教育部哲学社会科学研究重大课题攻关项目"大学生村官成长成才机制研究"课题组的委托，为更好地了解各高校对当前国家及各省市大学生村官政策的执行落实情况，我们组织了本次调查，并将会在研究结束后将相关数据和研究成果及时反馈给贵校。问卷中调查问题如无特殊说明均为单项选择，我们会妥善保管您的资料。再次感谢您的参与！

　　请留下您的邮箱，以便我们反馈相关研究数据。

1. 您在岗期间是否参与过大学生村官选派的工作 [　　]
　　A. 是　　B. 否
2. 贵校有无农业相关或者基层工作管理专业 [　　]
　　A. 有　　B. 无
3. 您觉得贵校对"大学生村官"选聘工作的关注程度 [　　]
　　A. 十分重视　B. 比较重视　C. 一般　D. 不太重视　E. 不重视
4. 贵校就业专职工作人员对国家和各地区的"大学生村官"相关政策了解程度 [　　]
　　A. 非常了解　B. 比较了解　C. 一般　D. 不太了解　E. 不了解
　　如选 C、D、E，您认为哪些方面的政策需要加强宣传解读（可多选）[　　]
　　A. 国家层面政策　　B. 省市层面政策　　C. 任职单位政策
5. 贵校认为现行的"大学生村官"政策的吸引力 [　　]

A. 非常好，能起到很积极的引导和鼓励作用

B. 比较好，能调动大部分毕业生关注"大学生村官"工作

C. 适中，可以吸引部分群体关注

D. 不太好，需要学校就业服务部门做大量的引导工作

E. 不好，基本没人关注

6. 贵校学生关注"大学生村官"项目，大多数是为了（可多选）[　　]

A. 工作不好找，先当村官干几年再说

B. 到基层锻炼自我，增长才干，实现更好的发展

C. 村官待遇好，不比其他工作差

D. 服务新农村建设

E. 户籍优惠政策

F. 考研、考务员等相关优惠政策

G. 暂时找不到工作

H. 还有别的工作，报考村官保底

7. 贵校学生一般会选择以下哪个区域从事"大学生村官"工作 [　　]

A. 北上广等一线城市　　　　　B. 省会或者沿海城市

C. 家乡所在地　　　　　　　　D. 边远地区

8. 贵校认为"大学生村官"政策通过何种方式宣传最容易被广大同学接受 [　　]

A. 政策咨询会　　　　　　　　B. 优秀事迹报告会

C. 报纸、广播、电视、网络等媒体　　D. 实地感受

9. 贵校认为目前"大学生村官"面临的主要问题是（可多选）[　　]

A. 学生自身能力不足　　B. 自身定位不明确　　C. 工作硬件环境不好

D. 与当地干部、村民相处合作困难　　E. 工作保障体制不健全

F. 工作考核机制不完善　　G. 后续发展乏力

H. 政府支持力度不够　　I. 其他

10. 贵校认为政府的保障政策在哪方面最需要落实（可多选）[　　]

A. 比照本地乡镇从高校毕业生中新录用公务员试用期满后工资收入水平确定工作、生活补贴标准

B. 人身意外伤害商业保险

C. 社会养老保险

D. 医疗保障

E. 符合国家助学贷款代偿政策规定且聘期考核合格者，其在校期间的国家助学贷款本息由国家代为偿还

F. 考研、考公务员等相关优惠政策

11. 贵校认为下列哪些项目应尽快得到实施（可多选）[　　]

A. 完善大学生村官工作考核制度，使大学生村官工作得到认可

B. 健全大学生村官各项保障制度，提高其工作待遇

C. 加大对大学生村官的政策扶持，对其任期结束后的保障按《中华人民共和国劳动法》给予相应补偿

D. 加大社会宣传力度，为大学生村官工作创造良好的社会环境

E. 出台法律法规，为大学生村官提供法律制度支撑

F. 政府出资，对大学生村官提供定期培训和教育

G. 扩大监督，加强其激励和保障政策的有效落实

12. 贵校参加"大学生村官"项目毕业生的整体素质在贵校同届毕业生当中处于什么水平？[　　]

　　A. 非常好　　B. 比较好　　C. 一般　　D. 较差　　E. 差

13. 贵校开展村官工作（　　）年，每年"大学生村官"数量[　　]

　　A. 0～20人　　B. 21～50人　　C. 51～100人　　D. 100人以上

14. 贵校承担（　　）个省份或地区的"大学生村官"选聘工作[　　]

　　A. 1～2个　　B. 3～4个　　C. 5～6个　　D. 7个以上

15. 每年"大学生村官"选聘工作学生报名的比例[　　]

　　A. 5%以下　　B. 5%～10%　　C. 10%～20%　　D. 20%以上

16. 贵校开展"大学生村官"选聘工作的主要困难（可多选）[　　]

A. 专业设置与农村基层实际需求有差距

B. 同学参与不热情，缺乏到农村基层工作的动机

C. 相关政策吸引力不大

D. 宣传途径单一，无法实现覆盖

E. 选聘时间太晚，流失了一批优秀学子

F. 竞争过于激烈，学生竞聘成功的几率不高

17. 贵校学生不主动参与"大学生村官"选聘工作的原因是（可多选）[　　]

A. 自身素质方面、缺乏经验，难以开展工作

B. 自身的价值得不到实现，大材小用

C. 待遇太差

D. 政策的保障力度不够，村官的再次就业存在问题

E. 选聘时间太晚，错过了就业的黄金时期

F. 其他

18. 贵校在岗"大学生村官"群体对工作状况的满意度[　　]

A. 非常满意　　B. 较满意　　C. 一般　　D. 不太满意　　E. 不满意

19. 贵校是否已经制定了与"大学生村官"工作相配套的政策 [　　]

A. 制定了　　　B. 没有制定

如果制定了，相关政策文件名称是

20. 贵校是否开展了"大学生村官"的跟踪与服务工作 [　　]

A. 开展了　　　B. 没有开展

如开展了，主要涉及哪些方面（可多选）[　　]

A. 定期开设文化课培训　　　　B. 定期组织村官间的交流

C. 定期举办培训讲座　　　　　D. 老干部一对一教导新干部

E. 定期组织阅读相关刊物　　　F. 组织退休干部传授工作经验

21. 贵校认为针对"大学生村官"群体最应开展哪一方面的培训（可多选）[　　]

A. 处理人际关系的能力　　B. 处理实际问题的能力　　C. 文字写作的能力

D. 理论知识　　　　　　　E. 其他

22. 除"大学生村官"以外，贵校还有哪些基层就业项目（可多选）[　　]

A. 大学生志愿服务西部计划　　B. 三支一扶　　C. 各省市选调生

D. 社区工作者　　E. 农村中小学特岗计划　　F. 其他

以上项目（第22题中），贵校认为受学生欢迎程度由高到低的排序是

23. 贵校对"大学生村官"政策的整体评价 [　　]

A. 非常满意　　B. 比较满意　　C. 一般　　D. 不太满意　　E. 不满意

24. 贵校对"大学生村官"工作的建议和意见

三、大学生村官关键行为事件访谈提纲

第一步：介绍和打消疑虑（3~5分钟）

1. 迎接和自我介绍

"您好！感谢您参加本次访谈。我叫×××/××，是中国政法大学××教授课题组的学生。"

2. 说明访谈的目的和程序

"本次访谈，主要是想了解大学生村官的典型行为和素质特点，为我们建立村官胜任特征模型提供事实依据。本次访谈大概将持续一个半小时。首先，请您概括地描述您当前所在岗位的情况；接下来，请您具体描述您在当前岗位上亲身经历、参加的几个'重要事件'——这些事件不论成功与否都对您的工作产生了深刻的影响，给您留下了深刻的印象。最后，我将征求您对一名优秀的村官应当

具备何种素质特征的具体看法。"

3. 消除疑虑

"访谈的全部过程我们都将严格遵守研究人员的道德准则，您的谈话内容仅供我们研究人员分析使用，绝对不会向任何人扩散；我们在撰写研究报告时也不会包含您的名字以及您所谈到的任何单位、部门和个人的名字。我们这样做的目的就是希望您能够消除疑虑，对所有提问，畅所欲言。"

"那下面，我们是不是可以开始转入正题？"

第二步：了解工作职责（5~10分钟）

问题一：您目前的职务是什么？

问题二：您平时主要负责哪些具体工作，承担哪些方面的责任和权力？在当前工作中您对自己的身份定位是什么？您能不能以某个典型工作日的情况为例具体说明？

问题三：您经常需要和哪些人（职位）产生工作上的往来？具体来说，各是什么样的关系？

问题四：您所面临的生活环境如何（食宿情况、休闲娱乐、交通通信）？

问题五：贵单位如何评价您的工作表现，具体的考核指标主要有哪些？理想的考核评价应是怎样的？应主要包括哪些考核指标？

第三步：行为事件描述（75~90分钟）

"作为一名大学生村官，在当前岗位的工作中，您肯定经历过一些给您留下深刻印象的事情，请注意必须是您是主要当事人的事情。请您详细地介绍：（1）三件成功、出色的事例。在这些事例中，您当时的判断正确、措施得当，困难障碍都被克服，效果良好，您对自己的所作所为和努力感到满意，给您留下了深刻记忆。（2）三件失败或感到遗憾的事例。在这些事例中，您当时的判断有误、采取的措施效果不明显，有些困难和障碍因种种原因未能克服，最后的结果您不是太满意，或感到非常遗憾。（3）一件关于未来设想的事情，请谈谈为了提高目前的工作效率，您正在准备做的一件很重要的事情，包括您的设想、打算和预期。"

一、三件成功的事

1. 第一件事

"请您先用几分钟来考虑将要谈到的第一件事（停顿，给受访者留出思考时间）。下面，请您根据我的提问来详细介绍这件事。"

问题一：这是一件什么样的事情？请简要说明。

问题二：事情从什么时候开始？在什么时候结束？

问题三：从事件开始到结束，可以分为哪几个主要的阶段？

问题四：为什么会有这一事件发生呢？

问题五：事件发生后，您面临什么样的情境？

问题六：整个事件主要牵涉的人有哪些？

问题七：当时，您是怎样看待这件事的？

问题八：您当时怎样看待所牵扯到的人？

问题九：您当时的感受如何（是否恐慌、自信、激动）？

问题十：最初，您打算怎样来对待这件事？为什么？

问题十一：随后，您采取了什么样的实际行动来对待这件事？

问题十二：您为什么会这样做，而不采取其他的办法？

问题十三：在处理事情的过程中，你又碰到了哪些新情况？

问题十四：您当时的感受是怎样的？

问题十五：您又采取了什么样的行动来应对这些新情况？

问题十六：您的行动达到了什么样的结果？

（尝试循环提问：问题十三至问题十六……）

问题十七：整个事件的最后结果如何？

问题十八：事件过去后，您的感受如何？当时有什么样的想法？

问题十九：您从该事件中所得到的经验和教训有哪些？

2. 第二件事

3. 第三件事

二、三件遗憾的事

"在您担任村官以来，是否也经历过一些让您感到棘手、很难处理的事件？请您详细介绍三件任职村官期间您所亲身经历且留下深刻印象的'失败'事件。"

1. 第一件事

"还是和前面一样，请您先花几分钟思考第一个事例（停顿，给受访者留出思考时间）。好，请您根据我的提问来详细介绍第一件。"

2. 第二件事

"请您再花几分钟思考您任职村官以来所亲身经历的、在您的脑海中留下深刻印象的第二个'失败'事件（停顿，给受访者留出思考时间）。好，我们继续。"

3. 第三件事

"最后请您思考任职村官以来所亲身经历的、在您的脑海中留下了深刻印象的第三个'失败'事件（停顿，给受访者留出思考时间）。好，我们继续。"

注意事项：

1. 要求被访谈者按时间顺序展开事件。

2. 让被访谈者详细描述实际发生的具体事情。

3. 不要赞同、评价或主观解释对受访者的描述。

4. 采用"具体化"的方法应对受访者的抽象论述。

5. 当受访者拒绝回答，或回答"不知道"等时，及时追问。

6. 要探究被访谈者所谈事实背后的情感、动机经历。

7. 合理运用言语和非言语行为鼓励受访者说出更多的东西。

8. 当受访者言语模糊或不易理解时，要求采用重复、回问的方式应对。

9. 当受访者述说思路不畅时，采用小结、重构的方式帮助其理清思路。

第四步：补遗和结束（3~5分钟）

"非常感谢您能抽出宝贵时间接受我的访谈，非常感谢您给我提供了这样好的了解您的工作和您个人的机会。这不仅为本研究提供了宝贵的信息，也使我个人学到了很多东西。在以后的研究中，可能还会有一些事情需要向您请教，到时希望您不嫌麻烦。谢谢！"

四、村民和管理者团体焦点事件访谈提纲

- 调查目的：

1. 了解村民和管理者对大学生村官的评价。
2. 了解村民和管理者对大学生村官的建议和意见。
3. 了解村民和管理者对大学生村官政策执行的评价。
4. 了解村民和管理者对大学生村官政策的建议和意见。

- "大学生村官成长成才机制"团体焦点事件访谈指南

1. 解释团体焦点事件访谈法及其规则（10分钟）

（1）解释访谈的目的。

（2）解除心理压力，提出访谈问答没有对错之分。

（3）提醒访谈对象要倾听别人的发言。

（4）请一个一个地发言，否则担心会漏掉一些重要的观点。

（5）告知访谈对象，我们所知道的和我们的想法并不重要，你们的想法和感受才是重要的，我们为此才聚在一起。

（6）如果你们对我们将要讨论的一些话题了解得不多，也不要觉得难过。没关系，重要的是让我们知道这一点；不要怕与别人不同，我们并不是要求所有人都持有同样的观念。

（7）我们要讨论一系列话题，所以我们会不时地将讨论推进到下一个话题。

2. 实施访谈（60~120分钟）

（1）针对管理者的访谈提纲。

①现在的大学生村官工作、生活、学习的状况如何？

②大学生村官与村民的关系、与村领导之间的关系，大学生村官相互之间的关系如何？

③您认为大学生村官在农村的身份定位是什么样子的？农村发展建设当中需要的大学生村官是什么样子的？

④现在的大学生村官日常主要的工作职能是什么？

⑤您如何看待大学生村官工作？

⑥您认为现行村官制度和过去的知识青年上山下乡有何不同？

⑦在您看来，影响大学生村官成长成才的因素有哪些？

⑧为了更好地贯彻实施村官政策，您认为目前最亟待解决的问题是什么？

⑨为促进村官成长成才，贵地区出台了哪些保障措施？具体落实情况如何？有哪些监督措施？

⑩您认为现行村官政策还有哪些不足和值得改进的地方？

⑪您了解的我们身边的大学生村官工作时的心态是什么样子的？

⑫大学生村官任职期间遇到过什么样的困难，怎样解决的，村里给予了何种形式的帮助？

⑬在您看来，贵地区村官政策的总体落实状况如何？

⑭贵地区有没有针对大学生村官的日常培训？都有哪些？开展情况如何？

⑮大学生村官的日常管理情况如何？效果如何？

⑯大学生村官期满后流动情况如何？有哪些政策措施，村官都流向哪些单位，发展情况如何？

（2）针对村民的访谈提纲

①村官承担的主要工作内容和角色是什么？

②农村建设中需要什么样的大学生村官？表现与预期是否相同？请列举事例。

③以上事例体现了村官的哪些优秀素质？哪些方面需要改进？

④村官或村官政策给当地带来了哪些变化？

⑤您对于大学生村官成长成才的理解是什么？影响他们成长成才的内在素质和外部环境条件有哪些？

⑥您认为大学生村官还需要提高什么？

⑦对大学生村官都有哪些保障措施？

⑧您如何评价大学生村官政策？

参考文献

一、中文专著

[1] 叶忠海：《新编人才学通论》，党建读物出版社 2013 年版。

[2] 郑其绪：《微观人才学概论》，党建读物出版社 2013 年版。

[3] 赵永乐：《宏观人才学概论》，党建读物出版社 2013 年版。

[4] 余兴安：《激励的理论与制度创新》，国家行政学院出版社 2005 年版。

[5] 潘晨光主编：《中国人才发展报告 NO.2》，社会科学文献出版社 2005 年版。

[6] 陈振明：《公共政策分析》，中国人民大学出版社 2002 年版。

[7] 陈京辉：《人才环境论》，上海交通大学出版社 2010 年版。

[8] 梁漱溟：《梁漱溟全集（第二卷）》，山东人民出版社 1989 年版。

[9] 萧鸣政：《人力资源开发概论》，北京大学出版社 2014 年版。

[10] 赵震江：《法律社会学》，北京大学出版社 1998 年版。

[11] 李金龙：《公共管理学基础》，上海人民出版社 2008 年版。

[12] 方振邦：《绩效管理》，科学出版社 2010 年版。

[13] 马俊云、牟玉荣：《大学生村官就业模式研究》，中国农业出版社 2014 年版。

[14] 王道坤：《村民自治的多视角研究》，四川大学出版社 2007 年版。

[15] 陈浙闽：《村民自治的理论与实践》，天津人民出版社 2000 年版。

[16] 宁骚：《公共政策学》，高等教育出版社 2003 年版。

[17] 杨光斌：《政治学导论》，中国人民大学出版社 2000 年版。

[18] 世荣：《中国公务员法通论》，武汉大学出版社 2009 年版。

[19] 余泽忠：《绩效考核与薪酬管理》，武汉大学出版社 2006 年版。

[20] 彭剑锋、饶征：《基于能力的人力资源管理》，中国人民大学出版社 2003 年版。

[21] 王兆萍：《大学生村官工作长效机制研究》，经济科学出版社 2012 年版。

二、中文译著

[1][法]孟德斯鸠著,袁岳编译:《论法的精神》,中国长安出版社 2010 年版。

[2][美]埃文·伯曼等著,祁光华译:《公共部门人力资源管理》,中国人民大学出版社 2008 年版。

[3][美]亨廷顿著,王冠华等译:《变化社会中的政治秩序》,生活·读书·新知三联书店 1988 年版。

[4][美]德斯勒、[中]曾湘泉主编,吴雯芳、刘昕译:《人力资源管理(第十版)》,中国人民大学出版社 2007 年版。

[5][美]彼得·德鲁克著,齐若兰译:《管理的实践》,机械工业出版社 2012 年版。

[6][美]E.博登海默著,邓正来译:《法理学:法律哲学与法律方法》,中国政法大学出版社 1999 年版。

[7][美]奥德姆著,孙儒泳等译:《生态学基础》,高等教育出版社 1981 年版。

[8][美]卡尔·帕顿、大卫·沙维奇著,孙兰芝等译:《政策分析与规划的初步方法》,华夏出版社 2002 年版。

[9][美]埃莉诺·奥斯特罗姆著,余逊达等译:《公共事物的治理之道:集体行动制度的演进》,上海三联书店 2000 年版。

[10][德]哈贝马斯著,郭官义译:《现代国家中的合法性问题》,社会科学文献出版社 2000 年版。

[11][美]西奥多·舒尔茨著,吴珠华等译:《论人力资本投资:教育和研究的作用》,北京经济学院出版社 1990 年版。

[12][美]萨巴蒂尔著,彭宗超译:《政策过程理论》,生活·读书·新知三联书店 2004 年版。

[13][美]马歇尔著,廉运杰译:《经济学原理》,华夏出版社 2013 年版。

三、中文论文

[1]杜玉波:《创新高校人才培养机制基本思路和任务》,载《中国教育报》2014 年 1 月 13 日。

[2]宋智敏:《大学生村官的权益及其保障》,载《法学论坛》2015 年第 1 期。

[3]吕洪良、吕书良:《新农村建设与大学生村官政策》,载《中州学刊》2009 年第 1 期。

[4]徐汉明:《全面推进社会管理法治化》,载《人民日报》2012 年 12 月 19 日。

［5］陈成文：《论社会支持的社会学意义》，载《湖南师范大学社会科学学报》2000 年第 6 期。

［6］杜丽华：《国外促进大学生到农村就业、创业的经验及启示》，载《世界农业》2009 年第 11 期。

［7］尤琳：《国家治理能力视角下中国乡村治理结构的历史变迁》，载《社会主义研究》2014 年第 6 期。

［8］申永荷：《勒温心理学的方法论》，载《心理科学通讯》1990 年第 2 期。

［9］任采文：《加快确立人才优先发展战略布局》，载《中国人才》2013 年第 1 期。

［10］曲可佳：《大学生职业生涯探索的发展过程及影响因素——基于扎根理论的研究》，载《青年研究》2012 年第 6 期。

［11］于真：《论机制与机制研究》，载《社会学研究》1989 年第 3 期。

［12］姚东瑞：《大学生村官成长环境分析》，载《中国青年研究》2010 年第 10 期。

［13］陆志华：《大学生"村官"制度之惑与解》，载《黑龙江高教研究》2011 年第 10 期。

［14］张文宏、阮丹青：《城乡居民的社会支持网》，载《社会学研究》1999 年第 3 期。

［15］黄敬宝：《中国与德国大学生就业比较》，载《中国青年政治学院学报》2014 年第 2 期。

［16］汪怿：《构建全球人才枢纽：原因、内涵与策略》，载《科学发展》2013 年第 2 期。

后 记

教育部哲学社会科学重大课题攻关项目"大学生村官成长成才机制研究"于2012年6月正式批准立项,2016年9月通过教育部组织的专家评审,顺利结项。在4年多的时间里,课题组全身心地投入到研究工作中,认真查阅和梳理了大量文献资料,开展了全方位、多维度的实证调研,多次召开研讨会,反复论证写作提纲和主要理论观点,不断充实内容、提炼思想、润色文字,数易其稿,形成了凝聚着集体智慧的最终研究报告。

现在呈现在读者面前的这部著作,是在课题总报告的基础上,根据专家的意见和建议,经过认真修改和加工整理而成。本书的写作框架和基本思路由我最终确定,除课题组主要成员外,还有解廷民、李云智、王有为、倪潇潇、马驰之、何亭亭、钟桂荔、王新心、易香君、赵方、沈克正等参与了相关工作。在最后统稿的过程中,袁芳协助我做了大量工作。作为首席专家,我对课题组全体同仁的付出和努力表示衷心感谢!

在项目实施的过程中,我们得到了来自各方面的专家学者的悉心指导和帮助。中共中央组织部组织二局六处、共青团中央志愿者工作部、中国人事科学研究院、江苏省大学生村官研究所,以及北京、上海、辽宁、甘肃、陕西、海南、山西、河南、江西、云南、陕西、重庆、湖南省岳阳市、江苏省盐城市等地组织部门和知农网(http://www.znw58.com)、大学生村官培训网(http://www.dxscgpx.com.cn)等有关单位的鼎力协助,保证了课题的顺利进行。教育部社科司、中国政法大学科研处、中国政法大学马克思主义学院从各方面给予了课题组大力支持。在此一并向他们表示衷心的感谢!

虽然本书在一定程度上拓展了现有研究的广度和深度,但由于水平有限,难免会留下疏漏乃至错误。衷心期待各位专家学者、大学生村官工作的管理者、大学生村官朋友们和广大读者对本书给予批评指正。

马抗美
2017年4月于北京

教育部哲学社会科学研究重大课题攻关项目成果出版列表

序号	书 名	首席专家
1	《马克思主义基础理论若干重大问题研究》	陈先达
2	《马克思主义理论学科体系建构与建设研究》	张雷声
3	《马克思主义整体性研究》	逄锦聚
4	《改革开放以来马克思主义在中国的发展》	顾钰民
5	《新时期　新探索　新征程——当代资本主义国家共产党的理论与实践研究》	聂运麟
6	《坚持马克思主义在意识形态领域指导地位研究》	陈先达
7	《当代资本主义新变化的批判性解读》	唐正东
8	《当代中国人精神生活研究》	童世骏
9	《弘扬与培育民族精神研究》	杨叔子
10	《当代科学哲学的发展趋势》	郭贵春
11	《服务型政府建设规律研究》	朱光磊
12	《地方政府改革与深化行政管理体制改革研究》	沈荣华
13	《面向知识表示与推理的自然语言逻辑》	鞠实儿
14	《当代宗教冲突与对话研究》	张志刚
15	《马克思主义文艺理论中国化研究》	朱立元
16	《历史题材文学创作重大问题研究》	童庆炳
17	《现代中西高校公共艺术教育比较研究》	曾繁仁
18	《西方文论中国化与中国文论建设》	王一川
19	《中华民族音乐文化的国际传播与推广》	王耀华
20	《楚地出土戰國簡册［十四種］》	陈伟
21	《近代中国的知识与制度转型》	桑兵
22	《中国抗战在世界反法西斯战争中的历史地位》	胡德坤
23	《近代以来日本对华认识及其行动选择研究》	杨栋梁
24	《京津冀都市圈的崛起与中国经济发展》	周立群
25	《金融市场全球化下的中国监管体系研究》	曹凤岐
26	《中国市场经济发展研究》	刘伟
27	《全球经济调整中的中国经济增长与宏观调控体系研究》	黄达
28	《中国特大都市圈与世界制造业中心研究》	李廉水

序号	书　名	首席专家
29	《中国产业竞争力研究》	赵彦云
30	《东北老工业基地资源型城市发展可持续产业问题研究》	宋冬林
31	《转型时期消费需求升级与产业发展研究》	臧旭恒
32	《中国金融国际化中的风险防范与金融安全研究》	刘锡良
33	《全球新型金融危机与中国的外汇储备战略》	陈雨露
34	《全球金融危机与新常态下的中国产业发展》	段文斌
35	《中国民营经济制度创新与发展》	李维安
36	《中国现代服务经济理论与发展战略研究》	陈　宪
37	《中国转型期的社会风险及公共危机管理研究》	丁烈云
38	《人文社会科学研究成果评价体系研究》	刘大椿
39	《中国工业化、城镇化进程中的农村土地问题研究》	曲福田
40	《中国农村社区建设研究》	项继权
41	《东北老工业基地改造与振兴研究》	程　伟
42	《全面建设小康社会进程中的我国就业发展战略研究》	曾湘泉
43	《自主创新战略与国际竞争力研究》	吴贵生
44	《转轨经济中的反行政性垄断与促进竞争政策研究》	于良春
45	《面向公共服务的电子政务管理体系研究》	孙宝文
46	《产权理论比较与中国产权制度变革》	黄少安
47	《中国企业集团成长与重组研究》	蓝海林
48	《我国资源、环境、人口与经济承载能力研究》	邱　东
49	《"病有所医"——目标、路径与战略选择》	高建民
50	《税收对国民收入分配调控作用研究》	郭庆旺
51	《多党合作与中国共产党执政能力建设研究》	周淑真
52	《规范收入分配秩序研究》	杨灿明
53	《中国社会转型中的政府治理模式研究》	娄成武
54	《中国加入区域经济一体化研究》	黄卫平
55	《金融体制改革和货币问题研究》	王广谦
56	《人民币均衡汇率问题研究》	姜波克
57	《我国土地制度与社会经济协调发展研究》	黄祖辉
58	《南水北调工程与中部地区经济社会可持续发展研究》	杨云彦
59	《产业集聚与区域经济协调发展研究》	王　珺

序号	书　名	首席专家
60	《我国货币政策体系与传导机制研究》	刘　伟
61	《我国民法典体系问题研究》	王利明
62	《中国司法制度的基础理论问题研究》	陈光中
63	《多元化纠纷解决机制与和谐社会的构建》	范　愉
64	《中国和平发展的重大前沿国际法律问题研究》	曾令良
65	《中国法制现代化的理论与实践》	徐显明
66	《农村土地问题立法研究》	陈小君
67	《知识产权制度变革与发展研究》	吴汉东
68	《中国能源安全若干法律与政策问题研究》	黄　进
69	《城乡统筹视角下我国城乡双向商贸流通体系研究》	任保平
70	《产权强度、土地流转与农民权益保护》	罗必良
71	《我国建设用地总量控制与差别化管理政策研究》	欧名豪
72	《矿产资源有偿使用制度与生态补偿机制》	李国平
73	《巨灾风险管理制度创新研究》	卓　志
74	《国有资产法律保护机制研究》	李曙光
75	《中国与全球油气资源重点区域合作研究》	王　震
76	《可持续发展的中国新型农村社会养老保险制度研究》	邓大松
77	《农民工权益保护理论与实践研究》	刘林平
78	《大学生就业创业教育研究》	杨晓慧
79	《新能源与可再生能源法律与政策研究》	李艳芳
80	《中国海外投资的风险防范与管控体系研究》	陈菲琼
81	《生活质量的指标构建与现状评价》	周长城
82	《中国公民人文素质研究》	石亚军
83	《城市化进程中的重大社会问题及其对策研究》	李　强
84	《中国农村与农民问题前沿研究》	徐　勇
85	《西部开发中的人口流动与族际交往研究》	马　戎
86	《现代农业发展战略研究》	周应恒
87	《综合交通运输体系研究——认知与建构》	荣朝和
88	《中国独生子女问题研究》	风笑天
89	《我国粮食安全保障体系研究》	胡小平
90	《我国食品安全风险防控研究》	王　硕

序号	书名	首席专家
91	《城市新移民问题及其对策研究》	周大鸣
92	《新农村建设与城镇化推进中农村教育布局调整研究》	史宁中
93	《农村公共产品供给与农村和谐社会建设》	王国华
94	《中国大城市户籍制度改革研究》	彭希哲
95	《国家惠农政策的成效评价与完善研究》	邓大才
96	《以民主促进和谐——和谐社会构建中的基层民主政治建设研究》	徐 勇
97	《城市文化与国家治理——当代中国城市建设理论内涵与发展模式建构》	皇甫晓涛
98	《中国边疆治理研究》	周 平
99	《边疆多民族地区构建社会主义和谐社会研究》	张先亮
100	《新疆民族文化、民族心理与社会长治久安》	高静文
101	《中国大众媒介的传播效果与公信力研究》	喻国明
102	《媒介素养：理念、认知、参与》	陆 晔
103	《创新型国家的知识信息服务体系研究》	胡昌平
104	《数字信息资源规划、管理与利用研究》	马费成
105	《新闻传媒发展与建构和谐社会关系研究》	罗以澄
106	《数字传播技术与媒体产业发展研究》	黄升民
107	《互联网等新媒体对社会舆论影响与利用研究》	谢新洲
108	《网络舆论监测与安全研究》	黄永林
109	《中国文化产业发展战略论》	胡惠林
110	《20世纪中国古代文化经典在域外的传播与影响研究》	张西平
111	《国际传播的理论、现状和发展趋势研究》	吴 飞
112	《教育投入、资源配置与人力资本收益》	闵维方
113	《创新人才与教育创新研究》	林崇德
114	《中国农村教育发展指标体系研究》	袁桂林
115	《高校思想政治理论课程建设研究》	顾海良
116	《网络思想政治教育研究》	张再兴
117	《高校招生考试制度改革研究》	刘海峰
118	《基础教育改革与中国教育学理论重建研究》	叶 澜
119	《我国研究生教育结构调整问题研究》	袁本涛 王传毅
120	《公共财政框架下公共教育财政制度研究》	王善迈

序号	书　名	首席专家
121	《农民工子女问题研究》	袁振国
122	《当代大学生诚信制度建设及加强大学生思想政治工作研究》	黄蓉生
123	《从失衡走向平衡：素质教育课程评价体系研究》	钟启泉 崔允漷
124	《构建城乡一体化的教育体制机制研究》	李　玲
125	《高校思想政治理论课教育教学质量监测体系研究》	张耀灿
126	《处境不利儿童的心理发展现状与教育对策研究》	申继亮
127	《学习过程与机制研究》	莫　雷
128	《青少年心理健康素质调查研究》	沈德立
129	《灾后中小学生心理疏导研究》	林崇德
130	《民族地区教育优先发展研究》	张诗亚
131	《WTO主要成员贸易政策体系与对策研究》	张汉林
132	《中国和平发展的国际环境分析》	叶自成
133	《冷战时期美国重大外交政策案例研究》	沈志华
134	《新时期中非合作关系研究》	刘鸿武
135	《我国的地缘政治及其战略研究》	倪世雄
136	《中国海洋发展战略研究》	徐祥民
137	《深化医药卫生体制改革研究》	孟庆跃
138	《华侨华人在中国软实力建设中的作用研究》	黄　平
139	《我国地方法制建设理论与实践研究》	葛洪义
140	《城市化理论重构与城市化战略研究》	张鸿雁
141	《境外宗教渗透论》	段德智
142	《中部崛起过程中的新型工业化研究》	陈晓红
143	《农村社会保障制度研究》	赵　曼
144	《中国艺术学学科体系建设研究》	黄会林
145	《人工耳蜗术后儿童康复教育的原理与方法》	黄昭鸣
146	《我国少数民族音乐资源的保护与开发研究》	樊祖荫
147	《中国道德文化的传统理念与现代践行研究》	李建华
148	《低碳经济转型下的中国排放权交易体系》	齐绍洲
149	《中国东北亚战略与政策研究》	刘清才
150	《促进经济发展方式转变的地方财税体制改革研究》	钟晓敏
151	《中国—东盟区域经济一体化》	范祚军

序号	书名	首席专家
152	《非传统安全合作与中俄关系》	冯绍雷
153	《外资并购与我国产业安全研究》	李善民
154	《近代汉字术语的生成演变与中西日文化互动研究》	冯天瑜
155	《新时期加强社会组织建设研究》	李友梅
156	《民办学校分类管理政策研究》	周海涛
157	《我国城市住房制度改革研究》	高 波
158	《新媒体环境下的危机传播及舆论引导研究》	喻国明
159	《法治国家建设中的司法判例制度研究》	何家弘
160	《中国女性高层次人才发展规律及发展对策研究》	佟 新
161	《国际金融中心法制环境研究》	周仲飞
162	《居民收入占国民收入比重统计指标体系研究》	刘 扬
163	《中国历代边疆治理研究》	程妮娜
164	《性别视角下的中国文学与文化》	乔以钢
165	《我国公共财政风险评估及其防范对策研究》	吴俊培
166	《中国历代民歌史论》	陈书录
167	《大学生村官成长成才机制研究》	马抗美
	……	